Kurt Nagel

200 Strategien, Prinzipien und Systeme für den persönlichen und unternehmerischen Erfolg

Kurt Nagel

200 Strategien, Prinzipien und Systeme für den persönlichen und unternehmerischen Erfolg

5., durchgesehene Auflage

mi verlag moderne industrie

Die Deutsche Bibliothek – CIP-Einheitsaufnahme

Nagel, Kurt:
200 [Zweihundert] Strategien, Prinzipien und Systeme für den persönlichen und unternehmerischen Erfolg / Kurt Nagel. – 5., durchgesehene Aufl. – Landsberg/Lech : Verl. Moderne Industrie, 1992
ISBN 3-478-31745-2

5., durchgesehene Auflage 1992
4., durchgesehene Auflage 1991
3., überarbeitete Auflage 1990
2., überarbeitete und erweiterte Auflage 1989

Umschlaggestaltung: Hendrik van Gemert, 8915 Leeder
Satz: Fotosatz H. Buck, 8300 Kumhausen
Druck: Verlagsdruckerei Kessler, 8903 Bobingen
Bindearbeiten: Thomas, 8900 Augsburg
Printed in Germany 310 745/109225
ISBN 3-478-31745-2

Inhaltsverzeichnis

1.	**Einleitung**	11
2.	**Das System der 6 Erfolgsfaktoren**	19
2.1	Der unternehmerische Erfolg	19
2.1.1	Geschäftsgrundsätze und Ziel-/Kontrollsysteme	22
2.1.2	Strategieorientierte Organisationsgestaltung	24
2.1.3	Marktnahes Informations- und Kommunikationssystem	26
2.1.4	Verstärkte Nutzung des Mitarbeiterpotentials	28
2.1.5	Effizientes Führungssystem	30
2.1.6	Praktizierte Kundennähe	31
2.2	Der persönliche Erfolg	34
2.2.1	Persönliche Erfolgsstrategie	36
2.2.2	Effiziente Selbstorganisation	38
2.2.3	Optimale Nutzung von Information	40
2.2.4	Positive Selbstmotivation und Konzentration der Kräfte	41
2.2.5	Wirksames Kommunikationssystem	43
2.2.6	Nutzen für die Gemeinschaft und Umfeldorientierung	44
2.3	Die dynamische Komponente im Modell der 6 Erfolgsfaktoren	46
2.4	Praktische Umsetzung des Systems – dargestellt am Beispiel des unternehmerischen Erfolgs	54
3.	**Systeme zum unternehmerischen Erfolg**	63
3.1	Geschäftsgrundsätze und Ziel-/Kontrollsysteme	63
	(1) 5 Wettbewerbskräfte nach Porter	63
	(2) Wettbewerbsstrategien nach Porter	69
	(3) Die Wertschöpfungskette nach Porter	74
	(4) Portfolio-Analyse	76
	(5) Neue Geschäftsfelder	85
	(6) Wettbewerbsanalyse	87
	(7) Die Konzeption der 7 K's nach Zürn	89

(8) Corporate Identity nach Ebert 92
(9) Strategische Erfolgspositionen (SEP) nach Pümpin... 96
(10) Zielsysteme und Zielbeziehungen 99
(11) Der kybernetische Ansatz der Unternehmensführung.. 102
(12) Einsatz von Melde- und Entscheidungssystemen...... 105
(13) Das 7-S-Modell von McKinsey 108
(14) Modell von Peters und Waterman 110
(15) Erfolgsstrategie nach John 112
(16) 3 Grundfragen des strategischen Managements....... 115
(17) 4 Organisationsideologien 119
(18) Stärken-Schwächen-Analyse nach Wiedmann 123
(19) Wertanalyse 125
(20) 5 Thesen für zukünftiges Management 126
(21) Unternehmenskonzept der Zukunft von Birkenbihl... 130
(22) 10 Leitsätze für die Reorganisation der Unternehmung von Naisbitt 131
(23) Gemeinkosten-Wertanalyse (GWA) 138
(24) Das Zero Base Budgeting (ZBB) 141
(25) Das PIMS-System 143

3.2 Strategieorientierte Organisation 145
(1) Maximen für die Aufbau- und Ablauforganisation... 145
(2) Prozeßmanagement 146
(3) Kriterien professioneller Organisationsentwicklung.... 149
(4) Das Sensitivitätsmodell von Vester 152
(5) Erfolgreiche Unternehmensberatung 155
(6) Erhebungstechniken 160
(7) Das Projektmanagement 164
(8) Einsatz von Phasenkonzepten bei Organisationsumstellungen 167
(9) Netzplantechnik 171
(10) Qualitätszirkel 174
(11) Metaplan-Technik (Kartenabfrage) 178
(12) Brainstorming 184
(13) Gordon-Methode 188
(14) Methode 635 188
(15) Synektik 190
(16) Bionik-Methode 192
(17) Morphologische Methode 194
(18) Dialektik-Methode 197
(19) Szenario-Technik 199
(20) Die Nutzwertanalyse – eine Methode zur systematischen Entscheidungsvorbereitung 203
(21) Die Jeder-gewinnt-Methode 209
(22) Die Abwärts-Aufwärts-Abwärts-Aufwärts-Methode... 212
(23) Die Entscheidungstabellen-Technik 213
(24) Optimale Losgröße 215
(25) Checklisten-Methode 216

(26) Lernstatt 217
(27) Das System der 4 P's 218

3.3 Marktnahes Informations- und Kommunikationssystem 219
(1) 10 Megatrends von Naisbitt 219
(2) 7 neue Megatrends von Naisbitt 222
(3) Chancen und Risiken beim Einstieg in Technologien .. 225
(4) Zielsetzungen des Einsatzes der Informationsverarbeitung 226
(5) Strategischer Wert von Informationssystemen nach Wymann 231
(6) Strategische Informationssysteme nach Wiseman 232
(7) Das Strategiegitter von McFarlan und McKenney 233
(8) Die Wertvergleichsmethode von Sassone und Schwartz 236
(9) Kennnzahlen 238
(10) Muß-Investitionen in Informationssysteme 241

3.4 Verstärkte Nutzung des Mitarbeiterpotentials 246
(1) Bedürfnispyramide nach Maslow 246
(2) Die ERG-Theorie von Alderfer 250
(3) Das Zwei-Faktoren-Modell von Herzberg 252
(4) Menschenbilder nach der X- und Y-Theorie nach McGregor 254
(5) Menschenbilder nach E.H. Schein 256
(6) Soziogramm 258
(7) Johari-Fenster 261
(8) Feedback-Konzept 263
(9) Vorgabe von Leistungszielen 266
(10) 10 Vorschläge zur Zusammenarbeit mit Ihrem Vorgesetzten 268
(11) Einsatz der Planspieltechnik in der Aus- und Weiterbildung 269
(12) Grundregeln für eine effektive Beförderungs- und Stellenbesetzungsentscheidung nach Peter F. Drucker 272
(13) Die 4 Mitarbeitertypen nach P.-A. Wenger 273

3.5 Effizientes Führungssystem 276
(1) Führungskonzept 2000 276
(2) 15 Tips für Führungskräfte 278
(3) Das Verhaltensgitter (Führungsgrid) nach Blake und Mouton 281
(4) Führungsstile und Führungsverhalten nach Tannenbaum und Schmidt 285
(5) 30 Management-by-Methoden 287
(6) Das 3-Ebenen-Modell von Koreimann 300
(7) Berufliches Rollenkonzept von Maccoby 301
(8) Entwicklungskonzept einer Karriereplanung 304
(9) Die 3 Geheimnisse des Minuten-Managers 306

(10) Führungskonzept nach dem St. Gallener Management-Modell ... 310
(11) Führungssystem nach dem Harzburger Modell ... 313
(12) Führungsgrundsätze ... 316
(13) Führungsprofile nach Likert ... 317
(14) 2 Managementmethoden nach Boyatzis ... 319
(15) Das Kontrollsystem von Lee Iacocca ... 320
(16) Führungseigenschaften-Modell von Wiedemann ... 322
(17) Die Ermittlung des Führungsstils an 10 Entscheidungssituationen ... 325
(18) Lebenszyklus und Managertyp ... 328
(19) Thesen zur innovationsfördernden Gestaltung der Weiterbildung nach Stiefel ... 329

3.6 Praktizierte Kundennähe ... 332
(1) 8 Vorschläge für eine effiziente Kundenorientierung ... 332
(2) Das Gewinner-Gewinner-Gewinner-Spiel ... 337
(3) Der Lebenszyklus eines Produktes aus Kundensicht ... 339
(4) Das Verhaltensgitter (Kundengrid) nach Blake und Mouton ... 341
(5) 3 Faktoren einer Kundenbeziehung ... 344
(6) Kundenorientierte Verhandlungsstrategie ... 346
(7) 15 Regeln, um aus Kunden Klienten zu machen ... 347
(8) 5 Problemlösungsschritte im Kundenbereich ... 350
(9) Schlüsselkonzepte erfolgreichen Marketings ... 351
(10) Marketing-Grundgedanken ... 353
(11) Marketing-Mix ... 354

4. Systeme zum persönlichen Erfolg ... 357

4.1 Persönliche Strategien ... 357
(1) Energo-Kybernetische Strategie (EKS) von Mewes ... 357
(2) Großmann-Methode ... 359
(3) Hirt-Methode ... 361
(4) Psychologie des Erfolges nach Denis Waitley ... 363
(5) Selbstmanagement-Regelkreis nach Seiwert ... 364
(6) Strategie der Selbsterkenntnis ... 366
(7) Konzept für eine positive Lebenshaltung nach Peale ... 369
(8) 5 Schritte zum Erfolg nach Garfield ... 371
(9) Die Aufgaben des Erfolgsmanagers nach Garfield ... 372
(10) Innerbetriebliche Karriereentwicklung ... 374
(11) 10 Phasen der beruflichen Strategieentwicklung ... 376
(12) Das ERFOLG-System ... 378
(13) Die 10 Schriftenrollen des Erfolgs von Og Mandino ... 386
(14) Die »Zehn Gebote« für Erfolg nach Stielau-Pallas ... 387
(15) Strategien und Taktiken erfolgreicher Menschen nach Edward de Bono ... 390
(16) Erfolgskonzept der positiven Geisteshaltung ... 392

(17) Selbsterkenntnis – eine Strategie zum persönlichen und beruflichen Erfolg nach Schlinsog 393

4.2 Effiziente Selbstorganisation 398
(1) 10 Empfehlungen für ein effektives Zeitmanagement .. 398
(2) 10 Tips für erfolgreiches »Management by Zeitplanbuch« 405
(3) Das Konzept der physiologischen Leistungsbereitschaft 407
(4) Mehr Leistungsfähigkeit durch Beachten des Biorhythmus' 410
(5) Streßkonzept nach Hans Selye 412
(6) 4-Phasen-Konzept sinnvoller Pausenplanung 419
(7) 7 Wege zum rationellen Telefonieren nach Seiwert 420
(8) 5 Tips, die Ihnen auf die Sprünge helfen 423
(9) Paretos Gesetz 425
(10) Eisenhower-Prinzip 427
(11) Alpen-Methode 428
(12) 5 Methoden, um Zeit zu gewinnen 428
(13) Prioritätenanalyse 431
(14) 7 Zeitfallen und Ansätze für ihre erfolgreiche Bekämpfung 433
(15) Der Weg zum Erfolg führt nicht über den Perfektionismus 435
(16) Lakeins Zeitplansystem 437

4.3 Optimale Nutzung von Information 438
(1) 10 Kreativitätsstrategien von Linneweh 438
(2) 10 Merkmale kreativer Menschen 440
(3) Erfolgskonzept: Ein Weg zu mehr Innovation 442
(4) Innovationsmodell nach Höhn 445
(5) Erfolgreich durch Kreativität 447
(6) Denkmuster für Kreativität (mind mapping) 449
(7) 8 Thesen zur Weiterbildung von Erwachsenen 453
(8) 7 wesentliche Einflußgrößen auf den Lernerfolg 457
(9) Die 5-Punkte-Methode zum besseren Aufnehmen und Behalten 462
(10) 5 Strategien, die das Behalten fördern 464
(11) Lernen – unter Berücksichtigung des Behaltenseffektes 466
(12) 3-Phasen-System für rationelles Lesen nach Seiwert ... 467
(13) Superlearning-Methode 469
(14) Gebrauchsanweisung für das Gehirn 471
(15) Arbeitsweise des Gehirns 474

4.4 Positive Selbstmotivation und Nutzung der Kräfte 478
(1) Bestimmungsfaktoren des Arbeitsverhaltens 478
(2) Hypothesen zur Interaktion nach Homans 482
(3) Motivationstheorie von Porter/Lawler 484

(4) Erwartungstheorie von Vroom 486
(5) Die Gleichheitstheorie von Adams 489

4.5 Wirksames Kommunikationssystem 492
(1) Körpersprachenkonzept 492
(2) Stroke-Bilanz 495
(3) Rapport- und Pacing-Konzept (Grundlagen für ein harmonisches Miteinander) 498
(4) 3 Tips für erfolgreiche Gespräche 500
(5) 10 Punkte für eine erfolgreiche Verhandlungsführung. 502
(6) 15 Punkte für erfolgreiche Reden/Vorträge 505
(7) 6 Vorschläge zur Vorbereitung eines Vortrages 510
(8) Beurteilungsmaßstäbe für eine Rede 513
(9) 4 Vorschläge für effektive Konferenzen 517
(10) Spielregeln bei Konferenzen und Besprechungen 519

4.6 Nutzen für die Gemeinschaft und Umfeldorientierung 520
(1) Der erste Eindruck als Beurteilungsprozeß unserer Mitmenschen 520
(2) Konzept für kollegiale Zusammenarbeit 522
(3) 6 Techniken, um überzeugend zu wirken 524
(4) 10 Grundsätze, den Vorgesetzten zu überzeugen 526
(5) Die Beurteilung der Verständlichkeit 529
(6) Das Persönlichkeits-Modell von Sigmund Freud 532
(7) Transaktions-Analyse (TA) 536
(8) 4 Lebenspositionen nach Harris 555
(9) Die 4 Lebenspositionen in der Organisation 560
(10) Psychologisches Modell der zwischenmenschlichen Kommunikation nach Schulz von Thun 568

5. Hinweise zur Auswahl und Anwendung einzelner Methoden 577

6. Lexikon 583

Literaturverzeichnis 645

Medienverzeichnis 657

1. Einleitung

Ein Buch über Erfolgssysteme zu schreiben mag auf den ersten Blick sehr vermessen sein. Die Problematik der Behandlung dieses Themas beginnt schon mit dem vielschichtigen Begriff »Erfolg«; ist dieser doch immer personenbezogen zu sehen – gleichgültig ob die Person eine juristische oder eine natürliche ist.

Erfolg ist nach Prof. Dr. Hardy Wagner, Vorsitzender des Vorstandes der gemeinnützigen Gesellschaft zur Förderung Anwendungsorientierter Betriebswirtschaft und Aktiver Lehrmethoden in Fachhochschule und Praxis e.V. (GABAL), Speyer, der *Grad* der Zielerreichung, wobei es zusätzlich zur meßbaren Quantität in zunehmendem Maße darauf ankommt, auch die Qualität, die *Art* der Zielerreichung, zu beachten.

Erfolg zu haben ist, biologisch-medizinisch gesehen, sogar ein menschliches Grundbedürfnis, das sich sowohl auf den persönlichen als auch auf den unternehmerischen Bereich erstreckt.

»Was sind die Erfolgsfaktoren Ihrer Unternehmung?« Sehr oft hat der Verfasser diese Frage in Seminaren und Veranstaltungen gestellt – die Antworten waren meist ein »Achselzucken«, »Kenne ich nicht« oder das unsichere Aufzählen einzelner Faktoren. Selbst wenn Unternehmen Erfolgsfaktoren auf den unterschiedlichen Ebenen erarbeitet haben, die Mitarbeiter diese kennen und effizient zu verwirklichen suchen, darf die zeitliche Komponente nicht vernachlässigt werden. Die Realisierung eines Zieles mag heute Erfolg bedeuten – morgen ist dies wahrscheinlich schon anders zu bewerten.

Im privaten Bereich erfolgreich zu sein kann für einen Fahrschüler die bestandene Prüfung, für einen Studierenden die Überreichung des Diploms und für einen Hobbysportler das Erreichen einer Bestleistung bedeuten.

Man erkennt, daß auch materielle und immaterielle Größen den Erfolg widerspiegeln können. Nicht zuletzt kommt es auf den Betrachtungsstandpunkt an: wird der Maßstab von den Betroffenen oder den Außenstehenden gesetzt?

Nehmen wir noch den Begriff des Systems hinzu, um die Verwirrung komplett zu machen. Wer stellt das Vorliegen eines Erfolgssystems fest? Reichen gute Ratschläge im Sinne von »Man nehme . . .«, weil einzelne damit erfolgreich waren, schon aus? Oder müssen empirische Untersuchungen eine adäquate Signifikanz nachweisen? Bedeutet ein System – analog den angepriesenen Lottosystemen – eine zu erwartende Trefferquote und damit eine bestimmte Wahrscheinlichkeit, Erfolg zu haben? Was erweist sich als brauchbar, was nicht? Diese Frage kann nicht isoliert beantwortet werden – die Antwort hängt vielmehr von den Bedingungen ab, unter denen ein Erfolgssystem zum Tragen kommen soll.

Eines kann man jedoch mit Sicherheit sagen: Es gibt nicht *das* Patentrezept für Erfolg – weder im unternehmerischen noch im persönlichen Bereich – und das für *jede* Problemstellung zutreffende Erfolgskonzept. Jedes Unternehmen – und jeder einzelne – muß ein auf seine speziellen Bedürfnisse abgestimmtes Erfolgssystem entwickeln. Neue Strukturen – wie hervorragend sie auch sein mögen – können nicht schematisch angewendet werden. Wagner verweist in diesem Zusammenhang recht treffend auf das Magazin »Business Week«, das am 5. 11. 1984 diesen bemerkenswerten Ausspruch zu unserem Thema veröffentlichte: »Es gibt keinen bestimmten, patentierten, idiotensicheren Weg, ein Unternehmen zu führen. Die einzigen Konstanten sind *Flexibilität* und *die Bereitschaft zur Veränderung*.«

Es ist nicht die Absicht, dieses Thema wissenschaftlich abzuhandeln – die Pragmatik steht im Vordergrund. Dem einzelnen und den Unternehmen soll ein Werkzeugkasten mit bewährten Erfolgssystemen an die Hand gegeben werden. Daß diesbezüglich ein Bedarf besteht, wurde dem Autor in Gesprächen mit Inhabern von Firmen, Führungskräften, Sachbearbeitern, Nachwuchskräften und Auszubildenden deutlich. In einer Veranstaltung über Erfolg im mittelständischen Unternehmen ergaben sich aus der Sicht der anwesenden Mittelständler zwei große Defizitbereiche:

1. Es fehlt den Entscheidungsträgern an Zeit, um Neues zu initiieren und sich verstärkt über die Zukunft des Unternehmens Gedanken zu machen.
   Viele Menschen nehmen sich auch keine Zeit zum Lesen – es ist für sie deshalb fast unmöglich, aus den unzähligen Publikationen, die sich mit »Unternehmenserfolg« beschäftigen, die speziell für ihre Bedürfnisse zugeschnittene Literatur herauszufiltern.
2. Es fehlen Kenntnisse über neuzeitliche Methoden der Strategiefindung, der Planung und der Mitarbeiterführung – um nur einige zu nennen.
   Viele Unternehmen geben ihre Erfolgsstrategien auch ungern preis, weil sie befürchten, daß ihre ideenreichen Bemühungen zur Gewinnung von Wettbewerbsvorteilen von den Konkurrenten nachgeahmt werden oder sie zumindest aus ihrem »Dornröschenschlaf« wecken könnten.

»Wir Mittelständler sind häufig selbst unsere besten Sachbearbeiter. Aus dieser Rolle müssen wir heraus. Es wird höchste Zeit, daß wir über uns selbst, unsere Mitarbeiter und die zukünftige Entwicklung unserer Firmen mehr nachdenken«, faßt der Inhaber eines größeren mittelständischen Hauses diese Überlegungen zusammen.

Aus diesem Grunde versucht der Autor, jenen Unternehmen auf einfache Weise eine große Anzahl von Erfolgskonzepten zugänglich zu machen, die gerade erst erkannt haben, daß es im alten Stil nicht weitergeht, und die ernsthaft gewillt sind, wirklich etwas zu verändern.

Auch im persönlichen Bereich können wir allenthalben Schwachstellen erkennen. Wie sieht es mit dem effizienten Arbeiten und Entscheiden aus? Kennen wir die Erkenntnisse des rationellen Lernens, wissen wir, wie man die Zeit richtig nutzt und erfolgreich vermittelt? Wie erreicht man eine positive Selbstmotivation, eine Konzentration der Kräfte, eine optimale Nutzung von Informationen und eine wirksame Kommunikation?

Diese Fragen weisen darauf hin, daß es auch im persönlichen Bereich häufig Defizite gibt.

Hier will dieses Buch helfen. Es soll kein Lehrbuch sein – es kann nur Anregungen geben und Denkanstöße vermitteln. Es werden Systeme vorgestellt, die ihre Bewährungsprobe in hohem Umfang bestanden haben. Auch Systeme, die teilweise umstritten sind, wurden mit aufgenommen, um das Erscheinungsbild abzurunden und um eine breite Palette von Interessengruppen anzusprechen.

Die Systeme wurden so beschrieben, daß sie im wesentlichen nachvollzogen werden können. Sollten weitergehende Informationen notwendig sein, so haben die Leser durch die genauen Literaturangaben die Möglichkeit, sich intensiv mit den zugrundeliegenden Quellen zu befassen. Die Systeme wurden aus diesen teilweise wörtlich übernommen, um ihren Sinn nicht zu verfälschen.

Ein Anspruch auf Vollständigkeit der Erfolgssysteme kann nicht im entferntesten erhoben werden. Ziel sollte vielmehr sein, die wichtigsten unternehmerischen und persönlichen Systeme zusammenzutragen und auch den Wandel in der zukünftigen Unternehmensführung aufzuzeigen. Die Zuordnung der einzelnen Systeme zu den bestimmten Bereichen war nicht immer eindeutig möglich, da Konzepte oft mehrere Bereiche und Ebenen ansprachen. Deshalb wurden sie anhand einer erkennbaren Dominanz zugeordnet.

Es ist zu hoffen, daß alle Leser Nutzen aus diesen Vorschlägen ziehen, um damit ihre Ziele besser zu erreichen, um zufriedener mit den eingetretenen Umständen zu sein und um die eigenen oder fremden Erwartungen zu erfüllen sowie Probleme zu bewältigen. Denn Probleme sind immer gleichzeitig auch Chancen: gäbe es nicht die unbefriedigende Abweichung zwischen einem Ist- und Soll-Zustand, so gäbe es keinen Fortschritt und gleichzeitig auch keinen Erfolg. Oft sind es dabei relativ einfache Empfehlungen, mit denen sich Erfolge erzielen lassen. Entscheidend ist, die relevant erscheinenden Vorschläge auch umzusetzen – gemäß dem Leitspruch: »Es ist besser, *eine* Idee zu realisieren, als hundert Ideen zu haben.« In diesem Sinne wünscht der Verfasser eine glückliche Hand bei der Realisierung der Ratschläge dieses Buches.

Um dem Leser die Umsetzung zu erleichtern, kann er sich der folgenden Abbildung bedienen. Diese Darstellung dient dem Festhalten von Ideen. Beim Durchlesen der einzelnen Kapitel wird vermutlich des öfteren »die Lampe angehen«. Notieren Sie dann Ihre Vorschläge, und setzen Sie diese auch um.

Hier gilt immer noch die Empfehlung von Konfuzius: »Das Entscheidende am Wissen ist, daß wir es auch beherzigen, daß wir es anwenden!«

Ein mir sehr am Herzen liegendes Bedürfnis möchte ich zum Schluß noch aussprechen. Dieses Buch hätte nicht geschrieben werden können, wenn es nicht die umfassenden Vorleistungen namhafter und anerkannter Autoren gegeben hätte, die mit ihren Systemen und Prinzipien bereits heute schon viel bewegt haben. Der Verfasser möchte sich deshalb an dieser Stelle bei allen Wissenschaftlern und Praktikern bedanken – haben sie ihn doch in seinen Denkansätzen beflügelt und bei der Umsetzung einzelner Systeme wesentlich bereichert.

Die Auseinandersetzung mit ihren Aussagen ließ mich die Reife ihrer Persönlichkeit und ihrer inneren Wertvorstellungen verspüren. Diese Gefühle spannten den Bogen von der einfach empfundenen Hochachtung vor der geistigen Leistung bis hin zur persönlich empfundenen wahren Begeisterung.

Oft basieren die Erkenntnisse dieser Autoren auf jahrzehntelangen Forschungen, Recherchen und Erfahrungen, bis sie schließlich zu einem für andere wertvollen Konzept reifen, denn Wissensvermittlung ohne Gefühlsbeteiligung bleibt wirkungslos. Deshalb gilt hier in hohem Maße die Aussage des Philosophen Bertrand Russell: »Der Sinn für Klarheit und überraschende Erkenntnis kommt *vor* jedem endgültigen Wissen«, d.h., es gibt ein inneres Wissen, das der Tiefe des Gefühls entspringt, bevor Konzepte und Worte formuliert werden können, um das zu beschreiben, was man weiß.

Das Studium der Literatur und das Einarbeiten in die Systeme machten mir deutlich, welche Fortschritte auf diesen in der Arbeit angesprochenen Gebieten erzielt wurden. Es kann den Lesern der einzelnen Systeme deshalb nur nachdrücklich empfohlen werden, nach dem Lesen der generellen Beschreibung der für sie relevanten Konzepte in die originäre – im Autorenverzeichnis ausgewiesene – Literatur einzusteigen. Nur dadurch erschließen sich ihnen die ursächlichen Aussagen des jeweiligen Autors und die Anwendbarkeit der Systeme voll.

Neben meinem aufrichtigen Dank für die Autoren gilt meine Anerkennung und Wertschätzung auch all jenen Personen, die diese Arbeit mit unermüdlichem Einsatz gefördert und unterstützt haben. Sie ermöglichten es mir, mich dem Wesentlichen zu widmen, indem sie mich von Routineangelegenheiten befreiten. Dies ist mit ein Grund, daß die Erstellung dieses Buches mir große Freude bereitete, und ich kann mich deshalb einer indischen Weisheit nur anschließen: »Ich schlief und träumte, Leben sei Freude. Ich erwachte und sah, Leben ist Pflicht. Ich schaffte und ich merkte, Pflicht ist Freude.«

Was kann ich wie konkret verbessern?

Nr.	WAS	WIE
1		
2		
3		
4		
5		
6		
7		
8		
9		
10		
11		
12		
13		
14		
15		
16		
17		
18		

Abbildung: Formular zur Ideensammlung

2. Das System der 6 Erfolgsfaktoren

2.1 Der unternehmerische Erfolg

Das Thema der erfolgreichen Unternehmensführung ist ein Dauerbrenner. Seit Dekaden findet sich dieser Schwerpunkt ganz vorne in den Hitparaden der Betriebswirtschaftslehre. Die in diesem Jahrzehnt zu diesem Thema erschienenen Publikationen sowie die zahlreichen empirischen Untersuchungen machen den Stellenwert für Wirtschaft und Wissenschaft deutlich.

Der Verfasser hat in seinem Buch »Die 6 Erfolgsfaktoren des Unternehmens« eine Reihe von Erhebungen und Erfahrungsberichten zur Ableitung der wesentlichen Erfolgsfaktoren herangezogen. So wurde u.a. zurückgegriffen auf die Untersuchungen von Peters und Waterman, Pümpin, Albach sowie von Clutterbuck und Goldsmith. Die Erfolgsautoren Peters und Waterman gingen der Frage der Erfolgsfaktoren von Unternehmen in der amerikanischen Wirtschaft nach. Ihre empirischen Erhebungen führten zu der Erkenntnis, daß es eine begrenzte Anzahl von Faktoren ist, die Unternehmen flexibler, innovativer und damit erfolgreicher macht. Pümpin führte in der Schweiz eine Untersuchung mit der Zielsetzung durch, die Bedürfnisse der Unternehmen in bezug auf Unternehmens- und Führungspraxis zu analysieren. Daraus leitete er Thesen ab und entwickelte das Modell »Strategische Erfolgspositionen«. Für Deutschland haben vor allem die verschiedenen Untersuchungen von Albach und seine Schlußfolgerungen wesentliches Gewicht. Neben diesen Untersuchungen seien die Arbeiten von Clutterbuck und Goldsmith in England und die Untersuchungen der Industriekreditbank in Deutschland erwähnt. Während die beiden britischen Managementfachleute nach dem Vorbild von Peters und Waterman Unternehmen in England untersuchten, die als besonders erfolgreich eingestuft wurden, erfaßte die Industriekreditbank die Bilanzdaten von 551 Kundenfirmen nach ausgewählten Kriterien.

Analysiert man die Gemeinsamkeiten der hier kurz erwähnten Untersuchungen und Konzepte, so lassen sich vereinfacht die folgenden Erfolgsfaktoren erkennen (Abbildung):

1. Geschäftsgrundsätze und Ziel-/Kontrollsysteme

2. Strategieorientierte Organisation

3. Marktnahes Informations- und Kommunikationssystem

4. Verstärkte Nutzung des Mitarbeiter-Potentials

5. Effizientes Führungssystem

6. Praktizierte Kundennähe.

Die Einbindung der Erfolgsfaktoren ist durch die Kundenorientierung und die Informationssysteme gegeben. Die Kundenorientierung wird zwar seit rund zwei Dekaden verstärkt propagiert und gefordert, die Unternehmenspraxis spricht häufig eine andere Sprache. In der heutigen Zeit wird jedoch verstärkt erkannt, daß es wesentlich sinnvoller ist, den Kunden im Mittelpunkt des Denkens zu sehen und die Kosten im Rahmen des betriebswirtschaftlich Notwendigen zu optimieren, als ein absolutes Kostendenken dem Kundeninteresse überzuordnen. Diese Überlegungen decken sich mit den von Porter entwickelten Strategiekonzepten. Er unterscheidet zwischen »Kostenführerschaft«, »Differenzierung« und »Nischenstrate-

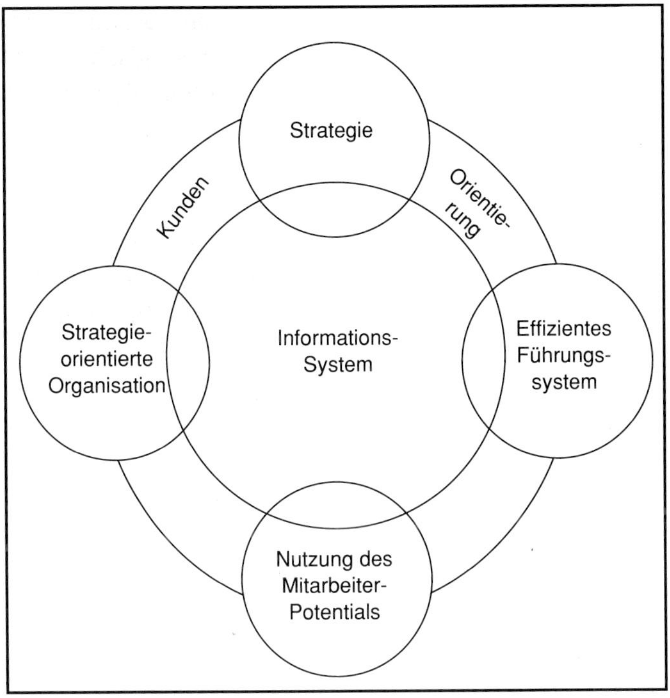

Abbildung: Erfolgsfaktoren

gien«. Die Essenz der Kundenorientierung ist der Weg von der Kostenführerschaft zu einer Differenzierung des Angebots und der Konzentration auf Schwerpunkte. Grundsätzlich kann festgehalten werden, daß man heute mehr und mehr in den Gehirnstrukturen der Kunden und der Kunden dieser Kunden zu denken hat.

Eine wesentliche Unterstützung erfahren alle Erfolgsfaktoren durch effiziente Informations- und Kommunikationssysteme. Gerade dieser Erfolgsfaktor rückt immer mehr in den Vordergrund unternehmerischer Aktivitäten. Der Nutzen dieser Systeme wird nicht nur in den erzielbaren Rationalisierungschancen gesehen, sondern vorwiegend als Wettbewerbsfaktor bei der Realisierung innovativer Marktchancen. Dies bringt Porter recht deutlich zum Ausdruck: »*Heute geht es nicht mehr darum, ob die Informationstechnik wichtige Auswirkungen auf die Wettbewerbsposition eines Unternehmens hat, sondern nur noch darum, wann und wie diese Effekte eintreten werden. Wer heute nicht reagiert, wird künftig gezwungen sein, einen Wandel hinzunehmen, den andere eingeleitet haben.«*

Nachstehend werden die einzelnen 6 Erfolgsfaktoren und ihre derzeitige Auslegung kurz beschrieben. Diese Ausführungen sollen dem Leser Hinweise über die Auspolsterung der einzelnen Faktoren geben.

2.1.1 Geschäftsgrundsätze und Ziel-/Kontrollsysteme

Erfolgreiche und herausragende Unternehmen können dadurch charakterisiert werden, daß sie ihr Handeln und ihre Verhaltensweisen an bestimmten, klar definierten Grundwerten und Überzeugungen ausrichten. Sie zeichnen sich durch eine gelebte Wertorientierung aus – von gemeinsam getragenen Wertvorstellungen.

Diese Unternehmenskultur (Corporate Identity) wirkt sowohl nach innen auf ihre Mitglieder als auch nach außen auf das Unternehmensumfeld. In diesem Unternehmensleitbild sind sowohl die grundsätzlichen Wertvorstellungen als auch die angestrebte Marktkompetenz eines Unternehmens gleichermaßen festgehalten.

Durch einen spürbaren Wertewandel werden die derzeit fast ausschließlich gewinn- und liquiditätsorientierten Geschäftsgrundsätze den veränderten Umweltbedingungen nicht mehr gerecht. Eine vorwiegend kunden- und mitarbeiterorientierte Unternehmenskultur wird unabdingbar werden, um ein Überleben auch in der Zukunft zu sichern.

Es steht deshalb außer Frage, daß Geschäftsgrundsätze sowie adäquate Ziel- und Kontrollsysteme einen Einfluß auf den Unternehmenserfolg haben.

Die Geschäftsgrundsätze geben den Rahmen für das Entscheidungsfeld der Führungskräfte und Mitarbeiter ab. Wesentlich dabei ist, daß die Unternehmensmitglieder sich mit diesen Grundsätzen identifizieren. Es ist mehr und mehr festzustellen, daß erfolgreiche Unternehmen klare Grundsätze haben, auf deren Basis sie ihre Politik und ihr Handeln begründen. Untersuchungen haben deutlich gemacht, daß ein bedeutender Faktor für den Erfolg eines Unternehmens die Konsequenz ist, mit der es – diesen Prinzipien entsprechend – handelt.

Die Ziele sind aus den Geschäftsgrundsätzen abzuleiten. Als Existenzbedingung ist für die Unternehmung eine angemessene Rentabilität auf lange Sicht erforderlich. Daneben können aber weitere, sich ergänzende oder miteinander konkurrierende Teilziele, gegebenenfalls auch nichtwirtschaftlicher Art, verfolgt werden. Diese dürfen nur nicht die Rentabilität der Unternehmung in Frage stellen.

Untersuchungen zeigen immer wieder die Bedeutung klarer Strategien auf. Strategen schneiden nun einmal besser ab als Nicht-Strategen. Populär ausgedrückt, ist Strategie die Kunst, »sich zu kratzen, bevor es einen juckt«.

Es überleben vorwiegend die Unternehmen, die nicht nur eine kurzfristige Ausrichtung der Ziele haben, sondern die über mittel- und längerfristige Strategien verfügen. Dies bedeutet, daß z.B. Antworten auf die nachstehenden Fragen gegeben werden können:

- Wie sieht die Nachfrage nach den von uns angebotenen Produkten bzw. Dienstleistungen mittel- und längerfristig aus?
- Wie wird sich der Wettbewerb in der Branche mittelfristig und langfristig entwickeln?
- Wie verändern sich die Wettbewerbskräfte in den nächsten Jahren?
- Verfügen wir über genügend hohe Eintrittsbarrieren gegenüber neuen Wettbewerbern?
- Welche Stärken können mittelfristig gegenüber den Konkurrenten ausgebaut werden?

– Wie können wir unsere Kunden längerfristig an uns binden?
– Lassen sich die Prozesse mit den Kunden und Lieferanten längerfristig optimieren?

Die Kontrolle ist das Instrument, mit dem die Einhaltung der Ziele im Rahmen der Organisation des Unternehmens überwacht wird. Je deutlicher die Kontrollfunktion innerhalb des gesamten Entscheidungsprozesses in ihrer Bedeutung für das Einsteuern des Unternehmens auf die geplanten Ziele gesehen wird, desto wichtiger erscheint der Ausbau eines Kontrollsystems, und desto umfassender ist seine Aufgabe. Der Entscheidungsprozeß ist in sich abgerundet, wenn die Ergebnisse der Kontrolle sowohl für die Ansätze der Geschäftsgrundsätze, der Ziele und Planung als auch für die Weiterentwicklung der Organisation eingesetzt werden.

2.1.2 Strategieorientierte Organisationsgestaltung

Entscheidungen über die Organisation eines Unternehmens sind langfristig wirksam. Sie bestimmen sowohl die Struktur, in deren Rahmen die betrieblichen Prozesse abgewickelt werden (Aufbauorganisation), als auch die Struktur dieser Prozesse selbst (Ablauforganisation).

Einmal eingefahrene Strukturen lassen sich aber nur schwer verändern. Falsche oder unzweckmäßige organisatorische Entscheidungen führen deshalb zu Fehlerquellen, die sich langfristig auswirken. Es verändern sich im Ablauf der Zeit jedoch ebenfalls die Bedingungen, unter denen ein Unternehmen arbeiten muß, einerseits die internen Gegebenheiten, andererseits die externe Situation. Die Organisation muß dem Rechnung tragen, d.h. laufend an diese Veränderungen angepaßt werden.

Eine ursprünglich zweckmäßige Organisation kann daher unzweckmäßig werden und immer mehr Fehlerquellen offenbaren. Zahlreiche Unternehmen geben dafür heute ein Beispiel ab. Die Organisation eines Unternehmens bedarf der laufenden Überprüfung, um rechtzeitig die auftretenden Schwachstellen erkennen und Maßnahmen zu ihrer Beseitigung ergreifen zu können.

In zahlreichen Veranstaltungen mit mittelständischen Unternehmen wurde dem Verfasser bewußt, daß ein starker Einfluß auf diesen Erfolgsfaktor von externer Seite ausgeübt wird. Zum einen werden mittelständische und kleinere Unternehmen heute durch Hilfsdienste für die staatliche Verwaltung (z.B. Bescheinigungen, Meldungen, Statistiken, Erhebungen, Berechnungen und Abführen von Steuern und Abgaben) über Gebühr belastet und zum anderen durch Gesetzesnormen und Verordnungen, die immer umfangreicher werden und mit kasuistischen Fixierungen gespickt sind, in ihrer Organisationsgestaltung beeinträchtigt. Daher sollten gerade die Entscheidungsträger in mittelständischen Betrieben in Zusammenarbeit mit den Kammern verstärkt versuchen, den Staat überall dort zurückzudrängen, wo Privatinitiative und Eigenverantwortlichkeit mit dem Problem fertig werden können. In einzelnen Ländern wurden bereits Leitsätze zur Beschränkung von Rechts- und Verwaltungsvorschriften erlassen und konkrete Maßnahmen zu ihrer Durchführung eingeleitet. Dies ist gut so. Man darf einfach nicht verkennen, daß der Erfolg einer Organisation entscheidend von der Eigeninitiative abhängt. Wenn Fremdbestimmung und Bürokratismus zu groß werden, ist dies ein entscheidender Hemmschuh für alle Unternehmen.

Auf der anderen Seite erfolgt ein Eingriff in die Organisation mittelständischer Unternehmen mehr und mehr durch Großunternehmen. Sie legen insbesondere bei der Einführung neuer Technologien (z.B. Computer Integrated Manufacturing CIM) die Standards fest. Solche Integrationen werden nur dann von dauerhaftem Bestand sein können, wenn ein Gewinner-Gewinner-Spiel erreicht wird, d.h. alle Beteiligten angemessene Wertschöpfungen erreichen. Daß dabei derjenige, der die innovativen Prozesse konzipiert und realisiert, einen größeren Vorteil haben wird, ist naheliegend und wird von der Praxis bestätigt.

2.1.3 Marktnahes Informations- und Kommunikationssystem

Eine direkte Steuerung des Geschehens in Wirtschaft und Verwaltung ist bei der wachsenden Komplexität, Variabilität und Dynamik nicht mehr möglich, da die Realitäten nicht mehr anschaulich sind. Das einzig Anschauliche ist die Information über das Geschehen. Somit ist das Informationsproblem heute ein wesentliches Führungsproblem. Man ist gezwungen, von der improvisierten zur organisierten Führung überzugehen. Voraussetzung dazu ist die zielgerichtete Organisation der Information.

Es wird gerade in letzter Zeit immer wieder gesagt, die Zeit der rein intuitiven Führung sei vorbei. Das ist in der Tendenz sicher richtig, da die betrieblichen Entscheidungsprozesse immer mehr in Gruppen mit hohem Improvisationsanteil ablaufen müssen. Daß auch dabei Intuition, Phantasie, Risikobereitschaft usw. eine große Rolle spielen, ist klar. Es steht aber auch fest, daß Ideen und überhaupt die gesamten nicht determinierten Fähigkeiten und Eigenschaften des Menschen zu um so besseren Ergebnissen führen, je besser die Informationsbasis des Intelligenzträgers ist.

Notwendige Bedingung für den Unternehmenserfolg ist eine umfassende Informiertheit, die funktionsadäquate und schnelle Mitwirkung und Mitbestimmung auf den Märkten und in der Unternehmensumwelt ermöglicht.

Richtige Entscheidungen setzen adäquate Informations- und Kommunikationssysteme voraus. Zwischen der Qualität und Intensität der Managementinformation und der Managementleistung besteht ein funktionaler Zusammenhang. Wirtschaft und Verwaltung erkennen deshalb immer mehr die Notwendigkeit, wirkungsvolle Informationssysteme aufzubauen. Dabei sollte ein geschlossenes System im Vordergrund stehen, das es jeder Organisation erlaubt, den Ausprägungsgrad der auf sie einwirkenden Wettbewerbskräfte zu erkennen und durch den Einsatz eines effizienten Informationssystems berechenbar und kontrollierbar zu machen.

Der Verfasser hat sich in den letzten drei Jahren intensiv mit dem Thema Informationssysteme als Wettbewerbsfaktor befaßt. Zahlreiche Praxisfälle haben ihm vor Augen geführt, daß Informationssysteme ein wesentlicher Erfolgsfaktor sind und es durchaus berechtigt sein kann, von Computern als *der* strategischen Waffe im Wettbewerb zu sprechen. Dies betont auch das für Logistik und Datenverarbeitung im Großversandhaus Quelle zuständige Vorstandsmitglied Ulrich Kiel: »Wer heute Informationstechnik nicht systematisch und strategisch plant, wird seine Wettbewerbssituation ganz entscheidend verschlechtern.« Um diese Aussage zu erhellen, seien im folgenden einige Beispiele zum strategischen Einsatz der Informationsverarbeitung wiedergegeben:

- Ein Speditionsunternehmen bietet seinen Kunden ein effizientes Distributionssystem. Dieses macht es möglich, daß das Unternehmen heute der General-Logistik-Unternehmer für viele Firmen ist. Die Logistik wird professionell gehandhabt und als ein Dienstleistungspaket, gestützt auf Informationstechnologie, angeboten.
- Einem Textilmaschinenhersteller ist durch ein differenziertes Angebotssystem gelungen, die Wettbewerbsposition wesentlich zu verbessern. Die Unternehmung kann über eine sehr detaillierte Datenbank (Stromtarife für die einzelnen Länder, Produktivitätsdaten für die Arbeitskräfte) bereits bei der Angebotserstellung die laufenden Betriebskosten im Kundenbetrieb ermitteln.
- Ein Hersteller von Reinigungsgeräten hat ein computergestütztes Informationssystem aufgebaut, mit dem es möglich ist, den billigsten, sichersten oder schnellsten Lieferanten auszuwählen.
- Durch eine computergestützte Lagerhaltung garantiert eine Handelsorganisation die Auslieferung der Ersatzteile in 24 Stunden.
- Ein Großunternehmen hat derzeit 150 »künstliche Intelligenzanwendungen«. Jede dieser Anwendungen kostet rund 40 000 DM. Der Nutzen für jede Applikation wird mit dem etwa 10- bis 20fachen Wert beziffert.

2.1.4 Verstärkte Nutzung des Mitarbeiterpotentials

Arbeitszufriedenheit und Motivation der Mitarbeiter haben heute entscheidenden Einfluß auf den Unternehmenserfolg. Der arbeitende Mensch ist ein soziales Wesen, dessen Arbeitsleistung mit bedingt wird durch die Befriedigung seiner sozialen Bedürfnisse nach Anerkennung, Rücksichtnahme, befriedigenden Beziehungen zu Vorgesetzten und Kollegen. Die Erwartungshaltung der Mitarbeiter tendiert dabei mehr und mehr zur Selbstverwirklichung in der Arbeitswelt. Durch die Änderung der Wertvorstellungen hat sich ein Wertewandel vollzogen; der Mensch und seine Erwartungshaltung haben sich verändert. Eine Intensivierung der Ansprüche auf Lebensqualität und Selbstverwirklichung der eigenen Persönlichkeit ist zum allgemein erklärten Ziel geworden – das Anerkennungsbedürfnis wurde noch vor dem Besitzbedürfnis die stärkste Antriebskraft für menschliche Leistungen.

Menschen suchen daneben auch nach einem erkennbaren Sinn ihrer Arbeit und wollen nicht nur »Einrichtungsgegenstände« eines ihnen sonst fremden Unternehmens sein. Durch die nach ökonomischen Prinzipien erforderlich gewordene Spezialisierung der Tätigkeitsfelder, die mit den vorhandenen Mitteln ein maximales Ergebnis zu erzielen hatten, wurde der Mensch in diesem Prozeß zu einem »kleinen Rädchen in einer großen Maschine« degradiert.

Im Zuge einer technischen Neuorientierung ist dieser Prozeß jedoch umkehrbar: während Schwer- und Routinearbeiten von Maschinen übernommen werden, kann die Arbeit des Menschen zu einer sinngebenden Beschäftigung werden. Durch eine Dezentralisierung der Entscheidungen und die Schaffung von überschaubaren Einheiten kann man Lösungen zu dem Themenkreis finden.

Dies bedeutet insbesondere, daß man aus den Betroffenen in einer Organisation Beteiligte macht. Die Aufgabenerfüllung nach Stellenbeschreibungen reicht heute nicht mehr aus. Stellenbeschreibungen in ihrer allzu kasuistischen Form waren fraglos über Dekaden hinweg ein brauchbares Instrument.

Was man aber heute in Wirtschaft und Verwaltung benötigt, sind aktionsorientierte Arbeitsgruppen, in denen die Mitarbeiter angemessene Freiräume haben.

Durch verstärkte Selbststeuerung des einzelnen kraft eigener Einsicht und weniger Fremdsteuerung durch Macht- und Hierarchiestrukturen führt der Wunsch nach Selbstverwirklichung am Arbeitsplatz und Beschäftigungsvielfalt zu einem Anwachsen der Leistungsfähigkeit. Da Produktivitätssteigerungen nicht länger durch Arbeitsteilung, sondern vorwiegend durch Integration unterschiedlicher Tätigkeitsfelder erzielt werden können, muß zunehmend der Bedürfnisbefriedigung der Firmenmitglieder und ihrem Streben nach Selbstverwirklichung Rechnung getragen werden.

Man hat in Wirtschaft und Verwaltung erkannt, daß in jedem Menschen ein Potential für massive Leistungssteigerung steckt und daß seine positive innere Einstellung zur Unternehmung Ausgangspunkt für herausragende Arbeit ist; denn wer Aufgaben und Ziele als wertvoll erkannt hat, wird sich auch wesentlich erfolgreicher dafür einsetzen. Es ist für jede Organisation deshalb gleichermaßen eine Notwendigkeit, diese vorhandenen Energien und Fähigkeiten zu erkennen und zu nutzen. Die hohen Anforderungen an einen vom Markt und Kostendruck her bestimmten Betrieb zwingen geradezu zur Nutzung dieses vorhandenen Mitarbeiterpotentials. Eine Organisation und ihre Mitglieder müssen aus diesem Grunde eine Einheit bilden, die gemeinsam in eine Richtung wirkt. Diese Übereinstimmung wird dann erreicht, wenn die Mitarbeiter erkennen, daß ihre Leistung zum Aufbau der Firma gleichzeitig einen direkten Beitrag zu ihrer persönlichen Entfaltungsmöglichkeit darstellt. Je mehr eine Unternehmung ihren Mitgliedern also die Möglichkeit bietet, die Firmenziele mit den eigenen Zielen in Einklang zu bringen, desto wahrscheinlicher ist es, daß sie auch in Zukunft erfolgreich arbeiten wird.

Der Verfasser durfte in zahlreichen Organisationen die Bedeutung von hochmotivierten Mitarbeitern für den Unternehmenserfolg kennenlernen. Nur bei einer entsprechenden Identifikation mit den Abteilungs-, Bereichs- und Unternehmenszielen, einer gut ausgeprägten Motivation, die mit angemessenen Freiräumen verknüpft ist, wird der Mitarbeiter zum »Sub-Unternehmer«.

Es entsteht ein Arbeitsklima, in dem der Mitarbeiter seine Ansprüche auf Lebensqualität und Selbstverwirklichung realisieren kann. Ein solches Klima läßt den Nährboden für Innovationen entstehen. Die Aufgaben werden nicht zur Last. Man nimmt die Herausforderungen an und meistert sie – meist sehr erfolgreich. Die Mitarbeiter machen hier deutlich, daß der entscheidende Unterschied zur Konkurrenz in jedem einzelnen Mitarbeiter begründet liegt. Der Verfasser hat im Rahmen von Beratungen in einzelnen Organisationen einen solchen »Geist« kennen und schätzen gelernt. Wie wohltuend und erfolgreich dies für die einzelnen Mitarbeiter und die Organisation selbst ist, mag man dann ergründen, wenn man dagegen Aussagen hört wie: »2 Jahre, 3 Monate und 18 Tage muß ich in diesem Sauladen noch ausharren.«

2.1.5 Effizientes Führungssystem

Die Herstellung guter menschlicher Beziehungen gehört zu den Grundvoraussetzungen für eine erfolgreiche Unternehmensführung. Die Mitarbeiter werden eine Führungskraft nur dann anerkennen und ihr die für ihre Aufgabe notwendige Autorität einräumen, wenn sie den hohen menschlichen Anforderungen ihres Berufes gerecht wird. In diesem Zusammenhang kann man Führung nicht nur als eine Technik betrachten, sondern in erster Linie als eine geistige Haltung.

Führung bedeutet sowohl »Unternehmensführung« als auch »Menschenführung«. Während ersteres die betriebswirtschaftliche Definition für die erfolgreiche Bewältigung des organisatorischen Prozesses Zielsetzung, Planung, Durchführung und Kontrolle ist, bedeutet letzteres, eine soziale Beziehung zu den Mitarbeitern herzustellen, ihre Interessen, Bedürfnisse und Motive angemessen zu berücksichtigen und gleichzeitig mit den Unternehmenszielen zu verknüpfen, d.h. Firmenmitglieder so erfolgreich zu führen, daß sie gleichsam schon von sich aus in genau jene Richtung streben, die eine Führungskraft ihnen aufzeigt.

Hier geht es im wesentlichen darum, innerhalb der Pflege menschlicher Beziehungen die zwischenmenschlichen Bereiche zu verbessern und den Zugang zur Gefühlswelt der Mitarbeiter zu erhalten. Denn erhöhte Leistungsbereitschaft und die Identifikation mit den Unternehmenszielen kann nur dann erreicht werden, wenn eine Führungskraft sich mit den besonderen Denk- und Verhaltensweisen ihrer Mitarbeiter befaßt. Deshalb ist es für erfolgreiches Management wichtig, die wissenschaftlichen Erkenntnisse auf dem Gebiet der menschlichen Verhaltenspsychologie bei der innerbetrieblichen »Menschenführung« zu kennen und zu berücksichtigen. Diese Kenntnis hilft Führungskräften, etwas zu bewirken, indem sie auf andere einwirkt – Führung ist daher der auf ein Ziel bezogene soziale Prozeß der Beeinflussung. Managementwissen besteht aus diesem Grunde vorwiegend aus Führungsfähigkeiten und weniger aus Fachkenntnissen.

Für den Erfolgsfaktor »effizientes Führungssystem« spielen daher die Führungspersönlichkeit, der Führungsstil, die Fürsorgefunktion, das Delegationsverhalten und die Kommunikation eine große Rolle. Daneben haben Einfluß auch die hierarchische Struktur und das Bildungsprogramm einer Organisation.

Vorgesetzte müssen in der Lage sein, die ihnen unterstellten Mitarbeiter dahingehend zu beeinflussen, daß sie für gemeinsame Ziele streben und arbeiten. Das Ineinanderklingen zwischen den Zielen des einzelnen und den Zielen der Organisation ist eine der wesentlichsten Herausforderungen an die Unternehmensführung.

2.1.6 Praktizierte Kundennähe

Schon immer hatte der Faktor »Nähe zum Kunden« eine große Bedeutung. Bei enger werdenden Märkten rückt aber die Kundenorientierung mehr und mehr in den Vordergrund unternehmerischer Aktivitäten. Jeder Unternehmer muß heute regelrecht besessen sein, dem Kunden gute Qualität und besten Service, d.h. einen Mehrwert, zu liefern. Enge Kundenbeziehungen sind die Basis für künftige geschäftliche Erfolge.

Wer heute den Kunden nur als Geschäftsvorfall betrachtet, hat seit der Zeit eines seligen Luca Pacioli, dem Mönch, der angeblich die Buchhaltung erfunden hat, nichts dazugelernt. Heute geht es mehr und mehr darum, dem Kunden Problemlösungen anzubieten und den höchsten Grad an Kundenorientierung zu realisieren. Es gilt, in den Gehirnstrukturen der Kunden, ja sogar in den Gehirnwindungen der Kunden unserer Kunden »spazieren zu gehen«. Denn richtet sich ein Unternehmen vorwiegend nach den Bedürfnissen und Vorstellungen seiner Kunden, macht es sie zu Verbündeten und nicht zu Gegnern, bedeutet dies eine beiderseitige Gewinnsteigerung. Sich in die Lage des anderen zu versetzen, seinen Nutzen, seine Interessen und sein Gedeihen bei allen Auseinandersetzungen im Auge zu behalten ist ein wesentlicher Erfolgsfaktor für Kundenorientierung.

Hat sich aus einem Kundenverhältnis eine partnerschaftliche Beziehung zwischen Betrieb und Kundenkreis entwickelt, haben die Partner nun eher die Möglichkeit, ihren Nutzen auf der Basis des »Miteinander« zu maximieren. Als gleichberechtigte Partner streben beide gemeinsame Ziele an – z.B. Steigerung des Gewinns – und einigen sich zur Erreichung ihrer Ziele auf eine gemeinsame Strategie. Dies beruht zu Beginn ihrer Beziehung auf der Suche nach gemeinsamen Bedürfnissen und mündet in der gemeinsamen Befriedigung dieser Bedürfnisse.

Eine Partnerschaft zwischen Unternehmen und Kunden ist auch eine Basis für das Sammeln von neuen Erkenntnissen. Dieses Wissen muß im gegenseitigen Vertrauen erarbeitet und zu beiderseitigem Nutzen eingesetzt werden. Dieser gemeinsame Lernprozeß ist eine starke Partnerbindung und ein Wachstumsfaktor ihrer Partnerschaft. Dazu kommt bei jeder Geschäftsbeziehung auf Vertrauensbasis die gegenseitige Unterstützung. Diese muß soweit ausgebaut werden, daß jeder Partner jenen Aufgabenbereich übernimmt, für den er am besten geeignet ist. Die komplementäre Natur ihrer Beziehung, die beiden Partnern zugute kommt, sollte so weit gehen, daß die Abwesenheit des einen den Schaden des anderen bedeutet.

Der Stellenwert des Kunden wird deutlich aus den nachfolgenden Überlegungen zu »Was ist ein Kunde?«

Ein Kunde
ist die wichtigste Person in unserem Unternehmen, gleich ob er persönlich da ist oder schreibt oder telefoniert.

Ein Kunde
hängt nicht von uns ab, sondern wir von ihm.

Ein Kunde
ist keine Unterbrechung unserer Arbeit, sondern ihr Sinn und Zweck.

Ein Kunde
ist jemand, der uns seine Wünsche bringt. Unsere Aufgabe ist es, diese Wünsche gewinnbringend für ihn und uns zu erfüllen.

Ein Kunde
ist keine kalte Statistik, sondern ein Mensch aus Fleisch und Blut, mit Vorurteilen und Irrtümern behaftet.

Ein Kunde
ist nicht jemand, mit dem man ein Streitgespräch führt oder seinen Intellekt mißt. Es gibt niemanden, der je einen Streit mit einem Kunden gewonnen hat.

Ein Kunde
ist kein Außenstehender, sondern ein lebendiger Teil unseres Geschäftes. Wir tun ihm keinen Gefallen, wenn wir ihn bedienen, sondern er tut uns einen Gefallen, wenn er uns Gelegenheit gibt, es zu tun.

Diese Aussagen finden sich mehr und mehr in Form von Plakaten in zahlreichen Organisationen. Sie machen letzten Endes deutlich, daß der Kunde der Dreh- und Angelpunkt aller wirtschaftlichen Aktivitäten ist. Neben den bereits angegebenen Aussagen zum Kunden verwenden Firmen für ihre Mitarbeiter noch Ansprachen wie:

- Zufriedene Kunden werden nicht geboren, sondern gemacht.
- Von den Kunden leben wir. Uns geht es nur gut, wenn die Kunden mit uns zufrieden sind.
- Der Kunde ist unser Mittelpunkt.
- Ohne Kunden wären wir nichts.
- Zufriedene Kunden sind das Wichtigste für uns alle.
- Zufriedene Kunden garantieren unseren Erfolg.
- Kunden machen uns Arbeit. Zum Glück.

2.2 Der persönliche Erfolg

Der Verfasser ist in zahlreichen Veranstaltungen mit Führungskräften der Frage nachgegangen, in welchem Umfang sich die unternehmerischen Erfolgsfaktoren auf den persönlichen Bereich übertragen lassen. Das Ergebnis dieser Analysen sowie umfangreiche Literatur-Recherchen und Gespräche mit zahlreichen Management- und Personalberatern führten zu einer Ergänzung des unternehmerischen Erfolgssystems durch das persönliche Erfolgssystem. Mewes verdeutlicht den Zusammenhang zwischen unternehmerischen und persönlichen Erfolgsfaktoren durch die Feststellung: »Warum sollte das, was im Unternehmen gilt, nicht für die persönliche Erfolgsstrategie gelten?«

Die folgende Abbildung zeigt das gesamte System der Erfolgsfaktoren – bestehend aus dem unternehmerischen und dem persönlichen Erfolg. Nachstehend werden die 6 Faktoren des persönlichen Erfolgssystems ausführlicher beschrieben:

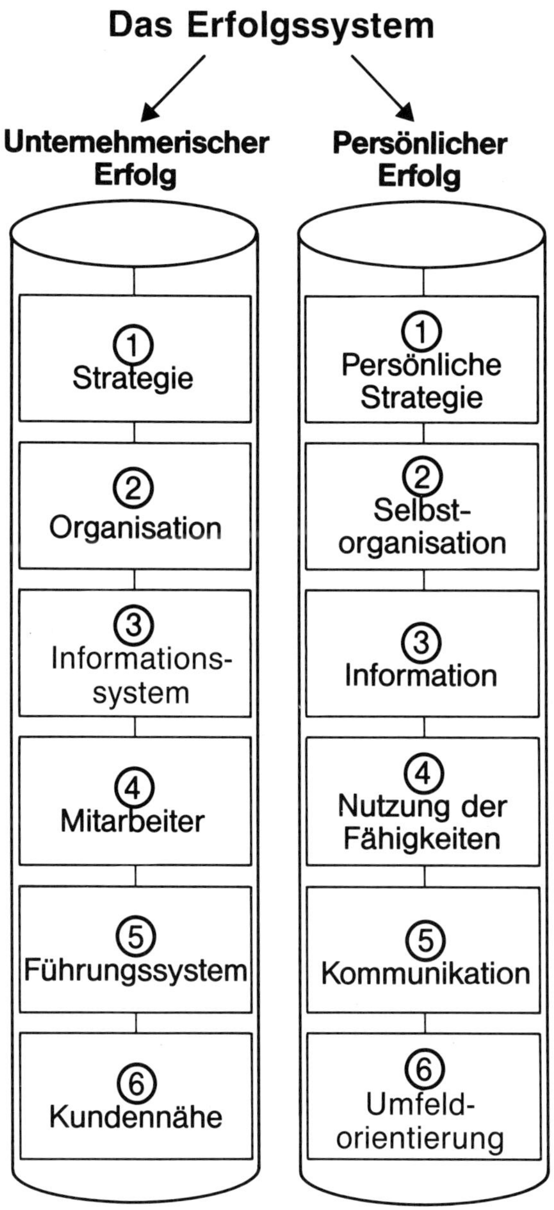

Abbildung: Das System der Erfolgsfaktoren: Unternehmerischer und persönlicher Erfolg

2.2.1 Persönliche Erfolgsstrategie

Die Notwendigkeit einer persönlichen Strategie muß nicht mehr neu begründet werden. Als Kronzeugen lassen sich viele Literaten, Persönlichkeiten aus dem öffentlichen Bereich, Manager, Management-Trainer und namhafte Wissenschaftler anführen. Nietzsche wußte schon: »Der Mensch muß zuerst ein Ziel haben, wenn ihm eine große Leistung gelingen soll.«, und Christian Morgenstern schreibt: »Wer vom Ziel nicht weiß, kann den Weg nicht haben.«

Denis Waitley, ein erfolgreicher Unternehmensberater und Trainer in den USA, hat im Rahmen seiner Befragungen von Führungskräften und Spitzenleuten aus der Wirtschaft herausgefunden, daß Menschen mit persönlichen Zielen und Strategien erfolgreicher sind. Verlierer lassen sich lenken, Gewinner nehmen das Steuer selbst in die Hand. Sieger sind zielorientiert, für sie ist das Ziel der Motor, der ihrem Leben Schwung gibt. Alle bekannten Erfolgsstrategien betonen die Bedeutung der Zielsetzung. Sie machen den Stellenwert von Lebenszielen, Periodenzielen und Jahreszielen deutlich. Die Energo-Kybernetische Strategie von Mewes (EKS) ist letztlich nichts anderes als eine eindrucksvolle und bewährte Strategie-Lehre. Nach der Großmann-Methode ist Planlosigkeit eine der Hauptursachen, weshalb viele Menschen ihre Ziele nicht erreichen. Auch die Hirt-Methode erläutert, daß sowohl die Arbeit im engeren Sinne als auch das Leben als Ganzes harmonisch und erfolgreich zu gestalten ist. Der gemeinsame Nenner dieser und weiterer Erfolgs-Systeme, der Aussagen in Literatur und Praxis ist: Der Erfolgreiche hält sich an das, was ihn seinem Ziel näherbringt. Dabei ist wichtig, daß erfolgreiche Menschen nicht nur die nächste Runde gewinnen wollen, sie sehen bereits den ganzen Weg bis zur Meisterschaft im Geiste vor sich.

Die persönliche Strategie beginnt bei den meisten Erfolgsmenschen mit einer Situationsanalyse der eigenen Persönlichkeit. Hier werden Begabungen, Vorstellungen und Wünsche analysiert und klar definiert; denn sie sind es, die eine Hochleistung erst ermöglichen. Jeder weiß sicher aus eigener Erfahrung, daß jene Aufgabenstellungen und Zielvorgaben, die der persönlichen Neigung und unseren Fähigkeiten am ehesten entsprechen, auch am erfolgreichsten ausgeführt und bewältigt werden. Vorliebe für eine Aufgabe, gepaart mit Begeisterung und intensiver Hingabe, macht Spitzenleistungen erst möglich. Wer dagegen erst Abneigungen oder gar Frustrationen überwinden muß, um eine Arbeit zu erledigen oder ein Ziel zu erreichen, verbraucht beim Überwinden unnötig viel Kraft, die dann bei der eigentlichen Aufgabenbewältigung fehlt.

Zur Beurteilung der persönlichen Situation und einer optimalen Zielfindung ist es auch notwendig, den eigenen Wert und den Nutzen, den man der Umwelt bietet, zu erkennen und festzustellen. Denn nur dort wird man mit Schaffenskraft und Elan an die Arbeit gehen, wo man Nutzen bietet und als Gegenleistung Nutzen erhält, d.h., je höher der Nutzen ist, den man der Umwelt bietet, desto höher ist auch der Wert, den man persönlich in der Gesellschaft darstellt und nach dem man auch eingeschätzt und beurteilt wird.

Ein wesentlicher Faktor, der bei der persönlichen Strategie berücksichtigt werden muß, ist die Selbstbestimmung bei der Zielsetzung. Nur wer die *eigenen* Ziele festsetzt und anstrebt, ohne dabei fremdbestimmt zu sein, d.h. aus Mangel an eigenen Zielvorstellungen für die Ziele anderer eingespannt zu werden, der wird seine Ziele erreichen und dabei seine Kräfte optimal mit dem größtmöglichen Effekt entfalten können.

Erfolgreiche Persönlichkeiten besitzen die Tendenz, herauszuragen mit ihren Leistungen, die ihnen tief im Innern von Bedeutung sind, und gleichzeitig nützlich zu sein, indem sie etwas tun, was auch für andere wichtig ist. Sie stellen aber stets ihre innere Überzeugung über den Wert ihrer Aufgaben und über ihre eigenen Fähigkeiten. Begeisterungsfähigkeit für Aufgabenfelder, die ihnen liegen, Optimismus auch bei schwierigen Problemen und eine imponierende innere Einsatzbereitschaft, die eng verbunden ist mit einer sozialen Komponente und ethischem Empfinden, zeichnen den Erfolgsmenschen aus.

2.2.2 Effiziente Selbstorganisation

Das Pendant zu einer effektiven Organisation in Unternehmen und Verwaltungseinheiten ist im System der persönlichen Erfolgsfaktoren die Selbstorganisation. Der Verfasser hat in den letzten zwei Dekaden zahlreiche Seminare zu diesem Thema mit Führungskräften und Mitarbeitern durchgeführt. Dabei wurde ihm immer mehr bewußt, daß es oft ganz einfache Vorschläge sind, die es zu realisieren gilt.

Viele Menschen lassen die Reihenfolge ihrer Handlungen jedoch häufig von äußeren Einflüssen und spontanen Impulsen bestimmen. Die Folge ist, daß sie den Überblick verlieren, gestellte Aufgaben nur teilweise schaffen und infolge von mangelnden Ergebnissen die Motivation verlieren. Es ist bekannt, daß nur ein geringer Zeitaufwand für jene Aktivitäten eingesetzt wird, die wirklich Ergebnisse bringen, während der größte Teil unserer Zeit mit unstrukturierten Tätigkeiten vergeudet wird.

Erfolgsmenschen sind jedoch auch erfolgreiche Manager ihrer Zeit. Sie haben es geschafft, ihre Aktivitäten so in den Griff zu bekommen, daß sie Zeit für das Wesentliche haben und nicht über Zeitnot und Arbeitsüberlastung klagen müssen. Da die vorhandene Zeit ein wichtiges Gut ist, von dem man nicht beliebig viel erstehen kann, und sie die absolute Grenze der menschlichen Möglichkeiten darstellt, sollte man meinen, daß mit diesem wertvollen Rohstoff besonders sorgsam umgegangen wird – das Gegenteil ist aber häufig der Fall!

In diesem Zusammenhang darf man jedoch nicht unbeachtet lassen, daß es den meisten Menschen nicht möglich ist, ihre Zeit so zu verwenden, wie sie es gerne sehen würden. Vor allem wirtschaftliche und soziale Zwänge setzen uns klare Rahmenbedingungen. Hinzu kommt in vielen Fällen ein hoher Grad an Fremdbestimmung; sei es durch Vorgaben von Chefs, Kunden, Lieferanten, Mitarbeitern oder Familienangehörigen. Die Ausprägung der Außenbestimmung ist je nach der jeweiligen Situation und den ausgewählten Tätigkeiten unterschiedlich. Dennoch haben wir alle die Möglichkeit, unsere Zeitprobleme innerhalb der Rahmenbedingungen besser zu bewältigen. Erinnert sei hier an einen Ausspruch des römischen Philosophen L. A. Seneca: »Es ist nicht wenig Zeit, was wir haben, sondern es ist viel, was wir nicht nützen.«

Das Bewußtsein, die Zeit richtig zu nutzen, beeinflußt unser Leben positiv. Diese Aussage gewinnt dann an Bedeutung, wenn man bei der Betrachtungsweise nicht nur die Zeit in der kurzen Sicht, sondern in der langen Sicht bedenkt. Vor diesem Hintergrund ist es verständlich, wenn Alan Lakein, einer der profilierten Fachleute auf dem Gebiet des Zeitmanagements in den USA, ausführt: »Wer seine Zeit aus der Hand gleiten läßt, läßt sein Leben aus der Hand gleiten; wer seine Zeit in der Hand hat, hat sein Leben in der Hand.« Dies bringt Lakein dann zu der Aussage: »Vergeudete Zeit ist vergeudetes Leben – genutzte Zeit ist erfülltes Leben.«

Eine wesentliche Unterstützung erfahren wir im Bereich der Selbstorganisation durch den Einsatz adäquater Arbeitstechniken. Diese sind jedoch unabdingbar mit der eigenen Einstellung verbunden. Die im Kapitel 4 beschriebenen Techniken müssen vor diesem Hintergrund gesehen werden. Fraglos ist, daß man mit ihrer Hilfe in der Lage ist, die Tätigkeiten in den Griff zu bekommen, Zeit für das Wichtige zu haben. Es kommt nicht von ungefähr, wenn Goethe schreibt: »Gebraucht die Zeit, sie geht so schnell von hinnen. Doch Ordnung lehrt Euch Zeit gewinnen.«

Wollen wir effizientes Selbstmanagement praktizieren, so ist es aber nicht alleine damit getan, daß man die notwendigen Regeln hierfür beherzigt und sich erfolgversprechende Konzepte zur Selbstorganisation zu eigen macht. Hier ist in erster Linie eine selbstkritische Reflexion der eigenen Verhaltensweisen angebracht. Bestimmte, über Jahre hinweg gewachsene Einstellungen und Gewohnheiten müssen einer ernsthaften Kontrolle unterzogen werden. Nur wer grundsätzlich bereit ist, seine eigenen Verhaltensweisen neu zu definieren, ist auch in der Lage, anhand von Arbeitstechniken und Zeitplanungsmethoden eine effiziente Selbstorganisation zu erreichen.

2.2.3 Optimale Nutzung von Information

Längst ist bekannt, daß Informationen zu den wesentlichen Ressourcen unserer Gesellschaft gehören. Im Gegensatz zu den klassischen Ressourcen der Natur – die in hohem Umfang begrenzt sind – haben Informationen den Vorteil, sich nicht zu verbrauchen, d.h. unbegrenzt zu sein. Einen entscheidenden Verstärker erfährt die Speicherung und Verarbeitung von Informationen durch die zur Verfügung stehenden Technologien. Diese ermöglichen es, Informationen zu speichern, miteinander zu verknüpfen und jederzeit abzurufen. Sie bieten eine völlig neue Art der Speicherung, Verknüpfung und Darstellung von Daten und Informationen. Sie geben den Menschen daher die Möglichkeit, eine größere Produktivität zu erzielen und ihre Fähigkeiten gezielter einzusetzen. Kein anderer Strukturwandel ist derzeit so bedeutsam und beeinflußt gleichzeitig so viele andere Bereiche.

Die wachsende Rolle der Information und die zunehmende Fähigkeit, sie auf allen Gebieten optimal einzusetzen und auszuwerten, verändert in hohem Maße alle Aktivitäten unserer Gesellschaft. Informationen auf allen Wissensgebieten sind heute wesentlich schneller und leichter verfügbar als je zuvor. Wegen des einfachen und leichten Zugangs zu gespeicherten Informationen und wissenschaftlichen Daten erleben wir auch einen bemerkenswerten Wandel der Lernaktivitäten. Der Computer mit seiner enormen Kapazität und einer immer effizienter werdenden Software eröffnet uns ungeahnte Dimensionen von neuen Lernmöglichkeiten, die es zu nutzen gilt.

Im Rahmen der persönlichen Erfolgsfaktoren kommt es – analog zu den unternehmerischen Erfolgsfaktoren – auch auf die gezielte Informationsanalyse, -verarbeitung und -auswertung an. Dieser Faktor ist sehr vielschichtig.

Von besonderer Bedeutung ist dabei die menschliche Lernfähigkeit. Untersuchungen zeigen, daß das Lernen auf keine bestimmte Altersstufe begrenzt ist und das Gehirn wie ein Muskel funktioniert, der ständig trainiert werden muß. Der Verfasser bekam immer wieder bestätigt, daß es diesbezüglich in Unternehmen sowohl 30jährige Großmütter und Großväter, aber auch junggebliebene 60jährige gibt. Es ist erwiesen, daß bei älteren Menschen, die ihr Gehirn fit gehalten haben, dieses besser funktioniert als bei verhältnismäßig jungen Menschen, die nach einer abgelegten Prüfung und einem Diplom in der Tasche aufgehört haben, Gehirngymnastik zu betreiben. Die Schulung des Denkvermögens gewinnt eine immer größere Bedeutung. Aus der deutschen Ausgabe von John Naisbitt's Megatrends aktuell (28. Januar 1988) geht hervor, daß in einer sich rasch wandelnden Arbeitswelt keine anderen Fertigkeiten so wichtig sind wie Denkvermögen und Dialogfähigkeit. »Das Wissen, wie man lernt, nutzt Arbeitnehmern in Zukunft weit mehr als alle Spezialkenntnisse. Viele werden im Laufe ihres Arbeitslebens ein halbes Dutzend Stellen bekleiden und die Branchen zwei- oder dreimal wechseln – mit jeweils neuen Anforderungen.«

2.2.4 Positive Selbstmotivation und Konzentration der Kräfte

In Wirtschaftsunternehmen werden sofort Klagelieder angestimmt, wenn die maschinellen Kapazitäten nicht voll ausgelastet sind. Ist es nicht bedenklich, daß die Fertigungskapazität der Firma X derzeit einen Auslastungsgrad von nur 76 % aufweist?

Dies ist, vom Standpunkt der Produktivität aus betrachtet, sicherlich ein gravierender Mißstand. Doch wer setzt sich eigentlich für das Problem einer 100 %igen Nutzung der Fähigkeiten der Mitarbeiter ein? Meist werden die geistigen Kapazitäten von Menschen nur zu einem relativ geringen Prozentsatz genutzt. Wissen liegt aber so lange brach, bis jemand eine Voraussetzung schafft, es der Allgemeinheit nutzbar zu machen. Hier gilt es, daß jeder einzelne verstärkt den Versuch unternimmt, seine vorhandenen Fähigkeiten zu erkennen und zu nutzen. Um die eigenen Fähigkeiten auch nutzen zu können, muß man dies zunächst einmal wollen. Der Senior-Chef des Hauses Bizerba hat diese Einstellung über Jahrzehnte hinweg in eindrucksvoller Weise vorgelebt: »Man muß nur wollen«, lautet seine Maxime. Diese Aussage läßt sich auf 90 % der uns begegnenden Herausforderungen anwenden.

Um die eigenen Fähigkeiten nutzen zu können, ist es notwendig, die größten Gaben und Schwachstellen zu analysieren. Es ist wichtig, sich dabei insbesondere auf die eigenen Stärken zu besinnen. Viele Menschen verfügen über eindrucksvolles Wissen und Können. Das meiste davon bleibt jedoch ungenutzt, weil die Einsatzbereitschaft mangels menschlich fundierter Motivation fehlt – denn die innere Einstellung zur Aufgabe ist es, die Leistung und Ergebnisse schafft, weniger die Kenntnisse.

Arbeitsmotivation erreicht man eher in Unternehmen, die eine ganzheitliche Betrachtungsweise des Arbeitsgeschehens zulassen, d.h., daß ein Individuum sich nicht darauf beschränken muß, Teilaspekte zu betrachten, sondern daß Ablaufprozesse in ihrer Ganzheit erfaßt werden können. Spezialisierung und Ausrichtung der Teilbereiche auf übergeordnete Ziele lassen den Sinn der eigenen Arbeit nur geringfügig erkennen und sind einer positiven Motivation abträglich.

Als ein zentrales Motiv und genereller Arbeits-Antrieb kann das jedem Menschen eigene Leistungsbedürfnis betrachtet werden. Dabei ist das Verhältnis zwischen Arbeitseinsatz und daraus resultierender Belohnung wichtig, denn Wert und Wahrscheinlichkeit der Belohnung sind wesentliche Bestimmungsfaktoren für das Leistungsbedürfnis. Die eigentliche Leistung hängt von der jeweiligen Person, ihren Fähigkeiten und der Arbeitssituation, in der sie sich befindet, ab. Leistung als Ergebnis von Anstrengung mit dem Ziel der gerechten Entlohnung ist eine wesentliche Determinante für Zufriedenheit. Für den Erfolg einer Organisation ist deshalb die Arbeitszufriedenheit der Mitarbeiter von zentraler Bedeutung. Ein Unternehmen funktioniert nicht mehr nur aus wirtschaftlichem Interesse; seine Stärke beruht auf den breitgefächerten menschlichen Werten wie Anerkennung der Leistung, Wertschätzung, Zusammenarbeit und gegenseitige Achtung.

Nur wenn diese Wertvorstellungen in ausgewogenem Maße vorhanden sind, ist ein überdurchschnittlicher Leistungswille und eine effiziente Nutzung der menschlichen Fähigkeiten gegeben.

2.2.5 Wirksames Kommunikationssystem

Dem Erfolgsfaktor Kommunikation im persönlichen Bereich steht als unternehmerischer Erfolgsfaktor das Führungssystem gegenüber. Dieses wird im wesentlichen vom Führungsstil bestimmt. Wir wissen, daß heute die Willensbildung gemeinsam zwischen dem Vorgesetzten und der Gruppe zu erfolgen hat. So, wie der Vorgesetzte verstärkt einen informierenden, beratenden, kooperativen, partizipativen oder demokratischen Führungsstil umzusetzen versucht, sollte jeder auch im persönlichen Bereich die Kommunikation pflegen.

Kommunikation vollzieht sich sowohl im verbalen als auch im non-verbalen Bereich, d.h., sie wird über die Sprache des gesprochenen Wortes und über die Sprache des Körpers wie Gestik, Mimik, Blicke etc. ausgedrückt. Dabei ist es besonders wichtig, bei Gesprächen und Begegnungen die Signale der Körpersprache unseres Gesprächspartners zu beachten, denn die Art und Weise, wie sich jemand verhält, ist entscheidend für das Bild, das wir uns von ihm machen. Es ist aber sehr schwierig, Körpersprache objektiv zu erkennen und zu analysieren, und erst durch längere Beobachtungen ist eine relativ gute Beurteilung möglich. Körpersignale sind als Ganzheit zu bewerten und immer auf die jeweilige Lage zu beziehen. Dennoch ist es heute notwendig, gewisse Grundbegriffe der Körpersprache zu kennen, um Kommunikation mit einem Partner besser beherrschen zu lernen, da die Körpersprache grundsätzlich wahrheitsgemäßer als die wörtliche Sprache ist. Körpersprache verrät mehr über die eigentliche Meinung eines Menschen als all seine Worte! Gefühlsmäßige Grundelemente der zwischenmenschlichen Beziehungen wie z.B. Vertrauen oder Mißtrauen, Zufriedenheit oder Unzufriedenheit und dgl. wirken als

Signale des non-verbalen Bereiches sehr deutlich, auch wenn sie nicht direkt ausgesprochen werden. Um diese Körpersignale anderer zu verstehen und deuten zu können, ist es notwendig, auf die Mitmenschen einzugehen, sie bewußt und aufmerksam zu beobachten und mehr Verständnis für ihre Lage aufzubringen.

Erfolgsmenschen sind Spezialisten in wirksamer Kommunikation. Sie suchen den Kontakt, gehen auf andere zu, motivieren sich selbst und andere. Wirksame Kommunikation läßt sich nicht erreichen, wenn sich alles nur um die eigene Achse dreht. Eine positive Selbstachtung ist dagegen eine wesentliche Grundlage für die Basis von Beziehungen. Es gilt häufig, sich und den anderen Mut zuzusprechen. Eine ermutigende, bejahende Sprache ist daher ein wesentlicher Bestandteil einer positiven Selbstachtung.

Das aktive Bemühen um Gemeinsamkeit ist im übrigen auch ein wichtiges Mittel gegen den Streß. Untersuchungen haben ergeben, daß Menschen, die in Vereinen aktiv sind, die sich in kirchlichen Organisationen oder bei sportlichen Veranstaltungen nützlich machen, 4 1/2 mal seltener einen Herzinfarkt bekommen als isoliert lebende.

2.2.6 Nutzen für die Gemeinschaft und Umfeldorientierung

Ein wichtiger Erfolgsfaktor im Konzept der unternehmerischen Erfolgsfaktoren ist die Kundenorientierung. Diesem Faktor entspricht im persönlichen Bereich die Umfeldorientierung.

Hier geht es in erster Linie darum, durch eigene Leistung zum Wohle seiner Mitmenschen beizutragen – denn bedeutende menschliche Leistungen lassen sich immer nur für andere erbringen. Bestmögliche Leistungen für die Gemeinschaft zu bieten setzt jedoch einen optimalen eigenen Leistungszustand voraus. Gemeint sind hier die Erfolgsfaktoren Kontaktfreudigkeit, sicheres Auftreten, Verhandlungskunst und Selbstbewußtsein. Erfolgreiches Verhalten ergibt sich dann fast von selbst, wenn wir stets darauf bedacht sind, unserem Umfeld einen größtmöglichen Nutzen zu bieten. Steigern wir diesen Nutzen laufend, so steigern wir automatisch auch unsere gewünschten Persönlichkeitswerte.

Bereits Schopenhauer hat darauf hingewiesen, daß der Mensch das Bedürfnis hat, einer Organisation oder Gemeinschaft, der er sich zugehörig fühlt, Nutzen zu bringen und für ihre Erhaltung Sorge zu tragen. Mit dem Gefühl, durch seine Leistung anderen außergewöhnlichen Nutzen gebracht zu haben, befriedigt er seine Bedürfnisse und steigert gleichzeitig sein Selbstwertgefühl.

Diese Zielrichtung wird von der EKS-Strategie von Mewes schon immer als das herausragende Merkmal überhaupt gesehen. Je spürbarer der Nutzen für das Umfeld ist, desto größer ist auch der eigene Nutzen. Diese Orientierung entspricht nach Mewes allen moralischen Anforderungen, die von der christlichen Lehre über Thomas von Aquin, Kant, Kierkegaard und de Chardin bis hin zu Jaspers und Heidegger an das Verhalten des Menschen gestellt worden sind.

Es führt im Sinne der EKS-Strategie gleichzeitig zur optimalen Entwicklung des einzelnen und des Ganzen. Dies entspricht auch dem Gewinner-Gewinner-Ansatz des Verfassers.

Übertragen auf die betriebliche Praxis bedeutet dies nichts anderes, als daß ein Mitarbeiter, der seinem Abteilungsleiter bei der Realisierung seiner Ziele hilft, sich selbst bezüglich seiner persönlichen Weiterentwicklung hilft. Heute geht es nicht mehr darum, nur das eigene Subsystem zu maximieren; mehr und mehr wird die Vernetzung der Systeme deutlich – es geht um das Optimieren ganzer Systemkomplexe. Jeder einzelne muß die Einordnung seines Systems in das übergeordnete System erkennen. Es gilt, externe Ziele, d.h. übergeordnete Ziele, sich zu eigen zu machen. Wer dies erkennt, wird feststellen, daß sein Beitrag nicht nur entscheidend zur Verbesserung des Umfeldes beiträgt, sondern auch zur optimalen Weiterentwicklung des eigenen Erfolgssystems.

Ebenfalls zum Bereich der Umfeldorientierung gehört die Variable »menschliches Verhalten«, die man seit Ende der 60er Jahre zu steuern und zu analysieren bemüht ist. Das menschliche Verhalten ist praktisch das Grundwerkzeug eines Individuums zur Optimierung seiner Lebensmöglichkeiten in einem vorgegebenen Umfeld. Eric Berne, Thomas A. Harris, Dudley Bennet und zahlreiche andere Anhänger dieser Bewegung haben versucht, die Transaktions-Analyse, die auf der Erkenntnis von Sigmund Freuds Persönlichkeitsmodell beruht, für die Wirtschaft anwendbar zu machen. Durch eine genaue Untersuchung sozialer Transaktionen haben sie das Allgemeingültige an scheinbar willkürlichen Verhaltensweisen entdeckt und damit eine eindeutige und brauchbare Beschreibung der Analyse des menschlichen Verhaltens den Mitmenschen gegenüber geschaffen. Das Kennenlernen der eigenen Persönlichkeit und das gleichzeitige Eingehen auf die Gefühle und Empfindungen anderer können anhand der Kenntnisse menschlicher Verhaltensweisen durch die Transaktions-Analyse erleichtert werden. Sie kann wesentliche Veränderungen im Sinne eines bewußten Umgehens mit sich selbst und seinem Umfeld bewirken.

2.3 Die dynamische Komponente im Modell der 6 Erfolgsfaktoren

Die stringente Ableitung der unternehmerischen und der persönlichen Erfolgsfaktoren auf der Basis empirischer Untersuchungen und der Analyse von Erfolgskonzepten bildete die Basis für den weiteren Ausbau des Systems der 6 Erfolgsfaktoren.
Zwei Fragen standen im Vordergrund:

1. Wie drückt sich die Entwicklung der einzelnen Erfolgsfaktoren im zeitlichen Ablauf aus?
2. Welche Kriterien kennzeichnen die Erfolgsfaktoren?

Erfolgsfaktoren \ Phase (Reifegrad)	I Start	II Ausweitung	III Konsolidierung	IV Wachstum	V Integration
Strategie	Keine strategischen Überlegungen	Kurzfristige Ausrichtung	Mittelfristige Strategie	Harmonisierung der Strategien	Marktorientierte langfristige Strategien
Organisation	Hoher Improvisationsgrad	Streben nach Standards	Hoher Standardisierungsgrad	Verstärkte individuelle Ausrichtung	Innovative Organisation
Info-System	IS bringt Kosteneinsparungen	Verstärkte IS-Anwendungen	Hoher Reifegrad bei ständ. Anwendung	Hohe Benutzerzufriedenheit durch IDV	IS schafft strategische Wettbewerbsvorteile
Mitarbeiter	Aufgabenerfüllung nach Stellenbeschreibung	Geringe Freiräume	Aktionsorientierte Arbeitsgruppen	Hoch motivierte Mitarbeiter	Mitarbeiter ist "Sub-Unternehmer"
Führungssystem	Führungsstil ist naturgegeben	Verstärkte Delegation	Kooperatives Führungssystem	Adäq. Führungsgrundsätze u. -methoden	Führungssyst. gewährleistet opt. Strategieumsetzung
Kundennähe	Kunde ist Geschäftsvorfall	Normale Kundenbeziehungen	Kunde wird beachtet	Problemlösungen werden angeboten	Höchster Grad an Kundenorientierung

Abbildung: Ausprägung der unternehmerischen Erfolgsfaktoren

Erfolgsfaktoren \ Phase (Reifegrad)	I Start	II Ausweitung	III Konsolidierung	IV Wachstum	V Integration
Strategie	Keine Strategie	Kurzfristige Ziele	Mittelfristige Ziele	Harmonisierung der Ziele	Langfristige Strategie
Selbstorganisation	Chaotische Verhältnisse	Analyse der Schwächen	Einsatz von Techniken	Verstärktes Bemühen um Beseitigung der Störungen	Optimale Abwicklung der Aufgaben
Information	Keine Bedeutung	Bedeutung wird erkannt	Strukturieren der Informationen	Gezielte Suche nach Informationen	Informationen schaffen strategische Vorteile
Nutzung der Fähigkeiten	Keine bzw. geringe Möglichkeiten	Analyse der Stärken	Teilweise Nutzung	Verstärkte Nutzung	Hoher Grad an Selbststeuerung
Kommunikation	Isolation	Üblicher Kommunikationsgrad	Verstärkte Bemühungen	Positives Einwirken	Hoher Grad an Integration
Umfeldorientierung	Kaum Beachtung	Positive Grundhaltung	Teilweises Umsetzen	Positives Agieren	Externe Ziele zu eigenen machen

Abbildung: Ausprägung der persönlichen Erfolgsfaktoren

Bezüglich der dynamischen Entwicklung konnte der Verfasser auf Phasenmodelle von Bleicher, Bullinger, Gluck, Guez, Kaufmann, Nolan, Walleck und Wilder zurückgreifen.
Unterscheidet man die Entwicklungsphasen

1. Start
2. Ausweitung
3. Konsolidierung
4. Wachstum
5. Integration,

dann läßt sich unschwer ableiten, daß üblicherweise Reifegrad und Ausprägung der einzelnen Erfolgsfaktoren von der Phase 1 zur Phase 5 zunehmen.

Ordnet man den 6 Erfolgsfaktoren die 5 Phasen in einer Matrix zu und beschreibt die einzelnen Ausprägungen, dann ergeben sich die Übersichten von Seite 47. Während die erste Abbildung die generelle Beschreibung des Reifegrades für die 6 unternehmerischen Erfolgsfaktoren zeigt, enthält die zweite die wesentlichen Beschreibungselemente für die persönlichen Erfolgsfaktoren. Auf der Basis dieser Übersichten kann eine Standortbestimmung für den unternehmerischen und den persönlichen Erfolg vorgenommen werden.

Die Frage nach den Kriterien der einzelnen Erfolgsfaktoren führte zu den nachstehend beschriebenen Indikatoren. Jeder der 6 unternehmerischen und persönlichen Erfolgsfaktoren erfuhr dadurch die erforderliche Auspolsterung.
Die Indikatoren der *6 unternehmerischen Erfolgsfaktoren* sind:

1. Erfolgsfaktor:
Geschäftsgrundsätze und
Ziel-/Kontrollsysteme

- Geschäftsgrundsätze
- Strategie

- Zielsetzungen
- Zielkonflikte
- Kontrollsysteme
- Technikeinsatz

2. Erfolgsfaktor:
Strategieorientierte
Organisationsgestaltung

- Strategieumsetzung
- Aufbauorganisation
- Ablauforganisation
- Standards
- Mitwirkung der Betroffenen
- Dokumentationsfunktion
- Technologieeinsatz
- Wirtschaftlichkeitsnachweis
- Selbstorganisation

3. Erfolgsfaktor:
Marktnahes Informations-
und Kommunikationssystem

- IS-Strategie
- IS-Planung
- IS-Führung und Organisation
- Daten
- Anwendungen
- Produktion

4. Erfolgsfaktor:
Verstärkte Nutzung des Mitarbeiterpotentials

- Eignungsprüfung
- Weiterbildung
- Eliteförderung
- Beurteilung
- Stellenbeschreibung
- Kontrollsystem
- Identifikation
- Betriebsklima
- Leistungsbereitschaft
- Entlohnung
- Arbeitsplatzgestaltung
- Kulturelles Angebot

5. Erfolgsfaktor:
Effizientes Führungssystem

- Führungsstil
- Hierarchische Struktur
- Delegationsverhalten
- Führungspersönlichkeit
- Bildungsprogramm
- Kommunikation
- Fürsorgefunktion

6. Erfolgsfaktor:
Praktizierte Kundennähe

- Produkt
- Distribution
- Kundendienst
- Corporate Identity
- Ethisches Verhalten
- Kontaktstrategie
- Geschäftsabwicklung

Die Indikatoren der 6 *persönlichen Erfolgsfaktoren* sind:

1. Erfolgsfaktor:
Persönliche Strategie

- Fristigkeit
- Formalisierung
- Kontrolle
- Orientierung der Strategie
- Realisierung der Strategie

2. Erfolgsfaktor:
Selbstorganisation

- Kenntnisse zur Selbstorganisation
- Persönliche Arbeitsdisziplin
- Einsatz von Techniken/Hilfsmitteln
- Analyse der Stärken und Schwächen
- Analyse der Ursachen von Störungen

3. Erfolgsfaktor:
Information

- Erkennen der Bedeutung
- Sammeln
- Auswertung
- Weitergabe

4. Erfolgsfaktor:
Nutzung der Fähigkeiten

- Wissensstand zur Erfüllung der Aufgaben
- Begabungsanalyse
- Selbstmotivation
- Selbstvertrauen

5. Erfolgsfaktor:
Kommunikation

- Generelle Beziehungen im Arbeitsprozeß
- Ausprägung von Sach- und Beziehungsebene
- Kommunikation

6. Erfolgsfaktor:
Umfeldorientierung

- Wertorientierung
- Zielorientierung
- Innovative Ansätze zur Umfeldorientierung

Jedes Kriterium kann im Rahmen der einzelnen Entwicklungsphasen charakterisiert werden. Am Beispiel des unternehmerischen Erfolgsfaktors »Praktizierte Kundennähe« und des persönlichen Erfolgsfaktors »Selbstorganisation« sei die Möglichkeit einer differenzierten Standortbestimmung aufgezeigt.

Phasen / Kriterien	Start 1	Ausweitung 2	Konsolidierung 3	Wachstum 4	Integration 5
Produkt	Produktpolitik ist hausgemacht	Gezielte Ermittlung der Bedürfnisse	Produktstrategie folgt der Unternehmensstrategie	Gezielte Aktivitäten und systematisches Vorgehen	Langfristige Produktentwicklung
Distribution	Umsatzorientierung	Marketingerkenntnisse fließen ein	Mittelfristiges Marketingkonzept	Persönlichkeit des Verkäufers ist Erfolgsfaktor	Gewinner-Gewinner-Spiel zwischen Kunden und Unternehmen
Kundendienst	Gesetzliche Verpflichtung	Defensive Haltung	Kundendienst ist Marketing-Instrument	Kundendienst ist Erfolgsfaktor	Vom reaktiven zum aktiven Kundendienst
Corporate Identity	Fehlt	Guter Ruf wird angestrebt	Einheitliches Erscheinungsbild	Interne und externe Verdeutlichung	Wichtiger Wettbewerbsvorteil
Ethisches Verhalten	Keine Aussagen	Fairneß und Ehrlichkeit werden unterschiedlich gelebt	Ansätze für gemeinsame Vorstellungen	Bewußtes Abheben von anderen Unternehmen	Externe Ziele (z.B. Umwelt) werden stark einbezogen
Kontaktstrategie	Geschäftsbedingungen	Individuelle Ausrichtung	Anstreben einer spezif. Kontaktstrategie	Enger Kontakt mit Kunden und Lieferanten	Kontaktstrategie wird auf allen Mitarbeiterebenen gelebt
Geschäftsabwicklung	Geschäftsvorteil	Fallweise Abstimmung	Standards	Optimierung der Funktion	Optimierung der internen und externen Prozesse

Abbildung: Praktizierte Kundennähe und ihre Indikatoren

Der Verfasser hat sowohl für die Analyse der unternehmerischen als auch der persönlichen Erfolgsfaktoren PC-Programme entwickelt. Diese haben ihre Bewährungsprobe in der Praxis erfolgreich bestanden und werden bei der Realisierung des Systems der Erfolgsfaktoren verstärkt eingesetzt. Nähere Angaben befinden sich im Medienverzeichnis.

Phasen / Kriterien	Start 1	Ausweitung 2	Konsolidierung 3	Wachstum 4	Integration 5
Kenntnisse zur Selbstorganisation	Gering	Durchschnittliches Wissen	Besuch von Seminaren, Literaturkenntnisse	Gezielte Verbesserung der Kenntnisse	Sehr hoher Wissensstand
Persönliche Arbeitsdisziplin	Keine	Übliche Verhaltensweisen	Ständiges Bemühen um Verbesserungen	Diszipliniertes Arbeiten, verstärkt mit Hilfsmitteln	Sehr effizient
Einsatz von Techniken/Hilfsmitteln	Keine	Kalender, nicht strukturierte Verfahren	Zeitplanbücher	Weitergehende Techniken	Sehr hoher Technikeinsatz
Analyse der Stärken und Schwächen	Keine	»Man kennt sich«	Gedankliche Analyse, halbherzige Schlußfolgerungen	Systematische Untersuchung und Versuch einer konkreten Verbesserung	Eindeutige Kenntnisse über Stärken und Schwächen, systematische Verbesserung
Analyse der Ursachen von Störungen	Keine	Die wichtigsten Störungen sind bekannt	Man bemüht sich, die Störungen im unmittelbaren Umfeld anzugehen (Kollegen)	Bemühen, die Störungen, die aus dem weiteren Umfeld kommen, zu beheben	Ein hoher Anteil an Störungen tritt nicht mehr auf

Abbildung: Selbstorganisation und ihre Indikatoren

2.4 Praktische Umsetzung des Systems – dargestellt am Beispiel des unternehmerischen Erfolgs

Die Umsetzung des Systems der 6 Erfolgsfaktoren des Unternehmens erfolgt in folgenden Schritten (siehe Abbildung):

Schritt 1: Analyse der 6 Erfolgsfaktoren

Die Zielsetzungen dieses Schrittes sind:

– eine systematische Analyse der Erfolgsfaktoren

- die Bestimmung des Status pro Erfolgsfaktor (generell und pro Kriterium)
- die Erarbeitung von Vorschlägen zur Verbesserung

Schritt 2: Erarbeiten der Branchen-Erfolgsfaktoren

Nach der Ermittlung des Reifegrades bei den generellen Erfolgsfaktoren geht es in diesem Schritt zunächst um die Ermittlung der Branchen-Erfolgsfaktoren.

Nachstehend finden Sie wesentliche Branchen-Erfolgsfaktoren für die Branchen Kredit und Fertigung.

Erfolgsfaktoren für Kreditinstitute

- Aktive Kundenbearbeitung
- Aktive Serviceberatung
- Kundennähe
- Automation des »Tagesgeschäftes«
- Globalisierung der Märkte
- Ertragsorientiertes Verkaufen
- Stabilisieren der Kundentreue
- Qualifizierte und motivierte Mitarbeiter
- Hohe Produktivität

Erfolgsfaktoren für Fertigungsunternehmen

- Preis-/Leistungsverhältnis
- Maßgeschneiderte Lösungen
- Hoher Servicegrad
- Betriebssicherheit (Produkthaftung)
- Pünktliche Lieferung

- Innovative Lösungsansätze
- Flexibilität
- Nutzung der Konstruktionserfahrung
- Kurze Durchlaufzeiten
- Optimale Lagerhaltung

Schritt 3: Fixieren der spezifischen Faktoren

Jede Unternehmung sollte die spezifischen Erfolgsfaktoren ermitteln. Diese sind relativ gut und objektiviert mit Hilfe der Meta-Plan-Technik (siehe Abschnitt 11, Kapitel 3.2) zu gewinnen. Anschließend sind die unternehmerischen Erfolgsfaktoren nach Prioritäten zu ordnen. Die Priorisierung kann erreicht werden

a) durch Gewichtung (z.B. nach Punkten)
b) durch Einsatz der Vernetzungsmatrix (siehe Abschnitt 4, Kapitel 3.2).

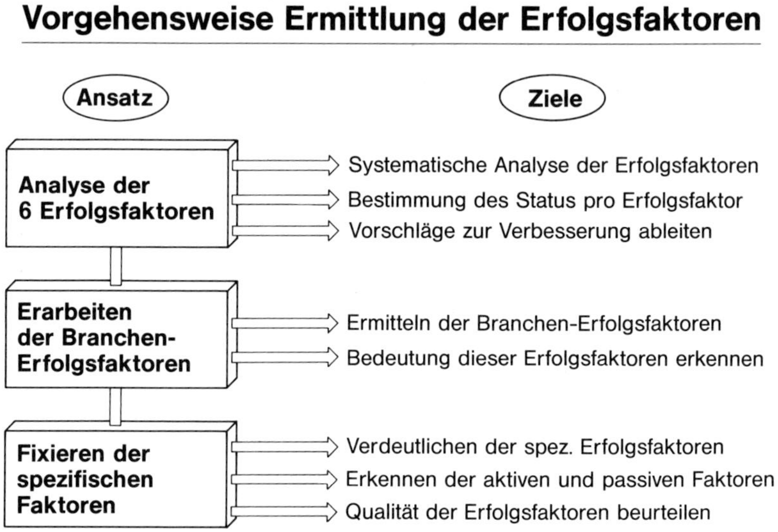

Abbildung: Ermittlung der Erfolgsfaktoren auf den verschiedenen Ebenen

Nachdem die für die Organisation wesentlichen spezifischen Erfolgsfaktoren ermittelt und priorisiert wurden, geben Sie für jeden Faktor an, wie dieser auf einer Skala von 0 – 10 (0 keine, 10 sehr starke Ausprägung) heute ausgeprägt ist, wie dieser morgen (z.B. in 3 Jahren) aussehen müßte und welches Delta sich daraus ergibt (siehe Abbildung »Ausprägung der Erfolgsfaktoren«).

Beispiel: Speditionsunternehmen

Wesentliche Erfolgsfaktoren	Ausprägung heute	Ausprägung morgen	Delta △
1. Einhaltung des Fahrplans	7	9	2
2. Auskunft über den Sendungsstatus	3	7	4
3. Keine Fehlverladung	5	9	4
4. Auslastung der Fahrzeuge	9	10	1

Nach der Ermittlung der wünschenswerten Verbesserungen (Delta) sind konkrete Aktionen für jeden Erfolgsfaktor zu erarbeiten. Dabei kann die abgebildete Tabelle »Erfolgsfaktoren und Aktivitätenplan« erfolgreich eingesetzt werden.

Die Ermittlung der Prioritäten wird insbesondere bestimmt von:
- der Einordnung in die Vernetzungs-Matrix (siehe Kapitel 3.2 (4))
- der bei der Metaplan-Abfrage erreichten Punktzahl
- dem erreichten Ausprägungsgrad von heute und morgen
- dem errechneten Delta
- den mit den Projekten verbundenen Kosten und Risiken.

Ausprägung der Erfolgsfaktoren

Kritische Erfolgsfaktoren	Ausprägung (0 - 10) heute	morgen	△	Prioritäten
Beispiel:				
Produktqualität	4	8	4	②
Liefertreue	3	9	6	①
Durchlaufzeiten	5	9	4	④
Mitarbeiter-motivation	4	7	3	③

Abbildung: Formular zur Ermittlung des Reifegrades der Erfolgsfaktoren

Erfolgsfaktoren und Aktivitätenplan

Priorität	Erfolgsfaktor	Aktivitäten zur Verbesserung der Erfolgsfaktoren	Fristigkeit

Abbildung: Formular zur Fixierung der Aktivitäten für die einzelnen Erfolgsfaktoren

Schritt 4: Ermittlung innovativer Projekte

Es reicht nicht aus, nur die Erfolgsfaktoren von heute zu kennen und Aktivitäten für deren Verbesserung zu initiieren. Es kommt mehr und mehr darauf an, neue strategische Überlegungen zu erarbeiten und innovative Projekte für morgen zu ermitteln. Den Innovatoren gehört die Zukunft. Sie halten sich nicht an Standards und orientieren sich nicht an Paradigmen. Für sie gilt, daß das, was bisher richtig war, morgen nicht mehr richtig sein muß.

Die folgende Abbildung zeigt Ansätze und Methoden auf, um zu den Erfolgsfaktoren von morgen zu kommen. An dieser Stelle wird eine wesentliche Zielsetzung dieses Buches deutlich. Es sollen die wichtigsten Erfolgssysteme kurz und übersichtlich dargestellt werden. Führungskräfte haben häufig nicht die Möglichkeit, die zahlreichen Publikationen zur Unternehmensführung kennenzulernen, geschweige denn, diese zu lesen. An dieser Stelle soll lediglich auf die in der Abbildung »Methoden für die Ermittlung innovativer Projekte« erwähnten Systeme hingewiesen werden. Ausführliche Darstellungen finden sich in den einzelnen Ausarbeitungen des Kapitels 3.1 wieder.

- 3 Unternehmensstrategien
- 5 Wettbewerbskräfte
- Wertschöpfungskette
- Neue Prozesse mit Partnern
- Neue Geschäftsfelder
- Stärken-Analyse
- Praxisbeispiele.

Die Realisierung des einen oder anderen Systemansatzes macht die Unternehmer auch für die Zukunft innovativer, flexibler und erfolgreicher.

Methoden für die Ermittlung innovativer Projekte

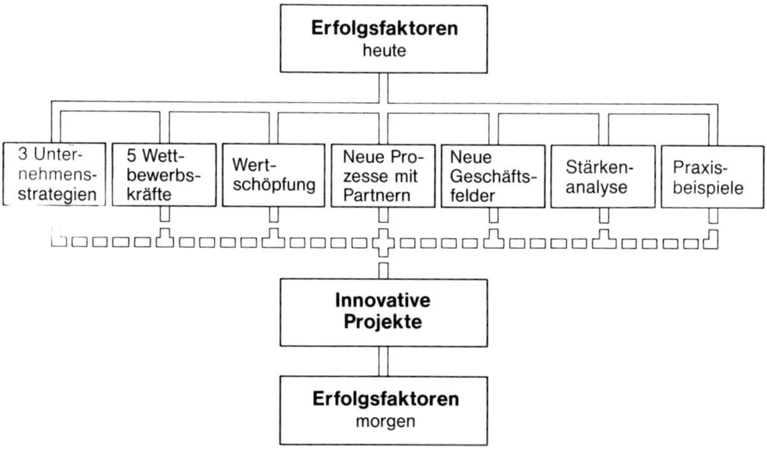

Abbildung: Ansätze zur Ermittlung innovativer Projekte

Das System der 6 Erfolgsfaktoren hat seine Bewährungsprobe in der Praxis bestanden. Die hier angedeutete Vorgehensweise wurde vom Verfasser in einer Vielzahl von Beratungssituationen erfolgreich angewandt.

Für Leser, die verstärkt in das System der 6 Erfolgsfaktoren einsteigen wollen, empfiehlt sich das Durcharbeiten meines Buches »Die 6 Erfolgsfaktoren des Unternehmens«. Dadurch ist eine Standortbestimmung für die einzelnen Erfolgsfaktoren leichter möglich, und die Vorschläge für deren Weiterentwicklung führen zu einer systematischen Verbesserung des Reifegrades aller Faktoren.

Die in diesem Werk für den unternehmerischen Erfolg geschilderte Vorgehensweise läßt sich auch auf den persönlichen Erfolg übertragen.

Mit Hilfe des Buches »200 Strategien, Prinzipien und Systeme für den persönlichen und unternehmerischen Erfolg« ist der Leser in der Lage, die ihm wesentlich erscheinenden Erkenntnisse und Werkzeuge für die einzelnen Erfolgsfaktoren auszuwählen und umzusetzen. Dies kommt auch in der folgenden Abbildung deutlich zum Ausdruck.

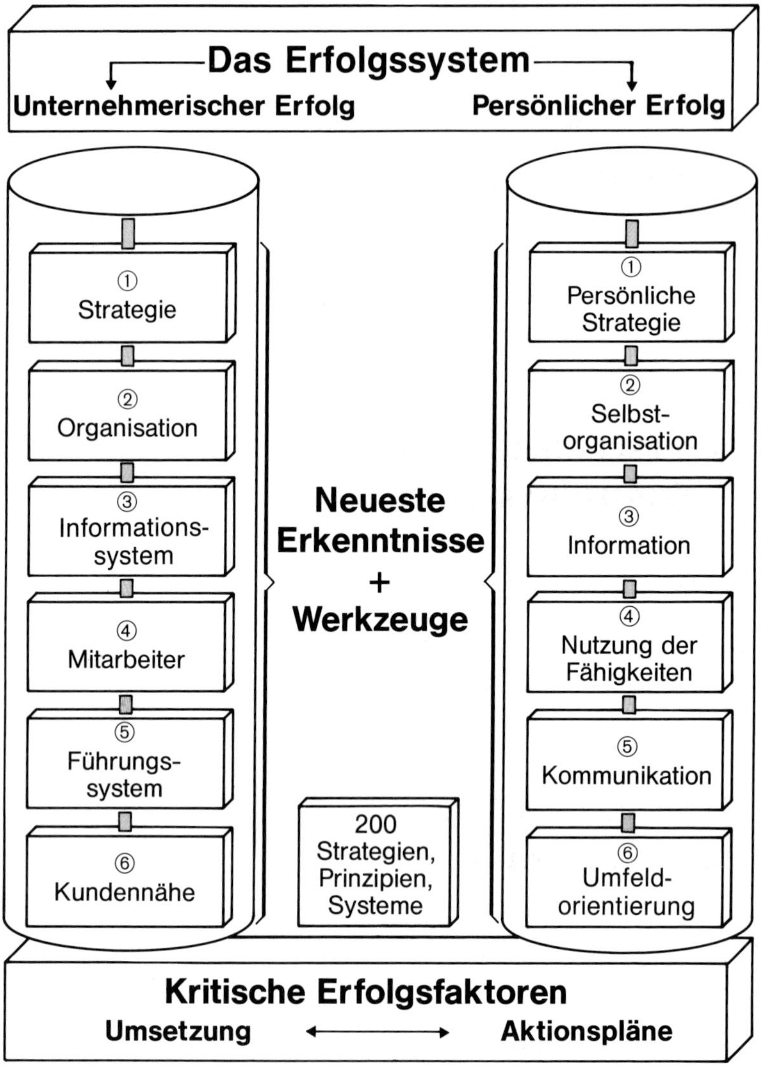

Abbildung: Die Struktur des Erfolgssystems

Das Erfolgssystem des Autors wird auch durch die PC-Programme »Strategische Unternehmensanalyse und Unternehmensberatung (SUBER)« und »Persönliche Erfolgsanalyse (PERAN)« unterstützt. Beide Programme werden sehr erfolgreich in der Praxis eingesetzt. Nähere Hinweise zu den Programmen finden sich im Medienverzeichnis.

3. Systeme zum unternehmerischen Erfolg

3.1 Geschäftsgrundsätze und Ziel-/Kontrollsysteme

(1) 5 Wettbewerbskräfte nach Porter

Michael Porter geht in seinem Wettbewerbsmodell von 5 grundsätzlichen Determinanten aus:

1. Bedrohung durch neue Konkurrenten
2. Bedrohung durch Ersatzprodukte und -dienste
3. Verhandlungsstärke der Lieferanten
4. Verhandlungsmacht der Abnehmer
5. Rivalität unter den bestehenden Unternehmen

Das Ziel einer Wettbewerbsstrategie besteht für ein Unternehmen darin, eine Position zu finden, in der

- es sich am besten gegen die Wettbewerbskräfte schützen oder
- diese entsprechend positiv beeinflussen kann.

Die 5 Wettbewerbskräfte

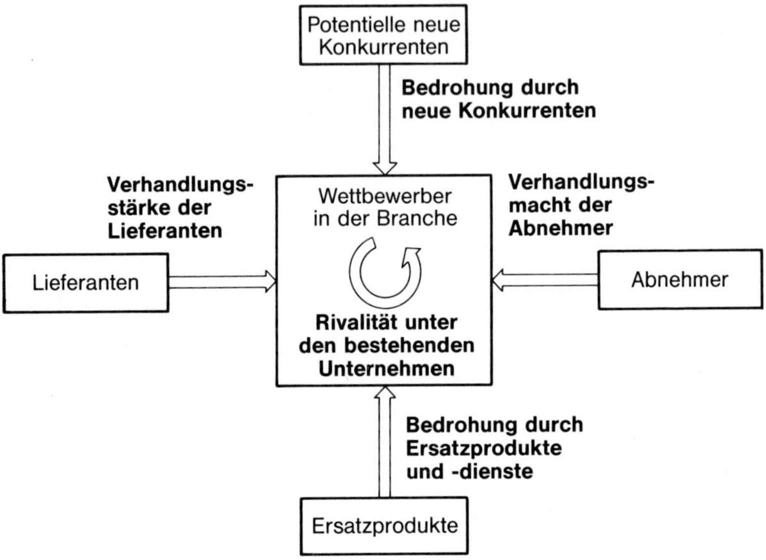

Abbildung: Triebkräfte des Wettbewerbs nach Porter

Die Bedrohung durch *neue Wettbewerber* kann für die etablierten Unternehmen eine Gefahr darstellen, indem die Rivalitätsintensität in der Branche erhöht wird. Eine Ausweitung der Kapazitäten beeinflußt die Rentabilität der vorhandenen Wettbewerber. Diese Bedrohung ist vorwiegend abhängig von den Markteintrittsbarrieren und den absehbaren Reaktionen der bisherigen Wettbewerber.

Die Bedrohung durch *Ersatzprodukte* ist insbesondere in Branchen, die durch hohe Gewinnpotentiale gekennzeichnet sind, der Fall.

Die Wettbewerbskraft der *Lieferanten* wird dann deutlich, wenn diese ihre Verhandlungsmacht ausspielen, indem sie damit drohen, die Preise zu erhöhen oder die Qualität zu senken.

Die *Abnehmer* sind – je nach Marktmacht – in der Lage, die Wettbewerber gegeneinander auszuspielen, indem sie die Preise drücken oder bessere Qualität und höhere Leistung verlangen.

Die Wettbewerbsintensität wird nicht zuletzt durch die *Rivalität* unter bestehenden Wettbewerbern verschärft. Die Interdependenz des Marktes wird an den Auswirkungen der Maßnahme eines Unternehmens auf seine Konkurrenten deutlich.

Diese fünf Wettbewerbskräfte abzuwehren und damit eine günstige Position für eigene Maßnahmen zu schaffen ist das Ziel einer effektiven Wettbewerbsstrategie. Nach Porter ergeben sich konsequenterweise die folgenden Ansätze:

1. Das Unternehmen muß versuchen, sich so am Markt und im Wettbewerb zu plazieren, daß seine Fähigkeiten die bestmögliche Abwehr gegen existierende Wettbewerbskräfte bieten.
2. Das Unternehmen muß das Kräftegleichgewicht durch strategische Maßnahmen so beeinflussen, daß seine Position verbessert wird.
3. Das Management hat drohende Veränderungen des Marktgeschehens frühzeitig zu erkennen – evtl. auch vorherzusehen – und damit die Voraussetzungen für ein flexibles Reagieren und Agieren zu schaffen. Ebenso muß es die Wettbewerbsstrategien immer wieder an die veränderten Wettbewerbskonstellationen anpassen.

Im folgenden werden für die 5 Wettbewerbskräfte in Frageform nähere Hinweise gegeben. Aus diesen können Überlegungen bzgl. der künftigen Strategie abgeleitet werden. So ist z.B. die Auswahl der Abnehmer für das Unternehmen eine wichtige Methode, seine strategische Lage zu verbessern.

1. Bedrohung durch neue Konkurrenten

- Werden die bereits etablierten Unternehmen auf neu eintretende Firmen stark reagieren?
- Ist der Markt weitgehend gesättigt?
- Ist der Zugang zur Distribution der Produkte und Dienstleistungen schwierig?

- Bestehen erhebliche Käuferpräferenzen aufgrund von Kostenvorteilen oder Differenzierungen?
- Gibt es für die bestehenden Unternehmungen weitere Präferenzen?
- Muß beim Neueinstieg in diese Branche ein hoher Kapitalbedarf aufgebracht werden?
- Ist die Gefahr gegeben, daß Lieferanten oder Abnehmer den Neueintritt eines Wettbewerbers unterstützen?
- Ist die Markenidentität groß?
- Können von der staatlichen Politik restriktive Maßnahmen bezüglich des Neueintritts erwartet werden?

2. Bedrohung durch Substitution

- Ist das Produkt am Anfang des Produktlebenszyklus'?
- Können die Abnehmer derzeit von einem einzigartigen Zusatznutzen ausgehen?
- Sind die Produkte preisempfindlich?
- Gibt es Patente für Produkte?
- Ist das Know-how für die Produkte groß?
- Können Veränderungen der Produktbeschaffenheit rasch realisiert werden?
- Ist die Gefahr groß, mit neu auftretenden Produkten einen Preis- oder Differenzierungsvorteil zu erreichen?
- Können Subventionen die Substitutionsgefahr erhöhen?
- Initiieren Umwelteinflüsse die Gefahr durch Substitution?

3. Verhandlungsstärke der Lieferanten

- Kann von einer hohen Lieferantenkonzentration gesprochen werden?

- Ist die Bedeutung des Auftragsvolumens für die Lieferanten groß?
- Haben die Lieferanten einen Einfluß auf die Kostenstruktur und auf die Differenzierung?
- Sind die zu beziehenden Teile stark standardisiert?
- Gibt es weitere Möglichkeiten der Prozeßverbesserung?
- Ist eine relativ hohe Unabhängigkeit vom Lieferanten bezüglich der Technik und Beratung gegeben?
- Entstehen bei einem Lieferantenwechsel nur geringe Umstellungskosten?
- Ist die Gefahr der Vorwärtsintegration durch Lieferanten groß?
- Besteht die Gefahr der Rückwärtsintegration durch Unternehmen der Branche?

4. Verhandlungsmacht der Abnehmer

- Wie ist die Kundenstruktur?
  Abnehmer
  - Privatpersonen
  - Firmen
  - Staatl. Stellen

  Abnehmervolumen
  - Umsatz
  - Mengen
  - Bedingungen

  Abnehmerkonzentration
- Sind die Abnehmer von der angebotenen Leistung unabhängig?
- Welche Bedeutung haben Produkt/Leistung für den Kunden?
  - aus dessen Sicht
  - aus »unserer« Sicht

- Welche wesentlichen Entscheidungskriterien haben die Kunden?
  - Preis
  - Service
  - Qualität
  - Beratung

- Wie ist die Abhängigkeit der Kunden?
  - vom Produkt
  - vom Lieferanten

- Welchen Informationsstand haben die Kunden?

- Wie sehen die künftigen Anforderungen an
  - das Produkt
  - die Leistung

  aus?

- Können die Abnehmer eine Rückwärtsintegration durchführen?

5. Rivalität unter den bestehenden Unternehmen

- Wie ist das Branchenwachstum zu sehen?

- Welche strategischen Ziele verfolgen die wesentlichen Wettbewerber?

- Wie ist das Verhalten der Wettbewerber bzgl. Preis, Service, Qualität und Beratung?

- Bemühen sich die Wettbewerber um dieselben Zielgruppen?

- Wie ist die Struktur des Wettbewerbs?

- Sind die Austrittsbarrieren für die einzelnen Wettbewerber hoch?

- Sind die Käuferpräferenzen gering?

- Kommen neue Vertriebswege in Frage?

Quelle: Porter, Michael E.

(2) Wettbewerbsstrategien nach Porter

Michael E. Porter hat sich intensiv mit den verschiedenen Typen von Wettbewerbsstrategien auseinandergesetzt. Danach gibt es nur drei Strategien, die eine Unternehmung verfolgen kann. Diese sind (siehe Abbildung »Unternehmensstrategien«):

1. Umfassende Kostenführerschaft
2. Differenzierung
3. Konzentration auf Schwerpunkte

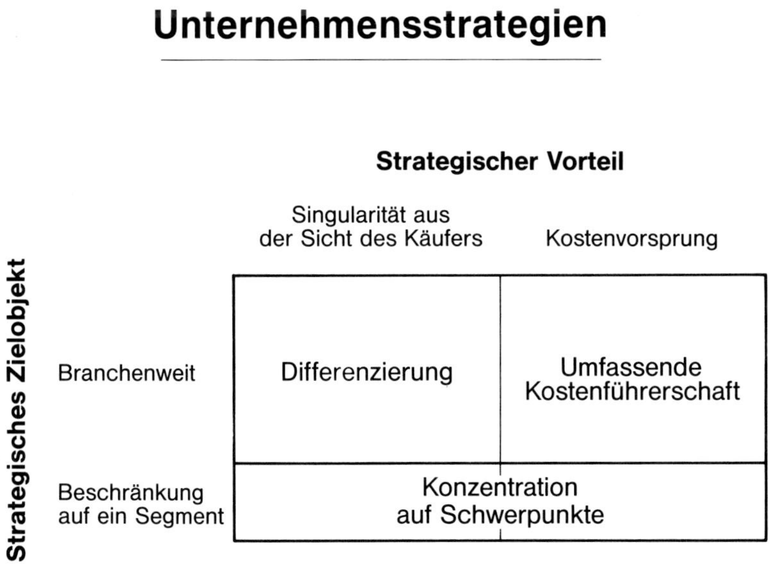

Abbildung: Unternehmensstrategien nach Porter

Meistens konzentrieren sich die Unternehmen auf eine Strategie. Man versucht, durch eine konsequente Realisierung eines Zieles Wettbewerbsvorteile gegenüber den Branchenkonkurrenten zu erreichen.

Die Strategie einer umfassenden *Kostenführerschaft* wurde im eigentlichen Sinne von Frederick Taylor begründet. Ihm ging es vor allem um eine hohe Effizienz im Produktionsbereich und – damit einhergehend – um starke Kostensenkungen. Er erreichte dies u.a. durch:

- Einführung der Arbeits- und Zeitstudien
- arbeitsablaufbezogene Auswahl und Anweisung der Mitarbeiter, um möglichst optimale Bewegungsabläufe zu erreichen
- starke Arbeitsteilung
- Produktion hoher Stückzahl
- verstärkten Einsatz von Maschinen und sonstiger Technologie.

Henry Ford realisierte diese Strategie durch die Einführung der Fließbandarbeit im Jahre 1913. Aus den nachfolgenden Zahlen geht hervor, wie stark er bei der Produktion der Tin Lizzy auf Kostenführerschaft setzte.

Marktentwicklung
des Modell T von Ford

Jahr	Preis $	Absatz	Marktanteil
1909	950	12.000	9,7 %
1913	550	182.000	39,4 %
1921	355	845.000	55,7 %

Unternehmen, die die Strategie der Kostenführerschaft verfolgen, versuchen dies u.a. zu erreichen durch:

- Aufbau großer Produktionskapazitäten
- Streben nach einer möglichst hohen Auslastung dieser Kapazitäten
- strenge Kostenkontrollen
- Reduzierung der Verwaltungskosten auf das unbedingt erforderliche Maß
- konsequente Überwachung der Vertriebskosten
- hohen Technologie- und Organisationsgrad in allen Funktionsbereichen.

Ist die Situation bezüglich der Kosten für eine Unternehmung günstig, dann schützt diese Position gegenüber starker Konkurrenz. Auch werden dadurch die Eintrittsbarrieren für neue Wettbewerber erheblich höher gesetzt als bei einer nur durchschnittlichen oder gar schlechten Kostensituation. Die Strategie der Kostenführerschaft bedingt üblicherweise immer eine bestimmte Unternehmensgröße und einen entsprechenden Marktanteil. Für mittelständische Unternehmen eignet sich daher diese Wettbewerbsstrategie in ihrer stärksten Ausprägung nur bedingt.

Die Strategie der *Differenzierung* verfolgt das Ziel, das Produkt oder die Dienstleistung zu differenzieren. Bei dieser Strategie besteht das Ziel, sich von den anderen Unternehmen abzuheben. Dies geschieht vor allem dadurch, daß man für die Kunden einen »Mehrwert« schafft. Dies ist u.a. möglich durch:

- Geschäftsgrundsätze
- Markennamen
- Kundendienst
- Technologie
- Qualität
- Servicenetz.

Bei dieser Strategie wird versucht, überdurchschnittliche Erträge zu erwirtschaften. Die Ertragsspannen sind damit gesichert und machen einen Kostenvorsprung überflüssig.

Der aus der Sicht des Kunden geschaffene Mehrwert ist das Entscheidungskriterium für das Produkt oder die Dienstleistung.

Die *Konzentrationsstrategie* zielt nicht auf die branchenweise Umsetzung ab. Hier geht es um die Beschränkung auf ein Segment, auf eine »Marktnische«, wobei sowohl die Differenzierung als auch die Kostenführerschaft zur Anwendung kommen können. Das Ziel dieser Strategie ist, in einer kleinen Marktnische eine gewisse Immunität gegen die Wettbewerbskräfte zu erreichen. Die Konzentration kann sich auf einen bestimmten Teil des Produktprogramms, auf eine spezifische Abnehmergruppe oder einen geographisch abgegrenzten Markt erstrecken.

Setzt man die einzelnen Erfolgsfaktoren zu den angestrebten Wettbewerbsstrategien in Beziehung, dann erhalten diese je nach den Zielsetzungen einer Organisation eine unterschiedliche Bedeutung. Wildemann hat diesbezüglich grundlegende Überlegungen angestellt. Basierend auf seinen Zusammenstellungen, sei im folgenden eine Zuordnung von einigen kritischen Erfolgsfaktoren und den von Porter entwickelten Wettbewerbsstrategien vorgenommen. Aus der folgenden Matrix wird deutlich, welchen Stellenwert die genannten Erfolgsfaktoren bezüglich der ins Auge gefaßten Strategien haben. Damit ergibt sich von selbst eine Priorisierung der Erfolgsfaktoren.

Quellen: Porter, Michael E.
Wildemann, Horst

Wettbewerbsstrategien und Erfolgsfaktoren

Kriterien und Bedeutung / Wettbewerbsstrategie	Kostenführerschaft	Differenzierung	Konzentration
Kosten	Hoch	Mittel	Gering
Service	Gering	Hoch	Mittel
Qualität	Gering	Hoch	Mittel
Flexibilität	Gering	Hoch	Mittel
”After-sale-Betreuung”	Gering	Hoch	Mittel
Zeitlicher Wettbewerbsvorsprung	Hoch	Mittel	Hoch

Hoch · Mittel · Gering

Abbildung: Zuordnung der Wettbewerbsstrategien zu Erfolgsfaktoren

(3) Die Wertschöpfungskette nach Porter

Michael E. Porter untergliedert die unternehmerischen Funktionen in

- primäre Funktionen
  (Logistik, Betrieb, Marketing, Kundendienst) und
- unterstützende Funktionen
  (Finanz- und Rechnungswesen, Personalwesen, Entwicklung und Forschung, Beschaffung).

Diese Gliederung bietet eine gute Möglichkeit, Unternehmen zu analysieren und strategische Wettbewerbsmaßnahmen abzuleiten. Dies ist um so besser der Fall, je differenzierter das Zahlenmaterial über die einzelnen Funktionen in der eigenen Unternehmung und bei den Mitbewerbern ist. Die Zahlen umfassen vorwiegend die Kostenseite, aber auch die Ergebnisse fließen in diese Darstellung ein.

Wertschöpfungskette

Generelle Darstellung

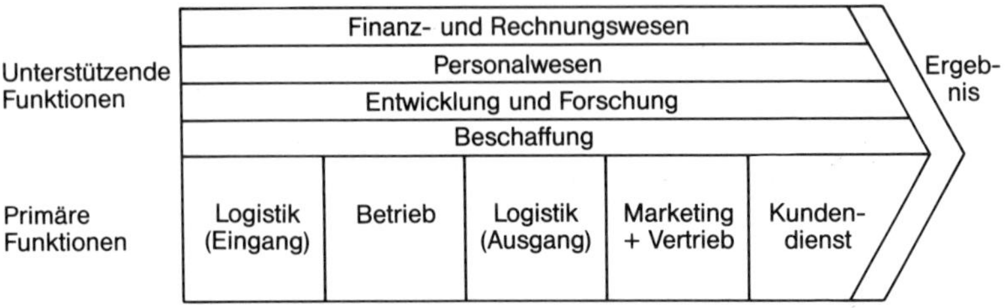

Abbildung: Die Wertschöpfungskette nach Porter

Auf der Basis der Wertschöpfungskette können Fragen gestellt werden wie:

- Bei welchen Funktionen sind Kosteneinsparungen möglich?
- In welchen Funktionen müssen die Qualität, Flexibilität, Sicherheit usw. verbessert werden?

- Wie können die Erträge wachsen?
- Wie verändern Informationssysteme die einzelnen Funktionen?
- Welche Möglichkeiten gibt es, die Prozesse in der horizontalen und vertikalen Ebene zu verbessern?

Entscheidende Vorteile können heute durch den verstärkten Einsatz von Informationssystemen in den einzelnen Funktionen erreicht werden. Nachstehend seien einige Anwendungen für die primären und sekundären Elemente genannt:

Interne Logistik:	Automatisierte Lagerhaltung, fahrerlose Transportsysteme
Betrieb:	Flexible Fertigung, verkettete Systeme
Externe Logistik:	Just-in-Time-Anbindungen, automatische Auftragsabwicklung
Marketing und Vertrieb:	Tele-Marketing, differenzierte Kundeninformationssysteme
Kundendienst:	Ferndiagnosesysteme, computerunterstützter Kundendienst
Beschaffung:	Online-Beschaffung, Qualitätssicherungssysteme
Entwicklung und Forschung:	CAD/CAE/CIM, Produktionstechnologie
Personalwesen:	Personalinformationssysteme, computergestütztes Lernen
Rechnungswesen:	Planungssysteme, Simulationsmodelle, ökonomische Systeme

Quellen: Porter, Michael E.
Bullinger, Hans Jörg

(4) Portfolio-Analyse

Produkt-Lebenszyklus

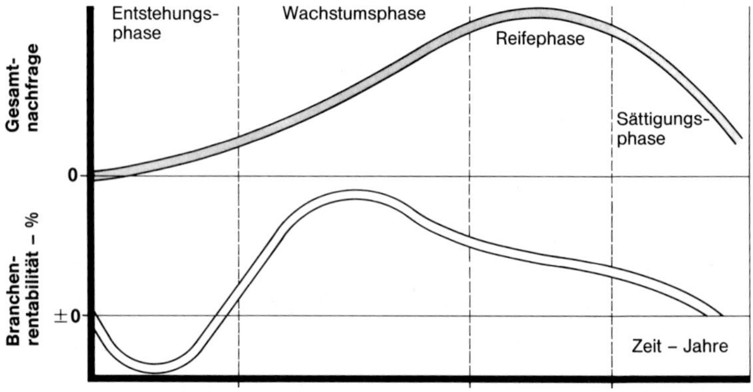

Kapitalbedarf:	Hoch	Hoch	Mittel	Gering
Gewinn/ Verlust:	Verlust	Ansteigender Gewinn	Guter Gewinn	Abnehmender Gewinn
Rentabilität:	Negativ	Positiv	Positiv	Abnehmend
Organisationsgrad:	Improvisation/Lernkurve	Streben nach Standards	Ausgereifte Standards	Verstärkte Anpassung an Marktwünsche
Automatisierungsgrad:	Gering	Hoch	Hoch	Streben nach verstärkter Flexibilität

Abbildung: Vereinfachte Darstellung eines Produkt-Lebenszyklus

Der Begriff Portfolio stammt aus dem Wertpapierbereich. Er ist eine in diesem Zusammenhang relativ selten gebrauchte Form für »Portefeuille«. Ein Wertpapierportefeuille ist der Wertpapierbestand eines Anlegers. Die Zusammensetzung eines Wertpapierportefeuilles wird durch strategische Überlegungen wie

- angestrebte Rendite,
- mittel-längerfristige Ertragskraft,
- Risiko,
- Wachstum,
- Gewinn usw.

bestimmt. Ausschlaggebend für die Zusammensetzung des Portfolios sind die Zielsetzungen des Anlegers.

In der Unternehmenssphäre werden die Wertpapiere durch Produkte ersetzt. Die Portfolio-Analyse hat vor diesem Hintergrund die Aufgabe, die Produkte und das Produktionsprogramm unter Berücksichtigung der Unternehmensziele zu optimieren. Dabei ist davon auszugehen, daß das Produktionsprogramm bereits heute Produkte enthält, die gewinnträchtig sind, und außerdem sichergestellt wird, daß Investitionen in Produkte erfolgen, die zukünftig Gewinne erwarten lassen.

Die Portfolio-Analyse basiert zunächst einmal auf dem Lebenszyklus der Produkte. Alle Produkte durchlaufen von ihrer Entwicklung bis zum Verschwinden vom Markt unterschiedliche Phasen.
Dabei erfahren Kriterien wie

- Kapitalbedarf,
- Gewinn,
- Rentabilität,
- Organisationsgrad,
- Automatisierungsgrad usw.

in jeder Phase eine unterschiedliche Kennzeichnung.

Die von der Boston Consulting Group entwickelte Portfolio-Analyse basiert auf einer Marktwachstums-/Marktanteilsmatrix, die aus 4 Feldern besteht:

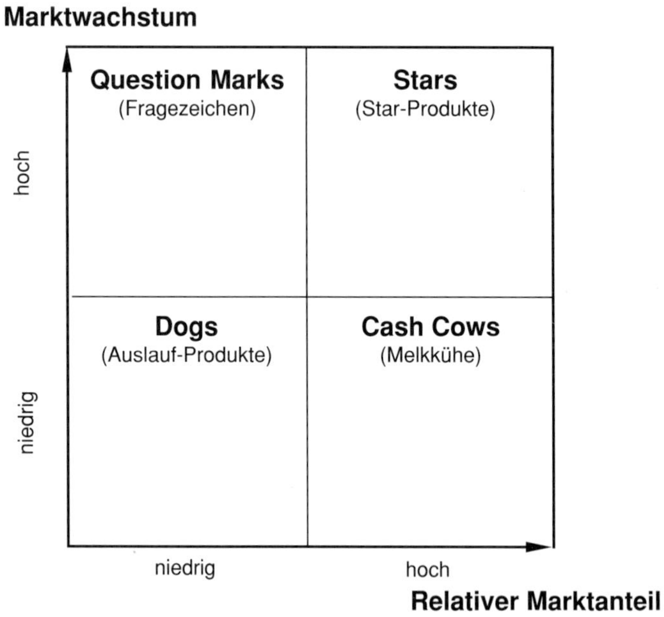

Abbildung: Portfolio-Matrix

Die einzelnen Quadranten sind u.a. gekennzeichnet durch:

1. Die Question Marks erfordern hohe Investitionen, um den Marktanteil zukünftig zu steigern.
2. Produkte, die zu den Stars gehören, benötigen adäquate Finanzmittel, um diesen Marktanteil gegenüber der Konkurrenz halten bzw. ausbauen zu können.
3. Cash Cows haben den Cash Flow zu maximieren. Daher ist in diese Produkte nicht mehr viel zu investieren, verliert doch die Zielsetzung nach Marktanteilsgewinnen gegenüber dem Quadranten 2 entscheidend an Bedeutung.

4. Die Dogs bringen meist nur geringe Deckungsbeiträge. Für sie ist eine »Ernten-«, »Lebenserhaltungs-« oder Desinvestment-Strategie zu verfolgen.

Die durch die Cash Cows zufließenden Gewinne tragen dazu bei, aus den Question Marks Stars zu machen, die dann, längerfristig gesehen, die Stelle einer Cash-cow einnehmen. Question Marks, die nicht den Status eines Stars erreichen, werden abgeschöpft; sie wandern in den Quadranten 4 (Dogs) und verschwinden letztlich aus dem Programm.

Zielsetzung der Portfolio-Analyse ist, daß sich das Portfolio des Unternehmens im Gleichgewicht befindet. Dies ist dann der Fall, wenn jeder Quadrant durch Produkte/Produktgruppen angemessen repräsentiert ist. Gelegentlich werden Aussagen über die Repräsentanz der einzelnen Felder gemacht wie:

1. Question Marks	10 – 20 %
2. Stars	30 – 40 %
3. Cash Cows	30 – 40 %
4. Dogs	10 – 20 %

McKinsey & Co. entwickelte die Portfolio-Analyse zu einer Unternehmenspositions-/Branchenattraktivitätsmatrix. Diese enthält neun anstelle von vier Feldern.

Die einzelnen Felder können wie folgt gekennzeichnet werden:

1. Wachstumsfelder (rechts von der Achse)
   Zu ihnen zählen die Felder 2, 3 und 6. Hier wird eine Investitionsstrategie angestrebt. Der Markt läßt im allgemeinen ein starkes Wachstum und gute Erfolgsaussichten erwarten. Für die einzelne Unternehmung ist die Anstrengung meist hoch, da die Attraktivität des Marktes auch für andere Unternehmen groß ist.

2. Erntefelder (links von der Achse)
   Die Felder 4, 7 und 8 führen zu einer Desinvestitionsstrategie, da hier keine großen Zukunftserwartungen mehr gesehen werden.

3. Selektionsfelder (auf der Achse liegend)
   Sie werden je nach Einschätzung der Position selektiert, d.h. freigesetzt oder durch neue Mittel gebunden. In diesen Feldern befinden sich auch die »Nachwuchs«-Produkte, die eine erfolgreiche Markteinführung aufweisen können, deren Wettbewerbsposition aber noch recht schwach ist.

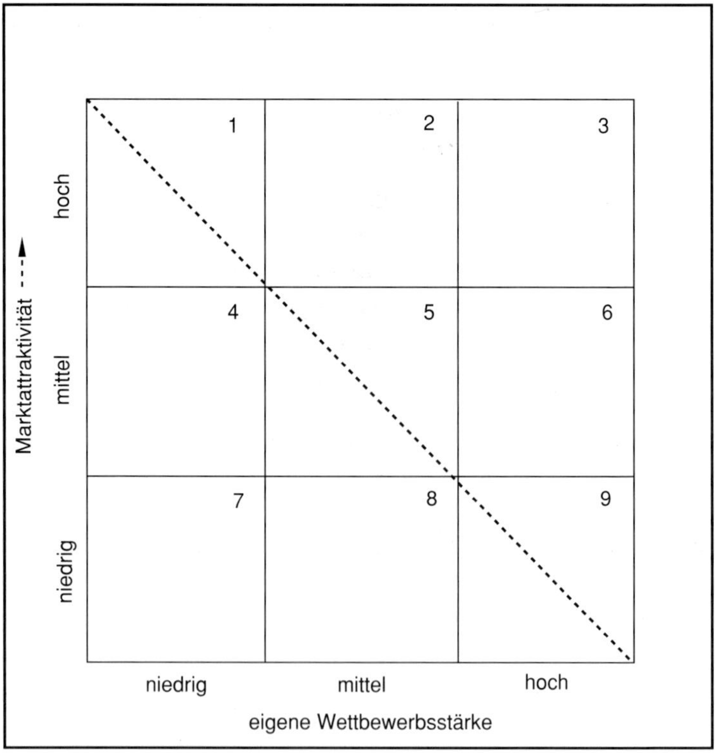

Abbildung: Die Portfolio-Analyse nach McKinsey & Co.

Die beiden Koordinaten dieser Portfolio-Matrix sind die »Marktattraktivität« und die »Relative Wettbewerbsstärke«. Die wesentlichen Beurteilungskriterien für die Marktattraktivität und die relative Wettbewerbsstärke gehen aus den folgenden Formularen hervor, die von Martin Rupp entwickelt wurden.

Die Aussagefähigkeit der Matrixdarstellung läßt sich verbessern, wenn man die Produkte/Produktgruppenbereiche durch Kreise darstellt, deren Flächen proportional zum erzielten Jahresumsatz sind.

Das Portfolio-System von Arthur D. Little enthält fünf unterschiedliche Wettbewerbspositionen und die vier Lebenszyklusphasen. Diese Matrix erlaubt auf 20 Feldern eine differenzierte Einordnung der Produkte und Produktgruppen.

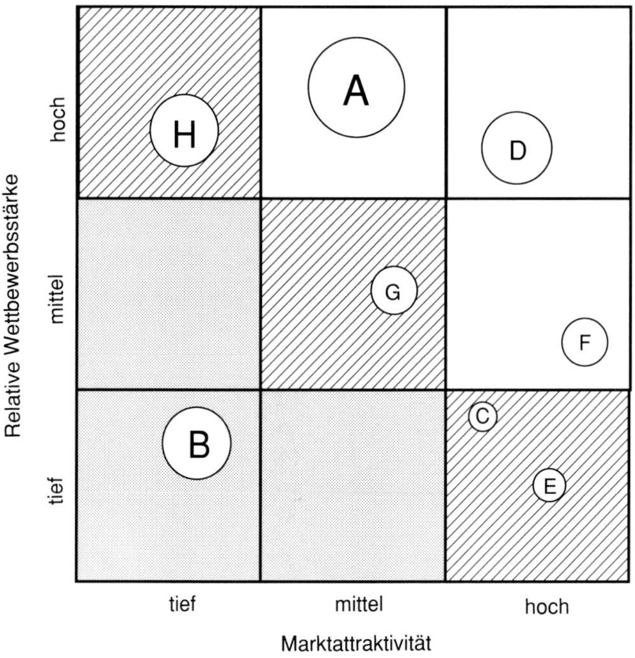

Abbildung: Differenzierte Portfolio-Analyse

	Strategische Planung 19	Relative Wettbewerbsstärke	Produkte: Markt(bereiche):	Datum:	Verantw.:

Beurteilungskriterien	... im Vergleich zur Konkurrenz ⇐ schwächer stärker ⇒						Erläuterungen; Hinweise auf markt- oder segmentspezifische Besonderheiten A: B: C:	Rangordnung Konkurrenten ...	A	B	C
	1	2	3	4	5	6					
1. **Relativer Marktanteil**							Rel. Marktanteil = eigener MA : Summe der MA der 3 größten Konkurrenten Rel. MA in wichtigen Segmenten und im Gesamtmarkt beurteilen:	30 2	40 1	20 3	10 4
2. **Qualität der Produkte und Dienstleistungen**							Qualität der gesamten Marktleistung : Produkte und zugehörige Dienstleistungen (Schulung, Beratung, Service u.a.)	1	1	3	4
3. **Sortiment**							Sortimentsbreite und -tiefe im Vgl. zur Konkurrenz Verfügen wir über die wichtigsten „Schlüsselprodukte"?	4	1	2	3
4. **Kostenstruktur, Beschaffenheit, Herstellung**							Strategische Kostenvorteile/-nachteile Operative Kostenvorteile/-nachteile	...	...	...	...
5. **Vertrieb**							Image, Abnehmerbeziehungen, Werbung- und Verkaufsförderung, Verkauf, Offert- und Auftragsabwicklung, Lieferfrist und Termintreue	Rangfolge 1- 4			
6. **Technisches Know-how**							Know-how in Produkt-, Produktions- und Anwendungstechnologien Kontakte zu externen Know-how-Quellen				
7. **Standortvorteile/-nachteile**							Vorteile/Nachteile bezüglich: Wechselkurse, Lohnniveau, Arbeitskräfte… Bevorzugung nationaler oder regionaler Hersteller				
Drei wichtigste Erfolgsfaktoren: 8. 9. 10.							Fragestellung: Welches sind die 3 wichtigsten Faktoren bei der Kaufentscheidung des Kunden? (Weshalb entscheidet er sich für einen bestimmten Hersteller bzw. für dessen Produkt?) Erfüllen wir diese Faktoren besser oder schlechter als unsere Konkurrenten?				
Gesamtbeurteilung							Kurze Zusammenfassung der wichtigsten Stärken/Schwächen. Hinweis auf Voraussetzungen für die Bewältigung bevorstehender Veränderungen oder für die Nutzung neuer Chancen.				

Abbildung: Formular zur Beurteilung der Wettbewerbsstärke (nach Rupp)

	Strategische Planung 19	Marktattraktivität	Produkte: Markt(bereiche):	Datum:	Verantw.:

Beurteilungskriterien	**Attraktivität für ...** ⇐ **tief**				**hoch** ⇒		**Erläuterungen; Hinweise auf markt- oder segmentspezifische Besonderheiten**
1. Marktgröße Marktstruktur	**1**	**2**	**3**	**4**	**5**	**6**	Definition und Abgrenzung des Marktes; Marktvolumen Marktsegmente und deren Zugänglichkeit Anzahl (potentieller) Abnehmer; konzentrierte oder fragmentierte Absatzstruktur?
2. Marktwachstum							Grundtrends in Abnehmerbranche, konjunkturelle Schwankungen Substitutionstendenzen durch andere Produkte/Verfahren oder durch Bedarfsverschiebungen Lebenszyklus-Stadium: Wachstum, Sättigung, Rückgang?
3. kommerzielle, konjunkturelle, rechtlich/politische Risiken							Besondere Erfolgsrisiken bei Großaufträgen, Wechselkursrisiken (Wirtschafts-) politische Risiken in wichtigen Absatzländern; Protektionismus Besondere Abhängigkeit von einzelnen Hauptabnehmern oder Hauptlieferanten
4. Wettbewerbssituation							Wettbewerb fragmentiert oder konzentriert? Wettbewerb national / kontinental / global? Überkapazität auf Anbieterseite? „Härte" des Wettbewerbes? Differenzierungsmöglichkeiten → Preis- od. Qualitätswettbewerb?
5. Stabilität Marktposition Markteintrittswiderstand							Stabilität der Abnehmerbeziehungen (z.B. Umstellkosten bei Lieferantenwechsel) Eintrittswiderstand/ -anreiz für neue Konkurrenten; Konzentrationstendenzen Technolog. Entwicklungen, die zu einer Veränderung der Wettbewerbssituation führen?
6. Marktpreisniveau, erzielbare Rentabilität							Preissensitivität und Einkaufsmacht wichtiger Kunden oder Handelspartner Erzielbare Wertschöpfung; Beeinflußbarkeit der Herstellkosten; Kapitalintensität Preise, Abhängigkeit und Verhandlungsmacht von wichtigen Zulieferanten
7. Weitere Kriterien							z.B.: Innovationspotential: Möglichkeiten und Chancen, aus dem hier betrachteten Produkte/ Markt-Bereich heraus neue Produkte, Märkte oder Technologien zu erschließen.
Gesamtbeurteilung							Kurze Zusammenfassung der wichtigsten Trends, Chancen und Gefahren. Hinweis auf sich abzeichnende Veränderungen

Abbildung: Formular zur Beurteilung der Marktattraktivität (nach Rupp)

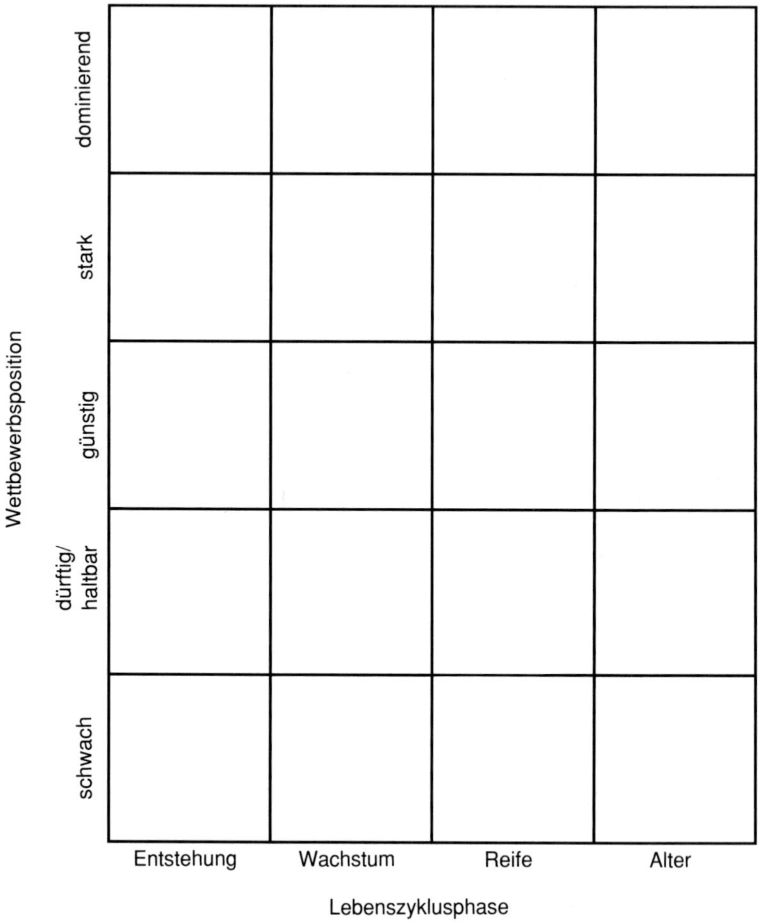

Abbildung: Die Portfolio-Analyse (nach Arthur D. Little)

Betrachtet man die Einordnung der Produkte/Produktgruppen in die Portfolio-Matrix, dann lassen sich Überlegungen anstellen wie:

- Ist die gegenwärtige Produkt-/Produktgruppensituation zufriedenstellend?
- Welche Produkte/Produktgruppen sind in welchem Umfang zu fördern?

- Welche neuen Aktivitäten sind aufzusetzen?
- Wo liegen die wichtigsten Stärken und Schwächen der einzelnen Produkte?

Die Portfolio-Analyse basiert – mehr oder weniger verstärkt – auf der Annahme, daß bei den Produkten und Märkten eine »Lebenszykluskurve« gilt. Obwohl durch empirische Untersuchungen dieser Tatbestand in zahlreichen Fällen nicht verifiziert werden konnte, arbeitet die Praxis mit den vier Phasen:

- Entstehungsphase
- Wachstumsphase
- Reifephase
- Sättigungsphase.

Die wesentlichen Zielsetzungen der Portfolio-Analyse sind:

- Das strategische Handeln zu unterstützen
- Gezielte Steuerung der Ressourcen
- Erkennen der Erfolgspotentiale
- Orientieren an Entwicklungspotentialen.

Quelle: Rupp, Martin

(5) Neue Geschäftsfelder

Dieses System ist auf das Konzept des »Extended Enterprise« zurückzuführen. Jede Unternehmung hat zunächst die angestammten Tätigkeitsfelder. Sie versucht, ihre Aufgaben entsprechend den strategischen Überlegungen bestmöglich wahrzunehmen. Im Laufe der Zeit erweitert sich häufig das Leistungsangebot, und es werden neue Zielgruppen angesprochen. Dies wiederum eröffnet der Unternehmung die Möglichkeit, in neue Geschäftsfelder zu gehen.

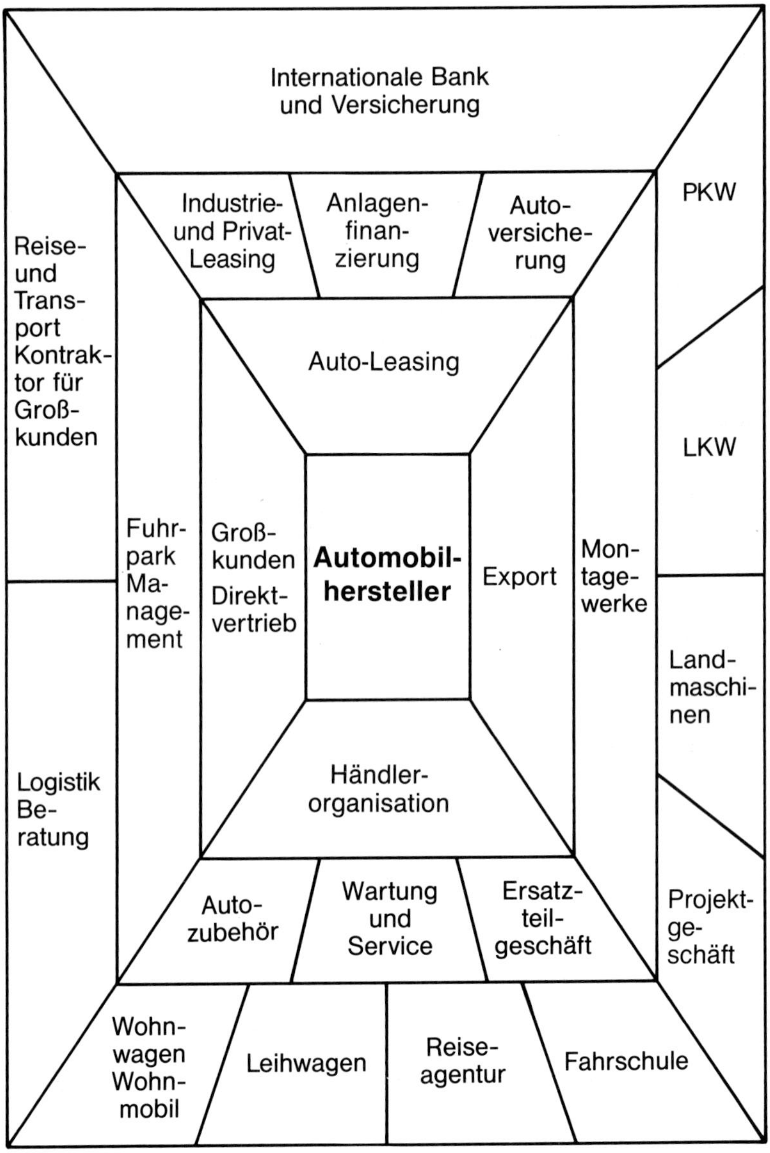

Abbildung: Struktur neuer Geschäftsfelder – dargestellt am Beispiel eines Automobilherstellers (nach Völcker)

Das System wird am Beispiel eines Automobilherstellers verdeutlicht. Die Darstellung zeigt, wie aus den ursprünglichen Objekten und Verrichtungen neue Geschäftsprozesse entstehen. Es ist geradezu schlüssig, daß aus dem Auto-Leasing heraus versicherungs- und bankenspezifische Aufgaben entstehen. Hier gibt es bereits die ersten praktischen Realisierungen: Automobilhersteller sind als Kreditinstitute tätig. Da in dieser Branche ein hoher Organisations- und Automatisierungsgrad notwendig ist, erhält die Logistik höchste Bedeutung. Das vorhandene Wissen spezifischer Abteilungen kann dabei nicht nur unternehmensintern genutzt, sondern auch als Dienstleistung am Markt gegen Entgelt angeboten werden. Auch diesbezüglich gibt es bereits eindrucksvolle Beispiele.

(6) Wettbewerbsanalyse

Es gibt sehr unterschiedliche Formen der Wettbewerbsanalysen. Ein relativ einfaches Modell geht von folgenden Schritten aus:

1. Ermitteln Sie, welche Leistungskriterien in Ihrer Branche von Bedeutung sind.

- Listen Sie die wesentlichen Kriterien auf!
- Beispiele für Leistungskriterien können sein:
  - Produktqualität
  - Schnelligkeit der Belieferung
  - Zuverlässigkeit der Belieferung
  - Qualität des Service
  - Spezialisierte Problemlösungen
  - Preis-/Leistungsverhältnis.

2. Erfassen Sie die Ausprägung der Leistungskriterien

- Versuchen Sie, die im Schritt 1 erarbeiteten Kriterien bezüglich des Ausprägungsgrades für Ihre Firma zu bewerten. Als Basis können die Meinungen Ihrer Mitarbeiter, Ihrer Kunden und der Wettbewerber dienen.

– Ermitteln Sie auch die Profile Ihrer wichtigsten Wettbewerber.

Beispiel einer Wettbewerbsanalyse

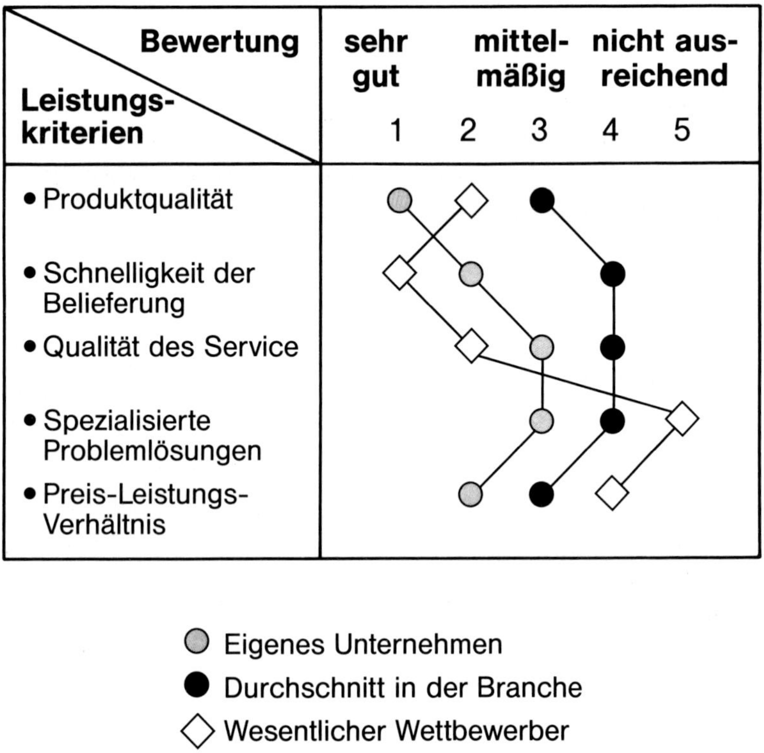

Abbildung: Analyse des Wettbewerbs

3. Erarbeiten Sie eine Chancenanalyse.

– Aus den Schritten 1 und 2 sollten sich konkrete Hinweise für eine Marktstrategie ergeben.

– Diese Analysen sind zu erweitern bzgl. der Überlegungen, welche Veränderungen die Branche in den nächsten Jahren erfährt. Damit wird erreicht, daß nicht nur der gegenwärtige Status Beachtung findet, sondern verstärkt auch die zukünftigen Entwicklungen berücksichtigt werden.

- Ziel dieses Schrittes muß es sein, die Schwerpunkte Ihrer Geschäftstätigkeiten und Strategien abzuleiten. Dabei ist es besonders wichtig, die Zielgruppen zu beachten, die von den Stärken der Organisation den größten Nutzen erwarten dürfen.
- Es empfiehlt sich, die Wünsche und Probleme der Zielgruppen möglichst gut zu erkennen. Es ist häufig besser, bei allen Aktivitäten die Kunden im Auge zu behalten, statt auf die Konkurrenz zu schielen.

Quelle: Nagel, Kurt

(7) Die Konzeption der 7 K's nach Zürn

Auf der Grundlage eines firmeninternen Arbeitspapiers, das für den internationalen Gebrauch erstellt und bei der Tagung zum zehnjährigen Jubiläum des »Engadiner Kollegiums« in St. Moritz vorgestellt wurde, hat der Unternehmensberater Dr. Peter Zürn die Konzeption einer *konsens-orientierten Unternehmenskultur* geschaffen. Sie soll im folgenden stark verkürzt vorgestellt werden:

1. Konzeption

Eine Konzeption setzt sowohl ein umfangreiches Wissen und Informiertsein als auch eine gewisse Menge an Intuition oder Inspiration voraus, »um zur Fruchtbarkeit und Realisation einer Konzeption zu werden«.

Mit einer Konzeption verbindet man das Aufzeigen der Aufgabenstellung von Funktionen und Betätigungsfeldern sowie die Richtung, in welche das Unternehmen tendiert. Hier wird sowohl die länderweite Zusammenarbeit in Verbindung mit einer Offenheit für Neuerungen und Veränderungen aufgeführt als auch die Hinwendung zur Tradition. Außerdem ist der

Grundsatz der Verantwortung gegenüber der Allgemeinheit festgesetzt sowie die Grundeinstellung, alle Mitarbeiter hinsichtlich kreativen und selbständigen Denkens zu fördern.

2. Kommunikation

»Kommunikation in diesem Kontext meint Informationsaustausch im weitesten Sinne – ein Kenntnisgeben und Kenntnisnehmen, aus dem dann ein Verhalten folgt.« Für Organisationen bedeutet dies, die Möglichkeiten des Computers zu nutzen, d.h., computergestützte Kommunikations- und Informationssysteme zu entwickeln, die auch die Gesamtkonzeption der Unternehmung berücksichtigen. Es bedeutet aber auch – aus der Sicht der zwischenmenschlichen Kommunikation – »dem anderen mit Einfühlungsvermögen dialogisch zu begegnen, ihn um seiner selbst ebenso wie der Sache willen ernst zu nehmen und zu respektieren«.

3. Koordination

Koordination bedeutet für ein Unternehmen die Zuordnung und Abstimmung verschiedener Begriffe, Vorgänge und Tätigkeitsgebiete und sollte daher in hohem Maße Bestandteil jeder unternehmerischen Führungsaufgabe sein. Als Organisationsprinzip ist Koordination im Sinne von Ordnung und Zuordnung notwendig. Da für viele Unternehmen eine weitgehende Arbeitsteilung zur essentiellen Notwendigkeit geworden ist, ist es von enormer Wichtigkeit, den Sinn einer Leistung, die oft nur aus einem Detail besteht, im Sinne der Zusammenarbeit und Orientierung auf das jeweilige Ziel hin erkennbar und bewußt zu machen. Es ist eine wesentliche Aufgabe eines koordinierenden Vorgesetzten, seinen Mitarbeitern das gemeinsame Ziel und den Zweck der Leistungsgemeinschaft zu vermitteln, um so eine wirkliche Grundlage eines Unternehmenserfolges und gleichzeitig eines persönlichen Erfolges zu schaffen.

4. Kooperation

Eine zwischenbetriebliche Zusammenarbeit entsteht aus dem Bedürfnis, die geschäftliche Situation eines Unternehmens durch Kooperation mit einem oder mehreren Partnern zu verbessern. Kooperation steht hier jedoch im Zusammenhang mit Zusammenarbeit als innerbetrieblicher Aktivität, wie sie in allen zeitgemäßen Unternehmen unabdingbar geworden ist. Angesprochen sind hier in besonderem Maße alle Mitarbeiter und Führungskräfte eines Betriebes, die den Willen und die Bereitschaft zur Zusammenarbeit aufbringen, persönlich unterstützen und bei anderen fördern sollten.

5. Kontrolle

Auch im Rahmen einer kooperativen Führung mit ihrer Teilung von Kompetenzen, Aufgaben und Verantwortung ist die Kontrolle ein wichtiges Instrument in der Mitarbeiterführung.

Kontrolle sollte hier jedoch im Sinne einer positiven Grundeinstellung gesehen werden, die vor allem den Erfolg gemäß der zuvor gemeinsam erarbeiteten Zielsetzung mißt. Ein vertrauensvoller Dialog und ein geregelter Informationsfluß sind hiermit eine Notwendigkeit zwischen Vorgesetzten und Mitarbeitern. Wie diese Kontrollfunktion in den einzelnen Unternehmen ausgeführt wird, läßt Rückschlüsse auf den Stand der Führungspsychologie und damit auf die Unternehmenskultur einer Institution zu.

6. Konzentration

Konzentration bedeutet im weitesten Sinne den Zusammenschluß von Unternehmen. Konzentration kann aber auch eine Zusammenfassung von Mitteln und Kräften innerhalb eines Unternehmens bedeuten. Eine Institution, die im Wettbewerb einer freien Marktwirtschaft bestehen will, muß daher ihre gesamten Ressourcen zielorientiert und unter Konzentration auf die eigenen Stärken und Fähigkeiten entwickeln und einsetzen.

Was hier im Großen gilt, wird erst recht für jeden einzelnen eines Betriebes gelten. Hier können die Konzentration und der zielgerichtete Einsatz aller Anstrengungen ebenfalls im Vordergrund stehen. Zuvor bestimmte Prioritäten lenken die Konzentration aller Fähigkeiten auf die kritischen Erfolgsfaktoren.

Diese Sammlung aller Kräfte bezieht sich hier jedoch nicht nur auf das gesamte Firmengefüge, sondern auch auf das persönliche Verhalten jedes einzelnen Firmenangehörigen. Von ihm wird konzentrierte Aufmerksamkeit für Problemlösungsprozesse und damit auch eine Abkehr von der Reizüberflutung durch die Umwelt erwartet. Übungen zur persönlichen Sammlung werden heute vielfach in der Meditation gesehen. Solch eine »Wendung nach innen« wird als Umkehrschub der Kräfte von vielen verlangt und als Voraussetzung für die dringend benötigte Wende angesehen.

7. Konstitution

Mit der Konstitution schließt sich der Kreis dieser Unternehmensphilosophie. Wie die Konzeption eines Unternehmens, so ist die Konstitution das Unternehmensgesetz, d.h. seine Grundsätze und Richtlinien.

Hier ist vor allem die angestrebte und gelebte Kultur, das Miteinander im Unternehmen angesprochen. Der Charakter einer Führungspersönlichkeit wird dabei als unverzichtbare Grundlage für die Gestaltung aller konsequenten Zusammenarbeit angesehen. Ihm wird als der am wenigsten veränderbaren Komponente im Rahmen der Führungskräfteentwicklung und bei der Einstellung aller Mitarbeiter ein sehr großes Gewicht beigemessen. So muß sich zur fachlichen auch die persönliche Kompetenz derer gesellen, »die sich aus eigener Verantwortlichkeit dem Unternehmen als Ganzes ebenso verpflichtet wissen wie den Mitarbeitern, die sie zu führen haben.«

Quelle: Zürn, Peter

(8) Corporate Identity nach Ebert

Die Corporate Identity eines Unternehmens leitet sich ab von einem Unternehmensleitbild, in dem die grundsätzlichen Wertvorstellungen und die angestrebte Marktkompetenz manifestiert sind. Diese Unternehmensidentität ist im weitesten Sinne das Selbstbild eines Unternehmens, seine Verhaltensweisen und sein Auftreten in seinem Umfeld.

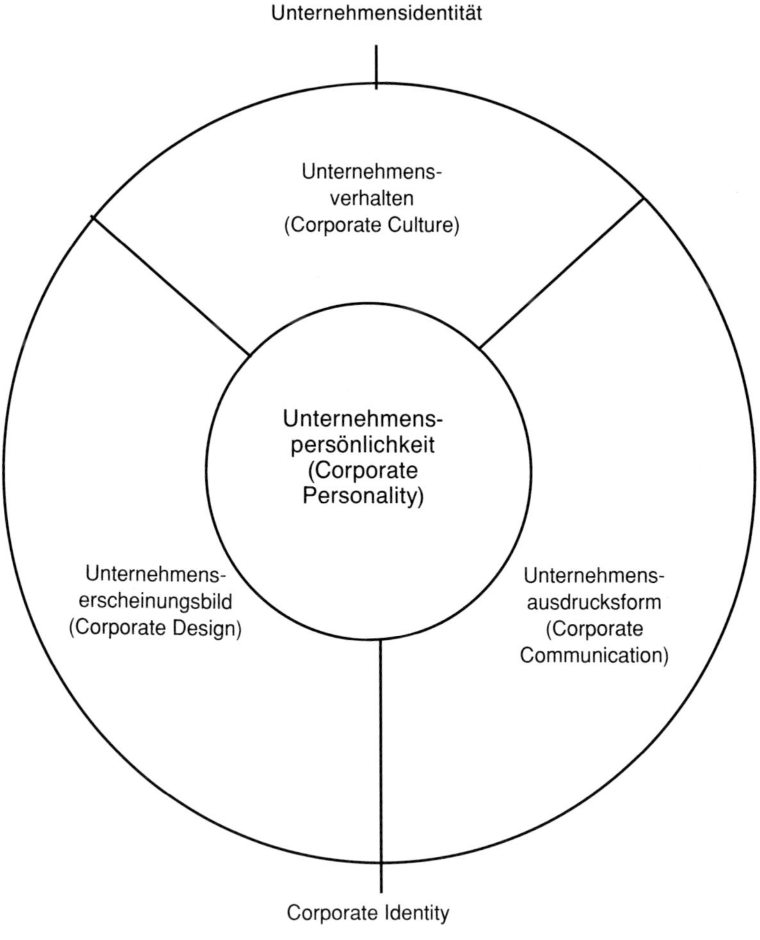

Abbildung: Corporate Identity nach Ebert (in Anlehnung an Birkigt/Stadler)

Eine historisch gewachsene Organisation, die durch ihr Vorhandensein eine erkennbare und damit beschreibbare Identität entwickelt hat, kann als Unternehmenspersönlichkeit (Corporate Personality) betrachtet werden. Die Gestalt dieses Unternehmens setzt sich zusammen aus den

- Organisationselementen (Menschen und Material) und der
- Organisationsstruktur und

wird geprägt durch die

- betriebswirtschaftlichen Ziele,
- volkswirtschaftlichen Zwecke und
- sozialen Erfordernisse.

Ebert unterscheidet zwischen

- dem Unternehmensverhalten,
- dem Unternehmenserscheinungsbild und
- der Unternehmensaustauschform

als den Gestaltungselementen der Unternehmensidentität.

1. Unternehmensverhalten (Corporate Culture)

Erfolgreiche Unternehmen mit herausragenden Ergebnissen lassen sich dadurch charakterisieren, daß sie ihr Handeln an einigen wenigen Grundwerten und Überzeugungen ausrichten. Sie zeichnen sich durch eine gelebte und gemeinsam getragene Wertorientierung aus. Basierend auf einigen Glaubenssätzen und bestimmten Zielsetzungen mit hoher Motivationskraft, sind diese Unternehmen fähig, ein starkes gemeinsames Band herzustellen. Man hat sich auf einige wenige Grundwerte geeinigt, die von allen Mitgliedern der Organisation verstanden, bejaht und mit Stolz und Stil getragen werden.

Unternehmenskultur bedeutet demzufolge die »Gesamtheit der Wertvorstellungen und der daraus resultierenden Verhaltensweisen«.

2. Unternehmenserscheinungsbild (Corporate Design)

Das Erscheinungsbild eines Unternehmens ist die Summe aller visuellen Informationen und Kommunikationen. Diese vielfältigen Darstellungen prägen maßgebend den Eindruck, den sich Umwelt und Mitarbeiter von dem Unternehmen machen. Ein Unternehmen tritt durch sein »Äußeres« optisch Dritten gegenüber in Erscheinung, z.B. durch die Gestaltung seiner Produkte, das Firmenzeichen und dgl. »Positive Identität wird dabei geschaffen, wenn es gelingt, eine möglichst stimmige, geschlossene Erscheinungsform zu erreichen. Die Gesamtheit aller verwendeten Darstellungsmittel bestimmen das Corporate Design.«

3. Unternehmensaustauschform (Corporate Communication)

Die Informations- und Kommunikationsmittel bieten im Rahmen von Werbung, Public Relations und z.B. Präsentation auf Messen und Veranstaltungen die Möglichkeit, sich in Form und Inhalt dieser Kommunikationsmittel mit den Wertvorstellungen und Zielen des Unternehmens zu decken. Das bedingt, daß alle Elemente eines Erscheinungsbildes sich nach einem Unternehmensleitbild ausrichten müssen. Nur wenn Grundsätze und Wertvorstellungen, Unternehmensziele und angestrebte Marktkompetenz bekannt und gewollt sind, läßt sich dieses unternehmerische Anliegen auch in ein geschlossenes Erscheinungsbild umsetzen. »Positive Identität wird dabei geschaffen, wenn es gelingt, eine möglichst widerspruchsfreie Diktion zu erreichen. Die Gesamtheit aller Austauschformen bestimmt die Corporate Communication.«

Nach Ebert kann demzufolge die Corporate Identity als die abgestimmte Gestaltung von Verhaltensweisen, Erscheinungsbild und Austauschformen eines Unternehmens verstanden werden. Corporate Identity konstituiert sich in der Corporate Personality und manifestiert sich in der Corporate Culture, dem Corporate Design und der Corporate Communication.

Quellen: Ebert, Günter
Birkigt, K., Stadler, M. M.

(9) Strategische Erfolgspositionen (SEP) nach Pümpin

Cuno Pümpin, Wirtschaftswissenschaftler und Unternehmensberater aus St. Gallen, erarbeitete in den Jahren 1979 – 1982 ein Konzept der strategischen Erfolgspositionen. Hauptziel seiner Arbeit war es, mit diesem Konzept die Führung von Unternehmen wirkungsvoller zu gestalten.

Bei einer strategischen Erfolgsposition handelt es sich um eine in einer Unternehmung durch den Aufbau von wichtigen und dominierenden Fähigkeiten bewußt geschaffene Voraussetzung, die es dieser Unternehmung erlaubt, im Vergleich zur Konkurrenz, langfristig überdurchschnittliche Ergebnisse zu erzielen. Pümpin bezeichnet sein Konzept als ein integriertes Instrument zur Einführung und Durchsetzung der strategischen Führung.

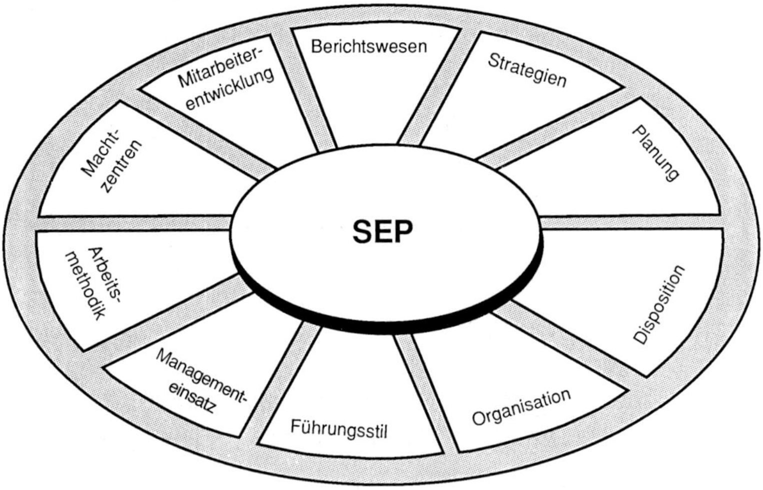

Abbildung: Das SEP-Konzept im Überblick
Grundidee: Alle Führungsaktivitäten unterstützen den Aufbau der SEP nach Pümpin

Basierend auf dem SEP-Konzept, hat Pümpin zehn Führungsregeln aufgestellt, die im folgenden kurz wiedergegeben werden:

1. Führungsregel: Strategien –
   harmonisches *Gesamtkonzept* statt Teiloptimierung
2. Führungsregel: Planung –
   Entwicklung von *Fähigkeiten* statt Zahlenfortschreibung
3. Führungsregel: Disposition –
   bewußte *Ressourcenzuteilung* statt emotionaler Gefühlsentscheide
4. Führungsregel: Organisation –
   Handlungsfreiheit in Verantwortung statt Bürokratie
5. Führungsregel: Managementeinsatz –
   Unternehmer statt Verwalter
6. Führungsregel: Führungsstil –
   konstruktiv-aufbauend statt chefbezogen
7. Führungsregel: Managementmethoden –
   Resultatorientierung statt Methodengläubigkeit
8. Führungsregel: Machtzentren –
   Zielbetonung statt Interessenkonflikte
9. Führungsregel: Mitarbeiterentwicklung –
   themenzentriert statt punktuell
10. Führungsregel: Berichtswesen –
    konzentriert und *problemgerichtet* statt überflutend

Pümpin hat mit seinem SEP-Konzept als Grundlage wirkungsvoller Unternehmensführung große Beachtung gefunden. Seine Aussagen wurden durch Umfragen bei den größten schweizerischen Unternehmen abgesichert. Im Rahmen seiner Ausführungen unterscheidet er zwischen

- introvertierten und
- extrovertierten Unternehmen.

Bei *introvertierten* Firmen stehen Kriterien im Vordergrund, die auf das Innere der Unternehmung ausgerichtet sind. Beispiele hierfür sind Orientierungen an

- den Kosten,
- der Produktion,
- der Technologie,
- dem Gewinn.

Bei *extrovertierten* Firmen erfolgt eine Konzentration auf kundenorientierte Kriterien. Die Unternehmung ist nach außen auf den Markt hin gerichtet.

Die Korrelation der Firmentypen mit dem Unternehmenserfolg ist in der folgenden Abbildung dargestellt – der Erfolgscode ist dabei von 1 nach 5 steigend. Aus der Beurteilung der Ergebnisse können folgende Tendenzen abgeleitet werden:

- Im allgemeinen sind introvertierte Firmen weniger erfolgreich als extrovertierte.
- Je mehr eine Firma kundenorientierte strategische Erfolgspositionen aufbaut, desto besser schneidet sie im Wettbewerb ab.

Quelle: Pümpin, Cuno

		Erfolgscode				
		1	2	3	4	5
Introvertierte Firmen	Introvertierte Mischfirmen		•••			
	Kosten- oder gewinnorientierte Firmen	•	•••	••••		
	Technologieorientierte Firmen			•		
Extrovertierte Firmen	Extrovertierte Mischfirmen*			••		
	Verkaufsorientierte Firmen			••	•	
	Qualitätsorientierte Firmen				••••	
	Kundenorientierte Firmen			•	•••	•

* Mischfirmen sind Unternehmungen, bei denen mehrere (introvertierte und extrovertierte) Kriterien relativ stark ausgeprägt sind und kein Kriterium besonders hervorsticht.

Abbildung: Korrelation der Firmentypen mit dem Erfolgscode (nach Pümpin)

(10) Zielsysteme und Zielbeziehungen

Das Management hat dafür zu sorgen, daß ein geschlossenes Zielsystem aufgebaut wird. Dies ist aus einer Reihe von Gründen notwendig:

- Jedes Unternehmen braucht klare Zielsetzungen.
  Nur dann wird Erfolg
  - objektiv meßbar und
  - Fortschritt sichtbar.

- Ziele schaffen automatisch Ordnungsprinzipien und Prioritäten für alle Mitarbeiter.
- Zielsysteme sorgen bei den Führungskräften und Mitarbeitern für eine Beschäftigung mit der Zukunft. Sie führen zum Agieren anstelle von nur Reagieren.

Die Ziele können eingeteilt werden in:

1. Formale Ziele

Diese werden gewöhnlich als Hauptziele der Unternehmungen definiert.

- Gewinnziele
- Renditeziele
- Kostenziele
- Umsatzziele
- Marktanteilsziele
- Kapitalziele.

2. Materiale Ziele

Diese richten sich auf die Absatzgüter und das zu ihrer Erstellung notwendige technische Produktionspotential.

- Produkte und funktionsgerechte Gestaltung
- Produktqualität und deren laufende Verbesserung
- Differenzierung der Produkte
- Verfolgung der technischen Perfektion
- Lieferservice.

3. Soziale Ziele

Diese Ziele beziehen sich auf den arbeitenden Menschen, seine Arbeitskraft und den Arbeitsprozeß.

- Sicherung der Arbeitsplätze
- Gestaltung des Betriebsklimas
- Fürsorge und Vorsorge für die Mitarbeiter
- Aus- und Weiterbildungskonzepte
- Streben nach Mitentscheidung und Mitverantwortung
- Streben nach sozialem Aufstieg.

Als *Existenzbedingung* ist für die Unternehmung eine angemessene Rentabilität auf lange Sicht erforderlich.

Für jede Unternehmung ist es wichtig, sich Klarheit über die anzustrebenden Ziele zu verschaffen. Dabei gilt es auch, die Zielinterdependenzen zu beachten.

Zwischen den Zielen, die eine Unternehmung verfolgt, gibt es insbesondere drei Beziehungen:

1. Komplementär:
   Die Realisierung eines Zieles wirkt sich positiv auf die Realisierung eines anderen Zieles aus.
2. Konkurrierend:
   Die Realisierung eines Zieles schließt die Realisierung eines anderen Zieles ganz aus oder beeinflußt den Grad der Zielerreichung sogar negativ.
3. Indifferent (neutral):
   Die Realisierung eines Zieles hat keinen Einfluß auf die Realisierung eines anderen Zieles.

Das Management hat die Zielbeziehungen zu definieren und entsprechende Prioritäten zu setzen.

Für die Praxis empfiehlt sich folgende Vorgehensweise beim Zielbildungsprozeß (vgl. hierzu auch die Abbildung »Modell eines betrieblichen Regelkreises«):

1. Erarbeiten der Geschäftsgrundsätze
2. Suche nach adäquaten Zielen
3. Strukturieren eines Zielsystems
4. Quantifizierung der Ziele hinsichtlich
   - Zielinhalt (was?)
   - Zielausprägung (wieviel?)
   - Zielzeit (wann?)
   - Zielperson (wer?)
5. Analyse der Zielbeziehungen
6. Bereinigung der Zielkonflikte
7. Zielentscheidung
8. Planungssystem
9. Erarbeiten eines effizienten Organisationssystems
10. Fixieren eines Kontrollsystems
11. Zielrevision (Gestaltungsmaßnahmen/Anpassungsmaßnahmen)

Quelle: Nagel, Kurt

(11) Der kybernetische Ansatz der Unternehmensführung

Betrachtet man die Unternehmung als kybernetisches System, dann ist die Zielfunktion der Unternehmung die originäre Führungsgröße. Mit Hilfe der Planung wird die Zielfunktion konkretisiert. Es werden zahlreiche Planungsgrößen für den Absatz-, Personal-, Finanz-, Beschaffungs- und Produktionsbereich gesetzt. Da sie alle von der Zielfunktion, der originären

Führungsgröße, abgeleitet werden, bezeichnet man sie auch als derivative Führungsgrößen.

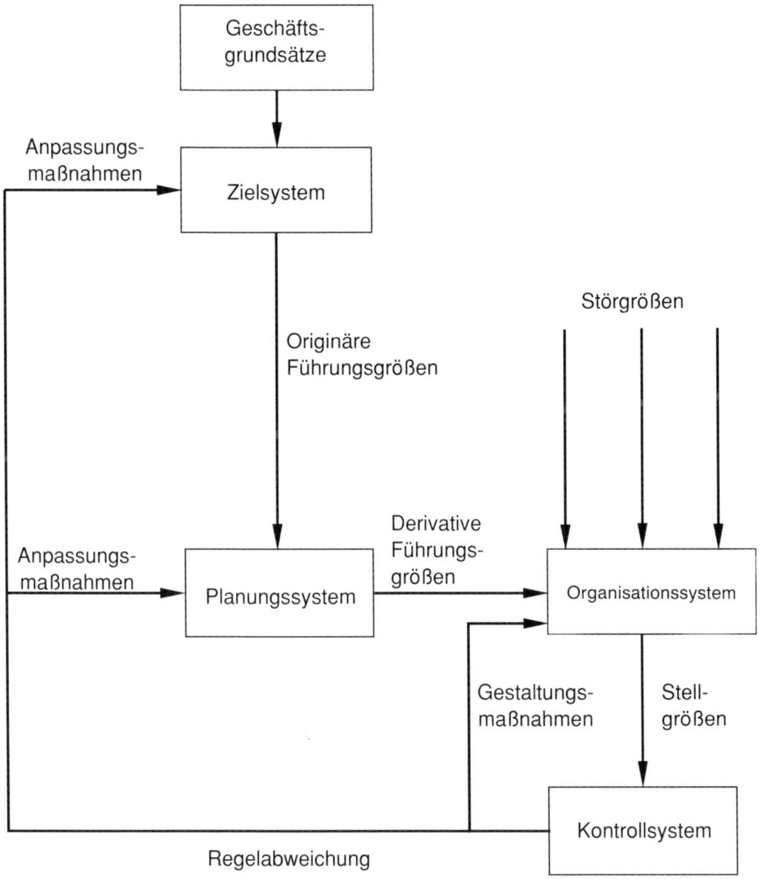

Abbildung: Modell eines betrieblichen Regelkreises

Mit Hilfe der Organisation werden diese Pläne durchgeführt. Organisation bezeichnet den Aufbau eines Unternehmungssystems und die Bereitstellung der Menschen und Mittel zur Durchsetzung der Pläne. Während also die derivativen Führungsgrößen in Zahlen ausgedrückte Pläne sind, sind die Stellgrößen bereits die Maßnahmen, die dafür sorgen sollen, daß die Regelgrößen mit den Führungsgrößen übereinstimmen. Wie die Stellgrößen festzulegen sind, hängt vor allem von der Anzahl und dem Ausmaß der Störgrößen ab.

Die Kontrolle vergleicht die tatsächlichen mit den geplanten Ergebnissen. Bei der Analyse der Differenzen ist zu entscheiden, ob Gestaltungs- oder Anpassungsmaßnahmen ergriffen werden müssen. Bei Gestaltungsmaßnahmen bleiben die Pläne unverändert, d.h., die Führungsgröße wird nicht verändert. Die Ziele sollen entgegen den aufgetretenen Störungen durch geeignete Maßnahmen verwirklicht werden. Anpassungsmaßnahmen werden dann eingeleitet, wenn die Führungsgröße aufgegeben wird. In diesem Fall können die Störungen durch die Unternehmung nicht mehr beeinflußt werden.

Die Unternehmung ist aus der Sicht der Kybernetik ein äußerst komplexes probabilistisches System mit homöostatischem Charakter. Dabei ist festzustellen, daß die Beschreibbarkeit und Vorhersagbarkeit in den verschiedenen Bereichen der Unternehmung recht unterschiedlich ist. So ist z.B. der Produktionsbereich weitgehend deterministisch. Er kann in seiner Struktur und in seiner Wirkung fast vollständig beschrieben werden. Eine Prozeßautomatisierung ist relativ leicht möglich, da alle zur Steuerung und Regelung relevanten Daten verfügbar sind.

Die Beschreibbarkeit der Unternehmensbereiche nimmt mit wachsendem Umwelteinfluß ab. Die Informationen können nicht mehr vollständig zusammengetragen werden. Neben den beherrschbaren internen Daten gewinnen dann die externen Daten eine immer größere Bedeutung. Die Unsicherheiten in der Planung bestehen dabei vor allem darin, daß man meist nicht alle auf das System einwirkenden Faktoren kennt und daß somit das Ausmaß der Störwirkungen nicht erkannt werden kann. Die Umwelt der Systeme »Unternehmen« kann bis heute nur ungenügend beschrieben werden. Da das Wirkungsziel der Unternehmung aber in der Umwelt, genauer: in dem am wenigsten beschreib- und vorhersagbaren Systembereich – nämlich dem Absatzbereich – liegt, müssen hier die Regelungsmechanismen besonders anpassungsfähig und flexibel sein.

Die Unternehmung ist also nicht als ein einziger Regelkreis anzusehen, sondern sie umfaßt eine Vielzahl miteinander in

Verbindung stehender Regelkreise. Dabei beeinflußt jeder Regelkreis mehr oder weniger auch den anderen, d.h., das System »Unternehmung« ist interdependent. Für den praktischen Aufbau eines Steuerungs- und Regelungsmechanismus' in der Unternehmung bedeutet dies, daß alle Subsysteme in der Unternehmung im Hinblick auf das Gesamtziel ausgerichtet werden müssen. Beim Bau dieser Systeme ist vor allem auch zu berücksichtigen, daß sie mit der Realität jederzeit übereinstimmen und der Varietät und Komplexität der Unternehmung gerecht werden müssen.

Die Möglichkeiten, die uns der kybernetische Ansatz für die Unternehmensführung liefert, sind u.a.:

- Der Beschreibbarkeitsgrad kann erhöht werden.
- Mit Hilfe der Kybernetik läßt sich die Vorhersagbarkeit verbessern.
- Über die Informations- und Kommunikationstheorie sowie über die Modell- und Automatentheorie kann ein höherer Automatisierungsgrad erreicht werden.
- Eine Versachlichung und Objektivierung der Unternehmensführung ist möglich.
- Der Informationsgrad und der -service können und sollen mit Hilfe der Kybernetik verbessert werden.

Quellen: Nagel, Kurt
Lindemann, Peter

(12) Einsatz von Melde- und Entscheidungssystemen

Ein Meldesystem kann definiert werden als ein nach bestimmten Prinzipien und Gesichtspunkten strukturiertes Ganzes von Zusammenhängen, die Übermittlung von verabredeten Warnzeichen betreffend. Die Struktur des Meldesystems ergibt sich aus den Anforderungen, die an das System zu stellen sind, und aus dessen Aufgaben. Durch den Aufbau von Meldesystemen

soll insbesondere erreicht werden, daß die Entscheidungsfindung vereinfacht wird.
Die wesentlichen Anforderungen an Meldesysteme sind:

1. Es dürfen nur solche Abweichungen übermittelt werden, deren Analyse wirtschaftlich sinnvoll ist.

2. Die Reaktionszeit, d.h. die Zeitspanne zwischen Feststellung der Abweichung und der Reaktion des Entscheidungsträgers, muß so kurz sein, daß eine Einwirkung sinnvoll möglich ist.

3. Die Signale sollten Hinweise auf die Ursachen der Abweichungen enthalten.

4. Die Signale müssen auf die unterschiedlichen Bedürfnisse der Entscheidungsträger zugeschnitten sein.

5. Der Entscheidungsträger sollte nur die Signale erhalten, die für die Erfüllung seiner Aufgabe nötig sind.

In der praktischen Arbeit dürfte für Entscheidungsträger die Klassifizierung mit Hilfe der Grenzwertregeln, d.h. der Bandbreiten, am sinnvollsten sein. Als Bandbreite ist der Bereich definiert, innerhalb dessen Grenzen der Ist-Wert vom Soll-Wert abweichen darf, ohne daß dies eine Ausnahmemeldung bewirkt. Wird z.B. einem Mitarbeiter im Außendienst ein Soll-Wert von 100 zu verkaufenden Einheiten pro Monat vorgegeben und eine Unter- bzw. Überschreitung dieses Wertes um je 5 % erlaubt, so beträgt die Bandbreite 10 %, und es erfolgt keine Ausnahmemeldung, solange der Ist-Verkauf zwischen 95 und 105 Einheiten liegt.

Je größer die Bandbreite ist, mit der die Planwerte versehen sind, um so später kann die notwendige Plananpassung erfolgen, da die Rückkoppelung der Planabweichung erst bei Überschreitung der Grenzwerte erfolgt. Daher sind mit der Vorgabe großer Bandbreiten Gefahren verbunden. Auf der anderen Seite ist bei zu kleinen Bandbreiten eine Entlastung der Entscheidungsträger kaum gegeben.

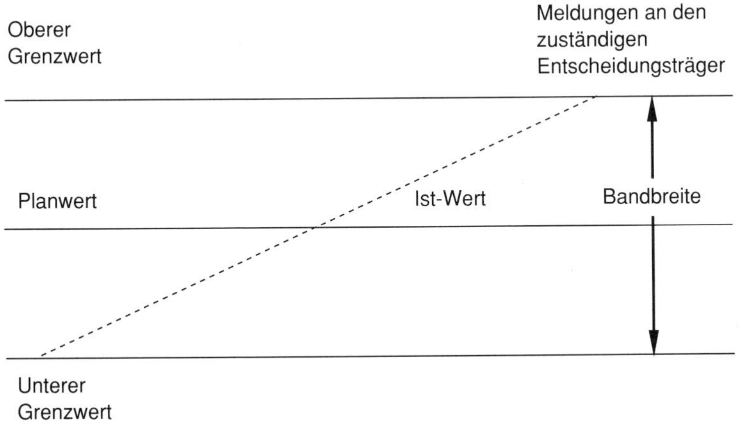

Abbildung: Das Meldesystem

Meldesysteme liefern die wesentlichen Informationen zur Realisierung eines Management by Exception. In einem reinen Meldesystem erfolgt jedoch lediglich der Hinweis auf zu entscheidende Ausnahmesituationen. Die Entscheidung, was jetzt zu tun ist, bleibt in vollem Umfange beim Menschen. Er hat sich die zur Entscheidung notwendigen Informationen zu beschaffen, Entscheidungsalternativen zu bilden, diese zu bewerten und die Finalentscheidung zu treffen. Die meisten Meldesysteme sind aber heute schon so organisiert, daß sie mit der Meldung bereits die zur Entscheidung relevante Datenbasis liefern und evtl. auch schon auf Lösungsmöglichkeiten hinweisen.

Damit befindet man sich dann aber schon auf dem Wege zur nächsthöheren Stufe von Steuerungssystemen, den Entscheidungssystemen. Hier wird das Meldesystem durch die Einbeziehung programmierter Entscheidungsalgorithmen zum Entscheidungssystem ausgebaut. Als Entscheidungssystem wird die interne Verarbeitung von Vorgängen verstanden, ohne daß der Mensch einen direkten Anstoß dazu geben muß und ohne daß sein Eingreifen erforderlich ist. Der Computer ist jetzt in der Lage, aufgetretene Abweichungen vom Soll-Wert nicht nur zu melden, sondern innerhalb eines vorgegebenen Rahmens nach ebenfalls vorgegebenen Verfahren Planabweichungen zu bewerten und Korrekturmaßnahmen zu initiieren. Damit besteht die Möglichkeit, bereits vorher festlegbare Entscheidungen vom System automatisch durchführen zu lassen und Routineentscheidungen aus dem individuellen Bereich herauszulösen. Die Anzahl der verbleibenden exzeptionellen Entscheidungen wird wesentlich verringert, und die Qualität dieser Entscheidungen steigt. Das Entscheidungssystem liefert nicht nur die Datenbasis für den Entscheidungsprozeß, sondern nimmt einen Teil dieses Prozesses bereits vorweg. Es bietet Alternativentscheidungen einschließlich der Vor- und Nachteile, welche sich aus der Wahl einer dieser Alternativen ergeben. Letztlich liegt auch für den größten Teil der noch verbliebenen exzeptionellen Entscheidungen nur noch die Finalentscheidung beim Menschen. Alternativenbildung und Bewertung leistet das Modell.

Quelle: Nagel, Kurt

(13) Das 7-S-Modell von McKinsey

Pascal und Athos stützen ihr Modell auf sieben Variable, die alle mit dem Buchstaben S beginnen. Diese Alliteration stellt eine gute Gedächtnisstütze dar, macht das Modell erklärbarer und läßt es leichter behalten.

In der amerikanischen Originalfassung wurden die Variablen Structure, Strategy, Systems, Skills, Style, Superordinate Goals und Staff genannt. In der deutschen Übersetzung wurde darauf geachtet, die 7-S beizubehalten.

Struktur	=	Formale Organisationsstruktur
Strategie	=	Produkt-, Markt- und Personalkonzept
Systeme	=	Informationssysteme und Regeln
Spezialkenntnisse	=	Fachliche und soziale Qualifikationen und Fertigkeiten der Manager

Stil	=	Führungsstil und Betriebsklima
Selbstverständnis	=	Geschäftsgrundsätze und Unternehmensziele
Stammpersonal	=	Stellenbesetzung, Rekrutierung und Beförderung

Diese Erfolgsfaktoren werden in »harte« und »weiche« Führungsinstrumente unterteilt. Aus der Abbildung »Die 7-S-Konzeption« gehen die harten und weichen Führungsinstrumente hervor.

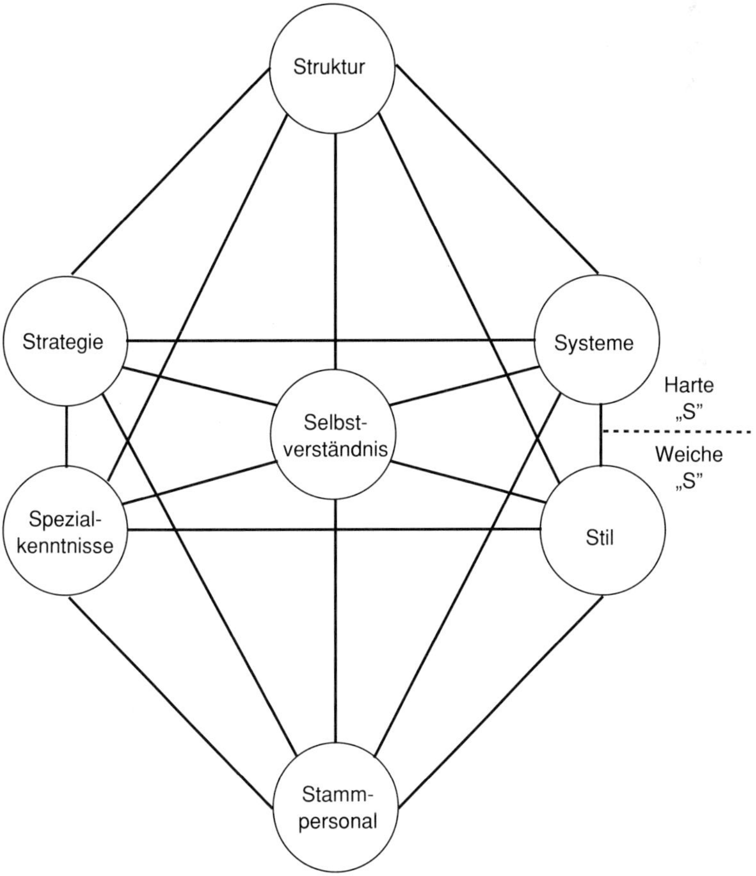

Abbildung: Die 7-S-Konzeption der Unternehmenspolitik von Pascal und Athos

Pascal und Athos haben mit der 7-S-Methode auch eine Systematisierung der Methoden und eine Deutung japanischer Erfolge versucht.

Peters und Waterman benutzten dieses 7-S-Modell als Voraussetzung für eine empirische Untersuchung zahlreicher US-Unternehmen. Aus dieser leiteten sie ab, daß der Erfolg oder Mißerfolg eines Unternehmens nicht nur von harten Elementen, also formalen Strukturen und Strategien, sondern mindestens in gleichem Maße von den weichen Faktoren abhängig ist.

Quelle: Pascal, Richard T. und Athos, Anthony G.

(14) Modell von Peters und Waterman

Als eine richtungweisende empirische Erhebung kann die Arbeit von Peters & Waterman »In Search of Excellence« gesehen werden. Im Jahr 1977 begannen die beiden damaligen Leiter einer internen McKinsey-Forschungsgruppe, Tom Peters und Bob Waterman, herauszuarbeiten, was »erfolgreiche Unternehmen« so erfolgreich macht. Als Grundlage sollte ein empirischer Ansatz dienen.

Zu Beginn der Durchführung bildeten 62 als erfolgreich und innovativ anerkannte amerikanische Unternehmen aus verschiedenen Industriezweigen die Untersuchungsbasis. Zusätzlich noch mußten die Unternehmen als Beweis für langfristigen Geschäftserfolg in mindestens 4 der 6 folgenden Kriterien im Zeitraum 1961 bis 1980 in der oberen Hälfte ihres Industriezweiges gelegen haben:

- kumulierter Vermögenszuwachs
- kumuliertes Eigenkapitalwachstum
- durchschnittliches Verhältnis Marktwert und Buchwert
- durchschnittliche Gesamtkapitalrendite

– durchschnittliche Eigenkapitalrendite

– durchschnittliche Umsatzrendite

Schließlich wurde die reine Innovationskraft unter Mithilfe von Branchenkennern bewertet. Nach Anwendung aller Kriterien blieben noch 43 Unternehmen für die Untersuchung übrig.

Die Ergebnisse der Untersuchung zeigten deutlich, daß die besonders erfolgreichen Unternehmen sich vor allem in einfachen Grundtugenden unternehmerischen Handelns und Denkens auszeichnen.

Peters und Waterman haben mit ihrem Bestseller »In Search of Excellence« (Auf der Suche nach Spitzenleistungen: Was man von den bestgeführten US-Unternehmen lernen kann) weltweite Beachtung gefunden. Zielsetzung dieses Werkes ist, die Gemeinsamkeiten erfolgreicher amerikanischer Unternehmen festzustellen.

Sie kamen auf der Basis ihrer Interviews und des Quellenstudiums zu acht Merkmalen erfolgreicher Unternehmensführung. In der deutschen Übersetzung werden diese wie folgt bezeichnet:

1. Primat des Handelns
2. Nähe zum Kunden
3. Freiraum für Unternehmertum
4. Produktivität durch Menschen
5. Sichtbar gelebtes Wertesystem
6. Bindung an das angestammte Geschäft
7. Einfacher flexibler Aufbau
8. Straff-lockere Führung

Quelle: Peters, Thomas J. und Waterman, Robert H.

(15) Erfolgsstrategie nach John

Erich John vom RKW ist der Ansicht, daß es für die Unternehmensführung, -sicherung und -weiterentwicklung notwendig ist, sich »nach oben« zu orientieren, d.h. Zeit und Mühe darauf zu verwenden, die Strategien der Erfolgreichen zu studieren. Dabei ist allerdings kein blindes Nachahmen gefordert, sondern ein aufmerksames Nachempfinden und angepaßtes Übertragen der in einem Unternehmen angewandten Strategien und praktizierten Maßnahmen.

Aus solchen Beobachtungen heraus hat John jene Merkmale, die bei erfolgreichen Unternehmen jeder Größe und Branche auffallend häufig anzutreffen sind, zusammengestellt:

1. Die Programmstrategie »Mache das, was Du gut kannst!«

- bewußte Konzentration auf die Stärken des Unternehmens (seine Märkte, Menschen, Anlagen, bewährten Methoden und Verfahren)
- Weiterentwicklung und Vertiefung vertrauter Leistungsbereiche für noch höhere Ansprüche
- »Spezialitäten-Anbieter« in einem ergiebigen Stammbereich
- lieber die Nummer eins sein in einer Marktnische als »unter ferner liefen« im weiten Markt

2. Enorme Produkt- und Programmdynamik

- systematisches Suchen von Innovationen und beharrliches Erneuern des Produkt- und Leistungsprogramms
- das Ziel »neu für den Markt« steht *vor* »neu für das Unternehmen«
- mit den Neuheiten im Produktprogramm einen hohen Umsatz- und Deckungsbeitragsanteil anstreben bei ständigem Bemühen, die übrigen Produkte nachzuziehen
- Spitzenprodukte plus Service zu Trümpfen im Exportgeschäft kombinieren

3. Marktorientierung des ganzen Unternehmens

- marktorientierte Unternehmensführung als verbindliche und allseits akzeptierte Leitlinie für das Handeln aller Funktionen, Organisationseinheiten und Menschen des Unternehmens
- Kundennähe als »Unternehmensphilosophie«; d.h., Orientierungsmaßstäbe sind die Bedürfnisse, Wünsche, Erwartungen, Probleme und Ressourcen der Kunden
- ein hoher Vertriebsaufwand wird angesehen als Investition in den Markt
- systematisches Exportmarketing statt »Ausweichen« auf Auslandsmärkte, wenn der Inlandsmarkt nicht aufnahmefähig oder -willig ist

4. Unternehmerischer Freiraum für möglichst viele im Unternehmen

- unternehmerische Betätigung an jeder Stelle des Unternehmens
- die »Neuerer« und Führungstalente systematisch fördern
- aus Betroffenen Beteiligte machen und möglichst viele in den Entscheidungsprozeß einbeziehen
- zielorientierte Teamarbeit, d.h. den Rahmen abstecken mit viel Bewegungsfreiheit der Gruppen innerhalb der »Eckpunkte«
- Gestalten statt Verwalten; Abbau der hausgemachten Bürokratie

5. Selbständige Organisationseinheiten (Schlanke sind wendiger!)

- »Lieber ein Wiesel sein als ein Bär«, weil Stärke nur dann etwas bringt, wenn sie in flinkes Handeln umgesetzt werden kann

- Förderung dezentraler Organisationsformen
- einfacher, flexibler Organisationsaufbau; kleine, bewegliche Organisationseinheiten mit hohem Verantwortungsgrad und großem Freiraum schaffen

6. Mehr Führung, etwas weniger Management

- über das Motivieren der Menschen Leistungsbereitschaft erreichen und Leistungsfähigkeit erhöhen, nicht (nur) über Managementmethoden und -techniken
- tatsächlich praktizierte Führungsgrundsätze statt papierener Führungsrichtlinien
- Führung im scheinbaren Widerspruch von »straff und locker«
- zügige Information von oben nach unten und von unten nach oben – ohne Informationsfilterung und Informationszurückhaltung

7. Schnelles Handeln vor peniblem Planen

- Vorrang des »Machens«, d.h. kein zu langes Verweilen beim Analysieren
- strategische Unternehmensplanung mit viel Spielraum für beherztes Handeln und mit viel Flexibilität
- aktuelle Führungsinformationen für die Entscheidungsträger zum raschen Agieren und Reagieren

8. Nicht nur höhere, sondern auch bessere Produktivität

- Qualifizierte Menschen als Ressourcen für Qualitäts- und Produktivitätssteigerung
- über Qualifikation der Menschen zu Innovationen bei Produkten, Strategien, Methoden und in der Organisation
- Mitarbeiterpotential als Stärke des Unternehmens – von Mitbewerbern weder leicht zu erkennen noch schnell zu kopieren

- qualitatives Wachstum *vor* quantitativem Wachstum, Abkehr von überzogener Mengen-Euphorie

Quelle: John, Erich

(16) 3 Grundfragen des strategischen Managements

Daniel Rufer und Hans Wüthrich sind der Ansicht, daß zahlreiche Strategiekonzepte zu umfangreich sind und sich in der Praxis oft nicht verwirklichen lassen.

Im Rahmen eines strategischen Managements sind folgende Grundfragen zu beantworten. Außerdem erläutern die Autoren gleichzeitig, wie strategische Erfolgspositionen aufgebaut werden:

1. Tun wir die richtigen Dinge?

»Wenn wir zuerst wüßten, wo wir sind und wohin wir streben, könnten wir besser beurteilen, was wir tun und wie wir es tun sollten.«
Abraham Lincoln

Die aktuellen Aktivitäten sind aus strategischer Sicht zu analysieren und entsprechend darzustellen. Hierzu ist eine tiefgreifende Analyse notwendig, die für jedes Produkt und jede Dienstleistung folgende Fragen beantwortet:

- Nutzen: Welche Funktionen/Leistungen erbringt das Unternehmen den Abnehmern mit seinen Produkten/Dienstleistungen?
- Abnehmer: Welchen Absatzmittlern und Endverbrauchern erbringt das Unternehmen diese Nutzen?
- Verfahren: Welche Technologien oder Methoden setzt das Unternehmen ein, um seinen Abnehmern diese Nutzen zu bringen?

Aus dieser Analyse ergeben sich eine Reihe von Fragen über mögliche neue Geschäftstätigkeiten:

- Welche von einer Firma bisher nicht erbrachten Nutzen kommen für die heutigen Abnehmer in Frage?
- Welche weiteren, noch nicht angesprochenen Abnehmergruppen gibt es?
- Welche alternativen Verfahren existieren für die Erbringung heutiger oder neuer Funktionen?

Die Antworten auf diese Fragen zeigen, daß eine Neudefinition des Tätigkeitsgebietes in verschiedene Richtungen möglich ist:

- Horizontale Erweiterung (Bereits angebotene Nutzen werden neuen Abnehmern oder mittels neuer Verfahren erbracht).
- Vertikale Erweiterung (Neue Nutzen werden bisherigen Abnehmern mit bisherigen Verfahren erbracht).
- Diversifikation (Neue Nutzen werden neuen Abnehmern erbracht).

Nach dieser Analyse sind systematisch neue Marktchancen zu nutzen und gegebenenfalls das bestehende Tätigkeitsgebiet einzuschränken.

2. Tun wir die Dinge richtig?

»Wer damit aufhört, besser zu werden, hört damit auf, gut zu sein.«
Thomas John Watson

Im Rahmen der gewählten Aktivitäten ist eine klare Profilierung gegenüber den bestehenden oder möglichen neuen Konkurrenten notwendig. Es geht darum, herauszufinden, durch welche speziellen Fähigkeiten sich das Unternehmen am besten von seinen Mitbewerbern abheben kann. Für eine Profilierung gibt es zwei Möglichkeiten:

– operative Wettbewerbsvorteile
Darunter versteht man Differenzierungen, die es einem Unternehmen erlauben, sich *kurzfristig* von seinen Konkurrenten zu unterscheiden und so Umsatzsteigerungen zu erzielen. (Es handelt sich dabei um befristete, gegenüber der Gefahr der Nachahmung durch die Konkurrenz kaum abschirmende Maßnahmen.)

– Aufbau strategischer Erfolgspositionen
Darunter versteht man gezielt aufgebaute Fähigkeiten, die es einem Unternehmen erlauben, sich *langfristig* von der Konkurrenz abzuheben und damit überdurchschnittliche Ergebnisse zu erzielen. (Wegen mehrjähriger intensiver Aufbauarbeit sind diese Maßnahmen für längere Zeit gegenüber der Gefahr einer Nachahmung durch die Konkurrenz abgeschirmt.)

3. Wie verändern wir die Dinge?

»Es gibt nichts Gutes, außer man tut es.«
Erich Kästner

Wie lassen sich die strategisch geforderten betrieblichen Veränderungen realisieren? Entscheidend ist, daß jede Strategieumsetzung Veränderungen und somit die Überwindung von betrieblicher Trägheit, von physischen und geistigen Hemmnissen in Unternehmen mit sich bringt.

Zur erfolgreichen Umsetzung einer neuen Strategie wird ein Impuls, eine Stoßkraft benötigt, welche die physischen und geistigen Hemmnisse überwindet und den nötigen Wandel bewirkt.

Der *physische* Wandel eines Unternehmens läßt sich durch klare Zuordnung aller betrieblichen Ressourcen zu den aufzubauenden strategischen Erfolgspositionen einleiten.

Der *geistige* Wandel, der sich darin äußert, daß alle Mitarbeiter ihr Verhalten an der Strategie ausrichten, ist oft problematischer durchzusetzen.

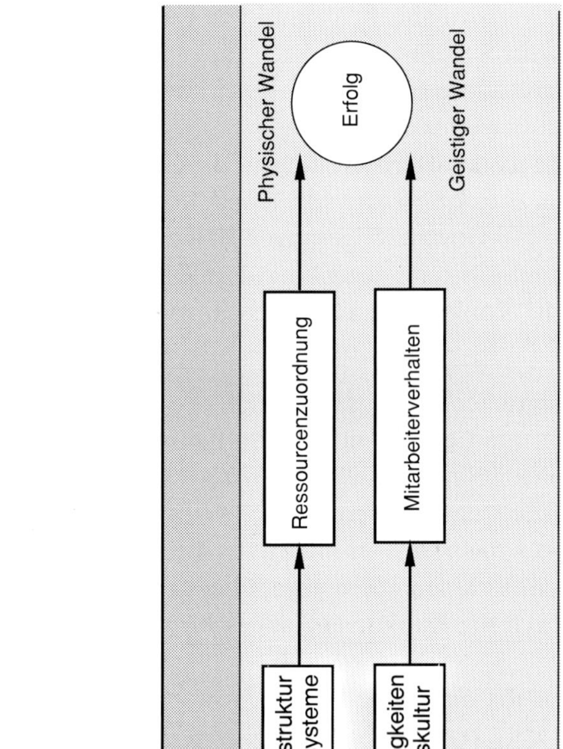

Abbildung: Strategieumsetzung nach Rufer und Wüthrich

Das Denken und Handeln der Führungskräfte ist entscheidend für diese Veränderungen. Sie kommen nur durch das Zusammenwirken verschiedener Faktoren zustande:

- Basis ist die zielgebende Grundstrategie des Unternehmens.
- Ein zentraler Punkt ist das persönliche Verhalten, die Vorbildfunktion aller Führungskräfte.
- Durch symbolische Handlungen des Managements kann die Aufbruchstimmung, der Wertewandel, noch verstärkt werden.
- Delegation von Verantwortung, Schaffen entsprechender Freiräume und Ermutigung zum Experimentieren.

Dies sind die Elemente eines neuen Führungsstils, der überdurchschnittliches Engagement zur Strategieumsetzung auslöst. Den Führungskräften fällt somit die Schlüsselrolle bei der Erzeugung von strategischer Stoßkraft zu. Sie muß durch eine entsprechende Zuordnung der Ressourcen sowohl den *physischen* als durch eine visionäre Führung auch den *geistigen* Wandel auslösen.

Quelle: Rufer, Daniel und Wüthrich, Hans A.

(17) 4 Organisationsideologien

Der amerikanische Sozialpsychologe Roger Harrison veröffentlichte 1972 ein Unternehmensmodell, das die unterschiedlichen Interessen einer Organisation und die Wünsche der Mitarbeiter nach Sicherheit und Selbstverwirklichung recht deutlich aufzeigt.

Seine Organisationsideologien sind sehr unterschiedlicher Natur und werden von ihm wie folgt definiert:

1. *Machtorientierung*

Diese autokratischen Organisationen sind machtorientiert, d.h., sie dominieren auf folgende Weise über ihre Umwelt:

- externen Gesetzen bringen sie Widerstand entgegen,
- intern versuchen sie, die Kontrolle als Mittel zur Machtausübung einzusetzen,
- ihre eigenen Interessen werden auf Kosten Schwächerer gewahrt,
- sie handeln ohne Rücksicht auf das Gemeinwohl und die ihnen anvertrauten Menschen,
- unter den Firmenangehörigen regiert das Gesetz des Stärkeren.

2. *Rollenorientierung*

Hier handelt es sich um geordnete, sich rational verhaltende Unternehmen. Ihr organisatorisches Verhalten beruht auf

- Vorhersehbarkeit und Berechenbarkeit,
- schriftlich fixierten Grundsätzen,
- von allen zu beachtenden Regeln und Vereinbarungen,
- genau definierten Pflichten, Rechten und Privilegien,
- dem Einhalten von selbst- und fremdgesetzten Beschränkungen und Gesetzen.

Besonderer Wert wird hier auf ein hierarchisches Gefüge und den Status eines Mitarbeiters gelegt. Eigenschaften wie z.B.

- Zuverlässigkeit,
- fachliche Kompetenz,

- Respekt,
- korrektes Verhalten

kennzeichnen diese Organisationsform.

Nur Unternehmen mit einer monopolähnlichen Marktposition können sich diesen starren, unflexiblen Führungsstil erlauben. Solche Systeme lassen sich aufgrund der Schwerfälligkeit ihrer Abläufe nur langsam geänderten Marktsituationen anpassen.

3. *Aufgabenorientierung*

Die Struktur dieser Organisationen ist leistungsorientiert, d.h., alle Aktivitäten sind darauf ausgerichtet, als oberstes Ziel Leistung zu erreichen. Besonderer Wert wird hier auf ein leistungsorientiertes Management gelegt, das

- für Produktivität im gesamten Unternehmensbereich zu sorgen hat,
- Prozesse augenblicklich ändert, wenn sie Leistung verhindern,
- unqualifizierte Mitarbeiter ablöst oder an Schulungen teilnehmen läßt,
- persönliche Bedürfnisse von Organisationsmitgliedern nur dann berücksichtigt, wenn sie sich mit dem Leistungsprinzip vereinbaren lassen.

In dieser Organisationsform ist fast alles machbar, auch das Umgehen von Regeln und Anweisungen, sofern dies der Lösung eines Problems dient, was sich wiederum leistungssteigernd auswirken muß. Macht und Position gelten nicht als Basis für Autorität, sondern einzig und allein Leistung und Können legitimieren und bestimmen das Führungsverhalten. Die Organisationsstruktur kann jederzeit kurzfristig geändert werden, falls dies aus Gründen der Leistungsfähigkeit nötig ist.

4. *Mitarbeiterorientierung*

Bei dieser Organisationsform steht die Befriedigung der Mitarbeiterbedürfnisse an erster Stelle. Voraussetzungen für diesen Führungsstil sind entsprechende Eigenschaften der Unternehmensmitglieder, wie z.B.

- Arbeits- und Lernbereitschaft,
- Übernehmen von Vorbildfunktionen,
- gegenseitiges Führen,
- Kollegialität und
- Hilfsbereitschaft.

Die Ziele dieses Unternehmens sind mit den individuellen Interessen der Unternehmensmitglieder in Einklang zu bringen. Positionen werden auf der Basis von persönlichen Präferenzen und individuellen Lern- und Karrierebedürfnissen vergeben. Bei einem mitarbeiterorientierten Unternehmen sind die Wertvorstellungen der Organisation identisch mit jenen der Firmenmitglieder.

Nach Rüttinger wäre eine Unternehmenskultur ideal, die sich aus einer glücklichen Kombination der 4 beschriebenen Ideologien zusammensetzt. Hierbei sollte

- die Machtorientierung so weit ausgeprägt sein, daß ein Bestehen auf dem Absatzmarkt gewährleistet ist,
- die Rollenorientierung durch fixierte Unternehmensgrundsätze für Stabilität sorgen,
- die Aufgabenorientierung rasches Problemlösen und Anpassen an veränderte Gegebenheiten garantieren,
- eine Mitarbeiterorientierung Fürsorgepflicht gegenüber den Mitgliedern der Organisation ausüben und die Realisierung eigener Wertvorstellungen erlauben.

Quellen: Harrison, Roger
Rüttinger, Rolf

(18) Stärken-Schwächen-Analyse nach Wiedmann

Der Marketingexperte Klaus-Peter Wiedmann ist der Ansicht, daß ein Unternehmen sich im Wettbewerb um so eher behaupten wird, je präziser seine Kenntnis über die eigenen Stärken und Schwächen ist. Gegenstand einer solchen Stärken-Schwächen-Analyse (S/S-Analyse) sind die Ressourcen und Potentiale (Mittel und Eigenschaften) des Unternehmens. Ob es sich dabei jeweils um Stärke oder Schwäche handelt, sollen die folgenden Fragen klären:

- Worauf kommt es im Markt an?
  (Welche Ressourcen/Potentiale bestimmen in meiner speziellen Situation den Erfolg der Unternehmung)
- Wie steht das Unternehmen im Vergleich zu anderen Wettbewerbern da?

Mittelpunkt der S/S-Analyse ist das Stärken/Schwächen-Profil, das die Ressourcen/Potentiale des Unternehmens beurteilt und mit jenen der Konkurrenzunternehmen vergleicht. Diese Analyse bildet somit eine grundlegende Voraussetzung für vier fundamentale Aussagen:

1. *Die Beurteilung von Marktentwicklungen:* Stellen etwa veränderte Qualitätswünsche der Kunden aufgrund unserer Fertigungstechnologien, der Qualifikation der Mitarbeiter ein Risiko oder eine Chance dar?

2. *Die Fundierung unternehmenspolitischer Entscheidungen:* Können und sollen wir mit neuen Produkten in neue Märkte vorstoßen?

3. *Die Bestimmung kurzfristiger Ziele und Maßnahmen:* Wie lassen sich unsere Stärken gezielt im Konkurrenzkampf einsetzen und unsere Schwächen ausgleichen?

4. *Die Entwicklung mittel- und langfristiger Ziele sowie Strategien:* Wohin muß sich das Unternehmen entwickeln? Wie lassen sich unsere Stärken weiter ausbauen und unsere Schwächen abbauen?

Alle an dieser S/S-Analyse Beteiligten müssen ausreichend über die Ziele des Unternehmens und die sich durch den Markt ergebenden Umstände informiert sein.

Bei dieser Analyse sind alle Unternehmensbereiche auf relevante Ressourcen/Potentiale hin zu überprüfen und durch aussagefähige betriebswirtschaftliche Kennzahlensysteme zu analysieren.

Es ist jedoch sicherzustellen, daß die tatsächlichen markt- und erfolgbestimmenden Ressourcen/Potentiale herausgearbeitet werden.

Zum Abschluß wird eine Liste jener Faktoren erstellt, die im Rahmen der S/S-Analyse Beachtung finden sollen.

Bei der Bestimmung der Erfolgsfaktoren müssen unbedingt auch Prognosen und Studien über künftige Marktanforderungen in Betracht gezogen werden.

Der nächste Schritt dient dem Soll-Ist-Vergleich. Folgende zwei Varianten können hier unterschieden werden:

Variante A: Ein Team, bestehend aus qualifizierten Mitarbeitern und möglicherweise externen Beratern, ermittelt auf der Basis betriebswirtschaftlicher Erkenntnisse sowie einer Analyse der Marktanforderungen für jeden Erfolgsfaktor eine »optimale Ausprägung«.

Diese Soll-Vorstellungen werden dann mit den tatsächlichen Ausprägungen der Ressourcen/Potentiale verglichen. Ausgehend davon, wird dann die Unternehmenssituation auf einer Skala von »sehr gut« bis »sehr schlecht« eingestuft.

Variante B: Anstelle eines offiziellen Soll-Konzeptes werden im Rahmen einer Befragung verschiedene Mitarbeiter direkt gebeten, die Unternehmenssituation auf einer Skala von »sehr gut« bis »sehr schlecht« einzustufen. Als Beurteilungsgrundlage dienen ihre eigenen Soll-Vorstellungen von einer optimalen Ausprägung der Erfolgsfaktoren zur Verwirklichung der Unternehmensziele in einer bestimmten Situation. Den Mitarbeitern werden im Vorfeld dazu die Unternehmensziele erläutert und einige wichtige Herausforderungen skizziert, die sich aus aktuellen Marktentwicklungen ergeben.

Die Auswertung der erzielten Ergebnisse beschränkt sich in der Praxis meist darauf, aus den verschiedenen Einzelurteilen über die Errechnung eines Mittelwertes ein Gesamturteil zu bilden.

Diese Auswertungsergebnisse werden die Basis für eine endgültige Einschätzung der Unternehmenssituation.

Quelle: Wiedmann, Klaus-Peter

(19) Wertanalyse

Die Methode der Wertanalyse entwickelte der Ingenieur Lawrence D. Miles im Jahre 1947. Der Begriff »Wertanalyse« ist die wörtliche Übersetzung des amerikanischen Ausdruckes »Value analysis«. Nach Miles beinhaltet die Wertanalyse eine organisierte, schöpferische Methode mit der Aufgabe der wirkungsvollen Klarlegung unnötiger Kosten.

Die Wertanalyse wird verstärkt bei komplexen, ressortübergreifenden Aufgaben wie z.B. Einführung von Produkten, Analyse von Fertigungsabläufen, Einsparungen von Kosten und der Beschaffungsplanung eingesetzt.

Der Inhalt und die Vorgehensweise bei der Anwendung dieser Methoden wird im folgenden an einzelnen Schritten verdeutlicht:

Schritt 1: Es wird ein Wertanalyse-Team gebildet. Dieses sollte aus Mitarbeitern der unterschiedlichen Organisationsbereiche bestehen.

Schritt 2: Den einzelnen Produkten, Unternehmensprozessen und allem, was Kosten verursacht, werden A-, B- oder C-Werte zugeordnet. A macht dabei die Produkte oder Prozesse deutlich, bei denen die höchsten Kosten entstehen. C ist am wenigsten kostenintensiv.

Schritt 3: In diesem Schritt werden für alle Systeme mit »A-Werten« die einzelnen Elemente (z.B. für ein Einzelteil oder für einzelne Teilprozesse) bezüglich ihrer Kosten bewertet. Man kann dann erkennen, bei welchen Produktteilen bzw. Prozessen es sich besonders lohnt, die Kosten zu senken.

Schritt 4: Die einzelnen Funktionen werden analysiert und die dafür anfallenden Kosten (nur die variablen) ermittelt. Es läßt sich dann feststellen, wie teuer die einzelnen Funktionen sind.

Schritt 5: Hier geht es um das Finden von innovativen Lösungsansätzen. Mit Hilfe der wesentlichen Kreativitäts-Methoden (z.B. Brainstorming, Brainwriting) versucht man, neue Lösungsalternativen zu finden.

Schritt 6: Die Alternativen werden auf ihre Realisierung sowie Kosten und Nutzen hin untersucht. Effiziente Lösungsansätze werden dann realisiert.

Quelle: Miles, Lawrence D., Wellenreuther, H. und Christmann, Kurt

(20) 5 Thesen für zukünftiges Management

In seinem bemerkenswerten Buch »Der neue Manager«, das weitgehendst Neuland beschreitet, versucht Gerd Gerken, die geistige Seite des Managements zu artikulieren. Die alte Erkenntnis »Nichts ist beständiger als der Wandel« ist die Grundlage seiner Analysen und Empfehlungen, und seine Forderung heißt, daß »auch der Mensch im Manager sich wird wandeln müssen, wenn sich das Management wandelt«.

In seinem ersten Teil des Buches, der die Zuwendung zur Komplexität zum Thema hat, stellt er fünf Thesen auf, die sich auf das neue Management beziehen:

These 1: Das Neue Management ist Führung vieler

Das systemisch-evolutionäre Management versucht, die Führung vieler zu verwirklichen im Gegensatz zum konstruktivistisch-technomorphen Management, das die Führung weniger bedeutet. Während es im klassischen Management noch deutliche Hierarchien gibt, die den Eindruck vermitteln, daß immer nur wenige Menschen die anderen Menschen führen, bedeutet das Management aus systemischer Sicht die Führung aller, d.h., »Alle führen sich selbst und gegenseitig« – etwas überspitzt ausgedrückt, wie der Autor meint.

Sein Fazit dazu ist: »Führung und Koordination vieler wird möglich, je mehr man Visionen ›in den Bauch bekommt‹ (antirationale Vermittlungskonzepte) und je mehr man über Corporate Culture (Unternehmenskultur) die ungeschriebenen Regeln kraftvoll aktivieren kann (Regeln lebendig halten).«

These 2: Das neue Management gestaltet die Meta-Ebene

Während den konstruktivistischen Managementphilosophien ausgesprochen stark optimierende und damit relativ zielkonstante Vorstellungen zugrunde liegen, d.h., daß es im Prinzip jederzeit möglich sei, das Geschehen im Unternehmen durch direkte Anweisungen bis ins Detail zur Optimalität zu entwickeln, versucht das systemische Management erst gar nicht, in die tatsächlichen Abläufe einzugreifen und damit die Details zu gestalten, da dies aufgrund der hohen Komplexität nicht möglich wäre.

Für das Management klassischen Stils wäre es jederzeit möglich, daß der fehlerhafte Output eines Prozesses durch direkte Korrektur des Resultats selbst oder durch das Eingreifen in das direkte Prozeßgeschehen zu korrigieren sei. Der systemische Managementansatz geht jedoch davon aus, daß der Output eines Systems gar nicht korrigiert werden kann, weil die Systemstruktur diesen Fehler verursachte – ihn also jederzeit wiederholen würde, solange die Regeln, die die Struktur und die Verhaltensdynamik ermöglichten, nicht erkannt und geändert würden.

Fazit: »Regel-Korrektur statt Output-Korrektur, und Regel-Korrektur ist Meta-Management.«

These 3: Das neue Management verzichtet auf Optimalität

Vergleicht man das konstruktivistische Management mit dem systemischen, so setzt ersteres voll auf Optimalität, während das zweite auf Steuerbarkeit ausgelegt ist. Will man eine Zielerreichung jedoch optimieren, muß man über verschiedene Rückkoppelungs-Verarbeitungsprozesse sich immer mehr »an das Optimum heranentwickeln«. Dieser Prozeß macht es aber erforderlich, daß das Ziel nicht verändert, also künstlich konstant gehalten werden muß. Dadurch wird verhindert, daß es sich den dynamischen Veränderungsprozessen anpaßt.

Wenn man demzufolge auf Optimierung setzt, werden die real wirkenden Turbulenzen vernachlässigt. Setzt ein Management aber auf Turbulenz, ergibt sich ein prozessualer Planungsansatz, dessen Hauptmerkmal die permanente Steuerungsfähigkeit ist. Hier wird also ein zu beplanendes System (Markt oder Branche) als lebendig und fließend – wie das Unternehmen – akzeptiert und erhalten.

These 4: Das neue Management funktioniert bei unvollständiger Information

Bei dieser These geht es um die bei den beiden Managementprinzipien recht unterschiedlichen Auffassungen der Faktoren Wissen und Information. Das konstruktivistische Management kennt zwei Arten von Information:

– die real vorhandene Information (Echt-Info) und die,

– die man sich subjektiv dazudenkt (Ersatz-Info).

Man geht im allgemeinen davon aus, daß man permanent subjektive Wahrscheinlichkeitsschätzungen durchführen könne, um aus Uninformiertheit eine brauchbare Informiertheit zu machen.

Beim systemischen Managementtyp geht man dagegen von der Annahme aus, daß es nur selten gelingt, wirkliche Informationen zu besitzen, d.h., daß nie ausreichend viele Informationen vorhanden sind, um Entscheidungen treffen und diese dann auch rechtfertigen zu können.

Der systemische Manager steht zu dieser Problematik der permanent »fehlenden Information« und versucht, sich auf der Basis unvollständiger Information so zu entscheiden, daß eine Revision möglich wird. Ein revisionistisches Prinzip wird sichtbar, das Planungs- und Entscheidungsverhalten im Rahmen der systemischen Managementtheorie »prozessual und versuchsweise« beeinflußt. Das Management muß also so gestaltet werden, daß laufend Anpassungen möglich sind.

These 5: Das neue Management setzt auf Lebensfähigkeit statt auf Gewinn

Die Maximierung des Gewinns und eine strikte Gewinnorientierung werden in der Zukunft nicht mehr Vorrang haben – es gilt, die Existenz des Unternehmens zu sichern.

Es wird Kosten des laufenden Geschäfts und Kosten, um langfristig im Geschäft zu bleiben, geben. Und das, was im Prinzip Gewinn ist (wenn die Kosten des laufenden Geschäfts niedrig gehalten wurden), sind lediglich die sich akkumulierenden Kosten für Lernfähigkeit, Innovationspotenz und Anpassungsflexibilität von morgen und übermorgen.

Zusammenfassend meint Gerken zu den auf uns zukommenden Veränderungen:

»Das neue Management (systemisch-evolutionär) versucht, Komplexität dadurch zu kontrollieren, daß es insbesondere im geistigen Feld Regeln (offene und verdeckte) artikuliert und vitalisiert und Visionen popularisiert (Imaginations-Strategien). Der Habitus des neuen Managements berücksichtigt die permanente Kompatibilität zwischen fließenden Variablen, d.h., Versuch und Irrtum sind die permanente Basis für das prozessuale, revisionistische Handeln.«

Quelle: Gerken, Gerd

(21) Unternehmenskonzept der Zukunft von Birkenbihl

Der Unternehmensberater und Trainer Michael Birkenbihl behandelt in seinem ›Führungsbrevier 2000‹ die wichtigsten Fragen zur Wirtschaft aus psychologischer, kybernetischer und evolutionärer Sicht. Dabei geht es im wesentlichen darum, Managementprobleme von heute aus der Sicht von morgen zu betrachten. Der äußerst engagierte Autor, der durch jahrelange Praxis zwischen Utopie und Machbarkeit unterscheiden gelernt hat, stellt in seinem Nachwort folgende Empfehlungen zur Diskussion:

- »Arbeitsplätze sollten, mehr als bisher, mit zwei Halbtagskräften besetzt werden, deren Leistung zusammen gewertet wird. Diese beiden Arbeitnehmer könnten sich jeweils einigen, wann wer im Sinne einer erweiterten ›Gleitzeit‹ da sein müßte. Dadurch hätte jeder von beiden die Freiheit, im Falle dringender Besorgnisse oder familiärer Notstände dem Betrieb fernzubleiben, ohne daß ein Produktionsverlust eintritt.
- Die Unternehmen sollten künftig darauf verzichten, bevorzugt diplomierte oder promovierte Mitarbeiter als Führungsnachwuchs einzustellen, die alle ›over educated‹ sind und in der Regel keine Beziehung zu den arbeitenden Menschen der operativen Ebene haben. Deshalb versagen die meisten von ihnen in der Kommunikation und der Mitarbeiterführung.
- Als Grundlage für gehobene Führungspositionen sollte ein abiturähnlicher Abschluß genügen. Zur Fortbildung ihrer Führungskräfte sollten die Unternehmen, z.B. in Zusammenarbeit mit den Industrie- und Handelskammern, Management-Akademien schaffen, auf denen den Führungskräften neben betriebswirtschaftlichen Kenntnissen vor allem ›Praktische Psychologie‹ vermittelt wird.
- Die Beteiligung am Unternehmensertrag sollte möglichst in der ganzen Wirtschaft eingeführt werden, wobei die ausge-

worfenen Beträge, über einen Basis-Betrag hinaus, entsprechend den Einzelleistungen berechnet werden sollten. Die Beteiligung der Mitarbeiter ist außerdem das beste Mittel, den Einfluß der Gewerkschaften nachhaltig zurückzudämmen.

– Alle Betriebe, nicht nur die Großunternehmen, sollten sich verstärkt um internationale Zusammenarbeit bemühen. Und sie sollten ihre Mitarbeiter durch zusätzliche Anreize motivieren, eine Zeitlang im Ausland zu verbringen. Je größer die internationale Verflechtung, desto größer wird die Toleranz gegenüber Mitmenschen, und desto geringer wird die Gefahr eines weltweiten Krieges.«

Birkenbihl ist der Auffassung, daß ein Unternehmen und seine Mitglieder aufeinander angewiesen sind. Diese menschlichen Ressourcen mit einem ungeheuren Leistungspotential könnten »alle drängenden Probleme dieser Welt lösen« – aber es ist notwendig, diese Kräfte *gemeinsam* zu aktivieren und zu kanalisieren. Hauptaufgabe eines »Unternehmens der Zukunft« und seiner sich damit identifizierenden Mitarbeiter ist es deshalb, dies zu bewirken.

Quelle: Birkenbihl, Michael

(22) Zehn Leitsätze für die Reorganisation der Unternehmung von Naisbitt

Wer derzeit die Reorganisation eines Unternehmens plant oder seine persönliche Karriere in nächster Zeit ändern möchte, sollte folgende Richtmarken, die der Trendberater Naisbitt aufgestellt hat, beachten:

1. Die Gesellschaften, welche die günstigsten Voraussetzungen für persönliche Entfaltung schaffen, werden die begabtesten Menschen anziehen.

Ein Unternehmen muß seinen Mitarbeitern die Möglichkeit zur Selbstentfaltung geben, und die Ziele des Unternehmens sollten mit den Zielen der Mitarbeiter verknüpft werden. In den besten Unternehmen sind demzufolge die persönliche Entwicklung der Menschen und die Entwicklung des Unternehmens kompatibel und fördern sich wechselseitig. Hier geht es vor allem um gute Partnerschaft, um Motivation der Mitarbeiter und um ein Arrangement zu beiderseitigem Vorteil.

Mitarbeiter sollten ihre Begabung und ihr menschliches Kapital in dem Unternehmen investieren, das ihnen die beste und größte Gegenleistung bringt. Mit folgenden Maßnahmen können Unternehmen attraktivere Arbeitsbedingungen schaffen:

- führen Sie flexible Arbeitszeiten ein
- schaffen Sie ein geistig anregendes Umfeld
- organisieren Sie Reise-/Lernerfahrungen
- ziehen sie die Gewährung von Studienurlaub für kreative Mitarbeiter in Betracht
- strukturieren Sie Berufsgruppen ganzheitlich, um das Können Ihrer Mitarbeiter zu erweitern, zu entwickeln und zu integrieren
- lassen Sie Ihre Mitarbeiter häufig rotieren, um ihre Einsatzmöglichkeiten zu erweitern.

2. Die neue Rolle des Managers im Unternehmen wird sein, günstige Voraussetzungen für persönliche Entfaltung zu schaffen und zu erhalten.

In einem zukunftsorientierten Unternehmen wird der Manager vom autoritären und befehlenden Vorgesetzten zum helfenden Mentor. Die neue Rolle einer Führungskraft ist die eines Entwicklers und Förderers menschlicher Leistungsfähigkeit. Er muß für eine Atmosphäre des Verstehens und Vertrauens sorgen, seine Mitarbeiter unterstützen, anregen und trainieren.

»Die große Herausforderung der kommenden Jahre ist nicht die Umschulung der Arbeiter und Angestellten, sondern die Umschulung der Manager.«

3. Vergütungssysteme, die Leistung und Innovation belohnen, verwandeln die Mitarbeiter in Aktionäre.

Die alte Definition eines angemessenen Vergütungspakets, wie etwa Gehalt, Sozialleistungen und andere Sicherheiten, ist in der heutigen Arbeitswelt überholt. Die Vergütung sollte nach Anteil am Firmenkapital und Gewinnbeteiligung bemessen werden, die weit wertvoller als ein Gehalt sein können. Ein Unternehmen muß herausfinden, welche finanziellen Arrangements es treffen muß, um Mitarbeitern den bestmöglichen Anreiz für beste Leistung zu bieten.

»In fortschrittlichen neuen Unternehmen werden die Menschen nicht für ihre Position auf dem Organisationsplan bezahlt, sondern für ihre Produktivität. Entlohnung nach Leistung ersetzt Entlohnung für Anwesenheit am Arbeitsplatz.«

4. Der Trend geht von festangestellten zu gemieteten Arbeitskräften; er ist Teil eines größeren Trends, die verschiedensten Dienstleistungen an Drittunternehmen zu übertragen.

Das Arbeitnehmer-Leasing, d.h. die Personalbeschaffung durch Vertragsfirmen, erlebt derzeit einen Aufschwung. Der kommende Verkäufer-Arbeitsmarkt wird Vertrags-Leasing zu einer attraktiven Alternative für traditionelle Beschäftigungsverhältnisse machen.

Der Grund für dieses enorme Wachstum ist, daß Leasing einen großen Teil dessen eliminiert, was kleine Geschäftsleute am meisten hassen: die Büroarbeit. Viele Mitarbeiter werden entlassen und über große Leasing-Firmen zurückgeleast. Es scheint ein für beide Seiten vorteilhaftes Arrangement zu sein. Die geleasten Arbeitnehmer erhalten erstklassige Sozialleistungen, und die Arbeitgeber sind lästige Probleme los.

Auch die Bereitstellung von Zusatzpersonal ist ein neuer Geschäftszweig mit Wachstumsaussichten. Ein Unternehmen hat demzufolge nur eine Kerngruppe festangestellter Arbeitnehmer und muß entsprechend der Nachfrage neue personelle Entscheidungen treffen.

»Personal-Leasing ist vermutlich für kleinere Unternehmen der beste Weg, sich auf dem Verkäufer-Arbeitsmarkt die besten Arbeitskräfte zu sichern.«

5. Der vertikale autoritäre Managementstil weicht einem Netzwerkstil, bei dem die Menschen von Gleichgestellten lernen, daß das Können jedes einzelnen allen anderen zugute kommt und jeder Beistand und Hilfe aus vielen verschiedenen Richtungen erhält.

Das kooperative Unternehmenskonzept muß sich bei den meisten Organisationen erst mühsam gegen die traditionelle Vorstellung früherer Geschäftsleitungspraktiken durchsetzen. Alle Mitarbeiter werden lernen müssen, die Fähigkeiten und Kenntnisse ihrer Kollegen in Anspruch zu nehmen, anstatt aus Konkurrenzneid einen Alleingang zu unternehmen oder sich an den Vorgesetzten zu wenden.

Bei vielen Gesellschaften ist die Netzstruktur institutionalisiert. Arbeiter und Angestellte arbeiten tagsüber zusammen mit den Managern und treffen sich auch in ihrer Freiheit in firmeneigenen Einrichtungen (Graternisierung), was die Zwanglosigkeit im Umgang miteinander fördert sowie die Motivation und Kommunikation verbessert.

6. Viele Firmen wandeln sich zu Unternehmerkonföderationen, die unter einem gemeinsamen Dach operieren.

Hiermit sind die Intrapreneure – Menschen mit unternehmerischer Begabung – angesprochen, die aber als Angestellte in einer Firma tätig sind. Anstatt jedoch die Organisation zu verlassen, gründen sie innovative neue Betriebe im Rahmen der Firma, was sich zu beiderseitigem Vorteil auswirkt: Die Firma behält einen erfolgreichen und begabten Mitarbeiter und erhält gleichzeitig einen neuen Geschäftszweig angegliedert – der Angestellte kann zu seiner eigenen Befriedigung eine Idee verwirklichen und gleichzeitig alle Vorteile der ihm angegliederten Firma genießen. In der amerikanischen Wirtschaft haben sich bereits zahlreiche Formen dieses integrierten Unternehmertums entwickelt.

7. Im Unternehmen neuen Stils wird die Qualität höchste Priorität besitzen.

Nach dem Zweiten Weltkrieg gab es Jahrzehnte der steigenden Einkommen und der fallenden Preise für Güter. Deshalb war es möglich, ständig – oft nach einigen Jahren – neue Geräte zu kaufen, da sie besser und billiger wurden. Diese Zeiten sind in Zukunft nicht mehr möglich – der Verbraucher ist weltweit qualitätsbewußter geworden. Mit ihrem Wunsch nach Qualität scheinen die Menschen Dauer in einer Zeit der Veränderung zu suchen.

Qualität wird sich vor allem in einer Veränderung des Verhältnisses zwischen Masse und Information in Gütern und Dienstleistungen ausdrücken. Das bedeutet, daß moderne Elektronik und Mikroprozessoren in Gütern verstärkt eingesetzt werden, während Dienstleistungen nicht mehr ohne effiziente Informationssysteme auskommen werden. Diese Veränderung im Verhältnis Masse-Information ist eine Veränderung in Richtung auf höhere Qualität, die charakteristisch für das neue Informationszeitalter ist.

Für den Verbraucher wird es bald ein leistungsfähiges Werkzeug geben, mit dem er die Qualität von Waren und Dienstleistungen bewerten kann: Softwareprogramme für Computer. Dadurch befinden wir uns auf dem Weg zu einer wirklich konsumentengesteuerten Wirtschaft.

8. Intuition gewinnt in der so lange von Zahlen bestimmten Wirtschaft neues Ansehen.

Eines der Instrumente unserer Informationsgesellschaft ist die Kreativität, deren Schlüsselelement die Intuition ist, d.h. die Fähigkeit, eine Erkenntnis auf einem nicht rationalen, nicht üblichen Weg zu erreichen. Intuition war aber schon immer ein Element der Unternehmensführung – auch wenn es früher nicht entsprechend beachtet wurde. Erfolgreiche Führungskräfte benutzten verstärkt u.a. mit ihre Eingebungen (Intuition), um Probleme zu bewältigen, für die eine Analyse zu umfangreich gewesen wäre.

Intuition wird in der neuen Informationsgesellschaft gerade deshalb besonders wertvoll, weil es in dieser ein Übermaß an Daten gibt. Durch diesen Informationsfluß, den man nicht in seinem gesamten Umfang in sich aufnehmen kann, wird es oft nötig sein, sich auf die Intuition zu verlassen.

Der Intuition von Führungskräften wird eine Schlüsselrolle bei der bedeutenden Aufgabe zukommen, Motivation zu schaffen, wenn es vor allem um komplizierte Entscheidungsprozesse geht.

9. Großunternehmen entdecken, daß sie viele Qualitäten des Kleinbetriebs übernehmen müssen, um in einer sich ändernden Marktsituation konkurrenzfähig zu sein.

Die Qualitäten der Kleinunternehmen haben den Markt erobert und hohe Wachstumsraten erzielt. Klein- und Mittelbetriebe liegen aber nicht nur im Trend, sie liegen auch in der Produktivität vorne. Sie haben zahlreichen Großunternehmen ansehnliche Marktanteile entrissen, und es ist nicht zu übersehen, daß die ehemals so erfolgreichen Strategien dieser Großunternehmen auf einem Markt und in einem ökonomischen Umfeld versagen, das Kleinunternehmen begünstigt, die flexibel und anpassungsfähig sind.

Großunternehmen haben begonnen, sich die wesentlichen Vorteile der Kleinunternehmen – Teamgeist, Flexibilität, Innovationsfreudigkeit – zu eigen zu machen. Kleine, flexible Gruppen, außerhalb der Unternehmenshierarchie, werden konzipiert, um erfolgreiche Produkte zu entwickeln.

Ein wesentlicher Erfolgsfaktor dieser Verbindungen von »Big« und »Small Business« ist, daß in Gemeinschaften, die auf 150 Menschen beschränkt sind, jeder jeden kennt und jeder weiß, welche Rolle jedem einzelnen im Zusammenhang des Ganzen zukommt.

10. In der Informationsgesellschaft geht der Trend von der Infrastruktur zur Lebensqualität.

Die Infrastruktur ist in der neuen Informationsgesellschaft kein ausschließliches Kriterium mehr für die Standortwahl eines Unternehmens; hier steht jetzt die Lebensqualität an erster Stelle. Nicht die Verkehrsverhältnisse, natürliche Ressourcen, Transportmöglichkeiten und nahe Absatzmärkte sind entscheidend, sondern im Vordergrund stehen kulturelles Angebot, Erholungsmöglichkeiten, Klima, Angebot der Schulen etc.

Die neue Strategie im Wettbewerb um wirtschaftliche Entwicklung besteht darin, ein für Unternehmer günstiges Ambiente zu schaffen. Städte und Gebiete werden wetteifern müssen, den angenehmsten und attraktivsten Standort für Gründung, Betrieb und Expansion von Unternehmen bereitzustellen, der durch Ausweisen hoher Lebensqualität eine große Zahl neuer Unternehmen lockt. Alle Standorte, die Ambiente, d.h. Lebensqualität, bieten, die für kreative Menschen attraktiv sind, werden von erfolgreichen Unternehmen bevorzugt, da kreative Menschen Mangelware sind und sie sich deshalb aussuchen können, unter welchen Voraussetzungen sie arbeiten wollen. Das ist ein wichtiger Faktor, den zahlreiche Firmen berücksichtigen und bereits praktizieren.

Zusammenfassend meint John Naisbitt, daß die neue Wirtschaft wieder eine auf unternehmerische Initiative gegründete Wirtschaft sein wird. Etablierte Gesellschaften motivieren und unterstützen unternehmerische Aktivitäten innerhalb der Organisation und fördern den Intrapreneur als neuen Unternehmertyp. Der Trend der Verbraucher zu mehr Qualität, die Notwendigkeit, die Vorzüge der Kleinunternehmen zu nutzen, und die Erkenntnis, daß Unternehmen nicht allein nach Zahlen, sondern intuitiv geführt werden, ist nicht zu verkennen. Das Unternehmen wird umstrukturiert von einer hierarchischen Bürokratie zu einem Netzwerk, in dem jeder von jedem lernen wird, und die neuen Informationsunternehmen werden sich die attraktivsten Plätze als Firmenstandort wählen – solche, in denen die kreativsten Menschen gerne leben möchten.

Quelle: Naisbitt, John und Aburdene, Patricia

(23) Gemeinkosten-Wertanalyse (GWA)

Die Beratungsgesellschaft McKinsey legte mit ihrer »Overhead Value Analysis« (OVA) die Basis für die europäische Variante – die Gemeinkosten-Wertanalyse. In Deutschland wurde diese 1975 von McKinsey vorgestellt. Seither wurden zahlreiche Erfahrungen gesammelt, modifizierte Systemkonzepte vorgestellt und realisiert. McKinsey gebührt vor anderen Beratungsgesellschaften das Verdienst, die GWA zu einem bedeutsamen Instrument der Unternehmensführung entwickelt und in zahlreichen Fällen umgesetzt zu haben.

Die GWA geht davon aus, daß die Leistungen der indirekten Bereiche in Organisationen in Frage gestellt werden. Während bei den direkt-produktiven Bereichen eine unmittelbare Beziehung zur Erstellung der absatzbestimmten Leistungen gegeben ist (zum Beispiel »Produktion«), sind in den indirekt-produktiven Bereichen die Mitarbeiter mit Tätigkeiten befaßt, die nicht direkt an absatzbestimmten Produkten erfolgen. Zu den indirekt-produktiven Bereichen zählen in einer Unternehmung unter anderem das Rechnungswesen, Forschung und Entwicklung, die Materialwirtschaft, der Vertrieb und die Datenverarbeitung. Da in diesen Bereichen fast nur Gemeinkosten anfallen, spricht man auch von »Gemeinkostenbereichen«. Gelegentlich finden sich auch Begriffe wie »unproduktive Bereiche« und »Overhead-Bereiche«.

Die Analyse der Gemeinkosten hat heute eine große Bedeutung, beträgt doch ihr Anteil an den Gesamtkosten oft bis zu 50 % und mehr.
Die Realisierung der Gemeinkosten-Wertanalyse (GWA) sieht folgende drei Schritte vor:

1. Die Vorbereitungsphase

Von der Geschäftsleitung wird ein Lenkungsausschuß, der Entscheidungsträger aus den wesentlichen Funktionsbereichen umfaßt, eingesetzt. Das GWA-Projektteam, das aus hauptamtlich tätigen Linienführungskräften besteht, ist Ansprechpartner für die Leiter der Untersuchungseinheiten, die für ihre Analyseeinheiten verantwortlich sind.

Das GWA-Projektteam fixiert in dieser Phase den zeitlichen Ablauf und gibt den betroffenen und nicht direkt betroffenen Führungskräften die erforderlichen Informationen.

2. Die Analysephase

Die Analysephase kann in den folgenden Vier-Wochen-Takt unterteilt werden:

Woche	Inhalt	Wesentliche Aktivitäten
1	Ist-Aufnahme	– Zusammenstellen aller in einer Untersuchungseinheit erstellten Leistungen – Kosten (Schätzungen) für jede Leistung ermitteln – Personalaufwand in Mannjahren – Sachkosten in DM – Abnehmer der Leistungen zuordnen
2	Ideen-suche	– Die Leiter der Untersuchungseinheiten haben Einsparungsvorschläge zu erarbeiten, mit denen

		eine Kostenreduktion von 40 % erreicht wird – Auch die Leistungsnutzer sind in Kreativitätsgruppen aufgerufen, ihre Ideen bei der Suche nach Einsparungsvorschlägen einzubringen
3	Maßnahmenplanung	– Der Leiter jeder Untersuchungseinheit legt zusammen mit dem Projektteam auf der Basis der Wirtschaftlichkeit und des Risikos Einsparungsvorschläge in den drei Kategorien A, B und C vor A-Ideen müssen sofort oder spätestens innerhalb von zwei Jahren nach Ende des Projektes abgeschlossen sein B-Ideen bedeuten, daß über ihre Verwirklichung noch nicht entschieden werden konnte C-Ideen kommen für eine Realisierung nicht in Frage – Die B-Ideen sind noch einmal zu überprüfen und entweder der Kategorie A oder C zuzuführen
4	Maßnahmenplanung	– Für A-Ideen werden detaillierte Aktionsprogramme aufgestellt – Die Maßnahmenpläne werden dem Lenkungsausschuß und dem Betriebsrat zur Genehmigung/Zustimmung vorgelegt

3. Die Realisierungsphase

In dieser Phase geht es darum, die Kosteneinsparungsvorschläge möglichst rasch umzusetzen. Eine neue Strukturierung der Aufbauorganisation, eine Neukonzeption der Abläufe, eine Neuverteilung der Aufgaben sowie personelle Umbesetzungen sind häufig notwendig.

Der sogenannte Realisierungsverantwortliche, ein Mitarbeiter des Projektteams, hat für jeweils acht bis zehn Untersuchungseinheiten die Umsetzung der Kosteneinsparungsvorschläge sicherzustellen.

Quelle: Zimmermann, Michael

(24) Das Zero Base Budgeting (ZBB)

Die ersten Ansätze dieses Konzeptes, das davon ausgeht, daß jedes Budget immer neu zu rechtfertigen ist und anstelle der bekannten Fortschreibung von jeweils Null auszugehen hat, finden sich zu Beginn der zwanziger Jahre in den USA. Eine Neukonzeption stellte P. A. Phyrr in Harvard Business Review 1970 vor. Er gilt seither als der Vater des ZBB.

Die Beratungsgesellschaft A. T. Kearney Management Consultants hat dieses System für die Zwecke der Gemeinkostenrationalisierung in indirekt-produktiven Bereichen angepaßt und in Deutschland 1978 unter der Bezeichnung »Null-Basis-Planung« eingesetzt.

Wie bei der Gemeinkosten-Wertanalyse wird auch hier jede bisherige Leistung in Frage gestellt. Was in der Vergangenheit war, zählt zunächst nicht mehr. Das starre Korsett der bisherigen Vorgaben wird abgelegt. Meyer-Piening aus dem Haus A. T. Kearney charakterisiert dies so:

Man baut »gedanklich das Unternehmen ›auf der grünen Wiese‹ neu auf. Man löst sich von allen vorhandenen Organisationsstrukturen und Abläufen und fragt: Wie müßte das Unternehmen aussehen, wenn es neu errichtet würde? Welche Leistungen sind dazu erforderlich, welche Anforderungen an

den Umfang und die Qualität der Leistungen werden gestellt?«
Der Ablauf des ZBB erfolgt häufig in neun Phasen:

1. Erarbeiten der Unternehmensziele und Abgrenzung des Untersuchungsfeldes und der Entscheidungseinheiten
2. Ist-Analyse
3. Festlegen von Leistungsniveaus
4. Bestimmen alternativer Verfahren und Ermittlung zugehöriger Kosten
5. Erarbeiten von Entscheidungspaketen
6. Rangordnungsprozeß
7. Budgetschnitt
8. Maßnahmenplanung und Mitarbeiterinformation
9. Realisierung und Überwachung

Im Rahmen dieses Ablaufs ist von besonderer Bedeutung die Festlegung des Leistungsniveaus (Phase 3). Man definiert ein erhöhtes, mittleres und niedrigeres Leistungsniveau, wobei das derzeitige Arbeitsergebnis dem mittleren Niveau entspricht.

Das niedrigere Leistungsniveau, auch Basisniveau genannt, wird so fixiert, daß die für einen geordneten Geschäftsbetrieb unbedingt notwendigen Ziele, die Muß-Ziele, realisiert werden können. Das erhöhte Niveau liegt über dem gegenwärtig erreichten Stand und verursacht entsprechend höhere Kosten. In Sitzungen erarbeiten Leistungsersteller und Leistungsempfänger das adäquate Leistungsniveau. In einem Folgeschritt (Phase 4) wird dann bestimmt,

- wie dieses Leistungsniveau erreicht werden soll,
- welche Kosten für die einzelnen Alternativen anfallen und
- welche Alternative die wirtschaftlichste ist.

Quellen: Zimmermann, Michael
Meyer-Piening, A.

(25) Das PIMS-System

PIMS steht für P = Profit, I = Impact of Market = M, S = Strategies und wurde vom Strategic Planning Institute Boston/London (SPI) entwickelt. Von wesentlicher Bedeutung sind in diesem System differenzierte ROI-Werte. Diese sollten für alle Geschäftseinheiten (eine abgegrenzte Gruppe von Produkten/Dienstleistungen) ermittelt werden. Die Datenanalyse wird nach drei Schwerpunkten vorgenommen:

1. Position im Wettbewerb

- Marktgröße
- Marktanteil
- Einfluß von Qualität/Preis auf den Kaufentscheid der Kunden (z.B. 60:40)
- Spezifische Preis- und Qualitätskriterien
- Wesentliche Wettbewerber

2. Kapital- und Produktionsstruktur

- Kenngrößen um das Kapital in der Unternehmung
- Bilanzanalysen
- Betriebsergebnisse
- Verkaufszahlen
- Produktions- und Produktivitätszahlen
- Beschäftigtenzahlen

3. Triebkräfte des Marktes

- Voraussichtliches Wachstum des Marktes
- Konzentration des Marktes
- Abnehmerstruktur
- Lieferantenstruktur

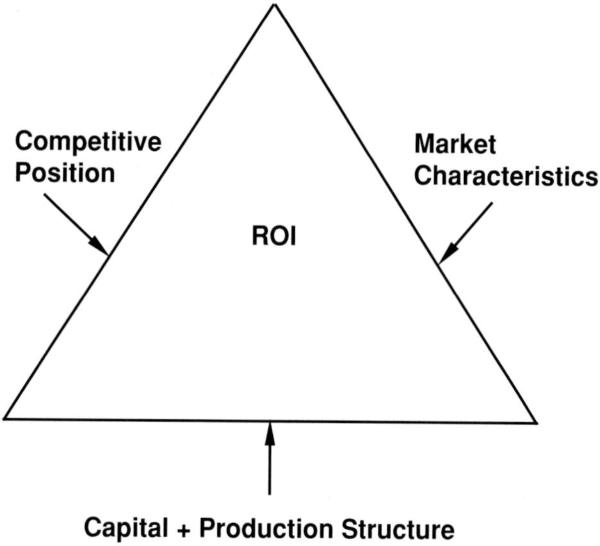

Abbildung: Das PIMS-System

Das PIMS-System erlaubt, die zu erwartende Rendite der Geschäftseinheit und die tatsächliche realisierte Rendite zu berechnen. Mit Hilfe von Simulationsmodellen ist es möglich, unterschiedliche Strategien durchzuspielen und Hinweise über Vorgehen beim Aufbau neuer Geschäfte zu geben.

Quelle: Strategic Planning Institute (SPI)
Wübenhorst, Klaus L.

3.2 Strategieorientierte Organisation

(1) Maximen für die Aufbau- und Ablauforganisation

Die **Aufbauorganisation** geht von der Gesamtaufgabe aus und gliedert diese in Einzelaufgaben, die von den Aufgabenträgern zu übernehmen sind. Es handelt sich bei der Aufbauorganisation zwar um eine statische Strukturierung, dennoch sollte auch hier eine gewisse Flexibilität von vornherein mitorganisiert werden.

Wesentliche Maximen für die Aufbauorganisation sind:

- möglichst einfache Organisation
  (z.B. keine zu starke Detaillierung der Aufgabengliederung)
- möglichst flexible Organisation
  (z.B. durch Austauschbarkeit der Personen, verstärktes Arbeiten mit kleinen Arbeitsgruppen)
- Grundsatz des kürzesten Befehlsweges
  (z.B. wenig hierarchische Ebenen)
- arbeitsgerechte Kontrollspanne
  (der Führungskraft sind entsprechend der Art der Tätigkeit, der Notwendigkeit von Führung, Planung, Koordinierung und Kontrolle die angemessene Anzahl von Mitarbeitern zu unterstellen)
- Förderung von Delegation und Kommunikation
  (jeder Mitarbeiter sollte ein »Subunternehmer« sein)
- eindeutige fachliche und disziplinarische Weisungsbefugnisse
  (z.B. durch Handbücher, Richtlinien und Führungsprinzipien).

Die **Ablauforganisation** ist die Ordnung von Arbeitsprozessen.

Wesentliche Maximen für die Ablauforganisation sind:

- Die Organisation sollte nach Regelfällen ausgerichtet sein (z.B. konkrete Festlegung des Wochenablaufes, eindeutiger Produktionsplan, Bearbeitung nach »Standards«),
- die Zahl der Arbeitsstationen ist zu minimieren (z.B. sinnvolle Stellung der Maschinen entsprechend dem Ablaufprozeß),
- ablaufmäßig zusammengehörende Tätigkeiten sollten von einer Person wahrgenommen werden (z.B. Tendenz zur Gesamtbearbeitung eines Falles),
- die Arbeitsmittel müssen optimal eingesetzt sein (z.B. Maschinen effizient nutzen, Fuhrpark wirtschaftlich einsetzen),
- die richtige Information gehört zur rechten Zeit an die richtige Stelle (z.B. durch verstärkten Einsatz der modernen Infomations- und Kommunikationstechniken).

(2) Prozeßmanagement

Prozesse (Organisationsabläufe) haben zusammenhängende Aktivitäten zum Inhalt. In der Vergangenheit galt für die Prozeßbildung:

- Sie wurde meist rein funktionsorientiert gebildet (z.B. Prozesse im Einkauf, Rechnungswesen usw.),
- Überschneidungen zu anderen Funktionsbereichen wurden kaum beachtet,
- es gab keine ausreichende Abgrenzung der Prozesse untereinander bzw. keine hierarchische Einordnung in primäre und sekundäre Prozesse,
- es gab keinen Verantwortlichen für einen Prozeß,

- es fehlte ein Bezug der Prozesse zu den kritischen Erfolgsfaktoren, d.h., es muß geklärt werden, welche Prozesse für den Geschäftserfolg besonders bedeutsam sind.

Diese Tatbestände initiierten den Weg zum Prozeßmanagement.
Das Prozeßmanagement zeichnet sich u.a. auch aus durch:

- eine klare Definition der funktions- und bereichsübergreifenden Geschäftsprozesse und deren Abgrenzung,
- die Prozesse beziehen die Abläufe bei Kunden und Lieferanten voll ein,
- die Prozesse sind eindeutig dokumentiert,
- den Prozessen liegen klare Meßlatten zugrunde,
- für jeden Prozeß wird ein Prozeßmanager als Eigner (Verantwortlicher) bestimmt.

Die folgende Abbildung zeigt in einer Matrixdarstellung den Einfluß der Prozesse auf die kritischen Erfolgsfaktoren. So tangiert der Prozeß 1 beispielsweise fünf Erfolgsfaktoren, während der Prozeß 11 nur einen Erfolgsfaktor beeinflußt.

Die Spalte »Anzahl« enthält für die einzelnen Prozesse die jeweils tangierten kritischen Erfolgsfaktoren. Die Spalte »Note« zeigt die Bewertung für die Qualität dieses Prozesses auf der Basis des nachstehend genannten Notenschlüssels an:

1 = sehr gut

2 = gut

3 = befriedigend

4 = schlecht

* = noch nicht realisiert

Kritische Erfolgsfaktoren / Prozesse		(1)	(2)	(3)	(4)	(5)	(6)	(7)	(8)	Anzahl	Note
	1		x	x		x	x		x	5	3
	2	x		x						2	2
	3	x		x	x	x	x	x	x	7	4
	4	x	x		x				x	4	2
	5			x		x				2	1
	6									0	2
	7	x	x			x	x		x	5	4
	8			x	x					2	2
	9	x				x	x	x	x	5	*
	10						x		x	2	2
	11		x							1	1
	12			x		x				2	2
	13	x			x	x			x	4	4
	14		x		x		x	x	x	5	*
	15			x		x	x	x		4	*

Abbildung: Das Prozeßmanagement

Die Abbildung gibt Hinweise auf die Prozesse, die einer Verbesserung bedürfen. Zunächst sollte man sich auf die Prozesse konzentrieren, die mehrere Erfolgsfaktoren tangieren und deren Qualität als schlecht beurteilt wird. In unserem Beispiel wären dies die Prozesse

P13, die 4 Erfolgsfaktoren,

P 7, die 5 Erfolgsfaktoren und

P 3, die 7 Erfolgsfaktoren

beeinflussen. Bei diesen Prozessen müßte dringend eine Qualitätsverbesserung erreicht werden.

Quelle: IBM Deutschland

(3) Kriterien professioneller Organisationsentwicklung

Die Mitglieder der GOE (Gesellschaft für Organisationsentwicklung) haben die nachstehenden Grundsätze praktischer Organisationsentwicklungsarbeit fixiert:

Zielsetzung

Organisationsentwicklung verfolgt eine doppelte Zielsetzung: Eine Verbesserung der Leistungsfähigkeit der Organisation und eine Verbesserung der Qualität des Arbeitslebens für die in ihr tätigen Menschen. Diese beiden Zielsetzungen sind gleichrangig und interdependent.

Trägerschaft

Ein Organisationsentwicklungsprojekt wird von der Gesamtheit der Mitglieder einer organisatorischen Einheit z.B. eines Betriebes, einer Abteilung oder einer Gruppe getragen.

Inhalt

Inhalt der Organisationsentwicklung ist die Bearbeitung konkreter Fragen und Probleme der täglichen Arbeit und der gemeinsamen Zukunft.

Beteiligung der Betroffenen

Die einzelnen Schritte der Organisationsentwicklung – Analyse, Planung, Durchführung und Auswertung – vollziehen sich auf der Grundlage offener Information und aktiver Mitwirkung der Betroffenen.

Diagnose

Jeder Maßnahmenplanung geht eine eingehende, gemeinsame Problemerhebung, -definition und -analyse voraus.

Prozeßorientiertes Vorgehen

Organisationsentwicklung ist ein Lern- und Entwicklungsprozeß der Organisation und der in ihr tätigen Menschen. Die Einflußnahme auf die Gestaltung und Entwicklung der Organisation erfolgt im weitesten Sinn durch eine Verbesserung der Kommunikation, insbesondere durch das Einleiten von Teamarbeit, durch das Schaffen von Lernsituationen und durch die Erweiterung von Handlungsspielräumen.

Rollende Planung

Organisationsentwicklung ist ein geplanter Prozeß, beruht jedoch auf einem experimentellen Vorgehen. Die Planung erfolgt von Schritt zu Schritt aufgrund von Auswertung und Reflexion der jeweils erzielten Ergebnisse. Mit anderen Worten: Der Prozeß verläuft in rollenden Zyklen von Diagnose, Planung, Durchführung und Auswertung.

Informationsrückkoppelung

Ein wesentliches Element im Organisationsentwicklungsprozeß ist der offene Informations- und Meinungsaustausch zwischen Personen und Gruppen sowohl in Sachfragen als auch in Verhaltens- und Wertfragen.

Konfliktbearbeitung

Im Organisationsentwicklungsprozeß wird das Schaffen von Situationen angestrebt, in denen individuelle und Gruppeninteressen offengelegt, bestehende Machtverhältnisse transparent gemacht und vorhandene Konflikte bearbeitet, d.h. auf dem Verhandlungswege neuen Lösungen zugeführt werden können.

Kontinuität der Entwicklung

Organisationsentwicklung ist ein Lern- und Entwicklungsprozeß. Von Organisationsentwicklung kann deshalb nur gesprochen werden, wenn und solange der Entwicklungsprozeß aktiv im Gange ist. Dies aber setzt eine weitgehende Kontinuität der an diesem Prozeß beteiligten Personen voraus.

Ganzheitliche Perspektive

In der Organisationsentwicklung werden Individuum, Organisation, Umwelt und Zeit ganzheitlich, d.h. in ihren Wechselwirkungen und Systemzusammenhängen, betrachtet.

a) Individuum
Um sich in eine soziale Gemeinschaft integrieren zu können, muß das menschliche Individuum sich in seinen körperlichen, geistigen und seelischen Bedürfnissen ernst genommen und mit seinem kulturellen Hintergrund sowie mit seinen persönlichen Werten akzeptiert fühlen.

b) Organisation
Gegenstand von Diagnose, Reflexion und möglichen Entwicklungen sind sowohl technische und organisatorische Strukturen und Abläufe als auch zwischenmenschliche Kommunikations- und Verhaltensmuster sowie die in der Organisation herrschenden Normen, Werte und Machtkonstellationen.

c) Umwelt
Probleme im Zusammenhang mit einzelnen Personen, Gruppen oder Betrieben werden nicht isoliert, sondern immer in ihren Wechselwirkungen mit den Einflüssen der organisatorischen, ökonomischen und gesellschaftlichen Umwelt untersucht und behandelt.

d) Zeit
Die Planung von Veränderungen in der Gegenwart erfolgt unter Berücksichtigung sowohl der besonderen historischen Entwicklung der Organisation in der Vergangenheit als auch einer weitblickenden Vorausschau in deren mögliche Zukunft.

Quelle: Gesellschaft für Organisationsentwicklung (GOE), Langenfeld

(4) Das Sensitivitätsmodell von Vester

Der Münchner Biokybernetiker Frederic Vester hat ein Sensitivitätsmodell entwickelt, mit dem er die Beziehungen von Systemkomponenten beleuchtet. Vester ist der Meinung, daß zahlreiche Vorhaben in Industrie und Wirtschaft, obwohl perfekt geplant, dennoch erfolglos enden, da sie auf Einzelabläufe konzentriert wurden, anstatt die fachüberschreitenden Gesamtzusammenhänge zu berücksichtigen.

Fazit: Einzelkomponenten eines komplexen Systems müssen im Zusammenhang mit ihren Interdependenzen, ihrer Rolle im System, betrachtet werden.

Konventionelle Management- und Planungsverfahren reichen heute nach Vesters Meinung nicht mehr aus, den Systemcharakter zu erkennen bzw. die richtigen, das heißt systemrelevanten, Entscheidungen zu treffen.

Sein Sensitivitätsmodell bietet eine Möglichkeit, den Eigenarten komplexer Systeme auf neue Weise näherzukommen. Sein Grundkonzept ist vergleichbar mit »Mustererkennung«. Dabei wird den Beziehungen zwischen den Komponenten und den daraus sich ergebenden Konsequenzen eine größere Bedeutung beigemessen als den Komponenten selbst.

Im folgenden wird dieses Modell in vereinfachter Weise am Beispiel der Vernetzung von 4 Erfolgsfaktoren aufgezeigt. Während die Tabelle die gegenseitige Wirkung der einzelnen Faktoren aufzeigt, macht die Vernetzungsmatrix ihre Positionierung deutlich.

Vernetzung der Erfolgsfaktoren

Erfolgsfaktoren Wirkung von ↓ auf →	(1)	(2)	(3)	(4)	Aktiv-Summe
(1) Produktqualität		2	1	0	3
(2) Liefertreue	1		2	1	4
(3) Durchlaufzeiten	1	1		0	2
(4) MA-Motivation	2	2	1		5
Passiv-Summe	**4**	**5**	**4**	**1**	**14**

Einflußstärke: 0 = kein, 1 = geringer, 2 = starker Einfluß

Vernetzungsmatrix

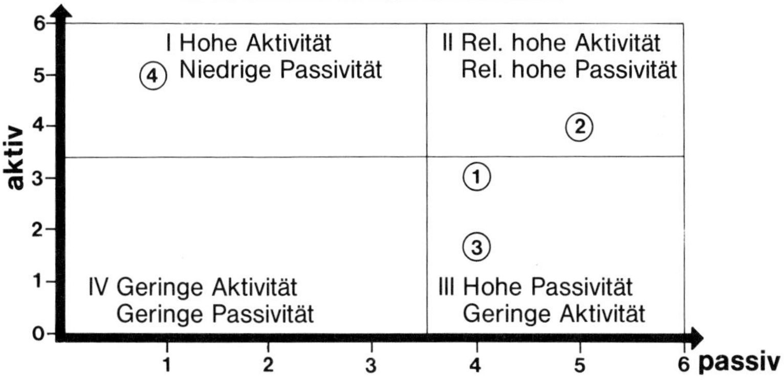

Berechnungen:

Begrenzung der Aktiv- und Passiv-Achsen

Anzahl der Elemente ((n) - 1) x 2

Beispiel: (4 - 1) x 2 = 6

Schnittpunkt der Aktiv-/Passiv-Achse

Addition der Aktiv-/Passiv-Summe: Anzahl der Elemente

Beispiel: 14 : 4 = 3,5

Abbildung: Beispiel zur Vernetzung der Erfolgsfaktoren

Vernetzungsmatrix der Erfolgsfaktoren

Vernetzungsmatrix Wirkung von ↓ auf →	A	B	C	D	E	F	G	H	I	J	Aktiv-Summe
A											
B											
C											
D											
E											
F											
G											
H											
I											
J											
Passiv-Summe											

Einflußstärke:

0 = Kein Einfluß

1 = Geringer Einfluß

2 = Starker Einfluß

Abbildung: Formular zur Ermittlung des gegenseitigen Einflusses der Erfolgsfaktoren

Die Abbildung »Vernetzungsmatrix der Erfolgsfaktoren« kann vom Leser für eine Analyse seiner Erfolgsfaktoren verwendet werden. Besonderes Augenmerk sollte dabei den Faktoren geschenkt werden, die sich durch hohe Aktivität und niedrige Passivität auszeichnen.

Quelle: Vester, Frederic

(5) Erfolgreiche Unternehmensberatung

Unternehmensberater können in vier verschiedene Kategorien eingestuft werden, die unterschiedlichen Beratungszielsetzungen gerecht werden müssen:

1. Der Zukaufsberater

Grobe Kennzeichnung:

Typische Beispiele:	Marktforschungsinstitute Software- und Service-Organisationen
Ziel der Beratung:	Zurverfügungstellung spezieller Dienste
Inhalt der Beratung:	Beratungsunternehmen verfügen über spezielles Wissen und Können. Beispiele: – Marktforschungsanalysen – Programmierdienste
Auftraggeber:	Der Auftraggeber weiß genau, was er will, kennt die Lösung.

Wesentliche Einflußkriterien auf den Erfolg:

- Auftraggeber muß die Bedürfnisse richtig fixiert haben.
- Die Beraterfähigkeiten werden richtig eingeschätzt.

Einsatz/Anwendung:

- Begrenzte, klar definierte Organisationsaufgabe
- Vorwiegend zur Lösung von Kapazitätsengpässen und Qualifikationsengpässen

2. Der klassische Unternehmensberater

Grobe Kennzeichnung:

Typische Beispiele: Die meisten mittleren und größeren Beratungsunternehmen sowie zahlreiche Einzelberater, die eine umfassende Beratung anbieten

Ziel der Beratung: Ermittlung von Schwachstellen und Fehlerquellen sowie Erarbeitung von Maßnahmen zu deren Beseitigung

Inhalt der Beratung: Wesentliche Tätigkeiten:

1. Analyse des Problems
2. Ermittlung der relevanten Ist-Tatbestände
3. Erarbeiten von Soll-Vorstellungen
4. Beurteilung der Alternativen und Auswahl
5. Festlegung und Realisierung der Aktivitäten

Auftraggeber:	Zielsetzung durch den Auftraggeber; Lösung oft nicht bekannt
Wesentliche Einflußkriterien auf den Erfolg:	– Informationsgewinnung – Erprobtes Können beim Berater – Umsetzung der Vorschläge in die Praxis – Gegenseitiges Vertrauen
Einsatz/Anwendung:	– Organisationsberatung – Strategieberatung

3. Der Berater-Arzt

Grobe Kennzeichnung:	
Typische Beispiele:	– Wirtschaftsprüfungsgesellschaften – Managementberater
Ziel der Beratung:	Steigerung der Leistungsfähigkeit der Unternehmung und Erhöhung der – Wirtschaftlichkeit – Produktivität – Rentabilität
Inhalt der Beratung:	1. Betriebsanalyse 2. Soll-Daten bzw. Normen resultieren aus externen/internen Betriebsvergleichen Beispiele: – Kennzahlenermittlung – Wesentliche Schwachstellen im Gesamtunternehmen

Auftraggeber:	Auftrag umfaßt eine mehr oder weniger umfassende Diagnose des Organisationszustandes. Therapie muß nicht zum Auftrag gehören.
Wesentliche Einflußkriterien auf den Erfolg:	– Objektorientierte Übertragung externer Normen – Offenlegung der internen Daten – Fixieren der richtigen Schlußfolgerungen
Einsatz/Anwendung:	– Ganzheitliche, unternehmensbezogene Betrachtung

4. Der Planungs-Prozeß-Berater

Grobe Kennzeichnung:	
Typische Beispiele:	Organisations-Entwicklungs-Berater
Ziel der Beratung:	Entwicklung von – Ideen – Konzeptionen und – Strategien zur Lösung von Unternehmensproblemen und zur Aufdeckung von Chancen
Inhalt der Beratung:	1. Allgemeine Betriebsanalyse des Unternehmens-Ist 2. Berater wirkt mit bei der – Diagnose der Probleme, – Konzeption organisatorischer Änderungen.

Beispiele:

- Motivations-/Kreativitätstechniken
- Organisation formaler Strukturen und Prozesse

Auftraggeber:

Dem Berater wird kein fester Auftrag vorgegeben.

Durch seine Teilnahme an Prozessen der Ideenfindung und Aktionsplanung hilft er,

- Lösungskonzepte zu initiieren,
- zu erarbeiten und
- zu implementieren.

Wesentliche Einflußkriterien auf den Erfolg:

- Beherrschen neuester Techniken und Methoden durch den Berater
- Aktuellstes Wissen
- Autorität

Einsatz/Anwendung:

- Beratung bei der Zukunftssicherung, d.h., der Berater hilft den Entscheidungsträgern,
  - notwendige Veränderungen im Unternehmen herbeizuführen und
  - von außen auf das Unternehmen einwirkende Veränderungen zu meistern.

Quelle: Nagel, Kurt

(6) Erhebungstechniken

Es gibt im wesentlichen fünf Techniken zur Ermittlung der Ist-Tatbestände. Diese werden im folgenden kurz beschrieben und anschließend in einer Synopse dargestellt.

Ermittlung der Ist-Tatbestände
Techniken zur Ermittlung

Fragebogen

An die Mitarbeiter der zu untersuchenden Abteilungen werden Formulare mit standardisierten Fragen verteilt. Die Beantwortung erfolgt als verbale Kurzinformation oder in Form quantitativer Aussagen.

Vorteile:

- Führt schnell zu schriftlich fixierten Ergebnissen
- Relativ geringer Kostenaufwand
- Relativ geringer Personalaufwand
- Erfaßbarkeit großer Untersuchungseinheiten

Nachteile:

- Unschärfen durch Abwesenheit von Mitarbeitern
- Es treten leicht Mißverständnisse auf
- Gefahren in der Manipulation der Antworten

Interview

Interviews bieten den sichersten Weg, den Ist-Zustand richtig zu ermitteln.

Vorteile:

- Informationen werden schneller erfaßt
- Zusammenhänge können in kurzer Zeit aufgedeckt werden

- Zusatzfragen tragen zur Verdeutlichung bei
- Persönlicher Kontakt und persönlicher Eindruck

Nachteile:

- Gute Vorbereitung beider Interview-Partner
- Interview-Technik muß erlernt werden

Zur Ergänzung der durch das Interview gewonnenen Informationen dienen weitere Methoden.

Beobachtung

Es werden planmäßige Beobachtungen zum Überprüfen von Tatbeständen und zum Erkennen von Engpaßfaktoren durchgeführt.

Vorteile:

- Grundlage zur Analyse von außergewöhnlichen Tatbeständen
- Wahrheitsgehalt von Aussagen kann stichprobenartig überprüft werden

Nachteile:

- Verdacht der Kontrolle entsteht
- Die Ursachen von Vorgängen werden nicht deutlich
- Beschränkung auf räumlich begrenzte Bereiche
- Personalintensiv

Berichtsmethode (Selbstaufschreibung)

Die Fachabteilungen führen eine ausführliche Beschreibung ihrer Arbeitsgebiete durch

Vorteile:

- Aktive Mitarbeit der Fachabteilungen an der Organisationsentwicklung

- Verantwortung für Ausführlichkeit und Vollständigkeit liegt bei den Fachabteilungen
- Möglichkeit, Bemerkungen und Begründungen für Aktivitäten beizufügen

Nachteile:

- Auswertung der Berichte ist erschwert, da sie weitgehend formfrei und individuell gestaltet sind
- Übergänge von einem Arbeitsgebiet zum anderen sind schwierig abzugrenzen

Multimomentaufnahme

Multimomentaufnahmen gehören zu den Untersuchungsmethoden der analytischen Statistik und ermöglichen auf der Basis stichprobenartig erfaßter Werte Rückschlüsse auf die Gesamtsituation. Anwendungsgebiete sind z.B.:

- Transport- und Lagerwesen: Analyse von Auftragsdurchlaufzeit zur Feststellung unbegründeter Liegezeiten
- Fertigstellung: Analyse des Auslastungsgrades und der Stillstandszeiten von Maschinen
- Arbeitsstudium: Analyse von Belastungs- und Tätigkeitsprofilen einzelner Mitarbeitergruppen.

Das entscheidende Kriterium für die Definition und Abgrenzung bestimmter Tätigkeitsmerkmale ist die Möglichkeit, in einem kurzen »Moment« über charakteristische Merkmale ein bestimmtes Ereignis feststellen zu können.

Die wesentlichen Vor- und Nachteile sind:

- Untersuchungsteam kann die Arbeit allein durchführen

Kriterien	Methodik (Konzept)	Methodenziel	Zeitaufwand	Kosten	Effizienz	Einwirkung auf Betriebsablauf (»Bremskosten«)
1. Fragebogen	standardisierte, vorformulierte Fragen	Erfassung großer Untersuchungs-einheiten	schnelle, schriftl. fixierte Ergebnisse; gute Auswertungs-möglichkeit	relativ gering	Unschärfen möglich (Manipulation, Abwesenheit)	einmalige Unter-brechung, kann in ablaufbedingten Pausen erledigt werden
2. Interview	Direktbefragung, individuellere Fragen	Erfassung von Zusammenhängen in rel. kurzer Zeit, schnelle Erfassung gezielter Informationen	zeitaufwendig; Probleme bei der Auswertung	höherer Personal-aufwand; Dialog sehr auf-wendig	Subjektivität möglich	einmalige Unter-brechung durch Interview
3. Beobachtung	planmäßige Be-obachtung zur Überprüfung von Tatbestän-den und Erken-nen von Engpaß-faktoren	Überprüfung von Tatbeständen, Erkennen von Engpaßfaktoren	über längeren Zeitraum nötig, daher zeitauf-wendig	personalintensiv	Wahrheitsgehalt kann stichproben-artig überprüft werden	geringe Störung, Beobachtung durch Dritte
4. Berichts-methode	planmäßige, ziel-gerichtete Be-obachtung durch Fachabteilung selbst	individuelle Problemerfas-sung durch die Betroffenen	aufwendige Erfas-sung, außerdem erschwerte Aus-wertung (nicht EDV-gerecht)	wenn eine klare Form für die Ana-lyse u. Erfassung fixiert wird, ist der Kostenauf-wand erträglich	umfassende Infor-mationsgewinnung durch eigene Ideen, persönliche Über- bzw. Unterzeichnung der Probleme möglich	Aufnahme in den Betriebsablauf nötig
5. Multimoment-aufnahme	stichprobenarti-ge Erfassung er-möglicht Rück-schlüsse auf Gesamtsitua-tion	Analyse von Durch-laufzeiten und Aus-lastungsgrad, wird vorwiegend im Pro-duktionsbereich verwendet	Beobachtung eines »Mo-ments«, im allgemeinen geringer Zeit-aufwand	abhängig von Stichprobenumfang	hohe Aussagekraft durch statist. Signi-fikanz	keine Störung, Aufzeichnung durch Dritte

Abbildung: Erhebungstechniken

- Aktualität der Ergebnisse nicht immer gewährleistet
- Nur ein Teilgebiet der IST-Aufnahme wird erfaßt.

Quelle: Nagel, Kurt

(7) Das Projektmanagement

Zahllos sind die laufend in Wirtschaft und Verwaltung zu realisierenden Projekte. Dabei kann festgestellt werden, daß es erhebliche Vorteile gibt, wenn man Projekte systematisch realisiert.

Im folgenden werden die wesentlichen Inhalte einer effizienten Vorgehensweise genannt.

1. Ist das Projekt klar definiert?

Über die Ziele des Projekts sollte schon von Projektbeginn an eindeutige Klarheit herrschen. Insbesondere die gewünschten Ergebnisse müssen klar definiert sein. Änderungen von Teilzielen, Strategien, Vorgehensweise usw. sind erlaubt, sollten sich aber immer an den Projektzielen orientieren. Differenzen über die Ziele sind so früh wie möglich zu diskutieren und beizulegen. Verspätete Revidierung kann zu erheblichen Fehlinvestitionen führen.

2. Ist der Personenkreis (Abteilungen, Teams) festgelegt, der für die Mitarbeit am Projekt in Frage kommt?

Ein entscheidender Faktor für die Zielerreichung ist es, die fachlich kompetenten Personen als Mitarbeiter zu gewinnen. Dabei wird es in Zukunft in verstärktem Maße darauf ankommen, den Dialog zwischen Vertretern der Fachabteilungen, Programmierern, Organisatoren, Systemanalytikern und dem Management zu fördern und zu koordinieren.

3. Wurde ein Terminplan erstellt?

Dieser Terminplan enthält zunächst grobe Orientierungsdaten über die voraussichtliche Dauer einzelner Projektphasen. Er enthält auch Termine von Prüfpunkten, an denen die bis dahin erreichten Ergebnisse diskutiert werden und die weitere Vorgehensweise besprochen wird. Der Terminplan wird je nach Stand der Projektplanung zunehmend detaillierter. Abweichungen vom Terminplan sind zu begründen. Bei der Konzeption des Terminplans sind Alternativlösungen und Ersatzstrategien bei Eintreffen unerwarteter Ereignisse (z.B. Krankheit, Zusatzprobleme usw.) in die Überlegung einzubeziehen.

4. Sind die Kompetenzen klar festgelegt
- **im Verhältnis der beteiligten Gruppen (Team, Abteilungen) zueinander?**
- **innerhalb der beteiligten Gruppen?**

Für das gesamte Projekt ist der Projektleiter zuständig, dem ein Stellvertreter zur Seite steht. Er koordiniert die Aktivitäten der Projektgruppen. Durch eine eindeutige Beschreibung der von den Projektgruppen zu erarbeitenden Ergebnisse, durch Terminfestlegungen und durch Organisation von Prüfpunkten (Arbeitsbesprechungen) können die Aufgaben, Kompetenzen und Verpflichtungen fixiert werden. Mit Hilfe der Prüfpunkte ist eine frühzeitige Erkennung und Korrektur von Fehlentwicklungen möglich.

5. Werden für das Projektmanagement Hilfsmittel eingesetzt wie
- **Netzpläne?**
- **Checklisten?**

Checklisten haben den Sinn, mit einfachen, aber sehr wirkungsvollen Mitteln und mit wenig Verwaltungsaufwand ein

Projekt zu leiten und in verschiedenen Phasen zu kontrollieren. Zusätzlich können die Checklisten dazu dienen, einfache und übersichtliche Berichte an das Management zu liefern.

Mit Hilfe der Netzplantechnik können der terminliche Ablauf des Projekts optimal gestaltet, die Einhaltung des Plans schnell kontrolliert, Alternativlösungen und deren Konsequenzen erarbeitet und Planänderungen zur Anpassung an geänderte Situationen erstellt werden. Zu den wichtigsten Methoden der Netzplantechnik gehören CPM (Critical Path Method), PERT (Program Evaluation and Review Technique), MPM (Metra-Potential-Methode), PDM (Precedence Diagramming Method).

6. Werden Kosten und Zeitaufwand für das Projekt und dessen Teilbereiche geschätzt, um Kalkulationsunterlagen und Vergleichswerte für die Projektkontrolle zu haben?

Alle Projekte sollten sich an Wirtschaftlichkeitsüberlegungen orientieren. Als Entscheidungshilfen dienen Kalkulationsunterlagen, die auf dem geschätzten Zeit- und Finanzbedarf beruhen. Daneben dienen diese Schätzwerte zur Nachkalkulation und zur Projektkontrolle.

7. Wird nach Abschluß des Projektes ein Bericht über die Erfahrungen bei der Durchführung erstellt?

Erfahrungen positiver oder negativer Natur können dazu beitragen, daß bei zukünftigen Projekten auf Vorleistungen (z.B. Formulare, Richtlinien) zurückgegriffen werden kann, daß Fehler und Doppelarbeiten vermieden werden und daß vorhandene Kapazitäten – personell und maschinell – optimal ausgenutzt werden.

8. Werden die Ist-Ergebnisse mit den Planzahlen verglichen und Ursachen für eventuelle Abweichungen analysiert?

Die im Laufe der Projektdurchführung erstellten Unterlagen erlauben eine detaillierte Überprüfung des Projektablaufs. Sie ermöglichen über weite Strecken einen direkten Vergleich von

Planwerten und Ist-Werten, z.B. bei Terminen, Aufwendungen, Ressourceneinsatz (Maschinenzeit) usw. Eine Analyse der eventuellen Abweichungen läßt Rückschlüsse auf Engpässe, Verbesserungsmöglichkeiten und Anforderungen an mehr oder andere Hilfsmittel zu, die bei zukünftigen Projekten dann realisiert werden sollten.

Quelle: Nagel, Kurt

(8) Einsatz von Phasenkonzepten bei Organisationsumstellungen

Eine der wichtigsten Voraussetzungen für die Einführung einer neuen Organisation ist die sorgfältige Planung. Je umfassender die erwarteten organisatorischen Änderungen sind, desto entscheidender wird die Planung für den Erfolg des neuen Organisationssystems.

Man muß sich einfach auf größere Zeiträume einstellen, wenn eine systematische und sorgfältige Planung an die Stelle der Improvisation treten soll.

Zur Einengung des Risikos empfiehlt es sich, Organisationsprojekte in zeitlich und kostenmäßig überschaubare Phasen einzuteilen. Die zweckmäßige Phasenfolge ist im allgemeinen folgende:

1. Voruntersuchung
2. Detailuntersuchung und Systemkonzeption
3. Systemrealisation
4. Einführung des Organisationssystems.

Der Erfolg eines Organisationssystems hängt sehr stark von der Unterstützung durch die Unternehmensleitung ab. Die Einführung eines Organisationssystems kann schon von Anfang an empfindlich gestört werden, wenn die Motivation der Mitarbeiter fehlt. Hier muß bereits vor dem eigentlichen Projektbeginn versucht werden, den Komplex von Aversionen und

Befürchtungen zu beseitigen und das Personal zur positiven Mitarbeit zu gewinnen. Die Aufgeschlossenheit aller Mitarbeiter gegenüber dem geplanten Organisationssystem kann man durch gezielte Informationen fördern, wie z.B. durch

- Vorträge (Themen: Zielsetzung und Darstellung des Projekts, Bedeutung des Projekts für die Zukunft der Unternehmung, Schulungsmaßnahmen, geplante soziale Maßnahmen auf Grund des Arbeitswechsels usw.),
- Diskussionen,
- Firmenveröffentlichungen,
- Besuche von Tagungen, Seminaren und Firmen.

Ausgangspunkt der **Voruntersuchung** ist die Erfassung des Ist-Zustandes. Neben der Erfassung der gegenwärtig vorhandenen Daten- und Informationsstrukturen ist auch der zukünftige Informationsbedarf zu ermitteln. Für die Erstellung der Rahmenkonzeption (Soll-Vorschlag) ist außer der Ermittlung des Ist-Zustandes und des Informationsbedarfs die Erfassung der zukünftigen Entwicklung besonders wichtig.

In der Phase der **Detailuntersuchung** und **Systemkonzeption** sind im wesentlichen folgende Tätigkeiten auszuüben:

- detaillierte Aufbauanalyse
- detaillierte Arbeitsablaufanalyse
- genaue Ermittlung des Informationsbedarfs
- Fixieren der maschinellen Hilfsmittel
- Zeit- und Kostenberechnungen
- Nutzenanalysen
- Personal- und Schulungsplanung.

In der Phase der **Systemrealisation** wird das geplante System realisiert. Es muß u.a. Klarheit über folgende Punkte bestehen:

- detaillierte Arbeitsablaufpläne
- Verflechtung der Einzelaufgaben im gesamten Arbeitsablauf
- optimale Abwicklung der Prozesse
- Aufgaben der einzelnen Mitarbeiter.

Die **Einführung** eines Organisationssystems bedarf einer guten Umstellungsplanung. Dabei muß vor allem entschieden werden, wie die Umstellung vom sachlichen und zeitlichen Gesichtspunkt aus erfolgen sollte.

Hinsichtlich der Sachfrage stellen sich die Alternativen:

- Totalumstellung (also Umstellung in einem Zuge) oder
- Partialumstellung (Umstellung in den einzelnen Teilbereichen nacheinander).

Die schlagartige Gesamtumstellung wäre zwar ideal, läßt sich aber in den meisten Fällen organisatorisch nur mit einer exzellenten Planung und Vorbereitung durchführen.

Hinsichtlich der zeitlichen Umstellung ergibt sich die Frage der Direkt- oder Parallelumstellung.

Im Rahmen der Ablauforganisation hat die Planung und Überwachung von Projekten häufig eine große Bedeutung. Hier ist es notwendig, auf die folgenden Fragen eine Antwort zu geben:

- Wie lange dauert das gesamte Projekt?
- Wann müssen die einzelnen Tätigkeiten begonnen werden, damit der Abschluß des Projektes nicht verzögert wird?

– Welche Abhängigkeiten gibt es unter den einzelnen Tätigkeiten?

– Was passiert bei einer Veränderung der Dauer oder Reihenfolge von Tätigkeiten?

– Welche Maßnahmen gibt es, um das Projekt noch rechtzeitig zu beenden?

Es gibt mehrere Verfahren, die verstärkt zur Steuerung von Projekten eingesetzt werden. Zu erwähnen sei auch hier insbesondere die Netzplantechnik.

Zu beachten ist neben der Sachebene mehr und mehr die Beziehungsebene. Diesbezüglich ist insbesondere wichtig:

– das Identifizieren mit dem Vorhaben

– das Auftauen alter Gewohnheiten

– das Ändern von Ansichten und

– das Stabilisieren des Systems.

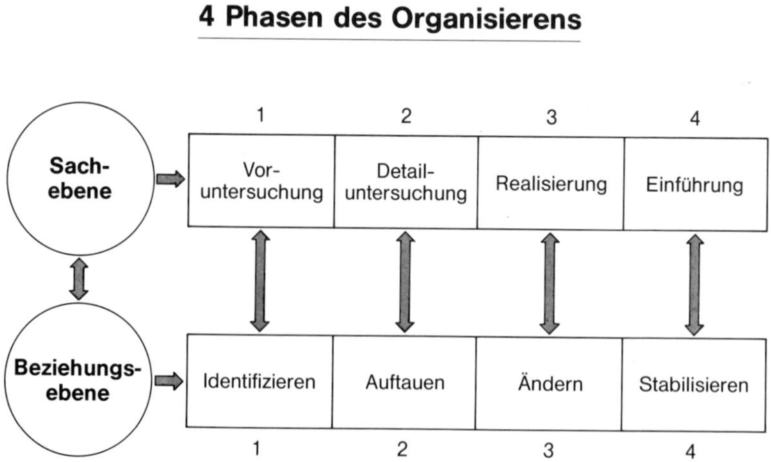

Abbildung: Die Sach- und Beziehungsebene bei der organisatorischen Vorgehensweise

Quelle: Nagel, Kurt

(9) Netzplantechnik

Die Netzplantechnik dürfte heute die in den Unternehmungen am häufigsten angewandte Methode aus dem Bereich des Operations Research sein. Sie ist hauptsächlich unter dem Synonym PERT bekannt geworden. PERT ist jedoch nur eine von verschiedenen Methoden der Netzplantechnik. Zu den in der Zeit von 1957 – 1966 bekanntgewordenen und angewandten Methoden gehören:

- Critical Path Method (CPM)
- Program Evaluation and Review Technique (PERT)
- Métra-Potentiel-Méthode (MPM)
- Precedence Diagramming Method (PDM)
- Hamburger Methode der Netzplantechnik (HMN).

Für umfangreiche Organisationsplanungen ist es zweckmäßig, sich der Netzplantechnik zu bedienen. Sie bietet diverse Verfahren zur Planung und Überwachung von Projekten. Entwickelt wurden die verschiedenen Methoden der Netzplantechnik aus der Erkenntnis heraus, daß für komplexe Projekte wie z.B. Entwicklungsvorhaben, Organisationsprojekte, Montagearbeiten und Bauprojekte die herkömmlichen Verfahren meist nicht mehr ausreichen, um

- Zeiten,
- Kosten und
- Produktionsfaktoren (Arbeitskräfte-, Betriebsmittel- und Materialkapazitäten)

optimal zu planen und zu kontrollieren. Allen Methoden der Netzplantechnik liegt die Darstellung der logischen Reihenfol-

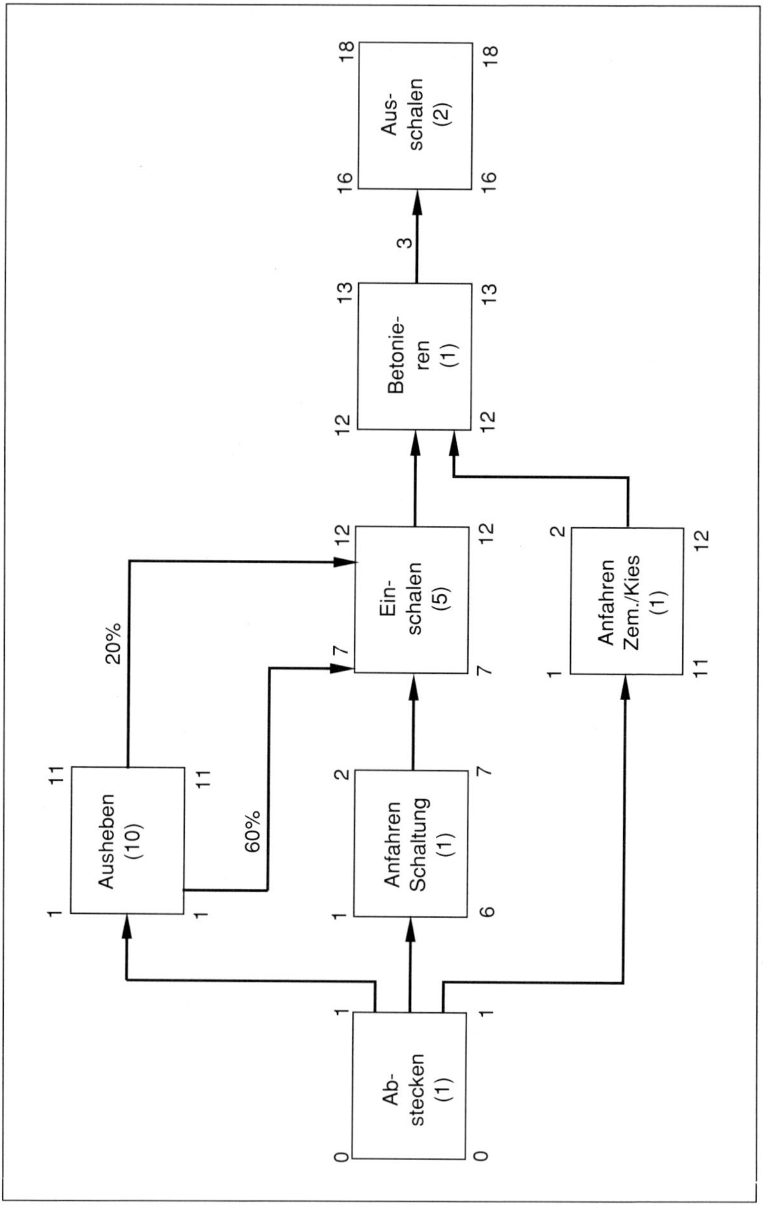

Abbildung: Netzplan mit den Ergebnissen der Vor- und Rückwärtsrechnung

ge der Einzelvorgänge in Form eines Netzplanes zugrunde. Der Netzplan stellt ein Abbildungsmodell eines Projektes dar, das auf einfache Art in Teilaufgaben zerlegt wird. Durch die graphische Darstellung erhält man einen genauen Überblick über die funktionellen Abhängigkeiten aller Vorgänge des Projektes.

Wesen und Anwendung der Netzplantechnik seien an der Darstellung des Projektes »Bau eines Brückenfundaments« gezeigt.
An diesem Beispiel werden die Vorteile der Technik deutlich:

- Das Projekt wird klar gegliedert,
- die Abhängigkeiten der einzelnen Vorgänge sind gut erkennbar,
- Planabweichungen und Engpässe lassen sich früh erkennen,
- Gegenmaßnahmen können rechtzeitig eingeplant werden.

Bei diesem Beispiel ergeben sich je Vorgang vier Termine:

- frühestmöglicher Start (oben links angegebene Zahl)
- frühestmögliches Ende (oben rechts angegebene Zahl)
- spätestzulässiger Start (unten links angegebene Zahl)
- spätestzulässiges Ende (unten rechts angegebene Zahl)

Betrachtet man diese Termine etwas näher, so fällt auf, daß es Vorgänge gibt, bei denen frühestmögliche und spätestzulässige Termine übereinstimmen.

Die Übereinstimmung besagt folgendes: Der Vorgang kann zeitlich nicht verschoben werden, ohne die Gesamtdauer zu vergrößern. Diese Vorgänge haben keinen zeitlichen Puffer, weshalb sie auch als kritisch bezeichnet werden; sie bedürfen der besonderen Beachtung der Projektleitung. Die Aneinanderreihung der kritischen Vorgänge bezeichnet man als kritischen Weg.

(10) Qualitätszirkel

Qualitätszirkel konstituierten sich erstmalig in den frühen sechziger Jahren in Japan. Sie sind ein effizientes und kostengünstiges Instrumentarium, um mit Hilfe des Mitarbeiterpotentials brachliegende Ressourcen eines Unternehmens zu erschließen. Die Grundidee eines Qualitätszirkels ist also die Einbeziehung der Mitarbeiter aller Organisationsebenen als Träger von Erfahrungen, Fähigkeiten, Fertigkeiten und Ideen zur optimalen Gestaltung ihrer eigenen Tätigkeit.

Anregungen zur Vorbereitung und Einführung von Qualitätszirkeln in Unternehmen hat die Arbeitsgruppe »Qualitätszirkel« der Deutschen Gesellschaft für Qualität e.V. in einer DGQ-Schrift aufgezeigt. Ausgangspunkt dafür war die Forderung nach qualitätsbewußtem Denken und Handeln im Arbeitsprozeß.

Die Ziele eines Qualitätszirkels sind:

- eine verbesserte innerbetriebliche Kommunikation durch Information
- erhöhte Motivation der Beteiligten durch verstärkte Kontakte
- Identifikation der Mitarbeiter mit dem eigenen Arbeitsergebnis in bezug auf die Firmenziele
- Ursachen- und Wirkungsbestimmung im eigenen Tätigkeitsbereich
- optimierte Prozeßabläufe
- gesteigerte Produktqualität
- Stärkung der eigenen Marktposition.

Ein Qualitätszirkel muß von der Unternehmensleitung ausgelöst und von allen Führungsebenen befürwortet werden. Er kann unabhängig von der Firmengröße durchgeführt werden.

Ein Qualitätszirkel kann sowohl eine periodische Einrichtung sein als auch nur zur Lösung eines anstehenden Problems konstituiert werden.

Voraussetzungen für die Einführung eines Qualitätszirkels sind:

- Die Unternehmensleitung muß sich mit der Planung und Einführung von Qualitätszirkeln identifizieren.
- Die Entscheidungsträger haben die Strategien zu entwickeln, die Richtlinien vorzugeben, die Mittel bereitzustellen und die Zirkelaktivitäten zu fördern.
- Sämtliche Führungskräfte sollten die Aktivitäten fördern und ein positives Klima schaffen.
- Für die einzelnen Qualitätszirkel sind Leiter, die eine Moderatorenfunktion ausüben, zu ernennen.
- Jedes Firmenmitglied kann teilnehmen, muß aber auch bereit sein, mitzuarbeiten.

Ein Qualitätszirkel besteht aus

- einer Steuergruppe,
- einem Koordinator (Betreuer),
- Förderern,
- einem Qualitätszirkel-Leiter (Moderator) und
- den Qualitätszirkel-Mitgliedern.

Die Steuergruppe setzt sich aus allen Mitgliedern der Unternehmensleitung und dem Koordinator zusammen.

Die Steuergruppe

- entwickelt Strategien, d.h., sie

  - legt die Vorgehensweise beim Einführen des QZ fest,
  - setzt übergeordnete Ziele fest,

- stellt notwendige Mittel bereit, das sind
  - Räumlichkeiten,
  - Zeit,
  - Arbeits- und finanzielle Mittel,

- fördert die Zirkelaktivitäten, d.h.
  - hört Arbeitsergebnisse an,
  - hilft Lösungsvorschläge umzusetzen,
  - spricht Anerkennung aus.

Der Koordinator

- wird durch die Unternehmensleitung ausgewählt,

- kann haupt- oder nebenamtlich tätig sein,

- muß eine erfahrene, in breiten Unternehmenskreisen akzeptierte Persönlichkeit sein,

- organisiert und unterstützt die Qualitätszirkel und

- ist Bindeglied zwischen Steuergruppe und den anderen Gruppenmitgliedern.

Die Förderer sind alle Führungskräfte des Unternehmens. Ihnen kommt eine wesentliche Rolle bei der erfolgreichen Durchführung eines Qualitätszirkels zu.

Sie sollen

- Vorbehalte seitens der Firmenmitglieder ausräumen,

- die eigene positive Einstellung gegenüber anderen demonstrieren,

- Hilfestellung bei der Realisierung von Lösungsvorschlägen geben und

- eigene Kenntnisse und Fähigkeiten einbringen.

Der Qualitätszirkel-Leiter (Moderator) hat innerhalb des Qualitätszirkels

- keine Vorgesetztenfunktion und muß von allen Mitgliedern akzeptiert werden,
- die Verantwortung für die Moderation und Ablaufsteuerung und
- vertritt die Qualitätszirkel nach außen.

Die Qualitätszirkel-Mitglieder sind Mitarbeiter der Unternehmung, die vom anstehenden Problemkreis unmittelbar oder mittelbar betroffen sind. Sie arbeiten auf freiwilliger Basis an Problemlösungen aus ihrem Arbeitsbereich mit.

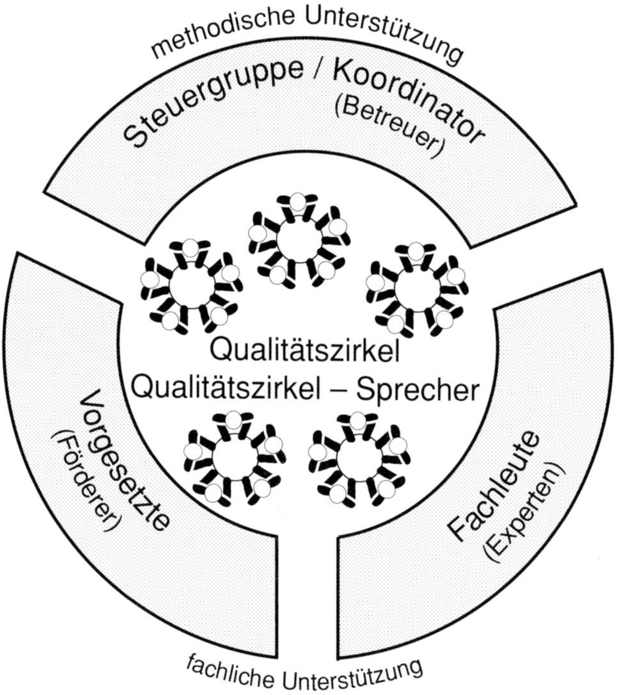

Abbildung: Organisatorische Elemente (nach DGR)

Problemkreise und zu behandelnde Themen können von allen Zirkelmitgliedern eingebracht werden.

Eine Gruppe

- greift ohne Vorgabe von anderer Seite Probleme aus dem eigenen Tätigkeitsbereich auf,
- versucht, Lösungsvorschläge zu erarbeiten
- und diese im Rahmen ihrer Kompetenzen oder mit Hilfe anderer zu realisieren.

Die Gruppe

- gibt sich ihre Ziele selbst vor,
- arbeitet freiwillig und
- versucht, Mitarbeiter, soweit erforderlich, aus allen Organisationsebenen einzubeziehen.

Der Qualitätszirkel kann mit einer Anzahl Problemlösungs- und Kreativitätstechniken arbeiten, um zu optimalen Lösungsansätzen zu gelangen.

Quelle: Deutsche Gesellschaft für Qualität e.V.

(11) Metaplan-Technik (Kartenabfrage)

Bei dieser Ideenfindungstechnik mittels der Kartenabfrage handelt es sich um eine Kreativitätstechnik, die auf dem Prinzip der Intuition beruht. Mit der Metaplan-Technik soll eine effizientere Kommunikation und schnellere Verständigung erreicht werden. Sie dient der Meinungsbildung sowie der Ideenfindung und vermittelt das Rüstzeug für zahlreiche Einsatzmöglichkeiten.

Die Kartenabfrage, institutionalisiert und zu einem umfassenden System (META-PLAN) von den Gebrüdern Schnelle in Quickborn weiterentwickelt, geht von Spielregeln aus, die als eine Vereinbarung zwischen den Gruppenmitgliedern verstanden wird. Mit Hilfe eines Spielleiters (Moderators) und den Spielregeln kann die Gruppe den Ideenfindungsprozeß organisieren und steuern. Diese Art der Gruppenarbeit setzt ein hohes Maß an Toleranz und Selbstdisziplin aller Teilnehmer voraus.

Innerhalb der Metaplan-Methode nimmt die Technik des »Visualisierens« den bedeutendsten Rang ein, denn »eine Gruppe findet sich in komplexen Gesprächssituationen leichter zurecht, wenn sie permanent visualisiert«. Grund dafür ist, daß nur Gehörtes durch hohen Konzentrationsaufwand leichter zu Ermüdungserscheinungen führt und zeitraubende Wiederholungen notwendig werden. Aus Zeitgründen können Teilnehmer oft nur sporadisch in den Gesprächsverlauf eingreifen, und die Interaktionsdichte ist dadurch sehr gering.

Beim Visualisieren, d.h. sichtbaren Speichern von Gedanken und Informationen auf Stecktafeln (pinboards), bleiben die Gesprächsbeiträge jedes Teilnehmers optisch laufend abrufbar. Das Erkennen der Zusammenhänge wird erleichtert, und die Aufnahmefähigkeit sowie die Interaktionsdichte werden – durch schriftliche und verbale Wortmeldungen – um ein Vielfaches erhöht.

Folgende Spielregeln sind bei dieser sehr effizienten Kreativitätstechnik einzuhalten:

1. Die Diskussionsbeiträge erfolgen vorwiegend schriftlich

   – Jeder Teilnehmer kann seine Aussagen auf Karten niederschreiben.

   – Die Karten können mit Filzschreibern beschriftet werden (max. dreizeilig).

   – Jede Karte kann nur eine Aussage aufnehmen. Dies bedeutet, daß der Teilnehmer sich kurz zu fassen hat. Eine Beschränkung der Aussage auf sieben Worte wird empfohlen.

– Mündliche Beiträge sollten auf eine bestimmte Zeit, z.B. 30 Sekunden Sprechzeit, begrenzt werden.

2. Einsammeln und Mischen der Karten

   – Die Teilnehmer können in Ruhe ihre Beiträge aufschreiben.

   – Sollten nicht genug Ideen zusammengekommen sein, gibt der Moderator weitergehende Hinweise.

   – Der Moderator weist beim Einsammeln der Karten auf die Möglichkeit hin, daß Karten noch nachgereicht werden können.

   – Während des Einholens der Karten sollten diese vom Moderator gemischt werden.

3. Anstecken und Ordnen der Karten

   – Vor dem Anstecken der Karten an eine Pinnwand/Stecktafel liest der Moderator jede Karte vor. Er zeigt diese dabei deutlich sichtbar den Teilnehmern.

   – Bei Verständnisfragen wird nachgefragt; eventuell sind ergänzende Karten zu schreiben.

   – Der Moderator sollte den Inhalt der Karten nicht kommentieren.

   – Alle Karten mit gleichlautendem oder verwandtem Inhalt werden zu Gruppen (Cluster) zusammengefaßt.

   – Sind alle Karten angebracht und – soweit möglich – zu Gruppen geordnet, sind Oberbegriffe für die einzelnen Gruppen zu finden.

   – Die Oberbegriffe sind auf kreisförmige Karten zu schreiben.

4. Gewichten der Oberbegriffe

   – Die Teilnehmer erhalten je nach Anzahl der Gruppen

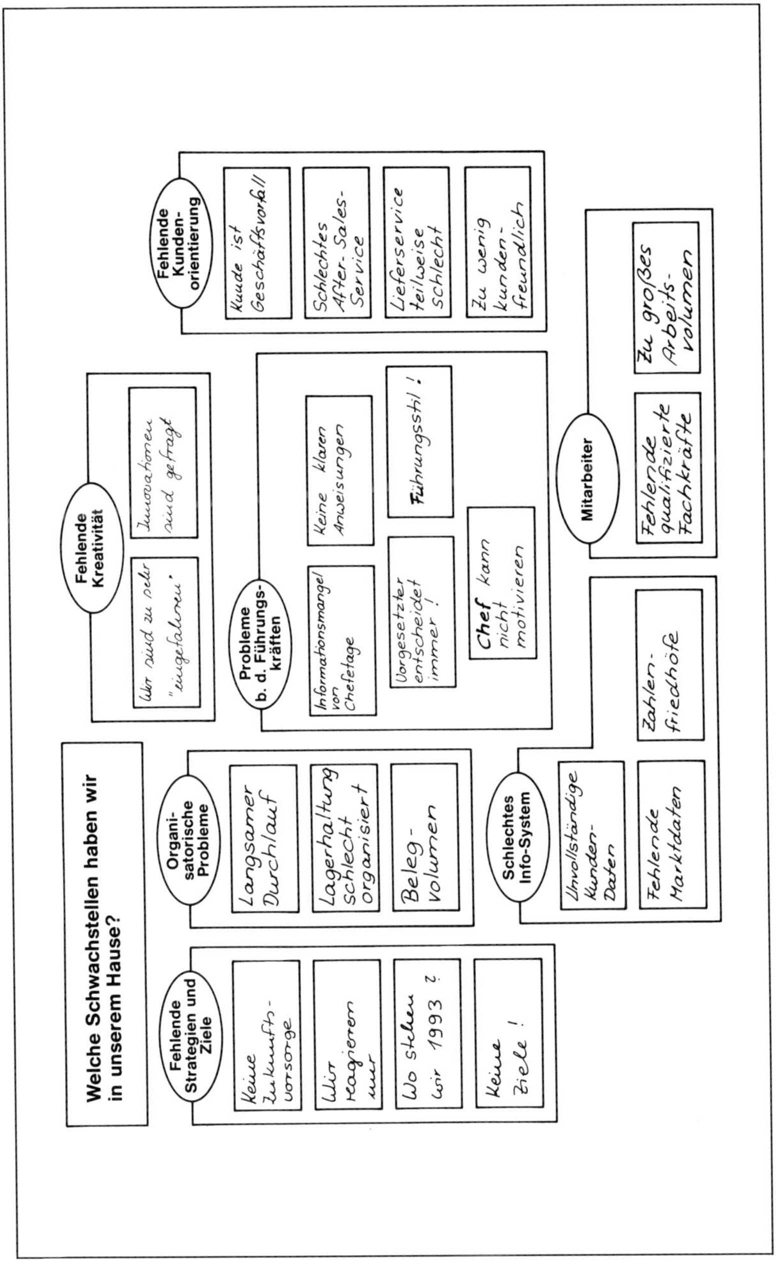

Abbildung: Beispiel einer Kartenabfrage

eine bestimmte Menge von Markierungspunkten (z.B. 3 bis 6).

- Jeder Teilnehmer vergibt entsprechend seiner Wertschätzung Markierungspunkte für die einzelnen Oberbegriffe.
- Das Ergebnis der Gewichtung schafft Prioritäten bei den einzelnen Aufgaben, Problemfeldern oder Lösungsvorschlägen aus der Sicht der Gruppe.
- Die Gruppe muß gesamtheitlich das Ergebnis annehmen. Einwände sind zu markieren (z.B. durch Pfeile).

Beispiel für den Ablauf einer Kartenabfrage

1. Gemeinsames Erarbeiten der Aufgabenstellung
   - Welches Ziel wird angestrebt?
   - Was ist aus der Sicht der Teilnehmer wichtig?
   - Formulierung der Problemstellung in Frageform.
   - Herausarbeiten der zum Problem gehörenden wesentlichen Fragen.
   - Welchen Stellenwert haben welche Fragen aus der Sicht der Teilnehmer?
   - Entscheidung durch die Teilnehmer mittels Markierungspunkten.
2. Problemauffächerung
   - Aufgliederung je nach Fachthema in Teilgebiete, die von Kleingruppen parallel bearbeitet werden können.
   - Wo müßte man ansetzen, um die Problemlösung zu erreichen?
   - Erarbeitung von alternativen Lösungsansätzen im Plenum.
   - An welchen Ansatzpunkten soll hier und jetzt genauer und tiefergehend in Kleingruppen gearbeitet werden?

- Welche Leitideen sollen weiter verfolgt werden?
- Entscheidung durch die Teilnehmer mittels Markierungspunkten.

3. Erarbeitung von Lösungsansätzen
   - In Kleingruppen pro Teilgebiet.
   - Formulierung der Teilaufgabe in Frageform.
   - Sammeln von Lösungsansätzen zu der Fragestellung.
   - Ordnen und Strukturieren der Lösungsansätze.
   - Gewichten der Lösungsansätze mit Markierungspunkten.
   - Zusammenfassen der Lösungsansätze und Aktionsplan-Ansätze aufstellen.

4. Erarbeitung eines Gesamtlösungskatalogs
   - Vorstellen der Kleingruppenergebnisse im Plenum.
   - Diskussion der Teilergebnisse.
   - Abstimmung und Gewichtung der Ergebnisse.
   - Was soll erreicht werden?
   - Welche Risikofaktoren bestehen? Welche Realisierungschancen?
   - Wer soll was tun? (Problemlösungsmaßnahmen)
   - In welcher Vorgehensweise?
   - Wer ist verantwortlich?

Ergebnis einer Kartenabfrage

Zum Ende einer Gruppenarbeit mit Kartenabfrage ist es für jeden Teilnehmer wichtig zu wissen, ob und wie es weitergehen soll.

Durch einen Tätigkeitskatalog erhält man die Festlegung von Folgeaktivitäten.

Dieser Tätigkeitskatalog ist ein konkretes Arbeitspapier. Er soll eine verbindliche Aussage machen

- über verantwortliche und beteiligte Personen, Gruppen,
- über die Zeitplanung,
- über die Art des angestrebten Ergebnisses.

An der Aufstellung dieses Tätigkeitskatalogs wird die gesamte Gruppe beteiligt.
Ein solcher Tätigkeitskatalog hat folgenden Aufbau:

Tätigkeiten	Wer	Mit wem	Zeit	Art des Ergebnisses
1				
2				
3				

Quelle: Schnelle, Eberhard

(12) Brainstorming

Diese Methode ist ein Verfahren, das durch Sammeln von Ideen und spontanen Einfällen einer ausgewählten Gruppe von Mitarbeitern Probleme leichter lösen soll. Brainstorming beruht auf dem Prinzip der Intuition. Die Ideenfindung geschieht entweder in großen Sprüngen oder in einer Aneinanderreihung von kleinen Sprüngen. Wesentlich dabei ist das Loslösen von eingefahrenen Denkweisen.

Diese Art der kooperativen Zusammenarbeit gewinnt immer mehr an Bedeutung, da durch die zunehmende Komplexität der Problemstellungen in Organisationen Entscheidungen nicht mehr von einzelnen, sondern im Rahmen von Gruppen getroffen werden.

Brainstorming wurde zu Beginn der dreißiger Jahre von Alex Osborn entwickelt und ist als Technik zur Stimulation kreativen Denkens bekannt. Dabei kommt es zunächst auf das Äußern möglichst vieler Ideen und weniger auf deren Qualität an.

In einer ausgewählten, möglichst heterogenen Gruppe von ca. 7 – 12 Personen und einem Moderator werden nach besonderen Vorschriften mögliche Problemlösungen verbalisiert, d.h., Ideen sollen vom Unterbewußtsein an die Oberfläche »stürmen« (storming). Nachdem das anstehende Problem definiert wurde, wird Brainstorming in zwei aufeinanderfolgenden Phasen durchgeführt:

a. Die Hervorbringung der Ideen

b. Die Weiterentwicklung dieser Ideen

Folgende grundsätzliche Regeln sind in der ersten Phase einzuhalten:

1. Quantität hat Vorrang vor Qualität

Die Teilnehmer sollen etwa 10 Minuten lang eine große Anzahl Ideen und Lösungsvorschläge produzieren – ihrer Phantasie sind dabei keine Grenzen gesetzt. Je mehr Vorschläge eingehen, um so größer ist die Wahrscheinlichkeit, darunter eine brauchbare Lösung zu finden.

2. Jede Idee muß schriftlich festgehalten werden

Jede Idee ist vom Moderator (Protokollführer) stichwortartig und für alle sichtbar in der Reihenfolge ihres Eingangs festzuhalten und kurz vor Ende des Brainstormings nochmals deutlich vorzulesen. Auf diese Weise hat jedes Gruppenmitglied nochmals die Möglichkeit, nach weiteren Lösungen zu suchen.

3. Kritik ist grundsätzlich verboten

Kritische Kommentare bezüglich der Lösungsvorschläge sind während der kreativen Phase nicht erlaubt. Es ist sogar er

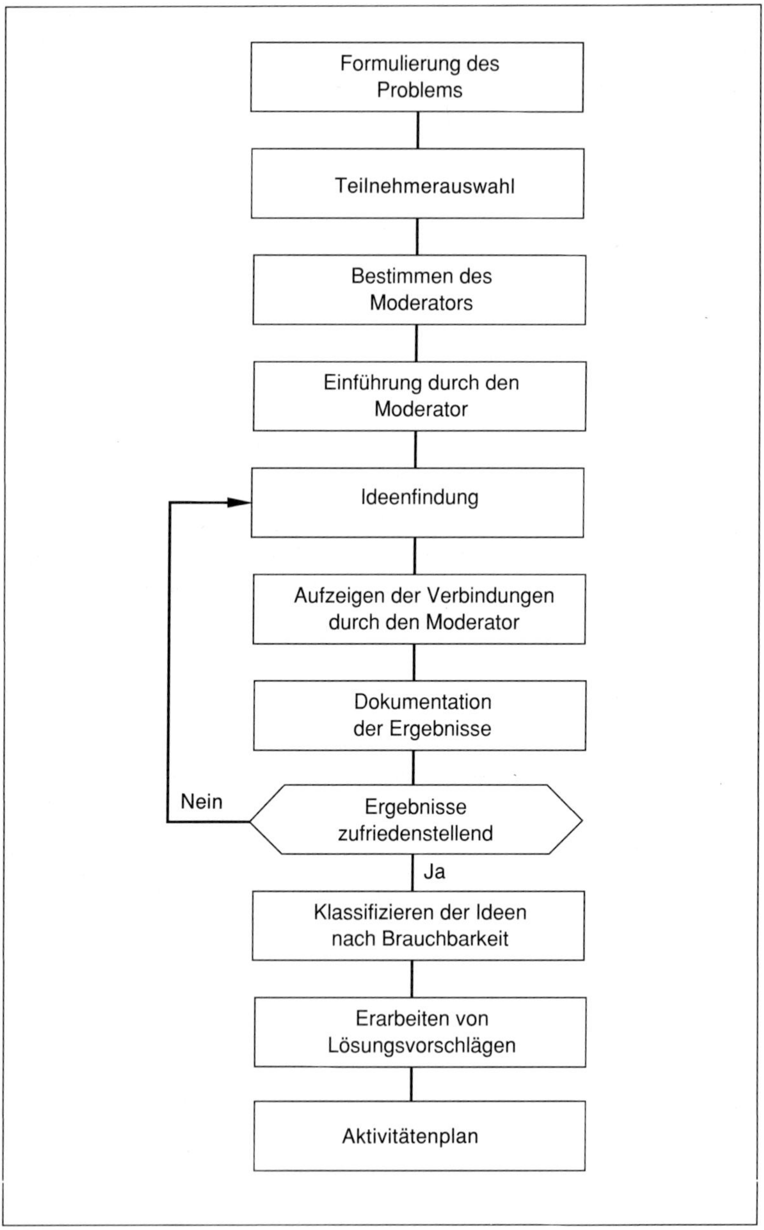

Abbildung: Brainstorming-Organisationsablauf

wünscht, in dieser Phase des Brainstormings Vernunft, Erfahrung, analytisches und logisches Denken »abzuschalten«, denn es handelt sich dabei um den eigentlichen Grundgedanken dieser Technik der Ideenfindung. Freie Assoziation, »Spinnen« und »Geistesblitze« sind ausdrücklich erwünscht!

4. An die Ideen anderer anknüpfen

Es ist gestattet, die Ideen und Vorschläge anderer Teilnehmer aufzugreifen, sie zu ergänzen oder weiterzuentwickeln. Sie können auch modifiziert, verbessert und mit anderen Ideen kombiniert oder verknüpft werden, da das Urheberrecht bei der Gruppe und nicht beim einzelnen liegt.

Nach Ablauf dieser »Gedankenstürme« wird eine kleine Erholungspause angesetzt. Anschließend erfolgt in der zweiten Phase des Brainstormings die Auswertung und Weiterentwicklung der gesammelten Ideen, die 20 Minuten nicht überschreiten sollte. Verschiedene Lösungsansätze werden notiert und zu brauchbaren Lösungsvorschlägen weiterentwickelt. In dieser zweiten Phase wird nun wieder rationales Denken und nüchternes, logisches Vorgehen erwartet, um bei der Suche nach Lösungsmöglichkeiten oder Alternativen auf den Boden der Realität, d.h. zur Durchführbarkeit, zu kommen.

Ein Brainstorming kann nur dann als erfolgreich und kreativ bezeichnet werden, wenn sich beim Durchsehen des Protokolls mindestens drei alternative Lösungsvorschläge als brauchbar erweisen.

Brainwriting ist das *schriftliche* Festhalten und Entwickeln von Vorschlägen und Ideen. Diese Methode der kreativen Ideenfindung ist dann dem verbalen Brainstorming vorzuziehen, wenn ein kritisches oder heikles Thema zur Diskussion steht und/oder eine Gruppe noch zu ungeübt im offenen Umgang miteinander ist, um gelöst und spontan zu reagieren.

Quellen: Osborn, Alex F.
Nagel, Kurt

(13) Gordon-Methode

Bei dieser Kreativmethode handelt es sich um ein didaktisches Brainstorming/writing, das – ebenfalls wie dieses – auf dem Prinzip der Intuition basiert.

Der Unterschied zum Brainstorming/writing besteht darin, daß bei dieser Ideenfindungsmethode nur der Moderator Kenntnis von dem zu lösenden Problem hat und auf dieser Basis den Ideenfluß der Teilnehmer steuert.
Diese Methode hat den Vorteil, daß

- der Gedankenfluß des einzelnen nicht durch eine bestimmte Problemvorgabe eingeengt wird,
- die Teilnehmer sich nicht auf eine spezielle Blickrichtung festlegen, sondern auch ungewöhnliche Wege gehen und
- daß eine egozentrische Beeinflussung des Ergebnisses durch einzelne unterbunden wird.

Quellen: Gordon, William J.
Nagel, Kurt

(14) Methode 635

Diese Ideenfindungsmethode wurde von Bernd Rohrbach aufgrund der Erkenntnis entwickelt, daß Lösungsvorschläge immer dann besonders erfolgreich sind, wenn andere Teilnehmer sie aufgreifen und weiterentwickeln.

Bei der Methode 635 werden von

6 sechs Teilnehmern

3 drei Lösungsvorschläge auf einem Formblatt innerhalb von 10 Minuten

5 fünfmal an andere Teilnehmer weitergegeben.

Die auf dem Prinzip der Intuition basierende Kreativmethode zwingt den Teilnehmer durch das Aufgreifen der Ideen und Lösungsvorschläge anderer zu mathematischer Exaktheit und lenkt damit die Kreativität in gewisse Bahnen.

Die 635-Methode läuft in mehreren Phasen ab; ein Mentor entfällt, da die Gruppe sich selbst steuert.

1. Phase

Die Problemstellung wird definiert und von allen Mitgliedern (6) der Gruppe analysiert. Danach werden auf einem Formblatt von jedem Teilnehmer drei (3) mögliche Lösungsansätze stichwortartig notiert. Diese Ideen dürfen keiner Kritik ausgesetzt sein und können sowohl realistische als auch utopische Vorschläge beinhalten.

2. Phase

Nach Auflisten der ersten 3 Lösungsvorschläge wird das Formblatt nach maximal 10 Minuten – je nach Schwierigkeitsgrad der Problemstellung – an den nächsten Teilnehmer weitergegeben. Dieser trägt seinerseits – nach sorgfältigem Studieren der Lösungsvorschläge seines Vorgängers – weitere 3 Ideen ein. Diese können sowohl assoziativ als auch logisch-systematisch mit den Ansätzen des anderen verknüpft und weiterentwickelt werden.

Diese Phase wird so oft wiederholt, bis alle Gruppenmitglieder sechsmal (6x) drei (3) Lösungsvorschläge produziert haben (insgesamt 108 Ideen).

3. Phase

In dieser Phase erfolgt die Analyse und Auswertung aller Lösungsvorschläge von den Mitgliedern der Gruppe. Bei dieser Ideenauswahl werden auch unrealistische Vorschläge umgewandelt und realisierbar gemacht.

Diese Methode der Ideenfindung eignet sich sowohl für die Entwicklung neuer Produkte als auch für den Bereich der angewandten Kommunikation.

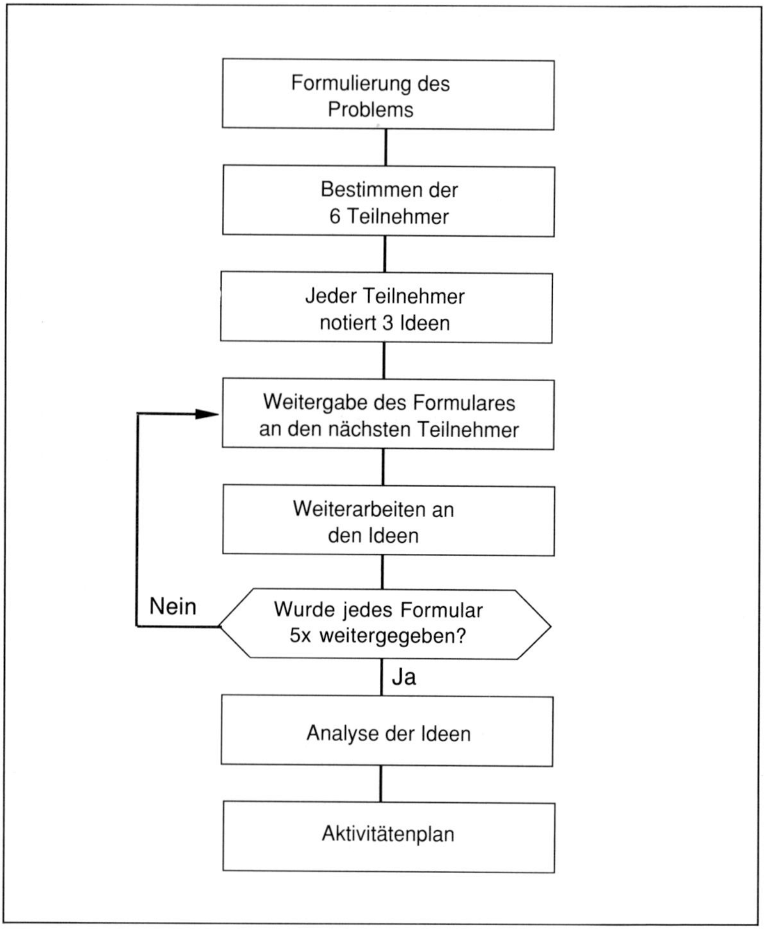

Abbildung: Methode 635-Organisationsablauf

Quellen: Rohrbach, Bernd
Nagel, Kurt

(15) Synektik

Die Synektik basiert auf dem Prinzip der Analogie, wobei Abstraktion, Konkretisierung und Analogbildung gesteuert werden. Diese Kreativmethode ist eine der wirkungsvollsten Techniken der Ideenfindung und verdankt ihren Erfolg der systematischen Suche nach Analogien. Sie wurde von dem Amerikaner William Gordon auf der Basis von empirischen

Untersuchungen und jahrelanger Beobachtung von kreativen und innovativ tätigen Personen entwickelt.

Für technische Probleme wird die Analogie in der Natur herangezogen, und für andere Problemkreise eine solche aus der Technik gesucht. Es ist notwendig, daß sich eine Problemlösungsgruppe mit der gefundenen Analogie identifiziert und das Resultat dieses Denkprozesses auf ein prägnantes Paradoxon (z.B. gebundene Loslösung, sanfter Fall) bringt. Durch die Analyse der persönlichen Identifikation und der Kurzformel (Paradoxon) lassen sich Rückschlüsse auf die ursprüngliche Problemstellung ziehen.

Die Synektik sucht Problemlösungen durch Verfremdung der Probleme und Bildung von Analogieschlüssen. Das bedeutet

- Vertrautes wird verfremdet und
- Fremdes wird vertraut gemacht.

Dieser Vorgang ist notwendig, da der Mensch allem Fremden skeptisch gegenübersteht; deshalb muß für neue Problemlösungen Fremdes vertraut gemacht werden. Aus dem gleichen Grund muß Vertrautes verfremdet werden, um neue Einsichten zu gewinnen und um Voreingenommenheit entgegenzuwirken. Trotz dieser systematischen Problementfernung bleibt jedoch ein analoger Bezug zum Problem bestehen.

Problemlösen mit der synektischen Methode erfordert einen möglichst heterogen zusammengesetzten Teilnehmerkreis von vier bis acht Personen und einen geschulten Moderator. Nach folgendem Schema kann dabei vorgegangen werden:

1. Definition und Analyse des Problems

Das anstehende Problem wird den Teilnehmern vom Moderator mitgeteilt und von allen gemeinsam definiert und analysiert.

2. Erfassen spontaner Lösungsvorschläge

Nach dieser gemeinsamen Problemanalyse werden die ersten spontanen Lösungsvorschläge verbalisiert. Durch das »Loswerden« dieser Lösungsmöglichkeiten wird der Weg frei für andere Denkschemata.

3. Finden von Problemlösungen aus anderen Lebensbereichen

Die Problemstellung wird zu diesem Zeitpunkt neu formuliert, um sich verstärkt damit zu identifizieren, und mit direkten, persönlichen und symbolischen Analogien in Bezug gebracht. Dabei ist es sinnvoll, für eine Problemlösung im Bereich der Technik eine Analogie aus dem Bereich der Natur zu wählen.

4. Verfremdete und vertraute Lösungsansätze überprüfen und gegebenenfalls kombinieren

Alle gewonnenen Lösungsansätze werden formuliert und auf ihre Problemlösung hin überprüft. Durch den starken Verfremdungseffekt wird ein besonders hoher Anteil von originellen Lösungsansätzen erzielt. Anschließend werden sie auf das zu lösende Problem projiziert und diesem zugeordnet.

Quellen: Gordon, William J.
Nagel, Kurt

(16) Bionik-Methode

Bionik ist aus den Worten **Bio**logie und Tech**nik** gebildet und befaßt sich mit der Funktionsweise von Lebewesen und der belebten Natur früherer Zeiten. Mit den dabei gewonnenen Erkenntnissen sollen Problemkreise der Technik effizient gelöst werden.

Diese Ideenfindungsmethode ist eine Subvariante der Synektik, wird aber gelegentlich auch der Kybernetik zugeordnet. Ekkehard Zerbst schreibt in seinem Buch »Bionik, Biologische Funktionsprinzipien und ihre technische Anwendung«: »Die

Bionik bezieht ihren Auftrag, Wissen zu schaffen, aus der Technik im weitesten Sinne. Sie durchforscht die belebte Welt mit ihren organismischen Elementen, Organen, Arten und Biotopen nach Strukturen, Funktionen und Wirkungszusammenhängen, um durch diese Prinzip-Vorlagen Anregungen zur Lösung technischer Probleme zu geben. Für viele Bio- und Ingenieurwissenschaftler stellt sich die Frage nach der tatsächlichen Bedeutung der bionischen Wissenschaft. Die zunehmenden Probleme der Ökologie, der Lösung komplexer Fragen im Bereich der Energie- und Abfallwirtschaft, der wirtschaftlichen Fertigung und Produktkonzeption erfordert den Ausbau von Methoden der Heuristik und Optimierung.«

Bei der Suche nach Problemlösungen werden vorwiegend Analogien aus dem Bereich der Natur gewählt, die sich auf das zu lösende Problem übertragen lassen.

Beispiele:

- Samen des Löwenzahns werden durch die Luft bewegt – beim Fallschirm wird dasselbe Prinzip benutzt.
- An den Samenkapseln des Ahorns sind dünn geschichtete Flügel befestigt, die die Zeit des Herabfallens verlängern – der Hubschrauber wird durch eine ähnliche Methode bewegt.
- Die Flughäute der Fledermaus waren das Vorbild für die Drachenflieger.
- Das Rückstoßprinzip der Quallen wird als Antriebskraft in der Raketentechnik nachgeahmt.
- Das Flugvermögen eines Vogels war Voraussetzung für den Bau von Flugzeugen.
- Die Schutzfunktion eines Pilzes findet sich im Prinzip des Regenschirms wieder.
- Die Schwimmfähigkeit von Hohlräumen wurde beim Schiffbau angewandt.

Die Evolution in der Pflanzen- und Tierwelt hat im Laufe von Jahrmilliarden ähnliche Ziele verfolgt, wie sie die Wirtschaft als ökonomisches Prinzip heute ebenfalls anstrebt:

- optimale Energieauswertung
- Qualitätsverbesserung
- Nutzensteigerung
- Produktivitätssteigerung.

Diese biokybernetischen Prinzipien und die Optimierungsstrategie der Natur sind auch auf organisatorische oder technische Probleme anwendbar. Sie werden dabei nicht kritiklos nachgeahmt, sondern erfüllen nur eine Vorbildfunktion, die Anregungen geben soll und oftmals zur Entwicklung neuartiger Prozesse führen kann. Manchmal waren es gerade die abwegigsten Ideen, die zu den besten Problemlösungen inspirierten.

Bionik ist demzufolge die Anwendung der Naturprinzipien, zugeschnitten auf die Bedürfnisse des Menschen.

(17) Morphologische Methode

Diese Kreativitätsmethode beruht auf dem Prinzip der Analyse, d.h., es handelt sich dabei um ein Verfahren der Zerkleinerung. Die Morphologie bietet wegen ihrer Systematik einen hohen Grad an Vollständigkeit. Sie zwingt durch die systematische Feldüberdeckung zum systematischen Denken.

Die Lösung von Problemen erreicht man durch die Aufspaltung des Problems in Teilprobleme. Produktives und kontinuierliches Umformen der Probleme, geistige Distanz, Veränderung des Blickpunktes, Visualisieren von Gedanken und Einfühlen in die Problematik bewirken assoziative Denkweisen. Durch das Zerlegen komplexer Probleme entfernt man sich zwar scheinbar vom Problem, erreicht aber durch die Kombination der gefundenen Teillösungen eine Gesamtlösung.

Eine Strukturierung eines Problems nach der morphologischen Methode ist dann sinnvoll, wenn ein vollständiger Überblick über eine Anzahl von Lösungsmöglichkeiten und deren Kombinationen erreicht werden soll oder wenn das Problem sehr komplex ist.

Teilebedarf	Massenteile	Variantenteile kontinuierlicher Bedarf	Variantenteile diskontinuierlicher Bedarf
Anzahl Varianten	Keine	<3 Varianten	>3 Varianten
Volumen	Kleinteile	Mittelgroße Teile	Großteile
Wert ABC-Analyse	C-Teile	B-Teile	A-Teile
Lieferantenanzahl je Teil	1 Lieferant	2 Lieferanten	>2 Lieferanten
Entfernung zum Lieferanten	<100 km	100< x <200 km	>200 km
Liefertreue	Mittel	Gut	Jederzeit lieferfähig
Qualitätsanforderungen	Mittel	Gut	Ausgezeichnet
Organisationsgrad	Gering	Mittel	Hoch
	Steuerung über Liefereinteilung		**Steuerung über Direktbelieferung**

Abbildung: Kriterien für die differenzierte Bereitstellung und Steuerung von Teilen bei einem Kfz-Hersteller (nach Weber)

Um Problemkreise mit der morphologischen Methode zu lösen, sollte ein möglichst heterogener Kreis, der jedoch über spezielles, problembezogenes Wissen verfügt, gebildet werden. Bei der Ermittlung der besten Problemlösung wird wie folgt vorgegangen:

1. Definition und Analyse des Problems

Die Ausgangssituation ist durch einen Mangel – das anstehende Problem – gekennzeichnet. Dieses Problem wird artikuliert und allen sichtbar schriftlich festgehalten.

2. Strukturieren der Problemvorgabe in Teilprobleme

Das Grundproblem wird in Teilprobleme bzw. Systemelemente zerlegt und unabhängig voneinander definiert. Für jedes Problemelement werden dann denkbare Lösungsvorschläge zusammengestellt.

3. Erfassen der Teillösungen

Die Problemelemente werden untereinander angeordnet und den Teillösungen zugeordnet. Als Hilfsmittel kann der abgebildete morphologische Kasten verwendet werden.

4. Kombinieren der Teillösungsvorschläge zur Gesamtproblemlösung

Die Auswahl und Bewertung der Teillösungen erfolgt nach semantisch-pragmatischen Kriterien. Kombiniert man nun – unter Berücksichtigung des Ausgangsproblems – die optimal erscheinenden Lösungen für jedes Problemelement vertikal, so ergibt sich die bestmögliche Gesamtlösung.

Ein wesentlicher Vorteil der morphologischen Methode kann darin gesehen werden, daß sie ein hohes Maß an Sicherheit vermittelt, da bei ihrer Anwendung selten etwas von Bedeutung vergessen wird.

Diese Kreativmethode ist deshalb besonders geeignet

- zum Entwickeln von Konzeptionen (Marketing)
- bei der Produktsuche (Produktion) und
- im Bereich des Grafik-Designs (Werbung).

Das folgende Beispiel zeigt, wie mit Hilfe des morphologischen Kastens die Leitungsspanne (wie viele Mitarbeiter sollte ein Vorgesetzter haben) berechnet werden kann.

Für einen Abteilungsleiter, der im Ingenieurbereich tätig ist, ergibt sich hier – was deutlich abgeleitet werden kann – eine andere Leitungsspanne als für einen Abteilungsleiter, dessen Mitarbeiter am Fließband arbeiten. Diese Matrix wurde vom REFA-Institut entwickelt.

Ähnlichkeit von Funktionen	gleich 1	im wesentlichen gleich 2	ähnlich 3	leicht unter-schiedlich 4	grundsätzlich verschieden 5
Räumliche Nähe	alle zusammen 1	alle in einem Gebäude 2	verschiedene Gebäude 3	verschiedene Orte 4	verstreut 5
Komplexität der Funktion	einfach sich wieder-holend 2	Routine 4	etwas komplex 6	komplex 8	sehr komplex 10
Führung und Kontrolle	minimale Anweisung 3	begrenzte Überwachung 6	periodische Überwachung 9	häufige Überwachung 12	enge Überwachung 15
Koordinierung	minimale Be-ziehungen im Arbeitsprozeß 2	etwas zu-sammenhängende Arbeitsprozesse 4	leicht zu-sammenhängende Arbeitsprozesse 6	bemerkenswerte Zusammen-hänge 8	zusammen-hängende Arbeitsprozesse 10
Planung	minimaler Umfang 2	begrenzter Umfang 4	mittelmäßiger Umfang 6	bemerkenswerte Planungs-aufgaben 8	außergewöhnliche Planungs-aufgaben 10

Formel: $\text{Leitungsspanne} = \frac{200}{\text{Punktsumme}}$ **Beispiel:** $\frac{200}{3+2+4+9+8+4} = 7$ **Mitarbeiter**

Abbildung: Ermittlung der Leitungsspanne nach REFA

Quellen: Linneweh, Klaus; Weber, Gerald
Nagel, Kurt; REFA

(18) Dialektik-Methode

Die Dialektik-Methode dient der Ideenfindung und stellt eine besondere Form des Denkens dar – hier wird mit einer Umkehrung der Problemlösung gearbeitet. Das bedeutet, daß einer These eine Antithese gegenübergestellt wird. Diese Gegensätze werden dann in einer Synthese aufgezeigt, die dann als Basis für weitere Überlegungen gilt. Im Prinzip wird von den Teilnehmern die Lösung des gegensätzlichen Problems gesucht, um auf diese Weise an eine umfassende Problemlösung zu gelangen.

Beispiel: Um nach Möglichkeiten für eine kundenorientierte Unternehmenspolitik zu suchen, sollte man die Erwartungshaltung des Kunden berücksichtigen und sich bei der Suche nach kundennahen Praktiken in seine Lage versetzen.

Bei der Dialektik-Methode wird wie folgt vorgegangen:
Nach einer detaillierten Problemformulierung wird das Thema strukturiert, einer kritischen Reflexion unterzogen und anschließend eine Soll-Ist-Analyse aufgestellt.

1. Ist-Zustand (These)

Von den Gruppen-Mitgliedern werden zum Thema alle

- Tatbestände
- Fakten
- Auswertungen
- Berichte

zusammengestellt.

2. Soll-Zustand (Antithese)

Überlegungen zum Soll-Zustand werden von den Teilnehmern

- getroffen
- entwickelt und
- eine Umkehrung des Problems (ein utopisches Bild) erstellt.

3. Synthese (These)

Bei diesem letzten Problemlösungsschritt wird

- zwischen der entwickelten Lösung und der Realität ein Vergleich angestellt und nach
- einer Lösung, die von dem Problem am weitesten entfernt ist,

gesucht.

Da diese Synthese als die Problemlösung angesehen wird, muß sie

- durchführbar
- praxisbezogen
- konkret formulierbar sein und
- von allen anerkannt werden.

Quelle: Nagel, Kurt

(19) Szenario-Technik

Wichtigste Aufgabe des Szenarios ist es, alternative Situationen aufzuzeigen und Entscheidungshilfen zu bieten. Mit ihrer Hilfe können flexible Anpassungen an künftige Entwicklungen durch Schaffung von Entscheidungsspielräumen erreicht werden.

Entscheidungsträger müssen schon in einem frühen Stadium zukünftige Entscheidungen systematisch vorbereiten können. Voraussetzung für eine Identifikation und Berücksichtigung zukünftiger Probleme ist eine effiziente Methodik.

Szenarien können mit Hilfe von Projektteams erarbeitet werden. Einer kompetenten Gruppe wird das Problem bzw. die Sachlage dargestellt, und gemeinsam versucht man, zur Entscheidung zu gelangen. Dabei ist es vor allem notwendig, eine größere Bandbreite von möglichen Entwicklungen zu berücksichtigen und sich nicht nur auf eine einzige Wahrscheinlichkeit festzulegen. Zukünftige Entwicklungen müssen daher sorgfältig analysiert und systematisch erkundet werden.

Anliegen der Szenario-Technik ist es,

- durch plausible Selektionskriterien die Komplexität ständig zu reduzieren, so daß die Erwartung einer zukünftigen Situation nachvollziehbar bleibt,
- eine Ausweitung der Informationsbasis zu erreichen und

– die Betrachtungsweise eines Problems im Zusammenhang mit dem Umfeld und nicht isoliert zu erreichen.

Szenarien können folgende Themenkreise umfassen:

– Stärken- und Schwächenanalysen
– Analysen über das zukünftige Umfeld einer Organisation
– Produktion und Produktplanung
– Strukturprobleme (Infrastruktur)
– Fusionen, Joint Ventures, Kooperationen.

Der Problemlösungsprozeß durch die Szenario-Technik läßt sich in mehrere einzelne Problemlösungseinheiten unterteilen:

– *Ganzheitsbetrachtung*

Um künftig denkbare Situationen realistisch einzuschätzen, ist es notwendig, das Problem im Systemzusammenhang zu sehen.

– *Zukunftsorientierung*

Die Szenario-Technik ermöglicht das Zustandekommen zukünftiger Situationen, die bereits vom gegenwärtigen Standpunkt aus betrachtet werden. Fortschritt und Entwicklung lassen sich auf diese Weise analysieren und systematisieren. Dadurch können rechtzeitig entsprechende Strategien entwickelt und Zukunftserwartungen berücksichtigt werden.

– *Plausibilität*

Damit ein Szenario alle künftigen Situationen zutreffend beschreibt, ist eine inhaltliche Plausibilität erforderlich. Dazu müssen relevante Daten aus dem Themenbereich berücksichtigt werden. Es ist aber auch erforderlich, den steten Wandel zu berücksichtigen und bei den Überlegungen mit einzubeziehen. Auf diese Weise kann wirklichkeitsgetreu und doch unvoreingenommen im Rahmen einer Zukunftsorientierung gearbeitet werden.

– *Konsistenz*

Dabei ist zu beachten, daß Ereignisse, die sich gegenseitig ausschließen, nicht in Betracht gezogen werden dürfen. Zu berücksichtigen gilt jedoch, daß solche Tatbestände, die sich zwar widersprechen, aber in zeitlich ausreichendem Abstand auftreten, dennoch berücksichtigt werden können, da sie dadurch wieder vereinbar werden.

– *Interdisziplinarität*

Es ist wichtig, die wesentlichen Interdependenzen zwischen den Problembereichen und ihrem Umfeld ausreichend zu identifizieren.

– *Transparenz*

Jede zukunftsorientierte Betrachtungsweise erstellt Annahmen über die hypothetischen Entwicklungen. Diese Annahmen sind aus einem Wert- und Zielsystem abzuleiten, und ihre Entwicklung ist bewußt zu gestalten und durch Maßnahmen der Entscheidungsträger zu beeinflussen. Das Problem dabei ist, daß zum heutigen Zeitpunkt ein solches Wert- und Zielsystem der Zukunft nicht besteht, da die vorhandenen Wert- und Zielsysteme nur die derzeitigen Betrachtungsweisen widerspiegeln. Deshalb ist es notwendig, die Prämissen, die zur Auswahl der zukünftigen Entwicklung aufgesetzt werden, nachvollziehbar zu formulieren.

– *Neutralität*

Bei Anwendung der Szenario-Technik ist es notwendig, daß eine Anzahl von Entscheidungen getroffen wird, die den Rahmen der zukünftigen Situation bestimmen. Bestimmte Auswahlkriterien zur Eingrenzung der Alternativen müssen festgelegt werden, und über die zugrundegelegten Prämissen und dgl. wird entschieden. Die Studie muß ohne vorgefaßte Meinung erarbeitet werden, um wenigstens zu objektivierten Ergebnissen zu kommen.

Die Szenario-Technik erfolgt in drei Phasen:

1. Analyse-Phase: Problemdefinition und Beschreibung des Umfeldes

2. Prognose-Phase: Festsetzen der Annahmen über wahrscheinliche Entwicklungen
   Erstellung von Präszenarien
   Entwickeln von Entscheidungskriterien

3. Synthese-Phase: Erstellung der Szenarien

Längerfristige Szenarien werden in bestimmten Zeiträumen überarbeitet und den veränderten Rahmenbedingungen angepaßt.

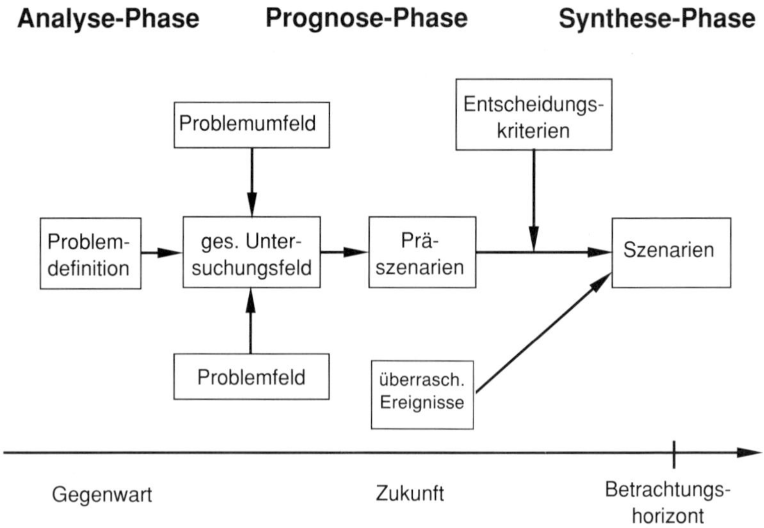

Abbildung: Prozeßcharakter der Szenario-Technik nach Oberkampf

Quelle: Oberkampf, Volker

(20) Die Nutzwertanalyse – eine Methode zur systematischen Entscheidungsvorbereitung

Es liegt im Wesen der Führungsaufgaben, daß ständig Entscheidungen – oft unter beträchtlichen Risiken – zu treffen sind. Von der Qualität dieser Entscheidungen hängt in hohem Umfang der Erfolg der Unternehmung ab. Eine einzige Fehlentscheidung in einer wichtigen Sachlage kann zum Untergang der Unternehmung führen. Ruinös kann es sich aber auch auswirken, wenn ein beträchtlicher Teil der täglich anfallenden »weniger wichtigen« Entscheidungen falsch getroffen wird. Die Führungskräfte müssen daher viel mehr als bisher wissen, wie man rationale Entscheidungen trifft. Das Ziel des systematischen Entscheidungsprozesses ist es, die Wahrscheinlichkeit von Fehlentscheidungen zu verringern.

Eine Methode zur systematischen Entscheidungsvorbereitung durch die Bewertung von Alternativen ist die Nutzwertanalyse. Sie erlaubt es, anhand mehrerer Kriterien und aufgrund subjektiver Wertvorstellungen eine Wahl unter verschiedenen komplexen Handlungsalternativen zu treffen. Gewählt wird die Alternative mit dem höchsten Nutzwert. Im folgenden werden in Form von Fragen die wesentlichen Schritte bei der Durchführung der Nutzwertanalyse genannt.

1. Ist das Ziel der Entscheidung klar definiert?

Beispiel: »Kauf eines Betriebes«
»Standortwahl für eine Filiale«
»Auswahl einer Maschine«
»Kauf eines LKWs«

2. Sind die Forderungen, welche Ihre Entscheidung unbedingt erfüllen muß, festgelegt?

Hierunter fallen alle diejenigen Forderungen, die die Alternativen unbedingt erfüllen müssen, um zur Auswahl zugelassen zu werden.

Beispiele: Preis eines Transporters nicht über DM 40.000,—
Durchschnittlicher Benzinverbrauch: ≦ 9,0 Liter

3. Sind die Auswahlkriterien aufgestellt?

Die Auswahlkriterien stellen die eigentliche Grundlage zur Auswahl der Alternativen dar. Dabei sollte von Oberbegriffen ausgegangen werden. Diese sind dann schrittweise zu zergliedern.

Beispiel: Oberbegriff beim Autokauf: Wirtschaftlichkeit.

Auswahlkriterien daraus:

- Preis
- Benzinverbrauch
- Steuer
- Versicherung

4. Wurden die Auswahlkriterien gewichtet?

Die Oberbegriffe werden nach der relativen Wichtigkeit für das Entscheidungsziel gewichtet. So kann man z.B. für die Oberbegriffe insgesamt 100 % vergeben. Für die aus den Oberbegriffen abgeleiteten Auswahlkriterien läßt sich dann eine weitere Unterteilung der Prozentsätze vornehmen.

Gewichtung der Kriterien beim Hauskauf				Gesamtanteil
Flächenangebot	20 %	davon Wohnfläche	50 % =	10 %
		Abstellfläche einschl. Garagen	30 % =	6 %
		Gartenflächen	20 % =	4 %
Lage	20 %	davon Verkehrslage	70 % =	14 %
		Umgebung	30 % =	6 %
Baueigenschaften	30 %	davon Baualter	20 % =	6 %
		Bauweise	10 % =	3 %
		Bauausstattung	50 % =	15 %
		Bauzustand	20 % =	6 %
Kosten	30 %		=	30 %
				100 %

5. **Wurden die Alternativen erarbeitet?**

Es sind alle relevanten Alternativen zu ermitteln. Wichtig ist, daß diese die unbedingten Forderungen erfüllen (siehe Schritt 2).

6. **Wurden die Alternativen bewertet?**

Für die praktische Durchführung können Punktbewertungsverfahren in Frage kommen. So kann man zum Beispiel für die Erfüllung eines Auswahlkriteriums Wertzahlen von 1 bis 10 (1 = geringfügige Erfüllung, 10 = Wunsch wird am besten erfüllt) vergeben.

7. **Hat man die beste Alternative als Entscheidung ausgewählt?**

Wählen Sie die Alternative, die

- alle unbedingten Forderungen erfüllt,
- die beste Anpassung an die Auswahlkriterien zeigt,
- die geringsten Nachteile hat (Idealfall).

Bei Alternativen mit fast gleicher Punktzahl kann man z.B. auch zur Auswahl eine Stichwahl mit den wichtigsten Kriterien durchführen. In diesem Falle entscheidet man sich dann für die Alternative, die bei den wesentlichen Kriterien am besten abschneidet.

		Alternativen					
		1		2		3	
Auswahl-kriterien	Gewichtung G	Wertigk. W	G × W	W	G × W	W	G × W
A	10	10	100	4	40	–	–
B	15	8	120	6	90	6	90
C	30	4	120	7	210	5	150
D	35	5	175	6	210	4	140
E	5	10	50	4	20	6	30
F	5	10	50	6	30	4	20
Punktzahl	100		615		600		430
Stichwahl (Kriterien C + D)			295		420		290
Entscheidung					X		

Die Vorgehensweise wird am Beispiel Standortanalyse in der folgenden Abbildung verdeutlicht. Die in den Kreisen angegebenen Ziffern geben die jeweiligen Schritte an.

① Ziel der Entscheidung		Auswahl des Standorts für das zu gründende Geschäft							
② Unbedingte Forderungen		1. Monatliche Mietkosten ≤ 5000,- DM 2. Größe des Geschäfts in qm: 150-200							
		⑤ Alternativen							
		1		2		3		4	
③ Auswahlkriterien	④ G	⑥ W	GxW	⑥ W	GxW	⑥ W	GxW	⑥ W	GxW
– Monatliche Miete	12	5	60	8	96	6	72	3	36
– Geschäftsgröße	6	8	48	7	42	3	18	3	18
– Kundenfrequenz	15	5	75	6	90	5	75	2	30
– Parkplatzmöglichkeit	8	8	64	10	80	10	80	6	48
– Verkehrsanbindung	6	5	30	6	36	8	48	4	24
– Nebenräume	5	4	20	10	50	3	15	7	35
– Ausstattung des Geschäfts	3	6	18	10	30	10	30	8	24
– Sonstige laufende Kosten	7	...	...	...	...	...	...	...	...
– Vertragsgestaltung	4	...	...	...	...	...	...	...	...
... ...	...	...	...	...	...	...	...	...	
... ...	...	...	...	...	...	...	...	...	
Ergebnisse	100	518		738		598		320	
⑦ Entscheidung					X				

Abbildung: Beispiel für die Anwendung der Nutzwertanalyse (Standortanalyse)

Die Nutzwertanalyse hat ein breites Anwendungsspektrum. Sie kann immer dann eingesetzt werden, wenn eine Alternative aus mehreren auszuwählen ist. Nachstehend sei an einer einfachen Aufgabe aufgezeigt, wie sich diese Methode für unterschiedliche Probleme einsetzen läßt.

Aufgabe:

Auswahl eines Projektleiters für das Projekt »Bürokommunikation«

Die Unternehmung »Fortschritt« plant die Einführung eines Bürokommunikations-Systems. Für die Projektleitung kommen die Mitarbeiter Below, Huber und Zink in Frage.
Die wesentlichen Auswahlkriterien werden von diesen drei Herren wie folgt erfüllt:

Kriterien	Below	Huber	Zink
1. Erfahrungen als Projektleiter	Sehr umfangreich	Keine	Geringe
2. Führungsfähigkeiten	Befriedigend	Sehr gut	Gut
3. Firmenkenntnisse	Hoch	Gering	Mittelmäßig
4. Loyalität zur Firma	Mittelmäßig	Hoch	Unbekannt
5. Akzeptanz durch Mitarbeiter und Betriebsrat	Befriedigend	Sehr gut	Gut
6. Kenntnisse in Bürokommunikation	Sehr gut	Gut	Gut

Aufgaben

1. Welcher Mitarbeiter wird ausgewählt, wenn das Kriterium 6 dreifach, die Kriterien 1 und 5 doppelt so stark wie die anderen Kriterien in die Bewertung eingehen?

2. Führen Sie auf der Basis der Lösung zur Aufgabe 1 eine Stichwahl durch, d.h., überprüfen Sie den Vorschlag durch die Kriterien, die stärker gewichtet werden. Bleibt es bei der ermittelten Lösung?

3. Wie fällt die Entscheidung aus, wenn weniger das Können und Wissen, sondern die Kriterien der Beziehungsebene verstärkt in die Bewertung eingehen?

   Kriteriengewichtung
   2 = 20 %
   4 = 20 %
   5 = 30 %
   Die anderen Kriterien gehen mit jeweils 10 % in die Gewichtung ein.

Lösungen siehe auf der folgenden Seite

Lösungen

	Rangfolge				Aufgabe 1				Aufgabe 3		
Kriterien	Below	Huber	Zink		Below	Huber	Zink		Below	Huber	Zink
1. Erfahrung	1	3	2	x 2/	2	6	4		1	3	2
2. Führungsfähigkeiten	3	1	2		3	1	2	x 2/	6	3	4
3. Firmenkenntnisse	1	3	2		1	3	2		1	3	2
4. Loyalität zur Firma	2	1	3		2	1	3	x 2/	4	2	6
5. Akzeptanz durch Mitarbeiter	3	1	2	x 2/	6	2	4	x 3/	9	3	6
6. Kenntnisse in Bürokommunikation	1	2	2	x 3/	3	6	6		1	2	2
					17	19	21		22	15	22
					Below					Huber	
	Aufgabe 2 **Stichwahl**				11	14	14				
	(Kriterien 1/5/6)				Below						

Sicherlich wird mancher allein durch den Zwang zur schriftlichen Fixierung der Entscheidungskriterien und die Berechnung der Alternativen dies als eine zu zeitaufwendige Angelegenheit ablehnen. Hinsichtlich dieses Arguments sollte man jedoch berücksichtigen, daß sich das Bewertungsverfahren auch vereinfachen läßt. So kann man zum Beispiel bestimmen, daß diejenige Alternative gewählt wird, die die drei oder vier wichtigsten Kriterien am besten erfüllt.

Im Grundsatz sollte jedoch Klarheit darüber bestehen, daß nun einmal mehrere Entscheidungskriterien eine Entscheidung beeinflussen und daß die in Frage kommenden Alternativen die Kriterien unterschiedlich abdecken.

Die Anwender der Nutzwertanalyse befürworten diese Technik vor allem wegen der Objektivierung, Optimierung und Nachvollziehbarkeit der Entscheidungen.

Es gibt zahlreiche mittlere und größere Unternehmungen, in denen Führungskräfte gehalten sind, Entscheidungen ab einem bestimmten Wertgefüge auf der Basis dieser Methode zu treffen.

Es darf nicht vergessen werden, daß diese Methode durch den Entscheidungsprozeß wesentlich transparenter wird. Damit wird letztlich eine Optimierung der Entscheidung erreicht.

Quelle: Nagel, Kurt

(21) Die Jeder-gewinnt-Methode

Es gibt eine vorzügliche Alternative zu den Konfliktlösungsmethoden mit Gewinnern und Verlierern. Es ist eine Methode, bei der einerseits die Bedürfnisse der Gruppenmitglieder und andererseits jene des Führers befriedigt werden. Dieser Jedergewinnt-Methode gelingt eine gegenseitige Bedürfnisbefriedigung, bei der also jeder gewinnt.

Während diese Methode im alltäglichen Leben häufig und oft unbewußt angewandt wird (man arrangiert sich zur beiderseitigen Befriedigung), findet sie in Unternehmen selten breite Anwendung. Der Unternehmensberater Thomas Gordon sieht in der Jeder-gewinnt-Methode eine spezielle Form der Problemlösung.

Sechs Schritte zur wirksamen Problemlösung:

1. Schritt: Das Problem wird erkannt und definiert.

Beim ersten Schritt des Problemlösungsprozesses wird das Problem

- formuliert und ohne Wertung zum Ausdruck gebracht,
- von jeder Seite mit Standpunktangaben dargelegt,
- von beiden Personen von allen Seiten beleuchtet,
- als lösungsbedürftig erkannt und akzeptiert.

2. Schritt: Alternative Lösungen werden entwickelt.

Dieser Schritt ist der kreative Teil der Problemlösung. Hier werden

- mögliche Lösungen vorgeschlagen,
- beide Seiten nacheinander gehört,
- gemeinsam Alternativen gesucht,
- alle Vorschläge kritiklos entgegengenommen und
- zum Schluß die besten Lösungsmöglichkeiten formuliert und festgehalten.

3. Schritt: Die alternativen Lösungen werden bewertet.

In diesem Stadium der Problemlösung werden die Lösungen hinsichtlich ihrer Durchführbarkeit ausgewertet. Sie müssen von beiden Partnern

- ehrlich begutachtet,
- auf Funktionsfähigkeit geprüft und
- kritisch bewertet werden.

4. Schritt: Die Entscheidung wird getroffen.

Hier ist wichtig, daß beide Seiten sich zu der gewählten Lösungsmöglichkeit voll bekennen. Sie sollte deshalb

- nochmals formuliert,
- auf ihre allgemeine Akzeptanz hin überprüft und
- keiner Seite förmlich aufgezwungen werden.

5. Schritt: Die Entscheidung wird ausgeführt.

Das Herausfinden einer akzeptablen Problemlösung bedeutet jedoch noch nicht deren automatische Ausführung. Nun sind Gedanken zur Realisierungsmöglichkeit notwendig, um festzuhalten,

- wer
- was
- wann zu tun hat.

6. Schritt: Anschließende Bewertung der Lösung

Auch eine bereits getroffene Entscheidung kann in beiderseitigem Einverständnis revidiert werden, wenn sich bei der abschließenden Überprüfung der Lösungsmöglichkeit Schwachstellen herausstellen sollten. Die besten Instrumente zur fairen Problemlösung sind

- aktives Zuhören,
- offene und ehrliche Grundhaltung,
- Achtung für die Bedürfnisse des anderen,
- Aufgeschlossenheit für neue Ideen und Informationen,
- Beharrlichkeit und Entschlossenheit, das Bestmögliche zum Gelingen des Vorhabens beizutragen.

Quelle: Gordon, Thomas

(22) Die Abwärts-Aufwärts-Abwärts-Aufwärts-Methode

Diese Methode wurde von dem Unternehmensberater Thomas Gordon für ein bekanntes amerikanisches Unternehmen in Los Angeles entwickelt. Sie umfaßt vier Schritte:

1. Schritt: Ein anstehendes Unternehmensproblem wird formuliert und allen Abteilungsleitern des Betriebes bei einer Besprechung bekanntgegeben. Daraufhin wird ein Meeting der Untergebenen dieser Abteilungsleiter arrangiert und das Problem allen verdeutlicht. Die Abteilungsleiter und die Untergebenen werden aufgefordert, Lösungsvorschläge zu unterbreiten.

2. Schritt: Nun werden alle gesammelten Ideen und Lösungsmöglichkeiten an die Geschäftsleitung zurückgegeben und vorgetragen.

3. Schritt: Die Unternehmensleitung delegiert an eine einberufene Sondergruppe (z.B. Geschäftsführer und Personaldirektor, wenn das Problem personalrelevant ist) die Aufgabe, alle eingegangenen Vorschläge auf ihre Durchführbarkeit hin zu überprüfen und die bestmöglichen Lösungsvorschläge ausfindig zu machen. Anschließend wird das Paket mit den besten Alternativen in Besprechungen (wie in Schritt 1) allen Mitarbeitern vorgestellt und zur Beurteilung ausgehändigt.

4. Schritt: Dieser Schritt des Problemlösungsprozesses bringt die Entscheidung. Die akzeptierten/abgelehnten Vorschläge werden von jeder Gruppe wieder die Unternehmenshierarchie hinaufgeschickt, wo die Unternehmensleitung sie endgültig zur Kenntnis nimmt und auf Grund der Empfehlungen aus allen Unternehmensebenen eine für alle akzeptable Entscheidung trifft. Dies schafft Zufriedenheit bei allen Beteiligten, da alle die Möglichkeit hatten, an der Problemlösung teilzunehmen.

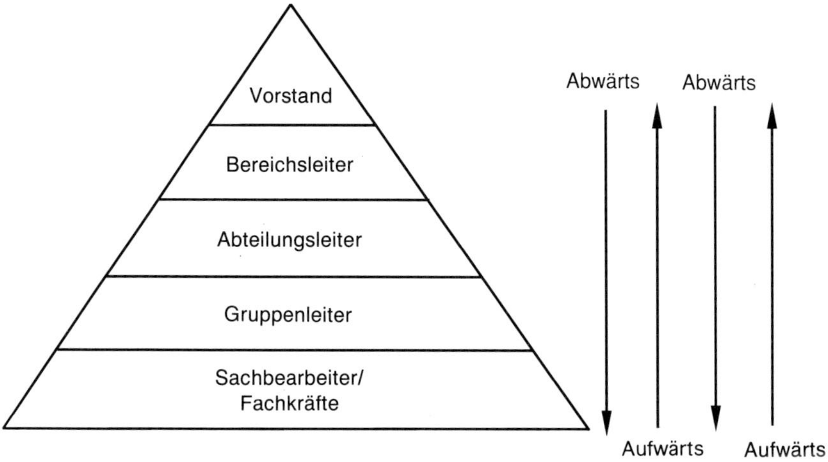

Abbildung: Die Abwärts-Aufwärts-Abwärts-Aufwärts-Methode (nach Gordon)

Quelle: Gordon, Thomas

(23) Die Entscheidungstabellen-Technik

Entscheidungstabellen dienen dazu, Regeln, Zusammenhänge und Abhängigkeiten in schematischer Form klar und übersichtlich darzustellen, die anders (z.B. verbal) nur umständlich beschrieben werden können. Der Grundgedanke der Entscheidungstabellen geht davon aus, daß die Bedingungen und zugehörigen erforderlichen Maßnahmen eines zu lösenden Problems einander in Tabellenform gegenübergestellt werden.

Alle Bedingungen werden in der oberen Hälfte der Tabelle eingetragen, alle Maßnahmen in der unteren Hälfte. Bedingungen und Maßnahmen ihrerseits werden durch Begriffe, die in der linken Seite des Formulars einzutragen sind, und durch Einzelangaben, die auf der rechten Seite stehen, beschrieben. Die Einzelangaben bringen im Bedingungsteil eine Vielzahl von Möglichkeiten und Bedingungskombinationen zum Ausdruck. Sie sind in Spalten (sogenannte Regeln) unterteilt. Während die Bedingungseintragungen innerhalb einer Regelspalte durch eine UND-Beziehung verknüpft sind, stehen die Inhalte der verschiedenen Regelspalten in einer ODER-Beziehung zueinander: Die verschiedenen Regeln schließen einander gegenseitig aus. Es trifft entweder Regel 1 zu oder Regel 2 oder Regel 3 usw.; niemals können mehrere Regeln gleichzeitig zutreffen.

Um die Handhabung der Entscheidungstabellen zu verdeutlichen, betrachten wir als Beispiel das vereinfachte Problem der Bezahlung einer Lieferantenrechnung.

		Regel			
		1	2	3	4
Bedingungen	Lieferung in Ordnung	Ja	Ja	Nein	
	Rechnung stimmt	Ja	Ja		Nein
	Liquide Mittel vorhanden	Ja	Nein		
Maßnahmen	Skonto abziehen	X			
	Zahlen innerhalb Skontofrist	X			
	Zahlungsfrist ausnützen		X		
	Reklamation			X	X

Abbildung: Beispiel für die Anwendung einer Entscheidungstabelle bei der Bezahlung einer Lieferantenrechnung

In diesem Beispiel umfassen die Regeln 1 bis 4 alle Fälle, die in der Praxis von Bedeutung sind. Die anderen, nach der Tabelle möglichen Situationen (bei drei Bedingungen, die jeweils in zwei Formen auftreten können, ergeben sich $2^3 = 8$ Kombinationsmöglichkeiten) scheiden aus praktischen Gründen aus. Die Tatsache, daß die praktisch in Frage kommenden Bedingungskombinationen oft nur einen geringen Teil der theoretisch möglichen ausmachen, ist besonders zu beachten. Nutzt man sie aus, dann erhält man mit geringem Aufwand übersichtliche Darstellungen.

Entscheidungstabellen, die im Bedingungsteil nur die Angaben »ja« oder »nein« oder »nicht betroffen« (keine Eintragung) bzw. im Maßnahmenteil nur »ausführen« (x) oder »nicht ausführen« (keine Eintragung) enthalten, nennt man einfache Entscheidungstabellen. Entscheidungstabellen können aber auch so aufgebaut werden, daß in den Regelspalten z.B. Zahlen oder andere Begriffe auftreten können (erweiterte Entscheidungstabellen). Ist eine Tabelle in sich abgeschlossen, dann spricht man von einer geschlossenen Entscheidungstabelle. Die offene Entscheidungstabelle enthält im Maßnahmenteil Hinweise auf weitere Entscheidungstabellen. Gemischte Entscheidungstabellen sind Kombinationen aus den bereits erwähnten Formen.

Entscheidungstabellen eignen sich jedoch nicht nur für die Analyse und Dokumentation von komplizierten Abhängigkeitsverhältnissen, sondern sie können auch in der Programmierung eingesetzt werden. Eine Entscheidungstabelle und ein Computerprogramm haben die Eigenschaft gemeinsam, daß in ihnen der Weg von der Aufgabenstellung bis zur Lösung eines Problems in allen Einzelheiten festgelegt wird. Unterschiedlich ist nur die Schreibweise. Es läßt sich nun, unter Beibehaltung des sachlichen Inhalts, die Form der Entscheidungstabelle mittels eines Übersetzungs- und Umwandlungsprogrammes in die eines Computerprogrammes überführen.

(24) Optimale Losgröße

In der Praxis werden durch Optimierungen häufig erhebliche Vorteile erzielt. Nachstehend soll am Beispiel der Bestellmengenoptimierung diese Thematik beispielhaft dargestellt werden.

Die Bestellmenge wird bestimmt von den gegenläufigen Kostenarten der Bestell- bzw. Auflagekosten einerseits und den Lagerkosten andererseits. Das Ziel eines Verfahrens für eine wirtschaftliche Lagerhaltung ist, zwischen beiden divergierenden Kosten ein Gesamtkostenminimum zu erreichen. Die Überlegungen zur Ermittlung der Bestellmenge basieren meistens auf der sogenannten gleitenden wirtschaftlichen Losgröße. Diese baut auf der bekannten Andlerschen Formel auf:

Wirtschaftliche Losgröße (nach Andler)

$$= \sqrt{\frac{200 \times JB \times A}{P \times p}}$$

Dabei sind

JB = Jahresbedarf in Stück
A = Auflagekosten (Bestellkosten)
P = Preis per Stück
p = Lagerkostenprozentsatz

Beispiel:

Der Jahresbedarf eines bestimmten Teils beträgt 5000 Stück, sein Einkaufspreis DM 2,—. Die Auftragskosten mögen DM 50,— betragen und die Lagerhaltungskosten 25 % des Lagerwerts.

In unserem Beispiel sind:

JB = 5 000 Stück
A = 50,— DM
P = 2,— DM
p = 25 %

Überträgt man diese Werte in die Formel, dann erhält man:

$$WB = \sqrt{\frac{200 \times 5000 \times 50}{25 \times 2}} = \sqrt{\frac{50\,000\,000}{50}} = \sqrt{1\,000\,000} = 1000$$

Die wirtschaftliche Lösung sieht demnach 5 Bestellungen zu je 1 000 Stück vor.

(25) Checklisten-Methode

In der Praxis werden zum systematischen Aufspüren von Schwachstellen häufig Checklisten verwendet. Leider zeichnen sich Checklisten meist durch eine Vielzahl von detaillierten Fragen aus, ohne daß der Hintergrund oder die Begründung der Fragestellung erläutert wird. Dies führt in vielen Fällen dazu, daß der Leser von der Fülle der Fragen erdrückt wird und z.T. gar nicht die Bedeutung der Fragen erkennt. Das kann so weit gehen, daß die Beantwortung der Fragen resignierend eingestellt wird, oder daß man nach erfolgreichen Bemühungen um Antworten erst recht verwirrt ist, da man nicht weiß, welche Konsequenzen denn nun aus der positiven, negativen oder indifferenten Antwort zu ziehen sind.

Checklisten sollten grundsätzlich nicht schematisch angewandt werden, etwa mit dem Ziel, eine »Trefferrate« zu ermitteln, aus der dann Rückschlüsse auf die Güte oder Schwäche der eigenen Organisation gezogen werden. Ebenso würde die Berechnung von Prozentsätzen an »Ja«-, »Nein«- oder »Teilweise«-Antworten kaum zu verwertbaren Ergebnissen führen.

Wenn man Checklisten zur Ermittlung des Organisationsgrades einsetzt, dann gilt es in erster Linie zu erforschen, weshalb die Antwort so oder so ausgefallen ist. Es wird dann darauf ankommen, die gewonnenen Erkenntnisse zu verwerten und konkret die sich aus dieser Analyse ergebenden Konsequenzen zu koordinieren. An diesen Beratungen sollten alle an der Bearbeitung der Checklisten Beteiligten teilnehmen. Ziel der Beratungen sollte es sein, entscheidungsreife Alternativen für zukünftige Aktionen zu erarbeiten. Dieser Aktionsplan sollte deutlich zum Ausdruck bringen, mit welcher Priorität welche Maßnahmen zu realisieren sind. Die Prioritätenordnung ergibt sich aus der Bedeutung der Probleme, die durch die Checkliste herauskristallisiert wurden.

Die Entscheidung über die Realisierung eines Teils oder aller Aktionen muß von den Verantwortlichen auf Management-Ebene getroffen werden.

(26) Lernstatt

Eine Reihe von Unternehmen hat sich zur Bildung von Lernstattgruppen entschieden. Diese Gruppen versuchen, Probleme in den Abteilungen und Bereichen einer Organisation systematisch zu lösen. Zunächst kann festgestellt werden, daß eine große Affinität zu den Qualitätszirkeln besteht. Die dort geltenden Prinzipien (z.B. absolute Freiwilligkeit) sind in hohem Umfange übertragbar. Hinzu kommen jedoch noch verstärkt Elemente des Organisations-Entwicklungs-Ansatzes (OE). Genannt seien u.a.

- fairer Umgang miteinander
- Einsatz bewährter Methoden zur Lösung von Konflikten
- Anstreben von abteilungs- und bereichsübergreifenden Lösungen
- Optimierung der Sach- und Beziehungsebene
- Einbindung des Mitarbeiters.

Die Gruppe umfaßt im allgemeinen zwischen fünf und zwölf Mitarbeiter. Wenn es um ressortübergreifende Probleme geht, empfiehlt es sich, Mitarbeiter aus verschiedenen Abteilungen heranzuziehen.

Die Gruppe trifft sich in bestimmten Abständen (meist vierzehntägig oder monatlich) für 2 bis 3 Stunden. Üblicherweise bleibt die Wahl des Themas den einzelnen Lernstattgruppen überlassen. Sind die Probleme aufgearbeitet, die Lösungsvorschläge umgesetzt und etabliert, löst die Gruppe sich auf.

(27) Das System der 4 P's

Die 4 P's stellen ein praxisorientiertes System der Unternehmensführung dar, dessen Ursprung nicht zugeordnet werden kann.

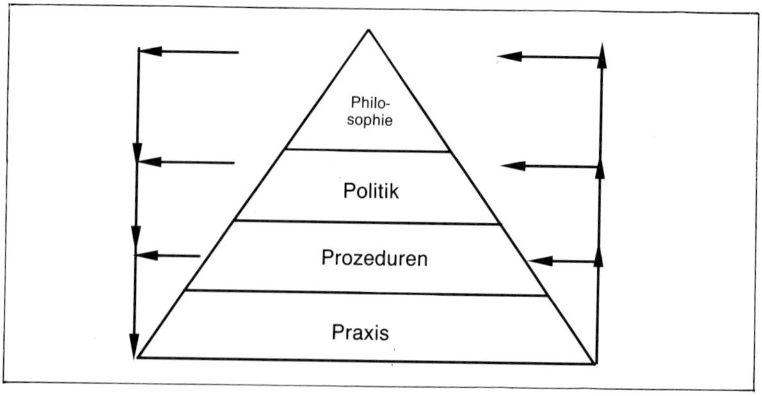

Abbildung: Das System der 4 P's

Das erste P steht für Philosophie. Nur wenn diesbezüglich klare Aussagen gemacht werden, läßt sich für Mitarbeiter, Kunden, Lieferanten und die Öffentlichkeit der Geist des Hauses erkennen. Die Philosophie schlägt sich nieder in den Geschäftsgrundsätzen und in den Tätigkeitsbereichen der Organisation. Sie bildet auch die Basis für das Erscheinungsbild.

Die Politik – das zweite P – leitet sich aus Philosophie ab. Sie steht in diesem System für Strategie und Ziele. Der Stellenwert einer strategischen Ausrichtung für den Erfolg von Unternehmen ist heute unbestritten.

Das dritte P, das für Prozeduren steht, macht den Stellenwert der Standardisierung deutlich. Jede Organisation benötigt einen adäquaten Anteil an Richtlinien, Anweisungen und Regelungen. Diese tragen zu einer Objektivierung und Effizienzverbesserung der Organisationsabläufe bei.

Die Basis der Pyramide der vier P's bildet die Praxis. Hier gilt es, die Philosophie, die Politik und die Prozeduren optimal umzusetzen. Der Praxis obliegt es, die notwendige Rückkoppelung mit den in der Pyramide höher angesiedelten P's sicherzustellen.

3.3 Marktnahes Informations- und Kommunikationssystem

(1) 10 Megatrends von Naisbitt

Nach der Überzeugung des amerikanischen Trendforschers John Naisbitt leben wir derzeit in einer Übergangsphase zwischen zwei Epochen: dem ausklingenden Industriezeitalter mit vorwiegender Güterproduktion und der aufkommenden Epoche der Informationsverarbeitung. Die Gegenwart ist für ihn daher »eine großartige, fruchtbare Zeit, die ungeahnte Perspektiven eröffnet«.

In seinem Bestseller »Megatrends« hat er am Beispiel der USA die folgenden 10 Hauptströmungen herausgearbeitet, die gegenwärtig die Entwicklung der Industriegesellschaft bestimmen:

1. Auf dem Wege von einer Industrie- zur Informationsgesellschaft

»Wir haben zum erstenmal in der Weltgeschichte eine Wirtschaft, deren Hilfsmittel unerschöpflich sind und sich ständig erneuern. Telefon, Computer und Fernsehen sind zu einem integrierten Kommunikationssystem verwachsen, das die Informationsgesellschaft in derselben Weise voranbringen wird, wie Strom, Öl und Kernkraft die Industriegesellschaft oder wie Wind, Wasser und Muskelkraft einst die Agrargesellschaft in Gang gehalten haben.«

2. Je höher die Technologie, desto höher das menschliche Kontaktbedürfnis

»Wir müssen lernen, die materiellen Wunder der Technologie mit den Bedürfnissen der menschlichen Natur in Einklang zu bringen. Je mehr Hochtechnologie wir haben, desto mehr sucht der Mensch die Nähe des Mitmenschen.«

3. Von der Nationalökonomie zur Weltwirtschaft

Mehr und mehr gliedern sich die einzelnen Wirtschaftsmächte in das internationale Wirtschaftsgefüge ein.

4. Eine Umorientierung von kurzfristigem zu langfristigem Denken

Alle Institutionen müssen lernen, sich von kurzfristigem auf langfristiges Denken umzustellen. Manche Firmen haben diesen Wandlungsprozeß bereits erkannt und diese Umstellung vorgenommen. Dasselbe gilt auch für den einzelnen hinsichtlich seiner Ausbildung und Berufswahl. »Der Gedanke eines lebenslangen Lernprozesses beginnt, das herkömmliche Bildungskonzept – Schule, Berufsausbildung, fertig – zu verdrängen.« Keine sogenannten »Fachidioten«, sondern der »Allroundmensch« wird gefragt sein.

5. Von der Zentralisation zur Dezentralisation

»Überall in den USA zerbröckeln zentralistische Strukturen, doch zerfällt deswegen keineswegs die Gesellschaft selbst. Vielmehr bauen die Amerikaner sie zu einem stärkeren, ausgewogeneren, vielschichtigeren Gemeinwesen aus. Dezentralisierung ist der Hauptkatalysator des gesellschaftlichen Wandels.«

6. Von der institutionalisierten Amtshilfe zur Selbsthilfe

Die Menschen gehen im allgemeinen immer mehr dazu über, ihr Leben wieder selbst in die Hand zu nehmen, anstatt dies von den unterschiedlichen Institutionen zu erwarten. Der Selbsthilfegedanke bewährt sich derzeit verstärkt in allen Bereichen des menschlichen Lebens.

7. Von der repräsentativen zur partizipatorischen Demokratie

»Politisch sind wir im Begriff, uns aus einer repräsentativen in eine partizipatorische Demokratie mit Bürgerinitiativen und Volksbefragungen zu verwandeln. Die Flut von gesellschaftlichen Veränderungen in den letzten 20 Jahren – geschärftes Umweltbewußtsein, demographische Verschiebungen, gleiches Recht für alle Rassen und Gleichstellung der Frau, Schutz von Verbrauchern und kleinen Kapitalanlegern – ist nicht das Werk von Politikern in Amt und Würden, sondern das Ergebnis eines Engagements breiter Bevölkerungsschichten.«

8. Umstellung von hierarchischen Organisationsformen auf Netzstrukturen mit gegenseitiger Abhängigkeit

»Hierarchien sind auf Aufstieg und Vorwärtskommen angelegt, was zu Streß, Spannungen und Ängsten führt. Netzstrukturen schaffen Querverbindungen, wozu Bürokratien nicht imstande sind. Sie verleihen dem einzelnen Kraft, und die darin eingebundenen Menschen sind viel eher zur Zusammenarbeit bereit.«

9. Die wirtschaftliche Nord-Süd-Verschiebung (am Beispiel der Vereinigten Staaten)

»Die alte Wirtschaftsachse New York-Chicago wird von einer neuen zwischen Los Angeles und Houston abgelöst. Den Tüchtigen und Mobilen, vor allem aber den jungen Leuten, bieten diese Zentren die Aussicht auf anhaltendes Wachstum und bleibende Prosperität.«

10. Vom Entweder-Oder zur Vielfalt und Großauswahl (multiplen Option)

In der amerikanischen Gesellschaft der Gegenwart ist alles in mindestens 31 Geschmacksvarianten zu haben. Der Grundgedanke einer Gesellschaft mit vielen Wahlmöglichkeiten hat aber auch auf andere wichtige Lebensbereiche übergegriffen, etwa die Religion, die Kunst oder die Ernährung. Schließlich spiegelt er sich in Amerika auch in der kulturellen und ethnischen Vielfalt wider.

Quellen: Naisbitt, John
Ziegler, Edward

(2) 7 neue Megatrends von Naisbitt

John Naisbitt hat diese entscheidenden *neuen* Trends herausgearbeitet, da unsere heutige Welt ständigem Wandel unterworfen ist und um den für seine Thesen aufgeschlossenen Menschen die Möglichkeit zu geben, sich auf diese neuen Entwicklungen einzustellen, ihre Auswirkungen mit einzuplanen und zu nutzen – statt sich von den Veränderungen der Zeit überraschen zu lassen.

Trend Nr. 1: Der widersprüchliche Verbraucher hat die Szene betreten. Wenn Sie irgend etwas verkaufen, ohne zu wissen, wie sich die heutigen Käufer verändert haben, werden Sie eine kostspielige Überraschung erleben.

Um heute das Verbraucherverhalten zu beurteilen und zu analysieren, müssen neue Wege gegangen werden. Der Verbraucher hat sich grundlegend geändert, er ist nicht mehr in ein allgemeingültiges Verhaltensschema zu zwängen. Verbraucher haben sich zu differenzierten, eigenständigen und auch widersprüchlichen Persönlichkeiten entwickelt. Da man nicht mehr auf die herkömmlichen Methoden der demographischen und psychographischen Analysen zurückgreifen kann, müssen neue Strategien angewandt werden, um die unterschiedlichen Kaufverhalten zu nutzen.

Trend Nr. 2: Die Art und Weise, wie wir arbeiten und schaffen, wird sich entscheidend verändern – und weder Unternehmen noch Mitarbeiter werden jemals wieder so sein wie heute.

Die meisten neuen Arbeitsplätze werden derzeit im Informations-, Elektronik- und Dienstleistungsbereich geschaffen. Die Wirtschaft wird zukünftig große Anstrengungen unternehmen, um die besten Mitarbeiter zu gewinnen – eine lebenslange Beschäftigungsgarantie wird es für sie jedoch nicht mehr geben. Statt dessen wird es nicht ungewöhnlich sein, wenn ein Arbeitnehmer mehreren unterschiedlichen Beschäftigungen nachgeht. Berufstätige mit unternehmerischen und vor allem kreativen Fähigkeiten werden besonders stark gefragt sein.

Trend Nr. 3: Bauteile-Technologie und Benutzer-Transparenz werden die zwei entscheidenden Konzepte im Technologiebereich sein.

Zwei wichtige Faktoren spielen hierbei eine große Rolle:

– Die neuen Produkte und Einzelteile der High-Tech-Branchen müssen standardisiert, untereinander austauschbar, ersetzbar, d.h. kompatibel, sein.

– Sie müssen zusätzlich eine hohe Benutzerfreundlichkeit aufweisen, d.h., die Technik darf nicht am Verbraucher vorbeiproduziert werden. Die neue Technik muß transparenter sein, vom Verbraucher weniger technisches Wissen und einführende Schulung verlangen und vor allem spürbaren Nutzen bieten, um nicht verweigert zu werden (Benutzerakzeptanz).

Trend Nr. 4: Neue Netzwerke werden überall entstehen ... zum allseitigen Nutzen.

Überall wird das Vernetzen mit der Umwelt Vorteile bringen, d.h., Organisationen und Unternehmen schließen sich zusammen, um gemeinsame Ziele anzustreben und zu erreichen. Dieses Vernetzen vieler Unternehmen mit einer starken Organisation (Franchising) wird in der Zukunft große Beachtung finden.

Trend Nr. 5: Nichts kann das Zusammenwachsen der Weltwirtschaft aufhalten.

Durch die alle Grenzen überschreitende Kommunikations-Technologie wird trotz protektionistischer Maßnahmen die Weltwirtschaft durch das Selbstinteresse vieler Länder immer stärker zusammenwachsen. Ein Strukturwandel wird sich vollziehen: während die Industrienationen die neuen elektronischen, biologischen und ökologischen Technologien stark forcieren werden, verlegen sich die Länder der Dritten Welt auf die bei ihnen erheblich kostengünstigere Produktion von Gütern. Internationale Firmenzusammenarbeit (Joint Ventures) wird diesen Unternehmungen die Möglichkeit geben, Zugang zu Know-how und Kapital zu erhalten, um dieses am eigenen Markt besser zu nutzen.

Trend Nr. 6: Die alte hierarchische Unternehmensstruktur, straff von oben nach unten, wird aussterben. Veränderte Wertvorstellungen und auch wirtschaftliche Notwendigkeiten bewirken das.

Das alte Pyramidenmodell, bei dem alle Macht von der Spitze ausgeht, wird ersetzt durch eine transparente Unternehmenshierarchie. Der flexible Führungsstil im partnerschaftlichen Sinne wird den autoritären Machtbereich ablösen. Neue Formen der Mitverantwortung und der Identifikation mit dem Unternehmen werden die Qualität der zukünftigen Arbeitsplätze bestimmen. Erfolgreich bestehen werden diesen Wandel nur diejenigen, die sich den Gegebenheiten stellen, anstatt sich diesen Veränderungen zu widersetzen.

Trend Nr. 7: Marketing bekommt ein ganz neues Spektrum; beide Extreme werden lukrativ sein. Aber bleiben Sie bloß nicht in der Mitte stecken!

Der Kampf um Marktanteile und Kundenpotential wird das Wirtschaftsleben in jeder Branche kennzeichnen. Erheblich gefährdet werden dabei die Unternehmen der Mittelklasse sein, denn starke Multis auf der einen Seite und hochspezialisierte Kleinbetriebe andererseits werden den Markt der Zukunft bestimmen.

Quelle: Naisbitt, John

(3) Chancen und Risiken beim Einstieg in Technologien

Die Chancen und Risiken beim Einsatz neuer Technologien sind sicherlich für jede Organisation sehr differenziert zu erarbeiten. Generell kann man nach Wildemann, der umfassende Erfahrungen über Computer Integrated Manufacturing (CIM) Technologien gesammelt hat, zwischen einer Strategie des »Frühen Einstiegs« und des »Abwartens« unterscheiden.

Im Grundsatz ist ein früher Einstieg dann zu empfehlen, wenn Wettbewerbsvorteile aufgebaut werden können, die Konkurrenten nicht ohne weiteres bzw. nur mit erheblicher zeitlicher Verzögerung realisieren können. Dies ist üblicherweise dann der Fall, wenn der Anwender der ausschließliche Träger der Technologieentwicklung ist bzw. einen hohen eigenen

Anteil an der Entwicklung hat. Die Chancen einer solchen Situation rechtfertigen meist die Risiken des frühen Einstiegs.

	Früher Einstieg	Strategie des Abwartens
Chancen	• Ausbau eines Wettbewerbsvorsprungs • Besseres Image durch Einsatz neuer Verfahren Aufbau eines Know-how-Vorsprungs • Anwendungsspezifische Technologie • Hohe Motivation der Mitarbeiter bei Pilotprojekten • Intensive Unterstützung durch Hersteller (Referenzobjekt)	• Günstigeres Preis-/Leistungsverhältnis • Sichere Erfolgsprognose • Sprunghafte Technologieverbesserung kann abgewartet werden • Bessere Kompatibilität • Nutzung der Erfahrung Externer (Hersteller oder Berater)
Risiken	• Schlechtes Preis-/Leistungsverhältnis • Einführungserfolg unsicher • Frühe Technologiefixierung • Kompatibilität nicht gewährleistet (Fehlende Schnittstellennormung) • Unsicherheit der Technologieentwicklung	• Standardisierung der Verfahren • Verschlechterung der relativen Wettbewerbsposition • Geringerer Know-how-Gewinn • Geringere Imagewirkungen

Abbildung: Chancen und Risiken des Einstiegs in Technologien (nach Wildemann)

Quelle: Wildemann, Horst

(4) Zielsetzungen des Einsatzes der Informationsverarbeitung

In der Anfangszeit des Computereinsatzes sah man zunächst vorwiegend seine enormen Fähigkeiten, bereits bekannte Funktionen wie Rechnen, Schreiben und Sortieren schneller und sicherer auszuführen. Der Computer war ein potentes Hilfsmittel bei der Bewältigung der Massenarbeiten. Über viele Jahre hinweg standen **substitutive Anwendungen** im Vordergrund, die den Ersatz von Arbeitskräften oder Arbeitstätigkeiten zum Zweck hatten. Diese Systeme griffen zwar in den Arbeitsprozeß ein, der Arbeitsablauf als solcher blieb in seiner Grundstruktur bestehen. Zu den substitutiven Anwendungen zählten im wesentlichen alle klassischen DV-Anwendungen. Diese Anwendungen hatten die Einsparung bestehender Kosten zum Ziel. Selbstverständlich gibt es heute auch noch eine Reihe von DV-Anwendungen, die dieses Ziel vordergründig verfolgen.

Seit rund 10 Jahren versucht die Wirtschafts- und Verwaltungspraxis verstärkt die Arbeitstätigkeit durch adäquate Anwendersoftware und Werkzeuge (wie z.B. Tabellenkalkulationsprogramme, Grafiksoftware, Bürokommunikation) zu unterstützen. Die Tätigkeit des Mitarbeiters wird dabei so gut wie nicht verändert. Eine Veränderung erfahren dagegen die Hilfsmittel, die zur Arbeitsbewältigung eingesetzt werden. Sie geben den Mitarbeitern und Führungskräften die Möglichkeit,

- eine größere Produktivität zu erreichen und
- ihre Fähigkeiten gezielter einsetzen zu können.

Die Produktivitäts- und Effektivitätssteigerung durch **komplementäre Anwendungen** kann zu quantitativen und qualitativen Verbesserungen bei den

- Informationsprozessen (z.B. schnellere Antwortzeiten)
- physischen Prozessen (z.B. direkte Maschinensteuerung) und
- Entscheidungsprozessen (z.B. Simulationsmodelle)

führen.

In den letzten Jahren gewann die Nutzenkategorie »Wettbewerbsvorteile« verstärkt an Bedeutung. Es wurde mehr und mehr deutlich, daß Investitionen in Informationstechnologie nicht einer reinen Rationalisierungsinvestition gleichkommen.

Informationssysteme verhelfen u.a., durch schnellere Reaktionsmöglichkeit auf Marktveränderungen, besseren Lieferservice und eine raschere Produkteinführung den Fortbestand der Unternehmung zu sichern und neue Marktchancen zu erkennen und zu erschließen. Diese **innovativen Anwendungen** sind dadurch gekennzeichnet, daß sie entscheidend zum Erlangen strategischer Wettbewerbsvorteile beitragen. Sie sind mit umfassenden Veränderungen im Unternehmen verbunden. Die Basis für diese Anwendungen sind die strategischen Überlegungen der Unternehmensleitung und die Unterstützung dieser Strategien durch Informationssysteme. Diese Anwendungen bewirken, daß

- sich die Branchenstrukturen verändern,
- Eintrittsbarrieren gegen neue Mitbewerber aufgebaut werden können,
- die kritischen Erfolgsfaktoren einer Firma die dominante Unterstützung erfahren und
- neue Märkte geschaffen werden.

Innovative Anwendungen verändern also nicht nur die Unternehmung selbst – ihre Produkte, Prozesse und Strukturen – sondern ganze Branchen und den gesamten Wettbewerb.

Strategische Anwendungen fallen in den Verantwortungsbereich der Unternehmensleitung. Dieser Tatbestand ergibt sich aus einer Reihe von Gründen:

- Diese Anwendungen wirken im Gegensatz zu den meisten bisherigen Anwendungen langfristig.
- Strategische Anwendungen streben eine Verbesserung der Unternehmensposition an.
- Die Entscheidungsträger müssen sich darüber im klaren sein, daß meistens nicht nur die Prozesse der eigenen Organisation zur Diskussion gestellt werden, sondern eine Ab-

stimmung mit den Lieferanten- und Kundenprozessen notwendig wird.

Will die Unternehmensleitung strategische Wettbewerbsvorteile erreichen, dann sollten u.a. Fragen geprüft werden wie

- Sind wir die Ersten am Markt?
- Wann kommt der innovative Imitator?
- Können wir durch IS-Technologie eine abstandhaltende Kompetenz schaffen?
- Können wir durch Allianzen Kosten und Risiken senken?
- Können durch Informationstechnik neue Produkte geschaffen werden?
- Kann durch IS-Netze die Bindung der Kunden an uns verbessert werden?

Gerade bei strategischen Anwendungen kommt es entscheidend darauf an, daß das Management sich mit diesen Projekten identifiziert und den notwendigen Kenntnisstand bezüglich der Einsatzperspektiven hat. Wie aus der nachfolgenden Zusammenstellung ersichtlich ist, sind es gerade diese beiden Faktoren, die nach einer empirischen Untersuchung den Erfolg beim Einsatz von Informationssystemen gewährleisten.

Erfolgsfaktoren beim Einsatz von IS

Erfolgsfaktoren	**Rangfolge**
Unterstützung durch die Unternehmensleitung	1
Kenntnisstand der Führungskräfte hinsichtlich der Einsatzperspektiven	2
Kooperation zwischen IS und Anwendern	3

Einsatz eines Steuerungsausschusses zur Projektkontrolle	4
Sorgfältige Definition der Anforderungen	5

Das Management hat sich auch in die Lage zu versetzen, daß die Planung von Informationssystemen mehr und mehr ein integraler Bestandteil der Unternehmensplanung sein muß. Auch sollten die Entscheidungsträger erkennen, daß sich die Beurteilung der IS-Investition verändert: Von Ausgaben, die kontrolliert werden müssen, geht die Einordnung über notwendige Investitionen hin zu Investitionen mit Priorität. So wird auch innerbetrieblich deutlich, daß Informationssysteme mehr und mehr zum entscheidenden Erfolgsfaktor für Unternehmen werden.

Zielsetzungen des IS-Einsatzes		
Kosteneinsparungen		Wettbewerbsvorteile
Klassisch	Anwendungen	Strategisch
Isoliert	Betrachtungsweise	Integriert
Gering	Technologieverknüpfung	Sehr stark
Wirtschaftlichkeitsnachweis	Investitionsnotwendigkeit	„Muß"-Investitionen

Abbildung: Zielsetzungen des IS-Einsatzes

Quelle: Nagel, Kurt

(5) Strategischer Wert von Informationssystemen nach Wyman

John Wyman entwickelte eine Matrix, die den strategischen Wert von Informationssystemen (IS) von folgenden drei Größen abhängig macht:

1. der hierarchischen Einordnung des IS-Bereiches
2. dem Reifegrad der Planung
3. der Beurteilung der IS-Aufwendungen.

Aus der Abbildung »Strategische Werte-Matrix nach John Wyman« geht hervor, daß bei einer Organisation, die sich auf der untersten Ebene der Informations- und Kommunikationssysteme befindet, strategische Überlegungen kaum angestellt werden. Investitionen werden als Ausgaben gesehen, die es zu kontrollieren gilt. Meistens ist auf dieser Ebene ein Abteilungsmanager verantwortlich. Datenverarbeitung, Büroautomation und Telekommunikation sind nicht immer unter einer Leitung. Auf der obersten Ebene dieser Matrix wird IS dagegen als ein

	IS-Organisation	IS-Planung	Beurteilung der Investition
Hoch	• Vorstand	• Strategischer Unternehmensplan	• Investition mit Priorität
⇑	• Direktor für IS-Bereich	• Taktisches Planungssystem	• Notwendige Investition
Strategischer Wert	• Bereichsleiter	• Operationales Planungssystem	• Notwendige Ausgaben
⇓ Niedrig	• Abteilungs-Manager	• Budget	• Ausgaben, die kontrolliert werden müssen

Abbildung: Strategische Werte-Matrix (nach Wyman)

wesentlicher Erfolgsfaktor gesehen. Verantwortlich für diesen Bereich ist häufig ein Vorstandsmitglied. Dieses trägt dafür Sorge, die IS-Strategie in den strategischen Unternehmensplan zu integrieren. Investitionen in Informations- und Kommunikationssysteme haben Vorrang.

Quelle: Wyman, John

(6) Strategische Informationssysteme nach Wiseman

Charles Wiseman hat mit dem »Strategic Option Generator« eine Methode zur systematischen Ideenfindung von strategischen Informationssystemen vorgestellt. Seine Methode erlaubt es, in einem vierstufigen Prozeß mehr als 60 Varianten denkbarer Anwendungen zu generieren.

Stufe 1

Wer ist die strategische Zielgruppe?		
Zulieferer	Kunde	Wettbewerber

Stufe 2

Welche Strategieparameter sollten eingesetzt werden?				
Differenzierung	Kosten	Innovation	Wachstum	Bündnisbildung

Stufe 3

Welche Einsatzart?	
Offensiv	Defensiv

Stufe 4

Welche Einsatzrichtung?	
Eigennutzung	Angebot

Abbildung: Ansatzpunkte für strategische Informationssysteme (nach Wiseman)

In der ersten Stufe geht es um die Analyse der strategischen Zielgruppe: Lieferanten, Kunden und Konkurrenten. Im nächsten Schritt wird nach den wesentlichen strategischen Richtungen gefragt. Wiseman unterscheidet diesbezüglich zwischen

- Differenzierung
- Kosten
- Innovation
- Wachstum
- Bündnisbildung.

Diese beiden Stufen lassen rein rechnerisch schon 15 Alternativen bezüglich der Evaluierung strategischer Wettbewerbsvorteile zu. In der nächsten Stufe sind die Einsatzarten »offensiv« oder »defensiv« zu prüfen. Im abschließenden Schritt geht es um die Frage, ob das strategische Informationssystem selbst oder von den relevanten Zielgruppen genutzt werden sollte.

Quelle: Wiseman, Charles

(7) Das Strategiegitter von McFarlan und McKenney

Diese beiden Autoren waren mit die ersten, die auf die neue Rolle der Informationstechnologie hinwiesen. Das von ihnen entwickelte Strategiegitter unterscheidet Organisationen nach der strategischen Auswirkung vorhandener IS-Anwendungen und der strategischen Auswirkung von IS-Anwendungen, die in der Entwicklung sind (siehe Abbildung).
Diese Autoren benutzen das Strategiegitter für eine grobe Einordnung der Unternehmen bezüglich des Standes der vorhandenen Anwendungsprogramme und der zu entwickelnden Programme. Auf der Ordinate sind die bereits existierenden und auf der Abszisse die in der Entwicklung befindlichen Informationssysteme hinsichtlich ihrer strategischen Bedeutung eingetragen. Die Einordnung in einen der vier Quadranten wird durch einen Fragenkatalog erleichtert.

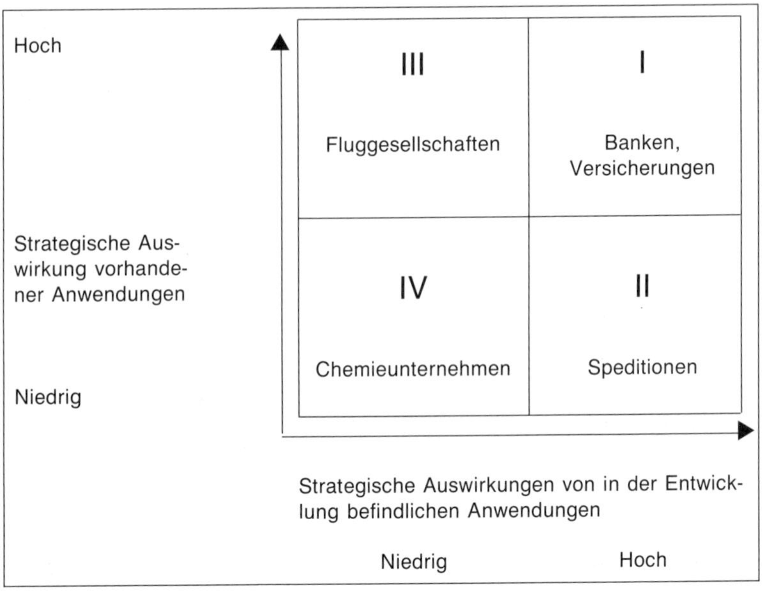

Abbildung: Strategiegitter (nach McFarlan und McKenney)

Die in der Abbildung dargestellten vier Quadranten können wie folgt kurz beschrieben werden:

Quadrant I:

Bei diesen Unternehmen sind sowohl die strategische Bedeutung der bestehenden Anwendungen als auch die in der Entwicklung befindlichen Anwendungen hoch. Dies bedeutet, daß Überlegungen bezüglich der Strategie der Informationssysteme voll in die Unternehmensstrategie zu integrieren sind.

Quadrant II:

Die in diesem Quadranten befindlichen Unternehmen zeichnen sich dadurch aus, daß die derzeitigen Anwendungen vorwiegend operationalen Zielen dienen. Entscheidend ist aber, daß den in der Entwicklung befindlichen Anwendungen mehr und mehr eine strategische Rolle zukommt.

Quadrant III:

Unternehmen in diesem Quadranten müssen dafür Sorge tragen, daß ihre derzeitigen Anwendungen effizient und reibungslos funktionieren. Ziel ist ein hoher Automatisierungsgrad. Den in der Entwicklung stehenden Informationssystemen kommt nach Ansicht der Autoren keine hohe strategische Bedeutung zu.

Quadrant IV:

Bei diesen Unternehmen wird davon ausgegangen, daß Informationssystemen in hohem Umfang die klassische Unterstützungsfunktion zukommt. Eine strategische Bedeutung der Informationssysteme wird nicht gesehen.

McFarlan hat in seiner Ausarbeitung über Informationssysteme und Wettbewerbsstrategie seine IS-Strategien auf das allgemeine Wettbewerbsmodell von Porter übertragen (siehe Kapitel 3.1).

Nimmt man die in der Abbildung fixierten Zahlen als Reihenfolge der Fragen, so ergeben sich die nachstehenden Überlegungen:

1. Kann die Informationstechnologie den Kunden stärker anbinden?
2. Kann die Informationstechnologie dazu beitragen, das Gleichgewicht der Kräfte mit den Lieferanten zu verändern?
3. Kann die Informationstechnologie dazu benutzt werden, Barrieren gegen neue Mitarbeiter aufzubauen?
4. Kann die Informationstechnologie neue Produkte schaffen?
5. Kann die Informationstechnologie die Basis des Wettbewerbs verändern?

Die Beantwortung dieser Fragen hilft einer Unternehmung, Ansatzpunkte für Gefährdungen und neue Chancen durch Informationssysteme zu erkennen.

Quelle: McFarlan, F. W. und McKenney, I. C.

(8) Die Wertvergleichsmethode von Sassone und Schwartz

Die Zielsetzung dieser Methode ist, den qualitativen Nutzen auf der Basis der quantitativen Nutzenkriterien zu ermitteln.

Diese Methode geht von folgenden Schritten aus:

1. Ermittlung des direkt bewertbaren und kalkulierbaren Nutzens
   Der Nutzen durch Kosteneinsparungen und Produktivitätsverbesserungen läßt sich in hohem Umfang für die meisten Anwendungen und Projekte relativ gut in Quanten fassen.

2. Auflisten der quantitativen Kriterien

3. Auflisten der qualitativen Kriterien

4. Bewertung der Nutzenelemente
   Die quantitativen und qualitativen Nutzenelemente werden mit der gleichen Skala bewertet.

5. Ermitteln des Wertes der qualitativen Nutzenelemente
   In unserem Beispiel haben die quantitativen Kriterien auf einer Skala von 1 bis 5 die Durchschnittsbewertung von 4.0 erhalten.
   Für die qualitativen Kriterien ergibt sich eine Bewertung von 3.0.
   Setzt man die Bewertung von 4.0 mit den durch Kosteneinsparungen und Produktivitätsverbesserungen erzielten Nutzen von DM 200.000.– gleich, dann ergibt sich für die qualitativen Nutzenelemente ein zugeordneter Wert von DM 150.000.–.

Sassone und Schwartz haben diesen Ansatz auf die individuelle Datenverarbeitung angewandt. Sicherlich ist die Übertragung dieser Methode auch auf die standardisierten Anwendungen der Informationsverarbeitung möglich. In welchem Umfang diese Methode den praktischen Erfordernissen gerecht zu werden vermag, hängt in hohem Umfang vom Einzelfall ab. Halten sich die quantitativen und qualitativen Einsparungen in etwa die Waage, dann können durchaus schlüssige Werte für

① **Nutzen durch Kosteneinsparungen/ Produktivitätsverbesserungen:** **DM 200.000. –**

② **Auflisten der quantitativen Kriterien**	④ **Bewertung der Nutzenelemente** Niedrig 1	2	Mittel 3	4	Hoch 5
Zeiteinsparungen durch EDV:					
• Datenabfragen				X	
• Standardisierte Berichte				X	
• Individuelle Berichte			X		
• Kommunikation					X
③ **Auflisten der qualitativen Kriterien**					
• Informationsverfügbarkeit				X	
• Informationsgehalt		X			
• Kundenorientierung				X	
• Verbesserung der Arbeitsorganisation		X			
• Höhere Zufriedenheit bei der Arbeit			X		

⑤ **Ermitteln des Wertes der qualitativen Nutzenelemente**

- Durchschnittsbewertung der
  - quantitativen Kriterien: $\frac{16}{4} = 4.0$
  - qualitativen Kriterien: $\frac{15}{5} = 3.0$
- Zugeordneter Wert der
  - quantitativen Nutzenelemente: DM = 200.000, –
  - qualitativen Nutzenelemente: DM = 150.000, –

- Gesamt-Nutzen: DM = 350.000, –

Abbildung: Wertvergleichsmethode (nach Sassone und Schwartz)

die qualitativen Nutzenelemente gewonnen werden. Ist jedoch eine große Ungleichheit zwischen dem quantitativen und qualitativen Nutzen zu erwarten, dann müssen zumindest die adäquaten Korrekturen im Wertvergleich angesetzt werden.

In unserem Beispiel wird der Nutzen aus den quantitativen und qualitativen Kriterien mit dem gleichen Anteil bewertet. Bei verschiedenen Anwendungen ist der qualitative Nutzen jedoch wesentlich höher als der quantitative. Würde man eine Relation von 2 : 1 in einem konkreten Fall unterstellen, dann wäre, auf unser Beispiel bezogen, der dem qualitativen Nutzenelement zugeordnete Wert DM 300.000. – .

Quelle: Sassone, Peter G. und Schwartz, Perry A.

(9) Kennzahlen

Betriebswirtschaftliche Kennzahlen sind Zahlen, die sich auf bestimmte Sachverhalte beziehen und eine konzentrierte Aussagekraft über diese Sachverhalte besitzen. Sie können einzelne, aber auch mehrere Sachverhalte kennzeichnen. Durch Kennzahlen können nur quantifizierbare Gegebenheiten erfaßt werden.

Kennzahlen dienen als Hilfsmittel bei der

(1) Analyse des Betriebes bzw. Unternehmens

(2) Planung des Betriebsgeschehens

(3) Steuerung des Betriebsablaufs

(4) Kontrolle des Betriebsergebnisses.

Die Bedeutung der Kennzahlen ergibt sich aus den folgenden Verwendungsmöglichkeiten:

(1) Beschreibung eines Sachverhaltes
mit selbständigem Erkenntniswert

- als Vorgabe für nachgeordnete Stellen
- als unbeeinflußbare Entscheidungsparameter
  mit unselbständigem Erkenntniswert
- als Vergleichsgröße mit anderen Kennzahlen

(2) Erklärung eines Sachverhaltes

- Kennzahlenzerlegung

- Ursachenforschung

(3) Vorhersage eines Sachverhaltes

- Ursachenforschung
- Wirkungsforschung

Es gibt im Grundsatz zwei Arten von Kennzahlen: absolute und relative Zahlen. Diese lassen sich wie folgt unterteilen:

1. Absolute Zahlen

   a) Ursprüngliche Zahlen
   z.B. Preis je Mengeneinheit eines Gutes

   b) Abgeleitete Zahlen
   (1) Summen
   z.B. Bilanzsumme
   (2) Differenzen
   z.B. Anschaffungswert abzüglich Abschreibungen
   (3) Produkte
   z.B. Absatzmenge mal Preis eines Gutes
   (4) Mittelwerte

2. Verhältniszahlen

   (1) Gliederungszahlen
   Sie drücken strukturelle Verhältnisse zwischen zwei und mehr Faktoren in Prozent aus, z.B. Anteil des Anlagevermögens am Gesamtvermögen

$$= \frac{\text{Anlagevermögen}}{\text{Gesamtvermögen}}$$

   (2) Beziehungszahlen
   Sie drücken das Verhältnis zweier verschiedener Faktoren, die in einer Beziehung zueinander stehen, aus, z.B. Anlagevermögen zu Umlaufvermögen

$$= \frac{\text{Anlagevermögen}}{\text{Umlaufvermögen}}$$

(3) Indexzahlen

Sie zeigen die Veränderung eines Sachverhaltes im Zeitablauf auf, wobei der Anfangswert gleich 100 gesetzt wird, z.B.

Gewinn 1985 = 100
Gewinn 1986 = 105
Gewinn 1987 = 107

Zur Bildung, aber auch zur Beurteilung von Kennzahlen müssen folgende Voraussetzungen gegeben sein:

(1) Kenntnisse über den Informationsinhalt der einzelnen Kennzahlen, um sie zweckentsprechend handhaben zu können.

(2) Kenntnisse über die Größen, die mit der Kennzahl formal relativiert werden, um den Informationsinhalt jeder Kennzahl strukturell begreifen und bei der Auswertung berücksichtigen zu können.

(3) Festlegung der Bestandteile der für Steuerungs- und Beurteilungzwecke eingesetzten Kennzahlen und Beibehaltung dieser Bestandteile, damit der Informationsinhalt eindeutig bleibt und schlüssige Vergleiche ermöglicht.

(4) Kenntnisse der Umrechnungsfaktoren, um bestimmte Ursprungsgrößen als Kennzahlenbestandteile verwendbar zu machen, damit die Kennzahlenaussage sinnvoll ist.

(5) Kenntnis der Beeinträchtigungen der Kennzahlenaussage durch im Zeitablauf oder in verschiedenen Betrieben nicht gleichnamige und nicht kongruente Kennzahlenbestandteile.

Quelle: Nagel, Kurt

(10) Muß-Investitionen in Informationssysteme

In zahlreichen Organisationen wurden Investitionen in Informationsverarbeitung häufig auf der Basis der klassischen Investitionsrechnungen vorgenommen. Besondere Bedeutung erreichte dabei die »Meßlatte« des Return on Investment (ROI). Grundlage für eine Entscheidung in Informationssysteme waren meist die Kosteneinsparungen. Die Investition sollte sich innerhalb einer bestimmten Zeit bezahlt machen. Die Auswahlprozesse für die in Frage kommenden Informationsverarbeitungs-Projekte favorisierte vorwiegend die Alternativen, bei denen der Nutzen berechenbar bzw. kalkulierbar war. Und dies waren häufig Projekte, bei denen die Nutzenkategorien »Kosteneinsparungen« und »Produktivitätsverbesserungen« den Schwerpunkt bildeten. Projekte, bei denen die Nutzenkategorie »Strategische Wettbewerbsvorteile« im Vordergrund stand, bestanden die klassische Hürde des Wirtschaftlichkeitsnachweises meist nicht.

Beim Abschätzen der strategischen Vorteile ist heute eine Vorgehensweise nach folgenden Phasen sinnvoll:

1. Ermitteln der »Muß«-Investitionen
2. Priorisierung der »Muß«-Investitionen
3. Aufstellen einer Argumentenbilanz
4. Ermitteln der Wertansätze des Bruttonutzens durch das Erarbeiten von Leistungskriterien
5. Ermitteln des Nettonutzens

1. Ermitteln der »Muß«-Investitionen

Diese Prüfung sollte unter zwei Aspekten erfolgen

1. Beitrag der Informationstechnologie zur Erfüllung der kritischen Erfolgsfaktoren:
   a) hoch
   b) mittelmäßig
   c) gering

2. Chance zur Realisierung des Erfolges:
   a) hoch
   b) wahrscheinlich
   c) gering.

Überträgt man diese Einteilungskriterien in eine Matrix, dann ergeben sich drei Strukturbereiche für Investitionen:

I: Investitionen, die strategisch wichtig sind

II: Investitionen, die über Kosten-Nutzen-Analysen zu überprüfen sind

III: Investitionen, die nur bei einer Verbesserung der Realisierungschance lohnend sein können

IS-Unterstützung der kritischen Erfolgsfaktoren	Realisierungschance		
	hoch	mittel	gering
Ausprägung stark	I		
Ausprägung mittel			III
Ausprägung schwach		II	

Abbildung: Die Ermittlung von Prioritätsinvestitionen

Die 3 Strukturbereiche dieser Abbildung können wie folgt gekennzeichnet werden:

I: »Muß«-Investitionen

Alle in diesen Strukturbereich fallenden Investitionen tragen entscheidend zum Erfolg der Organisation bei. Weitergehende Nutzenanalysen sind vor allem nur dann erforderlich, wenn sich die Kosten nur schwer vertreten lassen. Sicherlich mag diese Anmerkung den einen oder anderen Leser erschrecken. Es muß jedoch betont werden, daß es sich in diesem Strukturbereich um Investitionen handelt, die häufig existenznotwendig sind. Wie im Einzelfall ein Bewertungsgefüge erarbeitet werden kann, geht aus den Schritten zwei bis fünf hervor.

II: Wirtschaftlich zu überprüfende Investitionen

Bei diesen Investitionsalternativen ist eine eingehende Kosten-Nutzen-Analyse bezüglich einer möglichen Verbesserung der Produktivität und einer Erhöhung der Effizienz der Mitarbeiter und Führungskräfte erforderlich. Nur wenn diesbezüglich entsprechende Vorteile zu erwarten sind, sollten Investitionen in diesem Strukturbereich realisiert werden.

III: Technisch/organisatorisch zu verfolgende Investitionen

Investitionsalternativen, die in diesen Strukturbereich fallen, können erst in Angriff genommen werden, wenn die Realisierungschancen besser beurteilt werden.

Diese sicherlich sehr grobe Einteilung gibt den Entscheidungsträgern einen ersten Eindruck über die Dringlichkeit der Investitionen in die Informationstechnik.

2. Priorisierung der »Muß«-Investitionen

Hat man die »Muß«-Investitionen ermittelt, dann geht es um deren Rangfolge bezüglich der Realisierung. Vor dem Hintergrund knapper Ressourcen wird die Auswahl der in Frage kommenden Investitionen mit Hilfe von Bewertungsverfahren vorgenommen. Die Auswahlkriterien für die Rangfolge werden in erster Linie durch die strategischen Vorteile bestimmt.

3. Aufstellen einer Argumentenbilanz

Die zur Realisierung vorgesehenen »Muß«-Investitionen können auch bei strategischen Projekten einer gewissen Quantifizierung zugeführt werden. Mit die erste Voraussetzung hierfür ist das Aufstellen einer Argumentenbilanz. In diese sind aufzunehmen:

Aktiva	Passiva
– Vorteile – Fördernde Faktoren	– Nachteile – Hemmende Faktoren

4. Ermitteln der Wertansätze des Bruttonutzens durch das Erarbeiten von Leistungskriterien

Um zu einer Quantifizierung zu gelangen, sind die einzelnen Leistungskriterien zu bewerten. Bei dieser Bewertung sollte man sich zunächst bemühen, empirisch ermittelte Werte für die einzelnen Leistungskriterien zu verwenden. Diese stehen in hohem Umfang für die meisten Vorteilskategorien zur Verfügung. Sollten Bedenken bezüglich der Übernahme dieser Werte bestehen, so müssen individuelle Ansätze gefunden werden.

5. Ermitteln des Nettonutzens

Hier geht es insbesondere um die Wahrscheinlichkeiten der Nutzenrealisierung. Die Bewertung der Wahrscheinlichkeiten hängt im wesentlichen von den spezifischen Verhältnissen in der Unternehmung bzw. der Verwaltungseinheit ab. Im Grundsatz kann jedoch davon ausgegangen werden, daß die Wahrscheinlichkeiten bei der Realisierung von Kosteneinsparungen im allgemeinen mit 100 % anzusetzen sind. Hier wird man meist von einer sicheren Erwartung ausgehen. Schwieriger ist es dagegen, die strategischen Wettbewerbsvorteile bezüglich ihrer Realisierungschance richtig einzuschätzen. Es ist durchaus vorstellbar, die Wahrscheinlichkeiten auf der Basis von Bandbreiten zu berechnen. Dadurch ist es möglich, je nach Einschätzung der Wahrscheinlichkeiten mit einem

- pessimistischen Ansatz (z.B. Wahrscheinlichkeit 60 %)
- realistischen Ansatz (z.B. Wahrscheinlichkeit 70 %)
- optimistischen Ansatz (z.B. Wahrscheinlichkeit 80 %)

zu rechnen.

Die Abbildung zeigt an einem Beispiel, wie sich eine Objektivierung des Wahrscheinlichkeitsansatzes errechnen läßt.

pessimistisch (p): 5 %
wahrscheinlich (w): 10 %
optimistisch (o): 5 %

Wahrscheinlichkeit / Schätzer	60 %	70 %	80 %	90 %	100 %
1			p	w	o
2		p	w	o	
3	p		w	o	
4		p	w	o	
5	p		w	o	
	10 %	10 %	45 %	30 %	5 %

Abbildung: Ausprägungen der Erwartungen

Künftig wird es für Unternehmen immer bedeutsamer werden, die Wettbewerbsposition zu halten bzw. zu verbessern. Dies setzt voraus, daß neben der ROI-Betrachtung (Return of Investment) ein bestimmter Anteil an »Muß«-Investitionen zu tätigen ist.

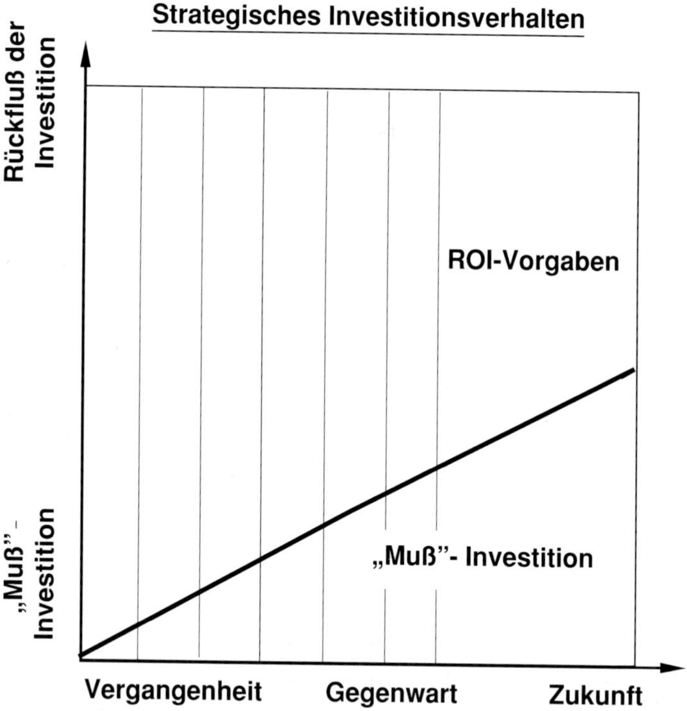

Abbildung: ROI-Vorgaben versus »Muß«-Investitionen

Quelle: Nagel, Kurt

3.4 Verstärkte Nutzung des Mitarbeiterpotentials

(1) Bedürfnispyramide nach Maslow

Zu den wichtigsten Vertretern der humanistischen Bewegung zählt zweifellos der Amerikaner Abraham H. Maslow, der als der eigentliche Begründer der humanistischen Psychologie bezeichnet wird. Von ihm stammt mit die bekannteste Darstellung menschlicher Grundbedürfnisse; eine fünfstufige Pyramide, die jedoch weniger auf systematischen Untersuchungen als auf intuitiver Einsicht beruht.

Abbildung: Bedürfnispyramide nach Maslow

Für seine Psychologie ist die Annahme grundlegend, daß zwei Arten von Bedürfnissen das Leben des Menschen beeinflussen: Defizit- und Wachstumsbedürfnisse, die hierarchisch geordnet sind, d.h., daß ein jeweils höheres Bedürfnis erst dann zum Mangel wird, wenn das vorgelagerte bereits befriedigt ist.

Die Bedürfnisse nach Schlaf, Nahrung und Kleidung sind Grundbedürfnisse, die erst zu einem hohen Prozentsatz abgesichert sein müssen, bevor der Mensch sich für die nächsthöhere Stufe in der Pyramide interessiert.

Ist dann das Sicherheitsbedürfnis durch Versicherungen und eine entsprechende Altersversorgung geregelt, wendet man sich wiederum der nächsten Stufe zu. Hier sammelt man Statussymbole, steigert sein Geltungsbedürfnis und zeigt der Umwelt, wie weit man es bereits gebracht hat.

Die letzte Stufe der Pyramide ist der Selbstverwirklichung vorbehalten, d.h. man strebt eine eigene Lebensphilosophie an. Anforderungen, die jedoch mit der Vorstellung der Selbstverwirklichung verbunden sind, werden zu oft an die falsche Adresse gestellt: Statt an sich selbst werden Bedürfnisse an die anderen gerichtet, an das Leben selbst und nicht zuletzt an die sog. »Gesellschaft«. So wird aus einem im Menschen als Urtrieb angelegten gesunden Drang nach persönlicher Entfaltung ein Auswuchs an Selbstverwirklichung zu Lasten und auf Kosten anderer. Denn Selbstverwirklichung bedeutet nicht, tun und lassen zu können, was man will. Jeder von uns ist ein Glied irgendeiner Gemeinschaft und muß den Lebensraum und die Lebensrechte anderer Menschen respektieren. Die Behinderung oder totale Unterdrückung des Selbstentfaltungstriebes kann jedoch zu schweren Verkümmerungen des eigenen Wertgefühls und u.U. auch zu Krankheiten führen.

Untersucht man die Abfolge der einzelnen Bedürfnisklassen der Maslowschen Bedürfnispyramide, so zeigt sich, daß der Anteil des denkenden Bewußtseins von Stufe zu Stufe zunimmt. Innerhalb der zu beobachtenden zunehmenden Individualisierung der Bedürfnisse ist ein Punkt vorhanden, an dem die Bedürfnisse nicht mehr das Selbst bestimmen, sondern die Individualität sich selbst und damit auch ihre Bedürfnisse bestimmt. Diese Umkehr der Dominanz vollzieht sich in der menschlichen Bedürfnisstruktur beim Übergang von den Defizit- zu den Wachstumsbedürfnissen. Solange der einzelne durch die Bedürfnisse determiniert wird, die einen Mangel in ihm hervorrufen, ist er »fremd- und nicht selbstbestimmt«.

Mit seinem motivationstheoretischen Ansatz legte Maslow den Grundstein für die humanistische Psychologie. Demnach ist folgendes zu beachten:

- Motivation kann als das Streben nach Befriedigung von Bedürfnissen bezeichnet werden.
- Die Bedürfnisse entwickeln sich hierarchisch, d.h. qualitativ höherwertig.
- Ein befriedigtes Bedürfnis wird nicht mehr als Bedürfnis empfunden – d.h., es motiviert nicht mehr.
- Erst dann wird das nächsthöhere Bedürfnis motivationsfähig.

Die Reihenfolge der Bedürfnisse richtet sich nach den Umständen, unter denen jemand lebt, d.h. nach seiner soziokulturellen Situation. Dabei ist immer gerade *das* Bedürfnis als Motivator wirksam, das am wenigsten befriedigt ist. Ist es dann befriedigt, tritt ein anderes an seine Stelle. Diese Reihenfolge muß nicht notwendigerweise bei allen Menschen gleich sein, da die Bedürfnisse in unterschiedlicher Mischung und Intensität auftreten. Jeder Mensch strebt demzufolge immer nach jenen Dingen und Zuständen, die er gerade nicht besitzt.

(Danach wäre der Mensch nach Schopenhauer eine »Fehlkonstruktion«, weil er nie zufrieden sein kann.)

Maslows hierarchische Bedürfnistheorie ist von weitreichender Bedeutung für Führungskräfte. Der Unternehmensberater Thomas Gordon hat in seinem Buch »Managerkonferenz« einen Maßnahmenkatalog für die Anwendung im Unternehmen zusammengestellt:

1. Unternehmen und Organisationen bieten ihren Mitgliedern nicht immer Gelegenheit, die Bedürfnisse der letzten beiden Ebenen (IV und V) zu befriedigen. Vor allem Mitarbeiter, deren Funktionen begrenzt oder nur von Routine bestimmt und deren Tätigkeiten fast vollständig kontrolliert werden, sind davon betroffen.

2. Machen Führungskräfte willkürlich Gebrauch von ihrer Macht, erzeugen sie damit Ängste bei ihren Untergebenen. Das Bedürfnis nach Sicherheit wird nicht befriedigt, und sie werden auf der Ebene II festgenagelt. Sie verspüren keine Motivation, sich um die nächsthöhere Ebene zu kümmern – sie sind also nicht in der Lage, für ihre sozialen Bedürfnisse Sorge zu tragen. Dasselbe gilt für das Bedürfnis nach Selbstachtung.

3. In unserer Gesellschaft sind die Bedürfnisse der unteren beiden Ebenen jedoch selten wirksame Motivatoren. Die meisten physiologischen Bedürfnisse der Untergebenen sind bereits befriedigt. Aus diesem Grunde sind Warnungen vor Entlassungen kein Mittel, Mitarbeiter arbeitsmäßig zu motivieren.

4. Wenn Mitarbeiter aber keine Möglichkeiten haben, ihre Bedürfnisse der Ebenen III, IV und V durch Arbeit zu befriedigen, suchen sie sich neben der Arbeit ein Ersatzbetätigungs-

feld, um ihren Bedürfnissen nach sozialer Interaktion, Leistung und Selbstverwirklichung zu genügen. Sie wenden deshalb nur gerade so viel Kraft für ihren Job auf, um ihn zu behalten und entlohnt zu werden. Der Unternehmung aber stehen sie fremd gegenüber.

5. Sollen die Mitglieder einer Organisation zu besseren Leistungen (Ebene IV) motiviert werden, muß die Führungskraft schon vorher dafür gesorgt haben, daß sie einen angemessenen Lohn erhalten, ihre Sicherheitsbedürfnisse befriedigt sind, d.h., daß sie sich an ihrem Arbeitsplatz wohlfühlen und der Betrieb ihnen Gelegenheit zu sozialen Interaktionen bietet.

6. Lassen Führungskräfte ihre Mitarbeiter aber an der Entscheidungsfindung und an Problemlösungen teilhaben, besteht für diese die Möglichkeit, ihre Bedürfnisse nach sozialer Interaktion, nach einem Status in der Organisation, nach Selbstachtung und gelegentlich sogar auch nach Selbstverwirklichung zu befriedigen.

Quellen: Maslow, Abraham,
Gordon, Thomas

(2) Die ERG-Theorie von Alderfer

Im Gegensatz zu Maslow, der in seiner Bedürfnispyramide fünf Bedürfnisklassen unterscheidet, geht Alderfer nur von drei menschlichen Bedürfnissen aus, ohne jedoch die Hierarchie-These aufzugeben:

1. *E*xistence (Grundbedürfnisse)

2. *R*elatedness (soziale Bedürfnisse)

3. *G*rowth (Selbstverwirklichung)

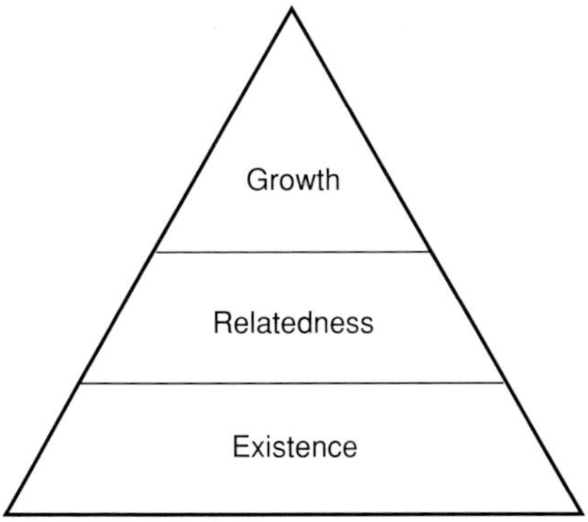

Abbildung: Bedürfnispyramide (nach Alderfer)

Aufgrund dieser Bedürfnisse stellte Alderfer folgende Hypothesen auf:

- die Frustrations-Hypothese
  (ein unbefriedigtes Bedürfnis wird dominant)
- die Frustrations-Regressions-Hypothese
  (wird ein Bedürfnis nicht befriedigt, so wird das in der Hierarchie niedriger rangierende Bedürfnis akut)
- die Befriedigungs-Progressions-Hypothese
  (wird ein Bedürfnis befriedigt, so wird das in der Hierarchie höher rangierende Bedürfnis dominant)
- die Frustrations-Progressions-Hypothese
  (selbst wenn ein Bedürfnis nicht befriedigt wird, ist es möglich, höhere Bedürfnisse zu aktivieren, weil Frustration zur Entwicklung der Persönlichkeit und deren Anspruchsniveau beiträgt.)

Indem diese Hypothesen auf die Bedürfnisklasse angewandt werden, gibt es Aussagen über die verschiedenen Beziehungen zwischen Befriedigung und Aktivierung von Bedürfnissen.

Quellen: Alderfer, C.P.,
Hub, Hanns

(3) Das Zwei-Faktoren-Modell von Herzberg

Das auf der Motivationstheorie beruhende Modell von Frederick Herzberg, der seine Forschungsarbeiten zuerst am Carnegie Institute of Technology und später an der University of Utah durchführte, beruht auf zwei Gruppen von Variablen. Diese beiden relativ unabhängigen Faktoren wirken sich in der Gruppenarbeit oft als Hindernisse der Bedürfnisbefriedigung aus. Es handelt sich dabei um die sogenannten Hygiene-Variablen und die sogenannten Motivations-Variablen.

Abbildung: Motivations- und Hygiene-Variable nach Herzberg

Die Hygienevariablen werden überwiegend als Ursache von Unzufriedenheit, die Motivationsvariablen als Ursache einer Bedürfnisbefriedigung angesehen. Beide unterscheiden sich in ihrer Entstehungsgrundlage.

1. Die »satisfiers« (Zufriedenmacher) sind z.B.:

– verdiente Anerkennung

– Ausüben einer interessanten Arbeit

– Übernehmen von Verantwortung

2. Die »dis-satisfiers« (Unzufriedenmacher) sind z.B.:

– Arbeits-Umweltprobleme

– Arbeits-Unzufriedenheit

– schlechtes Betriebsklima

Diese Faktoren sind leistungsmindernd (sie sind extrinsischer Art).

Werden die »dis-satisfiers« befriedigt, bewirkt dies zwar keine Leistungssteigerung, aber eine positive Grundhaltung. Deshalb nennt Herzberg sie »Hygiene-Faktoren«.

Demzufolge ist ein Mitarbeiter enttäuscht, wenn die Betriebspolitik, die interpersonellen Beziehungen, seine Entlohnung, die Bedingungen am Arbeitsplatz etc. nicht seiner Erwartungshaltung entsprechen. Werden seine diesbezüglichen Bedürfnisse erfüllt, wird er aber nicht begeistert sein, sondern eben nur nicht mehr enttäuscht (frustriert).

Das Empfinden von Zufriedenheit läßt sich demnach nur durch die Gegenwart von »satisfiers« wie z.B. Anerkennung, Honorieren von Leistung etc. erreichen. Als Ursache einer Befriedigung können daher nur die Motivationsvariablen gelten, d.h. Verantwortung, Erfolg, Anerkennung, Leistung usw.

Die »satisfiers« haben eine längere Wirkungsdauer als die »dis-satisfiers«. Der Einfluß der Motivationsvariablen (satisfiers) ist unmittelbar; sie brauchen keine flankierenden Maßnahmen von außen.

Quelle: Herzberg, Frederick

(4) Menschenbilder nach der X- und Y-Theorie nach McGregor

Als einer der bedeutendsten Vertreter der humanistischen Organisationslehre hat McGregor vor dem Hintergrund der Maslowschen Motivationstheorie eine idealtypische Gegenüberstellung skizziert, die verschiedene Annahmen/Folgerungen über die zu führenden Mitarbeiter in einer Organisation beinhaltet. Demzufolge existieren zwei unterschiedliche Auffassungen über die Arbeitsbereitschaft des Menschen. McGregor hat sie als die Theorien X und Y bezeichnet:

ANNAHMEN

Theorie X

1. Dem Durchschnittsmenschen ist eine Abneigung gegenüber der Arbeit angeboren, und er versucht, Arbeit zu vermeiden, wo immer er dazu in der Lage ist.
2. Als Folge der Abneigung gegenüber der Arbeit muß der Mensch gezwungen, kontrolliert, ausgerichtet, bedroht und bestraft werden, um diejenige Leistung zu erbringen, die zur Erfüllung der unternehmerischen Ziele erbracht werden muß, da nicht einmal das Versprechen einer Entlohnung hierfür ausreicht.
3. Der Durchschnittsmensch zieht es vor, angeleitet zu werden, er versucht, Verantwortung abzuwälzen, entwickelt wenig Ehrgeiz, verlangt nach Sicherheit und möchte vor allem sich wie die Mehrheit der Menschen verhalten.

Theorie Y

1. Sich physisch oder geistig anzustrengen ist dem Menschen ebenso eigen, wie der Spieltrieb. Darüber hinaus kann die Arbeit sowohl Befriedigung als auch Enttäuschung hervorrufen.
2. Äußere Kontrolle und Androhung von Strafen sind allein nicht ausreichend, um einen Menschen dazu zu veranlassen, bestimmte Ziele zu erreichen. Der Mensch zieht es vor, innerhalb des Zielsystems, mit dem er sich identifiziert, Eigenverantwortung und ein bestimmtes Maß an Selbstkontrolle zu übernehmen.
3. Unter normalen Bedingungen akzeptiert der Mensch nicht nur Verantwortung, sondern er sucht sie sogar; Scheu vor Verantwortung, Mangel an Ehrgeiz und vorherrschendes Sicherheitsdenken sind Folgen der Erfahrung, nicht jedoch charakteristisch für den Menschen.
4. Einfallsreichtum und Kreativität finden sich unter den Menschen weit mehr, als zunächst vermutet.
5. Die intellektuellen Fähigkeiten des Durchschnittsmenschen werden nur teilweise genutzt.

Die Theorie X besteht demzufolge aus folgenden Annahmen:

- Der Mensch hat eine grundsätzliche Abneigung gegen die Arbeit.
- Er besitzt keinen Ehrgeiz und möchte unbedingt geführt werden.
- Er versucht, Verantwortung abzuwälzen, und besitzt keine nutzbaren Fähigkeiten.

Demnach ist unter diesen Voraussetzungen eine Motivation nur über den Einsatz der Mittel wie Bestrafung und Belohnung möglich.

McGregor ist der Ansicht, daß diese Annahmen eine Fehleinschätzung des Managements gegenüber den Mitarbeitern widerspiegeln. Er bewertet deshalb die Theorie Y als die dem Menschenbild entsprechendere Einschätzung.

Die Theorie Y besteht nach McGregor aus folgenden Annahmen:

- Arbeiten ist ein natürlicher Prozeß. Arbeit kann aber sowohl Enttäuschung als auch Befriedigung hervorrufen.
- Sind die Arbeitsbedingungen günstig, ist der Mensch motiviert, freiwillig Leistungen zu erbringen.
- Sind Mitarbeiter nicht bereit, Leistungen zu bringen, muß das Problem in der Menschenführung gesucht werden.
- Alle Mitarbeiter haben Fähigkeiten, die dem Unternehmen zunutze gemacht werden sollten.

Ein an der Theorie Y orientierter Führungsstil muß Bedingungen schaffen,

- daß die Mitarbeiter ihre eigenen Ziele am besten erreichen, indem sie die Ziele der Unternehmung verfolgen,
- indem Menschen nicht den organisatorischen Erfordernissen, sondern Organisationen weitgehend ihren Mitgliedern angepaßt werden.

FOLGERUNGEN

Theorie X	Theorie Y
1. Das zentrale Führungsprinzip, das sich aus Theorie X ergibt, besteht aus Anleitung und Kontrolle, die nur mit Macht durchgesetzt werden können.	1. Das zentrale Prinzip, das sich aus Theorie Y ableiten läßt, heißt Integration, die Schaffung solcher Bedingungen, unter denen die Mitglieder der Organisation ihre eigenen Anstrengungen so ausrichten, daß sie ihre eigenen Ziele im Rahmen der Gesamtleitung des Unternehmens erreichen können.
2. Die organisatorischen Erfordernisse nehmen keine Rücksicht auf die Bedürfnisse der Organisierten. Für die gebotene Belohnung »akzeptiert« der Mensch Macht und Kontrolle.	2. Das Unternehmen wird in dem Maße leistungsfähiger, in dem die persönlichen Wünsche und Ziele seiner Mitarbeiter berücksichtigt werden.
3. Ungenutzte Fähigkeiten werden für den einzelnen Mitarbeiter als nicht existent angesehen, und deshalb ist auch kein Grund vorhanden, Zeit und Anstrengung zu investieren, um evtl. Fähigkeiten voll auszunutzen.	3. Wir sind herausgefordert, Neuerungen einzuführen, neue Möglichkeiten der Zusammenarbeit zu entdecken und den menschlichen Einsatz anzuleiten.

Quelle: McGregor, Douglas

(5) Menschenbilder nach E. H. Schein

Schein sieht die Motivationstheorien als einen Teil umfassenderer Persönlichkeitstheorien. Nach seiner Meinung haben sich in chronologischer Reihenfolge vier unterschiedliche Bilder von Menschen herauskristallisiert:

1. Der rational-ökonomische Mensch
2. Der soziale Mensch
3. Der sich selbstverwirklichende Mensch
4. Der komplexe Mensch

Menschenbild	Konsequenzen auf die Unternehmensführung
1. Der *rationale* Mensch ist in erster Linie durch monetäre Anreize motiviert; er ist passiv und wird von der Organisation manipuliert, motiviert und kontrolliert; sein Handeln ist rational; Annahmen der Theorie X.	Klassische Management-Funktionen: Planen, Organisieren, Motivieren, Kontrollieren; Organisation und deren Effizienz stehen im Mittelpunkt; Organisation hat die Aufgabe, irrationales Verhalten zu neutralisieren und zu kontrollieren.
2. Der *soziale* Mensch ist in erster Linie durch soziale Bedürfnisse motiviert; als Folge der Sinnentleerung der Arbeit wird in sozialen Beziehungen am Arbeitsplatz Ersatzbefriedigung gesucht; er wird stärker durch soziale Normen seiner Arbeitsgruppe als durch Anreize und Kontrollen des Vorgesetzten gelenkt; Annahmen der Human-Relations-Bewegung.	Aufbau und Förderung von Gruppen; soziale Anerkennung der Mitarbeiter durch Manager und Gruppe; die Bedürfnisse nach Anerkennung, Zugehörigkeitsgefühl und Identität müssen befriedigt werden; Gruppenanreizsysteme treten an die Stelle von individuellen Anreizsystemen.
3. Der sich *selbstverwirklichende* Mensch Menschliche Bedürfnisse lassen sich in einer Hierarchie anordnen; der Mensch strebt nach Autonomie und bevorzugt Selbstmotivation und Selbstkontrolle; es gibt keinen zwangsläufigen Konflikt zwischen Selbstverwirklichung und organisatorischer Zielerreichung; Annahmen der Theorie Y.	Manager und Unterstützer und Förderer (nicht Motivierer und Kontrolleure); Delegation von Entscheidungen; Übergang von Amts-Autorität zu Fach-Autorität; Übergang von extrinsischer Motivation in intrinsische Motivation; Mitbestimmung am Arbeitsplatz.
4. Der *komplexe* Mensch ist äußerst wandlungsfähig; die Dringlichkeit der Bedürfnisse unterliegt Wandel; der Mensch ist lernfähig, erwirbt neue Motive; in unterschiedlichen Systemen werden unterschiedliche Motive bedeutsam; Annahmen der Situationstheorie.	Manager und Diagnostiker von Situationen; sie müssen Unterschiede erkennen können und eigenes Verhalten situationsgemäß variieren können; es gibt keine generell richtige Organisation.

Abbildung: Menschenbilder und ihre Konsequenzen für die Unternehmensführung nach Schein (nach Staehle)

Während bei den ersten drei Verhaltensstufen bestimmte einzelne Bedürfnisse herausgehoben und auf alle Beteiligten generalisiert werden –

1. der rational-ökonomische Mensch wird von dem Bedürfnis nach Geld motiviert,

2. der sozialorientierte Mensch hat als Hauptmotiv sein Kontaktbedürfnis,

3. der sich selbstverwirklichende Mensch stellt seine eigene Selbstverwirklichung über alles –,

kann man bei der vierten Verhaltensstufe feststellen, daß unterschiedliche Bedürfnisse, die von den jeweiligen Situationen abhängen, zum Tragen kommen. Es wird beim Typ des komplexen Menschen auch nicht generalisiert, da dieses Menschenbild sehr flexibel und wandlungsfähig ist.

Quellen: Schein, E. H.
Staehle, W.

(6) Soziogramm

Die Darstellung der Kontakte und der zwischenmenschlichen Beziehungen unter Angehörigen einer Gruppe oder einer Firma ist in einem Soziogramm üblich. Die Kontaktpersonen und die Zahl der jeweiligen Kontakte werden nicht nur durch Sympathie/Antipathie, sondern vor allem auch durch die betriebliche Tätigkeit und von betriebsinternen Umständen beeinflußt.

Ein Soziogramm ist eine Datenerhebungstechnik und -verarbeitungsmethode. Das Soziogramm soll

- die zwischenmenschlichen Beziehungen,
- die Struktur einer Gruppe,
- das soziale Gefüge,
- die gegenseitige Wertschätzung und
- das Beziehungsgeflecht

zahlenmäßig erfassen und graphisch darstellen.

Zur Erstellung eines Soziogramms sind folgende Schritte nötig:

1. Vorbereitung

– Welches Ziel soll erreicht werden?

– Wer soll informiert werden?

– Welche Fragen eignen sich?

– Welche Situation ist am günstigsten?

2. Durchführung:

– Teilnehmer erhalten DIN-A4-Blatt und Stift.

– Alle gestellten Fragen bezüglich der anderen Teilnehmer (z.B. mit wem aus der Gruppe würden Sie in Urlaub fahren und warum?) müssen schriftlich beantwortet werden.

– Auf die Rückseite kommen die Antworten auf die gegensätzlichen Fragen (mit wem möchten Sie nicht in Urlaub fahren und warum?).

– Das Blatt wird mit vollständigem Namen abgegeben.

3. Auswertung

– Für jeden Gruppenteilnehmer wird eine Tabelle erstellt.

– Sie enthält die Namen der favorisierten und abgelehnten Teilnehmer.

– Nun werden alle Tabellen verglichen und festgehalten, welche Teilnehmer wie oft gewählt oder abgelehnt wurden.

Das Ergebnis wird wie folgt festgehalten:

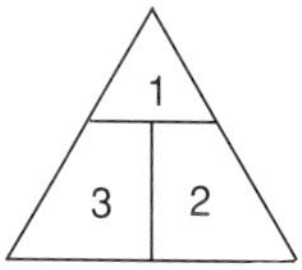

Person 1 (männlich) wurde 3mal gewählt und 2mal abgelehnt.

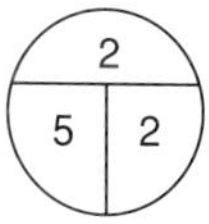

Person 2 (weiblich) wurde 5mal gewählt und 2mal abgelehnt.

Diese Darstellung wird für jede Person angelegt und die Ergebnisse durch Gegenüberstellen der gesamten Darstellungen festgehalten.

Nun werden alle, die sich gewählt haben, und alle, die sich abgelehnt haben, mit einer durchgehenden bzw. gestrichelten Linie verbunden.

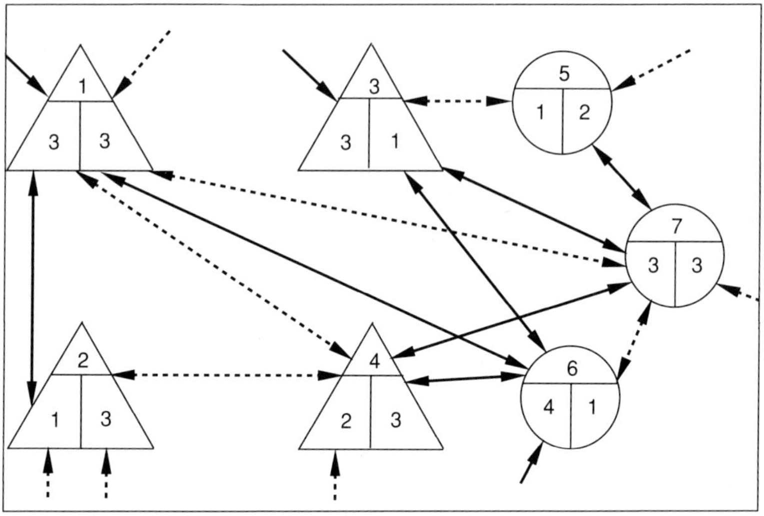

Abbildung: Graphisch dargestelltes Soziogramm (nach Schilling)

4. Interpretation

Nachdem das Soziogramm graphisch dargestellt ist, orientiert man sich für eine Interpretation an folgenden Fragen:

- gibt es dominierende Personen/Außenseiter?
- ist verstärkte Cliquenbildung zu beobachten?
- wie sind die Beziehungen im allgemeinen?

5. Schlußfolgerung:

- Was sagt dieser Test aus?
- Welche Probleme treten zutage?

– Müssen Maßnahmen ergriffen/Konsequenzen gezogen werden, um das Beziehungsgeflecht der Gruppe zu verändern?
– Ist es ratsam, das erstellte Soziogramm den Teilnehmern zugänglich zu machen, d.h. offenzulegen oder u.U. geheim zu handhaben?

Quelle: Schilling, Johannes

(7) Johari-Fenster

Das Johari-Fenster wird in der Wirtschafts- und Verwaltungspraxis zur Beurteilung von Führungssituationen eingesetzt. Das Fenster besteht aus vier »Scheiben«, die aus der folgenden Abbildung näher hervorgehen.

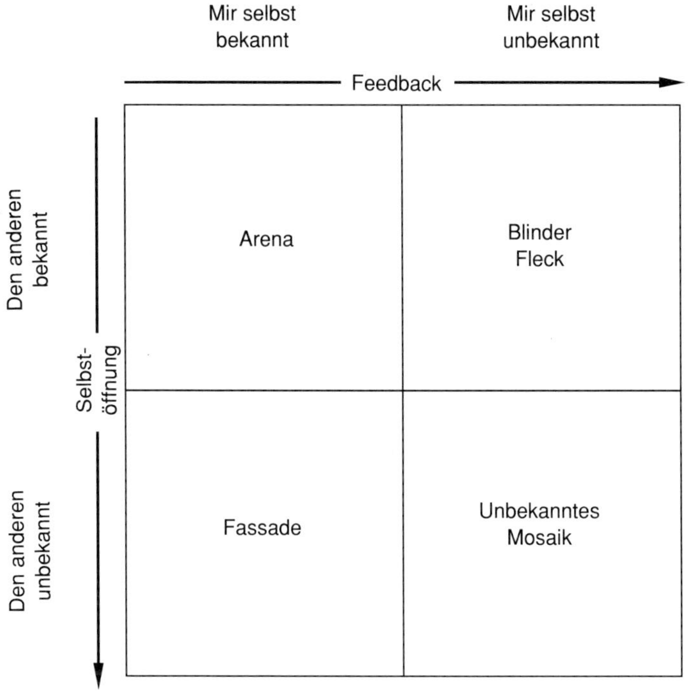

Abbildung: Johari-Fenster (nach Kliem)

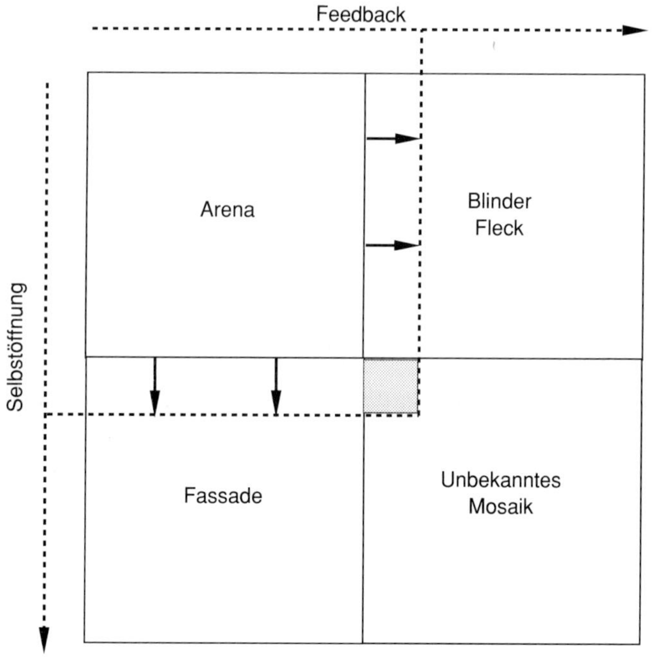

Abbildung: Anwendungsorientierter Ansatz (nach Kliem)

1. Arena: Der Bereich des freien Handelns »Mir und den anderen (z.B. Mitarbeitern) bekannt«.

2. Blinder Fleck: Das Verhalten wird von den Situationspartnern wahrgenommen, jedoch nicht vom Selbst des betreffenden Individuums.
»Mir unbekannt, den anderen bekannt (z.B. Mundgeruch, der nur von den Mitarbeitern bemerkt wird)«.

3. Fassade: Nur das Individuum kennt die Motive des Verhaltens, es verbirgt diese jedoch vor den Partnern.
»Mir bekannt, den anderen unbekannt«.

4. Unbekanntes Mosaik: Bereich des »Unbekannten«
»Weder mir noch den anderen bekannt«.

Das Johari-Fenster geht von der Zielsetzung aus, daß durch offene Gespräche, adäquate Informations- und Kommunikationsprozesse und einen kooperativen Führungsstil die Arena zu Lasten des »Blinden Flecks« und der »Fassade« vergrößert wird. (Siehe Abbildung »Anwendungsorientierter Ansatz«)

Bereits Lewin hat auf diesen gruppendynamischen Lernprozeß in seinem Beziehungsgitter hingewiesen.

Quellen: Lewin, K.
Kliem, Ottmar

(8) Feedback-Konzept

Einen wesentlichen Faktor in der zwischenmenschlichen Beziehung und in der Kommunikation im allgemeinen spielt das Feedback (Rückmeldung) des Empfängers auf die Nachricht des Senders. Vor allem Führungskräfte müssen im Interesse der Zielerfüllung und des Betriebsklimas auf ein qualitatives Feedback achten. Je kooperativer das Managementverhalten ist, um so stärker wird Feedback für die Mitarbeiter zur Gewohnheit, und je autoritärer ein Führungsstil ist, um so gehemmter werden die Firmenmitglieder im Umgang mit Feedback sein.

Feedback im Führungsstil

Vorgesetzte sind oft nur unzureichend darüber informiert, wie ihr Verhalten in Mitarbeiterkreisen aufgenommen wird. Oft überschätzen sie die Bewertung ihrer Führungskompetenz, da sie nur selten ungefiltertes Feedback erhalten. Damit ist den Führungskräften eine wesentliche Möglichkeit zur Korrektur ihres Verhaltens gegenüber den Mitarbeitern genommen.

Es ist daher von Nutzen, durch gruppendynamische Trainingsmethoden Feedback zu systematisieren.

Zusätzlich sind Fragebogen zur Verhaltensbeschreibung von Führungskräften ein weit verbreitetes Instrumentarium für erfolgreiches Feedback. Die Fragebogen werden weitgehend anonym behandelt und von neutraler Stelle ausgewertet. Im Rahmen von Workshops können Führungskräfte und Mitarbeiter gemeinsam in einer Ursachenanalyse anhand der ausgewerteten Fragebogen-Daten Aktionspläne aufstellen. Ein verstandenes Feedback ist der erste Schritt zu einer Verhaltensänderung.

Feedback im Mitarbeiterverhältnis

Neu in das Unternehmen eingetretene Mitarbeiter benötigen ein sehr detailliertes Feedback, um ihre Situation und ihr Arbeitsverhalten angemessen einschätzen zu können. Deshalb sind vor allem in den Anfangszeiten Feedback-Defizite zu vermeiden, da sich dies

- demotivierend bei Unterforderung,
- frustrierend bei Überforderung und
- verunsichernd bei unsachgemäßer Aufgabenstellung

auswirkt.

Feedback bedeutet Rückmeldung, d.h., daß Informationen auch nach einer Sitzung, Konferenz oder formlosen Zusammenkunft an dafür zuständige Personen weitergeleitet werden.

Bei diesem Informations-Austausch gibt es eine Anzahl von Regeln sowohl für das Geben als auch für das Annehmen von Feedback, die Schilling wie folgt auflistet:

Regeln für das Geben von Feedback

- Feedback soll unmittelbar nach dem Ergebnis gegeben werden,
- Feedback bedeutet Informationen geben, nicht aber persönliche Ansichten verbreiten,

- Feedback soll sich nur auf einen konkreten Tatbestand beziehen,
- Feedback soll so ausführlich wie möglich, aber nicht weitschweifig sein,
- Tatsachen, Wahrnehmungen, Vermutungen und Gefühle sollen auch als solche ausgewiesen und nicht als Fakten dargestellt werden,
- Feedback soll positiv vorgetragen werden,
- Feedback soll umkehrbar sein.

Regeln für das Annehmen von Feedback

- Feedback soll nur dann beansprucht werden, wenn die Information auch in den eigenen Kompetenzbereich fällt,
- konkrete Informationswünsche sollen geäußert werden,
- bei entsprechendem Informationsbedarf sollte möglichst häufig um ein Feedback gebeten werden,
- ein Feedback sollte kommentarlos angehört und nicht gleichzeitig erörtert werden,
- die Bedeutung der Information sollte überprüft und gegebenenfalls die eigene Reaktion mitgeteilt werden.

Geben und Nehmen von Feedback bedarf der Übung. Da beim Annehmen und Geben das Feedback nicht unterbrochen werden sollte, empfiehlt es sich, zu jedem Punkt Notizen zu machen und dann zu gegebener Zeit dazu Stellung zu nehmen.

Quelle: Schilling, Johannes

(9) Vorgabe von Leistungszielen

Durch konkrete Leistungsziele wird die Produktivität der Mitarbeiter erheblich gesteigert.

Bei der Vergabe von Leistungszielen sollten folgende Grundsätze gelten:

- Jeder Mitarbeiter sollte ein klar umrissenes Ziel von seiner Führungskraft erhalten.
- Die Führungskraft sollte dieses Ziel aus der eigenen Zielvorgabe ableiten.
- Die Ziele sind in einem gemeinsamen Gespräch mit den Mitarbeitern festzulegen.
- Die Ziele dürfen den Grundsätzen, Richtlinien und Programmen der Unternehmung nicht widersprechen.
- Die Ziele müssen weitgehend die Bedürfnisse der Mitarbeiter berücksichtigen oder ihnen angepaßt werden.
- Der Mitarbeiter muß sich mit den vorgegebenen Zielen identifizieren können, um eine positive Motivation und damit eine Produktivitätssteigerung zu ermöglichen.
- Die Ziele müssen den Fähigkeiten der Mitarbeiter entsprechen bzw. angepaßt werden.
- Die Ziele sind in ihrer Bedeutung zu quantifizieren bzw. in eine Rangreihe zu bringen.
- Die Ziele sind klar abzugrenzen.
- Die Ziele sind in einem Formblatt festzuhalten; dem Mitarbeiter ist eine Kopie auszuhändigen (siehe Muster).
- Die Ziele müssen realistisch und erreichbar formuliert werden.

Quelle: Nagel, Kurt

Name: Abteilung:

Arbeitsziele und Aufgaben:

Im Rahmen der Aufgabenstellung für 1990 haben wir vereinbart, daß Sie im Verlauf dieses Jahres folgende Ziele verwirklichen. Wir werden im nächsten Beurteilungsgespräch die Erfüllung der Ziele und Lösungen der Aufgaben besprechen und bewerten.

Zielsetzungen	Rang (A/B/C)	Termin bzw. Indikator für Erfüllung

Datum

Unterschrift des Mitarbeiters

Unterschrift des Vorgesetzten

Abbildung: Muster eines Formblattes zur Zielvorgabe

(10) 10 Vorschläge zur Zusammenarbeit mit Ihrem Vorgesetzten

Versuchen Sie, die folgenden 10 Fragen zu beantworten. Vergeben Sie für jede Frage entsprechend Ihrer Einordnung Punkte, wobei eine Skalierung von 0 bis 10 möglich ist (0 = nein, ja = 10).

Fragen:	Punkte
1. Kennen Sie die konkreten Ziele Ihres Chefs?	
2. Denken Sie bei der Realisierung Ihrer Ziele auch an die Ziele Ihres Chefs?	
3. Können Sie behaupten, daß Sie Ihre Aufgaben selbständig zur vollen Zufriedenheit der Abteilung lösen?	
4. Sorgen Sie dafür, daß Ihr Chef gut dasteht?	
5. Gehen Sie mit Schwung an neue Aufgaben heran, und betonen Sie im Grundsatz das Positive?	
6. Kann sich Ihr Chef auf Ihre Zusagen verlassen?	
7. Beweisen Sie durch Arbeitseifer Engagiertheit und Verantwortungsgefühl?	
8. Können Sie Ihrem Chef gut zuhören?	
9. Bieten Sie entscheidungsfähige Alternativen an?	
10. Denken Sie daran, daß die Zeit für Ihren Chef kostbar ist?	
Summe:	

(11) Einsatz der Planspieltechnik in der Aus- und Weiterbildung

Die Planspieltechnik hat gerade in den letzten Jahren einen starken Aufschwung in der Aus- und Weiterbildung genommen. Dies ist nicht zuletzt auf die Vielzahl der zur Verfügung stehenden Planspiele und die Möglichkeit, diese auf Personalcomputern durchführen zu können, zurückzuführen.

Vorwiegend in dieser Dekade wurden in hohem Umfange Planspiele entwickelt, die keinen starren Modellcharakter mehr haben. Man läßt heute den schöpferischen Überlegungen einen großen Spielraum.

Der Kern eines jeden Planspiels ist das Modell. In einem mathematischen Modell, welches die Spielteilnehmer nicht kennen, sind z.B. dargestellt:

- Abhängigkeit der Kosten
  - ○ vom Beschäftigungsgrad,
  - ○ von der Kapazität,
  - ○ vom Ausmaß der Rationalisierung usw.
- Reaktion der Verbraucher auf
  - ○ Preise,
  - ○ Qualität des Produktes,
  - ○ Werbemaßnahmen,
  - ○ Vertriebsanstrengungen,
  - ○ Kundendienst usw.
- Abhängigkeit der Produktion
  - ○ von der Kapazität,
  - ○ von den zur Verfügung stehenden Stoffen,
  - ○ vom quantitativen und qualitativen Stand des Personals,
  - ○ von der Finanzierungsmöglichkeit usw.

Vor dem Einsatz eines Planspieles in der Aus- und Weiterbildung ist es zunächst wichtig, das richtige »Spiel« – entsprechend den angestrebten Zielen – auszuwählen. Im wesentlichen gibt es folgende Arten von Planspielen:

Spezialspiele: Das Modell wurde nach bestimmten Verhältnissen einer Unternehmung entwickelt.

Branchenspiele: Sie sind auf einen bestimmten Wirtschaftszweig zugeschnitten.

Universalspiele: Sie sind weder firmen- noch branchenabhängig.

Generelle Spiele: Das Planspiel ist auf die Unternehmung als Ganzes abgestellt.

Funktionale Spiele: Die Entscheidungen beschränken sich auf einzelne Funktionsbereiche der Unternehmung.

Die wesentlichen Lehrzwecke von Planspielen sind:

1. Üben von Entscheidungen

Das Planspiel bietet eine gute Möglichkeit, das Vorbereiten und Fällen von Entscheidungen zu üben. Die Teilnehmer lernen die Notwendigkeit und die Bedeutung der einzelnen Phasen des Entscheidungsprozesses kennen. Wesentlich ist vor allem, daß die Teilnehmer bei Planspielen die Abweichungen, die zwischen den erwarteten und den tatsächlichen Ergebnissen auftreten, kontrollieren können. Es ist ihnen möglich, die wirtschaftlichen Konsequenzen getroffener Entscheidungen im Hinblick auf ein gestecktes Ziel klar zu erkennen und aus den gezielten Erfolgen oder Mißerfolgen zu lernen. Gerade diesem aktiven Lernen aus eigenen Erfolgen und Fehlern kommt im Rahmen der Weiterbildung eine besondere Bedeutung zu. Dabei haben die Planspiele den großen Vorteil, daß durch den Zeitraffereffekt – innerhalb verhältnismäßig kurzer Zeit können Entscheidungen für mehrere Jahre getroffen und analysiert werden – Erfahrungen wesentlich schneller gesammelt werden können als in der Praxis. Außerdem kosten Fehlentscheidungen im Planspiel nichts, denn die Verluste erscheinen nur auf dem Papier.

2. Erkennen der betrieblichen Zusammenhänge

Beim Planspiel tritt vor allem die Verknüpfung aller Entscheidungen klar in Erscheinung. Die Teilnehmer lernen hier die mannigfachen Aspekte eines Problems kennen und müssen sich daran gewöhnen, in Zusammenhängen zu denken.

Über die Interdependenzen aller Entscheidungen wird zwar in vielen Aus- und Weiterbildungsprogrammen gesprochen, aber für die Mitarbeiter und Führungskräfte ist es wesentlich eindrucksvoller, wenn sie im Spiel miterleben, wie alle Teilpläne einer Unternehmung ineinandergreifen. In dem erzwungenen Denken in Zusammenhängen und Interdependenzen wirtschaftlicher Sachverhalte und Prozesse liegt der große Lehrwert des Planspiels.

3. Aufzeigen der Bedeutung der Information

Die Teilnehmer lernen durch diese Methode auch die Bedeutung von Informationen kennen. Ihnen wird deutlich gemacht, daß z.B. Führungsentscheidungen oft bei unvollständiger Kenntnis der Einflußgrößen und bei unsicheren Erwartungen zu treffen sind.

4. Vermittlung betriebswirtschaftlicher Erkenntnisse

Planspiele eignen sich auch besonders gut dazu, das Interesse und Verständnis für neue betriebswirtschaftliche Techniken wie Kostenanalyse, Plankostenrechnung, Bilanzanalyse usw. zu wecken. Die Teilnehmer lernen die Bedeutung und Grenzen dieser Techniken kennen.

5. Überwindung der Widerstände gegen das Lernen

Bei der Anwendung von Planspielen wird bewußt der Spieltrieb des Menschen angesprochen. Der Verfasser konnte als Spielleiter bei zahlreichen Planspielen immer wieder feststellen, daß die Aktivität und das Interesse der Teilnehmer im allgemeinen sehr groß sind. Durch das »Spiel« werden die Widerstände gegen das Lernen schnell überwunden. Gerade bei der Ausbildung von Führungskräften sind oft Hemmungen zu beseitigen, die aus der Verknüpfung von Ausbildung und Schulbankatmosphäre herrühren.

6. Erziehung zur systematischen Arbeit in der Gruppe

Die Entscheidungen müssen in einer bestimmten Zeit getroffen werden. Die Gruppe muß sich in der Diskussion einigen. Da gemeinsame Entscheidungen zu treffen sind, müssen die einzelnen Spieler lernen, ihre persönlichen Interessen zurückzustellen.

Quelle: Nagel, Kurt

(12) Grundregeln für eine effektive Beförderungs- und Stellenbesetzungsentscheidung nach Peter F. Drucker

Peter F. Drucker, einer der hervorragendsten Management-Theoretiker, empfiehlt die folgenden Schritte für eine fundierte Personalauslese:

1. Die Aufgabe überdenken

Bei der Auswahl von Mitarbeitern für eine Stelle müssen die Entscheidungsträger zunächst einmal wissen, welche Aufgaben konkret von der auszuwählenden Person erfüllt werden müssen. Es gilt, das Aufgabenprofil eindeutig zu beschreiben.

2. Mehrere potentiell qualifizierte Mitarbeiter anschauen

Drucker legt hier Wert auf das Wort »mehrere«. Um eine effektive Entscheidung treffen zu können, hat sich eine Führungskraft drei bis fünf qualifizierte Kandidaten anzuschauen.

3. Gründlich darüber nachdenken, nach welchen Kriterien diese Kandidaten beurteilt werden sollen

Erfaßt man die für die Aufgabe wesentlichen Kriterien, dann besteht die Möglichkeit, den Erfüllungsgrad bei jedem einzelnen Kandidaten zu ermitteln. Drucker empfiehlt dabei, die Stärken im Auge zu behalten. Leistung läßt sich nach seiner Meinung nur auf Stärken aufbauen.

4. Erörtern Sie jeden Kandidaten mit mehreren Personen, die schon mit Ihnen zusammengearbeitet haben

Jeder einzelne Entscheidungsträger hat Vorurteile, Vorlieben und Abneigungen. Daher ist eine Beurteilung alleine wertlos. Gespräche mit früheren Vorgesetzten oder Kollegen sind meist sehr hilfreich.

5. Sorgen Sie dafür, daß der »Ernannte« seinen Job begreift

Nach der Anlaufzeit von drei oder vier Monaten empfiehlt es sich, daß der Entscheidungsträger den »Ernannten« zu einem Gespräch bittet und sich mit ihm über die Aufgabe und seine Vorstellungen unterhält. Drucker schlägt vor, daß die neue Führungskraft die Zielsetzungen im Anschluß an dieses Gespräch schriftlich fixiert und man nach acht bis zehn Tagen gemeinsam darüber spricht.

Quelle: Drucker, Peter F.

(13) Die 4 Mitarbeitertypen nach P.-A. Wenger

Der Schweizer Unternehmer Paul-André Wenger (Wenger Printers AG, Reinach/Schweiz) unterteilt die Mitarbeiter in vier Gruppen. Diese Einteilung ergibt sich auf der Basis des Engagements und der Grundhaltung der Mitarbeiter. Es wird dabei hervorgehoben, daß es ein bewußt einfach strukturiertes System ist. Wenger betont, daß wir Mitmenschen so sehen sollten, wie sie sind, und nicht so, wie wir sie gerne hätten.

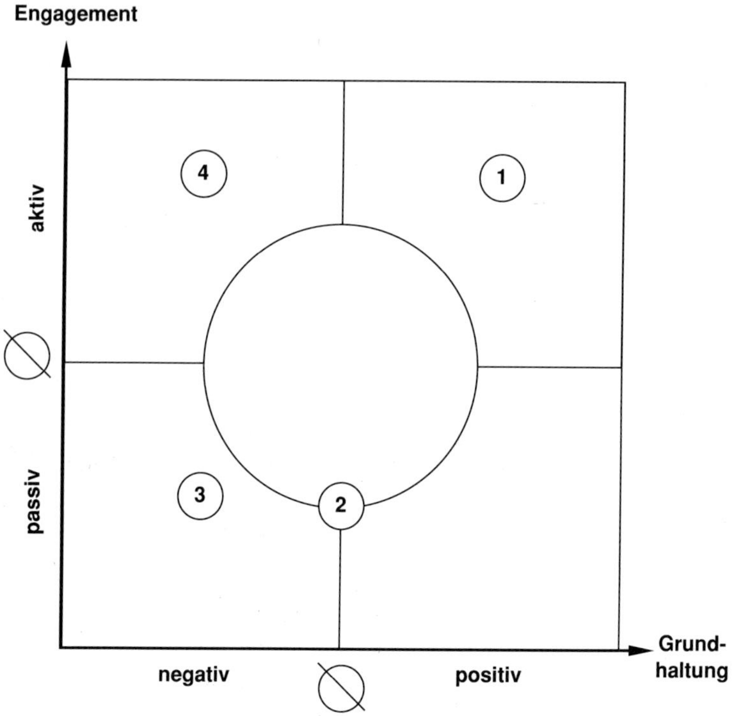

Abbildung: Einordnung der 4 Mitarbeitertypen (nach Wenger)

Die Tabelle analysiert die Haltung von vier Typen, welche sich stark voneinander unterscheiden. Das Karikaturschema ist absichtlich gewählt und dient dem klaren Verständnis. Besondere Aufmerksamkeit ist den Aussagen »Was macht die Führungskraft« zu schenken.

Typ / Einstellung	① Aktive, positive Grundeinstellung	② Passive, neutrale Haltung	③ Passive, negative Haltung	④ Aktive, negative Einstellung
zur Arbeit	Ich bin verantwortlich	Ich tue meine Pflicht	Es gefällt mir nicht	Weniger Arbeit!
zum Unternehmen	Ich bin interessiert	Veränderung birgt Risiko	Was tut die Gesellschaft für mich?	Ich lasse mich nicht ausnützen
im Arbeitsumfeld	Ich bin ein Vorbild	Ich meide Probleme	Streben ist unkollegial	Wer sich profiliert, schadet mir
zum Leben	Jeder Tag bringt neue Chancen	Man nimmt es, wie es kommt	Es hat doch keinen Zweck	Die anderen sind schuld!
Was macht die Führungskraft?	– Als Katalysator einsetzen – Erfolge belohnen – Beratungspotential ausnutzen	– Durch Erfolgserlebnisse Freude und Begeisterung wecken – Gemeinsame Ziele festlegen – Hilfe anbieten – Sinn und Notwendigkeit der Leistung hervorheben – Typ 1 als »Pate« einsetzen	– Gründe der Unzufriedenheit eruieren und korrigierende Maßnahmen gemeinsam definieren – Ethische Grundsätze als Plattform für positives Gespräch nutzen – Evtl. Verzweiflung, Ängst durch externe Psychologen/Psychiater behandeln – Pate bestimmen	– Sorgfältige Selektion: nicht einstellen – Unverzüglich handeln (Zusehen verschlimmert meistens die Situation) – Sorgfaltspflicht trotz schwieriger Umstände nicht verletzen: Gründe der Unzufriedenheit eruieren Rückfrage bei ehemaligem Arbeitgeber Die U-Phil. als Grundlage für Kritik- oder Entlassungsgespräch nutzen

Abbildung: Analyse der 4 Mitarbeitertypen (nach Wenger)

Quelle: Wenger, Paul-André

3.5 Effizientes Führungssystem

(1) Führungskonzept 2000

Die Autoren Georg Wolff und Gesine Göschel, beide Rechtswissenschaftler, sind durch ihre zahlreichen Beiträge über Führungs- und Organisationsfragen sowie durch ihre Führungsseminare bekannt geworden. In ihrem gemeinsamen Werk »Führung 2000« vertreten sie die Auffassung, daß höhere Leistung im Unternehmensbereich nur durch Kooperation erreicht werden könne. Sie zeigen die Zusammenhänge zwischen Führung und Leistung/Minderleistung auf und machen sehr praxisnah auf Führungsdefizite aufmerksam.

Führen heißt Delegieren: Aufgaben, Befugnisse und Verantwortung sollen auf Mitarbeiter übertragen werden, um Führungskräfte zu entlasten und Mitarbeiterpotential freizumachen.

Führung bedeutet Zusammenarbeit: Kooperation ist das Thema des Tages, und Teamwork wird großgeschrieben. Kreativität in der Gruppe und durch die Gruppe soll die so dringend benötigten Innovationen fördern.

Führung ist Information: Information ist die Grundvoraussetzung für einen Arbeitnehmer, für seine Leistung und seine Leistungsbereitschaft. »Wissen ist Macht«, auf das Arbeitsleben bezogen, bedeutet: »Wissen ist Leistung.«

Führung bedeutet Kommunikation: Das »offene Gespräch« wird zu einem immer wichtigeren Führungsmittel, da Technik und Automation erhöhte Vereinsamung bewirken, die durch Kommunikation kompensiert werden muß.

Führen heißt, Menschen ihren Fähigkeiten entsprechend einzusetzen: »Der richtige Mann, die richtige Frau, am richtigen Ort« ist eine der wichtigsten Aufgaben der Menschenführung. Um Menschen zu führen und ihren Fähigkeiten entsprechend einzusetzen, muß eine Führungskraft über Menschenkenntnis verfügen.

Führung ist Motivation: Motivation ist die Antriebskraft für Leistung und Leistungsbereitschaft. Deshalb ist es für eine Führungskraft von entscheidender Bedeutung, daß sie die Eigenschaft besitzt, die Mitarbeiter zu motivieren.

Führung bedeutet Zielsetzung: Hiermit ist die Koordinierung aller auf ein Ziel gemeint, denn wer führen will, muß ein erstrebenswertes Ziel vor Augen haben und dieses gemeinsam mit seinen Mitarbeitern festlegen und verfolgen.

Führung heißt Kontrollieren: Erfolgreiches Arbeiten verlangt gegebenenfalls Kontrolle und konstruktive Kritik, die aufbaut und nicht zerstört. Dies schließt auch die Kritik an der eigenen Person mit ein.

Führung bedeutet, die Leistung anderer anzuerkennen: Die Anerkennung der Leistung und damit der eigenen Persönlichkeit in der Gesellschaft und im Arbeitsbereich gehört zu den Grundbedürfnissen eines Menschen. Gerade Führungskräfte vernachlässigen diese elementare Forderung oft sträflich, denn »verweigerte Anerkennung ist verweigerter Lohn!«

Führung ist Lernen: Eine erfolgreiche Führungskraft muß ein Leben lang lernbereit sein, um den Anforderungen, die die veränderte Gesellschaftsstruktur und der technische Wandel mit sich bringen, gerecht zu werden.

Führen bedeutet Verändern: Neue Entwicklungen auf allen Gebieten fordern Veränderungen im Arbeitsleben. Veränderungsprozesse können nur von solchen Führungskräften bewältigt werden, die flexibel sind und die »Klaviatur der Führung« auch in dieser Hinsicht beherrschen.

Diese Aussagen sind wie Bausteine eines Führungskonzeptes. Wer jedoch der Ansicht ist, Führung ist nur ein Zusammenfügen vieler Bausteine, »degradiert die wichtigste Aufgabe am Ende des 20. Jahrhunderts, die Führung von Menschen, zur reinen Technik, die letztlich zur Manipulation wird«.

Quelle: Wolff, Georg und Göschel, Gesine

(2) 15 Tips für Führungskräfte

Robert Townsend, der in seinem 1970 erschienenen Bestseller »Hoch lebe die Organisation« das Einmaleins der richtigen Unternehmensführung beschrieb, mahnt seine Leser in dem neu überarbeiteten Buch »Dies ist Ihre letzte Chance! Noch einmal werde ich es Ihnen nicht erklären!«

Folgendes Erfolgsrezept hat er in Form von Tips für Führungskräfte parat:

1. Rufen Sie sich selbst an

Wenn Sie auf Geschäftsreisen sind, rufen Sie einmal Ihre Firma von unterwegs als »Kunde« an und bitten in einer beliebigen Abteilung um Hilfe/Auskunft. Versuchen Sie auch einmal, bis zu Ihrem Büro vorzudringen und die künstlich aufgebauten Barrieren dorthin zu durchbrechen. Sie werden erstaunt sein, wieviel hier im argen liegt und änderungsbedürftig ist.

2. Entscheidungen

Es gibt zwei Arten von Entscheidungen: solche, die nur mit beträchtlichem Aufwand und Kosten wieder rückgängig gemacht oder geändert werden können, und solche, für die das nicht gilt.

Entscheidungen, die vitale Lebensinteressen eines Betriebes, wie z.B. die Erweiterung der Produktpalette oder einen neuen Firmenstandort, betreffen, sollten nicht überstürzt getroffen werden. Aber Entscheidungen, welche sich auf die Marke der anzuschaffenden Bleistifte oder auf die Öffnungszeiten der Kantine beziehen, sollten in allerkürzester Zeit vom Tisch, da sie – falls sich die Entscheidung als falsch erweist – problemlos geändert werden können.

3. Organisationspläne

Eine gute Organisation ist wie ein lebendiger Organismus, der wechselnden Ansprüchen genügen muß. Starr aufgezeichnete Diagramme entmutigen Mitarbeiter, da niemand sich gerne schwarz auf weiß unter anderen stehen sieht – also am Ende der Hierarchie. Namen und Tätigkeiten sollten, wenn es unumgänglich ist, alphabetisch geordnet sein. Eine lockere, flexible Anordnung ist hier einer gedruckten strengen Form vorzuziehen.

4. Fehler

Geben Sie eigene Fehler offen zu, und ermutigen Sie die Mitarbeiter, sich ebenfalls zu ihren Fehlern zu bekennen.

5. Verteilen von Aufgaben

Eine gute Führungskraft delegiert nicht nur Routineaufgaben, sondern auch wichtige Arbeiten mit entsprechender Entscheidungsbefugnis. Dies schafft das Klima, in dem sich die Mitarbeiter zum Segen der Firma weiterentwickeln können.

6. Ziele

Eine der wichtigsten Aufgaben ist es, die Organisation dahin zu bringen, sich auf die festgelegten Ziele zu konzentrieren. Die Mahnung: »Bringt uns das, was wir gerade tun, unseren Zielen näher?« sollte bei allen Aktivitäten allgegenwärtig sein.

7. Versprechen

Die Welt besteht aus zwei Arten von Menschen: einer Minderheit, die wenig verspricht, diese Versprechen aber stets auch hält, und einer Mehrheit, die viel verspricht, aber selten etwas wirklich hält. Gesellen Sie sich zu der ersten Gruppe, Sie werden sich dadurch überall als wertvoll erweisen.

8. Personaleinstellungen

Lernen Sie alle Bewerber so gut wie möglich kennen und nehmen Sie sich Zeit für ihre Lebensgeschichte. Können Sie sich für keinen entscheiden, nehmen Sie den, für den Sie selbst gern arbeiten würden.

9. Entlassungen

Mitarbeitern zu kündigen ist unangenehm, aber gelegentlich unvermeidlich, da ihr Verhalten im Betrieb anderen Kollegen gegenüber ungerecht ist. Sie sind es, die deren Unzulänglichkeiten ausbaden müssen, was bei ihnen negative Motivationen erzeugt und Raum für Intrigen schafft.

10. Schöne Titel

Die meisten Firmen verschwenden Titel wie z.B. stellvertr. Vorsitzender und dgl. an leitende Angestellte, die sich bereits im »Ruhestand« befinden. Diese Titel könnten im Betrieb jedoch wesentlich nutzbringender eingesetzt werden:

Bei Kundenbeschwerden ist es sicher effizienter, den Verärgerten an einen »stellvertr. Vorsitzenden« zu verweisen, als seine Probleme von der Reklamationsabteilung abfertigen zu lassen. »Ich verbinde Sie mit dem Vorsitzenden des Verwaltungsrates – einer seiner Mitarbeiter wird sich Ihrer dann annehmen«, klingt beeindruckend und läßt beim Kunden das Gefühl aufkommen, daß man sich um seinen Fall an höchster Stelle bemüht, daß man ihn wichtig nimmt, auch wenn der Gesprächspartner ebensogut in der Kundendienstabteilung sitzen könnte. Ein Entschuldigungsschreiben mit einem Titel als Unterschrift tut ein übriges.

Dieses Verfahren vertreibt Unmut beim Kunden und erhält ihn der Firma.

11. In Tuchfühlung bleiben

Um sicherzustellen, daß Chefs den Umgang mit Kunden nicht verlernen und sich besser in ihre Probleme hineinversetzen können, sollten sie gelegentlich für eine Zeitlang an Kundenberührungspunkten eingesetzt werden und hier tätig sein.

12. Wachstum

Es ist ein Nebenprodukt des Strebens nach Höchstleistung – in sich selbst jedoch kein lohnendes Ziel. Wenn Mitarbeitern und Kunden jedoch bewußt ist, daß ihr Ziel eine hervorragende Leistung ist, dann haben sie ihre Aufgabe erfüllt. Lassen Sie deshalb alle an dem Stolz teilnehmen, wenn schon nicht zu den Größten, dann doch zu den Besten der Branche zu zählen.

13. Menschenführung

Woran erkennt man eine Führungskraft?
Es gibt ein sicheres Zeichen: Da die meisten Menschen mittelmäßig/durchschnittlich sind, erkennt man eine gute Führungskraft daran, daß ihre Mitarbeiter ständig überdurchschnittliche Leistungen erbringen.

14. Richtlinien

Wenn Sie unbedingt ein Handbuch mit Richtlinien haben müssen, dann nehmen Sie die Zehn Gebote.

15. Dank

Eine häufig vernachlässigte und unterschätzte Form der Vergütung.

Quelle: Townsend, Robert

(3) Das Verhaltensgitter (Führungsgrid) nach Blake und Mouton

Blake und Mouton haben mit ihrem Verhaltensgitter versucht, die verschiedenen Anforderungen der Führungsstile integriert darzustellen sowie deren Abhängigkeiten aufzuzeigen. Mit diesem Grid ist ein analytisches Instrument entwickelt worden, das es den Managern ermöglicht, ihr Führungsverhalten zu erkennen. Die Autoren sind der Meinung, daß richtiges Führungsverhalten erlernbar ist und bereits etabliertes Verhalten durch diese Analyse korrigierbar wird.

Das Führungsgrid dient als systematisches Modell, die Verhaltensmuster verschiedener Menschen zu analysieren. Das Grid ist ein zweidimensionales Modell. Die eine Dimension betrifft die Produktivität, also das Bemühen um Ergebnisse. Die zweite Dimension bezieht sich auf die Pflege der zwischenmenschlichen Beziehungen im Unternehmen, d.h., es verdeutlicht das Wesen und die Stärke der geistigen Grundhaltung jeder Führungsmethode.

Das Verhaltensgitter besteht aus einem Koordinatensystem, das sich auf eine Mitarbeiterorientierung und die Leistungsorientierung bezieht. In diesem Koordinatensystem werden in einem quadratischen Gitter vier extreme Führungsverhalten dargestellt, die in wechselseitiger Abhängigkeit voneinander sind:

1.1 – Führungsverhalten

Dies bedeutet, daß wenig oder keine Mühe und Einwirkung auf die Leistungsziele und die Mitarbeiter erfolgt. Das Führungsverhalten ist passiv; es erfolgt weder ein Engagement für die Förderung der Produktivität, noch ist eine Motivation der Mitarbeiter gegeben.

5.5 – Führungsverhalten

Diese Verhaltensweise ist durch eine sehr starke Kompromißbereitschaft sowohl im persönlichen als auch im leistungsorientierten Bereich gekennzeichnet. Dieses Führungsverhalten ist zwar weitgehend von Konflikten befreit, läuft aber Gefahr, in Mittelmäßigkeit zu enden.

9.9 – Führungsverhalten

Hier stehen sowohl die persönlichen als auch die unternehmerischen Ziele im Einklang, deshalb wird dieses Führungsverhalten als erstrebenswert angesehen. Hier wird ein Höchstmaß an Produktivität mit gleichzeitiger Mitarbeiterzufriedenheit erreicht.

1.9 – Führungsverhalten

Bei diesem Führungsstil werden die Leistungs- und Produktivitätsziele stark vernachlässigt, während die zwischenmenschlichen Beziehungen große Beachtung finden. Auf diese Weise wird ein »sozialhygienisches Betriebsklima« geschaffen, das eine gute Arbeitsatmosphäre garantiert und die Leistungsbereitschaft erhöht.

9.1 – Führungsverhalten

Dieser Führungsstil läßt menschliche Belange außer Betracht. Das Streben nach Leistungsmaximierung steht im Vordergrund, ein Höchstmaß an Aufmerksamkeit wird der Produktivität gewidmet. Dieses Verhalten geht auf die allgemeinen Vorstellungen zurück, daß die Bedürfnisse des Menschen

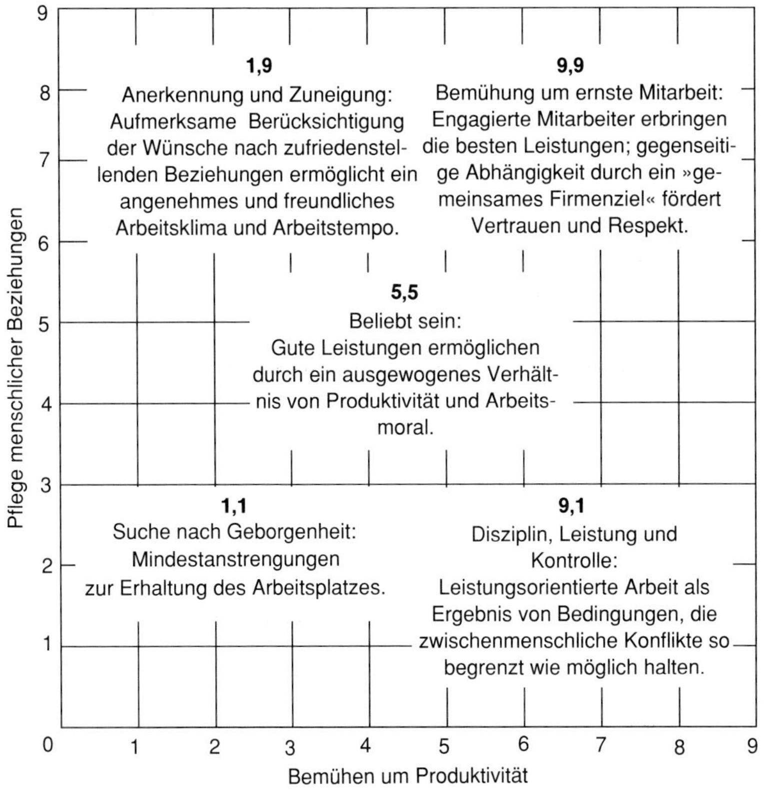

Abbildung: Das Führungsgrid (nach Blake und Mouton)

grundsätzlich im Widerspruch zu den Interessen einer Unternehmung stehen und deshalb nicht berücksichtigt werden sollten.

Diese 5 Verhaltensmuster umfassen die wichtigsten Führungsmethoden, die das Grid beschreibt; Zwischenstufen und Mischformen in jede Richtung sind möglich.

Eine vereinfachte Gegenüberstellung der beiden extremen Formen des Führungsverhaltens könnte folgende Indikatoren aufzeigen:

9.1 Führungsverhalten	1.9 Führungsverhalten
– Sachliches Interesse an Aufgabenerfüllung ist vorrangig	– Interesse der Führung an humanen Elementen, Mitarbeiterbezug steht im Vordergrund
– Humane Elemente werden weitgehend vernachlässigt	– Humane Elemente bestimmen die Leistung
– Vorgesetzter ist meist Autoritätsperson	– Vorgesetzter schafft Arbeitsbedingungen, die den Leistungswillen anregen
– Unterstellungsverhältnisse sind streng hierarchisch, und klare Kompetenzen herrschen vor	– Formale Organisation wird durch informale Beziehungen ergänzt oder gar ersetzt
– Mengen-, Zeit- und Geldstandards sind Gradmesser für die Leistung	– Kaum Standards, menschliche Erfüllung zählt
– Konfliktfall: Persönliche Einordnung oder Wechsel	– Konfliktfall: Geleugnet oder geglättet

Quelle: Blake, Robert und Mouton, Jane S.

(4) Führungsstile und Führungsverhalten nach Tannenbaum und Schmidt

Beim Führungsverhalten kann grundsätzlich von zwei verschiedenen Stilen ausgegangen werden, dem

- autoritären und dem
- kooperativen/demokratischen

Führungsstil.

Diese beiden entgegengesetzten Ausprägungen des Führungsverhaltens werden häufig in einer bipolaren Spannungsreihe zwischen der Willensbildung beim Vorgesetzten und der Willensbildung beim Mitarbeiter/Gruppe dargestellt.

a) Autoritärer Führungsstil

Dieser Führungsstil wird als direktives oder autonomes Verhalten bezeichnet. Die Führungskraft entscheidet autonom, die Mitwirkung einer unterstellten Gruppe ist ausgeschlossen. Durch diese Befehlsgewalt und verstärkte Kontrolle werden Mitarbeiter zu reinen Verrichtungsorganen, sie arbeiten nur auf Anweisung; jede Eigeninitiative sowie jegliches Innovationsverhalten werden bereits im Keim erstickt.

b) Kooperativer/demokratischer Führungsstil

Dieser Führungsstil ist durch einen objektiven Entscheidungsprozeß gekennzeichnet. Er ist für alle Mitarbeiter transparent und nachvollziehbar, da ein hoher Grad an Information und Kommunikation besteht und sie über alle Ziele und Aufgabenstellungen Bescheid wissen. Dieses Führungsverhalten ist stark motivierend und läßt reichlichen Spielraum für innovative und kreative Fähigkeiten.

Zwischen diesen beiden extremen Ausprägungen ergibt sich noch eine Reihe von unterschiedlich gewichteten Führungsverhalten, wie sie im Kontinuum der Führungsstile dargestellt sind.

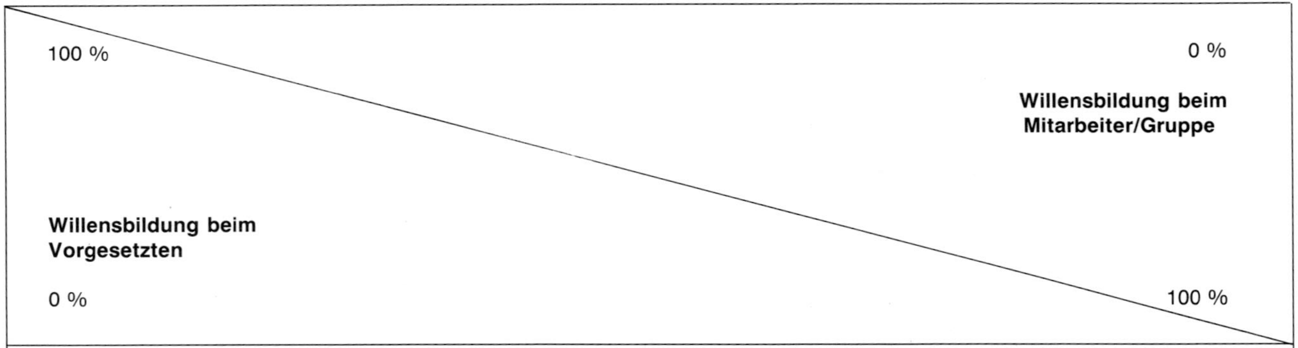

Charakterisierung	Vorgesetzter entscheidet, häufig unter Zwang, und ordnet an	Vorgesetzter entscheidet, setzt durch, häufig mit Manipulation	Vorgesetzter entscheidet, setzt mit Überzeugung durch	Vorgesetzter informiert, Meinungsäußerung der Betroffenen	Gruppe entwickelt Vorschläge, Vorgesetzter wählt aus	Gruppe entscheidet in vereinbartem Rahmen autonom	Gruppe entscheidet autonom, Vorgesetzter als Koordinator
Benennung	**»autoritär«**	**»patriarchalisch«**	**»informierend«**	**»beratend«**	**»kooperativ«**	**»partizipativ«**	**»demokratisch«**
	Autoritärer Führungsstil	←				→	Demokratischer Führungsstil

Abbildung: Führungsstile und Führungsverhalten (nach Tannenbaum und Schmidt)

Quelle: Tannenbaum, R. und Schmidt, W. H.

(5) 30 Management-by-Methoden

Erfolgreiche Unternehmen wenden verstärkt folgende Managementmethoden an. Diese Konzepte werden jeweils nach ihrer Zielsetzung und den Voraussetzungen für eine Einführung vorgestellt:

1. Management by Objectives
   Führung durch kooperative Zielfindung
   und definitive Zielsetzung

   Ziele:
   Objektivierung des Zielsetzungs- und Leistungsprozesses, eindeutige Strategien, Fortschrittsorientierung, leistungsbezogenes Vergütungs-System

   Einführungs-Voraussetzungen:
   Quantifizierung der Ziele, klare Verantwortungs- und Aufgabenbereiche, Leistungs- und Beurteilungsmaßstäbe

2. Management by Delegation
   Führung durch klare Kompetenzverteilung
   »Führung im Mitarbeiterverhältnis«

   Ziele:
   Initiative- und Mitverantwortungsförderung, Mitunternehmerfunktion der Mitarbeiter, Aufgabenorientierung

   Einführungs-Voraussetzungen:
   Delegation von Aufgaben, Kompetenzen und Verantwortung,
   Stellenbeschreibung, Kontrolle

3. Management by Exception
   Führung nur in Ausnahmesituationen

   Ziele:
   Entlastung von Routine- und generell programmierbaren Entscheidungen

Einführungs-Voraussetzungen:
Maßstäbe- und Maßnahmenfixierung für quantitative und qualitative Abweichungen, Grenzwertregeln

4. Management by Planning
Führung durch ziel- und tätigkeitsorientierte Maßnahmenplanung

Ziele:
Minderung von Unsicherheitsfaktoren und Leistungsdissonanzen

Einführungs-Voraussetzungen:
Exakte Alternativpläne, Marktanalysen,
Anwendung von OR-Methoden

5. Management by Budgets
Management durch Aufwandslimitierung

Ziele:
Sicherstellen von Liquidität, Rendite, Substanzerhaltung; Faktorkombination nach dem Rationalprinzip

Einführungs-Voraussetzungen:
Absatz-, Produktions-, Finanz- und Kostenpläne, Plankontrolle

6. Management by Alternatives
Problemlösungsmöglichkeiten nur unter mehrdimensionalen Aspekten

Ziele:
Ausschöpfung aller potentiellen Möglichkeiten in bezug auf Zielsetzung, Planung, Realisierung

Einführungs-Voraussetzungen:
Bewertungsmaßstäbe für die einzelnen möglichen Lösungen, Nutzwertanalyse

7. Management by Importance (Priority-Decisions)
Führung durch Vorgabe von Entscheidungsgewichtigkeiten

Ziele:
Das Wichtigste soll zuerst erledigt werden

Einführungs-Voraussetzungen:
Dringlichkeitserfüllungsmaßstäbe für Ziele, Objektivierung der Entscheidungsprozesse

8. Management by Perception
Führung durch systematische Wahrnehmung erfolgversprechender Ziele

Ziele:
Eliminierung unklarer, risikoreicher, wenig profitversprechender Ziele

Einführungs-Voraussetzungen:
Wissen um die erfolgversprechenden Ziele

9. Management by Decision-Rules
Entscheidungs-Richtlinien-System

Ziele:
Reagibilitätserhöhung durch Aussschalten zeitraubender Rückfragen

Einführungs-Voraussetzungen:
Regelkataloge müssen allgemeingültig, Maßnahmen überprüfbar sein

10. Management by Motivation
Führung durch systematische und ideelle Mitarbeiterbeeinflussung

Ziele:
Förderung der Leistung und der Bereitschaft zur Mitarbeit

Einführungs-Voraussetzungen:
Kooperativer Führungsstil, Mitarbeiter wird zum ‚Sub-Unternehmer'

11. Management by Teaching
Führung durch systematische Mitarbeiterschulung

Ziele:
Leistungsreserven sollen mobilisiert werden

Einführungs-Voraussetzungen:
Systematische Aus- und Weiterbildung, Beurteilungssystem und Entscheidungsinstanz wer, wann, wie gefördert wird

12. Management by Incentives
Führung durch Setzen von Leistungsanreizen (performance centers)

Ziele:
Erreichung höherer Leistungsintensität

Einführungs-Voraussetzungen:
Leistungsnorm, -fähigkeit und -wille stimmen überein, Ziel-, Ergebnisorientierung

13. Management by Chances
Führung durch Gewährung positiver Veränderungsmöglichkeiten

Ziele:
Leistungs- und Statusmotivation

Einführungs-Voraussetzungen:
Fixierung und Publizierung der Grundlagen für Aufstiegschancen

14. Management by Partizipation
Beratende Mitwirkung beim Entscheidungsprozeß

Ziele:
Jeder soll das Gefühl haben, eine unternehmenswichtige Rolle zu spielen; die Breite des Kenntnisfeldes der Mitarbeiter soll genutzt werden

Einführungs-Voraussetzungen:
Kollegialer, demokratischer Führungsstil ist unabdingbar

15. Management by Innovation
Führung durch permanente Forschung, Rationalisierung und Neuerung

Ziele:
Laufende Anpassung an zukünftige Entwicklungen; Wettbewerbsfähigkeit soll verbessert werden

Einführungs-Voraussetzungen:
Freiräume für Mitarbeiter, gezielter Einsatz innovativer Methoden, kreativer, risikobereiter Mitarbeiterstab

16. Management by Breakthrough
Aggressiv-kreative Unternehmenspolitik, offensive Führungstaktik

Ziele:
Mobilisierung aller geistig-schöpferischen Kräfte im Unternehmen, Verbesserung der Marktposition

Einführungs-Voraussetzungen:
Zukunftsorientierung, Erfolgsfaktoren-Analyse

17. Management by Results
Ergebnisorientiertes Gewinnsystem

Ziele:
Produktivitätssteigerung,
Leistungsoptimierung

Einführungs-Voraussetzungen:
Eindeutige Strategien, Ziel- und Kontrollsystem,
rollende Planung

18. Management by Profit-Centers
Gewinnverantwortliches Betriebseinheitssystem

Ziele:
Gezieltes Gewinnstreben

Einführungs-Voraussetzungen:
Föderalistische Dezentralisation,
sparten-produkt-orientierte Organisation

19. Management by Cooperation
Führung durch sinnvolle Zusammenarbeit

Ziele:
Spannungsausgleich zwischen Leistungszielen und individuellen Verhaltensformen

Einführungs-Voraussetzungen:
Management by Objectives + Management by Delegation

20. Management by Integration
Führung durch Zwang zum systemkonformen Verhalten

Ziele:
»Zahnradprinzip«

Einführungs-Voraussetzungen:
Prozeß- und systemorientiertes Denken und Handeln

21. Management by Coordination
Ergänzung des Management by Cooperation
Interne Abstimmung unterschiedlicher Interessensphären

Ziele:
Bei fehlender Integration erreicht man eine positive Einwirkung aus Schwachstellen

Einführungs-Voraussetzungen:
Fixierung der Interventionsbefugnisse

22. Management by Communication
Weitgehender horizontaler und vertikaler Informationsaustausch

Ziele:
Effektive Leistung durch umfassenden Informationsaustausch

Einführungs-Voraussetzungen:
Informationsart, -umfang, -adressen, -sequenzen müssen bekannt sein

23. Management by Information
Integriertes Management-Informations-System (MIS)

Ziele:
Rechtzeitige Anpassung an sich ändernde ex- und interne Bedingungen, Verbesserung der Planungsfunktion

Einführungs-Voraussetzungen:
Fixierung: wer, wann, wie, worüber und wie oft informiert wird

24. Management by Projects
Einsatz von Teams für Projektplanung und -realisation

Ziele:
Schaffung optimaler Voraussetzungen für die Lösung komplexer Probleme

Einführungs-Voraussetzungen:
Funktionale Dezentralisation, Matrixorganisation

25. Management by Direction und Control (Authority)
»Law and Order-Prinzip« (Vertrauen ist gut, Kontrolle ist besser)

Ziele:
Im gesamten Unternehmensprozeß soll nichts unkontrolliert ablaufen

Einführungs-Voraussetzungen:
Eindeutige Weisungen, Fixieren der Kontrollpunkte

26. Management by Self-Control
Führung durch zweck- und zielbewußte Funktionsmotivation

Ziele:
Entlastung der nächsthöheren Stufe von Routinearbeiten

Einführungs-Voraussetzungen:
Geschäftspolitik, Strategie, Planziele, Aktionsphasen müssen festliegen und bekannt sein

27. Management by System
Computerisierte, kybernetische Führungsmethode

Ziele:
Systematisierung, Programmierung und Automatisierung administrativer Prozesse

Einführungs-Voraussetzungen:
Computergestützte Dispositions- und Steuerungssysteme

28. Management by Champion
Managen des Managements

Ziele:
»Culpa in eligendo«

Einführungs-Voraussetzungen:
Planungs-, Organisations- und Führungsgenies

29. Management by Errors
Führung durch kreative Fehlentscheidung (»Grat hög-Norsjö-Entscheidungsmethode«)

Ziele:
Eine falsche Entscheidung ist besser als gar keine Entscheidung

Einführungs-Voraussetzungen:
Unbefangenheit und Kreativität der Entscheidungsträger

30. Management by Walking Around
Der direkte Kontakt zwischen Führungskräften und Mitarbeitern wird angestrebt.

Ziele:
Durch Erkennen der Problemkreise und Schwachstellen im persönlichen Umgang werden optimale Arbeitsergebnisse durch bessere Mitarbeitermotivation erreicht.

Einführungs-Voraussetzungen:
Führungskräfte müssen die Bereitschaft zum persönlichen Kontakt mit der unteren Unternehmenshierarchie haben.

Die 3 wichtigsten Management-by-Methoden

In der Praxis haben die folgenden 3 Methoden die größte Bedeutung. Sie werden deshalb an dieser Stelle besonders ausführlich behandelt und mit ihren Vor- und Nachteilen für Wirtschaft und Verwaltung dargestellt:

Management by Objectives

Das Konzept des Management by Objectives geht davon aus, daß Vorgesetzte und Untergebene gemeinsam Zielsetzungen erarbeiten und den Aufgabenbereich jedes einzelnen und seine Verantwortung nach dem von ihm erwarteten Ergebnis festlegen.

Dies fordert

- klare Vorstellungen über das, »was« erreicht werden soll,
- das Festhalten des Erreichten, um den Erfolg oder Mißerfolg überhaupt messen zu können,
- einen entsprechenden Handlungsspielraum für die Mitarbeiter.

Es existieren zwei Interpretationsrichtungen:

- Die eine Richtung versteht unter MbO das Ausrichten aller Funktionsebenen an operationalen Zielen,
- die andere Richtung sieht im MbO primär eine Methode zur Lösung der Probleme der Arbeitsplatz- und Leistungsbewertung, Gehaltspolitik und Mitarbeiterschulung.

Während bei den Geschäftsgrundsätzen und den obersten langfristigen Zielen – mit Ausnahme der grundsätzlichen Ergebnisziele – im allgemeinen eine generelle Formulierung ausreichend ist, müssen die strategischen und taktischen Planziele quantifiziert werden. Die Geschäftsgrundsätze und Funktionsziele ergeben sich aus der Unternehmensphilosophie bzw. -politik und den Umweltbedingungen. Als Existenzbedingung ist für die Unternehmung eine angemessene Rentabilität auf lange Sicht erforderlich; unter diesem Aspekt müssen die Grundsätze der Politik aufgestellt werden.

Die *Geschäftsgrundsätze* können u.a. festlegen:

- das Tätigkeitsfeld der Unternehmung (Produktlinien, industrielle Konzeption, Abnehmerkreis, nationale – internationale Aktivitäten)
- die Wachstums- und Expansionspolitik (Vorbedingungen, Grenzen, Vorgehen, Konkurrenz)
- die Finanzpolitik (Finanzierung, Investition, Kredit-, Gewinn- und Bilanzpolitik, Kostenrechnung)
- die Absatzpolitik (Auftragsstruktur, Leistungsbereitschaft, Absatzmethode, Absatzwege, Werbepolitik, Preispolitik, Kundendienst)
- die Beschaffungspolitik (Lager- und Vorratspolitik, Kredit und Leasing)
- die Beziehungen zu Kapitalgebern (Banken, Anteilseigner)
- die Beziehungen zu den Mitarbeitern (Personalpolitik, Einstellungsprinzipien, Gehalts- und Pensionspolitik, Mitbestimmung)
- die Beziehungen zur Öffentlichkeit, zu Verbänden, staatlichen Institutionen (Public Relations, Informationspolitik).

Aus den Geschäftsgrundsätzen und der Umweltsituation ergeben sich die *Unternehmensziele*. Dabei gibt die

- Zielfunktion die Gesamtheit aller Ziele an, die eine Unternehmung verfolgt. Die Erarbeitung derivativer Unterziele muß unter folgenden Aspekten konzipiert werden:

1. Zeitdimension
Ohne Zeitbezug ist jede Zielsetzung sinnlos. Es muß festgelegt werden, bis zu welchem Zeitpunkt oder innerhalb welcher Zeitspanne ein bestimmtes Realisationsniveau erreicht werden soll.

2. Präzise Formulierung
Jeder Mitarbeiter sollte ein klar umrissenes Ziel von seiner Führungskraft erhalten, die dieses aus ihrer eigenen Zielvorgabe ableitet. Alle Ziele sind eindeutig abzugrenzen.

3. Kompatibilität
Die Ziele dürfen den Grundsätzen, Richtlinien und Programmen nicht widersprechen. Etwaige Zielantinomien müssen auf ein Minimum reduziert werden.

4. Kooperation
Die Ziele sind in gemeinsamen Gesprächen mit den Führungskräften und Mitarbeitern festzulegen. Sie müssen realistisch und erreichbar formuliert werden.

5. Quantifizierung
Je näher man zur Basis der Zielhierarchie kommt, desto exakter müssen die Ziele wert- und/oder mengenmäßig fixiert werden (Absolute Zahlen, Verhältniszahlen, Minima-Maxima, Änderungsraten).

6. Prioritäten
Die Ziele müssen durch eine Gewichtung, d.h. einen Dringlichkeitserfüllungsmaßstab in eine Rangreihe gebracht werden.

Management by Delegation

Bei dieser Managementmethode müssen drei Faktoren übereinstimmen:

– die gestellte Aufgabe

– die Weisungsbefugnisse, d.h. Kompetenzen,

– die Verantwortlichkeit für das Ergebnis.

Verantwortung delegieren heißt Verantwortung übertragen. Die Verantwortung für eine Sache kann stets nur an einer Stelle liegen. Die Verantwortung soll soweit wie möglich delegiert werden; die Befugnisse müssen der Verantwortung entsprechen.

Der Mitarbeiter hat alleinige Handlungsverantwortung. Er soll einen Delegationsbereich erhalten, in dem er verpflichtet ist, selbständig zu handeln, zu entscheiden und die Verantwortung zu tragen.

Der Vorgesetzte hat Führungsverantwortung. Er bleibt im Rahmen seiner Führungspflichten für die Delegationsbereiche seiner Mitarbeiter verantwortlich. Die Delegationsbereiche sollen klar abgegrenzt sein. Um klare und eindeutig abgegrenzte Verantwortungsbereiche zu bilden, müssen schriftlich fixierte Führungsanweisungen geschaffen werden. Diese sollten langfristig konzipiert und nur dann geändert werden, wenn grundsätzliche Verschiebungen in der gesamtunternehmerischen Zielkonzeption, dem Organisationsaufbau oder durch umweltbedingte Einflüsse auftreten.

Wesentliche Punkte der Führungsanweisungen sind:

- Stellensystemdiagramme
- Arbeitsflußdiagramme
- Stellenbeschreibungen

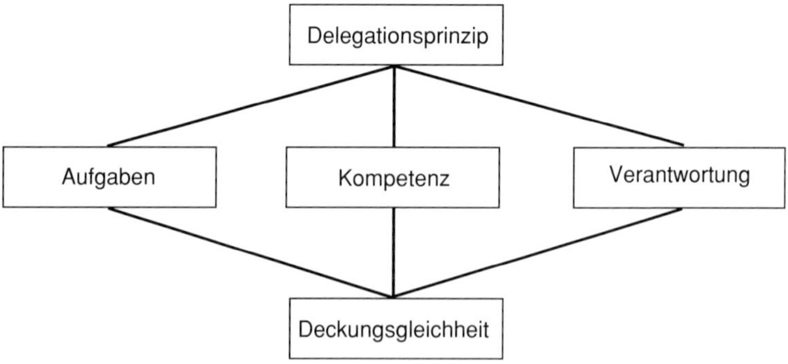

Abbildung: Das Delegationsprinzip

Management by Exception

Das Management by Exception ist dadurch gekennzeichnet, daß die Rückmeldung der Ergebnisse des Durchführungsprozesses an die Entscheidungsträger nur dann erfolgt, wenn sie von den vorgegebenen Soll-Werten abweichen und die Bandbreite, mit der diese Standards versehen sind, überschreiten. Die Abweichungen zeigen dem jeweiligen Entscheidungsträger an, daß der Realisationsprozeß nicht planmäßig abläuft und daher ein Eingreifen notwendig ist.

Die wichtigsten Voraussetzungen für die Realisierung dieser Managementmethode sind:

1. Festlegen der Kontrollpunkte
   (schon in der Phase der Planung)
   a) sachlich z.B. Aktionen
      Personen
      Hilfsmittel
   b) örtlich z.B. Stelle
      Abteilung
      Bereich
   c) zeitlich z.B. Zeitpunkt
      Zeitraum
      Zeitabstände
2. Vergleich der Soll-Werte mit den Ist-Werten
3. Fixieren der Abweichungen
   a) wann
   b) wie lange
   c) wie groß
   d) positiv/negativ
4. Formulierungen der möglichen Ursachen
5. Nachweis der Ursache(n)
6. Entscheidung und Einleitung korrigierender Maßnahmen (positive Abweichungen können kompensatorisch umstrukturiert werden).

Zu den Vorteilen des Management by Exception zählen:

- Konzentration auf »echte« Entscheidungen (Ausnahmefälle)
- Entlastung durch »programmierte« Entscheidungen; diese erfolgen unter den Zielsetzungen
  a) der Objektivierung und
  b) der Optimierung.

Quelle: Nagel, Kurt

(6) Das 3-Ebenen-Modell von Koreimann

Dieter S. Koreimann ist der Ansicht, daß die Legitimation der Machtverhältnisse des Managements ihren sichtbaren Ausdruck in der organisatorischen Gliederung des Unternehmens findet. In seiner Darstellung der Managementebenen ordnet er die Unternehmenshierarchie von den operativen Tätigkeiten der untersten Stufe bis zur Unternehmensspitze pyramidenförmig an.

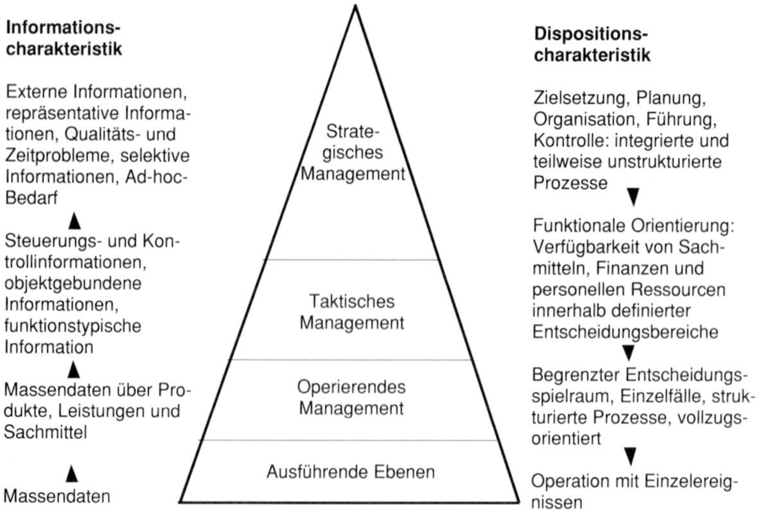

Diese Managementpyramide läßt sowohl eine horizontale als auch eine vertikale Gliederung zu. Während mit der horizontalen Einteilung auch eine spezifische Art der Arbeitsteilung sowie der Informations- und Dispositionscharakteristik einhergeht, zeigt die vertikale Unterteilung die funktionale Gliederung des Unternehmens auf.

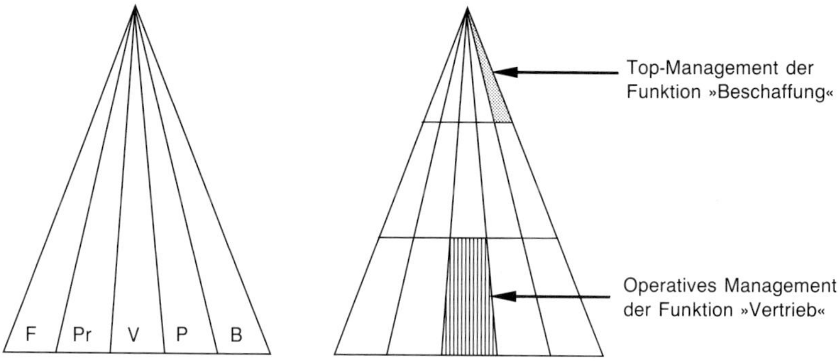

(F = Finanz, Pr = Produktion,
V = Vertrieb, P = Personal,
B = Beschaffung)

Quelle: Koreimann, Dieter S.

(7) Berufliches Rollenkonzept von Maccoby

Der amerikanische Psychoanalytiker Michael Maccoby entwickelte ein Modell beruflicher Rollen, das es erlaubt, eine Unternehmenskultur unter dem Aspekt unterschiedlicher Berufsauffassungen zu analysieren.

Maccoby hat diese unterschiedlichen beruflichen Rollen auf der Basis empirischer Untersuchungen erarbeitet und kam zu den folgenden Zuordnungsmöglichkeiten:

Der Fachmann

Diese Fachkräfte fühlen sich im wesentlichen durch die Arbeit selbst, durch die Aufgabenstellung und die Arbeitsinhalte, herausgefordert. Für sie sind Werte wie Qualität, Sparsamkeit, Perfektion und Pünktlichkeit sehr wichtig. Sie werden weniger durch ihre Bezahlung als durch ihre Anerkennung im Betrieb zu Leistung motiviert.

Sie brauchen an ihrem Arbeitsplatz eine von Ordnung und Überschaubarkeit geprägte Atmosphäre, um sich voll auf ihren Aufgabenbereich konzentrieren zu können. Eigenschaften wie Fleiß, Fachwissen, Einfallsreichtum, Disziplin und Verantwortungsbewußtsein werden ihnen zugeordnet.

Negativ wirkt sich dagegen oft ihr übertriebener Perfektionismus aus. Kommen Fehler in ihrem Zuständigkeitsbereich vor, reagieren sie meist überzogen und aggressiv gegenüber anderen und auch gegen sich selbst. Auf ein angemessenes Kostenbewußtsein wird meist zugunsten von Qualität und Perfektionismus verzichtet. Eine hervorragende Fachkraft ist selten eine gute Führungskraft, und meist sind die Vertreter dieser beruflichen Rolle der Meinung, daß niemand so präzise und genau arbeitet wie sie selbst.

Der Integrator

Dieser Menschentyp ist für alle Unternehmungen notwendig, da er für gutes Betriebsklima sorgt. Er bemüht sich um Harmonie und Ausgleich von Gegensätzen. Bei dieser Vermittlerfunktion kommt ihm zugute, daß er eine besondere Antenne für die Gefühle und Empfindungen anderer hat. Für seine Organisation gibt er seine eigene Identität auf, und der unweigerliche Konkurrenzkampf innerhalb eines Unternehmens stört sein verstärkt ausgeprägtes Harmoniebedürfnis.

Um es anderen recht zu machen, kann der Integratortyp sogar eigene Wünsche und Bedürfnisse zurückstellen – das kann bis zur Selbstaufgabe gehen –, wenn er damit die Erwartungshaltung anderer erfüllt. Durch sein Verständnis für andere und durch die Fähigkeit, ihnen auch zuhören zu können, ist der Integrator in allen Organisationen notwendig; er ist praktisch für deren Gemeinschaftsethik zuständig.

Der Spielmacher

Der Spielmacher verkörpert nach Maccoby den eigentlichen Managertyp, den er erstmals recht präzise beschreibt:

Spielmacher werden durch den Wettbewerb mit anderen erst richtig herausgefordert. Sie brauchen den Konkurrenzkampf und ein ständiges Sich-Messen, was sie anspornt und beflügelt. Sie konzentrieren sich selten auf eine bestimmte Aufgabe, sondern haben meistens »mehrere Eisen im Feuer«; die Wahrscheinlichkeit eines Sieges ist hier höher, und Spielmacher brauchen Siege. Niederlagen sind für sie meist nicht tragisch, da sie nicht nur auf eine Aufgabe fixiert sind, sondern mehrere Chancen gleichzeitig wahrnehmen.

Spielmacher verfügen über ein erhöhtes Potential an Kreativität, Intuition und innovativer Prägung. Damit ausgerüstet, gehen sie im Konkurrenzkampf meist als Sieger hervor. Durch Begeisterungsfähigkeit und Euphorie für eine Aufgabe reißen sie Mitarbeiter und Untergebene mit und motivieren sie ebenfalls zu Spitzenleistungen. Sie arbeiten gerne in Teams, wollen jedoch als die Cleversten anerkannt werden.

Trotz seines konstruktiven und fairen Verhaltens zeigt der Spielmacher wenig Verständnis für Mitarbeiter, die nicht auf seiner »Ebene« angesiedelt sind, die also weniger schnell und risikofreudig sind als er selbst. Für ihn gibt es keine Kompromisse: er teilt die anderen in Sieger und Verlierer ein. Überwiegen seine positiven Eigenschaften, so ist der Rollentyp des Spielmachers ein Gewinn für ein Unternehmen. Er sorgt für Beweglichkeit und Konkurrenzfähigkeit und gleicht bei Mitarbeiterkonflikten aus.

Der Dschungelkämpfer

Bei dieser Rolle handelt es sich im wesentlichen um einen recht negativen Menschentypus, der vorwiegend das Schlechte in seiner Umwelt registriert. Bedingt durch dieses negative Weltbild, das er sich geschaffen hat, arbeitet er nur für den eigenen Erfolg und teilt die Mitmenschen in Freunde und Feinde ein.

In einem Unternehmen schafft er sich sein eigenes Reich, in welchem er ohne Rücksicht auf andere eine Monopolstellung einnimmt und die Abhängigkeit anderer schamlos ausnutzt. Er kann aber auch im verborgenen, unter einem Deckmantel geschützt, seinen Machenschaften und Intrigen gegenüber anderen nachgehen.

Schlußfolgerungen für ein Unternehmen:

Anhand dieser Rollenbeschreibungen kann man in Organisationen unschwer die verschiedenen Menschentypen erkennen und zuordnen. Das erleichtert den Umgang mit ihnen wesentlich, da man ihre Wesensmerkmale und ihre Ziele kennt und somit in der Lage ist, sie besser zu verstehen. Besonders ungünstige Konstellationen sind bei der Stellenbesetzung zu vermeiden, um nicht verstärkt Konfliktsituationen heraufzubeschwören.

Das Maccoby-Modell mit seinen beruflichen Rollenidentifikationen leistet einen wichtigen Beitrag zum besseren Verständnis der Firmenmitglieder untereinander und stellt fest, daß die drei wesentlichen Menschentypen (Fachmann, Integrator und Spielmacher) aufeinander angewiesen sind und sich im Idealfall sehr gut ergänzen können.

Quellen: Maccoby, Michael
Rüttinger, Rolf

(8) Entwicklungskonzept einer Karriereplanung

J. Berthel von der Universität GHS Siegen hat zusammen mit H.-E. Koch dieses Konzept entwickelt. Er ist der Ansicht, daß es erfolgreicher ist, Karriereplanung als betriebliches *und* individuelles Entwicklungskonzept zu praktizieren, d.h., daß betriebliche und individuelle Ziele Eingang in die Planung finden müssen.

Um Führungskräfte zum Verbleib im Betrieb und zu langfristig praktizierten Leistungen anzuspornen, empfiehlt es sich, ihnen die Erreichung ihrer persönlichen Ziele in Aussicht zu stellen.

Diesen individuellen Karrierezielen steht jedoch der betriebliche Karrierebedarf einer Unternehmung gegenüber. Enttäuschte Karriereerwartungen haben Unzufriedenheit zur

Folge, die sich auf die Leistungsbereitschaft der entsprechenden Führungskraft auswirkt. Konkurrenzdenken bei den Mitarbeitern resultiert in mangelnder Kooperation und macht eine effiziente Arbeitsweise unmöglich.

Aus diesen Gründen sollte die Karriereplanung zum integrierten Bestandteil der Personalplanung eines Unternehmens gemacht werden:

1. Karrieremaßnahmen müssen kontinuierlich eingesetzt werden, um die individuelle Leistungsbereitschaft zu sichern und den Bedürfnissen der Mitarbeiter entgegenzukommen. Dies sollte jedoch nur im Verbund mit anderen Maßnahmen geschehen:

- Die Aufgabenstellung der gegenwärtigen Position sollte einen permanenten Anreiz für die Führungskraft haben,
- das Leistungspotential des Stelleninhabers sollte aktiviert werden,
- ausreichender Handlungsspielraum muß sichergestellt sein und
- die Personalentwicklung sollte durch Fort- und Weiterbildungsmaßnahmen unterstützt werden.

2. Durch Einbeziehung persönlicher/individueller Ziele in die Karriereplanung ist die Voraussetzung für ein Selbstmanagement geschaffen. Dazu gehören Maßnahmen wie

- regelmäßige Qualifikationsdiagnosen und Karrieregespräche, um die Möglichkeit einer Stärken-/Schwächen-Analyse zu geben, und
- Nutzen und Fördern von Eigeninitiative bei der Führungskraft.

3. Die betroffene Person muß bei der dritten Stufe einer Karriereplanung bereit sein, durch eine Offenlegung ihrer Karriereziele einen kooperativen Ablauf der Karriereplanung zu

ermöglichen. Darunter versteht man, daß sie

- Zielvorstellungen klar formuliert,
- Verantwortung für die Maßnahmenplanung mit übernimmt und
- neue Verhaltensweisen an jedem Arbeitsplatz erwirbt.

Eine geplante Stellenfolge nutzt die bereits erworbenen Fähigkeiten für gegenwärtige und zukünftige Tätigkeiten, wodurch Lerneffekte entstehen. Karrieremaßnahmen sollten deshalb eine sinnvolle Verknüpfung von Vergangenheit, Gegenwart und Zukunft leisten.

Abbildung: Integriertes Entwicklungskonzept (nach Berthel und Koch)

Quelle: Berthel, J. und Koch, H.-E.

(9) Die 3 Geheimnisse des Minuten-Managers

Der international renommierte Unternehmensberater Kenneth Blanchard, Professor für Betriebspsychologie an der Universität of Massachusetts, und der Arzt und Psychologe Dr. Spencer Johnson haben gemeinsam das Wesentlichste von dem, was sie auf ihren Spezialgebieten erforscht haben, zusammengetragen und verdeutlicht, wie Menschen mit anderen Menschen am besten zusammenarbeiten.

Sie faßten ihre Ergebnisse unter dem Symbol des »1-Minuten-Managers« zusammen, weil er sehr wenig Zeit braucht, um mit Menschen sehr gute Ergebnisse zu erzielen. (Wenn sie 1-Minuten-Manager sagen, kann es durchaus sein, daß die Schlüsselelemente länger als eine Minute dauern – es handelt sich dabei nur um einen symbolischen Ausdruck, um zu demonstrieren, daß alles in sehr kurzer Zeit geschehen kann.)

Bei ihren Recherchen ermittelten die Wissenschaftler drei Geheimnisse, die ihren Minuten-Manager so erfolgreich machen:

1. Geheimnis: Die 1-Minuten-Zielfestlegung (sie ist die Grundlage des ganzen 1-Minuten-Managements).

Dies bedeutet: nachdem gemeinsam (Führungskraft und Mitarbeiter) eine vorzunehmende Aufgabe beschlossen wurde, wird jedes einzelne Ziel schriftlich dargestellt – auf nicht mehr als einer Schreibmaschinenseite. Jeder muß diesen Text in einer Minute durchlesen können. Beide erhalten ein Exemplar der Ausarbeitung und können so von Zeit zu Zeit den Stand der Arbeit überprüfen. Für jedes Schwerpunktthema wird solch eine Zielbeschreibung ausgefertigt.

Die 1-Minuten-Zielbeschreibung ist eine Philosophie zum Thema ›keine Überraschungen‹ – jeder weiß von Anfang an, was er tun muß, was von ihm erwartet wird – die Leistungsanforderungen sind klar fixiert.

Die 1-Minuten-Zielfestlegung besteht nach Blanchard und Johnson einfach aus folgenden Schritten:

1. Wissen: welche Ziele ich erreichen will.
2. Feststellen: welches Verhalten der Erreichung dieses Ziels am besten dient.
3. Aufschreiben: jedes einzelne Ziel auf ein einzelnes Blatt für sich; Textmenge höchstens 30 Zeilen.

4. Lesen und Immer-mal-wieder-Lesen: Es dauert ja nur jeweils 1 Minute, wenn man von Zeit zu Zeit das Blatt mit der Zielbeschreibung durchliest.
5. Beobachten: täglich mehrmals 1 Minute lang die eigene Arbeitsweise unter die Lupe nehmen und dabei
6. Erkennen: ob mein Verhalten der Erreichung meines Ziels angemessen ist oder nicht.

2. Geheimnis: Das 1-Minuten-Lob

Es wirkt wie ein Feedback bei einer ordnungsgemäß ausgeführten Aufgabe.
Das bedeutet: Mitarbeiter werden zu Beginn

- ihrer Arbeit im Betrieb oder
- einer schwierigen Aufgabenstellung

dabei „erwischt", wenn sie etwas besonders gut machen. Ein kurzes Lob in Form von einer wohlwollenden Geste und einer präzisen Aussage, was als gut bezeichnet wird, zeigt dem Mitarbeiter, daß er und seine Arbeit Beachtung finden. Das 1-Minuten-Lob hat eine positive Wirkung, denn es kommt sofort nach der erfolgreich abgeschlossenen Leistung; die Arbeit wird detailliert gelobt, was den Eindruck vermittelt, daß sich die Führungskraft ebenfalls in der Problemstellung auskennt, und das Lob kommt konsequent, auch wenn der Manager anderweitig Probleme oder gerade Ärger hat.

Haben seine Leute die Sache im Griff, werden sie eigenverantwortlich, d.h., sie werden bei ihrer Arbeit alleine gelassen, niemand redet ihnen dazwischen; die positiven Aspekte zeigen sich dann in der positiven Firmenbilanz. Für den Minuten-Manager heißt das aber auch: »Je besser seine Leute sind, desto höher steigt er auf!«

Das 1-Minuten-Lob erreicht nach Blanchard und Johnson seinen Zweck folgendermaßen:

1. Sagen Sie Ihren Mitarbeitern *von vornherein*, daß Sie ihnen mitteilen werden, was Sie von ihrer Arbeit halten.

2. Wenn Sie jemanden loben können, tun Sie's sofort.
3. Sagen Sie Ihren Leuten, was sie gut gemacht haben. Sagen Sie es konkret, gehen Sie ins Detail.
4. Sagen Sie Ihren Leuten, wie sehr Sie sich über das freuen, was sie so gut gemacht haben, und wie wichtig das ist für die Firma und alle, die dort arbeiten.
5. Brechen Sie ab für ein paar Sekunden – damit der Belobigte Ihre Freude so richtig nachfühlt.
6. Vermitteln Sie dem anderen: »Nur weiter so.«
7. Geben Sie die Hand, oder tun (!) Sie etwas Ähnliches: Hauptsache, es wird klar, daß Sie den beruflichen Erfolg des Betreffenden aktiv unterstützen.

3. Geheimnis: Die 1-Minuten-Kritik

Hat man jedoch einen gravierenden Fehler gemacht, gibt es unweigerlich eine 1-Minuten-Kritik.

Das bedeutet: Der Manager kommt zum Mitarbeiter und informiert sich bei ihm – und nicht über Dritte – über die Fakten. Er erklärt in präzisen Worten das Fehlverhalten und vermittelt das Gefühl, daß er den Durchblick hat und Unachtsamkeit nicht duldet. Er ist verärgert, aber sein Unmut betrifft das fehlerhafte Verhalten des Menschen – nicht aber die Person. Das erleichtert es Mitarbeitern, sich nicht in die Defensive zu verkriechen und zu versuchen, den Fehler auf andere abzuwälzen, sondern die Verantwortung selbst zu übernehmen. Die Führungskraft kritisiert fair, d.h. gerecht, konsequent und vor allem konstruktiv. Sie verläßt den Mitarbeiter nicht, ohne vorher noch ein aufmunterndes Wort und seine Wertschätzung ausgedrückt zu haben.

Die 1-Minuten-Kritik funktioniert nach Blanchard und Johnson gut unter folgenden Bedingungen:

1. Sagen Sie Ihren Mitarbeitern von vornherein, daß Sie ihnen klipp und klar mitteilen werden, was Sie von ihrer Arbeit halten.

Erste Hälfte der Kritik:

2. Wenn Sie jemanden kritisieren müssen, dann sofort.
3. Sagen Sie Ihren Mitarbeitern, was sie falsch gemacht haben. Sagen Sie es konkret, gehen Sie ins Detail.
4. Sagen Sie Ihren Leuten klipp und klar, wie Sie gefühlsmäßig auf den Fehler reagieren, den sie gemacht haben.
5. Brechen Sie ab für ein paar Sekunden – bis das Schweigen peinlich wird. Erst dann kann der Kritisierte nachfühlen, welche Gefühle bei Ihnen hinter der Kritik stehen.

Zweite Hälfte der Kritik:

6. Reichen Sie dem anderen die Hand, oder zeigen Sie ihm durch eine andere »Kontaktaufnahme«, daß Sie ehrlich auf seiner Seite stehen.
7. Bringen Sie ihm ins Bewußtsein, wie sehr Sie ihn schätzen.
8. Betonen Sie, daß Sie von ihm viel halten, aber nicht von seiner Leistung in dieser speziellen Situation.
9. Denken Sie daran: Wenn die Kritik vorbei ist, ist sie vorbei.

Quelle: Blanchard, Kenneth und Johnson, Spencer

(10) Führungskonzept nach dem St. Gallener Management-Modell

Dieses Unternehmensmodell wurde zu Beginn der 70er Jahre unter Leitung von H. Ulrich an der Hochschule von St. Gallen entwickelt. Bei diesem Konzept handelt es sich um ein systemorientiertes Managementmodell, das mehrere Komponenten in sich vereint.

Da das Unternehmen ein »produktives soziotechnisches System« ist, steht demzufolge das Systemdenken in komplexen Zusammenhängen im Vordergrund.

Das Managementmodell kann in vier Unternehmensbereiche gegliedert werden:

1. Unternehmung

Hiermit sind die Unternehmung, die Umwelt sowie die Märkte, Marktleistung, Funktionsbereiche, die verschiedenen Gestaltungsebenen und die repetitiven/innovativen Aufgaben gemeint.
Da die Führung stark von den von außen eindringenden Faktoren abhängig ist, muß als erstes »die zu gestaltende und lenkende Institution, die Unternehmung, dargestellt und analysiert werden«.

2. Unternehmungsführung

Darunter versteht man: Führungsstile, Führungsfunktionen und Führungsphasen.
Die Unternehmensführung wird im St. Gallener Modell als informationsverarbeitendes Lenkungssystem aufgefaßt, »in welchem die Führungskräfte aller Stufen eingeordnet sind«.

3. Unternehmensorganisation

Dieser Bereich bezieht sich auf die Organisationsstrukturen, Organisationsanalyse und die Verhaltensweisen der Führungskräfte in komplexen Organisationen.
Aufgabe der Unternehmensorganisation ist es, »eine arbeitsteilige Zusammenarbeit aller Mitarbeiter« zu ermöglichen. Dabei ist zu sehen, daß die Organisationsstruktur von den »festgelegten Unternehmenszielen, den einzusetzenden personellen und sachlichen Mitteln und den vorgesehenen Arbeitsverfahren« abhängig ist, welche aber einer Veränderung unterliegen.

4. Führungsbereich des Chefs

Hierbei handelt es sich um die Grundlagen der Menschenführung und um Entscheidungsmethoden.
Führungsaufgaben, Bereichsorganisation und Sachaufgaben bilden die Punkte der Tätigkeit einer Führungskraft. Um ihnen nachkommen zu können, bedarf es einer Menschenführungsmethodik und einer Entscheidungsmethodik.

Sie dürfen aber nicht isoliert voneinander betrachtet werden, da Menschenführung »mit der Lösung von Sachaufgaben der Unternehmung als produktives System« zusammenhängt.

Das Zusammenspiel dieser Unternehmensbereiche erfordert eine *Systemanalyse*, welche eine

- Umweltanalyse und Systemanpassung,
- Analyse der systeminternen Beziehungen,
- Untersuchung der Ziele des Systems und
- Analyse der Systemelemente umfaßt.

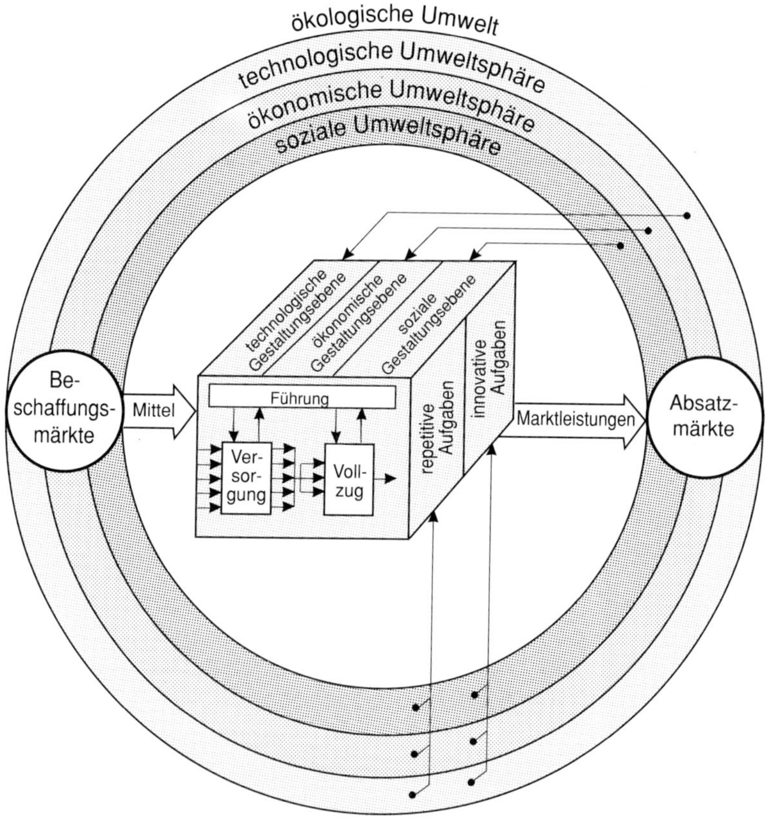

Abbildung: Das Unternehmensmodell und seine sachlogischen Zusammenhänge (nach Ulrich und Krieg)

Systemdenken bedeutet:

- mehrdimensionales Betrachten komplexer Zusammenhänge,
- dynamisches Analysieren von Prozessen,
- pragmatische Lösungen sind gefordert, und
- analytisches und synthetisches Denken wird bei Entscheidungen erwartet.

Dies resultiert aus dem Grundsatz, daß keine isolierte Betrachtung von Aktionen und Problemen erfolgen darf, sondern allzeit Bezug auf das Gesamtsystem genommen werden muß.

Quelle: Ulrich, H. und Krieg, W.

(11) Führungssystem nach dem Harzburger Modell

Das Harzburger Modell wurde an der Akademie für Führungskräfte der Wirtschaft in Bad Harzburg von R. Höhn und seiner Mitarbeiterin G. Böhme entwickelt. Man kann es als ein System der Führung im Mitarbeiterverhältnis bezeichnen. Die zur Realisation dieses Führungsstils eingesetzten Führungsinstrumente und seine wesentlichsten Eigenschaften sind im folgenden kurz aufgeführt:

- Die autoritäre Führung wird durch die Führung im Mitarbeiterverhältnis abgelöst, d.h., der Mitarbeiter wird nicht mehr als ein Befehlsempfänger betrachtet, sondern als ein selbständig denkender, handelnder und entscheidender Mensch angesehen. Der Vorgesetzte muß sich von dem alten Vorgesetztenleitbild trennen und das Mitarbeiterpotential für das Unternehmen nutzbar machen.
- Jeder Mitarbeiter hat einen ihm fest zugewiesenen Aufgabenbereich mit speziell ihm übertragenen Kompetenzen. Innerhalb dieses genau definierten Aufgabenbereiches kann er selbständig tätig sein, d.h., die Führungsverantwortung

bleibt beim Vorgesetzten, und die Handlungsverantwortung geht auf den Mitarbeiter über.

- Ein Teil der Verantwortung der Leitungsgremien wird an die Mitarbeiter delegiert. Diese sind für alles selbst verantwortlich, was in ihrem Delegationsbereich liegt.

- Die Delegation von Verantwortung bedingt eine verstärkte Kontrolle, d.h., alles, was an den Mitarbeiter delegiert wurde, erfordert anschließend eine Kontrolle. Diese bezieht sich sowohl auf die fachlichen Leistungen als auch auf das Verhalten als Mitarbeiter und Vorgesetzter.

Für die Realisierung dieser Führungsprinzipien werden im Rahmen dieses Konzeptes folgende Instrumente eingesetzt:

1. die organisatorische Festlegung des Aufgabenbereiches anhand einer Stellenbeschreibung und

2. die allgemeine Führungsanweisung als Grundlage für die Kontrolle auf fachlichem Gebiet

Durch die Stellenbeschreibung wird jedem Mitarbeiter sein Aufgabenbereich innerhalb der Organisation zugeordnet. Sie ist für den jeweilig Betroffenen ein Handlungsrahmen, der seine Befugnisse und Aufgaben regelt.

Der Inhalt der »Allgemeinen Führungsanweisung« regelt das Verhältnis zwischen Vorgesetzten und Mitarbeitern und definiert den Umfang der Delegation. Die wichtigsten Regeln sind u.a.:

- eine kurze Darstellung des Wesens der Führung im Mitarbeiterverhältnis in Gegenüberstellung zur autoritären Führung,

- die Kennzeichnung der *Delegation von Verantwortung als Kernstück* der Führung im Mitarbeiterverhältnis,

- die Pflichten, die der *Mitarbeiter* gegenüber seinem Vorgesetzten im Rahmen dieser Führung zu erfüllen hat,

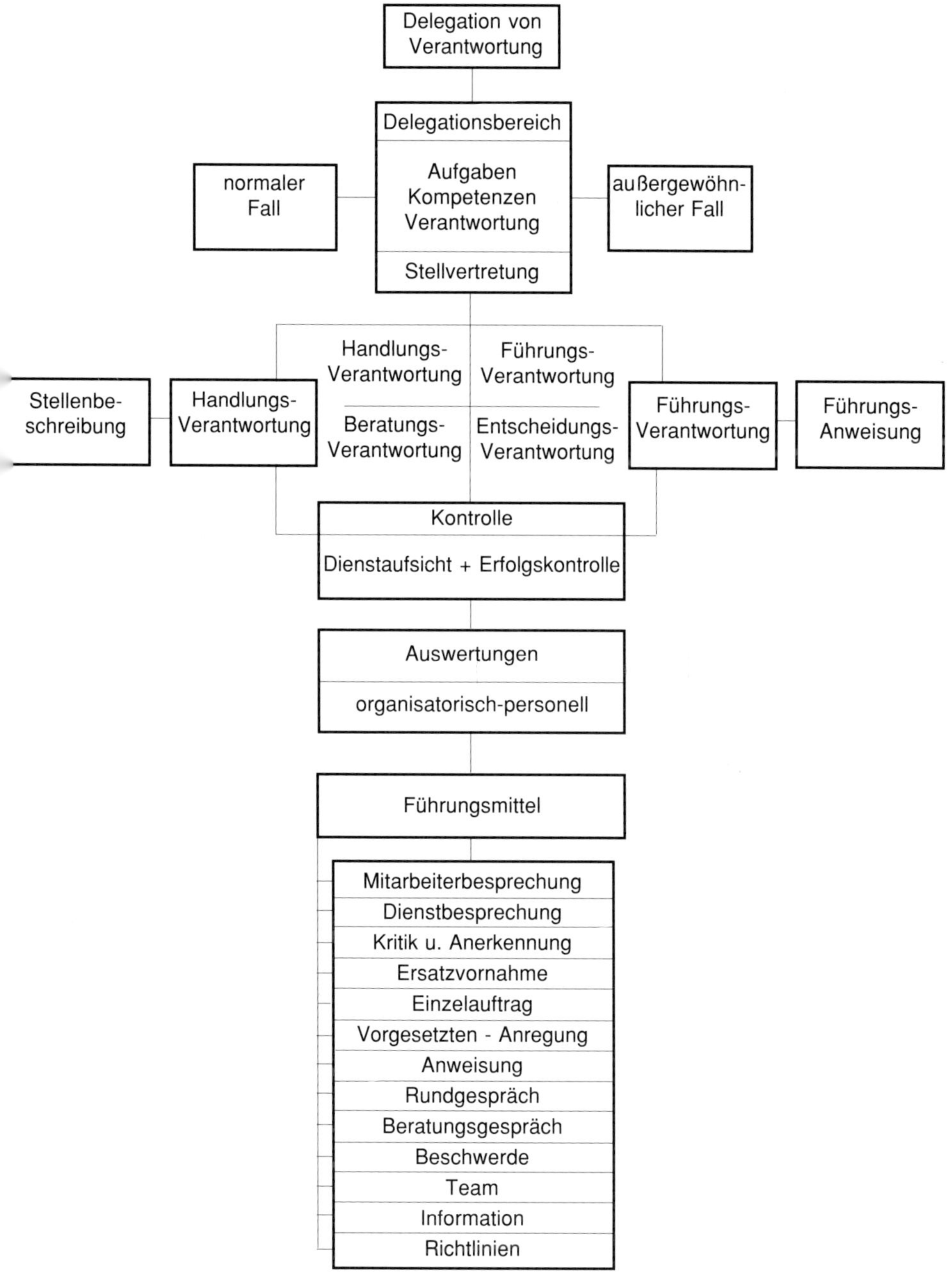

Abbildung: Das Harzburger Modell

- die Pflichten, die der *Vorgesetzte* auf dieser Basis gegenüber seinen Mitarbeitern wahrzunehmen hat,
- die Verantwortung bei einer Führung im Mitarbeiterverhältnis, d.h. die Unterscheidung zwischen Handlungs- und Führungsverantwortung in ihrer Bedeutung für Mitarbeiter wie Vorgesetzte,
- die Grundsätze, die bei einer Führung im Mitarbeiterverhältnis für die Einhaltung und Regelung des Dienstweges, also der hierarchischen Stufenordnung, gelten, die die Unternehmensspitze mit der untersten Ebene verbindet.

Mit diesen Anweisungen wird eine Norm für das Führen im Mitarbeiterverhältnis geschaffen, die für alle Mitglieder der Unternehmung verbindlichen Charakter hat.

Die gesamten Soll-Vorgaben müssen jedoch klar definiert werden, damit anschließend ein effizienter Soll-Ist-Vergleich gezogen werden kann.

Quelle: Höhn, R. und Böhme, G.

(12) Führungsgrundsätze

Die Führungsgrundsätze sind Leitlinien für die vertrauensvolle Zusammenarbeit zwischen Führungskräften und Mitarbeitern.

Sie bewegen sich im Rahmen der geltenden Gesetze und tariflichen Bestimmungen und basieren üblicherweise auf dem kooperativen Ansatz des Konzeptes »Führen durch Ziele«.

Die Grundsätze sollen Orientierungshilfen für die wesentlichen Führungssituationen geben.

Die Führungsgrundsätze sind für alle Vorgesetzten und Mitarbeiter der Unternehmung verbindlich.

Führungsgrundsätze behandeln unter anderem:

- Pflichten der Mitarbeiter
- Pflichten der Vorgesetzten

– Mitarbeitergespräch und Mitarbeiterbesprechung
– Dienstaufsicht und Erfolgskontrolle
– Grundsätze für die Information
– Richtlinien
– Dienstweg

(13) Führungsprofile nach Likert

Führungsprofile sind notwendig, um das Verhalten von Führungskräften meßbar, beeinflußbar und transparent zu machen.

Er gibt nach Likert zwischen den Gegensätzen des autoritären und kooperativen/demokratischen Führungsstils vier Ausprägungsmöglichkeiten (Systeme):

1. exploitive authoritative system (ein die Mitarbeiter ausbeutendes autoritäres System)
2. benevolent authoritative system (ein wohlwollendes authoritäres System)
3. consultative system (ein beratendes System)
4. participative group (eine mitwirkende Gruppe)

Auf diese Systeme der Ausprägung von Führungsverhalten bezieht Likert die folgenden Charakteristika:

1. leadership processes used (eingesetzte Führungsprozesse)
2. character of motivational forces (Art der Motivation)
3. character of communication process (Art des Kommunikationsverhaltens)
4. character of interaction-influence process (Art der Beeinflussung durch Wechselwirkung)
5. character of decision-making process (Art des Entscheidungsprozesses)

6. character of goal setting or ordering (Art der Zielsetzung oder Anweisung)

7. character of control process (Art des Kontrollprozesses)

8. performance goals und training (Ergebnis der Ziele und des Trainings)

Diese Variablen können noch weiter differenziert werden. Sie repräsentieren nach Likert das gesamte Führungsverhalten.

Um dieses Führungsverhalten in einer Profilkurve darzustellen und zu charakterisieren, wird auf folgende Weise vorgegangen:

a) *Anfertigen einer Matrix*
Horizontal werden die Variablen des Führungsverhaltens angegeben; vertikal werden die vier Grundsysteme eingetragen.

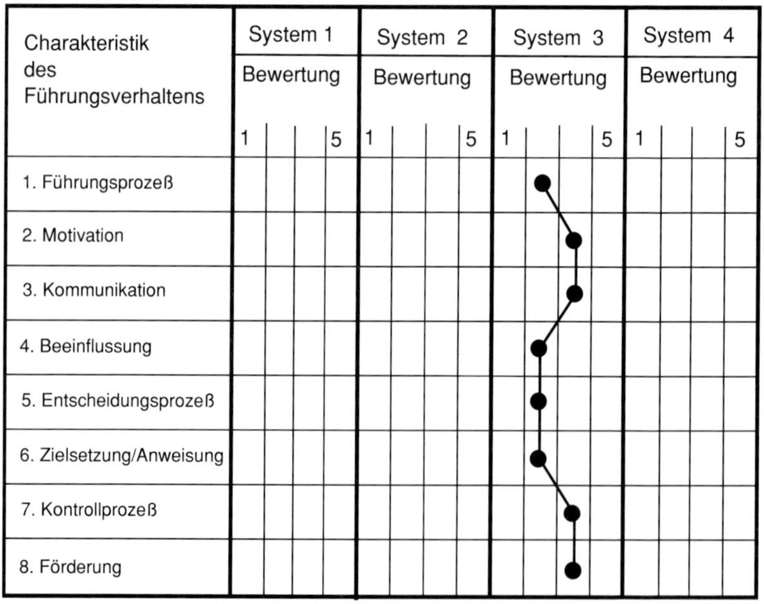

Abbildung: Profilkurve eines Führungsverhaltens

b) *Bewertung*

Für jede Variable wird eine Bewertung mit fünf Bewertungsgraden aufgeführt (1 = schwache, 5 = starke Ausprägung dieses Führungsverhaltens).

c) *Justierung*

Nun werden die bewerteten Variablen in die Tabelle eingetragen und mit Strichen verbunden, so daß man die Profilkurve erhält.

Die Abbildung zeigt am System 3 (beratendes System) die Ausprägung eines Führungsverhaltens.

Quellen: Likert, R.
Koreimann, Dieter

(14) 2 Managementmethoden nach Boyatzis

Der Amerikaner Richard Boyatzis von der McBer & Company Gesellschaft stellt in seinem Buch »The Competent Manager« verschiedene Annahmen auf, die zwei entgegengesetzte Managementmethoden beschreiben. Er nennt sie

- die wissenschaftliche und
- die humanistische

Methode.

1. Das wissenschaftliche Management

Er bezeichnet den »mechanischen Führungsstil« als das »wissenschaftliche Management« in den Eigenschaften eines Spitzenkönners als »Einzelelemente für eine menschliche Maschine, von der verlangt wird, daß sie maximale Produktivität erbringt«. Dabei wäre kein Raum für eine individuelle Aufgabenstellung und tiefere innere Werte vorhanden. Eine innere Einstellung, etwas Besonderes zu sein und hervorzuragen, wäre bei dieser Managementmethode aber nicht notwendig, da sich die nötigen Fähigkeiten ja wie »Handfertigkeiten« scheinbar erwerben ließen.

2. Das humanistische Management

Diese Art des Führungsstils findet dagegen stets Wege bei jeder Schwierigkeit, und es erscheinen Problemlösungen, sobald die Aufgabe erkannt wurde. Dieses Management bedeutet auch, Menschen nicht nur neue Fähigkeiten beizubringen, sondern »diese Eigenschaften als Schlüssel zu verwenden, der das Tor öffnet zum menschlichen Potential, indem in der Firma ethische Werte entwickelt werden und dem Personal Gelegenheit zu maximalem persönlichen Wachstum gegeben wird«.

Quellen: Boyatzis, Richard E.
Garfield, Charles

(15) Das Kontrollsystem von Lee Iacocca

Der amerikanische Erfolgsmanager Iacocca verhalf dem Automobilunternehmen Ford in der Mitte der sechziger Jahre durch seine Vertriebs- und Marketingmethoden zu enormem Erfolg. Als er danach zu Chrysler überwechselte, brachte er dem am Rande des Ruins stehenden Unternehmen innerhalb von 6 Jahren Rekordumsätze und Höchstgewinne.

Iacocca ist einer der bekanntesten Topmanager der amerikanischen Automobilbranche, und von seinem Führungsstil wird behauptet, daß er »durch Motivierung führt und durch Führung motiviert«. Zu seinem Führungsstil gehört Offenheit. Alles persönlich, nichts schriftlich oder über Dritte erledigen: einstellen, befördern, belohnen, bestrafen etc.

Mit teilweise rigorosen Führungsmethoden brachte er zwei große Automobilunternehmen zu Spitzenleistungen. Iacocca ist fest davon überzeugt, daß Vorgesetzte die Leistung der Untergebenen vierteljährlich überprüfen müssen. (Dies war für ihn die einzige Möglichkeit, neue Ideen zur Problembewältigung zu finden.) Alle Firmenmitglieder wurden von ihm genau bewertet, was er in dem sogenannten »schwarzen Buch« festhielt. Er war der Ansicht, daß man niemanden beurteilen kann, ohne ihn auch regelmäßig zu beobachten. Jedes Firmenmitglied mußte sich Prioritäten setzen wie z.B.

- Absatz steigern,
- Marktanteil vergrößern,
- Verkaufszahlen von Konkurrenten übertreffen.

Die Disziplin, etwas schriftlich zu fixieren, war für ihn der erste Schritt zur Verwirklichung eines Plans.

Diese Methode der systematischen Bewertung und Überprüfung wurde durch sein Konzept, jedes Vierteljahr neue Ziele zu setzen und zu erreichen, ergänzt. Er war der Auffassung, daß dieses Überprüfungssystem das Selbstverantwortungsgefühl der Ressortchefs stärken würde.

Fünf positive Ergebnisse des vierteljährlichen Kontrollsystems faßt er zusammen:

1. Der Dialog zwischen Chef und Abteilungsleitern wird intensiviert, die Teamarbeit zwischen Führungskräften verbessert.
2. Tüchtige bzw. nachlässige Mitarbeiter können besser und schneller erkannt werden.
3. Führungskräfte erhalten den Eindruck, eigene Ziele und Aufgaben zu haben und zu verwirklichen und nicht nur ein Rädchen in einer großen Maschinerie zu sein.
4. Abteilungsleiter werden um so produktiver, je größer ihre Eigeninitiative ist.
5. »Ich habe noch keinen besseren Weg gefunden, Probleme effizienter zu lösen und neue Ideen zu entwickeln.«

Iacocca ist der Meinung, daß das Wichtigste der Glaube an sich selbst ist. »Symbole bedeuten nichts, solange nicht auch Werte damit verbunden sind.«

Quelle: Gordon, Maynard M.

(16) Führungseigenschaften-Modell von Wiedemann

Herbert Wiedemann ist der Ansicht, daß die Beschreibung der Persönlichkeitsmerkmale für Führungskräfte sowohl unter betriebswirtschaftlich-organisatorischen Aspekten als auch unter ethischen Gesichtspunkten betrachtet werden sollte.

Im folgenden werden acht Persönlichkeitsmerkmale, die von Führungskräften erwartet werden, vorgestellt. Die Beschreibung dieser Eigenschaften geschieht zunächst von den betriebswirtschaftlich-organisatorischen Erfordernissen her, die an die Führungskraft gestellt werden und die sie benötigt, um in ihrer Position zum ökonomischen Erfolg zu gelangen. Danach wird die ethische Erwartungshaltung aufgezeigt, die sich stets auf die zwischenmenschlichen Beziehungen zu den Mitarbeitern bezieht.

Wiedemann hat die Persönlichkeitsmerkmale in acht »Eigenschaftsbündeln« zusammengefaßt, in denen jeweils die allgemeinen und die speziell zum Mitarbeiter hin wirkenden Eigenschaften gegenübergestellt werden:

1. Wissen, Können, Kreativität

Generelle Ausprägung:

- Rationalität, Intelligenz
- Wissen und Können
- Kreativität

mitarbeiterbezogene Ausprägung:

sich bewußt sein der

- subjektiven Rationalität
- Expertenfunktion des Mitarbeiters

2. Aktivität und Zuhören-Können

Generelle Ausprägung:

- zielgerichtete Aktivität

- Entscheidungsbereitschaft
- entschlossenes Anpacken von Problemen

mitarbeiterbezogene Ausprägung:

- diese Eigenschaften beim Mitarbeiter fördern, ohne ihn zu überfordern
- zuhören können

3. Persönliche Stabilität und Hilfsbereitschaft

Generelle Ausprägung:

- Selbstsicherheit
- persönliche Stabilität
- Selbstbewußtsein
- Selbstwertgefühl

mitarbeiterbezogene Ausprägung:

- diese Eigenschaften beim Mitarbeiter fördern und
- hilfsbereit
- aufgeschlossen
- lernbereit sein

4. Machtstreben und produktives Verzichtdenken

Generelle Ausprägung:

- Dominanzstreben
- Wille zur Macht
- Durchsetzungsvermögen
- Überlegenheit

mitarbeiterbezogene Ausprägung:

- Kritische Distanz gegenüber dem eigenen Macht- und Erfolgsstreben

- »Produktives Verzichtdenken« zugunsten des Mitarbeiters
- dem Mitarbeiter Expertenerfolge gönnen

5. Härte und Sensibilität

Generelle Ausprägung:

- Härte und Zähigkeit in der Verfolgung der Ziele
- Belastbarkeit und Streßbewältigung

mitarbeiterbezogene Ausprägung:

- diese Eigenschaften beim Mitarbeiter fördern und
- Sensibilität entwickeln
- Verständnis haben
- Nachsicht üben

6. Denken im organisatorischen und im sozialen System

Generelle Ausprägung:

- Systemdenken
- Anpassungsfähigkeit an die Ziele der Organisation und an neue Situationen
- Wandlungsbereitschaft

mitarbeiterbezogene Ausprägung:

- beim Mitarbeiter dieses Denken fördern
- Systemdenken mit Bezug zum sozialen System
- Anpassungsfähigkeit gegenüber dem Mitarbeiter

7. Gefühle beherrschen und Gefühle zeigen

Generelle Ausprägung:

Gefühlskontrolle bei

- Antipathie und

- Streßsituationen

mitarbeiterbezogene Ausprägung:

- positive Gefühle zeigen

8. Verantwortungsbewußtsein und Verläßlichkeit

Generelle Ausprägung:

- Verantwortungsbewußtsein und Verläßlichkeit mit Bezug zur Steuerung der betriebswirtschaftlich-organisatorischen Funktionen

mitarbeiterbezogene Ausprägung:

- beim Mitarbeiter diese Eigenschaften fördern
- Verantwortung und Verläßlichkeit dem Mitarbeiter gegenüber unter Beweis stellen

Quelle: Wiedemann, Herbert

(17) Die Ermittlung des Führungsstils an 10 Entscheidungssituationen

Die Frage nach dem optimalen Führungsstil kann nicht allgemeingültig beantwortet werden.

Der richtige Führungsstil ist vornehmlich abhängig von

- der Führungskraft,
- der Situation,
- der Aufgabe,
- den Mitarbeitern.

Einen Anhaltspunkt zum Feststellen, ob ein guter Führungsstil praktiziert wird, könnte die folgende Aufgabe geben:

Im folgenden finden Sie 20 Sätze, von denen jeweils 2 unter einer laufenden Nummer zusammengefaßt sind. Geben Sie bitte jedem Satz die Gewichtung, die Sie selbst ihm beimessen. Jeder Satz kann prinzipiell 0 bis 10 Punkte erhalten. 10 ist das höchste, 0 ist das niedrigste Gewicht, aber die Summe der beiden zusammengehörigen Sätze muß 10 Punkte betragen.

In den Auswertungsbogen werden die Ergebnisse aus den zehn Entscheidungssituationen eingetragen. Ein erster Anhaltspunkt für einen guten Führungsstil ist dann gegeben, wenn die Punktezahl in der rechten Spalte deutlich über der der linken Spalte liegt. Eine sicherlich sehr grobe Orientierung könnten folgende Werte in der rechten Spalte geben:

51 – 58 zufriedenstellender Führungsstil

59 – 66 guter Führungsstil

67 – 74 sehr guter Führungsstil

$>$ 75 Ergebnis ist zu überprüfen, bzw. der Führungsstil kann zu Problemen führen

Die adäquate Begrenzung in der Punktzahl der rechten Spalte ist durch die Entscheidungssituationen begründet. Während ein guter Führungsstil sich u.a. dadurch ergibt, daß die Frage 3a) ein sehr hohes Gewicht erhält, (z.B. 8 – 10 Punkte), wird die Frage 4a) eher eine ausgewogene bzw. leicht dominante Punktzahl im Vergleich zu 4b) sinnvoll erscheinen lassen (z.B. 5 – 6 Punkte).

Es empfiehlt sich, die Beurteilung des Führungsstils sowohl von der Führungskraft als auch von den Mitarbeitern vornehmen zu lassen. Ein Vergleich der einzelnen Bewertungen gibt erste Hinweise für mögliche Gespräche.

Entscheidungssituationen	Punkte a	Antwort b
Entscheidungssituationen 1a) Selbst in für mich schwierigen Situationen ist leicht mit mir zu reden. b) Man muß sorgfältig den Zeitpunkt wählen, wann man mit mir reden will.		
2a) Ich frage manchmal nach Beiträgen, habe mich normalerweise aber schon festgelegt. b) Ich versuche, die Vorteile der Mitarbeiterbeiträge zu verstehen, selbst wenn sie im Gegensatz zu meinen Ideen stehen.		
3a) Ich versuche, meinen Mitarbeitern dabei zu helfen, die Ziele des Unternehmens zu verstehen. b) Ich lasse meine Mitarbeiter selbst herausfinden, welche Bedeutung die Unternehmensziele für sie haben.		
4a) Ich versuche, meinen Mitarbeitern Zugang zu allen Informationen zu geben, die sie wünschen. b) Ich gebe meinen Mitarbeitern die Informationen, von denen ich glaube, daß sie sie brauchen.		
5a) Ich neige dazu, meinen Mitarbeitern Arbeitsziele zu setzen und Anweisungen zu geben, wie diese erfüllt werden können. b) Ich beteilige meine Mitarbeiter bei der Lösung von Problemen und Festlegung von Arbeitszielen.		
6a) Ich neige dazu, meinen Mitarbeitern von der Verwirklichung neuer Ideen abzuraten. b) Ich ermutige meine Mitarbeiter, neue Wege zu beschreiten.		
7a) Ich toleriere die Fehler der Mitarbeiter, solange diese daraus lernen. b) Ich lasse nur wenig Raum für Fehler, besonders, wenn sie mich selbst in Schwierigkeiten bringen.		
8a) Ich versuche, hauptsächlich Fehler zu korrigieren und Wege zu entwickeln, die Wiederholungen in der Zukunft vermeiden. b) Wenn etwas schiefgegangen ist, neige ich dazu, den Schuldigen herauszufinden.		
9a) Meine Meinungen über Mitarbeiter und die Erwartungen an sie schwanken. b) Ich habe eine hohe Meinung von den Mitarbeitern und erwarte viel von ihnen.		
10a) Ich erwarte hohe Leistung und gebe Anerkennung, wenn sie erreicht ist. b) Ich erwarte angemessene Aufgabenerfüllung und sage nur etwas, wenn es schiefgegangen ist.		

Abbildung: Ermittlung meines Führungsstils – abgeleitet aus 10 Entscheidungssituationen

Auswertungsbogen

1	b ________	a ________
2	a ________	b ________
3	b ________	a ________
4	b ________	a ________
5	a ________	b ________
6	a ________	b ________
7	b ________	a ________
8	b ________	a ________
9	a ________	b ________
10	b ________	a ________
Summe	________	________

Abbildung: Auswertung der Entscheidungsituationen

(18) Lebenszyklus und Managertyp

Laukamm und Walsh betonen, daß im Prinzip jede Lebenszyklusphase einer Branche einen speziellen Typ von Manager verlangt und jede auf der eigenen Wettbewerbsposition basierende Unternehmensstrategie einen besonderen Schwerpunkt im Profil des Managements fordert, das ja für die Durchführung der Strategie verantwortlich ist. Stellt man die Schwerpunkte der Managementfähigkeiten in Abhängigkeit von der Lebenszyklusphase der Branche einerseits und der eigenen Wettbewerbsposition andererseits dar, dann ergibt sich das folgende Schema:

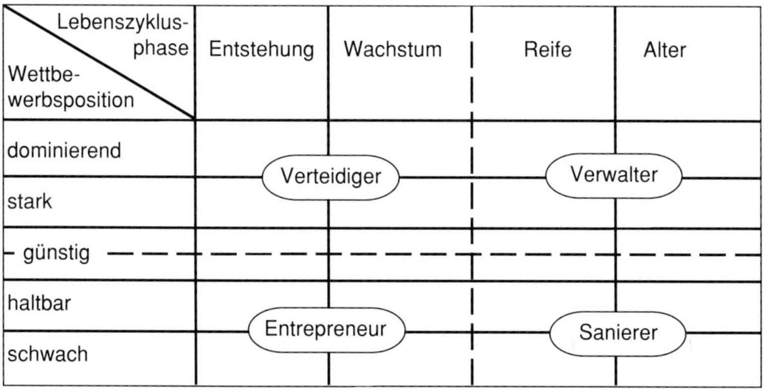

Abbildung: Strategische Positionierung wichtiger Typen von Managern nach Laukamm/Walsh

Die Darstellung soll Hinweise darauf geben, daß durch einen gewissen Transfer von Führungskräften, insbesondere bei Großunternehmen, verstärkt die Möglichkeit genutzt wird, den richtigen Manager bzw. die richtig zusammengesetzte Führungsmannschaft für die zu realisierenden Strategien zu finden und einzusetzen. Es hat sich in zahlreichen Fällen als erfolgreich erwiesen, einen Entrepreneur, der das Geschäft aufgebaut hat, in einer erreichten Reifephase durch eine eher administrativ orientierte Führungskraft zu ersetzen. Dem eher aggressiven Managertyp ist dann erneut die Chance des Aufbaus eines anderen Geschäfts zu geben.

Quelle: Laukamm, Th. und Walsh, I.

(19) Thesen zur innovationsfördernden Gestaltung der Weiterbildung nach Stiefel

Rolf Th. Stiefel, von der Deutschen Vereinigung zur Förderung der Weiterbildung von Führungskräften (Wuppertaler Kreis), stellt im folgenden einige wesentliche Thesen zur innovationsfördernden Gestaltung der Weiterbildung auf:

These 1: Eine Teilnahme an einer Weiterbildungsveranstaltung ist dann sinnvoll, wenn die Reihenfolge der dazu entsandten Teilnehmer durch das Vorhandensein innovativer Merkmale bei ihnen bestimmt wird.

Innovative Personen verfügen über besondere Merkmale:

- Sie haben einen relativ hohen sozialen Status in bezug auf Ausbildung, Prestige-Bewertung und Einkommen,
- sie sind im allgemeinen noch jung,
- für sie sind unpersönliche und weltoffene Informationsquellen wichtig,
- sie selbst sind sehr offen,
- sie praktizieren meinungsbildende Führung, d.h., sie sind Meinungsführer,
- sie werden gerne von sich und anderen als Außenseiter betrachtet.

Achtet man in der Unternehmung darauf, daß Führungskräfte, die an einer Weiterbildung teilnehmen, diese Merkmale vorweisen, ist eine für den Lernerfolg sehr wesentliche Voraussetzung erfüllt.

These 2: Eine Teilnahme an einer Weiterbildungsveranstaltung ist dann sinnvoll, wenn das maßgebende Mitglied einer Organisation zuerst am Kurs teilnimmt oder systematisch über den Kurs informiert wurde.

Nimmt z.B. der Leiter einer Abteilung vor seinen Mitarbeitern an einer Weiterbildungsveranstaltung teil, müssen jene nach ihrer Teilnahme am Kurs nicht erst Hemmschwellen und Akzeptanzbarrieren überspringen.

These 3: Eine Teilnahme an einer Weiterbildungsveranstaltung ist dann sinnvoll, wenn die Mitglieder der Organisation, aus der der Teilnehmer kommt, über die einzuführenden Lernerfolge vorher informiert werden.

Nicht nur der Vorgesetzte, sondern auch die Kollegen können eine Innovation durch ihr Unverständnis unterbinden. Insbesondere die tonangebende Gruppe im Arbeitsbereich kann eine starke Mauer gegen einzuführende Innovationen aufbauen.

These 4: Eine Teilnahme an einer Weiterbildungsveranstaltung ist dann sinnvoll, wenn die durch die Einführung von Lernerfolgen zu befriedigenden Bedürfnisse und Probleme gemeinsam von allen davon berührten Mitgliedern der Organisation ermittelt wurden.

Werden alle Personen einer Abteilung in die Problemermittlung einbezogen und die Teilnahme eines Mitarbeiters an einer Weiterbildungsveranstaltung einstimmig beschlossen, so kann mit einer wesentlich höheren Bereitschaft und Benutzerakzeptanz gegenüber neuen Methoden gerechnet werden.

These 5: Eine Teilnahme an einer Weiterbildungsveranstaltung ist dann sinnvoll, wenn ein zurückkehrender Teilnehmer sanktionsfrei mit der Einführung von Lernerfolgen experimentieren kann.

Jede Einführung von Innovationen läuft Gefahr, auch zu scheitern. Aus diesem Grunde sollte ein Klima geschaffen werden, in welchem nicht nur eine erfolgreich abgeschlossene Neuerung akzeptiert wird, sondern auch bereits der Versuch, sie durchzuführen.

These 6: Eine Teilnahme an einer Weiterbildungsveranstaltung ist dann sinnvoll, wenn ein zurückkehrender Teilnehmer von einem Teil seiner regelmäßigen Arbeitsaufgaben entbunden wird.

Einem Mitarbeiter, der seine neu erworbenen Kenntnisse einführen möchte, muß ausreichend Zeit zur Verfügung gestellt werden, da besonders die Einführungsphase von Innovationen zeitaufwendig ist. Evtl. sollte er auch in dieser Zeit von Routineaufgaben etwas entlastet werden.

These 7: Eine Teilnahme an einer Weiterbildungsveranstaltung ist dann sinnvoll, wenn im Zuge der Einführung von Lernerfolgen auch strukturelle Änderungen in der Organisation vorgenommen werden können.

Ohne diese Änderungen ist es häufig nicht möglich, Innovationen in einem Unternehmen einzuführen, da die vorhandene Organisationsstruktur erhebliche Hindernisse für eine erfolgreiche Einführung enthält.

These 8: Eine Teilnahme an einer Weiterbildungsveranstaltung ist dann sinnvoll, wenn von der Organisation mehrere Kräfte daran teilnehmen.

Oft gelingt es einem einzelnen Schulungsteilnehmer nicht, gegen den Widerstand der Abteilung die Neuerung einzuführen. Mehrere Teilnehmer haben dagegen eine größere Chance, die Einführungswiderstände in der Organisation zu überwinden.

Quelle: Stiefel, Rolf Th.

3.6 Praktizierte Kundennähe

(1) 8 Vorschläge für eine effiziente Kundenorientierung

1. Unternehmer und Führungskräfte haben eine besondere Verantwortung bei der Realisierung der Kundenorientierung

- Neben den sozialen Aufgaben und Pflichten gegenüber den Mitarbeitern haben die Führungskräfte auch eine soziale Verantwortung im überbetrieblichen Bereich. Da die Unternehmung kein isoliertes wirtschaftliches Gebilde ist und somit von der Umwelt stark beeinflußt und geprägt wird, müssen vor allem die Führungskräfte versuchen, die von den verschiedenen Kreisen der Öffentlichkeit ausgehenden Einflüsse für die Unternehmung möglichst günstig zu gestalten. Ihr Verhalten gegenüber Kunden, Lieferanten, Aktionären, Gewerkschaften, Regierungsstellen usw. bestimmt zu einem großen Teil den Erfolg der Unternehmung.

– Ein enger Kontakt der Führungskräfte zu den Kunden wird sowohl von erfolgreichen Praktikern als auch von namhaften Autoren befürwortet.

– Bei kleineren und mittleren Unternehmen wird auch für wichtig erachtet, daß die Kunden die eigene Unternehmung, insbesondere den betrieblichen Bereich, näher kennen.

– Führungskräfte müssen Kundennähe allen Mitarbeitern laufend »vorleben«.

2. *Der Kunde muß ständig nach seinen Wünschen gefragt werden*

– Ein erfolgreicher Unternehmer legt Wert darauf, daß man die Zufriedenheit der Kundschaft nicht in kurzen Abständen messen kann. »Sie muß Dauer und Bestand haben. Sie reicht von der Vergangenheit . . . bis in die Gegenwart und muß auch für das Morgen erhalten bleiben. Eine zufriedene Kundschaft sollte für ein Unternehmen das erstrebenswerteste Ziel sein.«

– Der Kunde ist ständig über seinen Zufriedenheitsgrad zu befragen. Auch in Handwerksbetrieben ist es vorstellbar, ausgewählte Kunden mit in solche Gespräche einzubeziehen. So wäre es für verschiedene Handwerksbetriebe durchaus sinnvoll, einen Kundenbeirat, dem z.B. drei bis vier Kunden angehören, zu gründen. Die Fragestellungen könnten hier sein:

– Wie sehen Sie unser Geschäft?

– Was für Vorschläge haben Sie bezüglich des Service zu machen?

– Welche Schwachstellen sehen Sie bei uns?

– Was können wir wie verbessern?

– Wie sehen Sie unsere Angebotspalette?

– Unterscheiden wir uns genügend von der Konkurrenz?

Die Antworten und Vorschläge, die von außen kommen, sind zu übersetzen und auf ihre Brauchbarkeit hin zu überprüfen. Ergänzend dazu kann man auch einmal im Quartal diese Kunden zu einem geselligen Beisammensein einladen, um die Vorschläge und Wünsche zu diskutieren. Ein solches Vorgehen macht die Unternehmung nicht nur beweglicher, sondern bringt auch Ideen hervor, die für das Geschäft gut sind.

- Ideen von Kunden sind aufzugreifen und eingehend zu prüfen.
- Kundenbeiräte können eine wichtige Funktion bei der Produktentwicklung wahrnehmen.
- Exzellente Unternehmen lassen oftmals die neuentwickelten Produkte und Dienstleistungen bei Stammkunden testen.
- Gemeinsame Entwicklung von Lösungskonzepten und Aufzeigen von spezifischen Problemlösungen tragen verstärkt zu einem vollen Vertrauen in die Leistungsfähigkeit der Organisation bei.
- Die Unternehmung muß unter Umständen auch auf Kundenwünsche eingehen, die, streng betriebswirtschaftlich gesehen, häufig nur Deckungsbeiträge erbringen. Die Auswirkung einer solchen Leistung kann jedoch eine Rechtfertigung zulassen.

3. Ein positives Klima mit Kunden entsteht bereits im täglichen Umgang miteinander

Beispiele hierfür könnten sein:

- Die Art, wie Führungskräfte und Mitarbeiter mit Kunden und Lieferanten umgehen und verhandeln.
- Die Art, wie die Mitarbeiter einer Organisation am Telefon antworten.
- Die persönliche Erscheinung eines jeden Mitarbeiters.

– Die Art, wie Fehler in Ordnung gebracht und Reklamationen behandelt werden.

– Die Art, wie man über das eigene Geschäft spricht.

4. Der Kundendienst hat exzellent zu sein

– Im Kundendienst ist laufend zu zeigen, daß in allen Situationen der Kunde an oberster Stelle steht.

– Jede noch so kleine Beanstandung des Kunden wird möglichst schnell beseitigt.

– Der Kundendienst hat sich auch in der Rolle des »Vordenkers« zu sehen. Man arbeitet mit Frühwarnsystemen und versucht, Fragen zu beantworten wie: »Was wäre, wenn?«

5. Die Mitarbeiter haben sich mit den Produkten zu identifizieren

– Ein namhafter Unternehmensberater, der mehr als 100 seiner Firmenkunden vor dem Hintergrund einer erfolgreichen Unternehmensführung untersucht hat, rät, das Produkt zum »Erlebnis« zu machen, es als Hobby zu sehen, stolz auf die eigene Leistung zu sein.
Er empfiehlt auch, die Produkte, soweit möglich, selbst zu verwenden. Für ihn ist es ein negatives Beispiel einer »Unternehmenskultur«, wenn die Mitarbeiter eines Automobilherstellers lieber mit Fahrzeugen anderer Hersteller fahren.

6. Organisatorische Maßnahmen in der Aufbauorganisation können die Kundenorientierung wesentlich verstärken

– Verschiedene Firmen, die ihre größten Erfolge vorwiegend auf die bestmögliche Praktizierung einer exzellenten Kundennähe zurückführen, haben für die Realisierung dieses Erfolgsfaktors u.a. folgende organisatorische Vorkehrungen getroffen:

1. Forschung und Entwicklung ist ein Teil des Vertriebsbereiches.

2. Der Vertriebsbereich hat eine überragende Bedeutung in der Gesamtorganisation.
3. Die Anzahl der Hierarchiestufen ist auf ein Minimum reduziert.
4. Dezentrale Vertriebsorganisation.

- Eine Reihe von Wirtschaftsunternehmen hat, um Kundenwünsche spezieller Art noch besser erfüllen zu können, einen eigenen Bereich bzw. größere Sonderabteilungen geschaffen. Die Aufgabe dieser Organisationseinheiten ist die Entwicklung und Realisierung von Lösungen für spezifische Kundenaufträge. Im Sinne einer praktizierten Kundennähe reicht es vielfach auch, in diesen Abteilungen kostendeckend zu arbeiten.

7. *Organisatorische Maßnahmen in der Ablauforganisation können Schwachstellen deutlich machen und Ansätze für Innovationen geben*

- Möglichst einfache Abläufe
- Streben nach kurzen Lieferzeiten
- Zuordnung eindeutiger Ansprechpartner
- Analyse der Durchlaufzeiten von Bestellungen
- Prüfung auf Einhaltung von Lieferantenterminen und Qualität der Produkte

8. *Marktorientierte Produkt- und Programmstrategie*

- Konzentration auf die Stärken des Unternehmens (Mitarbeiter, Methoden, Maschinen, Märkte usw.)
- Erfolgreiche Unternehmen sind häufig Spitzenreiter in einer Marktnische
- Systematisches Streben nach Innovation und kontinuierliches Erneuern des Produktprogramms

Quelle: Nagel, Kurt

(2) Das Gewinner-Gewinner-Gewinner-Spiel

Ziel des Gewinner-Gewinner-Gewinner-Spiels ist eine optimale Verknüpfung der eigenen Prozesse mit den Kunden- und Lieferantenprozessen. Will man zu tiefgreifenden Kosteneinsparungen gelangen, genügt es heute nicht mehr, nur die im Hause ablaufenden Prozesse effizient zu gestalten. Es kommt mehr und mehr darauf an, die Abwicklung der Zusammenarbeit mit Kunden und Lieferanten optimal zu lösen.

Die Abstimmung der **Prozesse mit den Lieferanten** wird durch Just-in-Time-Systeme verdeutlicht. Sie erlauben im Zusammenspiel zwischen Lieferanten und Herstellern eine Optimierung des Fertigungsprozesses. Die Vorteile dieser Ansätze liegen beim Hersteller u.a. in der Integration von Wareneingang und Fertigung. Damit werden Kosten, Zeit und Qualität optimiert. Die Vorteile des Lieferanten seinerseits liegen häufig in der Lieferung der richtigen Produkte zur richtigen Zeit. Er ist in der Lage, seine Prozesse besser zu planen, zu steuern und zu kontrollieren.

Ansätze zur Senkung von Kosten und zu einer verbesserten Ablaufgestaltung können in diesem Fall gefunden werden über die Beantwortung von Fragen wie:

- Wie läßt sich die Koordination derzeit konkret verbessern?
- Welche Prozesse spielen sich im einzelnen zwischen Lieferanten und unserer Firma ab?
- Wie kann konkret jeder einzelne Prozeß durch Informationstechnik optimiert werden?
- Wie läßt sich die Koordination in der Aufbau- und Ablauforganisation verbessern?

Vor dem Hintergrund der neuen **Prozesse mit Kunden** ist die gegenwärtige Situation zu analysieren und anschließend ein Szenario für die nächsten Jahre zu entwickeln. Aus diesem muß hervorgehen, wo die Schwerpunkte in der Zusammenarbeit liegen und mit welchen Strategien die Unternehmung diese

Prozesse beeinflussen will. Im Vordergrund haben Überlegungen zur Gewinnung strategischer Wettbewerbsvorteile und Kostensenkungen zu stehen. Hier ist insbesondere an eine Optimierung der eigenen Unternehmensprozesse mit jenen der Kunden zu denken. Gerade die Kundenorientierung läßt sich in zahlreichen Fällen wesentlich verbessern. Um zu Einsparungen zu kommen, ist es zunächst notwendig, innovative Lösungsansätze zu finden. Dies setzt voraus, daß man in den Gehirnstrukturen der Kunden und der Kunden dieser Kunden zu denken hat. Bei der Abstimmung dieser Prozesse sollte man immer davon ausgehen, daß Vorteile für alle Beteiligten gegeben sind. Es muß zu einem Gewinner-Gewinner-Gewinner-Spiel kommen (siehe Abbildung).

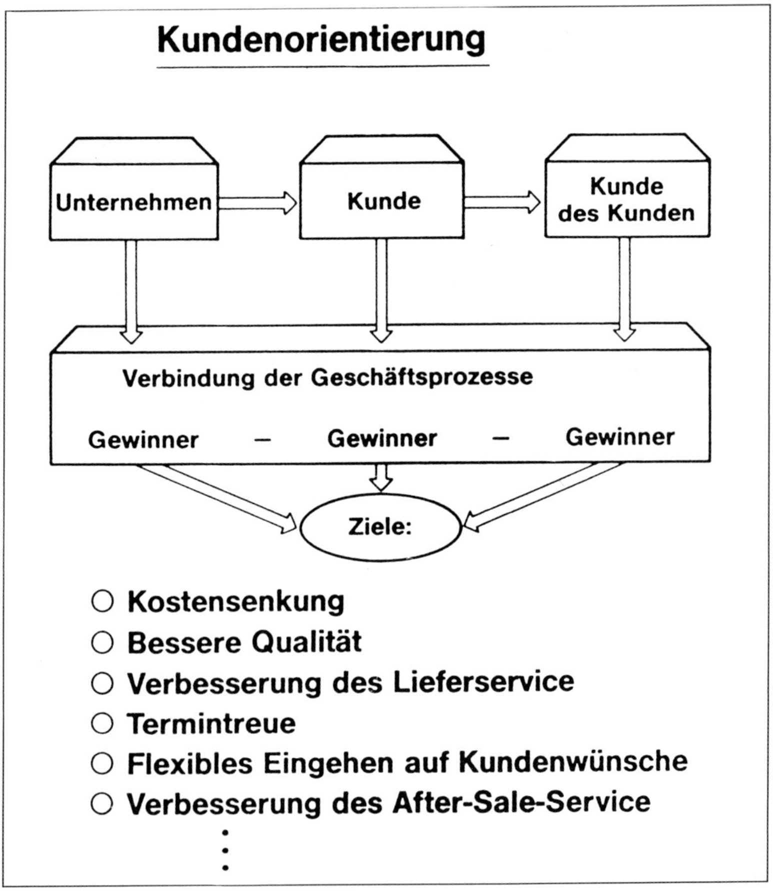

Um dies zu erreichen, muß das innovative Unternehmen selbst eine ausgeprägte Kreativität für alle Kundenprozesse entfalten. Es ist dabei notwendig, die Geschäftsprozesse des Kunden im einzelnen zu analysieren und zu versuchen, die Fragen nach Kosteneinsparungen zu beantworten.

In diesem Stadium bringt ein Rückgriff auf bereits entwickelte Modelle die Praxis erheblich weiter. Ein Ansatz geht von dem Lebenszyklus eines Produktes aus Kundensicht aus, der im folgenden Abschnitt beschrieben wird.

Quelle: Nagel, Kurt

(3) Der Lebenszyklus eines Produktes aus Kundensicht

Ives und Learmonth gehen bei der Verbesserung der Geschäftsprozesse vom Lebenszyklus eines Produktes aus Kundensicht aus. Sie unterscheiden aus der Sicht des Kunden die folgenden vier Phasen:

1. Anforderungen an das Produkt (Bedarfsermittlung)

1.1 Anforderungen bezüglich der notwendigen Ressourcen aus Unternehmenssicht festlegen
Frage: »Wann hat der Kunde welchen Bedarf?«

1.2 Der Kunde hat seine spezifischen Wünsche anzugeben
Frage: »Wie sieht die genaue Spezifikation aus?«

2. Akquisition für das Produkt (Beschaffung)

2.1 Bestimmen, wo die Kunden diese Produkte zu kaufen wünschen
Frage: »Wie kommt der Kunde zur Auswahl der Lieferanten«?

2.2 Auftragserteilung
Frage: »Wie und mit welchen Kommunikationsmitteln erfolgt die Erteilung des Auftrags?«

2.3 Bonitätsprüfung und Zahlungsmodus
Frage: »Wie kann die Bonität geprüft werden, und wie wird bezahlt?«

2.4 Auslieferung der Ware
Frage: »Wie sollte die Lieferung erfolgen?«

2.5 Prüfen und Annahme der Ware
Frage: »Wie prüft der Kunde die Ware/Dienstleistung, und wie nimmt er diese an?«

3. Benutzung

3.1 Lagerung/Einordnung in den derzeitigen Bestand
Frage: »Wie wird das Produkt oder die Dienstleistung in die Organisation des Kunden integriert?«

3.2 Erfassung und Verwaltung
Frage: »Wie werden die Leistungen erfaßt und verwaltet?«

3.3 Nachrüstung/Leistungserhöhung
Frage: »Wie läßt sich ein Leistungsmehrbedarf des Kunden decken?«

Geschäftsprozesse des Kunden

Aktivitäten	Einzelne Prozesse	Unterstützung
Bedarf	Bedarfsermittlung/Zusätzliches Spezifikation/Ausschreibung	
Beschaffung	Lieferantenauswahl Auftrag Bonität/Zahlungsmodus Lieferung Prüfung/Annahme	
Benutzung	Lagerung/Einordnung Erfassung/Verwaltung Nachrüstung/Leistungserhöhung Instandhaltung/Reparatur	
Beendigung	Verkauf/Rückgabe Nachkalkulation	

3.4 Instandhaltung/Reparatur
Frage: »Wie erfolgt die Instandhaltung und Reparatur?«

4. Abschluß

4.1 Verkauf/Rückgabe
Frage: »Wie kann der Kunde die Produkte weiterverkaufen oder zurückgeben?«

4.2 Nachkalkulation
Frage: »Wie ermittelt der Kunde die Gesamtkosten?«

Ives und Learmonth sind der Ansicht, daß mit Hilfe des »Product Ressource Life Cycle« eine Verbesserung der Beziehungen zu den Kunden erreicht werden kann. Sie empfehlen, daß jede Organisation die einzelnen Phasen kritisch analysiert und auf innovative Ansätze hin untersucht.

Quelle: Ives, Blake und Learmonth, Gerhard P.

(4) Das Verhaltensgitter (Kundengrid) nach Blake und Mouton

Blake und Mouton haben mit ihrem Verhaltensgitter nicht nur die verschiedenen Führungsstile einzuordnen versucht, sondern dies auch aus der Sicht des Kunden durchleuchtet. Dieses Kundengitter stellt durch die horizontale Achse die Interessen des Kunden und durch die vertikale Achse jene des Verkäufers dar. Auch dieses Verhaltensgitter besteht aus einem Koordinatensystem, das diese beiden Interessengruppen vertritt. Es werden hier vier extreme Kundenverhalten dargestellt, die in wechselseitiger Abhängigkeit voneinander sind:

1.1 – Kundenverhalten

Dieses Kundenverhalten signalisiert den gleichgültigen Kunden, der weder an einem guten Einkauf noch an einem excellenten Verkäufer interessiert ist. Meist ist er nur dann zum Kauf bereit, wenn eine unerträgliche Situation ihn dazu zwingt. Ist er an einem Kauf interessiert, weil sein Unternehmen etwas wirklich braucht, geht er bei der Verhandlung den Weg des geringsten Widerstandes. Er wird selten Entscheidungen selber treffen, sondern Vorgesetzte in die Entscheidung miteinbeziehen, um nicht Verantwortung tragen zu müssen.

5.5 – Kundenverhalten

In der Gittermitte ist der 5.5-orientierte Kunde angesiedelt. Es handelt sich dabei um einen recht unentschlossenen Typ, der – abgesehen von Routinesituationen – sich selten auf Anhieb entscheiden kann. Seine Kaufentscheidung macht er eher vom soziologischen Status jener abhängig, die vor ihm das angebotene Produkt erworben haben, und weniger von der Qualität der Ware. Sein Vertrauen gilt dem Altbewährten, der Reputation des Produktes.

9.9 – Kundenverhalten

Hierbei handelt es sich um einen entschlossenen Kunden, der bereits genaue Vorstellungen von seinen Bedürfnissen hat. Er ist positiv eingestellt, erwartet eine offene Beratung und legt Wert auf überzeugende und exakte Daten. Seine Argumente sind vernunftsbezogen, und logisches Denken zeichnet ihn aus.

1.9 – Kundenverhalten

Dieser Kunde ist in seinem Verhalten eher auf den Verkäufer als auf das angebotene Produkt fixiert. Sein maximales Interesse gilt einem beliebten Verkäufer, der ihn hofiert, seine persönlichen Daten und Wünsche kennt und berücksichtigt, während ein minimales Interesse dem eigentlichen Kaufabschluß und der Ware gegenübersteht. Wer diesem labilen Kundentyp passende Komplimente und Schmeicheleien entgegenbringt, wird ihn als Dauerkunden halten können.

9.1 – Kundenverhalten

Das genaue Gegenteil ist der defensive Kunde, der sein Hauptinteresse auf das angebotene Produkt lenkt. Er wird es auf alle ihm zur Verfügung stehenden Arten analysieren und den Verkäufer dazu provozieren, sich und die Ware »unter Beweis« zu stellen. Bei diesem Kundenverhalten ist meist eine starke Überzeugung mit Engstirnigkeit verbunden. Ist er endlich zum notwendigen Kauf entschlossen, wird er zusätzliche Leistungen fordern und unter heftigem Widerstand um den Endpreis feilschen.

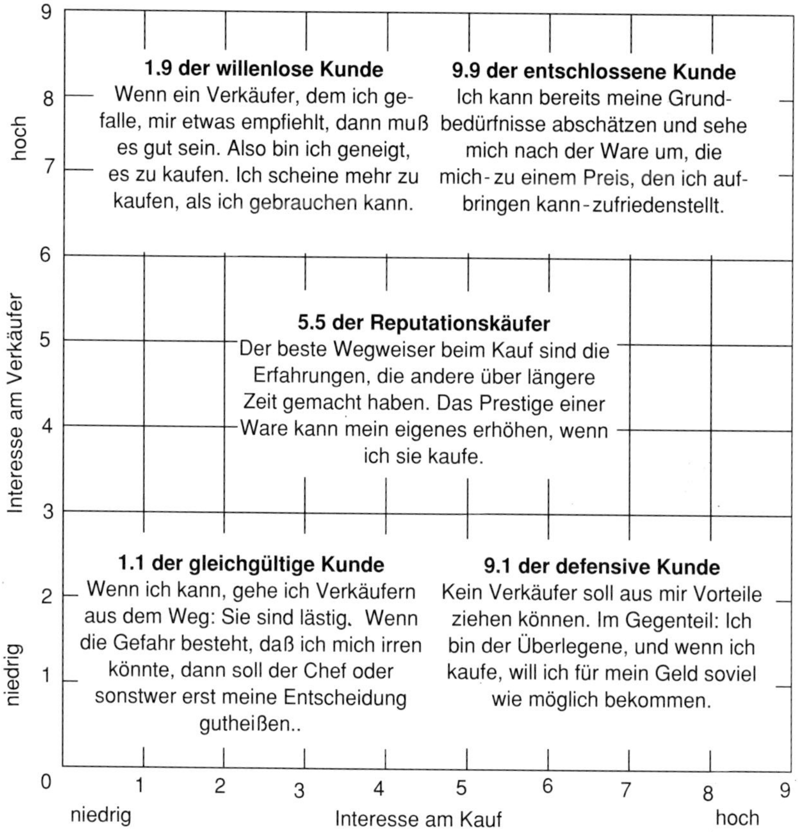

Abbildung: Das Kundengrid. Verhaltensgitter (nach Blake und Mouton)

Auch beim Kundenverhalten sind ebenso wie beim Führungsverhalten zahlreiche Zwischenstufen und Mischformen in jede Richtung hin denkbar.

Quelle: Blake, R. und Mouton, J.

(5) 3 Faktoren einer Kundenbeziehung

Für Kundenbeziehungen gibt es kein allgemeingültiges Rezept, da man auf die jeweiligen Gegebenheiten und die persönliche Einstellung eines jeden Gesprächspartners gesondert eingehen muß, um den Zielvorstellungen beider Partner zu genügen.

Dennoch meint Werner Correll, daß es bestimmte, gleichbleibende Faktoren gibt, die für jede Kundenbeziehung gelten sollten. Je besser man diese Faktoren kennt und beachtet, desto positiver läßt sich ein Verkaufsgespräch führen. Trotz der verschiedenen Interessen und Bedürfnisse eines Kunden bezüglich des zur Diskussion stehenden Produktes lassen sich folgende Faktorengruppen in einer Verkaufssituation unterscheiden:

1. Ein möglichst positives Verhältnis zwischen Verkäufer und Produkt sollte bestehen.

Um einen Kunden von einem Angebot (Ware, Dienstleistung, Artikel etc.) zu überzeugen, ist es notwendig, daß sich der Verkäufer voll mit seinem Angebot identifiziert. Daneben muß er detaillierteste Kenntnisse von der Qualität, den Vorteilen und den evtl. auftretenden Nachteilen eines Produktes haben.

2. Eine möglichst positive Beziehung zwischen Verkäufer und Kunden sollte bestehen.

Dies bedeutet für den Verkäufer, daß er die jeweiligen Bedürfnisse, Vorstellungen und Interessen des Kunden kennt, sie berücksichtigt und zu einem Teil seiner Zielsetzung macht. Um eine gute Beziehung zum Kunden aufzubauen, sollte er auch psychologisches Einfühlungsvermögen besitzen, damit er ein positives Verhältnis aufbauen kann, das seinem Endziel – dem Verkauf eines Produktes – entgegenkommt.

3. Der Kunde sollte eine möglichst positive Beziehung zum Angebot entwickeln.

Um dies zu erreichen, muß der Verkäufer anhand seiner zuvor entwickelten Übereinstimmung mit dem Kunden diesen gezielt an das Verkaufsobjekt heranführen. Die Verkaufsbemühungen des Verkäufers sollten darin resultieren, daß der Kunde aus innerer Überzeugung das Angebot wahrnimmt und nicht etwa dem persönlichen Verhältnis zum Verkäufer zuliebe. Eine positive und dauerhafte Beziehung des Kunden zum Produkt, die vom Verkäufer unabhängig ist, soll angestrebt und als Endziel erreicht werden.

Ordnet man diese drei Faktoren in einem Beziehungs-Dreieck an, so steht an seiner Spitze das Produkt (das Angebot), während links unten der Verkäufer steht, der eine Beziehung zwischen dem Produkt und dem rechts unten angesiedelten Kunden herstellen soll. Ist er in der Lage, allen drei Faktoren zu entsprechen, so hat er ideale Verhältnisse für einen Vertragsabschluß mit dem Kunden geschaffen.

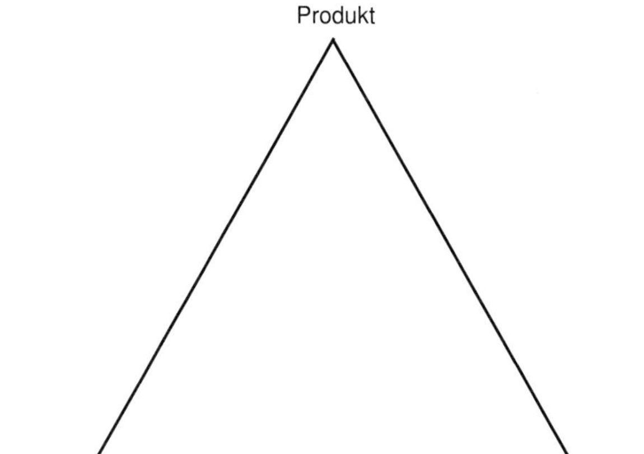

Abbildung: Beziehungsdreieck: Produkt - Verkäufer - Kunde (nach Correll)

Quelle: Correll, Werner

(6) Kundenorientierte Verhandlungsstrategie

Um bei einem Verkaufsgespräch die gegensätzlichen Interessen und den Zielkonflikt zu meistern, bedarf es einer positiven Einstellung beider Gesprächspartner, besonders aber einer kundenorientierten Verhandlungsstrategie. Kundenorientiertes Verhalten bedeutet, sich in die Lage eines Kunden zu versetzen und seine Ziele zu den eigenen zu machen. Folgende Kundenziele gilt es nach Jennen zu berücksichtigen:

- Kunden erwarten technische Problemlösungen.
- Kunden wollen ihre Umsätze halten oder gar steigern.
- Kunden wollen einen hohen Lagerumschlag erreichen.
- Kunden wollen über den Deckungsbeitrag hinaus Gewinn erzielen.
- Kunden wollen kostengünstige Problemlösungen.
- Kunden wollen keine Reklamationen durch ihre Abnehmer erleben.
- Kunden wollen keine Betriebsstörungen in Kauf nehmen.
- Kunden wollen Produktionsabläufe sichern.
- Kunden wollen vor Gefahren und Schaden gesichert sein.
- Kunden wollen hohe Nutzeffekte.
- Kunden erwarten, daß das Angebot des Verkäufers zu ihren Zielen paßt: die Ware, der Ratschlag, die Dienstleistung.

Aus diesen Kunden-Zielstrategien kann der Verkäufer seine Verkaufsstrategie und sein Verhalten ableiten:

- Der Verkäufer orientiert sich an Gesprächszielen.
- Er versucht, die Einstellung des Kunden zu ändern.
- Er betont nicht die Kontroversen, sondern die Gemeinsamkeiten.

- Er steuert den Dialog durch Fragen.
- Er sorgt für einen einsehbaren und gedanklich nachvollziehbaren Gesprächsablauf.
- Er kann zuhören und respektiert die Meinung seines Partners.
- Er kontrolliert, ob der Partner seine Argumentation einsieht.
- Er geht schrittweise vor.
- Er arbeitet mit Fakten.
- Er schafft eine partnerschaftliche Atmosphäre, seine Aussagen sind an den Problemen des Kunden orientiert.

Voraussetzungen für ein erfolgreiches Verkaufsgespräch sind eine positive Partnereinstellung und verfügbare Handlungsweisen. Diese leiten sich im wesentlichen von

- Marktkenntnissen,
- betriebs- und absatzwirtschaftlichem Wissen,
- Vertrautsein mit Trends und Tendenzen sowie aus
- speziellen Kenntnissen der Kundenprobleme

ab.

Quellen: Jennen, H. P.
Brinker, Günter B. J. und Mangos, Clemens

(7) 15 Regeln, um aus Kunden Klienten zu machen

Mack Hanan, James Cribbin und Jack Donis, Mitglieder eines Beratungsinstitutes für fortschrittliche und praktische Unternehmensführung in den Vereinigten Staaten, haben die allgemein anerkannte Methode, aus Kunden Klienten zu machen, entwickelt und sind zu folgenden Aussagen gekommen, die aus der Sicht eines Kunden zu sehen sind. Nur wer einem Kunden diese Rechte zugesteht, wird sie zu geachteten Klienten machen und sich selbst in die Position eines Beraters bringen:

1. »Hilf mir«
Erledige die Dinge – Gehe auf meine Bedürfnisse ein. Führe Ergebnisse schnell herbei; denn ich habe noch mehr Bedürfnisse.

2. »Sprich meine Sprache«
Sprich mit mir in Begriffen, wie man den Gewinn erhöht. Zeige mir, daß Du Dich mit meinen Problemen identifizierst und daß Du mein Geschäft kennst.

3. »Überrasche mich nicht«
Richte ein Kontrollsystem ein, damit ich beruhigt sein kann. Beteilige mich an der Beurteilung unserer Arbeit.

4. »Stelle Dich mit mir auf eine Ebene«
Sag, wie es ist.
Kritisiere konstruktiv.
Sag mir, was falsch ist, aber laß mich auch wissen, was in Ordnung ist.

5. »Mache Dich mit meinem Unternehmen vertraut«
Werde ein Mitglied meines Teams.
Sei in der Nähe – stelle Fragen.
Streite nicht mit mir.

6. »Sei vernünftig«
Erbringe eine dem höheren Preis entsprechende Leistung – überlegener Service rechtfertigt einen hohen Preis.

7. »Sei Fachmann«
Gib Dein Bestes.
Sei auf der Höhe.

8. »Unterrichte mich«
Unterrichte mich über Deine Arbeitsweise. Laß mich und meine Leute an Deinem Fachwissen teilhaben.

9. »Übernimm die Führung«
Sei meinen Problemen voraus.
Kremple Deine Ärmel hoch, und mache Dir in meinem Betrieb die Hände schmutzig.

10. »Kümmere Dich um mich«
Denke angestrengt über meine Probleme nach.
Sorge dafür, daß ich Dich sofort erreichen kann; wenn ich Dich brauche – sei verfügbar.
Stelle meine Bedürfnisse immer allen anderen voran.

11. »Verharre nicht beim alten – bringe Neues«
Gib mir etwas, das besser ist als das, was Du einem anderen gibst. Mache mich stolz – mache mich überlegen. Setze Dich in einer Weise ein, die über das Normale hinausgeht.
Biete mir Alternativen an.

12. »Sei ehrlich und vertrauenswürdig«
Behandle alles vertraulich, was Du über mein Unternehmen weißt. Mache unser Verhältnis persönlich und dauerhaft – reiche mich nicht an andere weiter.

13. »Sei motiviert«
Lasse den starken Wunsch erkennen, unsere Ziele zu erreichen.
Sei ernsthaft an meinen Problemen interessiert.
Lasse bei der Suche nach Lösungen keinen Stein ungewendet.

14. »Sei flexibel«
Schließe ab und zu einen Kompromiß mit mir, aber gib in den wichtigen Dingen nicht nach.

15. »Behandle mich als Person, nicht nur als Geschäftspartner«
Behandle mich als einen Gleichen und Ebenbürtigen.
Sprich nicht von oben herab mit mir.
Lasse mir ab und zu einige »kleine Extras« zukommen.
Berate mich in eng angrenzenden Dingen, auch wenn Du dafür nicht bezahlt wirst.

Quelle: Hanan, M., Cribbin, J. und Donis, J.

(8) 5 Problemlösungsschritte im Kundenbereich

Schritt 1: Stimmen Sie im Problem überein!

Beim beratenden Problemlösungsprozeß ist es für Verkäufer und Kunden gleichsam wichtig, das bestehende Problem genau

- zu definieren,
- aufzuzeigen und
- die vermutlichen Ursachen ausfindig zu machen.

Schritt 2: Stimmen Sie im Ziel der Lösung überein!

Sobald das Problem auf beiden Seiten erkannt und übereinstimmend formuliert wurde, muß eine Einigung über das Ziel der Lösung angestrebt werden. Ziele können u.a. sein:

- Gewinnverbesserungen
- Kosteneinsparungen
- Qualitätsverbesserungen
- beschleunigtes Produktionsverfahren etc.

Schritt 3: Stimmen Sie in den Alternativen überein!

Um die erstrebten Ziele zu erreichen, müssen sich die Verhandlungspartner im dritten Schritt auf eine Anzahl möglicher Alternativen zur Zielerreichung einigen. Diese Alternativen können u.a. sein:

- Einsatz von besseren Technologien
- Finanzierungsmöglichkeiten
- Leistungsverbesserungen etc.

Schritt 4: Stimmen Sie mit der vom Verkäufer vorgeschlagenen Alternative überein!

In diesem Schritt sollte eine übereinstimmende Einigung mit der zu wählenden Alternative stattfinden. Bei diesem Problemlösungsprozeß ist es notwendig, diejenige Alternative ausfindig zu machen, welche den Zielsetzungen am besten entspricht.

Hierbei ist es erforderlich, den Kunden von den Fähigkeiten eines bestimmten Systems zu überzeugen, die seinen Zielen am nächsten kommen. Um das Vertrauen eines potentiellen Kunden zu gewinnen, macht es Sinn, die Vorzüge des Systems weniger augenscheinlich anzupreisen als die Fähigkeiten.

Schritt 5: Stimmen Sie in den Bedingungen überein!

Dieser letzte Schritt verlangt vom Verkäufer und seinem Kunden eine Übereinstimmung, was die Bedingungen betrifft, unter welchen der Kunde einen Nutzen aus dem System erzielt. Hier ist auch der Zeitpunkt gekommen, über

- Preis,
- Finanzierungsmöglichkeiten,
- Sonderkonditionen etc.

zu verhandeln, da dies im Zusammenhang mit dem Problemlösungsprozeß und nicht isoliert betrachtet werden muß.
Auf diese Weise wird der Verkäufer erreichen, daß

- sein System vom Kunden angenommen wird und
- er durch Kompetenz das Vertrauen des Kunden

auch für die Zukunft gewinnt.

Quelle: Hanan, M., Cribbin, J. und Donis, J.

(9) Schlüsselkonzepte erfolgreichen Marketings

D. Quinn Mills von der Harvard Business School hat mit seinen Erfolgsstrategien der Manager von morgen amerikanische Erfahrungen, Ergebnisse und Erkenntnisse dargestellt, die so zukunftsweisend sind, daß auch Unternehmen und Führungskräfte im deutschsprachigen Raum davon profitieren können.

Seiner Auffassung nach gibt es zwei fundamentale Voraussetzungen einer erfolgreichen Unternehmensführung, die nicht vernachlässigt werden dürfen:

1. die Wünsche der Kunden zu berücksichtigen und
2. die Kosten im Auge zu behalten.

Unter dem Eindruck eines verschärften Wettbewerbs muß die Industrie jedoch mehr denn je auf die folgenden Schlüsselkonzepte erfolgreichen Marketings zurückgreifen:

Primärnachfrage:

Die Gesamtnachfrage nach einem Produkt richtet sich in erster Linie nach den Verbraucherbedürfnissen, die vom Lebensstil der Menschen erzeugt werden. Ein erfolgreiches Unternehmen beachtet daher Trends, analysiert Verbraucherverhalten und betreibt intensive Marktforschung.

Lebenszyklus des Produkts:

Dabei handelt es sich um eine Vorstellung, daß jedes Produkt – unabhängig davon, um was es sich dabei handelt – verschiedene Phasen durchläuft, in denen die Zahl der Wettbewerber, das Verhältnis von Werbungskosten zum Umsatz und dergleichen sich laufend ändern.

Marktsegmente:

Marktforschung und Verbraucheranalysen haben ergeben, daß die Einteilung von Verbrauchern einer Produktklasse in Gruppen erforderlich ist, da sie recht unterschiedliches Kaufverhalten zeigen. Das ergibt die Notwendigkeit, daß sie auf differenzierte Weise angesprochen werden müssen.

Produkt-/Marktanpassung:

Hier wird die Notwendigkeit aufgezeigt, Produkteigenschaften, Preis, Vertriebswege und Kundendienstleistungen jedem Marktsegment anzupassen.

Mit einer ungewissen Zukunft fertig werden:

Hierbei handelt es sich wohl um den problematischsten Schlüsselbereich: obwohl es dem Management nicht möglich ist, das künftige wirtschaftliche Umfeld seines Unternehmens vorauszusehen, muß es in der Lage sein, Entscheidungen über Produkte und Marketing zu treffen.

Quelle: Mills, D. Quinn

(10) Marketing-Grundgedanken

Heinz Stark definiert Marketing in der untenstehenden Abbildung sehr anschaulich. Sie verdeutlicht die Marketing-Grundgedanken in der Form, daß ein Betrieb zur Bestimmung seines späteren Marktverhaltens möglichst klare, eindeutige Ent-

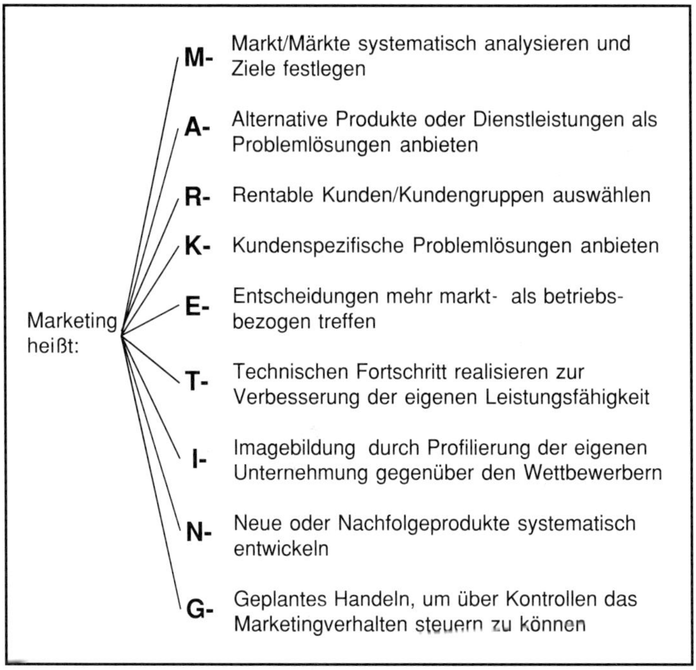

Abbildung: Marketing-Grundgedanken (nach Stark)

scheidungen fixiert in bezug auf die Frage: Wem soll was, wozu, wann, wo, wie und zu welchem Preis verkauft werden? Damit erweist sich Marketing als ein Entscheidungs- und Informationsprozeß.

Quelle: Stark, Heinz

(11) Marketing-Mix

Für die Praxis ergibt sich die Notwendigkeit, problemadäquate Marketing-Entscheidungssysteme zu formulieren. Das zentrale Problem besteht dabei in der Integration der einzelnen Marketing-Funktionen mit ihren Komponenten sowie in der Abstimmung mit anderen Unternehmensbereichen. Das Instrumentarium eines Marketing-Konzepts ist die vorteilhafte Kombination seiner Wirkkomponenten. Dieses Spektrum ist unter dem Begriff *Marketing-Mix* bekannt und kann nach Brehler folgende Kombination bedeuten:

- Produktplanung
- Werbung
- Verkaufsförderung
- Verkauf
- Preispolitik
- Verpackung
- Markengestaltung
- Technischer Vertrieb
- Kundendienst

} **Marketing-Mix**

Abbildung: Wirkkomponenten des Marketing-Mix (nach Brehler)

Produktplanung

Dabei handelt es sich um die methodische Koordination von marktwissenschaftlichen, technischen und anthropologischen Informationen zur Entscheidungsvorbereitung für die Unternehmensleitung.

Werbung

Sie stellt eine bewußte, jedoch zwangfreie Form der Beeinflussung künftiger Benutzer/Käufer dar. Dabei sollte sie sich nicht nur auf den Absatzmarkt beschränken, sondern muß auch auf angrenzende Bereiche wie z.B.

- Beschaffungsmärkte,
- Finanzen,
- Personal und
- Know-how

ausgedehnt werden.

Verkaufsförderung

Sie unterstützt die Verkaufsorganisation und die Absatzmittler beim Durchlauf der Ware vom Hersteller zum Käufer. Zielgruppe für Verkaufsförderungsmaßnahmen sind hauptsächlich Händler und Verkäufer.

Verkauf

Die Verkaufsabwicklung aller Arbeitsgänge beinhaltet:

- Angebotserstellung
- Auftragsbearbeitung
- Bonitätsprüfung
- Auftragsbestätigung
- Bestands-/Terminplanung
- Lieferung
- Fakturierung
- Buchung
- Rechnungsstellung und den
- Zahlungseingang

Preispolitik

Darunter versteht man Maßnahmen oder Verhaltensweisen einer Organisation, die bei der Preisgestaltung mitwirken und auf dem Markt gegenüber Konkurrenten und Abnehmern durchgesetzt werden.

Verpackung

Unter Verpackung versteht man die teils

- technisch erforderliche,
- nützliche und
- ästhetische Beigabe/Umhüllung

einer Ware.

Marktgestaltung

Dabei handelt es sich um die besondere Aufmachung eines Artikels, der ihn aus der Fülle der Angebote heraushebt. Der typische Markenartikel setzt

- gleichbleibende Aufmachung,
- leichtes Identifizieren seitens des Käufers,
- Qualitätsgarantie,
- Preisstabilität und
- das Image, überall erhältlich zu sein,

voraus.

Technischer Vertrieb

Hiermit ist die Bereitstellung und der Einsatz von Hilfsquellen zur Erreichung der Marketing-Konzeption gemeint. Er umfaßt z.B. Einkauf, Lagerhaltung, Lagerräume, Transport, Produktion.

Kundendienst

Kundendienst ist heute ein sehr wichtiger Marketing-Bereich. Minimierung der Maschinenausfallzeiten, einwandfreie Ersatzteillieferung und eine kurzfristig funktionierende »Pannenhilfe« sind die wichtigsten Ziele eines effizienten Kundendienstes.

Quelle: Brehler, Reiner

4. Systeme zum persönlichen Erfolg

4.1 Persönliche Strategien

(1) Energo-Kybernetische Strategie (EKS) von Mewes

Mewes fand heraus, daß der Wert eines Betriebes nicht nur nach der Summe seines materiellen und finanziellen Vermögens, sondern auch nach den immateriellen Werten zu rechnen ist. Auf der Basis dieser Überlegungen und dem von ihm auf wirtschaftliche und soziale Entwicklungsprozesse übertragenen Minimumgesetz entwickelte er seine EKS-Strategie (Energo-Kybernetische Strategie).

Dabei handelt es sich um eine Methode, die aufziehende Mängel rechtzeitig erkennt, genauer analysiert und alle verfügbaren Kräfte präzise auf den Punkt des jeweiligen Bedarfs auf dem Markt konzentriert.
Die wichtigsten Schritte der EKS-Strategie sind:

1. Stärkeanalyse
   In welchen Eigenschaften unterscheide ich mich von meinen Mitbewerbern?
2. Chancenanalyse
   Habe ich bei meinen Fähigkeiten eine Chance?

3. Zielgruppenanalyse
   Welche Zielgruppe ist angesprochen?

4. Erfolgversprechende Teilzielgruppe
   Sich auf jene Teilgruppe konzentrieren, die den eigenen Fähigkeiten am ehesten entgegenkommt und den stärksten Bedarf abdeckt.

5. Problemanalyse
   Die wichtigsten Probleme und Bedürfnisse dieser Teilzielgruppe herausfinden und Abhilfe schaffen – man erreicht dadurch den unmittelbarsten Erfolg.

6. Problemlösung vom Geistigen oder Immateriellen her entwickeln
   Die Lösung des Problems von der energetischen statt der materiellen Seite her angehen und sich dabei verstärkt auf den Minimumfaktor und die Minimumgruppe konzentrieren.

7. Laufende Verbesserung der Problemlösung, die sich an einem sich ändernden Minimumfaktor orientiert.

8. Entwicklung eines Leitbildes
   Die Bewältigung des brennendsten Problems bedeutet die größtmögliche Bedürfnisbefriedigung, was die stärkste Zielgruppenresonanz hervorruft und den größtmöglichen eigenen Erfolg garantiert. Man wird dadurch am ehesten der sozialen Aufgabe gerecht.

Die EKS-Methode macht deutlich, daß, je konsequenter ein Mensch oder Betrieb seine Kräfte auf die Lösung des jeweils brennendsten Problems einer bestimmten Gruppe, z.B. seines Marktes, konzentriert, er desto sicherer und schneller Macht, Kapital und Sicherheit erlangt. In diesem Punkt ihres spürbarsten Mangels nutzt er seiner Umwelt am stärksten, und es entwickeln sich gleichzeitig sein Umsatz, seine Produktivität, sein Gewinn und seine Macht. Je spürbarer der Nutzen für die Umwelt, desto größer ihre Nachfrage und desto größer der eigene

Umsatz und Gewinn. Mewes macht deutlich, daß sich derjenige am sichersten, schnellsten und dauerhaftesten entwickelt, der sich am konsequentesten auf die Lösung des jeweils dringendsten Problems seiner Umwelt konzentriert. Sie zeigt aber auch, daß und warum derjenige, der seine Macht gegen die Interessen seiner Umwelt einsetzt, diese und sich selbst zerstört.

Quelle: Mewes, Wolfgang

(2) Großmann-Methode

Die Großmann-Methode wird im Helfrecht Studienzentrum für persönliche und unternehmerische Planungsmethoden GmbH in Bad Alexandersbad vermittelt. Das Erfolgskonzept dieser Methode beruht auf einer bestimmten Lebenseinstellung und -philosophie. Hier kommt vor allem der Grundsatz, daß es in der Hand jedes einzelnen liegt, ob er erfolgreich ist oder nicht, zum Tragen.

Die Großmann-Methode basiert auf folgenden Grundsätzen:

1. Selbstverwirklichung im ausgewogenen Nehmen und Geben

   Dies bedeutet, sich von der Fremdbestimmung durch andere zu lösen und eigene Ziele und Wege zu finden, die der eigenen Vorstellung entsprechen. Ausgewogenes Geben und Nehmen gewährleisten:

   - Verwirklichung der eigenen Ziele
   - Nutzen für die Gemeinschaft bringen
   - Für jede Leistung eine entsprechende Gegenleistung zu erhalten, die das Selbstwertgefühl steigert und zu neuen Zielen Anreiz gibt.

2. Keine Ursache ohne Wirkung

   Das bedeutet, nicht auf das Schicksal bauen, sondern den Erfolg selbst bestimmen. Aus unerträglichen negativen Situationen neue, erträgliche und gewünschte positive Situationen herbeiführen. Eine Planungs- und Analysemethode stellt fest, welche Faktoren notwendig sind, um aus einer unerträglichen Lage eine neue, erträgliche, ja sogar wünschenswerte Situation zu schaffen:

- Der Erfolgreiche gründet seinen Erfolg darauf, daß sich nichts ereignet, was nicht verursacht wurde.
- Daraus resultiert die Konsequenz, daß er soviel wie irgend möglich selbst verursachen muß.
- Probleme und Schwierigkeiten machen den Erfolg nicht unmöglich, sondern können sogar wesentliche Vorbedingungen für Erfolg sein.
- Methodisch arbeiten heißt deshalb, den gewünschten Erfolg zwingend verursachen.

Klare Analysen sind die Basis für die Realisierung der eigenen Wünsche. In einer Persönlichkeitsanalyse erfährt man mehr über die persönlichen »Ur-Sachen«. Die Begabungsanalyse hilft, besondere Stärken zu erkennen und zu vertiefen sowie Schwächen auszuschalten oder in Stärken umzuwandeln. Diese persönlichen Situationsanalysen sind wiederum eine wichtige Grundlage für die Gestaltung des künftigen Lebens. Wirkungen und Zusammenhänge müssen durchschaubar gemacht werden, der berufliche Ist- und Soll-Zustand ist zu ermitteln. Daraufhin müssen Zielpläne erstellt werden, die notwendige innere Kräfte wie Kreativität, Ausdauer und Lebensfreude mobilisieren und aktivieren.

Zielpläne sind zu erstellen für

- das Lebensziel,
- das Periodenziel,
- das Jahresziel.

Ziele lassen sich optimal erreichen durch

- konsequent methodisches Vorgehen und Handeln,
- methodische Vorgehensplanung und
- mehr Effizienz durch Konzentration auf Hauptaufgaben.

Planlosigkeit ist eine der Hauptursachen, weshalb viele Menschen ihre Ziele nicht erreichen! Nietzsche sagte schon: »Der Mensch muß zuerst ein Ziel haben, wenn ihm eine große Leistung gelingen soll!«

Quellen: Großmann, Gustav
Helfrecht, Manfred

(3) Hirt-Methode

Bei dieser Erfolgsmethode handelt es sich im wesentlichen um eine optimale Arbeits- und Lebensgestaltung. Dabei wird nicht das Maximum, sondern das Optimum angestrebt. Das bedeutet, daß jeder Mensch in seiner besonderen Lage und mit seinen besonderen Fähigkeiten das Bestmögliche aus seinem Leben machen kann. Diese speziellen Umstände und Gegebenheiten des eigenen Lebens müssen

- analysiert,
- ausgewertet und
- planvoll eingesetzt werden,

um zum erstrebten Erfolg zu gelangen.

Die Hirt-Methode wurde im Institut für optimale Arbeits- und Lebensgestaltung unter Leitung von Josef Hirt in Zürich konzipiert und ist weitgehend ein Fernstudium. Sie besteht aus sechs Teilen, die im folgenden kurz dargestellt werden:

1. Im ersten Teil bildet das Buch »Der Mensch und das Gesetz von Lust und Unlust« die Grundlage der Methode. Es stellt grundsätzliche Gesetzmäßigkeiten des menschlichen Verhaltens allgemeinverständlich dar. Aus dieser psychologischen

Basis werden anschließend praktische Folgerungen gezogen, die zu einer besseren Einstellung zum Leben führen sollen.

2. Der zweite Teil setzt sich zusammen aus einer Zeitplantechnik, die eine Leistungssteigerung bewirkt, und einem parallel verlaufenden psychotherapeutischen Verfahren, das durch meditative Entspannungsübungen mehr Selbstbeherrschung lehrt.

3. In diesem Teil werden Störungen und unproduktive Tagesphasen erkannt und versucht, diese zu beseitigen. Auch hier läuft – wie in Teil zwei – parallel zu einer Maßnahme ein Verfahren, das eine »aktive Verdauung« ermöglicht.

4. Teil vier besteht aus einer dynamischen Planungsmethode, mit deren Hilfe man die Möglichkeit hat, komplexe Probleme schneller, effizienter und sinnvoller zu lösen.

5. Der fünfte Teil sieht eine Situationsanalyse der beruflichen Stellung vor. Auf der Basis dieser Analyse wird eine Zukunftsplanung erstellt. Daneben werden noch Verhandlungstechniken und Lernmethoden gelehrt.

6. Der letzte Teil dieser Methode verbessert auf der Basis einer persönlichen Situationsanalyse und unter Zuhilfenahme meditativer Techniken die Stellung des Benutzers im gesamten Lebensumfeld, die Partnerbeziehungen und das Selbstverständnis. Den Abschluß bildet eine Art Lebensplan, mit dem Harmonie und Glück in das Leben des Benutzers der Hirt-Methode einziehen.

Quelle: Hirt, Josef

(4) Psychologie des Erfolges nach Denis Waitley

Basis seiner Prinzipien sind zehn Eigenschaften, die Erfolgreiche und Gewinner im Leben kennzeichnen:

1. Positive Selbsterwartung

   Wer optimistisch, begeisterungsfähig und konstruktiv ist, erreicht letztendlich all das, was er auch selbst von sich erwartet.

2. Positive Selbstmotivation

   Menschen können sich nur dann erfolgreich ändern, wenn sie es auch wirklich wollen, d.h., wenn sie positiv motiviert sind.

3. Positive Selbsteinschätzung

   Durch Analysieren der eigenen Fähigkeiten und Schwachstellen erreicht man eine Verhaltensänderung und – dadurch bedingt – eine positivere Selbsteinschätzung.

4. Positive Eigenregie

   Durch Festlegen von kurz-, mittel- und langfristigen Zielen erhält das Leben mehr Schwung. Man ist zielorientiert und hält sich an jene Aufgaben, die uns dem Ziel näherbringen.

5. Positive Selbstkontrolle

   Einmal gesteckte Ziele müssen laufend einer Erfolgskontrolle unterzogen werden. Für die meisten Auswirkungen und Geschehnisse in unserem Leben sind wir selbst verantwortlich – nicht andere!

6. Positive Selbstdisziplin

   Nach jeder Leistung ist in einem Selbstgespräch der Grad der Effizienz zu überprüfen.

7. Positive Selbstachtung

   Sich in der Öffentlichkeit so darstellen, wie es der eigenen Persönlichkeit entspricht. Spitzenkräfte haben einen tiefsitzenden Glauben an ihren eigenen Wert.

8. Positive Selbstdimension

   Wer viel für andere tut, erhält auch viel von anderen zurück, d.h., wenn wir unseren Umkreis fördern, gewinnen wir selbst dabei.

9. Positive Selbsterkenntnis

   Sich selbst objektiv mit den Augen der anderen betrachten.

10. Positive Selbstdarstellung

    Wer als Erfolgsmensch auftritt, wird automatisch von anderen für einen Erfolgsmenschen gehalten.

Quelle: Waitley, Denis

(5) Selbstmanagement-Regelkreis nach Seiwert

Funktionen des Selbstmanagements:

1. Zielsetzung

   Analyse und schriftliche Formulierung der persönlichen Ziele

2. Planung

   Erstellen von Plänen und Handlungsalternativen für alle wesentlichen Tätigkeiten

3. Entscheidung

   Treffen der Entscheidung über die durchzuführenden Aufgaben

4. Realisation und Organisation

   Tagesgestaltung und Organisation der persönlichen Arbeitsabläufe zur Realisierung der anstehenden Aufgaben

5. Kontrolle

   Kontrollen von sich selbst und den erzielten Ergebnissen

6. Information und Kommunikation

   Diese im Innenkreis stehende Funktion ist die ›Drehscheibe‹, um die die anderen Funktionen praktisch kreisen. Denn Kommunikation als Austausch von Information ist bei allen Teilaktivitäten des Selbstmanagement-Prozesses unabdingbar.

Diese Funktionen laufen nicht in dieser einfachen Form nacheinander ab, sondern sind vielfältig miteinander verknüpft.

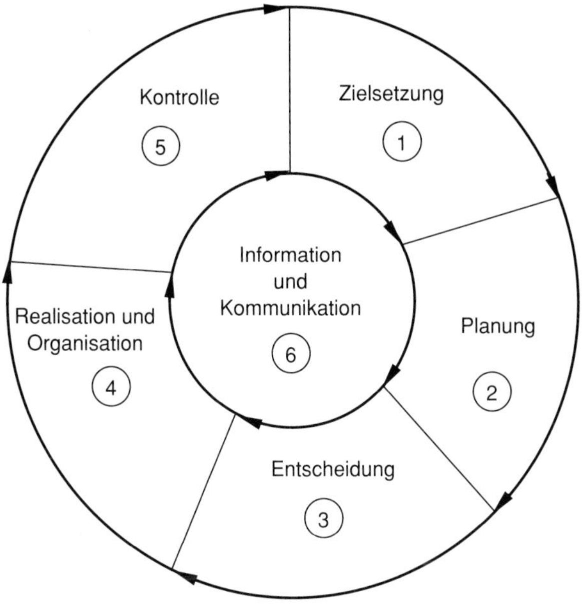

Abbildung: Selbstmanagement-Regelkreis (nach Seiwert)

Quelle: Seiwert, Lothar

(6) Strategie der Selbsterkenntnis

Das psychologische Wissen um die Vorgänge der Selbsterkenntnis ist für die Kompetenz der Unternehmensführung von grundlegender Bedeutung, da hierdurch die Möglichkeiten individueller Innovationssteigerung transparent werden. Eine adäquate Selbsterkenntnis bietet die notwendigen Voraussetzungen für einen erfolgreichen Menschen.

Im folgenden werden fünf Stufen dieses Erkennungsprozesses, der das Wissen um die eigenen Möglichkeiten und Grenzen, Stärken und Schwächen, Einsatz- und Abwehrstrategien beinhaltet und die Kurt Heller von der Ludwig-Maximilians-Universität in München zusammenstellte, aufgezeigt:

1. Wissen über eigene Kompetenzen

Es ist notwendig, sich seine eigenen kognitiven Fähigkeiten, seine Stärken und Schwächen bewußtzumachen. Für den Erfolg auf allen Gebieten ist es wichtig, daß man weiß, ob man eher analytisch, mathematisch-abstrakt denkt, technische Vorgänge gut visualisieren kann, Verständnis für physikalisch-technische Zusammenhänge und ein gutes räumliches Vorstellungsvermögen hat oder ob man eher Stärken in der Rhetorik, im Darstellen von komplexen Sachverhalten und im logischen Denken besitzt.

Da jedoch zahlreiche Tätigkeitsgebiete die Ausbildung beider Fähigkeitskomplexe erfordern, die von den beiden Gehirnhälften gesteuert werden, ist es wichtig, sich seine Schwachstellen einzugestehen und zu erkennen, auf welchen Gebieten zusätzliches Training notwendig wäre. Diese Erkenntnis ist gerade für die gewünschte Selbstkorrektur und die Weiterentwicklung jedes Menschen wichtig.

2. Wissen um die Art der Aufgaben, die dem eigenen Leistungsprofil entsprechen

Durch ständige Konfrontation mit Problemen lernt man laufend etwas über die eigenen Fähigkeiten und Grenzen, d.h., man ist sich bewußt, welchen Aufgabenanforderungen man gewachsen ist und bei welchen man Schwierigkeiten hat. Während manchen Menschen gut strukturierte Aufgaben eher liegen, kommen andere wieder hervorragend mit komplexeren, schlecht strukturierten Problemkreisen zurecht. Diese Erkenntnis ist gerade bei innovativen Tätigkeiten wesentlich, wo nur ein konsequentes Hineinversetzen in die Problemstellung Erfolg verspricht. Das Wissen über die mit den jeweils gestellten Aufgaben verknüpften Anforderungen an die eigenen geistigen Möglichkeiten und Grenzen ist eine lebensnotwendige Voraussetzung zur Ausübung einer kreativ-schöpferischen Tätigkeit.

3. Kenntnis der eigenen Denkabläufe

Das Kernstück der Selbsterkenntnis ist die Erforschung der eigenen Denkabläufe und Problemlösungsstrategien. Bei Informationen, die im Laufe der Zeit gesammelt werden, ist es oft erforderlich, daß sie sorgfältig, genau und langsam verarbeitet werden, um sie optimal zu verstehen. Wir lernen auch, uns mit verschiedenen Anforderungen unterschiedlich auseinanderzusetzen. Außerdem erkennt man bald, daß bei gleicher Informationsmenge die jeweils verlangte Aufgabenstellung unterschiedliche Anforderungen an die geistige Tätigkeit stellt. Das Kernstück schöpferisch-innovativer Lösungen ist der Mut zu einer Problemlösungsstrategie, die der Qualität vor der Quantität Vorrang gibt. Schwierige, komplexe und daher kreative Problemstellungen benötigen in der Phase der Vorbereitung wesentlich mehr Zeit für die Problemfindung. Dies ist notwendig, um frühere Entscheidungen revidieren zu können, falls neue Lösungsansätze ersichtlich werden. Da die geistige Tätigkeit fehlbar ist, bedarf sie einer ständigen und sorgfältigen Kontrolle.

4. Wissen um Schemata, Handlungspläne, Muster und Regeln

Eine kreativitätsförderliche Bedingung ist das Wissen über das eigene Wissen. Im Laufe der Auseinandersetzung mit beruflichen Problemen entwickeln kreative Menschen gefestigte geistige Strukturen, die ihnen erlauben, kreativ und zugleich effektiv wahrzunehmen, zu denken und zu handeln. Sie können die einzelnen Schritte der Lösungsfindung trotz zahlreicher Revisionen, Umkehrungen und Änderungen im großen und ganzen richtig festlegen, die Organisation ihres Handelns sinnvoll planen. Man kann daraus erkennen, daß ein großes Repertoire an Schemata, vorgegebenen Mustern und Plänen einer Person von enormem Vorteil auf ihrem Arbeitsgebiet ist. Neue Lösungsansätze werden dann relevant, wenn man den Sprung zwischen dem reproduktiven Gedächtnis im Sinne des bloßen Aneignens von Wissen, Fakten, Eindrücken und Vorstellungen zu einem kreativen Gedächtnis schafft.

5. Wissen um die eigenen Haltungen, Neigungen, Ziele, Strebungen

Es ist sehr wichtig, seine Ziele und Erwartungen, die man an die eigene Tätigkeit stellt, rechtzeitig zu erkennen und genau zu definieren. Dies erspart Enttäuschungen, die mit zu hoch gesteckten Zielen und einer ungerechtfertigten Erwartungshaltung verbunden sind. Die Selbsterkenntnis eigener Absichten, Vorstellungen und Erwartungen ist gerade deshalb so wichtig, weil schöpferische Leistungen weniger auf speziellen geistigen Prozessen als eher auf den speziellen Absichten beruhen. Das Wesen der schöpferischen Leistung ist demzufolge nicht der Prozeß als solcher, sondern die besondere Absicht, welche die diversen Mittel des Geistes zum Zwecke eines kreativen Ziels organisiert.

Weitere Bestandteile der Selbsterkenntnis, die eine enge Beziehung zur kreativen Leistung aufzeigen, sind die Beurteilung der Aufgabenschwierigkeit in Abhängigkeit von der eigenen Kompetenz, die offene Aufdeckung eigener Leistungserwartungen, die situationsabhängige Anspruchsniveausetzung und eine angemessene Anstrengungskalkulation.

Quelle: Heller, Kurt und Facaoaru, Cornelia

(7) Konzept für eine positive Lebenshaltung nach Peale

Der Theologe und Bestsellerautor Norman Vincent Peale hat zahlreiche Bücher im Bereich der Lebenshilfe geschrieben. Er ist der Meinung, daß die Aufgabe des Menschen darin besteht, das Leben mit all seinen Problemen wie z.B. Leistungsdruck, Vorurteile, Krankheit und sonstigen Nöten *aktiv* zu bewältigen. Wer es gelernt hat, stets optimistisch und positiv eingestellt zu sein, hat die Kraft und innere Ruhe, auch persönlich schwere Zeiten gut durchzustehen. Folgende Lebensrichtlinien hat er für seine Leserschaft aufgestellt:

- Wenn man in dieser Welt durchkommen will, muß man stark sein. Deshalb sollte man sich einen kraftvollen Geist, innere Widerstandsfähigkeit und ein starkes Gemüt anschaffen.
- Legt man sich eine positive Grundhaltung zu, findet man auch in der schwersten Lage eine positive Möglichkeit zur Problemlösung.
- Gedanken und Worte formen unser geistiges Bild. Da man stets so wird, wie man sich selber sieht, sollten diese Gedanken und Worte Wohlgefallen und Erfolg ausdrücken anstatt Mißerfolg und Niederlage.
- Hat man sich selbst als Persönlichkeit kennen und achten gelernt, sollte man daran festhalten und sich so akzeptieren, wie man ist und sich auch entsprechend verhalten.
- Man sollte sich täglich daran erinnern, welche Fähigkeiten man hat, seine guten Absichten ausführen und etwas wirklich Gutes aus seinem Leben machen.
- Verstaubte und unfruchtbare Gedanken sollte man aus den Gehirnstrukturen entfernen und dafür an ihren Platz Begeisterung und Lebensbejahung setzen.
- Probleme sollten nicht emotional, sondern rational betrachtet werden. Sich bei der Bewältigung von Problemen nicht

vom Emotionalen leiten zu lassen ist eine große Herausforderung, die viel Selbstdisziplin nötig macht.

– Eigene Fehler sollte man sich offen und ehrlich eingestehen, indem man sich die ganze Wahrheit vor Augen hält und sein Fehlverhalten zugibt.

– Eine gewisse inspirierende Unzufriedenheit sollte man als anspornende Kraft betrachten, denn Selbstzufriedenheit lähmt den Tatendrang.

– Denkt man an Mangel oder redet ihn sich ein, wird man automatisch Mangelzustände durch Gedanken des Mangels schaffen.

– Schicksalsschläge können einen Menschen, dessen Geist von der Begeisterung für das Leben beseelt ist, nicht zerstören, solange er sich seine Begeisterungsfähigkeit erhält.

– Negativen Gedanken und Einstellungen sollte man nicht erlauben, Besitz zu ergreifen, da sie das Gemüt verwunden. Ständig sich wiederholende schmerzhafte Ressentiments, die aus Empfindlichkeit, Enttäuschung, Groll oder Haß entspringen, sollten ebenfalls vermieden werden.

– Probleme sind zuversichtlich anzupacken und schöpferisch zu lösen!

– Erfolgreich und glücklich sein ist die Voraussetzung für Erfolg und Glück!

– Eignen wir uns bewußt eine positive Lebenseinstellung und Begeisterungsfähigkeit an, wird sie von uns Besitz ergreifen und damit von allem, was wir im Leben anpacken!

Quelle: Peale, Norman Vincent

(8) 5 Schritte zum Erfolg nach Garfield

Charles A. Garfield, Mathematiker und Psychologe an der medizinischen Fakultät der Universität von Kalifornien in San Francisco, hat zahlreiche Spitzenleute in seiner langjährigen Praxis beobachtet und nach ihren Erfolgsrezepten befragt. Er kam zu dem Schluß, daß es sich bei ihnen keineswegs um besondere Talente mit hohem Intelligenzquotienten handelt, sondern daß diese Menschen einen untrüglichen Riecher für einfache Methoden haben, Chancen zu ihren Gunsten zu nutzen und zu beeinflussen. »Menschen, die Außergewöhnliches leisten, sind Leute, die Wege gefunden haben, Belastungen standzuhalten.« Spitzenkräfte haben weder eine bestimmte Begabung, noch ist das Hauptmerkmal eine Summe von Verhaltensweisen, sondern ein umfassendes »Modell« von Eigenschaften:

1. Nehmen Sie sich Großes vor

Spitzenleute verfolgen ein weitgestecktes Ziel, das Engagement und Tatkraft weckt; sie wollen mehr als nur das nächste Spiel gewinnen – sie haben die Meisterschaft im Auge. Sie bemühen sich dabei weniger um Fertigkeiten auf vielen Gebieten als um besondere Stärken, die auf ein bestimmtes Ziel gelenkt werden können.

2. Seien Sie ergebnisorientiert

Arbeitswütige Menschen berauschen sich allein an der Aktivität, Spitzenleute sind nur auf die Resultate aus.

Sie arbeiten auf ein Teilziel hin, das sie ihrem Fernziel näherbringt. Dieses halten sie sich ständig vor Augen und berücksichtigen es bei ihren Leistungen, die sie erbringen müssen. Spitzenkräfte stören sich nicht an der Mauer, die sie noch von ihren Vorstellungen trennt. Sie arbeiten systematisch daran, sie niederzureißen und dem erklärten Endziel näherzukommen.

3. Mobilisieren Sie Ihre inneren Reserven

Das ständige Streben nach persönlicher Weiterentwicklung, Anerkennung und Vervollkommnung muß genutzt werden. Das ganze Leistungspotential eines Menschen wird weniger durch Aneignung von weiteren Fähigkeiten freigesetzt, sondern dadurch, daß er sich innere Reserven erschließt.

4. Profitieren Sie vom Teamgeist

Persönliche Höchstleistungen lassen sich noch steigern, wenn Sie andere Menschen dafür gewinnen, ihre inneren Reserven und verborgenen Qualitäten für Ihre Leistung mit einzusetzen.

5. Sehen Sie Rückschläge als Denkanstöße an

Spitzenkönner haben immer das Gefühl, daß es auch noch andere Wege gibt. Stets haben sie eine Idee, die es für sie auszuprobieren gilt.

Enttäuschungen und Fehlstarts spornen sie zu größerer Entschlossenheit, zur Weiterentwicklung oder zu einem Richtungswechsel an; sie werden aber durch Probleme niemals entmutigt oder geben gar auf.

Goethe nannte dieses Bestreben einst die »produktiv fortwirkende Kraft«, ohne die es »kein Genie« gibt.

Quelle: Garfield, Charles

(9) Die Aufgaben des Erfolgsmanagers nach Garfield

Der Mathematiker und Psychologe Charles Garfield stellte aufgrund seiner zahlreichen Untersuchungen und Umfragen bei Spitzenkräften fest, daß sie bei der Fixierung von Aufgaben folgenden Wegweiser benutzen:

Vorliebe vor Sachkenntnis stellen

Bei der Formulierung einer Aufgabe sollte man zunächst einmal feststellen, was einem wirklich wichtig ist und was man erreichen möchte, um sich dann auch voll und ganz dafür einzusetzen. Die notwendigen Fachkenntnisse können immer noch erworben werden. Hauptsache ist, daß eine eindeutige Präferenz feststeht.

Positive Erfahrungen aus der Vergangenheit heranziehen

Spitzenkönner blicken zurück auf Erfolge in der Vergangenheit, als sie sich einer Aufgabe extrem verbunden fühlten, und fragen sich, weshalb sie in diesen Situationen ihr Bestes geben konnten.

Auf Intuitionen bauen

Es ist notwendig, ein intuitives Gefühl dafür zu haben, wie die Dinge sich zusammenfügen, d.h., ein Gespür für ihre ›natürliche Richtigkeit‹ zu entwickeln. Eine Intuition ist nicht der Feind logischen Denkens, sondern seine wirkungsvolle Ergänzung.

Sich keine vorgefaßten Grenzen setzen

Eine Aufgabe darf nicht durch vorher festgelegte Grenzen blockiert werden. Sie muß Menschen dazu inspirieren, nach dem zu greifen, was sein könnte, und über ihre eigenen Ängste und Vorurteile hinauszuwachsen.

Gewinn und sozialen Beitrag verbinden

Aufgaben können nicht aus ihrem sozialen, finanziellen, kulturellen und kollektiven Gesamtzusammenhang, in dem sie verwirklicht werden sollen, herausgelöst werden. Menschen in einer ›Firma mit Gewissen‹ erkennen neben der Grundlinie auch andere für die Firma fundamentale Werte. Korrelation zwischen sozialem Einsatz und finanziellem Wachstum bedeutet auch, daß Übereinstimmung zwischen den Aufgaben des einzelnen und jenen der Firma hergestellt werden muß.

Sich von bestimmten Werten leiten lassen

Die grundsätzlichen Wertmaßstäbe sind von Mensch zu Mensch verschieden. Die stete Quelle für eine Mission, eine Aufgabe, ist das, was uns am meisten bedeutet.

Quelle: Garfield, Charles

(10) Innerbetriebliche Karriereentwicklung

Um eine aktive Karrierestrategie aufzubauen, muß man nach Bürkle anfangen, andere Denkweisen zu übernehmen. Man muß lernen, vorausschauend zu entscheiden und Vertrauen zum Vorgesetzten, Mitarbeiter und Kunden aufzubauen.

Bürkle stellt in seiner Karrierestrategie ein 5-Punkte-Programm zusammen, das die Einzelschritte zu einer verstärkten Profilierung – die Grundlage jeder beruflichen Entwicklung – aufzeigt.

1. Schritt: Konzentration auf das Fachgebiet

Eine wesentliche Voraussetzung ist das routinemäßige Beherrschen des bestehenden Aufgabenfeldes. Es ist in diesem Zusammenhang sinnvoll, eine Struktur- und Ablaufanalyse des eigenen Arbeitsgebietes schriftlich zu fixieren, um sein Aufgabengebiet besser in den Griff zu bekommen. Verbesserungsmöglichkeiten im Ablaufprozeß und in der Struktur der Aufgabenbewältigung können besser erkannt und durchgeführt werden. Durch diese Optimierung der eigenen Tätigkeit gewinnt man Freiräume für höherwertige Aufgaben.

2. Schritt: Konzentration auf die nächstliegende Zielgruppe

Die nächsthöhere Hierarchieebene ist die erste Zielgruppe (z.B. direkter Vorgesetzter), die es zu ermitteln gilt. Die wesentlichen Probleme dieser Zielperson/-gruppe sollte man herausfinden und sich in diese Person hineinversetzen, um sie besser kennen und verstehen zu lernen. Man muß versuchen, auf dem

Weg nach oben zum Problemlöser dieser Zielgruppe zu werden. Dabei soll man seine guten Taten nicht verheimlichen, sonst läuft man Gefahr, bei der nächsten Beförderung übersehen zu werden.

3. Schritt: Konzentration auf das brennendste Problem

Ein Management by Results bringt den Vorteil, daß man Ergebnisse aufweisen kann, an welchen sich die Leistung messen läßt. Dabei sollte man darauf achten, nicht an seinem Vorgesetzten/seiner Zielgruppe vorbei Probleme anzugehen, sondern sich deren Einverständnis und Akzeptanz sichern. Das hat drei Vorteile:

1. Der Vorgesetzte fühlt sich nicht übergangen.
2. Falls das Vorhaben scheitert, hat man eine Rückendeckung.
3. Falls es gelingt, erfährt es der Vorgesetzte sofort, und man erspart sich die Werbung in eigener Sache.

4. Schritt: Unterstützungsnetzwerke aufbauen

Dieser Schritt ist ein längerfristiger Prozeß, da die Unterstützung und Mitarbeit anderer durch Fachkompetenz, Loyalität, Kontaktfreudigkeit und positive persönliche Eigenschaften erreicht werden muß.

Manchmal kann auch ein Mitarbeiter »Zielgruppe« für karriereorientiertes Verhalten sein, wenn zu erwarten ist, daß dieser schneller befördert wird. Er wird sich dann vermutlich an die positive Einstellung und die geleistete Hilfestellung ihm gegenüber erinnern.

5. Schritt: Positiv und unternehmerisch denken

Je stärker man sich an dem Vorgesetzten oder dem Unternehmen orientiert und seine Stärken in deren Dienst stellt, desto mehr wird man Unternehmer – an seinem Arbeitsplatz und mit seiner Aufgabenstellung.

Nur wenn die Zielrichtung des eigenen Bemühens mit den Zielen des Unternehmens übereinstimmt, kann der einzelne Erfolg verbuchen.

Quelle: Bürkle, Hans

(11) 10 Phasen der beruflichen Strategieentwicklung

Die persönliche Berufszielfindung und der damit verbundene Erfolg sind abhängig von konkreten, klar definierten und schriftlich fixierten Zielen.

- Wer seine Kräfte effizient auf ein bestimmtes Ziel hin einsetzen will, muß sie zuerst kennen. Sie lassen sich in Eignungen und Neigungen unterteilen. Bürkle ist der Ansicht, daß erst eine systematische Analyse und Bewertung der Einzelaspekte und die Kombination der daraus gewonnenen Daten eine konkrete Aussage zulassen, in welchen Bereichen man besser als andere ist oder zu werden verspricht.
- Bei der Zielgruppenanalyse ist es wichtig, die erfolgversprechendste Zielgruppe zu ermitteln. Dies kann entweder
- durch die Analyse einzelner Unternehmen (z.B. in Fachblättern) oder
- durch ein Zielgruppenverzeichnis eines Adreßbuchverlages geschehen.

Angesichts der Problemlage dieser Zielgruppe versucht man dann, das dringendste Problem dieser Institution zu ermitteln und sich für die Lösung dieses Problemkreises anzubieten.

In der folgenden Abbildung werden die einzelnen Phasen der Strategieentwicklung dargestellt. Dabei ist es wichtig, die Durchführung der jeweiligen Schritte konsequent und folgerichtig einzuhalten, um nachhaltigen beruflichen Erfolg zu erreichen.

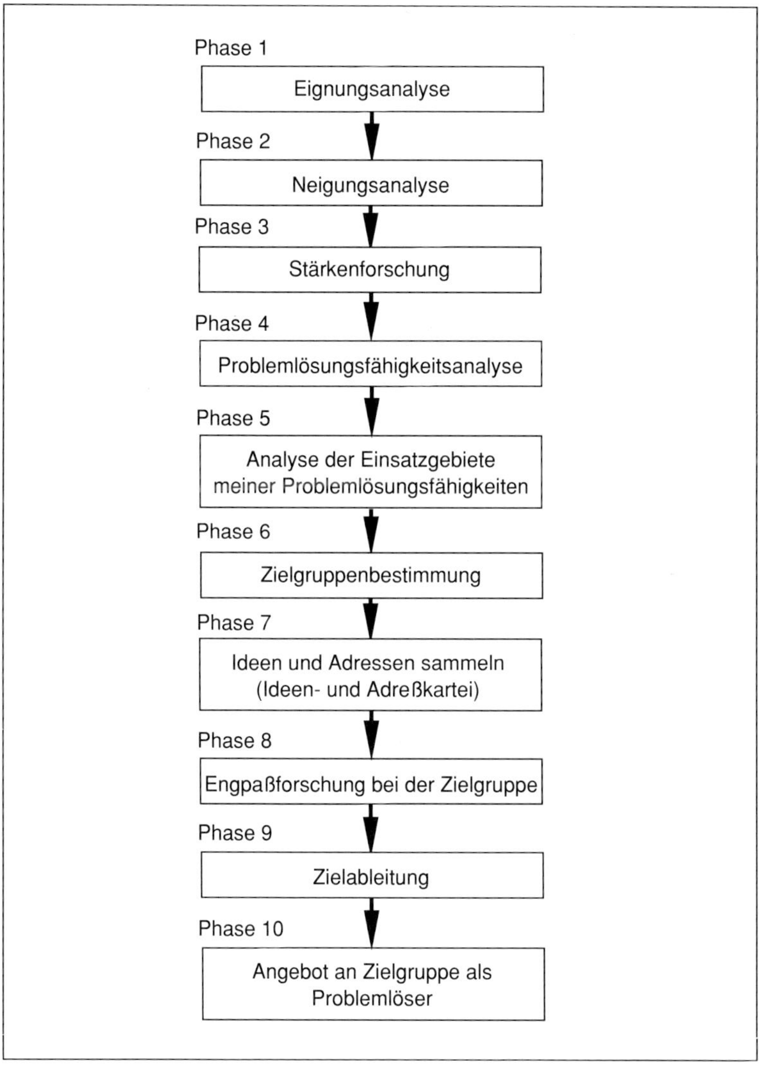

Abbildung: Phasen der Strategieentwicklung nach Bürkle

Quelle: Bürkle, Hans

(12) Das ERFOLG-System

Der Verfasser hat es in seinen zahlreichen Seminaren häufig auch mit mittelständischen Unternehmern zu tun. Diese sind meist an einer einfachen, prägnanten und praxisnahen Beschreibung von Konzepten interessiert.

So entstand das nachfolgend aufgeführte System, bei dem sich die Inhalte aus den einzelnen Buchstaben des Wortes »Erfolg« ableiten lassen.

E = Eigeninitiative
+
R = Rücksichtnahme
+
F = Führung
+
O = Organisation
+
L = Leistung
+
G = Geschäftsgrundsätze

Sicherlich ist dieses »ERFOLG-System« sehr vereinfacht und spiegelt nicht alle Faktoren für einen nachhaltigen Erfolg in kleineren Organisationen – insbesondere im Handwerk – wider. Dennoch dürfte die Realisierung dieser Faktoren gerade solche Unternehmen flexibler, innovativer und erfolgreicher machen.

E = Eigeninitiative

Eigeninitiative ist schon immer der Antriebsmotor für alle Unternehmungen gewesen. Deshalb ist jeder aufgerufen, die Voraussetzungen dafür zu schaffen.

Sicherlich bestimmt die persönliche Entschlußkraft auch die meisten Aktivitäten in kleineren Organisationen. Sie ist es, die das Unternehmen bewegt. Ohne Unternehmungsgeist sind Firmengründungen nicht vorstellbar. Bei bestehenden Firmen

Das persönliche Erfolgs-Portfolio

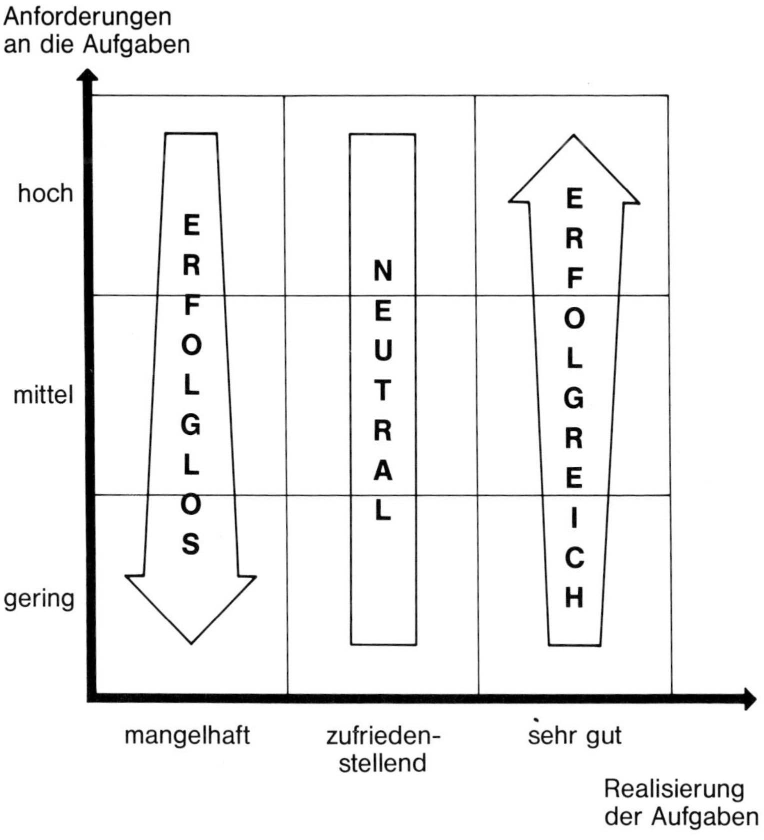

Abbildung: Das Portfolio des persönlichen Erfolgs

wird Wachstum vorwiegend durch Eigeninitiative gewährleistet.

Dabei sollte man bei der Eigeninitiative von folgenden Überlegungen ausgehen:

- Wo liegen meine/unsere Stärken?
- In welchen Eigenschaften unterscheide ich mich von meinen nächsten Mitbewerbern, und in welchen speziellen Stärken bin ich ihnen überlegen?
- Welche Chancen sehe ich auf dem Markt?
- Welche Zielgruppen sind aufgrund meiner speziellen Stärken die richtigen?
- Wo liegen die Probleme meiner Zielgruppen?
- Wie kann ich – evtl. gemeinsam mit den Kunden – Problemlösungen erarbeiten?

Unabhängig davon, wie die Anforderungen an Ihre Aufgaben, die Sie sich vornehmen, sein mögen – hoch, mittel oder gering – entscheidend kommt es darauf an, daß Sie die beste Realisierung dieser Aufgaben anstreben (siehe Abbildung).

R = Rücksichtnahme

Rücksichtnahme ist heute verstärkt gegenüber

- Kunden,
- Lieferanten,
- Mitarbeitern und
- der Öffentlichkeit

notwendig.
Beherzigen Sie bei Ihren Bemühungen um Rücksichtnahme folgende Überlegungen:

- Nutzen Sie der Umwelt, und Sie nutzen sich selbst!

- Wenn Sie anderen zu Erfolg verhelfen, können Sie selbst auch nur gewinnen!
- Erfolgsmenschen pflanzen schattenspendende Bäume, obwohl sie wissen, daß sie niemals unter ihnen sitzen werden.
- Seien Sie optimistisch und begeisterungsfähig!
- Sie bekommen letzten Endes meist das, was Sie erwarten!
- Tun Sie von Zeit zu Zeit etwas, was Sie schon lange gegenüber Ihren Mitmenschen tun wollten!
- Drücken Sie anderen gegenüber Ihre Selbstachtung aus!
- Versuchen Sie, konstruktiv zu helfen, statt unkonstruktiv zu tadeln.
- Jede noch so kleine Beanstandung eines Kunden wird möglichst schnell beseitigt.
- Unter Umständen ist auch auf Kundenwünsche einzugehen, die, streng betriebswirtschaftlich gesehen, häufig nur Dekkungsbeiträge erbringen. Die Auswirkung einer solchen Leistung könnte jedoch eine Rechtfertigung zulassen.
- Versuchen Sie, durch individuelle Aufmerksamkeiten den Kundenkontakt zu intensivieren.

F = Führung

Es ist in den letzten Jahrzehnten viel über Führung geschrieben worden. Wichtig erscheint in den meisten Publikationen, daß die Führung zielorientiert ist. Es geht vor allem darum, die Mitarbeitermotivation als wesentlichen Erfolgsfaktor zu sehen.

Machen Sie daher sich und Ihren Mitarbeitern klar:

- Menschen können sich nur mit Erfolg ändern, wenn sie es wirklich wollen.
- Motivation muß in ihrem Innern verankert sein.

- Die Erfolgreichen im Leben besitzen ein hohes Maß an Selbstmotivation.
- Die Aussage »Ich kann es« läßt sich auf die meisten der im Geschäftsleben auftretenden Herausforderungen anwenden.
- Ein äußerst erfolgreicher Unternehmer hat in den rund sechs Dekaden seines Geschäftslebens die Aussage »Man muß nur wollen« mit zu seinen Maximen gemacht.

Legen Sie auch Wert darauf, daß im Rahmen Ihrer Führungsaufgabe folgende Überlegungen berücksichtigt werden:

- Seien Sie Vorbild!
- Führen bedeutet, eine klare Linie zu haben.
- Versuchen Sie, eine Identifikation Ihrer Mitarbeiter mit der Firma herbeizuführen.
- Weichen Sie Konflikten nicht aus, sondern versuchen Sie, diese zu lösen!
- Kommunikation ist eine Voraussetzung für Führung!
- Ermutigen Sie Ihre Mitarbeiter, neue Wege zu beschreiten.
- Führen Sie Ideenwettbewerbe unter den Mitarbeitern durch.
- Nehmen Sie sich Zeit für ein monatliches »Führungsgespräch« mit Ihren Mitarbeitern.
- Denken Sie immer daran, daß die Stärke insbesondere im mittelständischen Unternehmen darin liegt, zu verdeutlichen, daß der Mensch voll hinter seiner Leistung steht und auch die Verantwortung dafür trägt.

O = Organisation

Entscheidungen über die Organisation eines Unternehmens sind langfristig wirksam. Sie bestimmen sowohl die Struktur, in deren Rahmen die betrieblichen Prozesse abgewickelt werden (Aufbauorganisation), als auch die Struktur dieser Prozesse selbst (Ablauforganisation).

Einmal eingefahrene Strukturen lassen sich aber nur schwer verändern. Falsche oder unzweckmäßige organisatorische Entscheidungen führen deshalb zu Fehlerquellen, die sich langfristig auswirken. Außerdem verändern sich im Ablauf der Zeit auch die Bedingungen, unter denen ein Unternehmen arbeiten muß – einerseits die internen Gegebenheiten, andererseits die externe Situation. Die Organisation muß dem Rechnung tragen, das heißt laufend an diese Veränderungen angepaßt werden (Organisationsabwicklung).

Eine ursprünglich zweckmäßige Organisation kann daher unzweckmäßig werden und immer mehr Fehlerquellen offenbaren. Zahlreiche Unternehmen geben heute dafür ein Beispiel ab.

Die Organisation eines Unternehmens bedarf der laufenden Überprüfung, um rechtzeitig die auftretenden Schwachstellen erkennen und Maßnahmen zu ihrer Beseitigung ergreifen zu können. Neben den umfangreicheren Organisationsänderungen sollte jeder Entscheidungsträger in der täglichen Arbeit auch an die ganz einfachen Handlungsweisen im Bereich der Selbstorganisation denken.

- Beachten Sie bei Ihren Aktivitäten die 80 : 20-Regel (Pareto-Gesetz):
  - In der Praxis werden meist 80 Prozent des zählenden Erfolgs aus nur 20 Prozent der Aktivitäten resultieren, während sich die restlichen 20 Prozent aus 80 Prozent der Aktivitäten ergeben.
  - Wenn Sie auf einer Liste mit 10 Aufgaben die beiden entscheidenden Aktivitäten erfüllt haben, ist Ihr Gesamterfolg bereits zu 80 Prozent gesichert.
- Unordnung ist der Konzentration abträglich!
- Nehmen Sie jedes Papier möglichst nur einmal in die Hand!
- Machen Sie vom Papierkorb eifrig Gebrauch!

– Schreiben Sie jeden Brief nur einmal!

– Unerledigtes sichtbar machen – für jeden Vorgang eine Klarsichthülle!

– Arbeiten Sie bei der Lösung von größeren Problemen nach der Methode der Schweizer-Käse-Technik

  – »Bohren« Sie bei allen passenden Gelegenheiten Löcher in die zu lösende Aufgabe.

  – Mit der Schweizer-Käse-Technik ist es möglich, innerhalb von wenigen Minuten den Einstieg in einen größeren Aufgabenkomplex zu realisieren bzw. die Problemlösung voranzutreiben.

L = Leistung

Die Leistung kommt in erster Linie im Angebot zum Ausdruck. Letztendlich bestimmt die Nachfrage nach der Leistung den Erfolg des Unternehmens.

Die Leistung wird durch eine Vielzahl von Faktoren bestimmt. Prüfen Sie doch einmal Ihr Unternehmen bezüglich

– der Pünktlichkeit der Lieferzusagen

– der Qualität der Produkte

– des Kundenservice

– des Images

– der Preisgestaltung

usw.

Bevor Sie bei diesem Erfolgsfaktor größere Aktivitäten entfalten, prüfen Sie, ob Leistung im täglichen Umgang mit dem Kunden genügend gezeigt wird. Nachstehend sei dies durch einige Beispiele deutlich gemacht:

– die Art, wie der Chef und die Mitarbeiter mit Kunden und Lieferanten umgehen und verhandeln,

– die Art, wie die Mitarbeiter sich am Telefon verhalten,

– die persönliche Erscheinung einer jeden Mitarbeiterin und eines jeden Mitarbeiters

– die Art, wie Fehler in Ordnung gebracht und Reklamationen behandelt werden,

– die Art, wie man über das eigene Geschäft spricht.

Um die Kundenwünsche noch besser kennenzulernen und damit die Leistung stärker zu praktizieren, könnten Maßnahmen durchgeführt werden wie:

– Kundenbefragungen

– Kundenanalysen

– umfassende Beratungsfunktionen

– Aufzeigen von spezifischen Problemlösungen.

G = Geschäftsgrundsätze

In zahlreichen Untersuchungen kam zum Ausdruck, welche Bedeutung Geschäftsgrundsätze für den Unternehmenserfolg haben. Unternehmen haben sich in immer stärkerem Umfang Grundsätze anzueignen, auf denen ihre Politik und ihr Handeln begründet wird.

Es ist sicherlich viel über die Notwendigkeit einer zielorientierten Führung gesprochen und geschrieben worden – auffällig ist nur, daß insbesondere in mittelständischen Unternehmen kaum von der Postulierung

– eindeutiger Geschäftsgrundsätze und

– mittel- bis langfristiger Ziele

Gebrauch gemacht wird.

Es kommt nicht von ungefähr – dies haben mehrere Erhebungen gezeigt –, daß jene Unternehmen in den letzten Jahren am erfolgreichsten waren, die unter anderem über Geschäftsgrundsätze und ein klares Zielsystem verfügten.

Es erscheint notwendig, daß jede effiziente Unternehmung zunächst feste Grundsätze haben muß, auf denen die Unternehmenspolitik aufbaut und die letztendlich das Handeln des Inhabers und seiner Mitarbeiter leiten.

Geschäftsgrundsätze bilden den Rahmen für das betriebliche Entscheidungsfeld. Sie sind oberstes Gesetz einer Organisation, an dem festgehalten werden muß.

Quelle: Nagel, Kurt

(13) Die 10 Schriftenrollen des Erfolgs von Og Mandino

Der Erfolgsautor Og Mandino war jahrelang Herausgeber des US-Magazins »Success Unlimited«, das sich ausschließlich dem persönlichen Lebenserfolg widmet – und er sprach mit Tausenden, die Erfolg hatten. Deren Erkenntnisse und die Kernsätze aller bedeutenden Werke der Weltgeschichte über Erfolg, Motivation und Selbsttraining faßte er zusammen. Dieses Trainingsprogramm für persönlichen Lebenserfolg entstand somit aus den Erfahrungen der Jahrtausende. Es enthält ein persönliches Erfolgstagebuch und die zehn Schriftenrollen des Erfolgs:

1. Die Schriftenrolle mit dem Zeichen I

Heute beginne ich ein neues Leben.

2. Die Schriftenrolle mit dem Zeichen II

Ich begrüße diesen Tag aus einem Herzen voller Liebe.

3. Die Schriftenrolle mit dem Zeichen III

Ich werde beharren, bis daß mir der Sieg zuteil wird.

4. Die Schriftenrolle mit dem Zeichen IV

Ich bin das große Wunder des Lebens.

5. Die Schriftenrolle mit dem Zeichen V

Ich will diesen Tag leben, als sei er mein letzter.

6. Die Schriftenrolle mit dem Zeichen VI

Heute werde ich Meister sein meiner Empfindungen.

7. Die Schriftenrolle mit dem Zeichen VII

Ich will lachen über die Welt.

8. Die Schriftenrolle mit dem Zeichen VIII

Heute will ich meinen Wert um ein Hundertfaches steigern.

9. Die Schriftenrolle mit dem Zeichen IX

Ich werde jetzt handeln.

10. Die Schriftenrolle mit dem Zeichen X

Das »Gebet des Kaufmanns«.

Quelle: Mandino, Og

(14) Die »Zehn Gebote« für Erfolg von Stielau-Pallas

Der Unternehmensberater Alfred R. Stielau-Pallas ist in seinem Buch »Die zehn Gebote für Ihren Erfolg« der Meinung, daß es einzig und allein an den Menschen selbst liegt, die Zukunft erfolgreich zu meistern. Weder die »Umstände« noch die Mitmenschen oder unsere Erbmasse bestimmen das Leben, sondern jeder für sich selbst.

Auf diesem Grundsatz hat er die 10 Gebote für Erfolg aufgebaut – im übertragenen Sinne natürlich. Es soll ein Angebot sein, Ihren Lebensweg zu finden, um ihn so lange wie möglich in der richtigen Richtung zu gehen.

1. Ich bin der Herr, Dein Gott. Du sollst keine anderen Götter neben mir haben!

Wichtige Erkenntnisse daraus, um Großes zu erreichen:

- nur *ein* Ziel vor Augen haben
- nur *eine* lohnende Aufgabe ansteuern
- alles ist erreichbar, wenn der Wille vorhanden ist.

2. Du sollst Dir kein Bildnis noch irgendein Gleichnis machen . . .

Wir können Gott mit unseren Sinnen nicht wahrnehmen, denn er kann nur auf anderen Ebenen wahrgenommen werden. Finden wir uns damit ab, daß er existiert, und wenden wir uns mit unserer ganzen Kraft unserem Lebenszweck, unserer eigentlichen Aufgabe und deren Sinn zu, und haben wir Vertrauen in ihn, in uns und unsere Fähigkeiten.

3. Du sollst den Namen des Herrn, Deines Gottes, nicht mißbrauchen . . .

Wir sollen für Mißerfolg nicht einen Schuldigen suchen, d.h., nicht andere oder Umstände dafür verantwortlich machen (und diese verfluchen), sondern nur uns selbst und unsere negative Einstellung zum Leben oder unsere Unfähigkeit, das Leben zu meistern.

4. Gedenke des Sabbattages, daß Du ihn heiligst . . .

Wenn uns unser Verstand und die Fähigkeit, eigene Entscheidungen zu treffen, wichtig ist, sollten wir ihn weiterentwickeln und pflegen. Wir haben immer mehr Freizeit, aber wir sind immer weniger in der Lage, Feiertage sinnvoll zu nutzen, d.h., uns geistige Entspannung zu gönnen oder in freien Stunden etwas wirklich Sinnvolles zu unternehmen.

5. Du sollst Deinen Vater und Deine Mutter ehren, . . .

Wir nehmen Verhaltensweisen von unseren Eltern an, wir programmieren auch von ihnen erwünschte Verhaltensweisen, und je mehr wir uns mit bestimmten Verhaltensweisen beschäftigen, um so eher verinnerlichen wir sie – auch jene, mit denen wir nicht wirklich einverstanden sind. Vater und Mutter ehren, das heißt deshalb, positive Eigenschaften und Verhaltensweisen speichern und die negativen überprüfen und ablegen.

6. Du sollst nicht töten!

Wir sollen alles in unserer Macht Stehende tun, um den Tod anderer Menschen und unseren eigenen zu verhindern. Das bedeutet aber auch

– gesund leben

– gesunde Arbeit

– gesunde Freizeit

– gesunde Lebenseinstellung

7. Du sollst nicht ehebrechen!

Es ist nicht möglich, gutgemeinte Ratschläge zu erteilen, denn was für den einen richtig, kann für den nächsten bereits total falsch sein.

Gedanken sind Kräfte, die unser Verhalten bestimmen – und mit dieser Kraft unserer Gedanken können wir versuchen, unseren Partner positiv zu beeinflussen. Aber jeder muß eben auch *selbst* einen Beitrag zu einer harmonischen Verbindung leisten – sonst verliert eine Partnerschaft ihre Basis zum Fortbestand.

8. Du sollst nicht stehlen!

Jemand, der sich ohne Berechtigung etwas erwirbt, wird es auf die Dauer nicht behalten können oder zumindest schwerwiegende Nachteile – in welcher Weise auch immer – in Kauf nehmen müssen.

9. Du sollst nicht falsches Zeugnis reden wider Deinen Nächsten!

»Du sollst nicht lügen« bedeutet vor allem auch, Du sollst Dich nicht selbst belügen! Denn das heißt, den Sinn des Lebens nicht erkennen und stets auf der Flucht vor dem Leben und den damit verbundenen Umständen zu sein.

»Du sollst nicht lügen« heißt aber auch, keine Versprechen – welcher Art auch immer – abzugeben, die wir nicht einhalten können.

10. Du sollst nicht begehren Deines Nächsten Haus . . .

Begehren wir etwas bereits Vorhandenes, so nehmen wir uns die Möglichkeit, uns kreativ zu entwickeln und uns *eigene* Gedanken zu machen. Anstatt nach dem Besitz anderer zu trachten, sollten wir uns erst einmal klar darüber werden, was wir wirklich wollen und brauchen.

Quelle: Stielau-Pallas, Alfred R.

(15) Strategien und Taktiken erfolgreicher Menschen nach Edward de Bono

Edward de Bono, der Vater des »lateralen Denkens«, umschreibt Erfolg in seinem neuen Buch »Erfolg – Zufall, Intuition oder Planung?« wie folgt: Erfolg ist »eine Sache in Angriff nehmen und wie vorgesehen abschließen«.

Im III. Teil seines Buches führt de Bono im 10. Kapitel ›Strategie‹ folgende Erfolgstaktiken auf:

1. Brauchen Sie eine Strategie? Wenn Sie auch ohne Strategie Erfolg haben, brauchen Sie vielleicht keine. Andernfalls sollten Sie sich eine zulegen.

2. Eine Strategie gibt Ihnen einen Grund, die Initiative zu ergreifen, etwas in Gang zu setzen, aktiv zu werden.

3. Eine Strategie vergrößert Ihre Zukunftsperspektive und die Bereitschaft, ein Risiko einzugehen oder Dinge zu tun, die kurzfristig keinen Sinn ergeben würden.
4. Eine Strategie beinhaltet Richtlinien für die Entscheidungsfindung und führt zu der Frage: »Paßt das in meine Strategie?«
5. Es gibt spezifische Strategien, die die einzelnen Schritte auf dem Weg zum Erfolg festlegen. Sie gleichen einer bestimmten Strategie im Schach.
6. Es gibt auch generelle Strategien, die aus Richtlinien und Prinzipien bestehen und auf jede Situation angewendet werden können.
7. Individueller Stil, Persönlichkeit und Urteilsvermögen können wie eine Strategie eingesetzt werden; aber man sollte sich nur darauf verlassen, wenn der Erfolg garantiert ist.
8. Eine Strategie ist kein detaillierter Plan (den Sie vielleicht außerdem noch brauchen), sondern eine umfassende Übersicht.
9. Von Zeit zu Zeit sollte man seine Strategien überdenken, gewissenhaft überprüfen und sich notwendige Änderungen und Veränderungen bewußt machen.
10. Zu einer Strategie gehört nicht nur der richtige Einsatz, sondern auch die richtige Entwicklung der Ressourcen.

Edward de Bono macht in seinen zahlreichen Aussagen deutlich, daß man Erfolg nicht als besonders erstrebenswert anzusehen braucht. »Aber falls Sie erfolgreich sein möchten, dann gibt es zwei Grundhaltungen dafür.

Die erste ist die passive Einstellung, die Ihnen eingibt, daß Sie nichts tun können, außer auf einen Glücksfall zu warten oder für das richtige Talent und Temperament zu beten.

Die zweite ist die positive Grundhaltung, unter deren Einfluß Sie erkennen, daß Sie etwas tun können, was Sinn hat.«

Quelle: de Bono, Edward

(16) Erfolgskonzept der positiven Geisteshaltung

Das Autorenteam Hill/Stone will in seinem Buch »Erfolg durch positives Denken« dem Leser verdeutlichen, daß eine positive Geisteshaltung (PGH) der Katalysator ist, der die folgenden Erfolgsprinzipien erst richtig wirksam werden läßt:

1. Positive Geisteshaltung
2. Zielstrebigkeit
3. der Wille, keine Mühe zu scheuen
4. logisches Denken
5. Selbstdisziplin
6. ein überlegener Verstand
7. angewandter Glaube
8. ein angenehmes Wesen
9. persönliche Initiative
10. Begeisterung
11. konzentrierte Aufmerksamkeit
12. die Bereitschaft zur Zusammenarbeit
13. die Bereitschaft, aus Fehlschlägen zu lernen
14. schöpferische Phantasie
15. eine sorgfältige Einteilung von Zeit und Geld
16. Gesunderhaltung von Geist und Körper
17. Einsatz des kosmischen Beharrungsvermögens (das Universelle Gesetz)

Die Autoren haben diese 17 Erfolgsprinzipien nicht erfunden, sondern sie abgeleitet aus den Lebenserfahrungen von Hunderten der erfolgreichsten Persönlichkeiten, die die amerikanische Nation während der vergangenen hundert Jahre hervorgebracht hat.

Hill/Stone sind der Meinung, daß sich eine positive Geisteshaltung entwickeln und beibehalten läßt, indem man es sich zur moralischen Pflicht macht, diese 17 Prinzipien zu übernehmen und anzuwenden. Für sie ist es die einzige Methode zur Aufrechterhaltung einer positiven geistigen Einstellung.

Quelle: Hill, Napoleon und Stone W. Clement

(17) Selbsterkenntnis – eine Strategie zum persönlichen und beruflichen Erfolg nach Schlinsog

Die Psychologie kennt verschiedene Modelle, menschliche Verhaltensweisen begreiflich zu machen und sie in gewissem Sinne zu charakterisieren.

Jede Verhaltensweise hat ihre positiven, aber auch negativen Eigenschaften, ihre fördernden und hemmenden Wirkungen. Der Trainer Hubertus Schlinsog baut sein Erfolgsmodell auf dieser Selbsterkenntnis auf. Er geht dabei davon aus, daß der Mensch zwei unterschiedliche Kopf- und Gesichtshälften hat. Während die rechte Kopf- und Gesichtshälfte unsere Hauptsteuerung, unsere Haupteigenschaft oder »Sonnenseite« symbolisiert, ordnet man der linken Kopf- und Gesichtshälfte unsere Nebeneigenschaft oder »Schattenseite« zu. Dieses Rechts-Links-Symbol findet man in fast allen Bereichen.

Der französische Arzt Paul Nogier ist der Ansicht, daß unter anderem das menschliche Ohr den gesamten Körper in embryonaler Haltung widerspiegelt. Nogier verband seine Erkenntnis mit den Grundlagen der Akupunktur: das Ohr signalisiert in embryonaler Haltung den Menschen, aufgrund dieser Lage sind auch die jeweiligen Körperorgane zu akupunktieren.

Im Ohrläppchen laufen alle Hauptnervenbahnen des Kopfes zusammen. Daher kann dies als kennzeichnend für den gesamten Kopfbereich angesehen werden. Diese Tatsache begründet die These, daß ein Mensch mit stark ausgeprägter rechteckiger Kopfform auch ein waagerecht gewachsenes Ohrläppchen hat. Ein Mensch mit dreieckiger Kopfform hat häufig ein nach unten herabgezogenes, angewachsenes Ohrläppchen und ein

Mensch mit ovaler oder runder Kopfform meist ausgeprägte Ohrläppchen, die eine starke Rundung aufweisen. Ordnet man nun diese drei unterschiedlichen rechten Ohrläppchen einer allgemein bekannten Eigensteuerung zu, ergeben sich folgende Gruppierungen:

1. Die rechte Kopfhälfte und das rechte Ohrläppchen sind waagerecht angeordnet (Bild 1). Dabei kann es sich um einen stark rationalen Menschen handeln, d.h. »verstandesgesteuert«.

2. Die rechte Kopfhälfte und das rechte Ohrläppchen sind herabgezogen (Bild 2). Hier kann es sich um einen dynamischen und willensstarken Menschen handeln, d.h. »willensgesteuert«.

3. Handelt es sich jedoch um die ovale oder runde rechte Kopfform und das rechte hängende Ohrläppchen (Bild 3), kann dies einen »gefühlsgesteuerten« Menschen ausmachen.

Der *verstandesgesteuerte* Mensch besitzt ein rationales und logisches Denkvermögen, gibt sich ruhig und sachlich, überzeugt durch sachliche Argumente und vermeidet gefühlsmäßige Äußerungen oder Reaktionen. In beruflichen Belangen trennt er gern zwischen Dienst und privat. Seine sachliche und klare Sprache und Ausdrucksweise sind bestechend. Da er gerne taktiert, kalkuliert und mit Zahlen, Fakten und Beweisen arbeitet, liegen seine Stärken unter anderem in Planspielen und zukunftsgerichteten Überlegungen. Seine Körpermotorik ist sparsam und sein Bedürfnis nach sachlichen und logischen Themem ausgeprägt. Daher ist auch sein Gedächtnis bemerkenswert; Entscheidungen werden sachlich wohlüberlegt und abgewogen.

Sind alle diese Eigenschaften aber zu stark ausgeprägt, kann er auch den Anschein eines zu kühlen und distanzierten Mitmenschen geben. Seine Entscheidungsfindung ist auch extrem

Bild 1

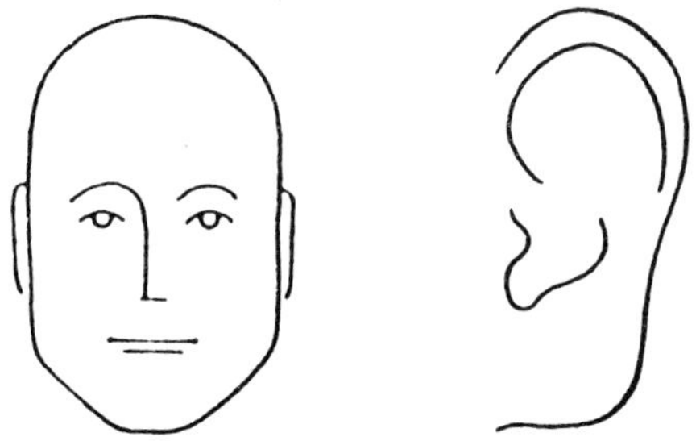

Bild 1: Stark ausgeprägte rechteckige Kopfform mit waagerecht gewachsenem Ohrläppchen

Bild 2

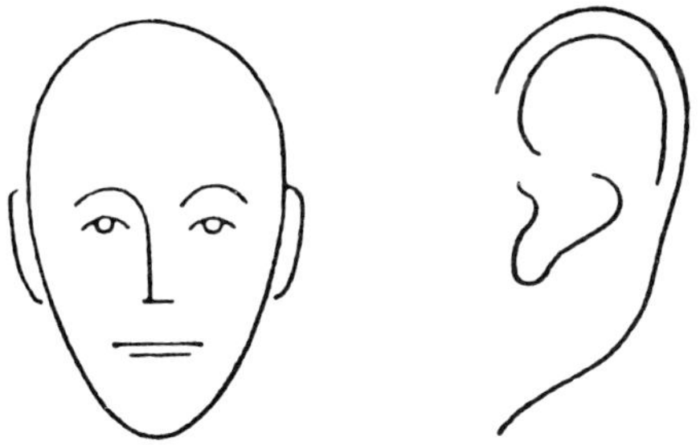

Bild 2: Dreieckige Kopfform mit herabgezogenem, angewachsenem Ohrläppchen

Bild 3

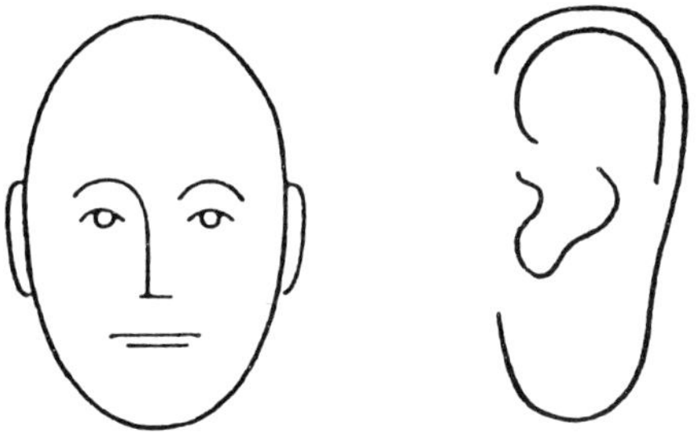

Bild 3: Ovale oder runde Kopfform mit ausgeprägtem Ohrläppchen, das eine starke Rundung aufweist

Abbildung: Unterschiedliche Gruppierungen von Kopfform und Ohr

lang, da er zu lange abwägt und überlegt. Es kann bei diesem Menschen auch so weit gehen, daß er Körpermotorik als unsachlich und daher als überflüssig bezeichnet. Dieser verstandesgesteuerte Mensch gewinnt selten im »Sturmlauf« – sein bester Verbündeter ist die Zeit.

Anders verhält es sich beim *willensgesteuerten* Menschen. Bei ihm stehen sehr oft die Vorherrschaft, Repräsentanz und Zielstrebigkeit an erster Stelle. Seine Lebens- und Verhaltensweisen sind sehr direkt, aktiv und dynamisch. Daher seine plastische, ausdrucksgewandte Sprache und Körpermotorik. Er arbeitet auch stark zielorientiert, ist standfest und gradlinig; er geht meistens den direktesten Weg und nicht lange um den berüchtigten »heißen Brei« herum. Seine Geradlinigkeit widerstrebt oft vielen Menschen. Dadurch hat er aber die Fähigkeit, Abläufe zu planen und vorzubereiten; sehr groß ist auch seine Angst, etwas unvorbereitet tun zu müssen. Improvisation ist nicht seine Stärke. Dafür setzt er alle nur denkbaren Mittel ein, etwas Versprochenes zu halten. Seine Zuverlässigkeit in dieser Art ist sehr ausgeprägt. Er legt starken Wert darauf, von seiner Umwelt akzeptiert zu werden und zu repräsentieren. Sein stark ausgeprägter Wille und seine überaus starke Aktivität vermitteln eine natürliche Autorität, die seine Mitmenschen spüren und oft anerkennen, selbst wenn er es nicht bewußt darauf anlegt. Da er seinen eigenen Wert- und Leistungsmaßstab sehr hoch ansiedelt, verlangt er dasselbe auch von seinen Mitmenschen. Aus diesem Grunde kommt es sehr oft zu Spannungen und Differenzen, da er andere Maßstäbe nicht akzeptiert. Leistungswille und Leistungsfähigkeit sind bei ihm identisch. Wunschträume sind ihm fremd, Machbares steht im Mittelpunkt. Er kann auch schnell reagieren, doch sollte er sich vor vorschnellen Entschlüssen in acht nehmen.

Der willensgesteuerte Mensch merkt oft nicht, daß er durch seine Zielstrebigkeit und aktive Art seine Mitmenschen sachlich und menschlich überfordert. Im Gespräch ist er meist der Wortführer oder Alleinunterhalter, er ist der Repräsentant seiner Umwelt, ob in der Firma oder im Privatbereich. Er braucht unter Umständen auch »Freunde«, die ihm helfen oder nützlich sind – sogenannte »Steigbügelhalter«. Oft will er im Mittelpunkt stehen und akzeptiert selten gleichberechtigte Partner.

Etwas ganz anderes verkörpert der *gefühlsgesteuerte* Mitmensch. Sein Interesse am Menschen und sein Harmoniestreben sind sehr stark ausgeprägt. Der Mensch steht in seinem Tun und Handeln im Mittelpunkt. Daher sind auch seine Kollegialität, sein nachbarschaftliches Verhalten und seine Hilfsbereitschaft dominant. Diese menschbezogene Lebens- und Verhaltensweise zieht sich durch sein gesamtes Leben. Seine Körpersprache entspricht auch seiner Wortsprache – er besitzt viel »Fingerspitzengefühl« –, ist spontan und fällt die schnellsten Entscheidungen. Langes Überlegen und Abwägen liegt ihm nicht. Seine Sprache ist melodisch und partnerbezogen, so auch sein Umfeld. Unkollegiales Betriebsklima oder eine introvertierte Einzelarbeit liegen ihm überhaupt nicht. Er kündigt auch eine gut dotierte Stellung und verzichtet auf höheres Einkommen, wenn er sich anderswo wohler fühlt und vor allem als Mensch behandelt wird. Er fühlt sich überall dort wohl, wo er als Mensch mit all seinen Stärken und Schwächen akzeptiert und toleriert wird. Das Menschliche steht bei dem gefühlsgesteuerten Menschen an erster Stelle. Er legt mehr Wert auf Gefühle und das persönliche »Feedback«. Wenn er etwas tut, dann kommt es aus »ganzem Herzen«. Eingegangene Versprechen versucht er zu halten, ist einfühlsam und trennt sich nicht gerne von alten Erinnerungen. Er behält oft alte Gewohnheiten bei und orientiert sich gerne an der Vergangenheit. Extreme Standpunkte oder Situationen möchte er schnell ausgleichen und nivellieren. Sein Einstellungsvermögen und seine Einfühlungsfähigkeit in andere Menschen ist ausgezeichnet; Kontaktfreudigkeit und Kontaktstärke sind wesentliche Eigenschaften. Er hat einfach Erfolg, weil ihn die Umwelt als sympathisch empfindet. Sein Vertrauen ist groß und sein Gespür meist untrüglich. Daher findet er zu seinen Mitmenschen auch leicht Kontakt, ist nicht so schnell beleidigt und sehr oft notwendiger Ansprechpartner für die Sorgen und Probleme anderer. Seine selbstlose Art ist zwar lobenswert, aber manchmal auch belastend. Oft verspricht er sehr viel und kann es durch Arbeitsüberlastung nicht einhalten.

Somit ergeben sich folgende »Lebensfahnen«:

- Beim verstandesgesteuerten Menschen dominieren die Sachlichkeit und Funktionalität,
- der willensgesteuerte Mensch betont die Aktivität und Zielorientierung und
- bei gefühlsgesteuerten Individuen stehen der Mensch und die Harmonie im Vordergrund.

Quelle: Schlinsog, Hubertus

4.2 Effiziente Selbstorganisation

(1) 10 Empfehlungen für ein effektives Zeitmanagement

1. Klare Zielsetzungen

Nur jemand, der klare persönliche und berufliche Ziele hat, weiß mit seiner Zeit umzugehen und ist in der Lage, seine Aufgaben zielorientiert anzugehen.

Christian Morgenstern: Wer vom Ziel nicht weiß, kann den Weg nicht haben.

- Eine eindeutige Zielsetzung ist die beste Motivation bei der Zeitstrategie.
- Verschleißen Sie Ihre Kräfte nicht mit Dingen, die Ihnen nicht liegen und die Sie von Ihren eigentlichen Zielen ablenken. Dieses Prinzip gilt auch für Ihr Privatleben.
- Eine erfolgreiche Zeitplanung kann nur schriftlich geschehen. Die Ziele müssen
  - realistisch sein,
  - konkret formuliert werden (*was* soll bis *wann wie* erreicht werden) und
  - in meßbare Teilziele unterteilt werden.

2. Planen Sie Ihre Aktivitäten

- Bestimmen Sie für die Ziele Aktivitäten, und versehen Sie diese auch mit Prioritäten. Erstellen Sie eine tägliche Aufgabenliste mit Prioritäten. Wenn Sie auf einer Liste mit zehn Aufgaben die beiden entscheidenden Aktivitäten erfüllt haben, ist Ihr Gesamterfolg bereits zu 80 % gesichert (siehe Paretos Gesetz).
- Ein »Zeitplanungsinstrument« sollte folgende Forderungen erfüllen:
  - immer zur Hand,
  - einfach zu handhaben,
  - es muß systematisch aufgebaut sein,
  - Tätigkeiten müssen mit Prioritäten versehen werden können,
  - es muß den persönlichen Bedürfnissen anzupassen sein.
- Denken Sie bei der Zeitplanung immer an das Prinzip der Wirtschaftlichkeit. Verwenden Sie nicht mehr als zehn Minuten für die Zeitplanung des nächsten Tages.

3. Kontrollieren Sie Ihre Ziele und Aktivitäten

- Die Kontrolle sollte laufend durchgeführt werden.
- Kontrollfragen im Rahmen der Tageskontrolle sollten u.a. sein:
  - Was wurde heute von den vorgenommenen Tagesarbeiten erledigt?
  - Was blieb unerledigt und warum?
  - Welche Mißerfolge stellten sich ein, und welche Gegenmaßnahmen wurden ergriffen?
  - Wo wurde Zeit verschwendet?
  - Welche Schlußfolgerungen können für künftige Planaufstellungen gezogen werden?
- Kontrollfragen im Rahmen der Wochenkontrolle sollten u.a. sein:

Vorgehen beim Setzen von Prioritäten

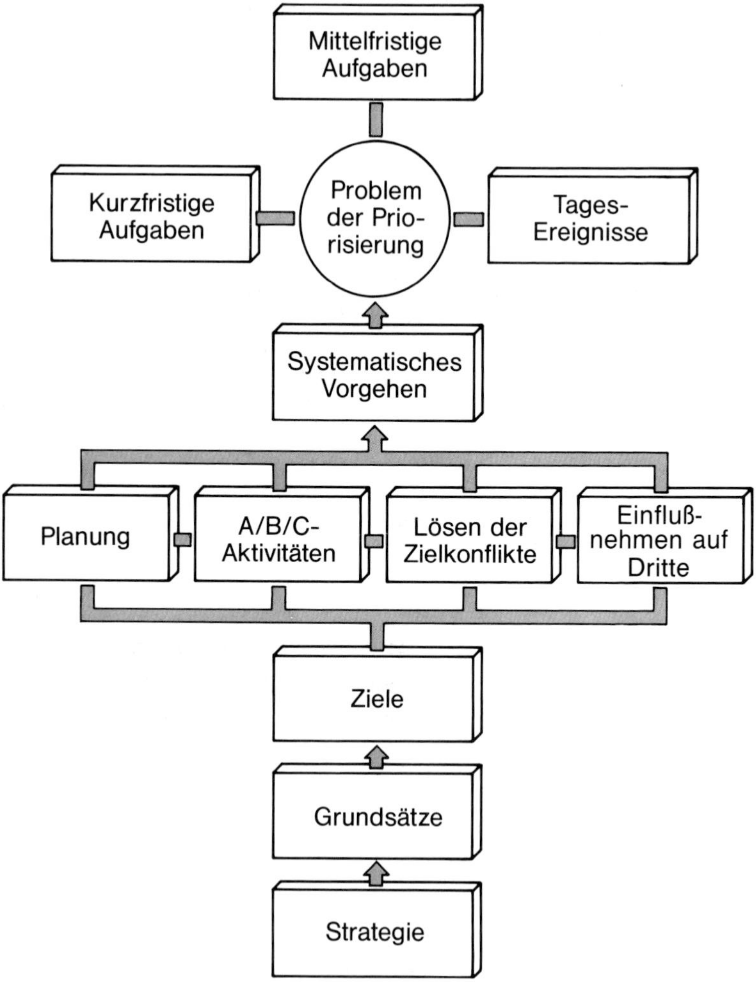

Abbildung: Die Vorgehensweise beim Setzen von Prioritäten

- Welche Wochenergebnisse wurden erzielt?
- Was blieb unerledigt?
- Welche Schwierigkeiten traten auf?
- Wurden die Zeiten für Unvorhergesehenes richtig eingeschätzt?
- Welche Konsequenzen ergeben sich aus der Nichteinhaltung von Aktivitäten für die folgende(n) Woche(n)?
- Können die Pläne aufrechterhalten werden, oder sind sie zu modifizieren?

- Für die Monatskontrolle könnte ein Fragenkatalog, den man mit Punktwerten versieht, sinnvoll sein. Die Fragen, die für jeden Mitarbeiter oder für jede Führungskraft individuell sein können, sollte man insbesondere auf mögliche Rationalisierungsmaßnahmen abstellen.

4. Zielstrebiges, konzentriertes Arbeiten

- Menschen, die mit ihrer Zeit nicht zu Rande kommen, wollen immer zuviel auf einmal erledigen oder schieben viel vor sich her. Peter Ustinov charakterisiert diese Menschen wie folgt: »Die Menschen, die etwas von heute auf morgen verschieben, sind dieselben, die es bereits von gestern auf heute verschoben haben.«

- Nicht die auf ein Vorhaben verwendete Gesamtzeit ist entscheidend: es kommt darauf an, wie systematisch Sie daran arbeiten.

- Ein Problem läßt sich häufig nicht stückchenweise lösen; aber kaum ein Problem kann einem konzentrierten Angriff standhalten.

- Der Unfähigkeit, sich auf eine Arbeit zu konzentrieren und tatsächlich zu beginnen, begegnet man am besten, indem man zeitlich festgelegte Arbeitsphasen plant.

- Versuchen Sie, Ihre wichtigen Konzentrationsphasen dann durchzuführen, wenn Sie die wenigsten Störungen erwarten dürfen.

5. Vermeidung von Unordnung

Unordnung ist üblicherweise der Konzentration abträglich. Der Spruch »Nur Dumme halten Ordnung – ein Genie beherrscht das Chaos«, kann uns bestenfalls ein Lächeln abgewinnen. Ein Chaos auf dem Schreibtisch erzeugt meist Nervosität und das Gefühl, »unter einer Arbeitslawine begraben zu werden«.

- Befreien Sie Ihren Schreibtisch von allem außer dem Projekt, an dem Sie gerade arbeiten.
- Räumen Sie den Schreibtisch jeden Abend ab oder zumindest auf; dies trägt zu einem guten Start am nächsten Morgen bei.

6. Vermeidung von Perfektionismus

Perfektion ist nur dann anzustreben, wenn 80 % des Gewinns, den Sie aus einer Aktivität ziehen, aus den letzten 20 % Ihrer Bemühungen resultieren.

- Denken Sie an das Prinzip der Wirtschaftlichkeit bei allen durchzuführenden Aufgaben.
- Es gibt keinen besonderen Grund dafür, daß ein in zwei Tagen verfaßter Bericht notwendigerweise auch zwei Tage der Zeit des Mannes wert ist, der ihn erstellt hat.
- Versuchen Sie bei speziellen Problemen nicht unbedingt, sich zu perfektionieren, sondern wenden Sie sich an Spezialisten.
- Treiben Sie auch keine Perfektion beim Lesen von Berichten, Protokollen, Geschäftskorrespondenz, Zeitungen, Zeitschriften usw.

7. Bekämpfen von Störungen

- Setzen Sie sich gegen die zentralen Störfaktoren
  - des Telefons,

Wesentliche Störungen und Vorschläge zur Reduzierung

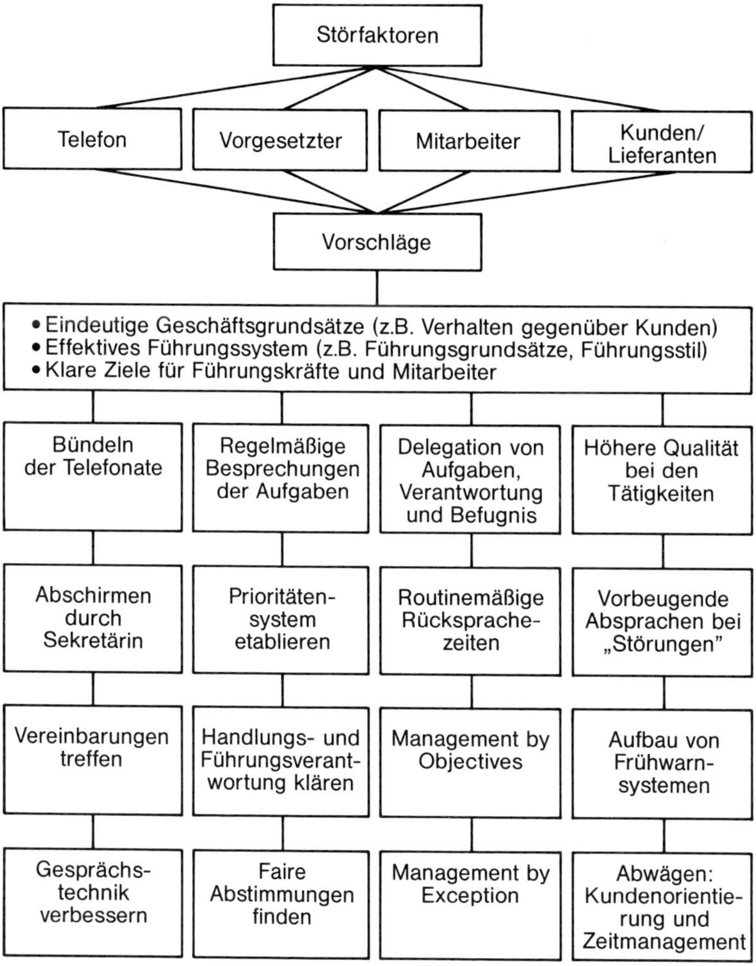

Abbildung: Die wesentlichen Störfaktoren und Vorschläge zur Reduzierung von Störungen

– der unangemeldeten Besuche und
– der Mitarbeiter

durch.

- Nicht jedes kurzfristig vorgebrachte Anliegen muß sofort erledigt werden.
- Eine zielorientierte Durchsetzung erreichen Sie nur, wenn Sie Ihre Mitarbeiter, Kollegen, ja sogar die Kunden zu Verbündeten machen.

8. Nutzen Sie Übergangszeiten

- Sorgen Sie dafür, daß Reisezeiten, Wartezeiten usw. keine verlorenen Zeiten sind. Beschäftigen Sie sich deshalb in diesen Zeiten mit Dingen, zu denen Sie sonst nicht kommen.
- Nutzen Sie vor allem Übergangszeiten (z.B. bei der Fahrt ins Büro) und Wartezeiten zur Lösung von größeren Problemen nach der »Schweizer-Käse-Technik« (siehe 4.1 (12)).

9. Vernünftige Pausen und Freizeit

- Langes Arbeiten ohne Pausen ist nicht effektiv.
- Wenn Sie sich öfter mal entspannen, leisten Sie mehr und gewinnen Freude an der Arbeit.
- Belohnen Sie sich mit Freizeit, wenn Sie wichtige Aufgaben erfüllt haben.
- Umschalten von geistiger Arbeit auf körperliche Bewegung steigert die Leistungsfähigkeit und löst Verkrampfungen.

10. Vernünftige Ernährung, ausreichend Schlaf, Bewegung und Hobbys

- Es zeigt sich immer wieder, daß für jeden Menschen individuell eine eigene Art von optimaler Ernährung besteht. Finden Sie die für Sie ideale, bekömmliche Ernährung heraus.

- Experimentieren Sie mit 6 Stunden Schlaf pro Nacht, während Sie zu Ihrem Körper freundlich sind, sich gesund ernähren und sich genügend Bewegung an frischer Luft verschaffen. Im Laufe eines Lebens ergeben die dadurch gewonnenen produktiven Stunden insgesamt mindestens sechs zusätzliche Lebensjahre.
- Schulen Sie Ihren Körper durch Fitneßprogramme usw. Lernen Sie, sich zu entspannen und Streß abzubauen.
- Sorgen Sie für regelmäßigen und ausreichenden Urlaub.
- Legen Sie sich mindestens ein Hobby zu, das Ihnen Spaß macht, und versuchen Sie, dieses Hobby regelmäßig wahrzunehmen.

Quelle: Nagel, Kurt

(2) 10 Tips für erfolgreiches »Management by Zeitplanbuch«

Der Einsatz von Zeitplanbüchern ermöglicht die konsequente Einhaltung eines Zeitplansystems und sorgt für erfolgreiche und sinnvolle Ziel- und Zeitplanung. Wir können unsere Zeit sowohl im beruflichen als auch im privaten Bereich wertvoller durch Ausnützung unserer Fähigkeiten und mit Hilfe dieses Werkzeuges gestalten. Durch den Einsatz und die Anwendung eines Zeitplanbuches kann die tägliche Arbeit besser geplant, koordiniert, organisiert und rationeller durchgeführt werden. Es verbessert die Qualität und den Erfolg der eigenen Arbeit.

Der Zeitmanager Lothar Seiwert von der Fachhochschule Wiesbaden meint, daß Streß nicht von den Dingen kommt, die wir erledigt haben, sondern von dem, was wir nicht bewältigt haben – was wir nicht schaffen, das schafft uns! Er gibt deshalb folgende Tips für erfolgreiches Zeitmanagement:

1. Planen Sie schriftlich!

Schreiben Sie alles auf, was Sie erledigen wollen: Termine, Aktivitäten, Telefonate, Korrespondenz. Sie entlasten damit Ihr Gedächtnis und konzentrieren sich auf das Wesentliche.

2. Definieren Sie Ziele!

Nur derjenige, welcher seine Ziele auch definiert hat, behält in der Hektik des Tagesgeschehens den Überblick, setzt auch unter größter Arbeitsbelastung die richtigen Prioritäten und versteht es, seine Fähigkeiten optimal einzusetzen.

3. Verwenden Sie Tagespläne!

Gewöhnen Sie sich an, den Arbeitstag bereits am Ende des Vortages zu planen: Visualisieren Sie den Ablauf des Folgetages. Da Sie nun Ihre Hauptaufgabe vor Augen haben, steht Ihnen der neue Tag jetzt plan- und greifbar bevor.

4. Berücksichtigen Sie Pufferzeiten!

Verplanen Sie nicht mehr als 50 % des Arbeitstages. Die anderen 50 % müssen für unvorhergesehene Aktivitäten freigehalten werden.

5. Setzen Sie Prioritäten!

Viele verbringen ihre meiste Zeit damit, sich um viele, relativ nebensächliche Probleme und Aufgaben zu kümmern, statt sich auf wenige, aber lebenswichtige Aktivitäten zu konzentrieren.

6. Kontrollieren Sie das Unerledigte!

Überprüfen Sie jeden Abend, welche Aufgaben nicht erledigt werden konnten und auf den nächsten Tag übertragen werden müssen. Dinge, die nicht fortgeschrieben werden, gehen sonst unweigerlich verloren.

7. Beachten Sie die Leistungskurve!

Jeder Mensch ist in seiner Leistungsfähigkeit während des ganzen Tages biorhythmischen Schwankungen ausgesetzt. Finden Sie diese für Ihren speziellen Fall heraus, und richten Sie sich bei der Aufgabenplanung danach. (Wichtige Dinge sollten generell während des morgendlichen Leistungshochs erledigt werden).

8. Reservieren Sie eine »stille Stunde«!

Viele erledigen die eigentliche und wichtige Arbeit erst nach Dienstschluß, weil sie wegen zahlreicher Störungen tagsüber keine Zeit dafür finden. Richten Sie sich deshalb einen eigenen Termin mit sich selbst täglich ein und konzentrieren Sie sich in dieser »Sperrzeit« auf das Wesentliche. (Niemand muß immer erreichbar und persönlich ansprechbar sein).

9. Führen Sie durch Delegation!

Wer delegiert, führt! Wer nicht effektiv delegiert, betreibt auch kein effektives Management. Delegation ist die Schlüsseltätigkeit jedes Arbeitsmethodikers und jeder Führungskraft überhaupt.

10. Bleiben Sie konsequent!

Techniken, Methoden und Zeitplanbuch sind nur ein Teil eines erfolgreichen Zeitmanagements. Es ist die einfachere Seite! Einstellung, Verhalten und Selbstdisziplin ist die andere – und zwar die schwierigere Seite!

Quelle: Seiwert, Lothar J.

(3) Das Konzept der physiologischen Leistungsbereitschaft

In seiner Leistungsfähigkeit ist jeder Mensch ganz bestimmten Schwankungen unterworfen, die sich in einem natürlichen Rhythmus vollziehen. (Im Volksmund spricht man hier von Frühaufstehern/Morgenmuffeln oder Abendmenschen/Nachteulen.) Verhaltensforscher haben diese persönlichen Unterschiede lange anerzogenen Gewohnheiten zugeschrieben. Erst Ende der fünfziger Jahre stellte der Biologe Franz Halberg von der Harvard-Universität/Massachusetts diese Ansichten mit seiner Chronobiologie in Frage. Er fand aufgrund von Untersuchungen heraus, daß der menschliche Organismus nicht in stets gleichmäßigem, sondern in wechselndem Tempo in einem Rhythmus von ca. 25 Stunden arbeitet und daß jeder Organismus seinen eigenen Rhythmus aufweist (eine eigene biologische Uhr), der auf die Umwelt, aber auch auf individuelle Faktoren abgestimmt ist. Diese zikadianen Rhythmen, die sich in Schwankungen des Stoffwechsels, der Körpertemperatur und einiger anderer Körperfunktionen bemerkbar machen, bestimmen unsere tägliche physiologische Leistungsbereitschaft (gegen diese Ordnung der Natur kann man weder mit guten Vorsätzen noch mit Selbstdisziplin ankämpfen).

Diese Leistungsbereitschaft liegt bei jedem Menschen zeitlich anders; Frührhythmiker haben ihre Leistungshochs bzw. -tiefs zu anderen Zeiten als Spätrhythmiker. Zu Spitzenleistungen sind aber alle täglich nur für eine beschränkte Zeit fähig. Auf die Phasen höchster Leistungsbereitschaft folgt immer ein Leistungstief, in dem der Organismus auf »Sparflamme« arbeitet (man kann zwar mit Anregungsmitteln den morgendlichen Aufschwung beschleunigen, was jedoch einen tieferen Fall ins anschließende Leistungstief zur Folge hat).

Wenn man demnach mit der geringsten Anstrengung sein Bestes geben will, muß man den nötigen körperlichen/geistigen Aufwand auf seine biologischen Möglichkeiten abstimmen. Die auf der folgenden Seite abgebildete Leistungskurve zeigt die Leistungsbereitschaft und ihre Schwankungen.

Um Nutzen aus diesem zikadianen Rhythmus zu ziehen, sollte man seinen persönlichen Tagesrhythmus herausfinden, um aufgrund seiner physiologischen Leistungsbereitschaft die Effizienz zu steigern.

Will man seinen Tagesplan effizient gestalten und sich diese Gesetzmäßigkeiten zunutze machen, müssen

- wichtige Aufgaben während der Leistungshöhepunkte geplant und
- Routinearbeiten sowie soziale Kontakte auf die Indolenzzeiten gelegt

werden. Dabei bieten sich im allgemeinen die Stunden des Vormittaghochs für geistige Tätigkeiten und jene des Nachmittaghochs für Problemlösungen an. Müssen jedoch wichtige Arbeiten in einem Leistungsminus ausgeführt werden, sind erhebliche Überwindungskräfte aufzubringen, die trotzdem nur zu mittelmäßigen Leistungen führen.
Zusammenfassend sollte folgendes beachtet werden:

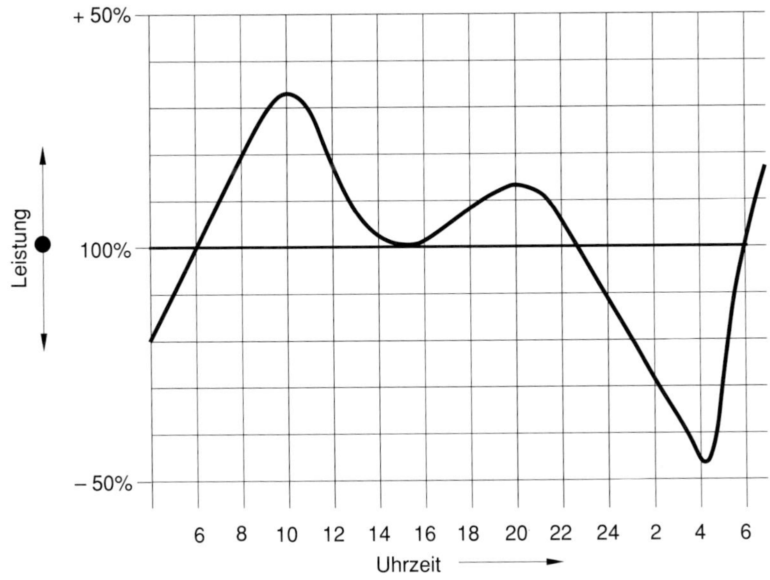

Abbildung: Physiologische Leistungsbereitschaft (REFA-Normkurve) biologischer Tagesrhythmus

- Finden Sie durch systematische Beobachtung Ihren persönlichen Tagesrhythmus heraus,
- leben und arbeiten Sie nicht gegen, sondern mit den biologischen Rhythmen,
- planen Sie ihre täglichen Aufgaben unter Berücksichtigung der physiologischen Leistungsbereitschaft.

Seine Körperrhythmen zu kennen ist noch kein Garant für effizientes Arbeiten; aber es ist wichtig zu wissen, welche Bedeutung sie in unserem Leben haben und wie man zu seinem

Vorteil im Einklang mit den natürlichen Rhythmen des Körpers handelt. Wenn wir in Harmonie mit der Natur leben wollen, müssen wir uns klarmachen, daß es noch immer ihre Zeit ist, die unsere Welt formt, und daß wir diese Zeit nicht einfach ignorieren können.

(4) Mehr Leistungsfähigkeit durch Beachten des Biorhythmus'

Neben den täglichen physiologischen Leistungsschwankungen des menschlichen Organismus gibt es noch eine weitere Möglichkeit, vorausschaubare persönlichkeitsbezogene Leistungsschwankungen bei der Terminplanung zu berücksichtigen. Es handelt sich dabei um die Biorhythmustheorie, die auf der Annahme basiert, daß der menschliche Körper über Stoffwechselrhythmen mit festen Zykluszeiten verfügt (Prof. Dr. Sauerbruch war ein Wegbereiter dieser noch jungen Grenzwissenschaft). Zugeschrieben wird die Entdeckung des Biorhythmus' dem Biologen und Arzt Dr. Wilhelm Fließ, der um die Jahrhundertwende lebte.

Die Einheiten dieser drei Grundrhythmen sind Perioden von jeweils 23, 28 und 33 Tagen. Diese Lehre geht davon aus, daß jeder Mensch in seiner körperlichen, seelischen und geistigen Leistungsfähigkeit bestimmten Schwankungen unterworfen ist. Prof. Dr. med. Ekkehard Zerbst von der Freien Universität Berlin führt dazu folgendes aus:

- Der 23-Tage-Zyklus ist der körperliche Zyklus und betrifft Faktoren wie Vitalität und Ausdauer (Phasenwechsel nach 11,5 Tagen)
- Der 28-Tage-Zyklus ist der seelische Zyklus und beschreibt die Intuition und den seelischen Zustand (Phasenwechsel nach 14 Tagen)
- Der 33-Tage-Zyklus ist der geistige Zyklus und soll das Maß für die intellektuelle Leistungsfähigkeit und das Urteilsvermögen sein (Phasenwechsel nach 16,5 Tagen)

Für jeden dieser Zyklen können starke, schwache und kritische Tage ermittelt werden:

- starke Zeiten werden als energiereiche und extra positive Phasen betrachtet,
- schwache Zeiten bezeichnen Erholungsphasen,
- kritische Zeiten bedeuten eine Häufung von Fehlleistungen und verminderte Reaktionsfähigkeit.

Zu den kritischen Zeiträumen kommt es, wenn eine Rhythmuskurve vom Plus (positive Periode) ins Minus (negative Periode) wechselt.

Biorhythmus	Einflußbereich	Positive Periode	Kritische Zeit	Negative Periode
P (physischer) 23-Tage-Zyklus (körperliche Aktivität)	Physische Stärke – Ausdauer – Widerstandskraft – Selbstbewußtsein	Stärke und Ausdauer – Körperliches Training – Arbeiten mit großem Kraftbedarf	Unstabiler physischer Zustand – Kopfschmerzen – Unfallgefahr – körperliches Unwohlsein	Widerstandskraft gering – Ermüdungserscheinungen – Anfälligkeit für Krankheiten
S (psychischer) 28-Tage-Zyklus (Unterbewußtsein)	Empfindsamkeit – Gemütsbewegung – Schöpferische Fähigkeiten – Intuition	Energiebereich – Wettbewerbe – Examen – Zusammenarbeit	Unstabiler Gemütszustand – Meinungsverschiedenheiten – Verschlechterung der Reaktionsfähigkeit	Energielos – Eintönigkeit
I (geistiger) 33-Tage-Zyklus (Bewußtsein)	Denkfähigkeit – Aufnahmefähigkeit – Logisches Denkvermögen – Beurteilungskraft – Konzentrationsvermögen	Ausgezeichnetes Denkvermögen – Examen – Planen – Entscheidungen	Unstabiler Geisteszustand – Fehleranfälligkeit – Nachlassen der geistigen Fähigkeiten – Nachlassen der Aufmerksamkeit	Nachlassen des Denkvermögens – Sammeln und Sortieren von Daten

Abbildung: Die 3 Biorhythmen und ihre jeweilige Zuordnung (nach Zerbst)

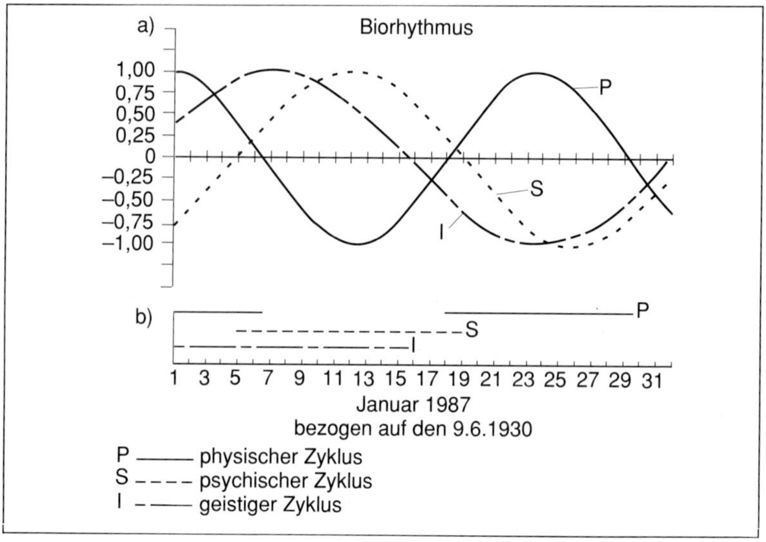

Abbildung: Darstellung eines Biorhythmusverlaufs (nach Zerbst)

Zur Errechnung des persönlichen Biorhythmus verwendet man verstärkt den Einsatz von Computerprogrammen.

Quelle: Zerbst, Ekkehard

(5) Streßkonzept nach Hans Selye

Streß kann man als die Art bezeichnen, mit der ein menschlicher Körper auf alle Anforderungen des Lebens reagiert.

Wird ein Mensch einem streßauslösenden Reiz (Stressor) ausgesetzt, registriert ihn das Gehirn und gibt daraufhin einen Befehl an den Körper, einen Prozeß (Streßreaktion) auszulösen. Diese Kettenreaktion physiologischer Vorgänge bewirkt u.a. folgendes:

- höherer Adrenalinausstoß
- schnellerer Herzschlag
- steigender Blutdruck
- beschleunigter Stoffwechsel

– erhöhte Blutzufuhr zu den Muskeln
– bessere Konzentrationsfähigkeit
– eingeschränkte Funktion des Immunsystems.

Da der Mensch ständig irgendwelchen Stressoren ausgesetzt ist, steht er immer unter Streßreaktion. Diese versetzt ihn in die Lage, in vielen Situationen – oft auch in lebensnotwendigen – funktionsfähiger zu sein. Diese Funktionsfähigkeit ist nur so lange garantiert, wie die Streßreaktion nicht zu stark ist oder zu lange anhält, er also nicht einer Daueralarmbereitschaft ausgesetzt ist.

Aus diesem Grunde ist es für jeden Menschen wichtig, einen Weg zu finden, mit Streß fertigzuwerden, ihn in richtige Bahnen zu lenken und damit leben zu lernen, d.h., Streß positiv zu nutzen und nicht im Körper zu belassen, sondern ihn für Leistungen einzusetzen und zu verbrauchen.

Hans Selye, der am Institut für experimentelle Medizin und Chirurgie der Universität Montreal lehrte, wurde mit seinem Buch »Streß – Bewältigung und Lebensgewinn« die höchste kulturelle Auszeichnung Kanadas zuteil.

Im folgenden werden einige wesentliche Erkenntnisse seiner zahlreichen Forschungen auf dem Gebiet der Streßbewältigung wiedergegeben:

1. Entwicklung des Streßkonzepts

Schon dem prähistorischen Menschen wurde bewußt, daß Kräfteverlust und das Gefühl der Erschöpfung etwas gemeinsam haben. Sicher fand er auch bald heraus, daß seine Reaktionen bei jeder ungewohnten Anstrengung stets gleichmäßig blieben; zuerst spürte er die ganze Härte der Situation, für eine Weile gewöhnte er sich daran, und schließlich konnte er es nicht mehr länger ertragen.

a) Die dreistufige Natur der Anpassungsfähigkeit

Diese dreiphasige Natur des allgemeinen Anpassungssyndroms ist von großer Bedeutung und gibt den Hinweis dafür, daß die

Anpassungsfähigkeit und die Anpassungsenergie des Körpers begrenzt sind.

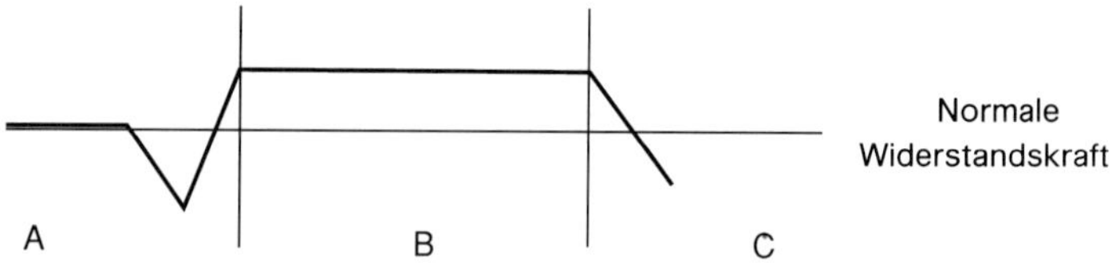

Hinweise zur Abbildung:

A = Alarmreaktion
Der Körper weist die für die erste Einwirkung des Stressors charakteristische (biologische) Veränderung auf.

B = Stadium des Widerstandes
Wenn sich die anhaltende Einwirkung des Stressors mit einer Anpassung vereinbaren läßt, setzt der Widerstand ein und steigt über die Norm an.

C = Stadium der Erschöpfung
Wenn sich die Wirkung des Stressors fortsetzt, kommt es zur völligen Verausgabung der Anpassungsenergie.

Abbildung: Allgemeines Anpassungssyndrom (nach Selye)

Die Dauer der Widerstandsperiode hängt von der angeborenen Anpassungsfähigkeit des Körpers und der Intensität des Stressors ab. Diese drei erwähnten Stadien stimmen nach Selye auch mit den drei Lebensphasen des Menschen überein:

- Kindheit
  niedriges Widerstandsvermögen und Überreaktion auf Reize
- Erwachsenenalter
  erhöhte Anpassungsfähigkeit und Resistenz
- Alter
  Verlust der Anpassungsfähigkeit und Erschöpfung.

Unabhängig davon, welche Arten von Anforderungen an einen Menschen gestellt werden, er geht immer durch

1. die anfängliche Alarmreaktion, die sich aus der Beunruhigung über seine Unerfahrenheit gegenüber einer neuen Situation/Aufgabe ergibt,
2. das Stadium des Widerstandes, wenn er gelernt hat, mit dieser Situation/Aufgabe fertigzuwerden und
3. das Stadium der Erschöpfung, wenn alle Energiereserven verbraucht sind.

b) Optimales Streßniveau

Streß kann sowohl positiv (Eustreß) als auch negativ (Distreß) sein; ohne Streß ist Leben jedoch nicht möglich!

Druck war schon für viele Ansporn und Herausforderung. Streß ist die Würze des Lebens. Ohne die Momente der äußersten Konzentration ist keine Höchstleistung möglich.

Es gibt körperlich und geistig bedingten Streß.

Wird der ganze Körper auf kurze Zeit intensivem Streß ausgesetzt, so kann das entweder eine heilende oder eine schädigende Wirkung haben. Streßeinwirkung kann also sowohl zu Gewinn als auch zu Verlust führen. Aus diesem Grunde muß jeder sorgfältig prüfen, was sein persönlicher Streßbedarf ist, bei dem er sich am wohlsten fühlt.
Es gibt zwei Grundtypen von Menschen:

1. »Rennpferde«, die im Streß gedeihen und für die Aktivität und Hektik lebensnotwendig sind, und
2. »Schildkröten«, die Ruhe, Frieden und eine allgemein beschauliche Umwelt brauchen.

Bedeutet *körperlicher* Streß im wesentlichen erhöhte Muskeltätigkeit, so bezieht sich *geistiger* Streß vor allem auf die zwischenmenschlichen Beziehungen und den Status in der menschlichen Gesellschaft. Hier gilt, daß

- Erfolg sich durch nichts mehr vermehrt als durch Erfolg und

– Erfolg durch nichts mehr gehemmt wird als durch Enttäuschung.

Dieser geistige Streß durch Enttäuschung kann wesentlich eher Krankheiten hervorrufen, als körperlicher Streß durch Muskelarbeit je bewirken kann (erhöhte körperliche Tätigkeit kann dem Streß sogar wirkungsvoll entgegentreten).
Die seelischen Faktoren wie z.B.

- Enttäuschung
- Mißerfolg
- Motivationslosigkeit
- Unzufriedenheit durch mangelnde Bedürfnisbefriedigung
- Zwecklosigkeit einer Leistung
- keine Anerkennung in der Gesellschaft
- Geringschätzung der Leistung
- zielloser Richtungswechsel
- Sinnlosigkeit des Lebens etc.

sind besonders geeignet, Streß in schädlichen, krankmachenden Distreß zu verwandeln.

Unter dem Aspekt der erfolgreichen Unternehmensführung ist es vor allem eine Herausforderung für das Management, diese Spielregeln, die Streß in positiven Streß umwandeln, zu beachten und konstruktiv in den Führungsstil zu integrieren. Mehr Führung der Mitarbeiter durch besseres Verständnis der Gesetzmäßigkeiten des Streßmechanismus' ist deshalb eine unternehmerische Notwendigkeit.

2. Beschäftigung ist eine biologische Notwendigkeit

– Arbeit ist ein Grundbedürfnis des Menschen; sowohl die der anstrengenden Muskelarbeit als auch jene des Gehirns.

- Erfolgreiche Tätigkeit verursacht sehr wenig Streß, auch wenn sie noch so intensiv ist.
- Eine positive Einstellung gegenüber der Arbeit ist entscheidend, wenn sie als Befriedigung empfunden werden soll.
- Sinnvolle Arbeit braucht erstrebenswerte Ziele und muß das Gefühl des Nutzens/Gebrauchtwerdens vermitteln.

Selye meint, wir sollen »uns den angenehmen Streß der Erfüllung und des Sieges verschaffen, womit wir dem selbstvernichtenden Distreß des Mißerfolgs, der Enttäuschung, des Hasses und der Rachsucht aus dem Wege gehen«.

3. Rezept für den Genuß eines erfüllten Lebens

Da nach Selye der Streß des vergeblichen Bemühens (Sinnlosigkeit einer Tätigkeit) ganz besonders schädlich ist, da der Mensch mit seinem hochentwickelten Zentralnervensystem seelisch ganz besonders leicht verwundbar ist, gibt es für ihn manchen kleinen Trick, mit dem man Distreß aus dem Wege gehen kann:

- Selbst wenn man systematisch jedes bißchen Liebe horten möchte, sollte man seine Zeit nicht damit verschwenden, »Freundschaft mit einem tollen Hund schließen zu wollen«.
- Man sollte einsehen, daß es keine absolute Vollkommenheit gibt, daß jedoch auf jedem Leistungsgebiet irgend etwas hervorragend ist. Dies anzustreben und sich auch damit zu begnügen ist sinnvoll.
- Die Freude der wahren Einfachheit sollte nicht unterschätzt werden. Der einfache Lebensstil bringt in gleichem Maße »Wohlwollen und Liebe ein, wie pompöses Gekünsteltsein Abneigung erntet«.
- Welche Situation im Leben auch immer auf einen zukommen mag: es gilt zuerst zu überlegen, ob es sich wirklich lohnt, dafür zu kämpfen.

- Jeder sollte sich bemühen, seine Gedanken vor allem auf die angenehmen Seiten des Lebens zu konzentrieren und auf Handlungen, die seine Lage verbessern können.

- Es ist notwendig, alles Unabänderliche, Häßliche und vor allem Schmerzhafte zu vergessen (das ist vielleicht der wirksamste Weg, Streß auf ein Mindestmaß zu reduzieren).

- Leistungsfähigkeit wird durch nichts so sehr gelähmt wie durch vergebliches Bemühen und das Gefühl der Sinnlosigkeit (nichts kann sie jedoch mehr fördern als der Erfolg).

- Selbst nach den größten Niederlagen läßt sich der deprimierendste Gedanke und das Gefühl, ein Versager zu sein, am besten dadurch bekämpfen, daß man eine Bestandsaufnahme all seiner früheren Erfolge macht (eine solche ›Inventur‹ stellt in höchst wirksamer Weise wieder das Selbstvertrauen her, das für künftige Erfolge notwendig ist).

- Ist eine unangenehme Arbeit/Aufgabe zu bewältigen, die unumgänglich ist, dann sollte man sie sofort und beherzt beginnen (»Schneide das Geschwür gleich auf, so wird der Schmerz eher nachlassen, als wenn du zaghaft die Oberfläche reibst, was ihn nur verlängert«).

- Niemals sollte man jedoch vergessen, daß es kein gebrauchsfertiges Rezept gibt, das Streß erfolgreich bekämpft und sich gleichzeitig für jedermann eignet. Dazu sind die Menschen zu verschieden und ihre Probleme zu vielschichtig. Das einzige, was allen gemeinsam ist, ist die Abhängigkeit von jenen fundamentalen, biologischen Gesetzen, die alle Lebewesen regieren.

Was den Führungsstil im Management betrifft, so könnte hier folgender Ausspruch Selyes manches Problem lösen, wenn er nur öfters angewandt würde: »In einer freien Gesellschaftsordnung sollte Ihr Fortschritt nach der Geburt durch Ihre Leistungen bestimmt werden. Es wird immer Führende und Befolgende geben, doch sind die Führenden nur so lange ihres

Amtes wert, wie sie ihrem Gefolge dadurch dienlich bleiben, daß sie dessen Liebe, Achtung und Dankbarkeit besitzen.«

Quelle: Selye, Hans

(6) 4-Phasen-Konzept sinnvoller Pausenplanung

Wissenschaftlich ist bewiesen, daß Pausen nur dann einen optimalen Erholungseffekt bewirken, wenn sie auch sinnvoll im Arbeitsablauf integriert werden.

In den folgenden Phasenbeschreibungen wird der Energieaufwand pro Leistungseinheit verdeutlicht und die Zeit für die wirksamste Pausenfestsetzung erklärt.

Phase 1:

Zu Beginn einer neuen Aufgabe benötigt man einen hohen Energieaufwand, um den Einstieg in die Arbeit und seine volle Leistungsfähigkeit schnell zu erreichen. Dieser sog. »Aufwärm-Effekt« dauert etwa 15 Minuten und sollte langsam angegangen werden, um einen zu hohen Energieverschleiß zu verhindern.

Phase 2:

Die folgenden 15 Minuten bringen die volle Leistungsfähigkeit und führen zu der nächsten Phase, die äußerst wichtig für eine erfolgreiche Aufgabenbewältigung ist. In dieser Zeit darf auf keinen Fall eine Pause eingelegt werden, da sonst diese so wichtige Arbeitsphase mit relativ niedrigem Energieaufwand für eine effiziente Arbeit nicht erreicht werden kann.

Phase 3:

Diese Phase dauert ungefähr 60 Minuten und bedeutet volle Leistungsfähigkeit und niedrigen Energieverlust bei konstanter Arbeitsleistung. Diese Phase darf ebenfalls nicht durch eine Pause (und sei sie auch noch so kurz) zerstört werden.

Phase 4:

In dieser letzten Phase (ca. 30 Minuten) steigt der Energieverbrauch wieder an, und eine Pause wird notwendig, um einen unnötigen Energieverlust zu verhindern (arbeitet man jetzt ohne Pause weiter, muß ein hoher Energieaufwand für mittelmäßige Arbeit erbracht werden).

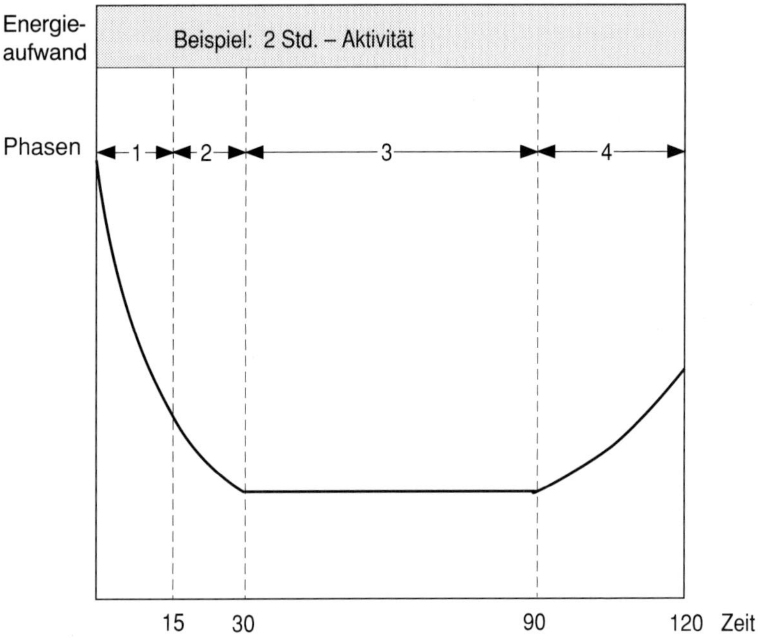

Abbildung: Phasenkonzept sinnvoller Pausenplanung

(7) 7 Wege zum rationellen Telefonieren nach Seiwert

Telefonieren sollte in erster Linie ein Instrument der rationellen Information und Kommunikation sein. Obwohl das Telefon eines der effektivsten Mittel zum Zeitsparen ist, so ist es doch gleichzeitig auch einer der häufigsten Zeitfresser überhaupt (Telefon-Paradoxon).

Der Zeitmanager Lothar Seiwert unterscheidet zwischen
- passivem Telefonieren (ankommende Gespräche) und
- aktivem Telefonieren (hinausgehende Gespräche).

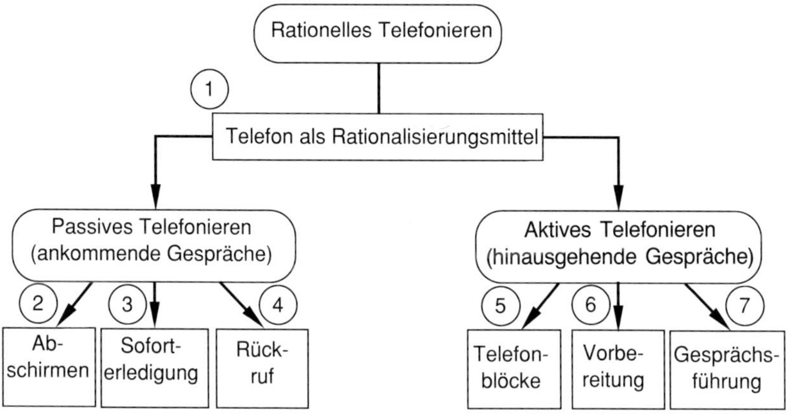

Abbildung: Strategien des rationellen Telefonierens nach Seiwert (Auszug)

1. Das Telefon als Rationalisierungsmittel

Es bietet fünf Vorteile gegenüber den schriftlichen Medien:
- die Übermittlungsgeschwindigkeit (Zeitvorteil)
- der unmittelbare Informationsaustausch (Dialogvorteil)
- die persönliche Verbindung (Kontaktvorteil)
- kein Papierkrieg (Aufwandsvorteil)
- die Einsparung von Geld (Kostenvorteil)

2. Abschirmen

- durch die Sekretärin, die ankommende Gespräche
  - entgegennehmen,
  - selektieren (nach Prioritäten) und
  - weiterleiten

  kann,

- durch einen Anrufbeantworter, der ankommende Gespräche
  - entgegennimmt und
  - speichert.

3. Soforterledigung

Müssen wichtige Telefonate durchgestellt werden, dann ist wie folgt zu verfahren (dabei schriftlich notieren):

- Wer ist der Gesprächspartner?
- Worum geht es?
- Wie dringend/wichtig ist das Anliegen?
- Wann können Sie zurückrufen?
- Wo können Sie Ihren Telefonpartner erreichen?

4. Rückruf

Ist der Zeitpunkt des Anrufes ungünstig und die sofortige Erledigung nicht möglich, bleibt die Rückrufmethode, um Telefongespräche rationell zu handhaben.

Dieses Verfahren gibt der Sekretärin die Möglichkeit, evtl. benötigte Unterlagen für das Gespräch bereitzustellen.

5. Telefonblöcke

Sinnvoll ist es auch, die Telefonate in der sog. »Serienproduktion« abzuwickeln, d.h., zu bestimmten, ruhigeren Tageszeiten sämtliche anfallenden Gespräche am Stück zu erledigen.

Die Anrufe werden im Block

- konsequenter,
- kürzer,
- planvoller,
- gezielter und somit

– rationeller

durchgeführt.

6. Vorbereitung

– Prüfen Sie vor jedem Telefonat folgende Grundsatzfragen:
  – Besteht ein eindeutiger Bedarf an diesem Kontakt?
  – Ist es notwendig, die Information zu kennen?
  – Trifft man den Gesprächspartner evtl. in Kürze?

– Machen Sie sich die Zielsetzung des Anrufs klar!

– Sorgen Sie für den richtigen Zeitpunkt!

– Bereiten Sie Ihre Anrufe sachlich und inhaltlich vor!

7. Gesprächsführung

– Überlegen Sie sich Ihre Argumente und Einwände!

– Lassen Sie den Partner über Ihre Vorstellungen nicht im unklaren!

– Bleiben Sie stets höflich!

– Machen Sie sich nebenher Notizen!

– Fassen Sie sich kurz!

Halten Sie anschließend alle Daten für die Auswertung und zur Nachbereitung des Telefonats fest.

Quelle: Seiwert, Lothar J.

(8) 5 Tips, die Ihnen auf die Sprünge helfen

Wir alle sind Meister im Aufschieben!

Diese angeblich so harmlose, menschliche Schwäche, die wir meist mit Zeitmangel entschuldigen, wird mit der Zeit eine lästige Angewohnheit, die uns daran hindert, unbeschwert zu leben und zu arbeiten.

Der amerikanische Psychologe William J. Knaus meint dazu: »Diese Taktik, Unangenehmes vor sich herzuschieben, kann unser Leben um Jahre verkürzen. Sie zehrt an unseren Kräften, an unserer Seele, an unserer Zeit. Schlimmer noch: Sie bringt uns dazu, auf alles Unangenehme mit Ängsten, Selbstzweifeln und Überempfindlichkeit zu reagieren, was zu Alkoholismus, Angstkomplexen und Depressionen führen kann.

Wer gewohnheitsmäßig Dinge vor sich herschiebt, leidet an einem Gefühl der Schwäche, das mit einer lähmenden Versagensangst einhergeht. Statt ein Vorhaben, das schlecht ausgehen könnte, in Angriff zu nehmen, verschiebt man es lieber. Und verschiebt es immer wieder.«

Wer die eigene Aufschiebetaktik durchschaut hat, steht erst am Anfang. Die folgenden Punkte, die Stefan Bechtel zusammengestellt hat, sollen helfen, die Kluft zwischen der guten Absicht und der tatsächlichen Handlung zu überwinden:

1. Setzen Sie sich ein konkretes, erreichbares Ziel.

Hierbei ist darauf Wert zu legen, daß die Ziele schriftlich fixiert werden und nur erreichbare und realistische, d.h. im Bereich des Möglichen liegende Ziele, in Frage kommen.

2. Halten Sie sich vor Augen, daß das, was Sie vorhaben, nicht unbedingt perfekt getan werden muß – nur *getan* muß es werden.

3. Nehmen Sie sich nicht alles auf einmal vor.

Erledigen Sie immer, wenn Sie etwas Zeit haben, einen kleinen Teil der gesamten Aufgabe. Jeder einzelne Schritt wird so zum Erfolgserlebnis, und Sie kommen dem Ziel immer näher, bis Sie zu guter Letzt die ganze Aufgabe geschafft haben.

4. Sobald Sie einmal richtig in Schwung gekommen sind, übertragen Sie die nun mobilisierte Energie gleich auf ein anderes Vorhaben.

Sie werden feststellen, daß es jetzt einfacher ist, wenn man schon einmal in Schwung ist, als wenn man sich später erst wieder mühsam dazu aufraffen muß.

5. Belohnen Sie sich selbst.

Nehmen Sie sich, nachdem Sie eine unangenehme Arbeit zu Ihrer eigenen Zufriedenheit gelöst haben, zur Abwechslung eine angenehme Aufgabe vor.

Erwarten Sie nicht, daß Sie von heute auf morgen ein neuer Mensch werden, aber jeder kleine Fortschritt bringt Sie dem Fernziel, die »Morgen-nur-nicht-heute-Haltung« loszuwerden, ein gutes Stück näher.

Quelle: Bechtel, Stefan

(9) Paretos Gesetz

Das Pareto-Prinzip basiert auf den Erkenntnissen des italienischen Volkswirtschaftlers Vilfredo Pareto (1848 – 1923). Pareto war der Ansicht, daß 80 % des zählenden Erfolgs nur aus 20 % der Aktivitäten resultieren, während sich die restlichen 20 % aus 80 % der Aktivitäten ergeben.

Das heißt konkret: Wenn auf einer Liste mit 10 Aufgaben die beiden entscheidenden und wichtigsten Aktivitäten erfüllt sind, ist der Gesamterfolg bereits zu 80 % gesichert.

Das heißt aber auch, daß man oft 80 % seiner kostbaren Zeit für nur 20 % der zu erledigenden Aufgaben vergeudet!

Die »80 : 20-Regel« findet sich – trotz großer Vereinfachung – recht häufig in der Wirtschaftspraxis. Gibt es nicht zahlreiche Unternehmen, die mit nur 20 % der Kunden 80 % der Umsätze tätigen? Auch die Fehlzeitenstatistiken von Unternehmen können gelegentlich als Beweis für das Gesetz von Pareto herangezogen werden: von 20 % der Mitarbeiter stammen 80 % der Fehltage.

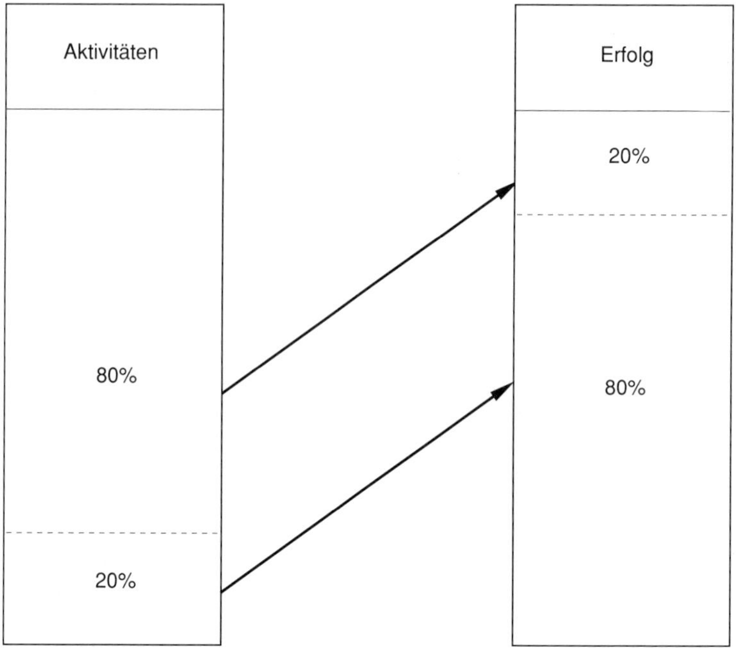

Abbildung: Paretos Gesetz (80 : 20-Regel)

Weitere Beispiele aus der Praxis sind:

- 20 % der Produkte erzeugen 80 % der Fertigungskosten
- 20 % der Fehler verursachen 80 % des Ausschusses
- 20 % der Produkte erbringen 80 % des Gewinns

Paretos Gesetz kann in der Praxis als ein wichtiges Problemlösungsinstrument eingesetzt werden. Eine Analyse auf der Basis der 80 : 20-Regel kann z.B. sehr effizient sein bei der Auswahl von Projekten und Alternativen sowie bei der Ermittlung von Problemursachen.

(10) Eisenhower-Prinzip

Diese Entscheidungsregel geht auf den US-General Dwight D. Eisenhower zurück. Nach diesem Gesetz kann man eine besonders effiziente Aktivitätenplanung betreiben. Hierbei werden alle Aktivitäten auf ihre Wichtigkeit und Dringlichkeit hin untersucht und in vier Kategorien eingeteilt:

1. Eine Aufgabe, die sowohl wichtig als auch dringlich ist, wird sofort selbst erledigt.
2. Eine wichtige, aber nicht dringende Aufgabe wird im Zeitplanbuch oder einem geeigneten Planungsinstrument terminiert.
3. Ist eine Aufgabe zwar dringend, aber nicht sonderlich wichtig für das Unternehmen, sollte sie mit klaren Vorgaben und Übertragung von Kompetenz und Verantwortung delegiert werden.
4. Sollte ein Arbeitsvorgang weder wichtig noch dringend sein, so wird er abgelegt oder auch getrost dem Papierkorb anvertraut.

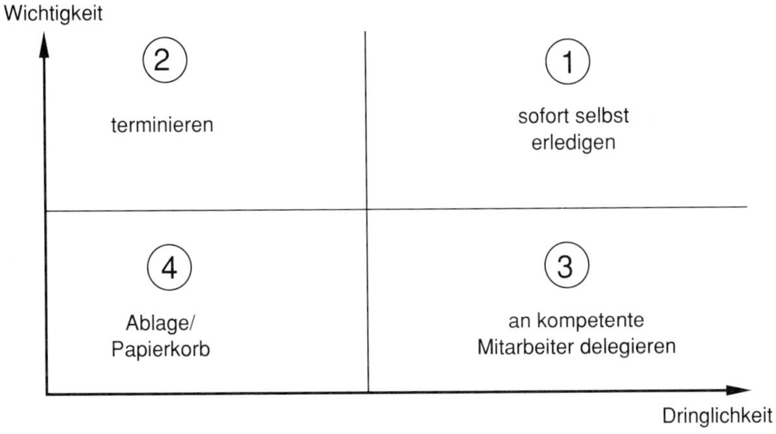

Abbildung: Das Eisenhower-Prinzip

(11) Alpen-Methode

Dieses Gesetz ist eine Aktivitätenplanung, die auf fünf Schritten basiert:

A ufgaben zusammenstellen

L änge der Tätigkeiten einschätzen

P ufferzeiten für Unvorhergesehenes reservieren

E ntscheidungen über Prioritäten treffen

N achkontrolle – **N**otizen in ein Planungsinstrument übertragen

Der erste Schritt führt dazu, daß man sich einen Überblick über die zu erledigenden Arbeiten schafft.

Beim Schätzen der Zeit, die man zur Bewältigung der einzelnen Aufgaben benötigt, sollte großzügig verfahren werden, um eine unrealistische Arbeitszeiteinteilung zu vermeiden.

Etwa 30 % der Tagesarbeitszeit sollten für unvorhergesehene, spontane und soziale Aktivitäten freigehalten werden.

Jeden Arbeitsvorgang nach seiner Wertigkeit einstufen und prüfen, was man selbst tun muß oder was delegiert werden kann.

Arbeitsvorgang, Termin und Ziele in einen Terminkalender oder in ein Zeitplanbuch eintragen und nach erfolgreichem Abschluß der Aufgabe abhaken. Unerledigte Arbeiten auf einen anderen Tag übertragen.

(12) 5 Methoden, um Zeit zu gewinnen

In seinem Buch »Mehr Zeit für das Wichtige« meint Ullrich Sievert, daß der Mensch Methoden braucht, um Grundsätze zu verwirklichen, Ziele zu erreichen und bei der Arbeit zeitsparend vorzugehen:

1. Methode

Die richtige Einstellung zu Ihren Mitmenschen

Finden Sie die richtige Einstellung zu Ihren Mitmenschen, denn

- Ihr Erfolg ist von der Bereitschaft Ihrer Mitmenschen abhängig, Ihnen als Partner zum gemeinsamen Erfolg zu helfen,
- das Erfüllen Ihrer Vorstellungen und das Erreichen Ihrer Ziele hängt vom Mitdenken und Mitmachen dieser Menschen ab,
- so wie Sie Ihre Mitarbeiter behandeln, so werden Sie von Ihnen behandelt, d.h., wenn Sie sie als Ihre »Untergebenen« sehen, werden diese sich mit verminderter Leistung und einem »Dienst nach Vorschrift« rächen.

2. Methode

Das erfolgreiche Motivieren

Ihr Partner wird effizienter arbeiten, wenn Sie seine Antriebskräfte berücksichtigen und folgenden Gesetzen folgen:

- dem Gesetz der Verwirklichung von Primärmotiven (hier sind die Grundwünsche und das Streben nach Sicherheit, Anerkennung, sozialer Eingliederung und nach Wissen gemeint)
- dem Gesetz von Belohnung und Strafe (man tut etwas, weil man Vorteile und Belohnung erwartet, und läßt etwas, das Nachteile und Bestrafung bringt)
- dem Gesetz der Konfliktflucht (man geht Konflikten aus dem Weg; dabei wird versucht, positive Erfahrungen zu wiederholen und negative zu vermeiden)

– dem Gesetz der Grundeinstellung
(Berücksichtigen der weltanschaulichen Auffassungen)

– dem Gesetz der Verdrängung von Negativem
(etwas Negatives, auch wenn es sich dabei um die Realität handelt, will man nicht wahrhaben und verdrängt es)

– dem Gesetz des psychologischen Spiegelbildes
(Menschen sehen sich selbst anders, als andere Menschen sie sehen)

– dem Gesetz der Vielschichtigkeit unserer Person
(wir sind das, was wir zu sein glauben, sein müssen, erscheinen wollen, in den Augen anderer sind etc.; hier ist die Gesetzmäßigkeit des Drängens und der Spannung, sich in eine bestimmte Richtung zu bewegen, angesprochen).

3. Methode

Das erfolgreiche Überzeugen

Bevor man jemanden von etwas überzeugen kann, muß man verschiedene Fragen an sich selbst richten:

– Was sind die Wünsche und Vorstellungen des anderen?
– Sind meine Ausführungen für den anderen nachvollziehbar?
– Sind meine Wünsche mit den Motiven des anderen in Einklang zu bringen?
– Überfordere ich den anderen mit unbekanntem Fachwissen?
– Welche Fähigkeiten und Voraussetzungen finde ich beim Partner vor?

Ohne vorheriges Nachdenken über den Gesprächspartner wird jedes Überzeugungsgespräch in einem Mißverständnis mit Zeitverlust und Ärger enden.

4. Methode

Die Systematik Ihrer Arbeit

Lernen Sie, systematisch zu arbeiten. Der schnellste und sicherste Weg zum Ziel ist nur durch systematisches Vorgehen und Arbeiten zu erreichen.

5. Methode

Die notwendige Eigenanalyse

Eine starke Persönlichkeit hat den Mut und die Kraft zur Eigenanalyse und lernt aus eigenen eingestandenen Fehlern. Die Ursachen für Mißerfolg bei anderen zu suchen verhindert eine Verbesserung im positiven Sinne. Eigenanalysen sind eine notwendige Absicherung des gewünschten Erfolgs.

Quelle: Sievert, Ullrich

(13) Prioritätenanalyse

Dieser sogenannten ABC-Analyse liegen drei Erfahrungswerte zugrunde:

1. Die wichtigsten Aufgaben machen etwa 15 % der Menge aller Aufgaben aus. (Sie sind nicht delegierbar.) Der eigentliche Wert für die Zielerreichung beträgt jedoch 65 %.
   = A-Aufgaben

2. Durchschnittlich wichtige Aufgaben machen von der Menge und auch vom Wert 20 % der Aufgaben aus. (Sie sind delegierbar.)
   = B-Aufgaben

3. Weniger wichtige oder unwichtige Aufgaben machen 65 % der Menge aller Aufgaben aus, haben jedoch nur einen Wertanteil von 15 %. Dabei handelt es sich vorwiegend um Routineaufgaben.
   = C-Aufgaben

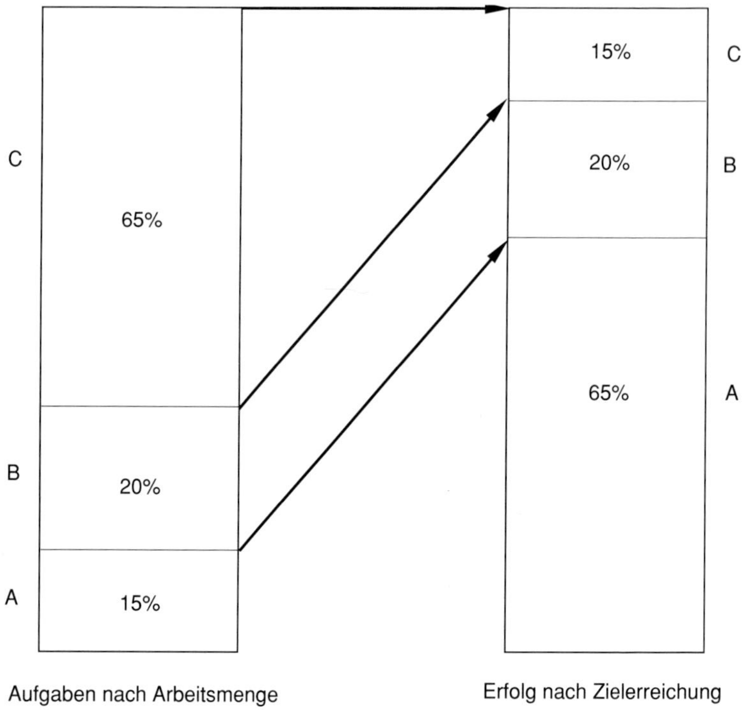

Abbildung: Prioritätenanalyse

Fazit:

- Bei der Erledigung von Aufgaben stets die *wichtigen* vor den *dringenden* erledigen.
- Nicht zuerst die leichten und interessanten Aufgaben, die Spaß machen und mit dem geringsten Zeitaufwand zu erledigen sind, vorwegnehmen.
- Man soll nicht in erster Linie die Dinge *richtig* tun, sondern die *richtigen* Dinge tun!

(14) 7 Zeitfallen und Ansätze für ihre erfolgreiche Bekämpfung

Die Psychologin Regula Schräder-Naef, die moderne Lern- und Arbeitstechniken unterrichtet, hat in ihrem Buch »Keine Zeit?« dieses Problem näher beleuchtet. Folgende sieben Zeitfallen gilt es ihrer Meinung nach erfolgreich zu bekämpfen:

Zeitfalle 1: Der Zwang zu rastloser Tätigkeit

In der Lebenseinstellung unserer modernen Industriegesellschaft gilt Zeitvergeudung als eine unentschuldbare Sünde. Je mehr wir arbeiten, desto mehr sind wir scheinbar nützliche Glieder einer Gemeinschaft. Diese Auffassung ist im wesentlichen schuld daran, daß vom Schulkind bis zum Rentner kein Mensch mehr Zeit hat.

Wer für eine Aufgabe eine bestimmte Zeitspanne zur Verfügung hat, der wird diese auch bis zur letzten Minute ausnützen – selbst wenn er die Arbeit in kürzerer Zeit erledigen könnte –, da er sich nur dann als erfolgreich und fleißig fühlt und von den Kollegen auch so eingeschätzt wird, wenn er einen langen Zeitaufwand zur Bewältigung einer Aufgabe vorweisen kann; nur so kommt er sich nützlich vor.

Zeitfalle 2: Die Angst vor der Leere

Viele Menschen ertragen keine Untätigkeit. Zum Entspannen brauchen sie die unterschiedlichsten Medien oder eine fadenscheinige Entschuldigung für augenblickliches Nichtstun. Wir fliehen vor einer Auseinandersetzung mit uns selbst in die Arbeit. Das Unbehagen darüber decken wir mit immer neuen Tätigkeiten und einer an den Tag gelegten Geschäftigkeit zu.

Zeitfalle 3: Die Unfähigkeit, nein zu sagen

Zahlreiche Menschen übernehmen unnötig viele Pflichten – und das nicht etwa aus Hilfsbereitschaft – sondern weil sie fürchten, sich bei einer Ablehnung unbeliebt zu machen und weil sie auf Anerkennung der Umwelt angewiesen sind. Das

Problem dieser Menschen liegt darin, daß sie sich ständig mehr Verpflichtungen aufbürden, als sie verkraften können.

Zeitfalle 4: Die »Kleckerzeiten«

Die Zeit, die zwischen zwei Terminen liegt, wird von den meisten Menschen vergeudet, da sich ein neuer Anfang scheinbar nicht lohnt. Selbstverständlich können wir keine monumentale Aufgabe in 15 Minuten lösen – aber es gibt immer kleinere Tätigkeiten, die in wenigen Minuten erledigt wären, die man für solche »Kleckerzeiten« einplanen könnte.

Zeitfalle 5: Die Verweigerung zu planen

Von vielen Menschen hört man, daß sie nur unter Zeitdruck arbeiten können; deshalb wird eine Aufgabe, für die ursprünglich ausreichend Zeit vorhanden war, immer wieder aufgeschoben. Die dadurch »gewonnene« Zeit kann als Freizeit aber nicht effizient genutzt werden, da man sie beim ständigen Gedanken an die noch unerledigte Arbeit nicht genießen kann. Wer aber seine Tage nach seinen wirklichen Bedürfnissen plant, sorgt für ein ausgewogenes Verhältnis von Arbeit, Freizeit und Entspannung.

Zeitfalle 6: Der schwierige Anfang

Haben wir uns für einen bestimmten Zeitpunkt eine klar definierte Aufgabe vorgenommen, so ist sie damit aber noch lange nicht getan! Die Schwierigkeit, erst einmal damit zu beginnen, ist oft erheblich, und nicht selten wird die Arbeit wieder beiseite gelegt und die eingeplante Arbeitsphase vertrödelt. Ist der natürliche Anfangswiderstand aber erst einmal überwunden, läuft die Arbeit meist verhältnismäßig gut von der Hand, und wir ärgern uns, daß wir sie unnötig lange aufgeschoben haben.

Zeitfalle 7: Der trügerische Zeitsinn

Viele Menschen verfügen über einen guten Zeitsinn, haben sozusagen einen eingebauten Wecker. Sollen sie aber einen Zeitabschnitt, den sie für eine Aufgabenbewältigung benötigen, schätzen, so versagen sie meistens. Das menschliche Erinnerungsvermögen reicht auch oft nicht aus, den eigenen Tagesablauf kritisch zu beurteilen. Während wir in der Regel die Zeitanteile, die wir mit wichtigen Dingen verbracht haben, überschätzen, unterschätzen wir oft jene Zeit, die wir mit Nebensächlichkeiten vertrödelt haben.

Menschen, die heute noch Zeit haben, müssen nicht unbedingt weniger arbeiten als jene, die ständig unter Zeitdruck stehen; aber sie besitzen die Fähigkeit, Schwerpunkte zu setzen und zu ihren einmal getroffenen Entscheidungen und Planungsvorhaben zu stehen. Der richtige Umgang mit der Zeit kann unsere gesamte Lebensweise positiv verändern.

Quelle: Schräder-Naef, Regula D.

(15) Der Weg zum Erfolg führt nicht über den Perfektionismus

Im Rahmen einer Untersuchung über Leistungsfähigkeit und seelische Gesundheit hat der Psychologe und Arzt David D. Burns einer Gruppe von Handelsvertretern mit einem bestimmten Durchschnittseinkommen eine Reihe von Fragen gestellt. Rund 40 % davon entpuppten sich als Perfektionisten, klagten über mehr Streß als ihre weniger perfektionistischen Kollegen und waren auch nicht so erfolgreich wie diese.

Perfektionismus ist das krankhafte Streben nach unerreichbaren Zielen. Es ist ungesund, da man dabei ständig unter Erfolgszwang steht, ohne jedoch Befriedigung in der eigenen Leistung zu finden.

Ein Perfektionist glaubt, daß

- seine hohen Ansprüche an sich selbst ihn zu Leistungen treiben, die er sonst nicht erreichen würde.
  In Wirklichkeit aber lähmt ihn die Angst vor dem Versagen

derart, daß seine Leistungen eher schlechter sind als die der anderen.

- er »alles oder nichts« erreichen muß, um erfolgreich zu sein. Seine Erwartungshaltung an sich selber ist so hoch, daß er aus einer mittelmäßigen Leistung ein Versagen seinerseits ableitet und deshalb ständig Angst vor Fehlern hat.

- ein negatives Ergebnis sich automatisch endlos wiederholen könnte. Er versucht deshalb nicht, aus seinen Fehlern zu lernen, sondern verpflichtet sich selbst, keine zu begehen. Er erzeugt dadurch Frustration und Schuldgefühle, und gerade diese führen dazu, daß er die gemachten Fehler wiederholt.

Burns hat sechs gravierende Nachteile von Perfektionismus herausgearbeitet:

1. Er macht nervös und angespannt.
2. Er hindert daran, Neues auszuprobieren.
3. Er läßt die Bereitschaft für kreative Arbeit nicht aufkommen, da er Fehler nicht in Kauf nimmt.
4. Er macht selbstkritisch und verdirbt alle Freude am Leben.
5. Er läßt Freizeit nicht genießen, da noch nicht »alles perfekt ist«.
6. Er macht intolerant anderen gegenüber.

Drei erfolgreiche Verhaltensweisen, um Perfektionismus zu meistern, sind:

1. Immerwährendes Streben nach dem absolut Besten programmiert den Mißerfolg. Wer sich dagegen realistische Ziele setzt, wird zuversichtlicher, dadurch produktiver, kreativer und somit auch erfolgreicher.

2. Wer immer nur seine Unzulänglichkeiten sieht, wird den Glauben an sich selbst verlieren. Es ist einfacher, täglich alles aufzuzählen, was man *richtig* gemacht hat. Das baut auf und spornt eher zu besseren Leistungen an.

3. Wer glaubt, sich keine Fehler zugestehen zu dürfen, muß übermenschlich sein. Es ist sogar notwendig, sich nie das Recht auf Fehler nehmen zu lassen, da man sonst die Fähigkeit verliert, aus diesen zu lernen und Neues zu erkunden.

Quelle: Burns, David D.

(16) Lakeins Zeitplansystem

Alan Lakein, einer der profilierten Fachleute auf dem Gebiet des Zeitmanagements in den USA, vertritt die Meinung, daß Zeit nicht nur Geld ist: Zeit ist das Leben selbst. »Wer seine Zeit aus der Hand gleiten läßt, läßt sein Leben aus der Hand gleiten; wer seine Zeit in der Hand hat, hat sein Leben in der Hand.« Das Bewußtsein, die Zeit richtig zu nutzen, kann unser Leben positiv beeinflussen. »Vergeudete Zeit ist vergeudetes Leben – genutzte Zeit ist erfülltes Leben.«
Die Voraussetzungen eines effizienten Zeitmanagements sind nach Lakein:

- Erstellen einer Liste der beruflichen und privaten Ziele.
- Langfristige und kurzfristige Ziele aufstellen.
- Setzen von Prioritäten: erst A, dann B, dann C.
- Erstellen einer täglichen Aufgabenliste.
- Immer mit den »A's« anfangen.
- Jedes Papier nur einmal in die Hand nehmen.
- Beherzigen des Grundsatzes: Machen Sie es gleich!
- Laufende Prüfung: Wie nutze ich gerade jetzt meine Zeit am besten?

Quelle: Lakein, Alan

4.3 Optimale Nutzung von Information

(1) 10 Kreativitätsstrategien von Linneweh

Klaus Linneweh ist Wirtschafts- und Sozialpsychologe an der Hochschule in Hannover, an welcher er das Institut für Systematische Innovation gründete.

Er ist der Ansicht, daß Kreativität mit System geplant, erlernt und angewandt werden kann. Wer kreativ sein will, muß seine angeborene Problemsensibilität trainieren und dort bereits Problemkreise erkennen, wo dies andere noch nicht bemerken. Erst eine erworbene »kreative Antenne« ermöglicht einen Durchbruch.
Im folgenden sind seine zehn Gebote kreativen Denkens aufgeführt:

1. Notieren Sie Ihre Idee

Besonders gute Ideen kommen oft in Situationen, die mit der Sache gewöhnlich nichts zu tun haben. Um diese Ideen nicht untergehen zu lassen, empfiehlt es sich, diese systematisch zu notieren.

2. Keine zu frühe Kritik

Um eine Idee bewerten zu können, sollte man erst einmal darüber schlafen, denn zwischen Analyse, Ideenproduktion und ihrer Bewertung sollte jeweils ein Zeitraum von 24 Stunden liegen. Kann eine Idee nicht sofort angewandt werden, erweist sie sich eventuell für spätere Problemstellungen als nützlich. Aus diesem Grunde ist es sinnvoll, eine Kartei für Ideen (Ideenpool) anzulegen, um jederzeit darauf zurückgreifen zu können.

3. Rechtzeitige Eigenmotivation

Stufen Sie Aufgaben stets nach ihrer Wichtigkeit ein. Wichtige Aufgaben benötigen eine sogenannte »Inkubationszeit«, das bedeutet, die Zeit vor dem eigentlichen Aufgabenbeginn gilt der Ideenfindung. Der natürliche Streßverlauf bei der Aufgabenbewältigung kann »überlistet« werden, wenn Teilziele und Zwischentermine gesetzt werden.

4. Fragen Sie häufiger »Warum?«

Fragen nach Ursachen und Gründen fördert sowohl die Identifikation mit der Aufgabe als auch die nötige Problemsensibilisierung.

5. Streßfreier Arbeitsplatz

Ein ordentlicher, aufgeräumter Arbeitsplatz, der nicht mit »dringlichen« Arbeiten überladen ist, animiert wesentlich stärker zum effizienten Arbeiten. Es ist auch notwendig, ausreichende Zeitpolster einzuplanen, um wichtige Dinge in Ruhe erledigen zu können.

6. Distanz zu den Dingen

Alle Problemstellungen sollten mit einer bestimmten Distanz betrachtet werden, um Fehler zu vermeiden. Diese ergeben sich oft aus mangelnder Distanz. Wichtige Entscheidungen nicht vorschnell treffen; sie erledigen sich auch im Gegensatz zu dringlichen Arbeiten nicht von selbst.

7. Vorsicht bei schnellen Lösungen

Vorschnelle, logische Problemlösungen nicht vorbehaltlos akzeptieren – sie könnten eventuell eine kreativere Lösung verhindern. Oft wird gerade durch Problemlösungseuphorie eine echte Innovation verhindert.

8. Richtige Problementfernung

Zeiten der Entspannung – wie z.B. Pausen, Wochenende, Urlaub – dienen einer bewußten Problementfernung. Sie sind notwendig, um Abstand zu gewinnen und um einer »Umpolung« von Geist und Psyche zu dienen.

9. Selbstbesinnung

Man sollte einmal in der Woche den Mut finden, sich den Anforderungen aus Beruf, Familie und Freizeit zu entziehen. Wer nicht gelegentlich die Zeit findet, sich kurzfristig aus dem Alltagsleben zurückzuziehen, um zu sich selbst zu finden, verhindert damit die notwendige Voraussetzung zu neuer Problembewältigung.

10. Positives Umweltklima

Um für schwerwiegende Probleme effiziente Lösungen zu erreichen, muß ein positives und vertrauensvolles Klima zwischen den Beteiligten herrschen. Andersdenkende sollten als zusätzliche Innovationsquelle und nicht als Rivalen betrachtet werden. Dem Zuhören-Können kommt in diesem Bereich ein großer Stellenwert zu, da richtiges Zuhören positives Verarbeiten bedeutet, während unkonzentriertes Zuhören destruktive Konvergenz ist.

Linneweh sieht den erfolgreichen Problemlöser als äußerst flexiblen Menschen, der neue Situationen schnell erfassen kann und rasch kombiniert – Fähigkeiten, die erlernbar sind und auch trainiert werden können.

Quelle: Linneweh, Klaus

(2) 10 Merkmale kreativer Menschen

Kreativität ist ein Mischprodukt aus Emotion und Intelligenz, aus Information und Erfahrung; sie umfaßt die gesamte Individualität des einzelnen Kopfes.

Diese Aussage stand am Beginn eines Referates, das Gertrud Höhler auf der Internationalen Drei-Länder-Tagung des Deutschen Instituts für Betriebswirtschaft in Frankfurt hielt.

Obwohl die Merkmale, die einen kreativen Menschen ausmachen, nicht einzeln meßbar sind, zeichnen die folgenden Eigenschaften und Fähigkeiten in hohem Maße einen Menschen mit Kreativität aus:

1. Unabhängigkeit gegenüber geltenden Standards, was jedoch weniger die Pünktlichkeit des Dienstantritts betrifft, als sich vielmehr in einer Gesamtschau von Situationen äußert.

2. Eine hohe Belastbarkeit, die durch das Tragen von Lasten und nicht durch Wegnehmen von Lasten charakterisiert ist.

3. Eine hohe Angsttoleranz. Sie resultiert aus einer ständigen Eigenproduktion von Belastungen. Aus diesem Streß, die eigenen Ideen auszuhalten, erwächst die Angstsituation.

4. Kreative Mitmenschen werden von anderen oft nicht verstanden, gleichzeitig aber beneidet. Dieses Phänomen schafft ein mitmenschliches Vakuum um den Kreativen.

5. Lust an der Sache – ein Dauerzustand eines Kreativen. Er sieht Einfluß- und Mitwirkungsmöglichkeiten und vermittelt Kompetenz.

6. Hohe Komplexitätsorientierung. Der Kreative braucht und sucht förmlich schwierige Zusammenhänge. Der Drang, Komplexes zu ordnen, wurzelt in jedem menschlichen Gehirn. Er wird jedoch häufig durch Bequemlichkeiten, standardisierende Erziehung und Beeinflussung verschüttet.

7. Exploratives Verhalten, d.h., der Kreative ist von ständiger Neugier und dem Willen, stets Wichtiges vom Unwichtigen zu unterscheiden, durchdrungen. Kreative haben den Drang, immer erst eine gewisse Ordnung herstellen zu müssen, bevor sie dann in Ruhe nachdenken können.

8. Ein hohes Maß an Disziplin. Diese Eigenschaft ist Merkmal jeder Leistung. Deshalb verhalten Kreative sich besonders diszipliniert.

9. Eine besondere Ausstrahlung. Im Umfeld Kreativer ist jeder kreativer und intelligenter; Kreative stecken mit ihrer Ausstrahlung an.

10. Humor, denn dies bedeutet Distanz zu den Dingen, um sie auch von der humorvollen Seite zu betrachten. Nie sollte man sich so anpassen, daß einem nichts mehr zu lachen bleibt.

»Wenn Kreativität Entwicklungen vorantreibt und Probleme löst, wenn sie der geistig-emotionale Rohstoff ist, der mit objektiven Lösungen zugleich subjektive Zugewinne an Lebensgenuß bringt, dann müßte sie die begehrteste Ressource unseres Übergangszeitalters werden.« Dies meint Frau Höhler in ihrem Buch »Die Zukunftsgesellschaft«.

Quellen: Höhler, Gertrud
Kutzschenbach, Claus von

(3) Erfolgskonzept: Ein Weg zu mehr Innovation

›Innovation‹ ist in unserer sich schnell wandelnden Zeit als zwingende Notwendigkeit erkannt worden. Die Praxis zeigt aber, daß Innovationskraft nicht einfach nur über die »Management by Innovation-Methode« gezielt vorangetrieben werden kann, sondern daß sie von zahlreichen Einzelfaktoren abhängig ist. Die entscheidende Voraussetzung für Innovationsfreudigkeit ist jedoch eine aufgeschlossene Grundhaltung des Managements, eine situative Führung, die auf die einzelnen Bedürfnisse und Fähigkeiten ihrer Mitarbeiter Rücksicht nimmt und dadurch Innovationskraft zu fördern vermag.

Rolf Berth vom Internationalen Management Institute (IMI) in Genf hat zu diesem Themenkreis eine empirische Untersuchung durchgeführt. Er ging der Frage nach, was geschehen müsse, um gerade in Großbetrieben die Voraussetzungen für innovatives, d.h. erneuerndes, Unternehmertum zu verbessern:

1. Durch Schaffung kleiner, überschaubarer Unternehmenseinheiten mit dezentraler Struktur wird den Kreativen für innovative Leistungen eine gewisse Eigenständigkeit geschaffen.

2. Zwei weitere entscheidende Elemente müssen jedoch dazukommen: eine Vision und gleichzeitig der Wille zu deren

Durchführung. Berth deutet aufgrund seiner Untersuchung diese Gesetzmäßigkeit als Formel:

Innovation = Vision + Implementierung
Vision = ungewöhnliche Gedankenkombination + Szenariobildung

3. Gute Ideen allein sind jedoch wenig wert, wenn nicht gleichzeitig die Fähigkeit vorhanden ist, einen Bezug dieser Gedankenverbindungen zum relevanten Umfeld herzustellen (d.h., ein Szenario zu sehen oder konkreter, den noch nicht existierenden Markt von morgen).

4. Neben dieser Vorstellungskraft muß dann aber der Wunsch beim Betroffenen auftreten, den neuen Gedankengang auch ausprobieren, d.h. in die Tat umsetzen zu dürfen. Unternehmen sind hier besonders aufgefordert, diesen »Probierern« auf unkonventionelle Art Freiräume innerhalb ihres Arbeitsbereiches zu schaffen. Diese Freiräume müssen sowohl psychischer als auch physischer Natur sein. Angst vor Strukturveränderungen, Verlust von Status und Einkommen muß dabei jedoch ausgeschlossen werden.

(Die Innovationsrate war nach Auswertung des empirischen Materials in solchen Firmen besonders hoch, die ihren Mitarbeitern eigenständige Freiräume zugestanden hatten oder wo diese von Firmenangehörigen erzwungen wurden.)

5. Eine weitere wichtige Erkenntnis brachte die Feststellung, daß bei einem hohen Prozentsatz der gelungenen Neuerungen eine bedeutsame Deckungsgleichheit von Persönlichkeit und Aufgabe vorlag (d.h., Neigung zur Sache erwies sich als entscheidender Faktor). Dies ist vermutlich das große Geheimnis erfolgreicher Innovation: Hinter dem Ziel steht die volle Persönlichkeit und nicht eine delegierte Verantwortung! Diese Philosophie unterstellt, daß der Wille, eine Vision verwirklichen zu wollen, in sich selbst ein größeres Erfolgspotential beinhaltet, als es jegliche Anordnung von oben zu erreichen vermag. Damit wird eine weitere Formel geschaffen:
Implementierung: Verwirklichung = Freiraum + Neigung

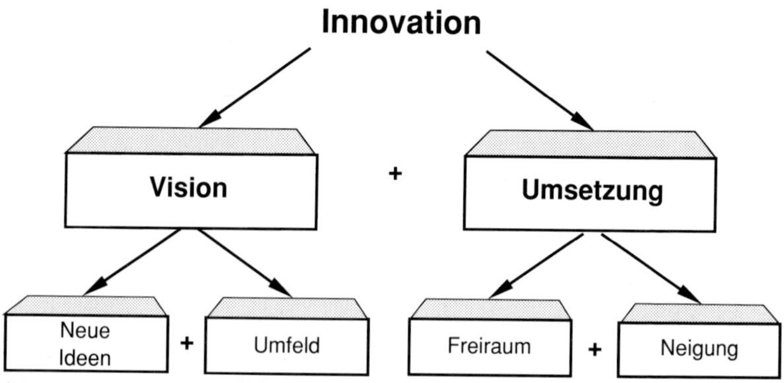

Abbildung: Innovation nach Berth

Zusammengefaßt – meint Berth – sind es vier Elemente, die einen Intrapreneur (innovativen Unternehmer) kennzeichnen:

Er ist

- phantasiebegabt oder in Kreativtechnik geschult und denkt neue Gedankenkombinationen aus,
- zur Szenariobildung befähigt, d.h., er setzt die neue Idee für die Industrielandschaft von morgen in die Tat um,
- auch mit entsprechendem Freiraum ausgestattet und muß sich nicht nur im Rahmen vorgegebener Zielvorschriften bewegen, sondern darf auf unkonventionelle Weise »probieren« und
- dazu fähig, eine hohe Übereinstimmung von Aufgabenstellung und eigener, persönlicher Vorstellung zu erreichen.

Diese Charakteristika stehen häufig im Gegensatz zu dem anpassungsfähigen Standardmanager, den die Wirtschaft derzeit immer noch bevorzugt.

Quelle: Berth, Rolf

(4) Innovationsmodell nach Höhn

Innovationen sind heute eine unabdingbare Forderung geworden, um im ständig härter werdenden Konkurrenzkampf zu bestehen und wettbewerbsfähig zu bleiben. Um eine Steigerung der erforderlichen Kreativität im mittleren Unternehmen zu erreichen, ist ein allgemein praktiziertes Management by Delegation notwendig, um die nötigen Freiräume für die Führungskräfte zu schaffen und sie von Routinearbeiten zu befreien.

Ist diese organisatorische Aufgabe gelöst und der benötigte Freiraum vorhanden, sind noch bestimmte psychische Voraussetzungen notwendig, um den Boden zu bereiten, auf dem Kreativität gedeihen kann. Höhn, Begründer des Harzburger Modells, zählt dazu folgende Kriterien auf:

1. Eine positive Einstellung der Unternehmensführung

Damit ist das Vertrauen in die eigene Leistungsfähigkeit und die damit verbundene Verwirklichung des Innovationsziels gemeint. Mangelndes Selbstvertrauen ist das gefährlichste und zugleich teuerste Laster, das sich eine Unternehmensführung leisten kann. Es ist zugleich der Kreativität abträglich.

2. Eine positive Einstellung der Mitarbeiter

Eine positive Einstellung ist die Grundlage jeglicher Kreativität. Pessimistisch eingestellte Mitarbeiter in führenden Positionen wirken auf andere ansteckend und verhindern so Kreativität. Sie sollten in Bereiche versetzt werden, wo sie keinen Schaden anrichten können.

3. Identifikation mit der Aufgabe

Wer sich nicht mit seinem Unternehmen und der dazugehörenden Aufgabe identifiziert und nur an seine persönliche Selbstverwirklichung, nicht aber an ein Übereinstimmen der beruflichen und privaten Ziele denkt, ist für kreative Tätigkeiten unbrauchbar.

4. Ständige Weiterbildung

Eine fachübergreifende Weiterbildung ist eine wichtige Voraussetzung für Kreativität. Innovatives Verhalten kann nur dann gewährleistet werden, wenn man neben dem eigenen Fachbereich auch über Kenntnisse aus anderen Tätigkeitsbereichen verfügt.

5. Ein kreativ-adäquater Führungsstil

Ein entscheidender Faktor für Kreativität ist ein innovativer Führungsstil des Unternehmens, denn aufgrund von Umfragen ist bewiesen, daß Vorgesetzte die größte, kreativitätshemmende Wirkung haben. Eine autoritäre Führungskraft hat wenig Kontakt zu den Mitarbeitern, da diese auf Distanz gehen und ihm ihre Verbesserungsvorschläge oder kreativen Neigungen nicht anvertrauen – sie sprechen ihm dadurch die innere Kündigung aus. Kreativität läßt sich nicht befehlen!

Läßt sich Kreativität steuern?

Hier ist es möglich, zwei verschiedene Wege zu gehen:

– Ein Unternehmen kann der Kreativität ihren Lauf lassen und geduldig abwarten, ob und was an brauchbaren Innovationen dabei herauskommt.

– Das Unternehmen kann Kreativität aber auch steuern. Dabei wird in engster Zusammenarbeit mit allen Unternehmensmitgliedern ein Problemkatalog zusammengestellt, und es werden die zu lösenden Probleme nach Prioritäten geordnet. Einem geeigneten Mitarbeiter oder einem Team wird die Aufgabe übertragen, sich vordringlich mit diesem Themenbereich zu beschäftigen.
  Ein Unternehmen, das Kreativität steuert und Innovationen nicht dem Zufall überläßt, wird im Wettbewerb wesentlich besser als andere abschneiden.

Quelle: Höhn, Reinhard

(5) Erfolgreich durch Kreativität

Unsere Wirtschaft braucht neue Impulse! Menschen mit Ideen und der Energie, sie auch zu verwirklichen, haben heute die besten Chancen.

Während Kinder von Natur aus kreativ sind und reichlich Phantasie besitzen, verengt sich das Denken der Erwachsenen immer stärker durch angelernte Verhaltensweisen.

Für viele Lebensbereiche ist das Einhalten gewisser Regeln zwar von Nutzen, in zahlreichen Situationen dagegen ist Kreativität zu einer existentiellen Notwendigkeit geworden. Eingefahrene Denkweisen von gestern sind überholt – kreatives Denken ist gefragt.

In seinem Buch »A Whack on the Side of the Head« (Aus der Routine ausbrechen) zählt Roger von Oech eine Anzahl von geläufigen Grundsätzen auf, die unsere Einfallskraft blockieren und die er »geistige Sperren« nennt:

1. Finde die richtige Lösung!

Die Vorstellung, jedes Problem kann nur durch *eine* richtige Lösung bewältigt werden, ist falsch. Auf wichtige Fragen gibt es immer *mehr als eine* Antwort.

Beispiel: Verlust des Arbeitsplatzes.

Die naheliegende richtige Antwort wäre, sich einen neuen zu suchen. Gleichzeitig käme jedoch auch die Möglichkeit in Frage, durch eine Umschulung einen neuen, evtl. zukunftssichereren Beruf zu erlernen oder sich selbständig zu machen.

Der französische Philosoph Émile Chartier sagte zu diesem Thema: »Nichts ist gefährlicher als eine Idee, wenn sie unsere einzige ist.«

2. Das ist unlogisch!

Wer nur logisch denkt, kann kreative Ideen bereits im Keim ersticken. Aufgeschlossenes Denken, das auch scheinbar widersprüchliche Alternativen gelten läßt, ist der beste Boden für neue Ideen. Gedanken sollten stets in Bilder umgesetzt werden, um das Denken zu beflügeln.

3. Befolge die Regeln!

Um neue Ideen zu haben, muß man alte Normen und Denkweisen, die nur in ein bestimmtes Schema passen, verlassen. D.h., selbst gesetzte vermeintliche Grenzen müssen überwunden, gängige Regeln mißachtet und sinnlose Vorschriften außer Kraft gesetzt werden, um zu neuen Denkschemata zu gelangen.

4. Sei praktisch!

Ideen müssen reichlich Spielraum haben. Ein eng begrenztes Feld des Praktischen wirkt hemmend auf sie. Mit der Frage: Was wäre, wenn . . . ?, kann man Neuland betreten und zu Denkweisen gelangen, die praktische Erwägungen unmöglich machen würden.

5. Sei nicht albern!

Kreativitätstests beweisen uns, daß Humor und spielerisches Denken uns die Vielschichtigkeit von Situationen verdeutlichen und uns andere, erstaunliche Möglichkeiten der Ideenfindung offenbaren können.

6. Mach keine Fehler!

In zahlreichen Lebenssituationen hat diese Regel durchaus eine Berechtigung; oft ist sie sogar eine Lebensnotwendigkeit. Ist man aber auf der Suche nach neuen Ideen, sollte man diese Einstellung getrost etwas lockern, da Erfolg und Mißerfolg Teile des gleichen Prozesses sind und Fehler schöpferisches Verhalten durchaus fördern können.

7. Das ist nicht mein Gebiet!

Kreative Möglichkeiten bieten sich überall an. Neue Ideen kommen fast ausnahmslos von außerhalb des eigenen Fachgebietes. Interessierte und vielseitige Menschen sind schöpferisch und wissen, daß das, was man im einen Bereich lernt, auch auf anderen Gebieten nutzbringend eingesetzt werden kann.

8. Ich bin nicht kreativ!

Halten wir uns selbst nicht für kreativ, können wir es auch nicht sein. Wer im Alltag nicht einfallsreich zu sein glaubt, der wird kaum nach kreativen Lösungen für wichtige Probleme suchen.

Selbstvertrauen ist eine wesentliche Voraussetzung für Kreativität, denn jede neue Idee, die man in die Tat umsetzt, ist eine Pioniertat, für die man das Risiko allein trägt. Aber Veränderungen durch neue Ideen sind notwendig; die Wirtschaft benötigt sie – nicht nur von »Genies«, auch von jedem »Durchschnittsbürger«.

Quelle: Oech, Roger von

(6) Denkmuster für Kreativität
(mind mapping)

Unser Gehirn ist nicht linear ausgelegt, sondern ist vielmehr eine komplexe und stark vernetzte Angelegenheit.

Soll diesem Gehirn eine Information besonders effizient zugeführt werden, muß sie so strukturiert werden, daß ihr Weg in die verschiedenen Gehirnstrukturen so leicht wie möglich vonstatten geht. Die Schlußfolgerung daraus ist, daß ein Gehirn, welches mit Schlüsselkonzepten »gefüttert« wird, neue Informationen automatisch und bereits strukturiert solchen Themenkreisen zuführt, zu welchen eine Beziehung besteht.

Der Vorteil der Vorgehensweise nach Schlüsselkonzepten gegenüber den üblichen Denkvorgängen ist in folgenden Punkten deutlich aufgezeigt:

1. Ein Schlüsselkonzept (ein in sich abgeschlossener Themenkreis) kann klarer definiert werden.

2. Die Wertigkeit jeder Erkenntnis kann deutlicher festgesetzt werden. Wichtigere Ideen/Erkenntnisse befinden sich im Gehirn näher dem Schlüsselkonzept-Zentrum, wo hingegen weniger wichtige Dinge an den entfernten Ausläufern liegen.

3. Die Verbindungen zwischen den Schlüsselkonzepten sind sofort durch ihre Zugehörigkeit und Anordnung erkennbar.

4. Aus diesem Grund ist das Abrufen und Sondieren von Informationen wesentlich erfolgreicher und schneller.

5. Dadurch wird auch ein leichteres Speichern neuer Informationen ermöglicht, ohne daß erst mühsam nach ähnlichen Beziehungspunkten früherer Erfahrungen gegraben werden muß.

6. Jedes Muster (Schlüsselkonzept), das angelegt wird, soll sich von anderen Mustern wesentlich unterscheiden. Dieser Tatbestand ist eine große Erleichterung beim Abrufen von Informationen.

7. Für besonders kreatives Denken und Handeln ist es von großer Wichtigkeit, daß die Netzstruktur der Schlüsselkonzepte ein »offenes Ende« hat und es somit dem Gehirn ermöglicht, neue Verbindungen wesentlich schneller herzustellen und mit bereits vorhandenen Informationen zu verknüpfen.

Es erscheint sinnvoller, den Denkprozeß im Zentrum einer Hauptidee (Schlüsselkonzept) zu beginnen und sich dann von dem jeweiligen Themenkreis zu den äußeren Enden hin zu verzweigen, anstatt sich einfach von oben nach unten linear durch eine gedachte Themenliste durchzuarbeiten.

Quelle: Buzan, Tony

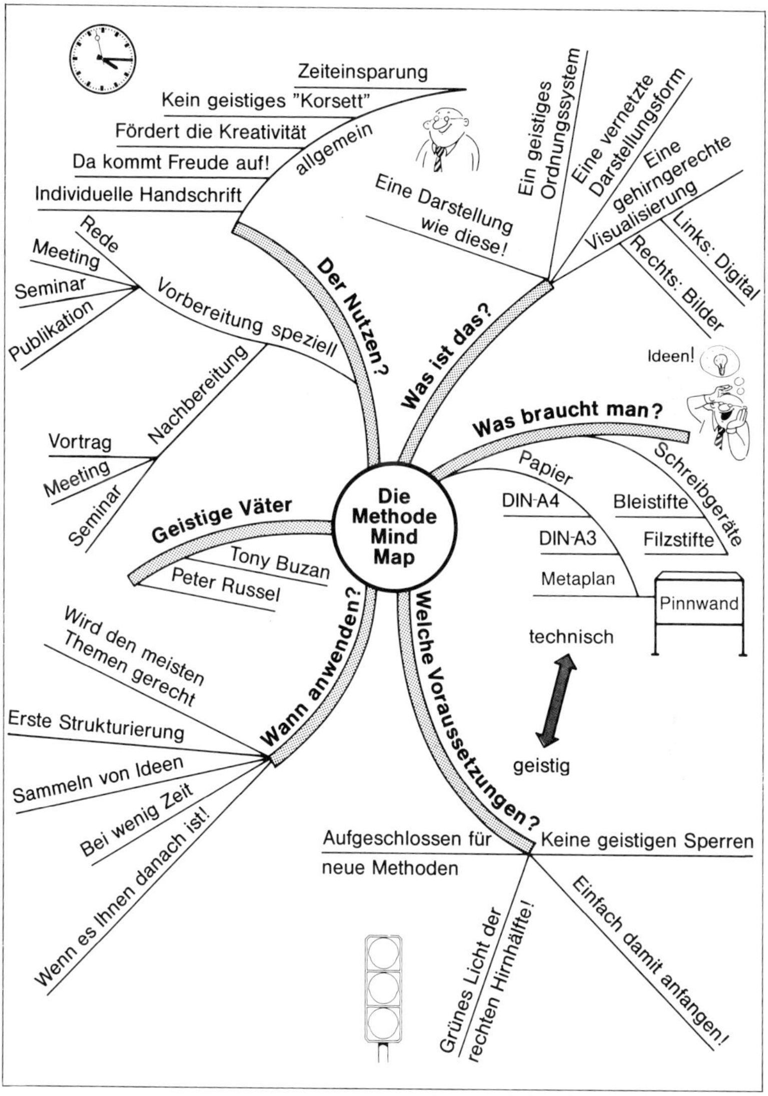

Abbildung: Beispiel des Schlüsselkonzepts »Mind-Mapping-Methode«

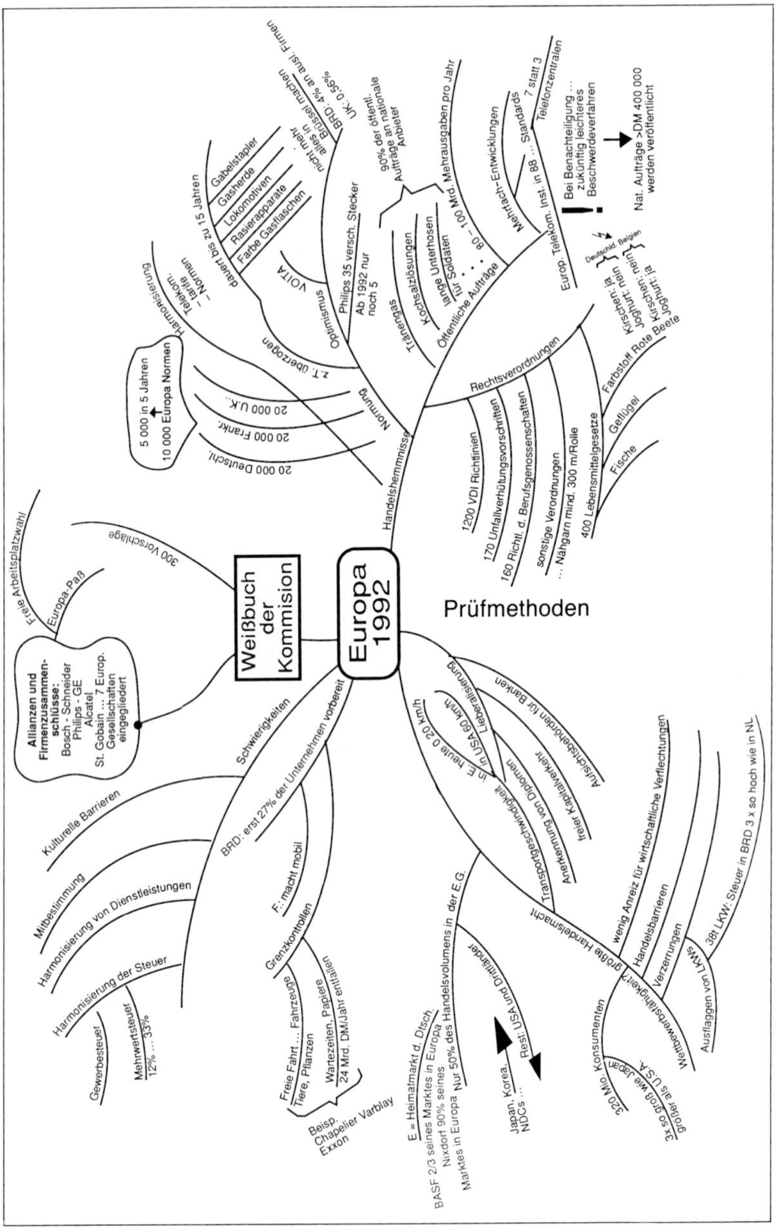

Abbildung: Beispiel eines Schlüsselkonzepts »Europa 1992«
In der Mitte befindet sich der Themenkreis, der von zahllosen Ideen, Vorstellungen und Erkenntnissen, die ihm anhängen, umgeben ist. Diese Methode wurde von D. Deyhle auf die Problematik des europ. Binnenmarktes (1992) übertragen.

(7) 8 Thesen zur Weiterbildung von Erwachsenen

Ausbildungsexperten sind der einhelligen Meinung, daß Erwachsenenbildung andere Anforderungen an den Dozenten stellt als das Unterrichten von Kindern und Jugendlichen. Es sind acht Erkenntnisse, die bei der Konzeption eines Schulungsprogrammes, bei der Durchführung und bei der Erfolgskontrolle verstärkte Beachtung finden sollten.

Im einzelnen handelt es sich dabei um die folgenden Anforderungen:

1. Erwachsene müssen von der Notwendigkeit des Lernens überzeugt sein, das heißt, sich mit dem Schulungsprogramm identifizieren

Erwachsene sollten heute erkennen, daß Lernen eine Notwendigkeit für die Ausübung ihrer Arbeit bedeutet. Die »Notwendigkeit, etwas zu wissen« muß klar gegenüber dem Wunsch, etwas gerne wissen zu wollen, dominieren. Dabei ist jedoch zu beachten, daß der Lernstoff immer »problembezogen« und nicht ausschließlich »themenbezogen« vermittelt werden sollte. Wird das Thema problembezogen – und nicht abstrakt – dargeboten, kann ein Erwachsener einen Bezug zu seinen eigenen Problemen leichter herstellen. Deshalb sollten

- Zusammenhänge zwischen gelerntem Stoff und der ausgeübten Tätigkeit geschaffen werden,
- die Zuhörer auch die Möglichkeit haben, persönliche Problemlösungen aus dem Gelernten abzuleiten und
- den Erwachsenen die Lerninhalte und ihre Lernfortschritte deutlich gemacht werden.

2. Erwachsene sind aktiv in den Lernprozeß einzubeziehen, um dadurch eine stärkere Motivation zu erreichen

Erwachsene müssen in den Lernprozeß einbezogen werden und eigene Probleme einbringen können. Nach den bisherigen Erfahrungen wecken die aktiven Lehrmethoden in höherem Maße das Interesse der auszubildenden Teilnehmer, und sie haben vielfach einen größeren Wirkungsgrad als die passiven Methoden, bei denen der Schwerpunkt des Lernprozesses beim Ausbilder liegt. Die Teilnehmer verhalten sich hier im wesentlichen passiv. Die aktiven Methoden, angefangen von Diskussionen über Rollenspiele und die verschiedenen Arten der Fallmethode und Planspiele bis hin zu Kartenabfragen (Meta-Plan-Technik) und den unterschiedlichen Formen der Lernwerkstätten mit den Möglichkeiten der Problembehandlung und Problemlösung durch die Teilnehmer selbst, bringen für die Erwachsenen eine viel größere Motivation, da ihre eigenen Probleme berücksichtigt werden. Unter Motivation wird ein Gefüge von Beweggründen unterschiedlichster Art, das das menschliche Handeln bedingt, verstanden. Wissenschaftliche Untersuchungen haben ergeben, daß es wesentlich von der Lernmotivation abhängt, in welchem Maße neuer Stoff aufgenommen und verarbeitet wird. Motivation stellt wohl den wirksamsten Antrieb zum Lernen dar; ohne Motivation ist überhaupt kein Lernen möglich.

Obwohl heute allenthalben darauf hingewiesen wird, daß das Vortragswesen in der Aus- und Weiterbildung von Erwachsenen zum großen Teil überholt sei, bleibt man in der Praxis stark hinter den Forderungen der Bildungstheorie zurück. Da die reine Vortragsmethode nur eine einseitige Kommunikation zuläßt, ist ihre Anwendung in der Erwachsenenbildung begrenzt. Es ist verstärkt notwendig, die Vorträge in der Form eines »Lehrgesprächs« abzuhalten. Hier wird, wie der Name schon sagt, der Vortrag durch ein Gespräch zwischen dem Vortragenden und dem Teilnehmer ersetzt.

3. Erwachsene sind in viel höherem Umfang als Jugendliche an einer sofortigen Umsetzung des Gelernten interessiert

Erwachsene müssen das Gelernte sofort anwenden und in die Praxis umsetzen und dadurch vertiefen können. Auf diese Weise werden sie leichter von der Notwendigkeit eines Lernprozesses überzeugt. Das schafft bei ihnen die Voraussetzungen, sich weiteres, sinnvoll anzuwendendes Wissen aneignen zu wollen. Daher muß dem Erwachsenen die Möglichkeit gegeben werden, neu erworbene Fähigkeiten und Kenntnisse innerhalb eines Lehrganges sofort anwenden zu dürfen und dadurch Problemstellungen und schwierige Situationen selbständig und eigenverantwortlich lösen zu lernen.

4. Erwachsene haben ein verstärktes Bedürfnis, ihre Erfahrungen einzubringen

Beim Vermitteln von neuen Stoffen sollte auf bereits erworbenen Erfahrungen aufgebaut werden. Diese Vorgehensweise ermöglicht es den Erwachsenen, zu den bereits bekannten Lerninhalten Verbindungen herzustellen und somit den neuen Stoff in Relation zu etwas bereits Erlebtem zu setzen. Das schafft Assoziationen, die den Behaltenseffekt von neu Gelerntem deutlich positiv beeinflussen. Der Referent sollte bei seinem Unterricht daher beachten, daß er Nutzen aus den Erfahrungen der Erwachsenen beim Vermitteln von neuen Stoffen zieht und neue Erkenntnisse ins Verhältnis zu bereits gemachten Lernprozessen und Erfahrungen setzt.

5. Erwachsene sollten die Möglichkeit haben, im Rahmen der Aus- und Weiterbildung zu innovativen Lösungsansätzen zu kommen

Es ist heute verstärkt notwendig, innovative Überlegungen in Aus- und Weiterbildungsveranstaltungen einzubinden. Gefragt sind nicht mehr nur die klassischen Verhaltensweisen und traditionellen Lösungsansätze, sondern kreative Vorschläge. Es wird in der Praxis deutlich, daß Innovatoren sich nicht an Paradigmen und Normen halten. Sie versuchen, neue Antworten auf alte Fragen zu finden, wie z.B.:

- Muß der Kunde unbedingt bei uns bestellen, oder können wir diese Aufgabe für ihn erledigen?
- Ist es erforderlich, für die einzelnen Geschäftsvorfälle beweiskräftiges Papier zu verwenden, oder können wir dies

nicht beleglos mit Hilfe moderner Speichermedien realisieren und damit die Prozesse mit Kunden und Lieferanten optimieren?

6. Erwachsene haben individuelle Denkweisen und Lernfähigkeiten, die es zu berücksichtigen gilt

Erwachsene behalten neuen Lernstoff wesentlich besser, wenn sie dessen Sinn und Zusammenhang verstehen. Sinnvoll verstandenes Lernen ist wirkungsvoller als mechanisches Einprägen. Es ist notwendig, erst einen Gesamtüberblick zu schaffen und dann in die Details zu gehen.

7. Erwachsene haben eine stärkere Ausprägung des Ganzheitsdenkens

Erwachsene brauchen eine Zusammenfassung sofort nach dem Abschluß einer Problemstellung, da diese Rückkoppelung zum wesentlichen Erkennen und Begreifen einer Information führt. Es ist für den Schulungsleiter daher wichtig, neuen Stoff in einer Gesamtübersicht zu präsentieren, sinnvoll zu strukturieren und zuletzt die Details nochmals im Zusammenhang zum Gesamtproblemkreis zu bringen.

8. Die Kontrolle des vermittelten Stoffes sollte bewußt in den Lernprozeß integriert werden

Vor dem Hintergrund dieses Wissens hat der Dozent verstärkt darauf zu achten, daß gerade auch in der Erwachsenenbildung klare Zielsetzungen und Bewertungskriterien für die Schulungsmaßnahmen gefunden werden. Wird die Zielsetzung möglichst genau definiert, dann hat man einen guten Maßstab für die objektive Beurteilung der Schulungsergebnisse. Die Kontrolle des vermittelten Stoffes sollten die Teilnehmer möglichst selbst durchführen. Dabei sollte Kontrolle keine subalterne Funktion, sondern ein wichtiger Bestandteil im Lernprozeß sein.

Quelle: Nagel, Kurt

(8) 7 wesentliche Einflußgrößen auf den Lernerfolg

Rationelles Lernen stellt beim Erwachsenen eine vordringliche Aufgabe dar, ohne deren Erfüllung nicht die erforderlichen positiven Ergebnisse in der beruflichen Tätigkeit erzielt werden können.

In den meisten Begriffsbestimmungen des Lernens kommt zum Ausdruck, daß Lernen eine kognitive, also erkenntnismäßige und eine praktische, also handlungsbezogene Seite hat. Die Zielsetzungen sind zum einen die Aneignung von Wissen und Kenntnissen und zum anderen die Ausbildung von Fertigkeiten.

Das Lernen des Menschen ist auf keine bestimmte Altersstufe begrenzt, d.h., es vollzieht sich laufend, vom Säugling bis zum Greis. Der Gedankenspeicher im Gehirn des Menschen ist so groß, daß wir bis ins hohe Alter hinein fähig sind zu lernen. Ja, die folgenden Ergebnisse werden uns zeigen, daß gerade bei Erwachsenen der Lernerfolg sehr effizient sein kann. Man sollte sich darüber im klaren sein, daß das Gehirn wie ein Muskel ist: Je mehr es benützt wird, desto stärker wird es. Wenn daher ältere Leute ihr Gehirn fit gehalten haben, funktioniert es besser als bei verhältnismäßig jungen Menschen, die nach einer abgelegten Prüfung und einem Diplom in der Tasche aufgehört haben, Gehirngymnastik zu betreiben.

1. Lernen durch aktive Mitarbeit

Lernen ist ein aktives Verhalten. Nur aktive Aufnahme und Verarbeitung des Stoffes garantieren einen Lernerfolg. Je größer die Lernaktivität, desto erfolgreicher ist die Lernarbeit. Darunter versteht man eine zielbewußte Selbstbeteiligung am Unterricht, die durch Mitdenken, Mitreden und Mitschreiben den gesamten Lernprozeß erleichtert. Nur durch aktive geistige Arbeit kann eine langfristige Speicherung von Informationen erreicht werden. Beim passiven Zuhören ist es nicht möglich, die Informationen längerfristig zu speichern.

Notizen entlasten das Gedächtnis und ermöglichen jederzeit eine Wiederholung des Stoffes, da sie eine geschriebene Unterlage bilden. Sie sind wie ein schriftliches Gedächtnis, da erwiesen ist, daß man etwa 50 % des Gehörten sofort wieder vergißt. Vor diesem Hintergrund ist auch das chinesische Sprichwort zu sehen: »Die blasseste Tinte ist besser als das stärkste Gedächtnis.«

Die Bedeutung des aktiven Lernens gegenüber der passiven Wissensvermittlung wird in zahlreichen lernpsychologischen Experimenten nachgewiesen. So ließ z.B. Iwanowa eine Gruppe von Versuchspersonen einen Stoff viermal lesen, während ihn die zweite Gruppe zweimal las und zweimal frei reproduzierte.

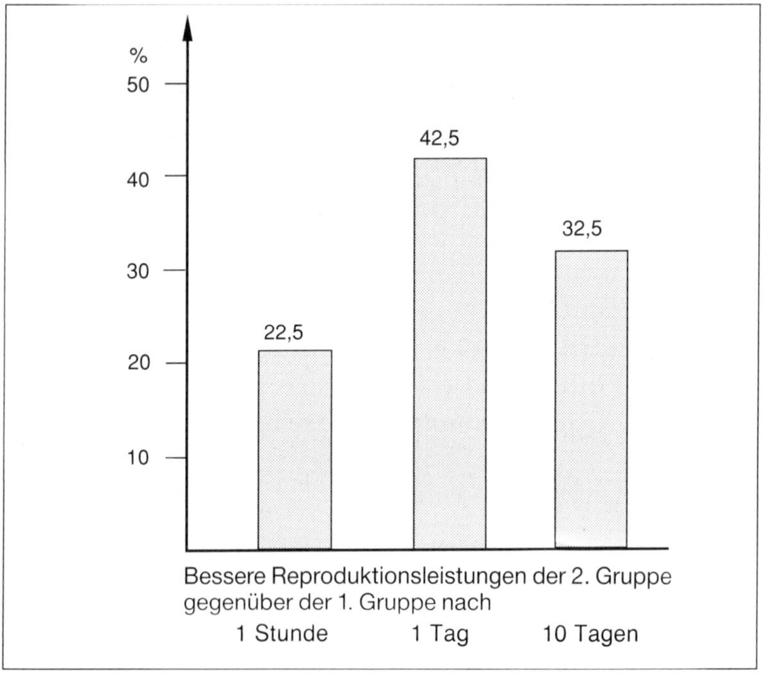

Abbildung: Aktives Wissen und Lernerfolg

2. Kenntnis des Lernplateaus

Ausschlaggebend für den Lernerfolg ist auch die Kenntnis der einzelnen Phasen des Lernfortschrittes: Das *Lernplateau*. Dieser Begriff aus der Lernpsychologie ist die immer wiederkehrende Erfahrung, daß Lernfortschritte nicht gleichmäßig verlaufen. Im allgemeinen sind die folgenden vier Phasen zu unterscheiden:

a. Mühsamer Anfang, der Lernende muß den Zugang zu seiner Aufgabe finden.

b. In der zweiten Phase wird schnell gelernt, da der Lernende jetzt den »Durchblick« hat.

c. Plötzlich scheint ein Stillstand einzutreten, trotz regelmäßigen Übens werden kaum Fortschritte gemacht; u.U. wird sogar bereits beherrschter Stoff wieder verloren: ein Lernplateau ist erreicht.

d. In der vierten Phase werden nach Überwindung des Lernplateaus wieder größere Fortschritte bis zur Erreichung einer »oberen Grenze« gemacht.

3. Physiologische Leistungsbereitschaft

Ebenfalls berücksichtigt werden sollte die *physiologische Leistungsbereitschaft*. Der Lernerfolg wird durch Planung der Lernzeit in Abhängigkeit von der physiologischen Leistungsbereitschaft des Lernenden gefördert. Soweit der Lernende seinen Tagesablauf frei einteilen kann, sollte er also seine Arbeits- bzw. Lernphasen – entsprechend den Stunden der höchsten physiologischen Leistungsbereitschaft – für den Vormittag, den späten Nachmittag und die ersten Abendstunden planen.

4. Lernen durch Erkennen des Zusammenhangs und sinnvolle Strukturierung des Lernstoffes

Lernstoff ist besser zu behalten, wenn man seinen Sinn und Zusammenhang versteht. Deshalb sollte man sich einen Gesamtüberblick verschaffen, bevor man zu den Details übergeht.

Selbstverständlich kommt gerade bei dieser Einflußgröße der Art des zu lernenden Materials eine besondere Bedeutung hinsichtlich des Behaltens zu. Demnach wird Material mit ausgesprochen sinnvollem Inhalt – wie Prinzipien und Gesetzmäßigkeiten – am besten behalten.

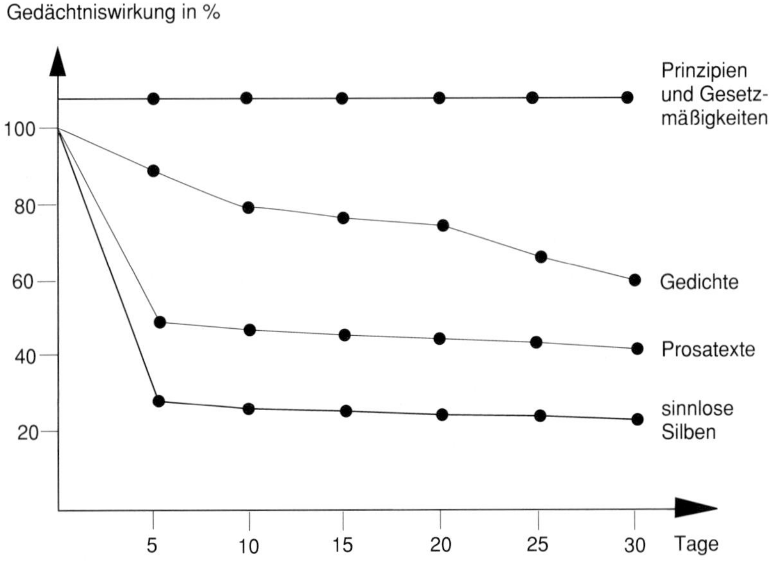

Abbildung: Gedächtniswirkung bei unterschiedlichem Lernstoff

Da die Voraussetzung für ein sinnvoll strukturiertes Lernmaterial nicht immer gegeben ist, sollte man versuchen, Lernstoff systematisch aufzubereiten und zu strukturieren, d.h., große Lerneinheiten werden sinnvollerweise in kleinere Lernabschnitte unterteilt.

5. Differenzierung der Lernleistungen

Nachteilig auf das Behalten von Stoffen wirkt sich oft die störende Beeinflussung von gleichartigen Stoffen aus. Aus empirischen Untersuchungen geht die Notwendigkeit des abwechslungsreichen Lernens hervor. Es gilt der Grundsatz, daß, je ähnlicher zwei Lernleistungen sind, die zeitlich aufeinander folgen, desto schlechter der Behalteneffekt ist und umgekehrt. Das bedeutet, daß eine nachfolgende Lernarbeit ein vorher erfolgtes Lernen verschlechtert. Dies ist mit auf die *retro-*

aktive Hemmung zurückzuführen. Dabei hat man erkannt, daß die Stärke dieser Hemmung mit der Gleichartigkeit des Stoffes korreliert. Je ähnlicher die nachfolgende Lernleistung ist (z.B. Einprägen französischen Textes auf das Lernen englischer Vokabeln), desto schlechter ist das Ergebnis.

6. Zweckmäßig verteilte Wiederholung des Lernstoffes

Um ein Vergessen des Lernstoffes zu verhindern, sollten zeitlich gestaffelte Wiederholungen vorgenommen werden. Man kommt mit weniger Wiederholungen aus, wenn diese auf einen größeren Zeitraum verteilt werden. Dies sollte sich aber nicht auf Lernstoff beziehen, der bereits fest im Gedächtnis eingeprägt ist, sondern sich auf Lernstoff beschränken, welcher des Wiederholens bedarf. Man muß dabei beachten, daß der Übergang vom Kurzzeit- ins Langzeitgedächtnis in der Regel erst nach mehrmaliger Wiederholung und Verarbeitung gelingt.

7. Richtige Zeiteinteilung beim Lernen

Grundsätzlich gilt, daß die Geschwindigkeit des Lernens dem Benutzungsgrad des Stoffes angepaßt sein muß. Dabei haben Untersuchungen gezeigt, daß ein zu rasches Lernen am Anfang keinen vorteilhaften Einfluß auf das dauerhafte Behalten hat. Versuchspersonen, die das Ziel hatten, möglichst schnell zu lernen, haben im allgemeinen weniger behalten als Personen, die beim ersten Durchlesen eines neuen Stoffgebietes so aufmerksam wie möglich begannen und später dann das Lerntempo beschleunigten.

Gerade bei Erwachsenen sollte auch die *Schnell-Lese-Technik* trainiert werden. Mit ihr läßt sich beim Lernen ebenfalls eine Leistungssteigerung erreichen.

Quelle: Nagel, Kurt

(9) Die 5-Punkte-Methode zum besseren Aufnehmen und Behalten

Der Amerikaner Francis Robinson entwickelte bei Untersuchungen mit Studenten die sogenannte SQ3R-Methode, mit welcher er eine bessere Behaltensquote beim Lernen erzielen wollte. Die Buchstaben SQRRR stehen für 5 Schritte, nach welchen vorgegangen werden soll:

S = Survey (durchsehen und einen Überblick gewinnen)

Q = Question (Fragen stellen)

R = Read (lesen)

R = Recite (sich das Gelesene vergegenwärtigen, in Erinnerung rufen)

R = Review (nochmals durchsehen, wiederholen)

Regula D. Naeff baut auf den Erkenntnissen von Robinson auf. Sie bezeichnet diese Vorgehensweise in ihrem Buch »Rationeller Lernen lernen« als 5-Punkte-Methode, die sie wie folgt beschreibt:

1. Punkt: Überblick gewinnen

Zuerst soll sich der Leser eines Buches mit dem darin behandelten Wissensstoff vertraut machen. Anschließend sollte er versuchen, den Aufbau des Buches zu verstehen und die Intention des Autors herauszufinden. Dies kann man über Inhaltsverzeichnis, Umschlagklappe, Vorwort und Zusammenfassung erreichen. So gewinnt man einen Überblick über das Ganze und kann bereits Gelerntes zu diesem Thema aus dem Langzeitgedächtnis abrufen.

Bei einem sorgfältigen »Vorabstudium« des Buches wird alles übersichtlicher, man erfährt bereits Wichtiges über die Strukturierung des Stoffes und kann sich auch ein Bild von der theoretischen und praktischen Seite des Werkes machen.

2. Punkt: Fragen

Der zweite Schritt besteht darin, sich über den zu lesenden Text erst Fragen zu stellen. Der Leser wird dadurch vom passiv Aufnehmenden zum aktiv Suchenden und steckt sich auf diese Weise gleichzeitig ein Ziel. Er will eine Antwort auf seine Fragen finden und liest mit wacherem Interesse. Fragen gelten neben dem Interesse für das Thema auch der praktischen Anwendung einer aufgezeigten Erkenntnis. Bereits Bekanntes soll so bewußt aktiviert werden. Durch Fragen-Stellen erkennt man das Wesentliche im Text besser und kann unwichtige Details von wesentlichen Erkenntnissen unterscheiden.

3. Punkt: Lesen

Als dritten Schritt geht man nun zum Lesen über – was aber nicht Entspannung, sondern Arbeit bedeutet. Überlegungen und Fakten des Buches müssen gedanklich nachvollzogen und bewußt aufgenommen werden. Hilfestellungen des Autors wie z.B. Graphiken, Tabellen, hervorgehobene Sachverhalte etc., die die Darlegung unterstreichen, müssen genutzt werden. Hat man den Faden verloren, ist nur ein nochmaliges Nachvollziehen des Stoffes sinnvoll.

4. Punkt: Rekapitulation

Wurde auf die bisher beschriebene Weise ein Abschnitt des Fachbuches durchgearbeitet, so sollte der Leser versuchen, sich den Inhalt dieses Kapitels zu vergegenwärtigen und die zu Beginn des Kapitels gestellten Fragen zu beantworten. Ist man dazu noch nicht in der Lage, ist es notwendig, diesen Teil des Buches nochmals durchzugehen. Sehr effizient ist es auch, in Gedanken die wesentlichen Erkenntnisse festzuhalten und mit eigenen Worten schriftlich zu fixieren.

5. Punkt: Repetieren

Während bei den Schritten eins bis vier abschnittweise vorgegangen wird, bedeutet der fünfte Schritt die nochmalige Vergegenwärtigung des gesamten Inhalts. Man überfliegt ein weiteres Mal alle Überschriften, ruft sich alle wesentlichen Erkenntnisse zu jedem Bereich in Erinnerung und stellt einen Zusammenhang zwischen den einzelnen Gebieten her. Wurden die ersten vier Schritte gewissenhaft ausgeführt, kann diese gedankliche Rückblende in relativ kurzer Zeit erfolgreich realisiert und abgeschlossen werden.

Quellen: Naef, Regula D.
Robinson, Francis

(10) 5 Strategien, die das Behalten fördern

Friedhelm Hülshoff hat zusammen mit Rüdiger Kaldewey auf der Grundlage von empirischen Untersuchungen und verschiedenen Experimenten die folgenden Thesen, die das Behalten von Lernstoffen fördern, zusammengestellt:

1. Lernstoff sinnvoll strukturieren

Sinnvoll strukturiertes Lernmaterial ist die Voraussetzung für einen hohen Behaltenseffekt. Es gilt deshalb insbesondere, die Gesetzmäßigkeiten, Prinzipien und Thesen eines Textes herauszuarbeiten und wesentliche Erkenntnisse von unwichtigen Aussagen zu trennen. Auf diese Weise kann Lernstoff systematisch aufbereitet und strukturiert werden, um besser behalten zu werden.

2. Lernperioden zweckmäßig verteilen

Es ist bewiesen, daß die über längere Zeiträume verteilten Wiederholungen eines Lernstoffes mehr Nutzen bringen und eine höhere Behaltensquote haben als zahlreiche, unmittelbar aufeinanderfolgende Wiederholungen innerhalb eines kurzen Zeitraumes. Daraus resultiert die Konsequenz, Wiederholungen von Lernstoff zeitlich gestaffelt vorzunehmen, d.h., daß sie einerseits nicht zu unmittelbar auf das erste Lernen folgen dürfen, andererseits sich auch nicht zu weit von ihm entfernen sollten, damit die Vergessenskurve nicht zu hoch ansteigt.

3. Mit Einsicht lernen

Lernstoff behält man besser, wenn man seinen Zusammenhang versteht. Dies wiederum erreicht man dadurch, daß man sich vor dem Lernen einen Überblick über ein Stoffgebiet verschafft, bevor man mit detailliertem Lernen beginnt. Hat man die Gesamtzusammenhänge erkannt, ist man in der Lage, Assoziationsmöglichkeiten – sogenannte »Aufhänger« – zu schaffen, anhand derer man sich Lerninhalte besser merken kann.

4. Viele Sinne am Lernprozeß beteiligen

Lernen unter Beteiligung mehrerer Sinne erleichtert die Reproduktion des Stoffes wesentlich. Ein Stoff, der laut gelesen wird und dessen wesentlichste Erkenntnisse gleichzeitig schriftlich festgehalten werden, hat eine sehr hohe Behaltensquote.

Durch bloßes Zuhören werden zwischen 5 % und 20 % des zu lernenden Stoffes im Langzeitgedächtnis behalten, beim Lesen bzw. Sehen sind es zwischen 20 % und 30 %, bei Kombi-

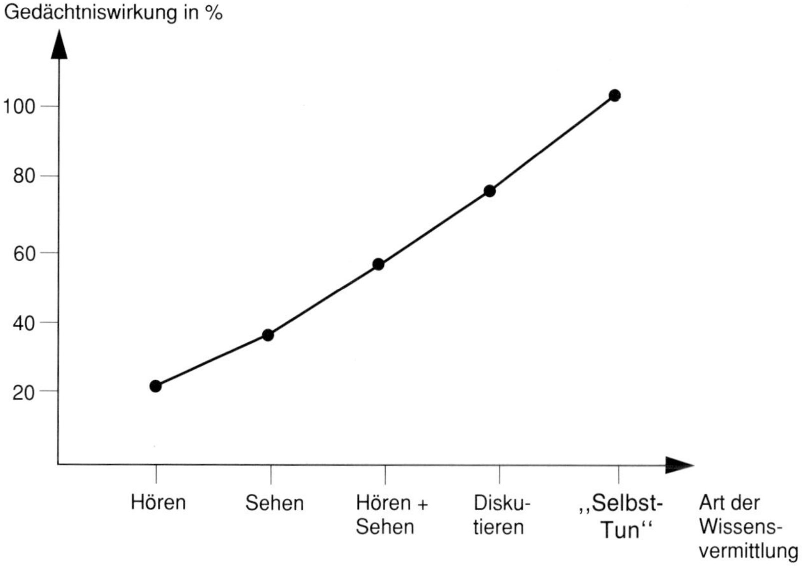

Abbildung: Art der Wissensvermittlung und Gedächtniswirkung

nation von Hören und Lesen bzw. Sehen werden bis zu 60 % des neuen Materials behalten; das Diskutieren des Stoffes in Gruppen führt zu einer Gedächtniswirkung von bis zu 70 %, während durch »Selbst-Tun« (z.B. durch die selbständige Durchführung eines chemischen oder physikalischen Versuches) bis zu 100 % des neuen Stoffes behalten werden.

5. Motivationen schaffen

Motivation ist der wirksamste Lernantrieb, der den Lernerfolg wesentlich mit beeinflußt. Je stärker der Wunsch ist, einen Stoff zu lernen und dann auch zu beherrschen, desto größer ist der Behalteneffekt. Als positive Motivation wirkt die Aussicht auf Erfolg und Belohnung, d.h., der gelernte Stoff wird dauerhaft behalten und kann dann auf unterschiedliche Weise sinnvoll eingesetzt werden.

Quelle: Hülshoff, Friedhelm und Kaldewey, Rüdiger

(11) Lernen – unter Berücksichtigung des Behalteneffektes

Hans Löwe, der in seinem Buch »Einführung in die Lernpsychologie des Erwachsenenalters« besonders den Behalteneffekt berücksichtigt, ist durch zahlreiche Untersuchungen mit Testpersonen zu folgenden Schlußfolgerungen gekommen:

Das Vergessen von Gelerntem ist nicht ein passives Verklingen dieses Stoffes, sondern vor allem eine aktive Hemmung, verursacht durch neue Eindrücke. Er meint dazu: »Je größer die Vielzahl der Eindrücke ist, desto mehr wird wieder ›weggeschwemmt‹.« (Der gelernte Stoff wird praktisch von neuen Eindrücken überlagert.)

Die nachstehende Abbildung verdeutlicht den Behalteneffekt nach Wach- bzw. Schlafintervallen. Daraus geht hervor, daß der Behalteneffekt für Gelerntes wesentlich besser ist, wenn nach der Kenntnisaneignung geschlafen wird. Demnach ist nach acht Stunden Wachintervall nur 9 % von dem 100 %ig Gelernten noch reproduzierbar, während nach acht Stunden Schlafintervall noch 56 % davon abgerufen werden können.

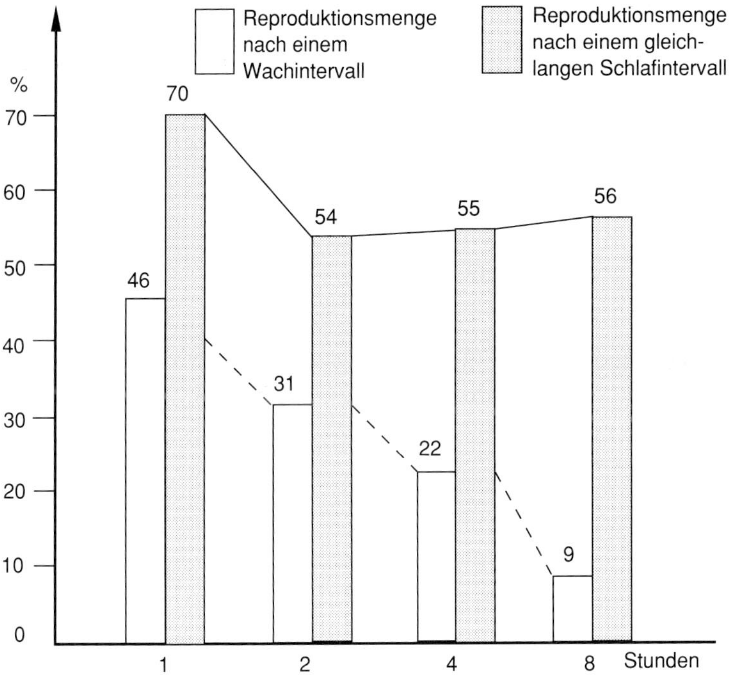

Abbildung: Das Behalten nach Wach- bzw. Schlafintervallen (nach Löwe)

Die Schlußfolgerung aus Löwes Erkenntnissen ist, daß man wichtigen Stoff, den man behalten möchte, sich erst in den Abendstunden aneignen, dann aber anschließend sofort – ohne Fernsehberieselung oder einige Seiten eines Buches zu lesen – schlafen gehen sollte.

Quelle: Löwe, Hans

(12) 3-Phasen-System für rationelles Lesen nach Seiwert

Der Zeitmanager Lothar Seiwert teilt diesen Themenkomplex in Methoden

- *vor* dem Lesen
- *während* des Lesens und
- *nach* dem Lesen

ein.

1. Entscheidungen vor dem Lesen:

- »Unabhängig von Ihrer Lesegeschwindigkeit können Sie durch gezieltes, selektives Lesen ein hohes Maß an Lesezeit einsparen.«
- »Rationelles Lesen heißt zunächst: Zielorientiert auswählen und entscheiden, ob man etwas überhaupt liest, und wenn ja, wieviel man davon liest.«

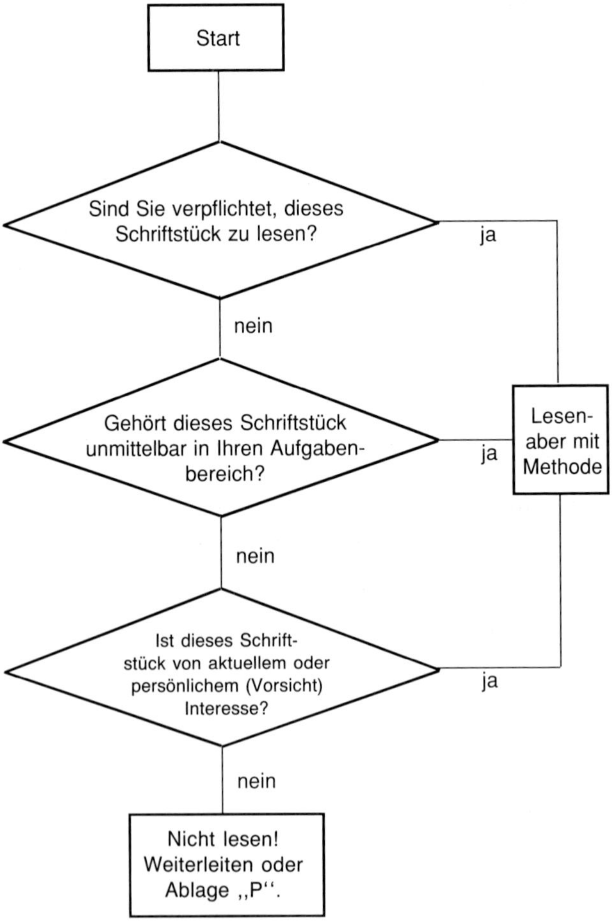

Abbildung: Zielorientiertes, selektives Lesen (nach Seiwert)

2. Zielsetzungen während des Lesens

- Verbesserung der Lesemethode durch
  - Orientierendes Lesen
    Erfassen des Inhalts und Prüfen, ob dieser Text tatsächlich erarbeitet werden soll
  - Studierendes Lesen
    Herausfinden, welche Informationen wichtig und welche unwichtig sind
  - Zusammenfassendes Lesen
    Kritische Wertung des Erarbeiteten und Festhalten der Zusammenhänge
- Verbesserung der Lesegeschwindigkeit durch
  - Abbau schlechter Gewohnheiten und Störfaktoren
  - bessere Methoden (Schnell-Lese-Techniken)

3. Bearbeitung nach dem Lesen

- Verbesserung der Verarbeitung des Lesestoffes durch
  - Markierungstechniken
    Hervorheben der wesentlichsten Textstellen
  - Exzerpiertechniken
    Anfertigen von Textauszügen

Quelle: Seiwert, Lothar J.

(13) Superlearning-Methode

Diese Methode der Lehrstoffvermittlung, die man auch mit Suggestopädie bezeichnen könnte, basiert auf den Erkenntnissen des bulgarischen Psychologen und Arztes Georgi Lozanov.

Superlearning ist eine Kombination aus Suggestion und Pädagogik (Suggestopädie) und berücksichtigt die Funktionsweise des Gehirns. Diese Art der Wissensvermittlung spricht die linke und die rechte Gehirnhälfte gleichzeitig an, d.h., daß sowohl logisches Denkvermögen als auch kreative Fähigkeiten angesprochen werden.

Während traditionelle Lehrmethoden nur das logische Denkvermögen voraussetzen, spricht Superlearning beide Gehirnhälften an, d.h. nicht nur den Verstand, sondern auch die sinnliche Wahrnehmung, Gefühle, Phantasie und Intuition.

Bei seinen Untersuchungen an Personen mit einem scheinbar unerschöpflichen Gedächtnis beobachtete Lozanov im Augenblick ihrer geistigen Höchstleistung völlige körperliche und geistige Entspannung. Diese Entdeckung reichte jedoch nicht aus, um solche Fähigkeiten zu erlangen.

Auf der Basis seiner psycho-akustischen Forschungen erkannte Lozanov, daß eine besondere Musik den Körper völlig entspannt, den Geist jedoch wach und die Konzentrationsfähigkeit unbeeinflußt läßt – eine Voraussetzung für maximalen Lernerfolg.

Lozanov entwickelte ein Konzept, in dem die Präsentation des zu behaltenden Stoffes in Intervallen, im Abstand von jeweils 10 Sekunden – und in drei unterschiedlichen Arten der Intonation erfolgen mußte:

1. normale deklarative Präsentation

2. leise flüsternder, sanft einschmeichelnder Tonfall

3. laut kommandierender Befehlston.

In diesem Rhythmus wechseln aktive und passive Lernphasen ständig ab. Während in den passiven Lernphasen mit Hilfe von Barockmusik der Herzschlag eines Menschen mit den Gehirnwellen synchronisiert wird, d.h., Alphawellen entstehen, die einen Zustand von tiefer Entspannung und Harmonie erzeugen, werden die aktiven Lernphasen mit einem bestimmten, aktiven Lernkonzert erzielt. Der Lernstoff wird hier zu klassisch-romantischer Musik dynamisch-theatralisch vorgetragen.

Diese Vorgehensweise beim Vermitteln von Lernstoff löst durch die willkürliche Folge der unterschiedlichen Betonungen beim Zuhörer einen zwangsläufigen kontinuierlichen Überraschungseffekt aus, der seine Aufmerksamkeit erhöht. Gleichzeitig muß jedoch das Klangmuster der Musik den Lernintervallen und der jeweiligen Präsentation angepaßt werden, um die gewünschte Reaktion der Körperrhythmen zu erzielen.

Menschen in dieser völligen körperlichen und geistigen Entspannung erreichen eine geistige Höchstleistung, denn das gezielte Entspannungstraining bei entsprechender Musik sorgt für ein positives Lernklima, fördert die Konzentration und wirkt Blockaden, die von Leistungsdruck erzeugt werden, entgegen.

Auf den Erkenntnissen von Professor Lozanov basiert auch die Beyer-Methode. Diese wird noch durch die Anwendung der visuellen Assoziationsmethode unterstützt. Dabei versetzt der Kursleiter die Seminarteilnehmer wieder in den Alphazustand (ein Zustand völliger Entspannung mit etwa sieben bis dreizehn Schwingungen der Gehirnwellen pro Sekunde), während sich die Zuhörer zu jeder Lerneinheit ein vollständiges gedankliches Bild machen. Ein späteres Abrufen des vermittelten Stoffes wird durch diese visuelle Assoziation erleichtert. Beim Lernenden sollen dadurch die Konzentration, die Gedächtnisleistung, die Kreativität und die Lerngeschwindigkeit wesentlich erhöht werden.

Quelle: Lozanov, Georgi

(14) Gebrauchsanweisung für das Gehirn

Erkenne dich selbst! (Sokrates)

Das menschliche Gehirn besitzt eine enorme Speicherkapazität – wollte man einen Computer mit gleichwertiger Leistung bauen, müßte er kaum vorstellbare Dimensionen haben.

Dennoch verläßt uns dieser gigantische Wissensspeicher oft genau in dem Augenblick, in welchem wir ihn am nötigsten brauchen:

- Wir vergessen Termine,
- können uns nicht konzentrieren,
- verlieren den Überblick,
- fühlen uns überlastet,
- vermissen Selbstdisziplin

etc.

Diese Probleme ließen sich bei richtiger Anwendung des Gehirns vermeiden: unser Gehirn ist durchaus in Ordnung, wir haben nur nicht gelernt, es richtig und effizient einzusetzen und zu benutzen; denn das Gehirn ist wie ein Muskel, der stärker wird, je mehr er trainiert wird!

Um seine Leistungsfähigkeit auf vielen Gebieten zu steigern, sollten wir den Aufbau und die Funktionsweise des Gehirns kennen:

- Das Gehirn ist in zwei Hälften eingeteilt:
  - Die rechte Gehirnhälfte ist für die Funktion und Kontrolle der linken Körperseite zuständig,
  - die linke Gehirnhälfte für die rechte Körperseite.

Jede dieser beiden Hemisphären (Gehirnhälften) ist auf bestimmte Aufgaben spezialisiert. In dieser Arbeitsteilung ist die linke Seite für die Theorie und die rechte Seite für die Praxis zuständig, d.h., die linke Hälfte bearbeitet die Eindrücke unter rationalen Gesichtspunkten, zergliedert sie nach den Regeln der Logik und systematisiert sie. Die rechte Hälfte denkt ganzheitlich aus der Erfahrung heraus, arbeitet kreativ und phantasievoll.

– Während die *Intelligenz* der linken Gehirnhälfte zugeordnet wird, ist die rechte Gehirnhälfte für die *Kreativität* verantwortlich.

– *Intelligenz* ist eine vererbte Eigenschaft, die jedoch noch entwicklungsfähig ist. Die linke Gehirnhälfte ist Sitz des gesunden Menschenverstandes und Gedächtniszentrum für Daten. Sie wird vorwiegend für logische Tätigkeiten wie z.B.

- Verarbeiten von einzelnen Informationen (sie denkt in Details),
- Kontrollieren der mündlichen Darstellung,
- Steuern von verbaler und mathematischer Information,
- Analysieren, Beurteilen und Kritisieren von Tatbeständen und dgl.

benutzt.

– *Kreativität* umfaßt das Denken der rechten Hirnhälfte, die Intuitionen. Sie

- beschäftigt sich mit Ganzheiten,
- visualisiert, d.h. denkt in Bildern,
- regelt die Körpersprache,
- ist Gedächtniszentrum für Personen und Erlebnisse,
- ist Sitz der Gefühle und
- regelt künstlerische Leistungen und Erlebnisse.

Die Leistungsfähigkeit unseres Gehirns steigern wir durch

- Training, indem wir es ständig neuen Eindrücken und Anforderungen aussetzen und

- eine Art Selbststeuerungstechnik (Mind Power), indem wir unser Gehirn darauf programmieren, alles Wünschenswerte zu kontrollieren und zu steuern – vorausgesetzt, daß wir das, wozu wir unser Gehirn programmiert haben, auch wirklich *wollen* und *tun*, wozu eine Portion Selbstdisziplin nötig ist.

Quelle: Møller, Claus und Hegedahl, Poul

(15) Arbeitsweise des Gehirns
(Herrmann-Dominanz-Instrument)

Nach dem amerikanischen Physiker und Führungskräftetrainer Ned Herrmann lassen sich die Gehirnfunktionen des Menschen in vier Quadranten aufteilen: Fakten, Formen, Fühlen und Fantasie. Bei jedem Menschen dominieren die einen oder anderen Quadranten – und das ergibt nicht nur seine Denk- und Verhaltens-Stile, sondern auch seine Rezeptions- und Lernfähigkeiten.

Der Führungskräftetrainer Roland Spinola hat sich auf die Anwendung der Herrmann-Dominanz-Methode spezialisiert. Das HDI basiert auf den Forschungsergebnissen des amerikanischen Neuropsychologen Dr. Roger W. Sperry, der 1981 dafür den Nobelpreis erhielt.

Spinola ist der Ansicht, daß

- es je nach der Gehirndominanz unterschiedliche Lernweisen gibt und
- unsere Gesellschaft »linkslastig« geschult wurde.

Das HDI konzentriert sich auf das Großhirn und den limbischen Teil unseres Gehirns, die lernfähig sind.

Die linke und die rechte Hemisphäre unseres Großhirns haben unterschiedliche Aufgaben und verarbeiten Informationen auch auf andere Art und Weise.

Die *linke Hemisphäre* ist bei den meisten Menschen der Sitz der Sprachzentren; sie denkt logisch, rational und folgerichtig, verarbeitet Details, analysiert und kann mit Zahlen und Symbolen umgehen. Die linke Seite des Gehirn steuert die rechte Seite des Körpers und verarbeitet die Informationen, die ihr aus dem rechten Sehfeld unserer beiden Augen zufließt. Im eher verhaltensorientierten Teil handeln wir mehr kontrolliert, geplant und sequentiell.

Die *rechte Hemisphäre* des Gehirns ist im wahrsten Sinne des Wortes sprachlos; sie denkt in Bildern, Formen, Mustern und Konzepten, ist sprunghaft und intuitiv. Sie kann mit ihrer ganzheitlichen Betrachtungsweise eher mit Komplexität umgehen, ohne sich im Detail zu verlieren. Auf der rechten Seite erinnern wir uns an Gesichter, auf der linken Seite an Namen. Im mehr verhaltensorientierten Teil empfinden wir Musik und können uns auf andere Menschen einstellen sowie mit Gefühlen umgehen.

Die unterschiedlichen Arbeitsweisen der Hemisphären:

links	*rechts*
analysiert	*spekuliert*
ist realistisch	*ist neugierig*
vermeidet Fehler	*liebt das Risiko*
stellt Regeln auf	*bricht Regeln*
kontrolliert	*spielt*
folgert rational	*ist ungeduldig*
vermeidet Risiko	*fühlt*
artikuliert	*ist sprunghaft*
dominiert	*phantasiert*
ist objektiv	*ist subjektiv*
ist konvergierend	*ist divergierend*
erklärt Managen	*ist Manager*
digital, diskret	*analog, kontinuiert*
spricht	*ist sprachlos*

Das Bestreben ist es nun, von einer einseitigen Bevorzugung links- oder rechtshemisphärischer Funktionen wegzukommen, da Bewußtseinserweiterungen das Zusammenspiel von linker *und* rechter Hemisphäre sind.

Das »Hirn-Dominanz-Instrument« enthält vier getrennte Denk- und Verhaltensstile, die in 4 Quadranten dargestellt werden (A, B, C und D). Jedem dieser Quadranten werden einige Schlüsselworte zugewiesen, die ihn am treffendsten charakterisieren. Ned Herrmann nennt sein Modell eine »metaphorische Interpretation« der Ergebnisse der Hirnforschung, da die Zuordnung dieser Stile zu bestimmten Gehirnteilen umstritten ist. Das Instrument ist aber auch ohne diese gehirnphysiologischen Zuordnungen valide.

Die Auswertung eines Fragebogens zum HDI ergibt ein Profil, das anzeigt, in welchem Maße man die Denkstile der 4 Quadranten anwendet. Dieses Hirn-Dominanz-Profil verdeutlicht, welche Denk- und Verhaltensweisen der einzelne bevorzugt und welche weniger dominant ausgeprägt sind oder gar vermieden werden.

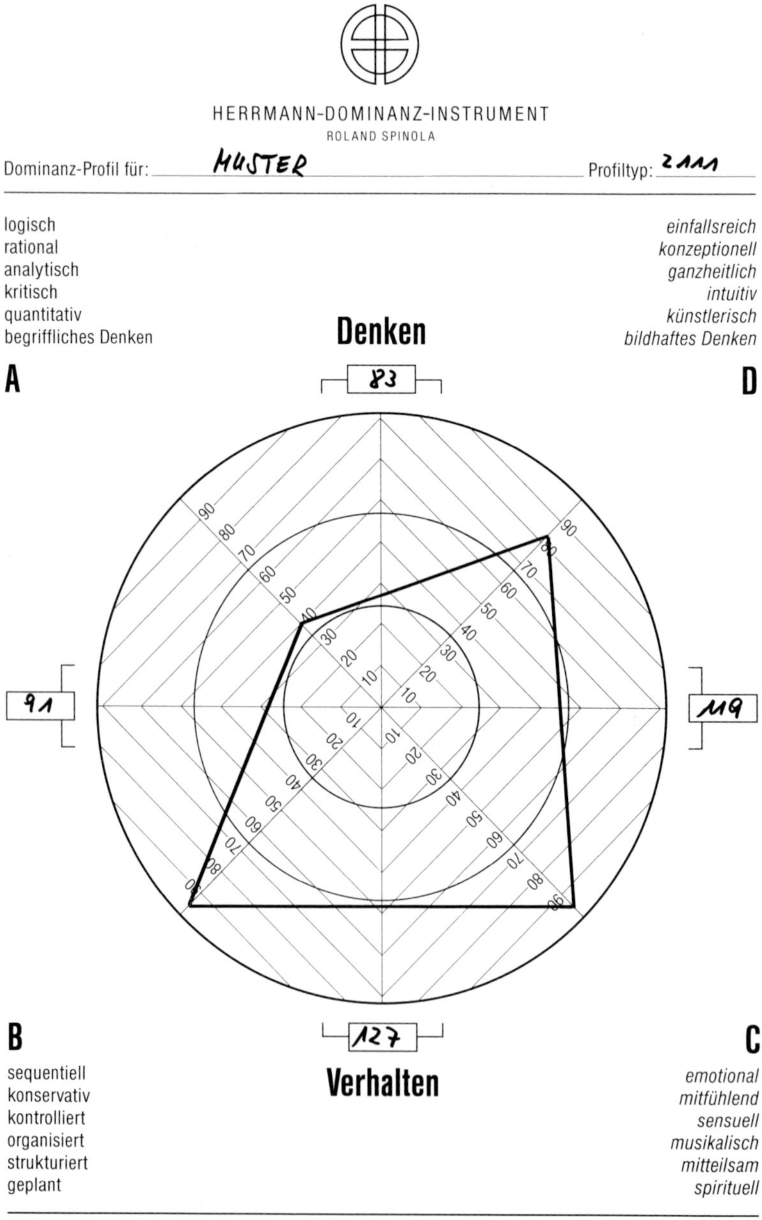

Abbildung: Muster eines Dominanz-Profils nach Roland Spinola

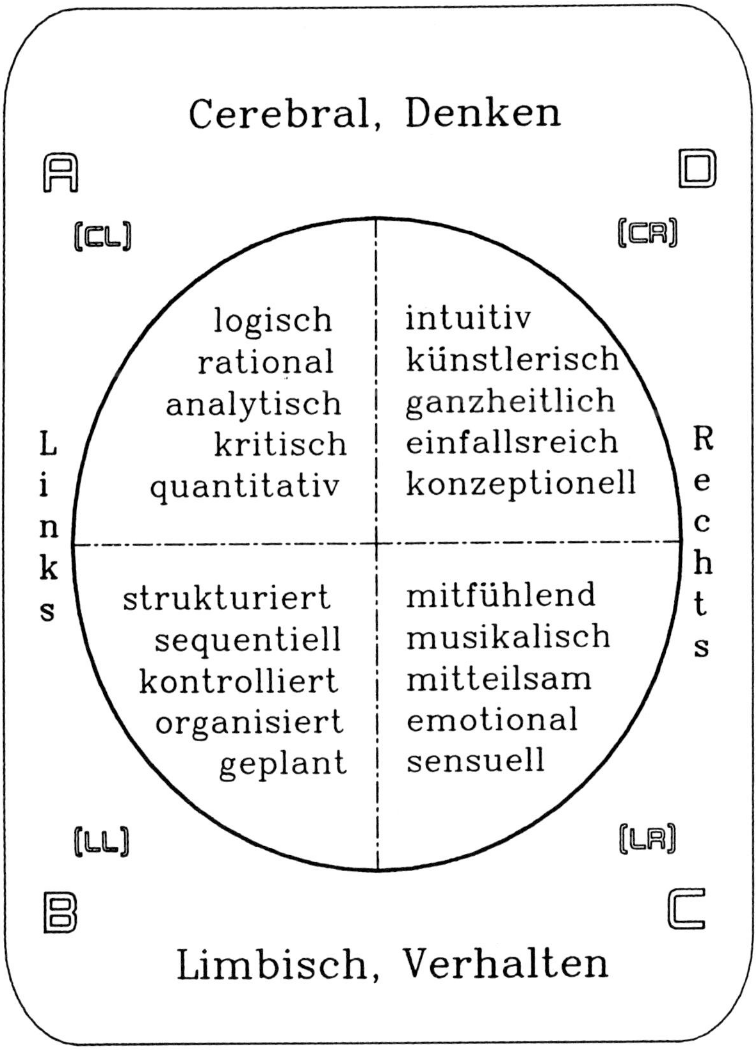

Abbildung: Die 4 Quadranten des Hirn-Dominanz-Instruments (nach Spinola)

Quelle: Spinola, Roland und Peschanel, Frank D.

4.4 Positive Selbstmotivation und Nutzung der Kräfte

(1) Bestimmungsfaktoren des Arbeitsverhaltens

Da das menschliche Verhalten nicht ständig vorhersehbar ist und die Beziehung zwischen Einwirkung und Verhalten nicht eindeutig determiniert werden kann, müssen die Beweggründe des Handelns und die persönlichkeitsspezifischen Faktoren verstärkte Beachtung bei Führungskräften im Umgang mit ihren Mitarbeitern finden.
Das Arbeitsverhalten eines Menschen ist abhängig von

- äußeren Anreizen, die bereits vorhandene Verhaltensbereitschaften bei ihm aktivieren, d.h., seine Motive und Bedürfnisse werden angesprochen, um dann eine Motivation zu erzeugen, und von
- persönlichkeitsspezifischen Faktoren, wie z.B. seiner Erwartungshaltung und seiner Einstellung.

Wesentliche Determinanten des Arbeitsverhaltens:

Motive

Man unterscheidet zwischen

- extrinsischen Motiven, die sich auf äußere Begleitumstände beziehen, und
- intrinsischen Motiven, die vom eigenen Arbeitsverhalten beeinflußt werden.

Gründe für berufliche Arbeit können sein:

- Bedürfnis nach Geld
  Geld als Besitz oder zur Befriedigung anderer Bedürfnisse
- menschliche Grundbedürfnisse
  dazu zählen die Bedürfnisse nach Nahrung, Kleidung, Wohnung etc.

- Sicherheitsbedürfnis
  z.B. finanzielle Absicherung für das Alter
- Geltungsbedürfnis
  bezieht sich auf das Streben nach Anerkennung und Status
- Kontaktbedürfnis
  damit sind die zwischenmenschlichen Beziehungen angesprochen
- Bedürfnis nach Tätigkeit
  der Wunsch nach einer sinnvollen Beschäftigung
- Machtbedürfnis
  das Streben, andere im eigenen Sinne zu beeinflussen
- Bedürfnis nach Selbstverwirklichung
  das Bedürfnis, seine eigenen Möglichkeiten zu erweitern.

Anreize

Durch die Gegebenheiten am Arbeitsplatz, die von allen Personen subjektiv wahrgenommen werden, wird die Verhaltensbereitschaft beeinflußt. Sie gelten als Anreize, die vorhandenen Motive zu aktivieren.

Folgende Gegebenheiten eines Unternehmens, die Motive der Mitarbeiter zu aktivieren, können zusammengefaßt werden:

- finanzielle Anreize
  Geld als Selbstzweck, als Statussymbol, zur Bedürfnisbefriedigung
- soziale Anreize
  Kontaktbedürfnis, zwischenmenschliche Beziehungen
- Aufgabeninhalt
  Befriedigung von Tätigkeits- und Leistungsbedürfnissen
- Entfaltungsmöglichkeiten
  Fortbildungsmöglichkeiten, Aufstiegschancen

Erwartungen

Die Verhaltensintension hängt in hohem Umfang von bestimmten Erwartungen einer Person ab. Sie werden als subjektive Wahrscheinlichkeiten bezeichnet. Man unterscheidet hierbei insbesondere die

- Handlungs-Ergebnis-Erwartung
  (wird ein Ergebnis als Folge eigenen Verhaltens eintreten?)
- Ergebnis-Folge-Erwartung
  (werden Konsequenzen [Belohnung/Bestrafung] aus dieser Handlung erfolgen?)

Fähigkeiten

Unter ›Fähigkeiten‹ eines Menschen versteht man das gesamte Potential einer Person, in allen Lebenslagen kompetent zu handeln. Diese Fähigkeiten können unterteilt werden in die

- überwiegend veranlagungsbedingten *Begabungen* und die
- gezielt angeeigneten *Fertigkeiten*.

Fähigkeiten können in folgende Kategorien eingeordnet werden:

- sensomotorische Fähigkeiten
  (Geschicklichkeit im Umgang mit Arbeitsmaterial)
- kognitive Fähigkeiten
  (Wahrnehmung, Gefühl, Sensibilität im Umgang mit der Arbeit)
- Problemlösungsfähigkeiten
  (analytische, soziale, technische Fähigkeiten)

Um diese Fähigkeiten in *Leistung* umzuwandeln, muß Motivation (Verhaltensintention) hinzukommen. Leistung ist deshalb eine Funktion von Fähigkeit und Motivation. Die Beziehung zwischen Fähigkeit und Motivation ist multiplikativer Art: Leistung = Fähigkeit × Motivation.

Arbeitsbedingungen

Zu welcher Verhaltensintention (Stärke der Leistungsabsicht) ein bestimmtes Verhalten führt, hängt im Bereich der Person von ihren Fähigkeiten und im Bereich der Situation von den Arbeitsbedingungen ab. Man unterscheidet

- technologische,
- ergonomische und
- organisatorische

Arbeitsbedingungen.

Berücksichtigt man die Arbeitsbedingungen als situative Ermöglichungsbedingungen, so kann man folgende funktionale Beziehung darstellen:

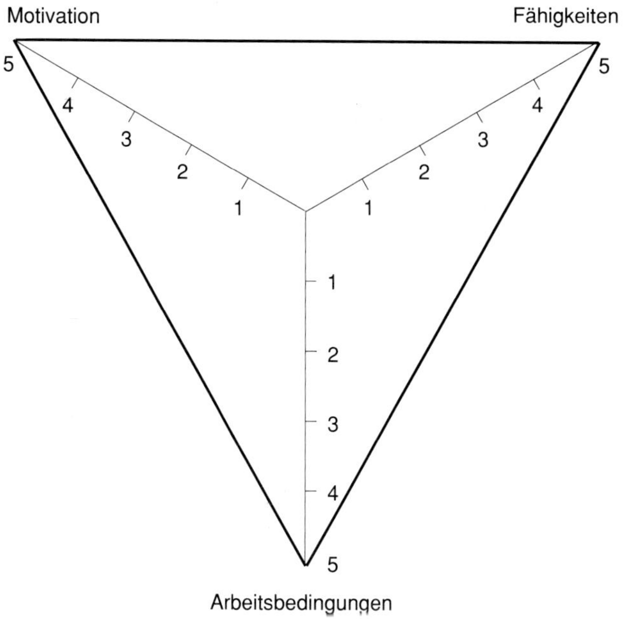

Abbildung: Das Leistungsnetz

Quelle: Hub, Hanns

(2) Hypothesen zur Interaktion nach Homans

Ein System allgemeiner Interaktionshypothesen, das den Rahmen für Interaktionsmodelle abgrenzt, ist die von Homans entwickelte Interaktionstheorie. Dieses Konzept hat eine enge Beziehung zu den zahlreichen weiteren Verhaltensansätzen und kann im Prinzip als Ausgangspunkt der allgemeinen Verhaltenstheorie angesehen werden.

Malewski, der diese Theorie sehr differenziert bearbeitet und analysiert hat, ist der Ansicht, die individualistisch orientierte Austauschtheorie von Homans ist »einer der ersten Versuche, die Verhaltenstheorie auf die Analyse der menschlichen Verhaltensweisen in direktem sozialen Kontakt anzuwenden«. Diese soziale Interaktion kann man als wechselseitige Beziehung zwischen zwei oder mehreren Menschen bezeichnen. Die dabei entstehenden Aktionen und Reaktionen erscheinen abwechselnd als Ursache und als Wirkung.

Interaktionen (Kommunikation) zwischen Menschen werden demzufolge als ein Austauschprozeß angesehen. Malewski meint dazu: ». . . sein Gegenstand sind Verhaltensweisen, die Reize bilden, welche anderen Menschen spätere Belohnungen oder Bestrafungen einbringen.«

Man geht bei Beziehungen zwischen Interaktionspartnern allgemein von der Annahme aus, daß zwei Personen ihre Kommunikation (Verbindung) so lange aufrechterhalten, wie sie sich beiderseitigen Nutzen davon versprechen. Homans ist nun der Meinung, daß unter der Berücksichtigung lerntheoretischer Erkenntnisse die Austauschbeziehungen dynamisiert werden, indem die Belohnung bzw. Bestrafung früheren Verhaltens Konsequenzen für zukünftiges Verhalten hat. Hier kommen zusätzliche Wertvorstellungen zum Tragen; welchen Wert eine Person einer Belohnung/Bestrafung zuordnet, hängt von ihrem subjektiven Wertmaßstab ab, der durch Ergebnisse bei früheren Erfahrungen mit Interaktionsprozessen geprägt wird. Außerdem sind hierbei sogenannte »Opportunitätskosten« zu berücksichtigen, wenn eine bestimmte Verhaltensweise Verzicht auf anderweitige Belohnung bedeutet. Auf diese Weise läßt sich jedes Verhalten mittels der Mechanismen »Bestrafung« und »Belohnung« deuten.

Nach Homans erfolgt eine Belohnung/Bestrafung nur durch andere Personen. Malewski verweist darauf, daß eine Belohnung bzw. Bestrafung schon allein mit der bloßen Gegenwart eines anderen verbunden ist – unabhängig von deren Verhalten. Er ist auch der Ansicht, daß eigenes Verhalten für einen selbst Belohnung bzw. Bestrafung bedeuten kann.

Das folgende Konzept, das die Hypothesen zur Interaktion nach Homans darstellt, ist sehr formal gehalten und sollte durch konkrete Aussagen erweitert werden.

Hypothesen zur Interaktion nach Homans:

1. Die Wahrscheinlichkeit, daß ein bestimmtes Verhalten als Antwort auf Reize, welche andere Personen darstellen, auftritt, ist um so größer, je ähnlicher ein bestimmter Reizkomplex dem Reizkomplex ist, bei dem in der Vergangenheit dasselbe oder ein ähnliches Verhalten belohnt worden ist.

2. Die Wahrscheinlichkeit, daß sich eine bestimmte Verhaltensweise wiederholt, ist um so größer, je häufiger sie in einem bestimmten Zeitabschnitt Belohnungen einbringt, die höher als die Kosten sind.

3. Die Wahrscheinlichkeit, daß sich Verhaltensweisen wiederholen, die von anderen Teilnehmern einer Interaktion belohnt worden sind, ist um so größer, je höher der Wert der von diesen anderen erhaltenen globalen Belohnung ist.

4. Der Wert einer Belohnung, die man von anderen infolge einer bestimmten Verhaltensweise erhalten hat, ist um so geringer, je häufiger man sie schon zuvor bekommen hat.

5. Je augenscheinlicher es für ein bestimmtes Individuum ist, daß die von anderen erhaltenen Belohnungen den Grundsatz der gerechten Verteilung verletzen, um so stärker reagiert es mit Feindseligkeit.

Quellen: Homans, G. C.
Malewski, A.

(3) Motivationstheorie von Porter/Lawler

Diese Motivationstheorie stellt in erster Linie auf die Leistungsmotivation ab. Das Verhalten einer Person wird sowohl von ihr selbst als auch von der Umwelt bestimmt oder von der Wechselwirkung zwischen der Person und ihrem Umfeld.

Bei dem in der Abbildung gezeigten Erwartungs-Valenz (Wert)-Modell handelt es sich bereits um ein von Lawler weiter ausgebautes Beziehungsgefüge.
Im folgenden wird dieses Modell etwas näher erläutert:

E_P Es steht für die Erwartungshaltung einer Person gegenüber der eigenen Leistungswahrscheinlichkeit. Abhängig ist diese Erwartung von eigenen und an anderen beobachteten Erfahrungen in ähnlicher Form. Außerdem ist es vom Selbstwertgefühl einer Person abhängig.

P_O Hiermit wird die Wahrscheinlichkeit, daß mit einem Verhalten Ergebnisse mit einer bestimmten Wertigkeit erzielt werden, bezeichnet.
Diese Wahrscheinlichkeit hängt von

- der internen und externen Kontrolle (das Handeln ist selbstbestimmt [intern] und fremdbestimmt [extern]) und von
- früher gemachten Erfahrungen im Zusammenhang mit Leistung und Belohnung ab.

V Dieses Zeichen steht für Valenz (Wert), die künftigen Ergebnissen zugeordnet wird.

Da dieses Beziehungsgefüge multiplikativ verknüpft ist, wird im Falle, daß eine Einflußgröße 0 ist, keine Handlungstendenz bestehen. Ist eine Person also der Meinung, zu einer bestimmten Leistung nicht fähig zu sein, wird sie auch keinen Leistungseinsatz zeigen. Dasselbe gilt, wenn jemand der Meinung ist, daß die Leistung nicht zu dem gewünschten Erfolg führt.

Der Leistungseinsatz (Anstrengung) und die Fähigkeiten sowie der Problemlösungsansatz verbinden sich ebenfalls multiplikativ.

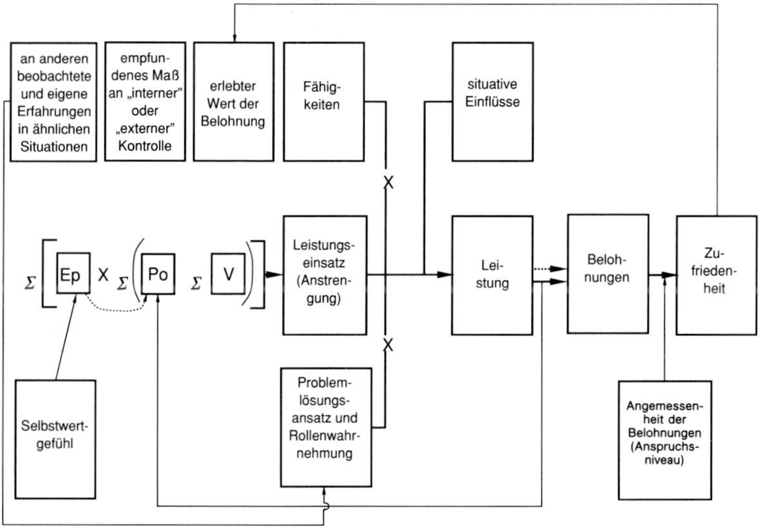

Abbildung: Erwartungsvalenz von Porter-Lawler (nach Hub)

Die auf Leistung folgende Belohnung kann sowohl eine

- intrinsische Motivation (unterbrochener Pfeil) als auch eine
- extrinsische Motivation (durchgezogener Pfeil) sein.

Eine intrinsisch motivierte Person erbringt Leistung aus eigenem Antrieb. Das bedeutet, daß ihre Erwartungshaltung ihren selbstgesetzten Maßstäben entsprechen muß und ein positives Erfolgserlebnis die vorrangigste Art der Belohnung ist.

Eine extrinsisch motivierte Person möchte dem Anforderungsprofil anderer genügen und sieht Belohnung vorwiegend in der Anerkennung ihrer Leistung durch Außenstehende.

Daß Zufriedenheit als Summe aller Einflußgrößen erreicht wird, hängt im wesentlichen von der meist subjektiven Vorstellung einer Person ab, was sie als »gerechte« Belohnung für erbrachte Leistung ansieht.

Quellen: Porter, L. W. und Lawler II, E. E.
Hub, Hanns

(4) Erwartungstheorie von Vroom

Das Verhalten eines Menschen wird nach Vroom von ihm selbst bestimmt. Dies ist abhängig von typischen Persönlichkeitsmerkmalen, von Bedürfniszuständen, Einstellungen, Erwartungen, Motivausprägungen, Wahrnehmungen, Wertvorstellungen und inneren Wesenszügen.

Dieses allgemeine Motivationsmodell kann als eine Prozeßtheorie betrachtet werden, da es sich hierbei – im Gegensatz zu den Inhaltstheorien – um kein zielorientiertes Verhalten handelt. Hier sind die kognitiven Prozesse angesprochen, die in Individuen ablaufen und ein bestimmtes Verhalten bewirken. Dabei wird von dem ausschließlich rational ausgerichteten Menschen ausgegangen, der jene Verhaltensalternative wählt, die den vermutlich höchsten erwarteten Nutzen bringt. In dieser Theorie wird menschliches Verhalten als Entscheidungsverhalten interpretiert.

Der Grundgedanke dieser Theorie geht davon aus, daß ein Mensch durch rationelle Entscheidungsfindung feststellen kann, ob er eine Handlung vollzieht oder nicht.

Um beurteilen zu können, was ihm die eine oder andere Entscheidung bringt, muß er klarstellen,

- welche seine längerfristigen Ziele sind, die er mit dieser Handlung erreichen möchte, und
- in welchem Maße die durchgeführte Handlung ihn seinen Zielen näherbringt.

Auf diese Weise kann er den »Wert« festlegen, welchen er den beiden alternativen Handlungsergebnissen beimißt.

Je positiver ihm eine der beiden Alternativen bezüglich seiner Zielsetzung erscheint, um so vehementer wird er sich für deren Durchführung und einen erhöhten persönlichen Einsatz entscheiden.

Vroom unterscheidet dabei zwei unterschiedliche Arten von Ergebnissen:

- die Berücksichtigung des fernen Endziels und
- die Handlungsergebnisse, die als Mittel zur Erreichung der eigentlichen Ziele dienen.

Eine gute Zusammenfassung der verschiedenen Elemente dieser Theorie hat Hanns Hub ausgearbeitet.

Im folgenden werden aus seinem Werk »Unternehmensführung« die beiden Modelle der Theorie von Vroom übernommen:

Valenz (V):	Wert, den eine Person einem Handlungsergebnis oder einem Endziel beilegt.
Instrumentalität (I):	Zusammenhang zwischen Handlungsergebnis und Handlungsendziel derart, daß eingeschätzt wird, in welchem Ausmaß das »Mittel« die Erreichung des »Zieles« bewirkt bzw. verhindert. Der Wertebereich geht von − 1 (das Handlungsergebnis verhindert die Zielerreichung) bis + 1 (das Handlungsergebnis garantiert die Zielerreichung).
Erwartung (E):	Subjektive Wahrscheinlichkeit, daß die Handlungsalternative das Handlungsergebnis bewirkt. Sie reicht von 0 (extrem unwahrscheinlich) bis 1 (sicher).
Kraft (K):	Stärke der Verhaltensintention.

Die Theorie von Vroom beinhaltet zwei Modelle:

- das *Valenzmodell*, welches den Grad an Zufriedenheit mit einem bestimmten Handlungsergebnis erklärt

– das *Kraftmodell*, welches die Stärke der Handlungsabsicht erklärt.

Das *Valenzmodell* beinhaltet folgende Aussage:
Der Wert eines Handlungsergebnisses ergibt sich als Summe der Produkte aus Wert des Endzieles und Instrumentalität des Handlungsergebnisses. Die Formel lautet:

$$Vj = fj\,\Big(\sum_{K=1}^{n} V_k{}^{*} \cdot I_{jk}\Big),\ (j = 1, \ldots m)$$

Es bedeuten:

V_j	=	Valenz des Handlungsergebnisses j
$V_k{}^{*}$	=	Valenz des Endzieles k
I_{jk}	=	Instrumentalität des Handlungsergebnisses (»Mittel«) j für das Ziel k
n	=	Anzahl der in Betracht gezogenen Ziele
m	=	Anzahl der möglichen Handlungsergebnisse.

Über die Funktion (f) macht Vroom die Annahme, daß sie monoton ansteigend ist.

Das *Kraftmodell* beinhaltet folgende Aussage:
Die Stärke der Handlungsabsicht ergibt sich als Summe der Produkte aus dem Wert der Handlungsergebnisse und der subjektiven Wahrscheinlichkeit, die Handlungsergebnisse erreichen zu können.
Das Kraftmodell setzt also das Valenzmodell voraus. Die Formel lautet:

$$K_i = \sum_{j=1}^{m} E_{ij} \cdot Vj,\ (i = 1, \ldots r)$$

Es bedeuten:

K_i = Stärke der Intention, die Handlung i auszuführen

E_{ij} = Stärke der Erwartung (subjektive Wahrscheinlichkeit), daß die Handlung i zum Ergebnis j führt

r = Anzahl der möglichen Handlungen.

Zu beachten ist, daß hier von dem allgemeinen Fall ausgegangen wird, daß eine Handlung zu mehreren Handlungsergebnissen führen kann (z.B. die verschiedenen Gewinnchancen bei einem Lottoeinsatz).
Wenn jede Handlungsalternative nur jeweils zu einem Handlungsergebnis führt, ist r = m und die Formel vereinfacht sich auf

$$K_i = E_{ij} \cdot V_j, \qquad (i = j).$$

Quellen: Vroom, V. H.
Hub, Hanns

(5) Die Gleichheitstheorie von Adams

Bei dieser Motivationstheorie handelt es sich um ein austauschtheoretisches Konzept, d.h., ein Mensch strebt danach, daß sich sein Geben und Nehmen in einem ausgeglichenen Verhältnis befindet, daß also ein Gleichgewicht besteht zwischen dem, was man gibt, und dem, was man dafür bekommt.

Hier geht es im wesentlichen darum, daß ein *erbrachter Einsatz* (Arbeitszeit, Können, Fähigkeiten, Opferbereitschaft, Gefühl etc.) einen im sozialen Vergleich *gerechten Ertrag* (Anerkennung, Geld, Karriere, Status etc.) bringt. Die Erwartungshaltung einer Person ist, daß sie

- für eine bestimmte Leistung als Austausch eine angemessene Belohnung erhält und
- im Vergleich mit anderen gerecht behandelt wird und für gleichen Einsatz auch den gleichen Ertrag erhält.

Setzt man nun den Einsatz zum Ertrag in Beziehung und vergleicht das Verhältnis mit dem Einsatz-Ertrag-Verhältnis anderer, kann entweder eine

- Gleichheit oder
- Ungleichheit, die sich in Unter- oder Überbelohnung ausdrückt, empfunden werden:

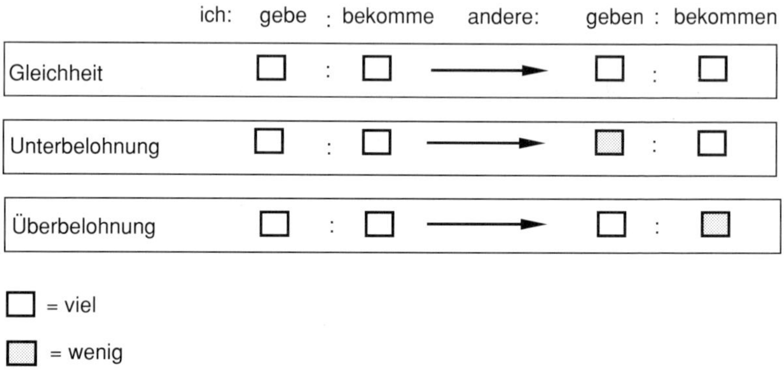

Abbildung: Verhältnisvergleiche einer Person zu einer anderen

Bei diesen Tauschbeziehungen kann es sich sowohl um eine

- direkte
  (eine Person vergleicht sich mit einer anderen Person)
  als auch um eine
- indirekte
  (eine Person vergleicht ihre Position und die einer anderen Person in bezug auf einen Dritten)

Austauschbeziehung handeln.
Nach dem Prinzip der ausgleichenden Gerechtigkeit kann es zu unterschiedlichen Reaktionen führen, wenn eine Austauschbeziehung als *ungerecht* empfunden wird:

- Eine Person reagiert z.B. mit verstärkten Krankmeldungen oder sogar mit der Kündigung.

- Eine Person ändert ihr Wahrnehmungsverhalten in der Form, daß für sie subjektiv ein neues Gleichgewicht entsteht, mit dem sie »leben kann«.
- Eine Person versucht, dem anderen verständlich zu machen, daß er seinerseits die erwartete Anpassung vornehmen soll.

Welche der genannten Reaktionen zum Tragen kommen, hängt von folgenden Einflußgrößen ab:

- Höhe der Selbstachtung
- Anstrengung, die mit der Leistung verbunden ist und
- bestehende Machtverhältnisse, in denen die Interaktion stattfindet.

Aufgrund von Erfahrungen, Bedürfnissen und sozialen Vergleichsprozessen hat eine Person sich ein Vergleichsniveau geschaffen, das jenen Standard bildet, an dem ihre Interaktionen gemessen werden. Je höher dieser Standard über dem bestehenden Beziehungsgefüge liegt, um so unattraktiver ist die augenblickliche Interaktion, und um so stärker wird die Ungerechtigkeit empfunden.

Es kommt demzufolge darauf an, wie die gegenwärtige Interaktion im Vergleich zu dem gebildeten Standard (Vergleichsniveau) und zu einer realisierbaren Alternative (z.B. ein Stellenwechsel/Partnerwechsel) eingeschätzt wird. Das Resultat ist entweder eine

- hohe/niedrige Attraktivität oder eine
- hohe/niedrige Abhängigkeit

in bezug auf die bestehende Beziehung. Diese Schlußfolgerung ist die Basis für eine Reaktion zugunsten der oder gegen die derzeitige Interaktion.

Quellen: Adams, J. S.
Hub, Hanns

4.5 Wirksames Kommunikationssystem

(1) Körpersprachenkonzept

Durch verbale (digitale) Kommunikation erhalten wir einen recht geringen Prozentsatz an Informationen über einen Mitmenschen. Den weitaus größeren Eindruck hinterläßt bei uns die nonverbale (analoge) Kommunikation der Körpersprache.

Die Körpersprache (Kinesik) wurde von dem Philosophen und Psychologen Philipp Lersch (1893 – 1969) gedeutet. Sie umfaßt jede unbewußte Bewegung des gesamten Körpers bzw. Körperteils. Ausdrucksfelder sind z.B.:

- Haltung
- Gang
- Gestik
- Mimik
- das Äußere
- Distanzzonen

Da diese Sprache mehr über die eigentliche Meinung und Einstellung eines Menschen verrät als seine Worte, entsteht bei widersprüchlicher Körpersprache ein Gefühl des Unglaubens oder Mißtrauens, während eine die Aussage untermauernde Körpersprache beim Partner das Gefühl von Vertrauen und Sicherheit auslöst.

Die Körpersprache ist die einzige Sprache, die alle sprechen, aber nur wenige verstehen. Um die Körpersprache anderer deuten zu können und die eigene beherrschen zu lernen, sollte man jedoch einige wichtige Grundregeln beachten und beherrschen:

□ Die Haltung des Körpers

- Aufrecht und in gerader Linie (ohne Einknickung) verlaufend, bedeutet, daß die Person die Situation beherrscht und Übereinstimmung zwischen dem Gesagten und der Körpersprache besteht.
- Ein Knick in der Körperhaltung weist auf eine unsichere Person hin, die Verlegenheit oder gar Unterwürfigkeit demonstriert.

□ Die Gangart

- Stehen bedeutet Verharren am gleichen Fleck.
- Gehen kann als Hinstreben zu einem bestimmten Ziel gedeutet werden.
- Wichtige Einflußfaktoren auf das Gehen sind:
  - Schrittlänge
  - Tempo
  - Geradlinigkeit der Gehlinie
  - Bewegungsablauf
  - Takt und Rhythmus
- Gehen mit großen Schritten bedeutet Zielstrebigkeit, Unternehmungslust, Tatkraft und Unabhängigkeit (Extraversion).
- Gehen mit kleinen Schritten bedeutet Vorsicht, Wendigkeit, Berechnung, wenig Risikobereitschaft (Introversion).
- Schnelles oder langsames Gehen ist vom Temperament und von der jeweiligen Motivation der Person abhängig. (Ziele mit zu erwartender Belohnung werden schneller angestrebt als jene, die Bestrafung erwarten lassen.)
- Steilaufgerichteter Oberkörper drückt beim Gehen Stolz und Hochmut aus.
- Stockender Gang bedeutet, daß ein Zielstreben von Gegenimpulsen beeinflußt wird. Es deutet auf Unsicherheit und Zwiespältigkeit hin, drückt Befangenheit oder Schüchternheit aus.

□ Der Gesichtsausdruck

Das Gesicht ist der ausdrucksstärkste Teil unseres Körpers. Hauptmerkmale bilden hier Augenbrauen und Mund. An deren Stellung lassen sich wesentliche Erkenntnisse und Einblicke aus dem Gefühlsleben eines Menschen ableiten:

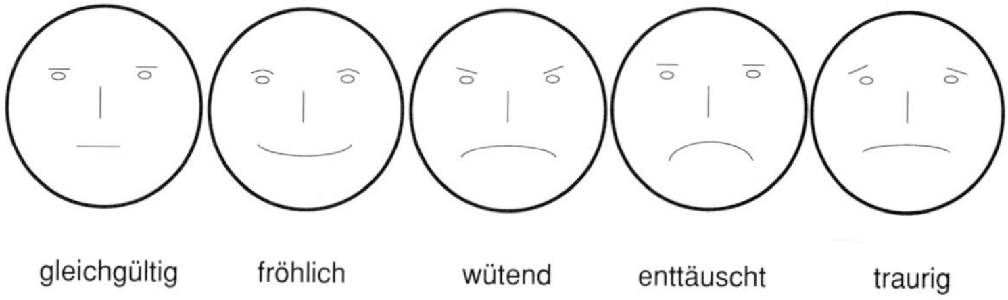

□ Die Kopf- und Schulterhaltung

Wichtige Rückschlüsse auf die innere Einstellung und Stimmung einer Person können auch der Schulter- und Kopfhaltung entnommen werden:

- angehobene Schultern bedeuten Anspannung,
- gesenkte Schultern deuten auf Entspanntheit hin,
- erhobener Kopf und gesenkte Schultern weisen auf einen offenen Menschen hin, der die Situation unter Kontrolle hat,
- zur Seite geneigter Kopf vermittelt Interesse und Aufgeschlossenheit,
- ein gesenkter Kopf deutet mit gleichzeitig hochgezogenen Schultern auf Unzufriedenheit, Unsicherheit, Verschlossenheit und Angstzustände hin.

□ Der Blickkontakt

Der Blickkontakt bildet die kommunikative Brücke zum Gesprächspartner. Hier reicht die Skala des Ausdrucksverhaltens vom Anstarren bis zum »Hindurchsehen«. Ersteres bedeutet Erniedrigung, letzteres Nichtachtung.

Blickkontakt ist ein wichtiges Merkmal, das die Wirkung des gesprochenen Wortes verstärkt und gleichzeitig die Reaktion des Gesprächspartners vermittelt.

Blickkontakt kann auf beide oder jeweils nur ein Auge(n) gerichtet sein, sich aber auch auf die Nasenwurzel oder eine andere Gesichtspartie richten. Dies bewirkt jedoch häufig ein Gefühl der Unsicherheit beim Gesprächspartner.
Fehlender Blickkontakt kann z.B. folgende Ursachen haben:

- keine Identifikation mit der gemachten Aussage
- Schuldgefühle oder Scham
- Unsicherheit
- Ablehnung des Gesprächspartners
- Arroganz

Für Managementaufgaben ist es von wesentlicher Bedeutung, daß man sich mit Hilfe der Körpersprache ein treffendes Bild von den innersten Regungen seines Gesprächspartners machen kann. Diese Körpersignale sollten jedoch immer als Ganzheit bewertet werden und sich stets auf die jeweilige Situation beziehen. Dabei ist es für eine sichere Einschätzung der Lage jedoch notwendig, daß mehrere Einzelelemente, die in die gleiche Richtung deuten, erfaßt und berücksichtigt werden.

Quellen: Rückle, Horst
Møller, Claus und Hegedahl, Poul

(2) Stroke-Bilanz
(Streicheleinheiten)

Strokes bedeuten Anstöße, die gegeben und erzielt werden, d.h. jede Art von Aufmerksamkeit, die man anderen gibt oder selbst erhält. Dieser Austausch von Strokes zwischen Menschen ist von entscheidender Bedeutung für die zwischenmenschlichen Beziehungen. Es gibt folgende Stroke-Kategorien:

- positive oder negative

– physische oder psychische

– bedingte oder unbedingte.

Positive Strokes

Sie bedeuten Anerkennung und Aufmerksamkeit. Sie müssen von anderen gegeben werden, vermitteln ein Gefühl von Bedeutung und sind deshalb für das Wohlbefinden aller Menschen lebensnotwendig.

Positive Anerkennung bedeuten z.B. Bewunderung, Lob, Freude, Dankbarkeit, Hochachtung und dgl.

Negative Strokes

Sie bedeuten z.B. Kritik, Verachtung, Enttäuschung, Undankbarkeit und stempeln den Betroffenen als Verlierer ab.

Bekommt ein Mensch überhaupt keine Strokes – weder positive noch negative –, so fühlt er sich total isoliert und wird mental geschädigt.

Für Unternehmen ist es deshalb von größter Wichtigkeit, den Menschen in ihrem Bereich größere Aufmerksamkeit zukommen zu lassen, um dadurch Personalfluktuation, Fehltage, Unzufriedenheit oder sonstige Reaktionen bezüglich eines Stroke-Mangels auf ein Mindestmaß zu beschränken.

Positive und negative Strokes können unterteilt werden in:

Physische Strokes

Sie bedeuten eine physische Berührung und können sowohl positiver (Streicheln, Schulterklopfen, Umarmen) als auch negativer (Schlagen, Treten, Stoßen) Natur sein.

Psychische Strokes

Hier handelt es sich ebenfalls sowohl um positive (Lob, Beförderung, anerkennender Blick, Bewunderung) als auch negative (verächtlicher Blick, geringschätzige Aussagen, Lächerlichmachen, Abwinken, Achselzucken) Strokes.

Strokes	positiv	negativ
physisch	streicheln, umarmen, auf die Schulter klopfen	treten stoßen schlagen
psychisch	Bewunderung, anerkennender Blick, Lob, Beförderung	Achselzucken verächtlicher Blick Abwinken

Alle aufgeführten Stroke-Arten können entweder bedingt oder unbedingt sein:

Bedingte Strokes

Diese Strokes sind geplante Strokes und erfolgen aufgrund eines besonderen Anlasses. Diese vorhersehbaren Strokes können Jubiläen, Geburtstagsfeiern, Prämien, aber auch Teuerungszuschläge oder eine Ansprache betreffen. Da sie erwartet werden, ist ihre Wirkung wesentlich geringer, und sie werden oft als Selbstverständlichkeit aufgefaßt.

Unbedingte Strokes

Sie sind spontaner Natur und erzielen daher die größere Wirkung. Sie werden als ehrlicher und herzlicher empfunden, da sie ohne Anlaß erfolgen. Es kann sich dabei um ein unverhofftes Wiedersehen mit einem Freund, einen unerwarteten lieben Brief, eine spontane Umarmung oder um einen Blumenstrauß aus »heiterem Himmel« handeln.
Stellt man die Stroke-Bilanz eines Menschen auf, so kann man sie mit einem Bankkonto vergleichen:

- Auf der Soll-Seite stehen die negativen Strokes,
- auf der Haben-Seite die positiven.

Überwiegt nun die Haben-Seite mit den positiven Strokes, wird sich der Mensch in der Gesellschaft wohl fühlen (er wird ein Siegertyp) und auch gelegentliche Mißerfolge eher wegstecken können.

Sind dagegen die negativen Strokes in der Überzahl, beeinträchtigt dies das Wohlbefinden wesentlich; der Mensch fühlt sich als ein Verlierer, der Mißerfolg ist vorprogrammiert, und die Widerstandskraft nimmt laufend ab.

Viele Verhaltensstörungen von Menschen auch im Unternehmensbereich sind auf ein Defizit ihrer Stroke-Bilanz zurückzuführen. Dies sollte Anlaß für die Führungskräfte und das gesamte Management sein, durch ihr Verhalten die Stroke-Bilanz ihrer Mitarbeiter positiv zu beeinflussen.

Quelle: Møller, Claus und Hegedahl, Poul

(3) Rapport- und Pacing-Konzept

(Grundlagen für ein harmonisches Miteinander)

Mit anderen Menschen eine *Rapport-Situation* zu erzielen bedeutet, ein gegenseitiges Gefühl von Harmonie, Übereinstimmung und Geborgenheit zu entwickeln. Dabei entsteht eine innerliche Resonanz, die eine Basis für ein offenes und vertrauensvolles Verhältnis zwischen zwei Menschen bildet. Rapport mit einem anderen Menschen zu haben ist gekennzeichnet durch

- Vertrauen
- Offenheit
- Übereinstimmung
- Zusammengehörigkeitsgefühl
- Respekt
- Sympathie

Um eine Rapport-Situation mit anderen Menschen herbeizuführen, muß man

- die Unterschiede zwischen sich selbst und dem Gesprächspartner etwas verdrängen und dafür

– die Gemeinsamkeiten besonders stark betonen und hervorheben.

Werden Gemeinsamkeiten wirkungsvoll in den Vordergrund gestellt, können menschliche Reaktion, die das Miteinander hemmen, wie z.B.

– Mißtrauen

– Skepsis

– Widerstände

– Gegensätze etc.

zu einem großen Teil ausgeschaltet werden.

Als *Pacing* kann der Prozeß bezeichnet werden, der anderen Menschen das Gefühl gibt, im Einklang mit ihrer Umwelt zu leben, d.h., daß wir durch unser Verhalten die Gefühle unserer Gesprächspartner widerspiegeln können und dadurch das Gesamtverhalten zu einer harmonischen Einheit verschmilzt.

Pacing entsteht dadurch, daß wir unseren Mitmenschen gegenüber

– jene Seiten hervorkehren, die ihnen am ehesten entsprechen,

– dazu neigen, daß wir sie mit uns selbst auf die gleiche Stufe stellen,

– durch Körpersprache eine Übereinstimmung mit ihnen zu erzielen versuchen,

– mit einer angepaßten Sprechweise Harmonie widerspiegeln und

– durch unsere Haltung eine dem Thema entsprechende Stimmung erzeugen.

Üben Führungskräfte gegenüber den Mitarbeitern Rapport und Pacing aus, wird die Leistungsbereitschaft und das Gefühl der Zusammengehörigkeit wesentlich erhöht.

Findet diese Übereinstimmung bei zwischenmenschlichen Beziehungen im Unternehmen nicht oder nur selten statt, leidet das Betriebsklima darunter, und die Bereitschaft der Mitarbeiter, sich mit den Unternehmenszielen zu identifizieren, ist stark eingeschränkt.

Quelle: Møller, Claus und Hegedahl, Poul

(4) 3 Tips für erfolgreiche Gespräche

Der Erfolg, der im Gespräch erzielt wird, ist von einer Reihe von Faktoren abhängig. Von Einfluß sind insbesondere Menschenkenntnis, die Art und Weise, wie man mit Menschen umzugehen pflegt, und der Einsatz der jeweiligen Verhandlungstechniken.

1. Die Vorbereitung des Gesprächs

Im betrieblichen Alltag ist eine gute Vorbereitung die Grundlage für erfolgreiche Gespräche. Durch die gezielte Vorbereitung werden Sie sicherer und flexibler in der Verhandlungsführung, ersparen sich und Ihrem Gesprächspartner Zeit und erreichen höhere Erfolgschancen.
Prüfen Sie Ihre Vorbereitung auf die Effizienz hin:

Ist Ihre Zielsetzung
- klar definiert?
- vor dem Hintergrund des Eigennutzens, des Nutzens einer Organisation (z.B. einer Firma), des Nutzens Ihres Gesprächspartners und eventuell des Gemeinnutzens überprüft worden?
- auch vor dem Hintergrund der längerfristigen Strategie überprüft worden?

Gewährleistet Ihre sachliche Vorbereitung
- gute Basiskenntnisse (z.B. über Produkte, Anwendungen, Firmen, Branchen)?
- Kenntnisse der Stärken und Schwächen?
- eine Zusammenstellung von Erfahrungen, Referenzen, Alternativlösungen?

Haben Sie sich auf Ihren Gesprächspartner genügend vorbereitet bezüglich

- seines persönlichen Verhaltens?
- seiner sachlichen Erwartungshaltung?
- seiner persönlichen Präferenzen für das Gespräch?

2. Die Durchführung des Gesprächs

Die ersten Sätze entscheiden häufig über den Gesprächserfolg.

- Aus Gründen der Neugierde, Spannung und Erwartung hört Ihr Gesprächspartner Ihren ersten Sätzen intensiver zu als den folgenden.
- Der Partner bildet sich ein Urteil über Sie aufgrund des ersten Eindrucks.
- Für Gesprächspartner, die sich nicht kennen, geht es darum, die in der Anfangssituation eines Gesprächs gegebene Unsicherheit abzubauen.
- Denken Sie bei Ihren ersten Sätzen an die Erwartungshaltung des Partners. Er geht davon aus:
  - Was will er von mir?
  - Wer ist er?
  - Empfinde ich für ihn Sympathie?
  - Kann ich ihn akzeptieren?
- Vermeiden Sie, das Gespräch mit einer Behauptung zu beginnen. Diese provoziert häufig Widerspruch und verhindert die Kontaktherstellung.
- Wählen Sie zur Gesprächseröffnung die Frageform. Versuchen Sie, dabei Fragen zu finden, die auf Interesse Ihres Partners stoßen.

Erfolgreichere Verhandlung durch eine positive Gesprächsatmosphäre.

- Sprechen Sie Ihren Partner häufig mit seinem Namen an. Man sagt, daß niemand ein Wort lieber hört als seinen eigenen Namen.

- Versuchen Sie, an Gemeinsames anzuknüpfen: an eine Tagung, an ein Telefonat, an den letzten Besuch.
- Halten Sie zu Ihrem Partner Blickkontakt.
- Hören Sie Ihrem Gesprächspartner aufmerksam zu, und unterbrechen Sie ihn möglichst nicht.

3. Versuchen Sie, die Ziele Ihres Gespräches zu erreichen

- Nur wenn klare Gesprächsziele festgelegt sind, ist die Basis dafür gegeben, daß beim Gespräch »etwas herauskommt«.
- Halten Sie Ihre Gesprächsergebnisse fest.
- Denken Sie daran, daß Gespräche
  - unter Zeitdruck bzw.
  - unter Beeinträchtigungen wie Lärm, telefonische Unterbrechungen usw.

  Ihre Ziele gefährden können.

Quelle: Nagel, Kurt

(5) 10 Punkte für eine erfolgreiche Verhandlungsführung

Zahlreiche Menschen haben bei wichtigen Verhandlungen Probleme und verspielen dabei nicht selten interessante Chancen. E. A. Häussermann hat aus diesem Grunde zehn Regeln zusammengestellt, die bei einer effizienten Verhandlungsführung wertvoll sein können:

1. Punkt: Integrieren Sie wichtigere Verhandlungen in eine längerfristige Strategie

Größere Verhandlungen sind Teil des Lebensplanes. Wer weiß, was er will, der wird mit einer gewissen Kontinuität, jedoch ohne sich eine Starrheit anzueignen, die einzelnen Verhandlungen in eine mittel- bis längerfristige Sicht einbauen. Das bedeutet, daß er in kreativer Weise ein nicht nur kurzatmiges Konzept verfolgen wird und die eigene Tatkraft in Projekte einbringt, die einige Dauer versprechen.

2. Punkt: Verwenden Sie einige gängige Techniken und Taktiken der Verhandlungsführung

Versuchen Sie, durch eine einleitende Konversation das »Eis zu brechen«, gehen Sie vom Leichten zum Schweren, weil dadurch die Stimmung in der Gesprächsentwicklung besser wird. Viele empfehlen eine unzählige Menge an Tips und Tricks für Verhandlungen. Wer jedoch eine solche Verhandlungstechnik übertreibt, begibt sich in Gefahr, daß er unglaubwürdig wird. Wer aber ganz darauf verzichtet, mag die eine oder andere Chance verspielen.

Eine in vielen Fällen nicht ganz faire Verhandlungsstrategie besteht darin, einen bestimmten, meist nicht unwichtigen Punkt der anderen Seite absichtlich zu übersehen bzw. zu übergehen.

Wer bei den vielen unterschiedlichen Regeln aber zu dick aufträgt, kann Vertrauen verlieren. Und da gilt immer noch das Wort von Robert Bosch: »Lieber Geld verloren als Vertrauen verloren.«

3. Punkt: Die gute Vorbereitung ist die halbe Verhandlung

Goethe hat einmal gesagt, daß er sich schriftlich auf Verhandlungen vorbereitet. Das mag in vielen Fällen übertrieben erscheinen und kann auch die Gefahr mit sich bringen, daß man sich zu starr an einem bestimmten Verhandlungsziel ausrichtet. Trotzdem kann die sorgfältige Vorbereitung sehr hilfreich sein. Da können viel bessere Argumente gesammelt werden, als das in der Spontaneität eines nicht vorbereiteten Gesprächs möglich ist.

Selbstverständlich gehört auch dazu, daß die eine Verhandlungspartei versucht, sich in die Rolle, die Ziele und Empfindungen der anderen Seite hineinzuversetzen.

4. Punkt: Erfolg durch Menschenkenntnis

Menschenkenntnis bedeutet, daß sich der Verhandlungsführer selbst erkennt, aber auch versucht, den anderen zu erkennen. Menschenkenntnis ist in einem umfassenden Sinne zwar nicht erlernbar, aber immerhin kann durch gutes und laufendes Beobachten und durch bestimmtes Wissen aus der Psychologie einiges erlernt werden.

Das Erlernen von menschlichen Verhaltensweisen beginnt mit der Beobachtung äußerer Merkmale bei Menschen und der Körpersprache wie z.B. Haltung, Gestik, Mimik.

5. Punkt: Achten Sie auf Ort und Zeit

Verhandlungserfolge sind auch von der richtigen Wahl von Ort und Zeit abhängig. Treffen wir im eigenen, fremden oder neutralen Revier auf den Verhandlungspartner? Am Abend ist der Rhythmus anders als am Morgen. Man sollte darauf achten, immer eine entspannte Atmosphäre zu schaffen, da sie bei schwierigen Verhandlungen oft wesentlich weiter führt.

6. Punkt: Die richtige Partnerwahl und Partneranalyse

Bei besonders wichtigen Verhandlungen kommt es darauf an, durch eine geschickte Wahl der eigenen Partner (Anwalt, Mitarbeiter, Berater etc.) eine gute Ausgangsposition für das Verhandlungsziel zu erreichen.

Besonders entscheidend ist es, sich – wie bereits erwähnt – in die Vorstellungswelt des Verhandlungspartners hineinzuversetzen. Das setzt Bewußtsein und Wissen voraus und ist eine entscheidende Voraussetzung für Verhandlungserfolge.

7. Punkt: Erkennen Sie Einwände, damit sie leichter entkräftet werden können

Einwände können haupt- oder nebensächlich, tatsächlich oder scheinbar, vorgeschoben oder berechtigt, fair oder unfair, vorder- oder hintergründig sein. Wer sich rechtzeitig auf gute und kompromißfähige Entgegnungen vorbereitet, wird sich wesentlich leichter tun.

8. Punkt: Achten Sie auf Ihren persönlichen Stil

Dies bedeutet, daß Sie freundlich, aufgeschlossen und sachlich sein sollten. Es lohnt sich meistens nicht, dem anderen etwas Schlechtes zu unterstellen. Freundlich, fest in der Sache, ohne dabei Kreativität zu vergessen, heißt eine vernünftige Verhandlungsmaxime.

9. Punkt: Achten Sie auf vernünftige Teilergebnisse

Manchmal ist es einfach nicht möglich, das ganz große Verhandlungsergebnis nach Hause zu bringen – aus welchen Gründen auch immer. Dann sollten Sie versuchen, mit einem guten Teilergebnis abzuschließen, um bei einer späteren Gelegenheit die Chance nochmals zu Ihren Gunsten zu erhalten.

10. Punkt: Vergessen Sie nicht die wichtige Nachbereitung von Verhandlungen

Die meisten Verhandlungen sind oft nur ein Ausschnitt aus einem länger dauernden Verlauf. Gute Verhandlungsführer versuchen zumindest, das Ziel zu erreichen, daß sie später wieder Kontakte aufnehmen können, soweit diese ertragreich erscheinen. Oft wird ein Punkt ausgespart, um wieder auf den anderen zukommen zu können. Wenn es jetzt nicht klappt, dann vielleicht das nächste Mal – allerdings, aufdringlich sollte niemand sein.

Quelle: Häussermann, E. A.

(6) 15 Punkte für erfolgreiche Reden/Vorträge

Neben Tips für eine gute Vorbereitung von Reden hat Rolf Ruhleder aus Bad Harzburg (Harzburger Modell) in seinem Buch 15 Punkte für erfolgreiches Reden aufgestellt. Folgende Tips sollten vor bzw. während einer Rede beachtet werden:

1. Wie ist mein Auftreten?

- Erscheinen Sie möglichst pünktlich, sonst leidet die positive Atmosphäre.
- Warten Sie mit dem Veranstalter vor dem Tagungsraum, und sehen Sie sich nur nebenbei die eintretenden Zuhörer an.
- Versuchen Sie, ohne Rednerpult auszukommen, da es eine Barriere bildet.

2. Wie ist mein Beginn / meine Anrede?

Sprechen Sie Ihr Publikum direkt an, und halten Sie Blickkontakt. Vermeiden Sie allgemeine Anreden; es gibt zahlreiche Einleitungsmöglichkeiten wie z.B. die

- humorvolle Einleitung,
- historische Einleitung,
- Einleitung mit einem Zitat,
- Einleitung mit einem persönlichen Erlebnis,
- Einleitung mit einem aktuellen Ereignis etc.

3. Betone ich meinen Dialekt?

Eine leichte mundartliche Färbung stört selten. Sie lockert auf, wirkt persönlicher und ist auch natürlich. Wer das reine Hochdeutsch nicht ständig benutzt, sollte es auch bei einer Rede nicht versuchen – genauso wenig, wie einen ausgeprägten Dialekt sprechen, der von den Zuhörern nicht verstanden wird.

4. Halte ich Blickkontakt zu meinen Zuhörern?

Teilen Sie zu Beginn des Vortrags Ihre eventuelle innere Nervosität dem Publikum durch bestimmte Verhaltensweisen nicht mit. Suchen Sie statt dessen Blickkontakt, bevor Sie zu sprechen beginnen. Schauen Sie in alle Richtungen und konzentrieren Sie sich abwechselnd gezielt auf eine Person; der ganze Umkreis wird sich dann jeweils angesprochen fühlen.

5. Achte ich auf meine Körperhaltung?

Stehen Sie erst einmal bewußt ruhig, und wechseln Sie Ihren Standort nur gelegentlich – und dann in Maßen.

6. Setze ich gekonnt Gestik ein?

Gestik während des Vortrags nur sparsam einsetzen. Darauf achten, daß Gesten natürlich, positiv und nicht verkrampft und negativ wirken.

7. Kontrolliere ich meine Sprechtechnik?

Diese trägt entscheidend zum Gelingen einer Rede bei. Sprechen Sie nicht nur den Verstand der Zuhörer, sondern auch ihre Gefühle an.

Vergessen Sie beim Sprechen die Betonung nicht – es kommt auch sehr darauf an, *wie* Sie etwas sagen.
Sprache und Sprechtechnik sind Ihre klingende Visitenkarte!

8. Denke ich an die Pausentechnik?

Legen Sie insbesondere nach jedem Abschnitt eine Sprechpause ein. Je größer die Zuhörergruppe, desto wichtiger sind Pausen. Die Pausentechnik erleichtert dem Publikum das Aufnehmen und Mitdenken und gibt Ihnen die Möglichkeit, zu entspannen, durchzuatmen und sich auf das nächste Stichwort zu konzentrieren.

9. Wie ist der Gehalt meiner Rede?

Auswertung von Unterlagen und eine intensive Vorbereitung sind die Voraussetzung für einen erfolgreichen Vortrag. Aufbau der Rede unterteilen in

- Einleitung
- Hauptteil
- Schluß

10. Denke ich an den »Sie«-Standpunkt?

- Gehen Sie auf die Interessen und Probleme Ihrer Zuhörer ein?
- Schaffen Sie eine gemeinsame Gesprächsbasis?
- Denken Sie daran, daß jeder in erster Linie an der *eigenen* Problemlösung interessiert ist und *seinen* Standpunkt sehen möchte?

11. Strahle ich Sicherheit und Selbstbewußtsein aus?

- Treten Sie selbstbewußt auf!
- Überspielen Sie Unsicherheiten mit positiver Ausstrahlung und
- halten Sie ständig Blickkontakt mit Ihrem Publikum!

12. Nutze ich audiovisuelle Hilfsmittel?

Wann immer sich die Möglichkeit bietet, setzten Sie Hilfsmittel und Techniken ein wie

- Meta-Plan,
- Flipcharts,
- Tageslichtschreiber.

Durch den Einsatz dieser Hilfsmittel prägt sich der Inhalt Ihrer Rede wesentlich effizienter ins Gedächtnis Ihrer Zuhörer ein.

13. Stimmt meine Zeiteinteilung?

- Halten Sie sich bei Ihrem Vortrag genau an die vorgegebene Zeit.
- Planen Sie bereits bei der Vorbereitung Ihrer Rede genau festgelegte Zeitabschnitte ein.
- Lange Reden zeugen von Unsicherheit, mangelnder Disziplin und unsozialem Verhalten.

14. Zeige ich Engagement?

- Vermitteln Sie Ihrem Publikum persönliches Engagement und Ihre Einstellung zu dem jeweiligen Thema.
- Ihre Zuhörer müssen den Eindruck gewinnen, daß Sie sich voll mit dem Inhalt Ihrer Rede identifizieren und auch persönlich hinter Ihren Aussagen stehen.

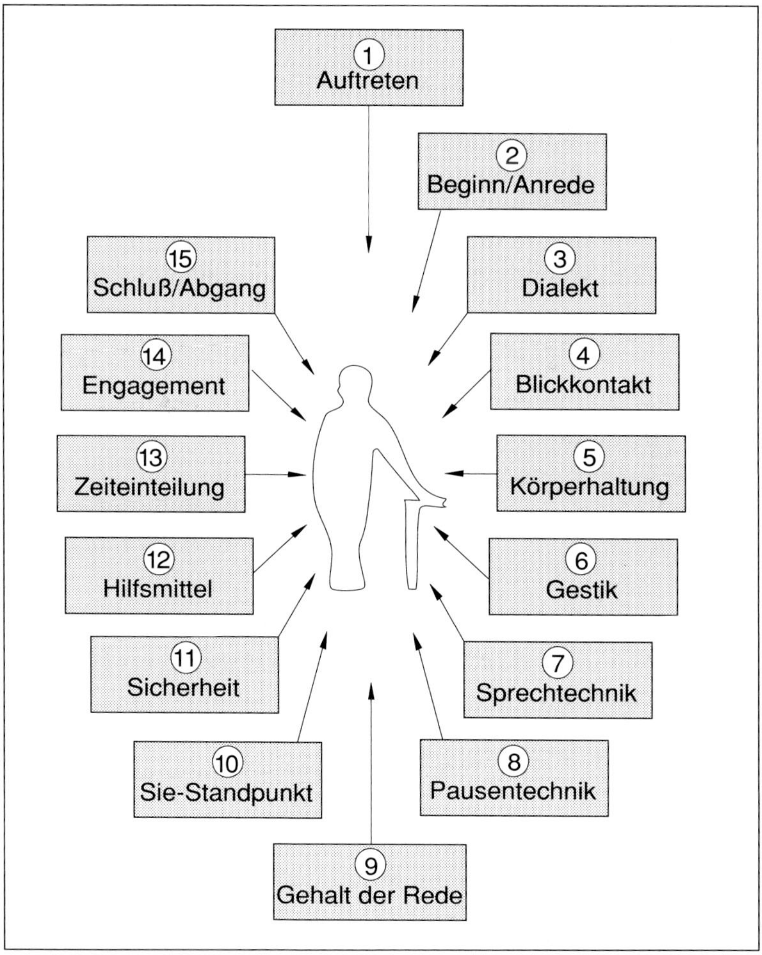

Abbildung: Darstellung der 15 Punkte für eine erfolgreiche Rede (nach Ruhleder)

15. Habe ich einen guten Schluß/Abgang?

So wie der erste Eindruck entscheidend ist, so ist der letzte bleibend!

- Schließen Sie Ihre Rede nicht mit nichtssagenden Floskeln, und bedanken Sie sich nicht fürs Zuhören.
- Beenden Sie mit der gleichen Ruhe und Gelassenheit Ihren Vortrag, mit der Sie ihn begonnen haben.

Quelle: Ruhleder, Rolf H.

(7) 6 Vorschläge zur Vorbereitung eines Vortrages

Um beim Vortrag Erfolge zu erzielen, muß der Redner die einzelnen Schulungselemente sinnvoll planen und die notwendigen Vorbereitungen treffen. Dies sollte unter folgenden Gesichtspunkten geschehen:

1. Themenbezogene Vorbereitung

- Material zum jeweiligen Thema sammeln.
- Bemühen Sie sich um die neuesten Informationen zum relevanten Themenkreis.
- Nutzen Sie insbesondere die maschinellen Abfragesysteme bezüglich relevanter Literatur und praktischer Anwendungsbeispiele.
- Gedanken, die Ihnen zu diesem Themenkreis einfallen, festhalten und in Stichworten notieren.
- Gesammeltes Material auswerten, sortieren und daraus eine Gliederung sowie Unterlagen für die Teilnehmer erstellen.
- Überlegen Sie, welche Lehrmethoden geeignet sind, das Thema am besten zu vermitteln.
- Denken Sie bei der Ausarbeitung immer an den Nutzen für die Teilnehmer.

- Versuchen Sie, die Ausführungen möglichst anschaulich (z.B. durch praktische Fälle, plastische Vergleiche) zu gestalten.
- Gesammeltes Material als Grundkonzept für das Referat benutzen.

2. Ermittlung der Teilnehmerstruktur

- Teilnehmerkreis analysieren.
  - ○ Liste der Teilnehmer – soweit möglich – beschaffen und einsehen.
  - ○ Vorkenntnisse und Berufserfahrungen sowie Position der Teilnehmer feststellen.
  - ○ Ermitteln der notwendigen Informationen bei den relevanten Gesprächspartnern.
- Stoff- und Methodenprogramm auf die Teilnehmer abstellen.
  - ○ Referatsinhalt auf das Niveau der Teilnehmer abstimmen.
  - ○ Beispiele auf die Teilnehmerstrukturen beziehen (z.B. durch Branchenbeispiele).
  - ○ Einsatz adäquater Lehrmethoden entsprechend dem Teilnehmerkreis.
- Bereitzustellendes Material und Unterlagen koordinieren.

3. Vorbereitung zur Lernzielbestimmung und Stoffdarbietung

- Nach Möglichkeit praxisnahe und konkrete Ziele.
- Begründung der Lernziele.
- Nomination gewünschter Einstellungsänderungen.
- Systematischer Aufbau des Stoffprogramms.
- Schlüssigkeit der Ausführungen.

– Begründung der Sachverhalte.

– Adäquate Formen der Teilnehmerbeteiligung.

4. Räumliche Gegebenheiten inspizieren

– Wenn möglich, Veranstaltungsraum einige Tage vorher auf folgende Kriterien hin untersuchen bzw. Informationen darüber einholen (überlassen Sie auch diesbezüglich nichts dem Zufall):
  - ○ Raumgröße (ist sie für die Anzahl der Teilnehmer ausreichend?).
  - ○ Sitzordnung (eventuell umstellen lassen).
  - ○ Akustik (Mikrofon, Lautsprecher).
  - ○ Beleuchtung (ausreichend oder zu grell).
  - ○ Elektrische Anschlüsse (Steckdosen, Verlängerungskabel).
  - ○ Verdunkelungsmöglichkeit (dichte Vorhänge, Jalousetten usw.).
  - ○ Rednerpult (eventuell erhöht).
  - ○ Methodische Hilfsmittel (Hafttafel, Wandtafel, Meta-Plan-Technik, Modelle, usw.).
  - ○ Visuelle Hilfsmittel (Diaprojektor, Folienprojektor, Videorecorder usw.).

5. Zeitpunkt und Länge des Referats berücksichtigen

– Zu welchem Zeitpunkt spreche ich?
(Morgens sind Zuhörer aufnahmebereiter und lernfähiger als nach einem ausgiebigen Essen oder spätabends).

– Wer ist mein Vorredner?
(Durch Anhören seiner Ausführungen eventuell gedanklich an seine Rede anknüpfen, um dadurch einen besseren Einstieg zu finden).

– Wie lang ist mein Referat?
(Wenn möglich, nur 40 bis 60 Minuten, falls länger, eine kurze Pause einlegen, um dem Zuhörer Erholungspausen und eine geistige Sammlung zu ermöglichen).

Zitat frei nach Tucholsky: Rede über alles, nur nicht über 60 Minuten!

6. Vorbereitungen zur eigenen Person

- Korrekte persönliche Erscheinung
  - ○ Zeitgemäße Kleidung, in der man sich wohlfühlt und genügend Bewegungsfreiheit hat.
  - ○ Gepflegtes Äußeres.
  - ○ Ausstrahlen von körperlicher und geistiger Frische.

- Systematik in den Unterlagen und Hilfsmitteln
  - ○ Ordnung und Vollständigkeit in den für das Referat benötigten Unterlagen, Schreibgeräten, Hilfsmitteln.
  - ○ Vorbereitetes Material auf mögliche Fragen bereithalten.

- Positive Eigenmotivation
  - ○ Überzeugung und Selbstvertrauen (keine Minderwertigkeitskomplexe).
  - ○ Identifikation mit dem Thema.
  - ○ Engagement zeigen.

Quelle: Nagel, Kurt

(8) Beurteilungsmaßstäbe für eine Rede

Durch kritisches und aufmerksames Mitverfolgen einer Rede gewinnt man Urteilsfähigkeit und entdeckt Merkmale in einem Vortrag, die entweder nachahmenswert oder unbedingt zu vermeiden sind.

Um jedoch objektiv urteilen zu können, ist nach Mantel und Fischer eine analytische Bewertung erforderlich.

Leistungsmerkmale einer Rede:

a) Material-rhetorische Leistung

1. Anfangsmotivation

– Ist der Beginn der Rede motivierend?

– Erzeugen die einleitenden Sätze eine Bedürfnisplanung, d.h., wird beim Hörer ein Interesse an dem Thema geweckt?

2. Bestehende Motivation

   – Bleibt die Bedürfnisplanung erhalten?

   – Wenn nicht, *warum* langweile ich mich?

3. Anschaulichkeit

   – Kann ich mir problemlos ein Bild von dem Sachverhalt machen?

   – Wenn nicht, *warum* fehlt der Durchblick?

4. Eindringlichkeit

   – Habe ich das Wesentliche des Themas erkannt?

   – Könnte ich dies zusammenfassend wiedergeben?

b) Formal-rhetorische Leistung

1. Freies Vortragen

   – Hat der Redner frei gesprochen (zum Mitdenken)?

   – Wurde überwiegend abgelesen oder gar auswendig Gelerntes wiedergegeben?

2. Artikulation und Vokalisation

   – War die Aussprache deutlich und verständlich?

3. Intonation

   – Konnte durch Frequenz- und Lautstärkeänderung der Stimme eine Monotonie vermieden werden?

4. Ausdruck

   – Wurden die treffendsten und das Thema am eindeutigsten beschreibenden Ausdrücke gewählt?

5. Satzaufbau, Stil

   – Waren die Sätze leicht erfaßbar und überschaubar?

6. Grammatik

   – Waren grammatikalische Fehler vorhanden?

7. Sprechtempo

   – War das Sprechtempo angemessen?

8. Sicherheit und Natürlichkeit

   – War das Auftreten des Redners sicher und natürlich?

c) Inhaltliche Leistung

1. Sachlogischer Aufbau

   – Wurde nach einem sachlogischen Aufbau ohne Gedankensprünge verfahren?

2. Thematische Proportionierung

   – War die Rede themenrelevant?

   – Wurden alle wesentlichen Aspekte des Themas behandelt?

3. Sachliche Richtigkeit

   – Wurden bestimmte Sachverhalte nicht korrekt oder nur unvollständig wiedergegeben?

   – Wurden voreilige, ungerechtfertigte Schlüsse gezogen?

4. Informationsumfang

   – Wie hoch war der Informationsgrad, gemessen an der Dauer der Rede?

Merkmale	++	+	0	–	––
1. Material-rhetorische Leistung					
1.1 Anfangsmotivation	●				
1.2 Andauernde Motivation		●			
1.3 Anschaulichkeit		●			
1.4 Eindringlichkeit		●			
2. Formal-rhetorische Leistung					
2.1 Freies Sprechen	●				
2.2 Vokalisation, Artikulation		●			
2.3 Intonation (einschl. Lautstärke)		●			
2.4 Ausdruck		●			
2.5 Satzbau, Stil		●			
2.6 Grammatik	●				
2.7 Sprechtempo	●				
2.8 Sicherheit	●				
3. Inhaltliche Leistung (insbes. bei einem Sachvortrag)					
3.1 Sachlogischer Aufbau		●			
3.2 Thematische Proportionierung				●	
3.3 Sachliche Richtigkeit		●			
3.4 Informationsumfang			●		

++ entspricht einer sehr guten Leistung
\+ entspricht einer guten Leistung
0 entspricht einer durchschnittlichen Leistung
– trotz einiger Mängel reicht die Leistung noch aus
–– infolge von Mängeln ist die Leistung nicht mehr ausreichend

Abbildung: Leistungsprofil einer Rede (nach Mantel/Fischer)

Quelle: Mantel, Manfred und Fischer, Rainer

(9) 4 Vorschläge für effektive Konferenzen

Für die erfolgreiche Durchführung einer Konferenz sind eine Reihe von Faktoren ausschlaggebend:

1. Vorbereitung

- Ist das Ziel der Besprechung klar festgelegt?
- Wurden die Konferenzteilnehmer sorgfältig ausgewählt?
- Haben die Teilnehmer die Einladungen so rechtzeitig erhalten, daß sie sich gut auf die Konferenz vorbereiten konnten?
- Sollten Unterlagen zur Vorbereitung notwendig sein, wurden diese auch verschickt?
- Sind allen Teilnehmern die einzelnen Konferenzteilnehmer bekannt?
- Wurden die zeitliche Begrenzung für die Konferenz und die einzelnen Tagesordnungspunkte festgelegt?
- Sind die räumlichen Voraussetzungen und die Ausstattung mit Hilfsmitteln (z.B. Tageslichtprojektor, Flipcharts, Meta-Plan) geklärt?

2. Diskussionsleitung

- Stellen Sie die Einhaltung der Reihenfolge von Wortmeldungen sicher.
- Wiederholen Sie im Zweifelsfalle Aussagen, die Ihnen unklar erscheinen.
- Seien Sie mit Ihrer eigenen Meinung zunächst zurückhaltend, damit die Diskussion nicht gleich zu Anfang eingeengt wird.
- Denken Sie daran, daß Entscheidungen im Sinne eines Konsenses den Beitrag all derer erfordern, die die Entscheidung beeinflussen und tragen.

- Versuchen Sie, nach wesentlichen Aussagen Zwischenbilanz zu ziehen.

3. Durchführung

- Wurde bei der Eröffnung unter anderem eingegangen auf
  - ○ das Thema?
  - ○ die Tagesordnung?
  - ○ die Vorstellung der Teilnehmer?
  - ○ die Darstellung des Problems bzw. der Problemfelder?
- Hat man sich auf eine gemeinsame, klar formulierte Zielsetzung geeinigt?
- Sind sich die Konferenzteilnehmer einig bezüglich einer gemeinsamen Vorgehensweise?
- Werden die Ideen bezüglich der Lösung
  - ○ gesammelt,
  - ○ analysiert,
  - ○ adäquaten Beurteilungskriterien unterworfen?
- Hat man die wichtigsten Lösungsalternativen erarbeitet?
- Wurde der beste Lösungsvorschlag ausgewählt?
- Erfolgte ein Beschluß über die Regelung der Ausführung nach
  - ○ Aufgaben?
  - ○ Verantwortung?
  - ○ Terminen?
  - ○ Kontrollmaßnahmen?

4. Auswertung

- Enthält das Protokoll die für die Durchführung erforderlichen Angaben?
- Wurde sichergestellt, daß alle Konferenzteilnehmer möglichst rasch (z.B. spätestens nach drei Tagen) das Protokoll erhalten?

- Haben Sie evtl. den Einsatz eines Personalcomputers für die sofortige Protokollerstellung überlegt?
- Werden die vorgegebenen Zwischenziele bzw. Endziele auf Einhaltung kontrolliert?
- Werden auftretende Schwierigkeiten, durch die eine Gefährdung des Projekts/der Aufgabe möglich ist, rasch weitergemeldet?

Quelle: Nagel, Kurt

(10) Spielregeln bei Konferenzen und Besprechungen

Konferenzen und Besprechungen sind häufig echte Zeitverschwendung. Die Effizienz dieser Veranstaltungen wird sehr stark vom Einfluß des Konferenzleiters und der Disziplin der Konferenzteilnehmer bestimmt. Unternehmen haben gute Erfahrungen mit folgenden »Spielregeln« gemacht:

- Vorgabe mit festen Anfangs- und Endzeiten (Dies ist nicht bei allen Arten von Konferenzen und Besprechungen möglich. Geht es z.B. um das Gewinnen innovativer Lösungsansätze, dann verbieten sich solche zeitlichen Eckpunkte von selbst.)
- Treffen Sie mit den Teilnehmern die Vereinbarung, daß jeder, der gegen die folgenden Regeln verstößt, pro Regelverstoß DM 10,– in eine Kasse zu bezahlen hat (der Betrag kann einer wohltätigen Organisation zur Verfügung gestellt werden):
  - ○ Zu spätes Erscheinen
  - ○ Einbringen von Tagesproblemen
  - ○ Zeitweiliges Verlassen der Konferenz
  - ○ Artikulieren von Killerphrasen (z.B. »Das ist doch ein alter Hut«, »Das haben wir immer so gemacht«, »Davon verstehen Sie nichts«)
  - ○ Aussprechen von persönlichen Beleidigungen

– Derartige Regeln tragen, dies ist das Ergebnis zahlreicher praktischer Versuche, entscheidend dazu bei, Konferenzen und Besprechungen effizienter zu gestalten.

4.6 Nutzen für die Gemeinschaft und Umfeldorientierung

(1) Der erste Eindruck als Beurteilungsprozeß unserer Mitmenschen

Die Problematik der Psychologie des ersten Eindrucks für die Beurteilung von Mitmenschen dürfte allen geläufig sein. Häufig wird sie jedoch vor allem von Führungskräften bei der Einstellung neuer Mitarbeiter außer acht gelassen. Führungskräfte sollten sich deshalb die Mechanismen der ersten Eindrucksbildung vor Augen führen, um Fehlentscheidungen zu vermeiden. Nur wer um solche Zusammenhänge weiß und sich dabei auch von der Erkenntnis leiten läßt, daß oft ein Minimum an Information ausreichen muß, um ein Maximum an Schlußfolgerungen daraus zu ziehen, kann solche Fehlentscheidungen verhindern. Deshalb muß nach Ansicht von Reinhold Bergler vom Psychologischen Institut der Universität Bonn für ein optimales Führungsverhalten der erste Eindruck unter dem Aspekt möglicher Fehlerquellen gesehen werden:

Fehlerquelle 1: Der erste Eindruck als Bewertungsprozeß: Sympathie versus Antipathie

D.h., fremde Personen werden zunächst einmal von uns aufgrund bestimmter erlernter Kriterien nach Sympathie und Antipathie eingeordnet.

Fehlerquelle 2: Der erste Eindruck als Beurteilungsprozeß: Zuordnung von Merkmalen auf der Basis minimaler, oft nur äußerlicher Hinweise und Informationen

D.h., mit einem Minimum an Informationen nehmen wir uns das Recht, ein Maximum an nicht belegbaren Schlußfolgerungen zu ziehen.

Fehlerquelle 3: Erwartungshaltung als Verfälschungstendenzen

D.h., wir machen uns aufgrund bestimmter Merkmale Vorstellungen von einem Menschen, was uns zu Rückschlüssen auf Charakter und Verhalten veranlaßt.

Fehlerquelle 4: Psychologie der Verursachung und der persönlichen Verantwortung

D.h., daß wir stets der Meinung sind, daß es für jedes Verhalten einen Verursacher/Sündenbock gibt, auf den wir selbst schuldhaftes Eigenverhalten und Verantwortung abwälzen können.

Fehlerquelle 5: Signalreize des zu Beurteilenden; äußere Eindrücke

D.h., wir klassifizieren einen Menschen anhand seiner äußeren Erscheinung, ohne mit weiteren Sachverhalten vertraut zu sein.

Fehlerquelle 6: Persönlichkeitsfaktoren des Beurteilers: Selbstakzeptanz und Eindrucksurteil – attributierte Ähnlichkeit und Eindrucksurteil

D.h., wenn wir von uns selbst eine negative Meinung haben, also mit uns selbst unzufrieden sind, werden andere ebenfalls negativ beurteilt. Entdeckt man jedoch Ähnlichkeiten mit dem Gegenüber – auf welcher Ebene auch immer – wird dies automatisch den Sympathiewert des anderen anheben.

Fehlerquelle 7: Voraus-Information und Eindrucksurteil

D.h., durch positive oder auch negative Informationen über einen Fremden werden bereits im voraus Werturteile gefällt, die dann auch in der persönlichen Begegnung dominieren und nicht mehr ganz auszulöschen sind.

Quelle: Bergler, Reinhold

(2) Konzept für kollegiale Zusammenarbeit

Eine mitarbeiterorientierte Führung betrifft nicht nur das Zusammenspiel zwischen Vorgesetzten und Mitarbeitern, sondern bezieht sich auch auf den Bereich der zwischenmenschlichen Beziehungen, die ein Zusammenwirken zwischen den einzelnen Stelleninhabern erfordern. Dies ist im Rahmen einer ordnungsgemäßen Aufgabenerfüllung und Zielerreichung unabdingbar.

Reinhard Höhn von der Akademie für Führungskräfte in Bad Harzburg ist der Auffassung, daß die kollegiale Zusammenarbeit durch folgende Grundregeln gekennzeichnet wird:

- Alle Kollegen sind untereinander gleichberechtigt. Ein Stelleninhaber ist demnach nicht befugt, Kollegen Anweisungen zu geben, und demzufolge auch nicht verpflichtet, Anweisungen anderer zu befolgen.

- Da der Stelleninhaber nicht Vorgesetzter seiner Kollegen ist, hat er auch nicht das Recht, sie bei der Wahrnehmung ihrer eigenen Aufgaben zu kontrollieren. Er ist lediglich berechtigt, für sie wichtige Informationen einzuholen.

- Hat der Stelleninhaber aufgrund seiner Erfahrung/Kenntnisse den Eindruck, daß im Bereich seines Kollegen Verbesserungen notwendig wären, kann er ihm die nötigen Anregungen dazu geben – die Ausführungsentscheidung bleibt jedoch dem betroffenen Kollegen überlassen.

- Wird der Stelleninhaber aufgrund seiner Fähigkeiten und seines Aufgabenbereiches von einem Kollegen um eine Beratung in dienstlicher Angelegenheit gebeten, so ist er verpflichtet, diesem Wunsch im Rahmen seiner Möglichkeiten zu entsprechen.

- Ebenso ist er verpflichtet, zu einem Gespräch zur Verfügung zu stehen, wenn dies von Arbeitskollegen aus sachlichen Gründen erwünscht ist. Die eigene eventuelle Arbeitsüberlastung ist kein Grund für eine Absage.

- Der Stelleninhaber ist verpflichtet, seine Kollegen über alle für diese relevanten Angelegenheiten aus seinem Aufgabenbereich zu informieren, wenn sie die Daten aufgrund ihrer Aufgabenstellung benötigen.
- Ebenso ist er verpflichtet, auf Anfragen von Kollegen Auskünfte zu geben, wenn es sich um Angelegenheiten handelt, die ihren Bereich berühren, und diese nicht vertraulich zu handhaben sind.
- Informationsaustausch zwischen Kollegen muß vertraulich behandelt werden und darf nur mit Zustimmung des anderen weitergegeben werden; es sei denn, es handelt sich um informationspflichtige Sachverhalte dem Vorgesetzten oder dritten Stellen gegenüber.
- Der Stelleninhaber ist nicht berechtigt, seinen Vorgesetzten über Angelegenheiten zu informieren, die den Bereich anderer betreffen. Die Zuständigkeit für die Information des Vorgesetzten über eine bestimmte Angelegenheit deckt sich also mit der Zuständigkeit für ihre Erledigung.
- Der Stelleninhaber ist verpflichtet, bei Vorhaben, die den Bereich eines Kollegen berühren, dessen Verhalten beeinflussen oder seine Mitwirkung erfordern, sich rechtzeitig mit ihm abzustimmen, um eine Übereinkunft zu erzielen. Diese Selbstkoordination auf gleicher Ebene bedeutet, daß die Kollegen sich gemeinsam über das weitere Vorgehen klarwerden. Beim Scheitern der Selbstkoordination ist die Einschaltung des Vorgesetzten erforderlich.
- Diese Informationspflicht eines Stelleninhabers dem Vorgesetzten gegenüber besteht auch dann, wenn es in der Zusammenarbeit mit Kollegen zu Problemen und Schwierigkeiten kommt, die sich allein nicht beilegen lassen.
- Der Stelleninhaber hat jederzeit das Recht, sich bei seinem Vorgesetzten über das Verhalten eines Kollegen zu beschweren, wenn er dadurch an der Erfüllung seiner Aufgabe gehindert oder in persönlicher Hinsicht beeinträchtigt wird. Er

ist jedoch verpflichtet, diese Angelegenheiten zunächst mit dem betroffenen Kollegen zu besprechen und sie evtl. auf diese Weise zu bereinigen.

Quelle: Höhn, Reinhard

(3) 6 Techniken, um überzeugend zu wirken

Die Fähigkeit, andere für seine Ansicht zu gewinnen, ist oft von unschätzbarem Wert. Nach zahlreichen wissenschaftlichen Untersuchungen steht fest, daß es bestimmte, erlernbare Techniken gibt, um überzeugend auf andere Menschen zu wirken. Dabei ist keineswegs Manipulation gemeint, sondern die Fähigkeit, für seine Ideen und Vorstellungen den richtigen Rahmen zu schaffen und sie dann wirksam zu vermitteln.

Die folgenden Verhaltensweisen, die Morton Hunt zusammenstellte, sollen dabei helfen, überzeugend zu wirken:

1. Nutzen sie den Heimvorteil

Ein geschickter Verhandlungspartner wird immer versuchen, wichtige Gespräche in seinem eigenen Büro zu führen. Sollte dies nicht immer möglich sein, versuchen Sie, auf neutralem Boden zusammenzukommen, damit der Partner nicht selber den Heimvorteil nutzen kann.

2. Legen Sie Wert auf Ihr Äußeres

Die besten Ergebnisse erzielen diejenigen, die gepflegt aussehen. Wir glauben zwar, daß nur das Gesagte andere beeinflußt, aber Experten beweisen das Gegenteil.

3. Identifizieren Sie sich mit Ihren Zuhörern

Will jemand die Einstellung eines anderen ändern, so wirkt er auf den Partner um so überzeugender, je mehr er sich mit ihm identifiziert. Bei einer Gruppe von Menschen muß ich zum Ausdruck bringen, daß ich einer von ihnen bin. Das überzeugt, und ich erreiche mein Ziel (Menschen glauben das, was einer sagt, der »zu ihnen gehört«, am ehesten).

Der Psychologe Donald J. Moine vom Institut für Kommunikationstraining in Kalifornien stellte fest, daß dieses Verhalten – nämlich auf den/die Partner voll einzugehen – einem Biofeedback-Mechanismus gleichkommt: er sendet die gleichen Signale zurück, die er vom Partner empfängt.

4. Zeigen Sie Verständnis

Wer mit der Tür ins Haus fällt, erreicht meist nicht viel. Eine Vertrauensbasis schaffen und Anteilnahme bekunden wird den Partner eher zum Zuhören bringen. Es ist auch wichtig, für die Einwände anderer aufgeschlossen zu sein und sie nicht von vornherein abzulehnen, d.h., die Einwände der Gegenpartei anzuerkennen, die eigenen Argumente jedoch als stichhaltiger zu präsentieren.

Beweisführungen, die vor der Schlußfolgerung beide Seiten in Betracht ziehen, wirken überzeugender als solche, die nur eine Seite berücksichtigen.

5. Argumentieren Sie richtig

Überzeugen können Sie nur, wenn Sie die Zuhörer nicht mit Meinungen, sondern mit realen Tatsachen konfrontieren. Auch die Quelle, aus der Sie diese Tatsache beziehen, ist von Wert für die Menschen, die mit dieser Materie nicht so vertraut sind.

Experten haben bewiesen, daß Menschen vorgefaßte Meinungen eher aufgeben, wenn neue Informationen und Ideen mit Namen anerkannter Fachleute verbunden sind.

6. Arbeiten Sie mit Beispielen

Menschen mit großer Überzeugungskraft wissen, daß ihr Publikum sich leichter von konkreten Beispielen und persönlichen Erfahrungen beeinflussen läßt als von pauschalen Feststellungen und allgemeinen Grundsätzen. Es ist allerdings notwendig, hierfür realistische Beispiele zu wählen, wenn sie auch überzeugend wirken sollen.

Quelle: Hunt, Morton

(4) 10 Grundsätze, den Vorgesetzten zu überzeugen

Im Berufsleben hat wohl jeder Mensch – ob Azubi oder Generaldirektor – eine vorgesetzte Instanz, die sein berufliches Weiterkommen ebenso beeinflußt wie sein körperliches und seelisches Befinden.

Damit dieses Verhältnis zu Vorgesetzten auf einer sinnvollen Grundlage steht, hat George Berkley, der an der Universität von Massachusetts Unternehmensführung lehrt, ein Bündel von Maßnahmen zusammengestellt:

1. Hören Sie zu

Da wir bei Gesprächen mit dem Vorgesetzten meist nur auf Anzeichen seiner Zustimmung oder Ablehnung achten, versäumen wir es, auf seine Worte zu achten und auf das, was er uns zwischen diesen Worten zu verstehen gibt.

Halten Sie deshalb Blickkontakt mit dem Sprechenden, und notieren Sie sich während seiner Ausführungen Stichworte.

Nach Beendigung seiner Aussagen machen Sie eine kurze Denkpause, die ihm Ihre Konzentration auf das eben Gehörte signalisiert, und geben ihm dann eine kurze Zusammenfassung seiner Ausführung oder stellen präzise Fragen zu unklaren Sachverhalten.

2. Fassen Sie sich kurz

Zeit ist für alle kostbar – auch für Ihren Chef. Fassen Sie bei Ihrer Besprechung das Wesentliche zusammen, und drücken Sie sich klar und sachbezogen aus. Ist ein detaillierter Bericht erforderlich, stellen Sie ihm eine Zusammenfassung voran. Aus einem guten Schriftsatz spricht nicht so sehr Schreibgewandtheit als Denkfähigkeit.

3. Seien Sie diplomatisch

Wollen Sie einen Gedankengang wirkungsvoll vorbringen, tragen Sie Ihrem Chef Punkt für Punkt vor, was für Ihre Idee spricht. Lassen Sie ihn jedoch die Schlußfolgerung aus jedem Punkt selbst ziehen. Ganz wesentlich ist, daß Ihr Vorgesetzter die Gelegenheit bekommt, den für Sie entscheidenen Gedanken als erster auszusprechen.

Bieten Sie ihm aber auch Alternativen an, die Sie mit allen Vor- und Nachteilen objektiv aufzählen, um ihm eine Wahl zu ermöglichen.

Lehnen Sie einen Vorschlag von Ihrem Chef nicht vorschnell ab; er sieht ihn mit seinen eigenen Augen und betrachtet ihn positiv, sonst würde er ihn nicht machen. Können Sie sich seiner Meingung nicht anschließen, bringen Sie Ihre Einwände in Frageform vor, oder berufen Sie sich auf mögliche Einwände anderer.

Verschweigen Sie Ihrem Chef keine unangenehmen Wahrheiten, aber bringen Sie sie ihm diplomatisch bei.

4. Lösen Sie Ihre Probleme selbst

Meistern Sie Ihre persönlichen Schwierigkeiten, denn nichts ist Führungskräften hinderlicher als Mitarbeiter, die mit sich selber nicht klarkommen. Nur als problemlose Persönlichkeit sind Sie dem Chef ein kompetenter und wertvoller Mitarbeiter.

5. Lassen Sie Ihren Chef gut dastehen

Erwähnen Sie im Gespräch mit anderen seine Qualitäten, und halten Sie ihn mit Informationen auf dem laufenden. Vermeiden Sie es jedoch, bei Besprechungen Informationen preiszugeben, von denen er noch keine Ahnung hat. Dies läßt ihn unwissend vor anderen erscheinen. Setzen Sie ihn daher zuvor in Kenntnis, und geben Sie ihm das Wort vor anderen. Zwar wird er dadurch gelegentlich Lorbeeren ernten, die Ihnen gebühren, aber auf lange Sicht ist dieses gute Einvernehmen für Sie nur vorteilhaft.

6. Betonen Sie das Positive

Erfolgreiche Führungskräfte sind Optimisten, die auch diese Lebensauffassung von ihren Mitarbeitern erwarten.

Für sie sind Begriffe wie »unmöglich«, »schwierig«, »problematisch« nicht vorhanden. Sie bezeichnen Schwierigkeiten als »Herausforderungen«, die es anzunehmen und zu bestehen gilt.

7. Kommen Sie früh

Engagierte Mitarbeiter erwecken Arbeitseifer und Verantwortungsgefühl.

Überstunden sind zu Beginn des Tages, wenn man noch frisch ist, sinnvoller und vermitteln den Eindruck, daß Sie gerne zur Arbeit kommen. Dieselbe Zeit an den Abend nach Dienstschluß gehängt, besagt eher, daß man seine Arbeit nicht geschafft hat.

8. Halten Sie Ihre Zusagen

Wer Termine nicht einhalten kann, soll seine Vorgesetzten rechtzeitig davon in Kenntnis setzen. Unzuverlässige Mitarbeiter sind bei allen unbeliebt.

Der Unternehmensberater William Delaney sagt dazu: »Als keineswegs unfehlbar bekannt zu sein ist nicht so schlimm. Aber schlimm ist es, als einer zu gelten, auf dessen Wort kein Verlaß ist.«

9. Lernen Sie Ihren Chef kennen

Hier gilt »Wissen ist Macht«! Informieren Sie sich über den Werdegang Ihres Chefs, und lernen Sie seine Arbeitsgewohnheiten, aber auch seine Eigenarten kennen. Ein erfahrener Vorgesetzter schätzt Mitarbeiter, die auf ihn eingehen und ein Gespür für seine Erwartungen und Vorlieben haben.

10. Werden Sie nicht zu vertraulich

Trotz Kenntnis seiner Eigenarten sollten Sie nicht zu vertraulich werden. Das Ineinanderfließen von Berufs- und Privatleben hemmt oft einen ordnungsgemäßen Ablauf des beruflichen Alltags und wirkt sich eher arbeitserschwerend als -erleichternd auf die Zusammenarbeit aus.

Intimität mit dem Chef weckt auch Mißtrauen bei Kollegen und stellt somit das Verhältnis zu Ihren Mitarbeitern in Frage. Ein gutes Verhältnis mit dem Chef sollte nicht Ihre einzige Geschäftsgrundlage im Betrieb sein.

Das Beste, was Sie für Ihren Vorgesetzten tun können, ist, gute Arbeit zu leisten. Das daraus resultierende positive Verhältnis zu ihm wirkt sich dann vorteilhaft auf den ganzen Betrieb aus.

Quelle: Berkley, George

(5) Die Beurteilung der Verständlichkeit

Dieses System, das von dem Autorenteam Langer, Schulz von Thun und Tausch erarbeitet wurde, dient in erster Linie zur Beurteilung der Verständlichkeit eines Textes. Hält man sich an die von den Autoren erarbeiteten Kriterien, so ist man in der Lage, sich verständlich und eindeutig auszudrücken. Hat ein Betroffener den Wunsch, daß seine schriftlichen und mündlichen Informationen künftig besser verstanden werden, dann kann er dies auf der Basis der folgenden Empfehlungen realisieren.

Die Verständlichkeit wird durch die vier nachstehend genannten Merkmale charakterisiert:

1. Einfachheit

2. Gliederung – Ordnung

3. Kürze – Prägnanz

4. Anregende Zusätze

Die *Einfachheit* bezieht sich auf die sprachliche Formulierung. Diese sollte durch

- einfache Darstellung,
- kurze, einfache Sätze,
- geläufige Wörter,
- erklärte Fachwörter
- konkrete Ausdrucksweise und
- anschauliche Aussagen

erreicht werden.

Das Merkmal der *Gliederung – Ordnung* bezieht sich auf die innere Ordnung und die äußere Gliederung eines Textes. Diese zeichnen sich insbesondere aus durch

- Folgerichtigkeit,
- Übersichtlichkeit und
- Herausstellen des Wesentlichen.

Das Merkmal der *Kürze – Prägnanz* will verhindern, daß Aussagen

- zu lang,
- abschweifend und
- redundant werden.

Mit dem Merkmal der *anregenden Zusätze* will der Betroffene bei den Zuhörern oder Lesern

- Anteilnahme,
- Interesse,
- Abwechslung und
- persönliche Identifikation

erreichen.

Alle vier Merkmale sind unabhängig voneinander zu betrachten. Das Autorenteam empfiehlt zur Überprüfung die Verwendung des Beurteilungsfensters.

Einfachheit	Gliederung – Ordnung
Kürze – Prägnanz	Anregende Zusätze

Für die Beurteilung empfehlen sie folgende Regeln:

+ + heißt: Alle oder fast alle Eigenschaften, die zu einem Merkmal gehören, sind deutlich vorhanden. (Zum Beispiel bei Einfachheit: Der Text besteht aus einfach gebauten Sätzen, er enthält nur geläufige Wörter und ist in einer konkreten, anschaulichen Sprache geschrieben.)

+ heißt: Die Eigenschaften sind nicht ganz so deutlich oder nur teilweise vorhanden.

0 heißt: Neutrale Mitte. Die Eigenschaften auf der linken und rechten Seite des Merkmalsbildes sind gleich stark vorhanden.

– heißt: Die Eigenschaften der rechten Seite überwiegen.

– – heißt: Alle oder fast alle Eigenschaften der rechten Seite sind deutlich ausgeprägt. (Zum Beispiel bei Einfachheit: lange verschachtelte Sätze – mehrere ungeläufige, nicht erklärte Wörter – abstrakt, unanschaulich.)

Ein optimal verständlicher Text weist folgendes Beurteilungsfenster auf:

Einfachheit + +	Gliederung – Ordnung + +
0 oder + Kürze – Prägnanz	0 oder + Anregende Zusätze

Quelle: Langer, I., Schulz von Thun, F. und Tausch, R.

(6) Das Persönlichkeits-Modell von Sigmund Freud

Freud gilt als der Begründer der Psychoanalyse. Den Aufbau der Persönlichkeit des Menschen unterteilt er in drei Instanzen, die das menschliche Verhalten beeinflussen:

1. Das Es

Diese Instanz ist von Anfang an vorhanden und verfolgt von Geburt an nur das Ziel nach Befriedigung der Triebe und Bedürfnisse. Das *Es* kennt keine Moral, keine Wertungen und kein Gut und Böse. Diese Instanz ist im Unterbewußtsein angesiedelt und beheimatet die Triebe und Aggressionen eines Menschen.

2. Das Ich

Diese Instanz wird im frühen Kindesalter gebildet und unterdrückt die Forderungen des *Es*, wenn sie nicht im Einklang zur Umwelt/Realität stehen. Durch die Funktion des Denkens überprüft das *Ich* Realität und Triebansprüche und entscheidet für oder gegen eine Befriedigung. Da das *Ich* im Bewußtsein eines Menschen angesiedelt ist, fällt jede Handlung oder Entscheidung vernünftig und besonnen aus – im Gegensatz zum *Es* des Unterbewußtseins. Das Bewußtsein des Menschen wird deshalb *Ich* genannt, weil es die Sphäre ist, in der sich das Selbstbewußtsein abspielt.

Freud hat diese beiden Instanzen (Es und Ich) mit einem Pferd und seinem Reiter verglichen: Das Ich reitet auf dem Es. Er drückte damit aus, daß das *Es* die Kraft und Energie liefert, während das *Ich* das Ziel und die Art der Bewegungen bestimmt.

3. Das Über-Ich

Diese Instanz übernimmt im weitesten Sinne die Funktion des Gewissens. In seiner gesamten Kindheit wird das *Über-Ich* beim Menschen von der elterlichen Gewalt repräsentiert. Im Erwachsenenalter ist es eine selbständige Instanz und beinhaltet die Normen und Wertvorstellungen eines Menschen. Diese werden geprägt von den Vorschriften der Umwelt, den ethischen Geboten von Religionen und Gesellschaftsformen in Form von moralischen Gesetzen. Im *Über-Ich* befindet sich auch der Sitz von Wunschvorstellungen und Idealen sowie das persönliche Selbstwertgefühl.

Das *Ich* eines Menschen wird von drei Seiten bedrängt und unter Druck gesetzt:

– vom *Es* mit seinen Trieben, Gefühlen und Interessen,

– vom *Über-Ich* mit seinen moralischen Normen und

– von der Realität, die mit den Forderungen der Umwelt unmittelbar auf das *Ich* einwirkt.

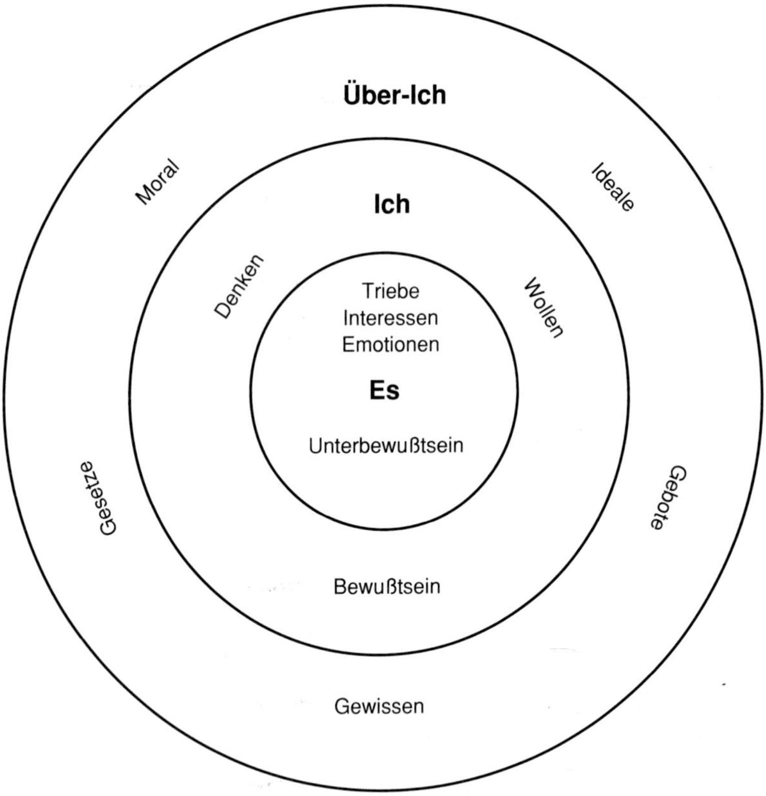

Abbildung: Aufbau des Persönlichkeitsmodells nach Freud

Die Persönlichkeit eines Menschen befindet sich demzufolge laufend im Kampf mit den inneren Mächten und im ständigen Zustand des Ausbalancierens. Dies schafft eine Konfliktsituation (welche der Mensch am besten mit einem stark ausgeprägten Bewußtsein meistert), wobei es jedoch zu folgenden Konstellationen kommen kann:

a) Das *Es* siegt über das *Ich*
Hier wird Trieben und Emotionen sofort nachgegeben, was bewirkt, daß der Mensch sich nicht beherrschen kann, also das vernunftbetonte *Ich* überlagert wird.

b) Das *Über-Ich* siegt über das *Ich*
Hier handelt es sich um einen den Konventionen angepaßten Zustand. Gesellschaftsnormen und Moralvorstellungen beherrschen dieses Menschenbild. Dieses Verhalten wird durch das Bemühen, sich entsprechend der Erwartungshaltung anderer zu verhalten, geprägt.

c) Die *Umwelt/Realität* siegt über das *Ich*
Hier herrscht eine Anpassung an die augenblicklichen Umweltbedingungen vor, d.h., es wird jeweils die Meinung vertreten, die den größten Vorteil verspricht oder der Person die höchste Anerkennung in der Gemeinschaft bringt.

Das *Ich* kann sich in solchen Situationen nur dann durchsetzen, wenn es gewisse Abwehrmechanismen entwickelt. Diese Mechanismen prägen die menschlichen Handlungen wesentlich:

- Rationalisierung
  Eine Situation wird in der Weise dargestellt, daß der betreffende Mensch im bestmöglichen Licht erscheint.
- Verdrängung
  Hier wird ein Tatbestand, der als unangenehm oder schmerzlich empfunden wird, ins Unterbewußtsein verdrängt.
- Projektion
  Hier handelt es sich um eine unvollständige Verdrängung. Impulse aus den beiden anderen Instanzen, die das *Ich* verdrängen will, werden bei anderen wahrgenommen, d.h., eigene Aggressionen und negative Haltungen werden auf andere projiziert.
- Reaktionsbildung
  Triebe aus dem Unterbewußtsein (Es) lösen oft Angstzustände aus, weil das Gewissen (Über-Ich) diese Impulse blockiert. Dies führt zu genau entgegengesetztem Verhalten (z.B. Galgenhumor).

– Sublimierung
  Hier werden diese Impulse aus dem *Es* verdrängt und zu Impulsen geistiger Leistungen umgewandelt, d.h., die Befriedigung elementarer Bedürfnisse wird zugunsten höherer Ziele (in Wissenschaft oder Kunst z.B.) verdrängt.

– Verschiebung
  Das bedeutet, ein Mensch läßt (aus Mangel an Zivilcourage) seinen Ärger (z.B. über den Chef) an einem schwächeren Glied der Gesellschaft (z.B. einem Untergebenen) aus.

– Regression
  Bei diesem Verhalten greift ein Mensch aus Enttäuschung und Frustration über das *Ich* auf frühere erfolgreiche Verhaltensweisen und Lebensbewältigungen zurück. (z.B. Benutzerakzeptanz moderner Kommunikationstechniken)

Da das *Ich* immer auf das *Es* angewiesen ist, spielen für das Handeln einer Person Gefühle eine entscheidende Rolle. Das Rationale ist lediglich die für einen Außenstehenden sichtbare Spitze eines Eisbergs. Für eine Führungskraft ist aber der unter der Oberfläche verborgene Teil eines Menschen mindestens ebenso bedeutsam.

Jeder Trieb ist Sitz ungeheurer Kräfte und Energien. Aus diesem Grunde muß es die Aufgabe des Managements sein, die in den Mitarbeitern verborgenen – jedoch stets vorhandenen – Energien durch eine positive Motivation für die Interessen einer Unternehmung verfügbar und nutzbar zu machen.

Quelle: Freud, Sigmund
Mantel, Manfred und Fischer, Rainer

(7) Transaktions-Analyse (TA)

In verstärkt mitarbeiterorientierten Organisationen ist es heute besonders für das Management notwendig, über ein bestimmtes psychologisches Know-how zu verfügen. Führungskräfte müssen in der Lage sein, die Variablen »menschlichen Verhaltens« zu steuern und zu kontrollieren.

Mit der Transaktions-Analyse, die auf dem Menschenbild von Freud aufbaut und die Eric Berne als eigene Methode positiv weiter entwickelte, haben Sie ein Werkzeug in der Hand, das Ihnen hilft, sich und Ihr Umfeld besser zu verstehen. Die TA ist ein in sich geschlossenes kognitives System und entspricht weitgehend den Denkweisen von Führungskräften. Sie ermöglicht es diesen, andere Menschen besser zu erkennen, sich in sie hineinzuversetzen und das eigene Verhalten zu begreifen und zu reflektieren. Die TA ist ein psychologisches Modell zur Selbsterfahrung und zur Analyse von Gesprächsabläufen auf der Beziehungsebene.

Bei der Transaktions-Analyse handelt es sich um Bewußtseinszustände (Ich-Zustände) und damit verbundene Verhaltensmuster, die durch

- Wertvorstellungen/Normen,
- wertfreie Erfahrungen und Informationen sowie
- Gefühle

ausgelöst werden.

Der Mensch besteht aus drei verschiedenen Ich-Zuständen, die sein

- Denken,
- Handeln,
- Fühlen

beeinflussen.

1. Das Eltern-Ich (Autoritäts-Ich), El-Ich

Das Eltern-Ich ist ein *anerzogenes* Lebenskonzept. Es stellt eine Ansammlung von Einstellungen, Normen, Wertgefügen, Geboten, Prinzipien und Gefühlen dar, die kritiklos und ungeprüft übernommen und der eigenen Persönlichkeit einverleibt wurden. Sie sind Aufzeichnungen tatsächlicher Erfahrungen,

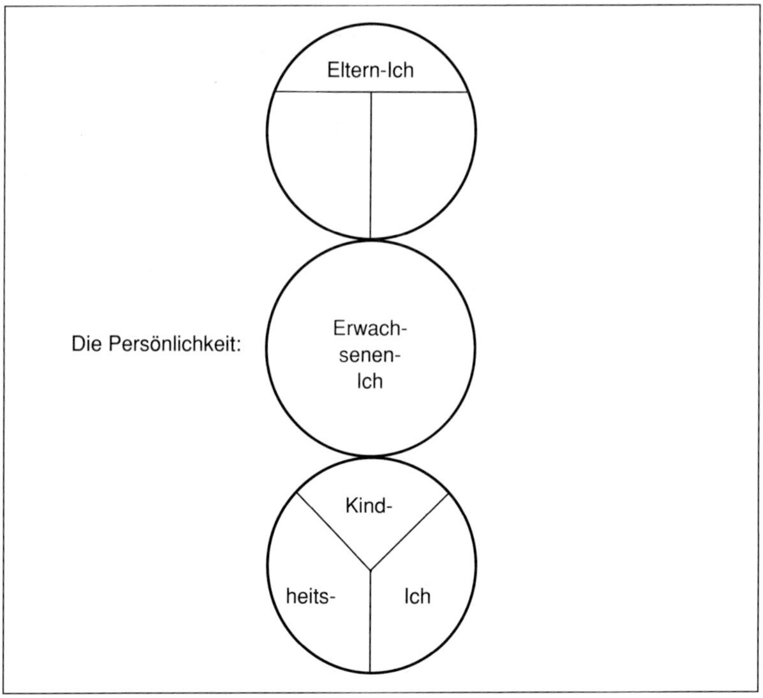

die im wesentlichen in den ersten Lebensjahren gespeichert wurden, bevor wir logisch denken konnten. Man sollte annehmen, daß mit wachsender Intelligenz und Denkfähigkeit diese angeeigneten Normen auf ihre Richtigkeit hin überprüft würden; Menschen lassen aber häufig bestimmte Bereiche ihrer Persönlichkeit außerhalb des Wirkungskreises ihrer Vernunft bestehen, denn althergebrachte Normen und vertraute Annahmen abzuschütteln oder zu erneuern benötigt viel psychische Energie.

Das El-Ich enthält eine Vielfalt von Regeln, Ermahnungen, Geboten und Verboten.

Diese Normen können sowohl

- kritisch-bestrafend

als auch

- fürsorglich-unterstützend

sein.

	kritisch-bestrafend	fürsorglich-unterstützend
Denken/ Gedanken	– gut/schlecht – Du sollst/ Du darfst nicht – richtig/falsch	– tu Dein Bestes – mach Dir keine Sorgen – gib nicht auf
Handeln/ Verhalten	– Kopfschütteln – erhobener Zeigefinger – strenger Blick	– Lächeln – mitfühlende Gesten – besorgter Blick
Fühlen/ Gefühl	– fordernd – intolerant – selbstgerecht	– ermunternd – liebend – schützend

Kennzeichen des Eltern-Ich

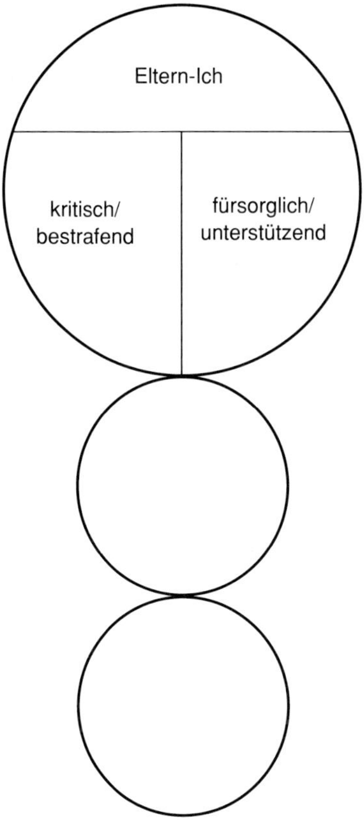

- bestraft
- befiehlt
- kritisiert
- moralisiert
- schulmeistert
- weist zurecht
- verallgemeinert
- wertet negativ

- hat Verständnis
- hat Geduld
- wertet positiv
- kann zuhören
- tröstet
- hilft
- ermutigt
- beruhigt

Das *kritische* Eltern-Ich ist vergangenheitsorientiert, kann sich mit Unzulänglichkeiten nicht abfinden und beschäftigt sich mit Dingen, die seiner Meinung nach sein sollten, statt mit jenen, die sind. Aus diesem Grunde ist das kritische El-Ich kein guter Problemlöser – den Schuldigen zu finden ist ihm wichtiger, als Probleme wirklich zu lösen.

Das *fürsorgliche* Eltern-Ich beinhaltet eine Anzahl Normen, die uns vor körperlichem und seelischem Schaden bewahren helfen. Daneben können sie aber auch durch Überfürsorglichkeit ein notwendiges Erfahrungssammeln verhindern.

Das Eltern-Ich ist die Quelle *automatischer* Wertungen. Es enthält eine Liste von Gebrauchsanweisungen und Vorschriften. Man kann es auch als das Gewissen eines Menschen bezeichnen.

2. Das Erwachsenen-Ich (Er-Ich)

Das Er-Ich ist ein *gedachtes* Lebenskonzept – es hat jedoch nichts mit dem Alter eines Menschen zu tun. Erfahrungen und Erlebnisse werden mit bekannten Sachverhalten verglichen und verknüpft und in einem Speicher ständig abrufbereit abgelegt. Es setzt sich mit Normen auseinander, statt sie kritiklos zu übernehmen.

Das Er-Ich entwickelt sich vom fünften Lebensjahr an bis an das Lebensende eines Menschen. Es verarbeitet gegenwärtige Informationen und Entscheidungen und ist auf die augenblickliche Realität ausgerichtet – es ist der Realitätsbezug einer Person – und hilft uns, die Wirklichkeit unvoreingenommen zu betrachten. Wie ein Organ verkümmert es durch mangelnde Nutzung, kann aber durch intensives Bemühen jederzeit die Oberhand in einer Person gewinnen, da es von seiner Anlage her mächtiger als die beiden anderen Ich-Zustände ist.

Das Erwachsenen-Ich ist in unserem Verhalten anderen gegenüber ein guter Problemlöser, spielt aber auch beim inneren Dialog der eigenen Ich-Zustände eine wesentliche Rolle.

Denken/ Gedanken	– sammelt und gibt Informationen – zieht logische Konsequenzen – schätzt Wahrscheinlichkeiten ab – überlegt – entwickelt Alternativen – trifft Entscheidungen
Handeln/ Verhalten	– abwägend und nachdenklich – aufmerksames Zuhören – geduldig, entspannt – vernünftig, aufgeschlossen
Fühlen/ Gefühl	– Gefühle sind wirklichkeitsorientiert – spontan und echt gemeinte Äußerungen – ohne Fähigkeit, Haß oder Zorn zu empfinden

Kennzeichen des Erwachsenen-Ich

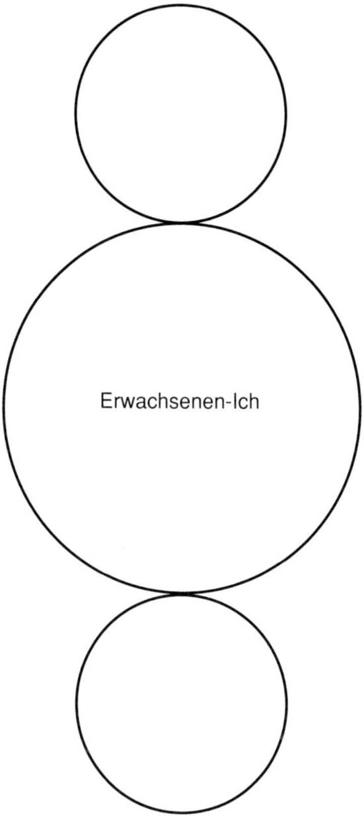

- beobachtet/hört zu
- sammelt Fakten
- stellt sachliche Fragen
- formuliert wertfrei
- überlegt
- wägt ab
- differenziert
- überprüft eigene Normen
- versucht, Probleme konstruktiv zu lösen

Beispiele:

Das Er-Ich überprüft, wann das *unterstützende* El-Ich einem anderen wirklich hilft oder nur dessen Bequemlichkeit unterstützt und ihn unselbständig macht.

Das Er-Ich überprüft die im *kritischen* El-Ich übernommenen und gesammelten Normen, ob sie den derzeitigen Wertvorstellungen noch entsprechen.

Das Erwachsenen-Ich kann durch sogenannte *Trübungen* (contaminations) aus dem Eltern-Ich und aus dem Kindheits-Ich stark eingeschränkt werden.

Trübungen aus dem El-Ich:

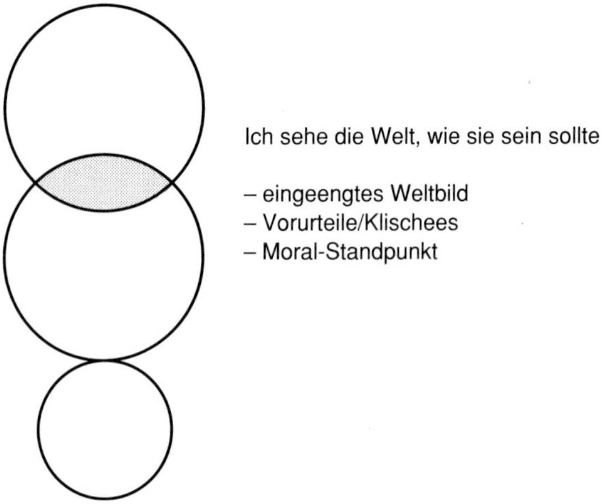

Ziel der Transaktions-Analyse ist es, das Erwachsenen-Ich eines Menschen so zu stärken, daß er jederzeit frei entscheiden kann, mit welchem Ich-Zustand er reagieren will. Durch dieses Bewußtwerden von Verhaltensalternativen wird man unabhängiger von inneren und äußeren Beeinflussungen.

Trübungen aus dem K-Ich:

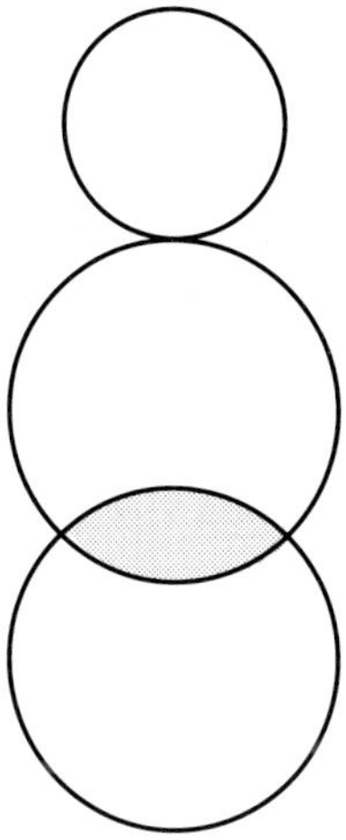

Ich sehe die Welt, wie ich sie gern haben möchte

- Wunschdenken
- Illusionen
- Naivität
- Ressentiments

3. Das Kindheits-Ich (K-Ich)

Das Kindheits-Ich ist ein *empfundenes/gefühltes* Lebenskonzept. Es umfaßt alle Impulse, die ein Kind von Natur aus hat. Es entwickelte sich zuerst und enthält ureigene Persönlichkeitsmerkmale sowie die Grundanschauungen über sich selbst und andere. In ihm sind die Erbanlagen (Talente, Fähigkeiten), Gefühle, Kreativität und Spontaneität gespeichert. Das K-Ich enthält die Aufzeichnungen der frühen Erfahrungen und die damit verbundenen Reaktionen. Das in der Vergangenheit gezeigte Verhalten wird auf die Gegenwart übertragen und hier genau wie damals ausgedrückt. Das K-Ich ist Sitz und Quelle menschlicher Empfindungen. Hier suchen wir nach Zuwendung und unmittelbarem Lustgewinn. Dieser Ich-Zustand will augenblicklich Ergebnisse, Garantien, Sicherheiten, will nicht auf Befriedigung seiner Bedürfnisse verzichten.

Während das Eltern-Ich die gesammelten Aufzeichnungen *äußerer Ereignisse* enthält, werden im Kindheits-Ich die *inneren Reaktionen* eines Menschen aus frühester Kindheit erfaßt.

Das K-Ich äußert sich in Verhaltensweisen, die Kinder normalerweise zeigen – es hat aber nichts mit »Kindisch-sein« zu tun. Dieser Teil unserer Persönlichkeit ist ein wertvoller und unentbehrlicher Faktor unseres Verhaltens.

Das Kindheits-Ich hat drei Ausprägungen:

- Das natürliche Kindheits-Ich
- Das angepaßte Kindheits-Ich
- Das aufgeweckte/rebellische
  Kindheits-Ich (kleiner Professor, kleiner Charmeur)

Natürliches Kindheits-Ich

Es ist der Sitz aller Gefühle, Impulse und Affekte, die frei und unkontrolliert geäußert werden. Hier finden wir Vitalität, Freude am Leben und an der Arbeit, Spontaneität und Kreativität. Dieser Ich-Zustand ist der stärkste – und auch erstrebenswerteste, weil er von Anfang an da war, wenn er auch meist durch Erziehungsmaßnahmen sehr stark unterdrückt wurde.

Angepaßtes Kindheits-Ich

Dieser Ich-Zustand bedeutet, daß man der Erwartungshaltung *anderer* entsprechen möchte. Das angepaßte K-Ich in uns duldet, verzichtet und leidet; es ist passiv, abwartend, unternimmt nichts, um seine Lage zu ändern – lebt in der Hoffnung, daß alles von alleine anders/besser wird. Das angepaßte K-Ich enthält unsere sozialisierten Gefühle, die sich aus einer verinnerlichten Erziehung durch die Eltern ergeben. Dies wird deutlich, wenn ein Mensch sich widerspruchslos von einem anderen bestrafen läßt, ohne nach der Ursache/Schuld zu fragen, und wenn er dabei sogar noch Schuldgefühle empfindet. (Als Vorgesetzter zeigt ein Mensch z.B. sein strafendes Eltern-Ich, als Untergebener sein angepaßtes Kindheits-Ich – ein leider häufiger und äußerst negativer Ich-Zustand.) Anstelle des authentischen Verhaltens tritt angepaßtes Verhalten.

Aufgewecktes/rebellisches Kindheits-Ich

Es ist der Sitz des Einfühlungsvermögens, der Intuition, Kreativität und des schlagartigen Begreifens. Hier werden Dinge als intuitiv richtig *erkannt*, wo das Erwachsenen-Ich eher abwägt und analysiert. Dieser Ich-Zustand versteht es auch meisterhaft, andere nach den eigenen Vorstellungen zu manipulieren und damit seinen Willen durchzusetzen.

	natürliches K-Ich	angepaßtes K-Ich	aufgeweecktes / rebellisches K-Ich
Denken/ Gedanken	– spontan/ impulsiv – direkt – ich will/ ich kann – authentisch	– hilf mir – beschütze mich – verlaß mich nicht – liebe mich	– kreativ – intuitiv – schlau/listig – oppositionell – ablehnend
Handeln/ Verhalten	– spielt – beobachtet – lacht/weint – wütend/zornig – störrisch	– fügsam – hilflos – verzichtet – gibt nach	– launenhaft – trotzig – introvertiert – manipuliert
Fühlen/ Gefühl	– ängstlich – vergnügt – neugierig – erfinderisch	– unsicher – abhängig – vorsichtig – liebevoll	– enttäuscht – ärgerlich – rebellisch – aggressiv

In der Regel sind am Verhalten einer Persönlichkeit alle Ich-Zustände beteiligt. Meist überwiegt der eine oder andere Teil und steuert das augenblickliche Verhalten, das jedoch von einer Minute zur anderen wechseln kann – ein anderer Ich-Zustand wird dominant. Kommunizieren die Ich-Zustände innerhalb einer Person, so wird dies als »innerer Dialog« bezeichnet.
Bei der Problemanalyse lassen sich die Verhaltens-Unterschiede der »drei Personen« in uns besonders deutlich hervorheben:

Eltern-Ich: »Es gibt kein Problem, das ich nicht lösen kann.«

Erwachsenen-Ich: »Wie sehen die Tatsachen aus, gibt es Alternativen?«

Kindheits-Ich: »Egal, wie groß das Problem ist, ich kann immer vor ihm flüchten.«

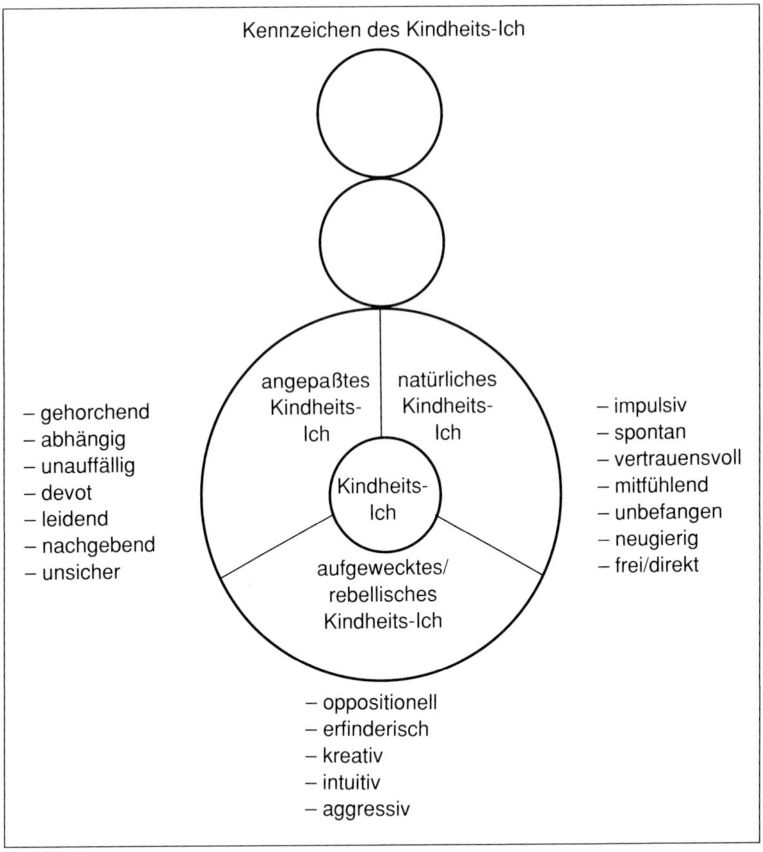

Das Erwachsenen-Ich kann diese innerliche »Dreiteilung« zu einem Vorteil umwandeln. Bei jedem Problem besitzt es *drei* Informationsquellen:

– den Inhalt des Eltern-Ichs

– den Inhalt des Kindheits-Ichs

– die Wirklichkeit des Erwachsenen-Ichs.

Durch sorgfältiges und objektives Prüfen, Abstimmen, Auswerten und Entscheiden können die Informationen/Erkenntnisse auf die gegenwärtige Situation angewendet werden. Es ist aber nicht Sinn der Sache, das Eltern- bzw. das Kindheits-Ich abzuschaffen, sondern sie erkennbar und miteinander vergleichbar zu machen.

In seinem Arbeitsheft zur Transaktions-Analyse führt Rolf Rüttinger folgende empirische Untersuchung auf:

Aus welchen Ich-Zuständen heraus führe ich, welche Ich-Zustände peile bzw. spreche ich im Mitarbeiter damit an?

Aus Selbsttests, an denen ca. 1000 Führungskräfte teilgenommen haben, ist bekannt, daß sich bei der Auswertung der Frage, mit welcher Häufigkeit wird aus welchen Ich-Zuständen reagiert, im Durchschnitt folgendes Egogramm ergibt:

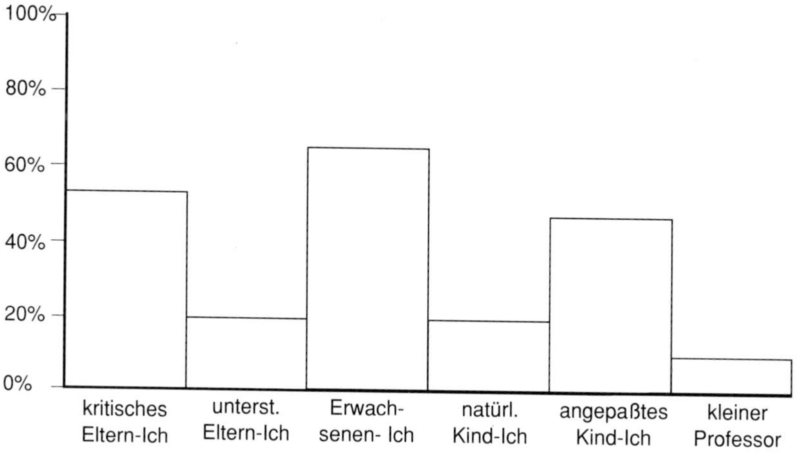

Abbildung: Egogramm (nach Rüttinger)

Der amerikanische Verhaltensforscher Dudley Bennett hat aufgrund seiner Beobachtungen und seiner Forschungsarbeiten sechs Grundprofile menschlichen Verhaltens erarbeitet:

1. Geringes Eltern-Ich/Hohes Erwachsenen-Ich/Hohes Kindheits-Ich

Dies dürfte die produktivste Kombination sein. Der Charme des O.K.-Kindheits-Ichs bringt Herzlichkeit, Intuition und Kreativität ein und verbindet sich mit einem starken Erwachsenen-Ich. Wenn strafendes Eltern-Ich-Verhalten kaum vorkommt und Wertvorstellungen im Erwachsenen-Ich gründen, ist der Weg frei für Vernunft.

2. Hohes Eltern-Ich/Hohes Erwachsenen-Ich/Geringes Kindheits-Ich

Dieser Manager kann leicht zwischen Eltern- und Erwachsenen-Ich wechseln. Er erbringt oft hohe Leistungen. Sein Verstand wird von den Forderungen seines Eltern-Ichs beherrscht. Erziehung und Erfahrung sind die Grundzutaten für seinen Erfolg. Schlüsselfrage: Kann er zwischen seiner Meinung und den Tatsachen unterscheiden?

3. Geringes Eltern-Ich/Hohes Erwachsenen-Ich/Geringes Kindheits-Ich

Diesem Menschen begegnet man nicht allzu häufig. Er ist sach- und tatsachenorientiert. Sein Verhalten dürfte sich ständig wiederholen und langweilig sein. Seine Beziehungen sind steril und ohne Gefühl. Er hat Schwierigkeiten bei der Zusammenarbeit mit anderen.

4. Hohes Eltern-Ich/Geringes Erwachsenen-Ich/Hohes Kindheits-Ich

Mit diesem Menschen läßt sich schwer zusammenarbeiten. Er ist fleißig. Er ist heute moralistisch, wertend und autoritär und möchte morgen geliebt, beklatscht und umhegt werden. Wegen seiner Haß-Liebe ist es schwer, mit ihm zusammenzuarbeiten.

5. Geringes Eltern-Ich/Geringes Erwachsenen-Ich/Hohes Kindheits-Ich

Eine vom Kindheits-Ich bestimmte Person kann außerordentlich anziehend sein. Solche Menschen blühen in Verkäufertätigkeiten oder in Organisationen, in denen es auf persönlichen Charme und auf Intuition ankommt, auf. Oft ist er kein guter Manager, weil er Entscheidungen im Kindheits-Ich trifft und sie oft von der Phantasie verzerrt werden. Für ihn ist die Schlüsselfrage: »Wer ist mein Freund?«

6. Hohes Eltern-Ich/Geringes Erwachsenen-Ich/Geringes Kindheits-Ich

Unglücklicherweise kommt dieses Profil sehr häufig in den Organisationen vor, die nach dem Motto »Das haben wir schon immer so gemacht« verfahren. Der Manager fördert die Unselbständigkeit, weil er seine Mitarbeiter wie Kinder behandelt. Dieser autoritäre Manager glaubt, daß die »Menschen keine Verantwortung wollen« und daß sie »nur arbeiten, um für ihre Freizeit Geld zur Verfügung zu haben«. Diese Ansicht mag ja in den Anfängen der Industrie-Automation noch ihre Berechtigung gehabt haben. In unserer heutigen Zeit aber mit den sich rapide verändernden Problemen ist dieses Profil hoffnungslos veraltet.

Transaktionen

Die Transaktions-Analyse ist nicht nur ein Modell der Persönlichkeitsstruktur, sondern dient auch der Kommunikation, d.h., Transaktionen stellen die Grundeinheiten bei allen zwischenmenschlichen Beziehungen dar.

Eine Transaktion besteht aus einer Aktion und einer Reaktion zwischen zwei Ich-Zuständen, die graphisch als Pfeil dargestellt werden.

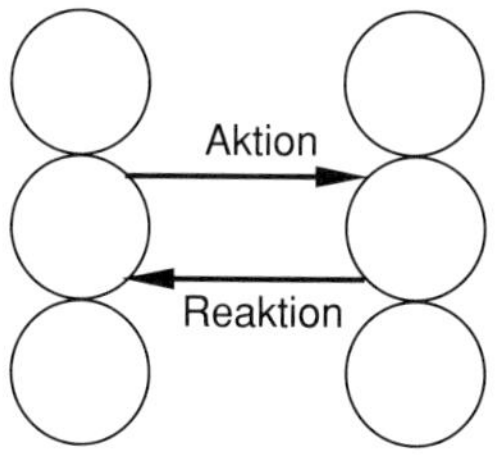

Alle Transaktionen lassen sich auf drei Grundformen reduzieren:

- parallele Transaktion
- überkreuzte Transaktion
- verdeckte Transaktion

Beide Beteiligten können mit allen sechs Ich-Zuständen reagieren. Folgende Kernfragen helfen, Transaktionen zu erkennen:

- Aus welchem Ich-Zustand spreche ich selbst zu anderen?
- Welchen Ich-Zustand spreche ich bei anderen an?
- Aus welchem Ich-Zustand reagieren andere mit einer Antwort?

Parallele Transaktionen

Transaktionen zwischen El-Ich und K-Ich:
Im allgemeinen führt ein Eltern-Ich-Verhalten zu einer Kindheits-Ich-Reaktion – es kann aber auch eine Eltern-Ich-Reaktion auslösen.

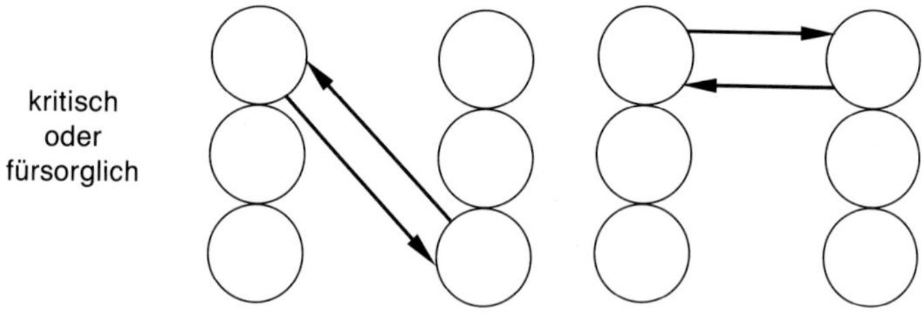

Kindheits-Ich-Verhalten bewirkt gewöhnlich eine Eltern-Ich-Reaktion – aber auch eine Kindheits-Ich-Reaktion.

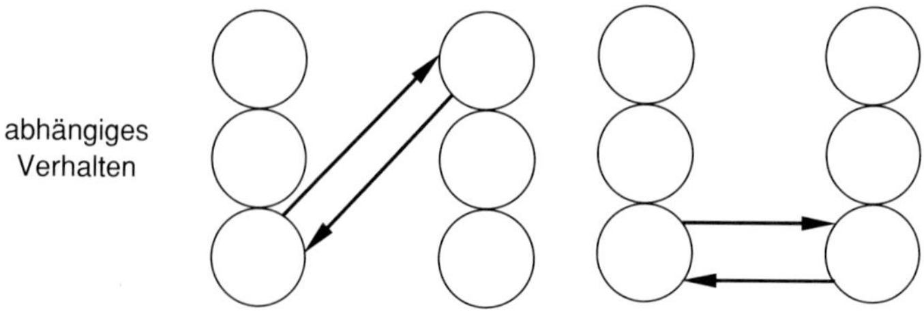

Komplementär-Transaktionen:

Haben zwei Menschen die gleiche »Wellenlänge«, kommunizieren sie in den gleichen Ich-Zuständen:

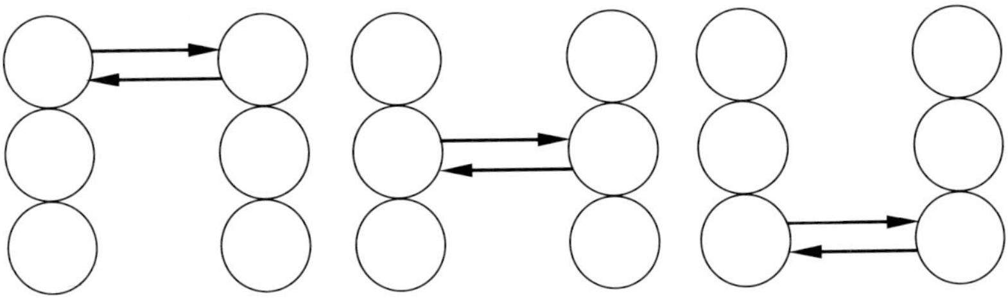

Bei einer solchen Transaktion entspricht der Gesprächsverlauf der beiderseitigen Erwartungshaltung und läuft zufriedenstellend und problemlos ab.

Transaktionen zwischen Erwachsenen-Ich und Kindheits-Ich: Wenn eine aus dem Erwachsenen-Ich kommende sachliche Frage mit unangebrachten Gefühlen beantwortet wird:

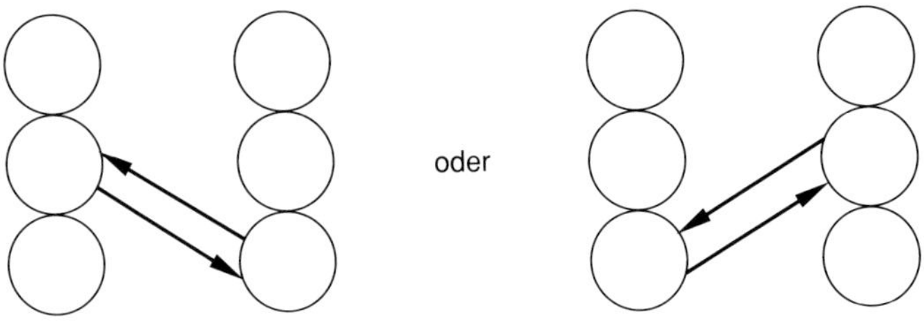

Wenn auf eine bange Frage aus dem Kindheits-Ich eine beruhigende Antwort aus dem Erwachsenen-Ich folgt.

Transaktionen zwischen Erwachsenen-Ich und Eltern-Ich:

Wenn eine sachliche Frage aus dem Erwachsenen-Ich mit unangebrachter kritischer/fürsorglicher Reaktion aus dem Eltern-Ich beantwortet wird:

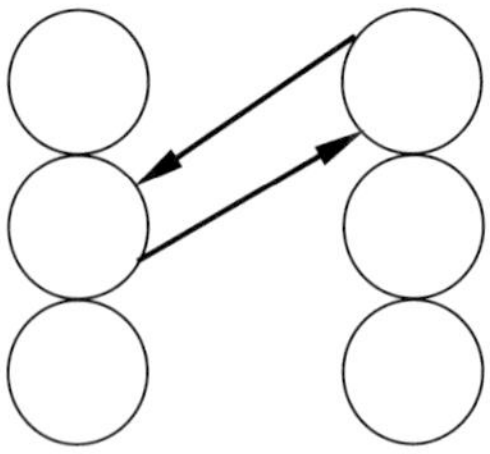

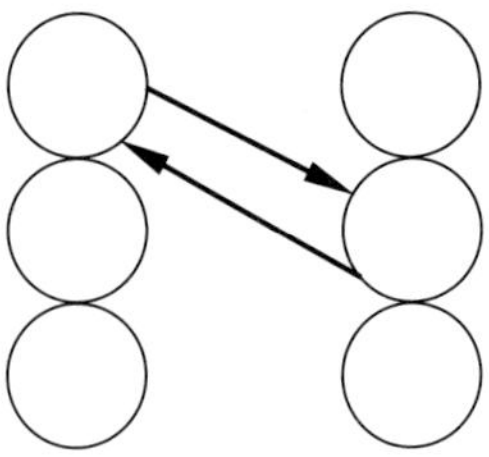

Wenn jemand auf eine maßregelnde/fürsorgliche Aktion aus dem Eltern-Ich sachlich und überlegt reagiert.

Überkreuzte Transaktionen

Darunter versteht man den allgemeinen Kommunikationsmangel, die Unfähigkeit vieler, zuhören zu können, und das Unvermögen zu sagen, was man wirklich denkt. Eine Transaktion mit einem anderen abzubrechen oder abzulehnen ist mit das verletzendste »soziale« Verhalten.

Zu einer überkreuzten Transaktion kommt es, wenn auf eine Aktion eine unerwartete Reaktion erfolgt. Ein *anderer* als der *angesprochene* Ich-Zustand wird aktiv – eine Störung der Kommunikation tritt ein, d.h., die Transaktionslinien kreuzen sich.

Auf eine sachliche Frage kommt eine kritische/fürsorgliche Antwort aus dem Eltern-Ich, die das Kindheits-Ich anspricht:

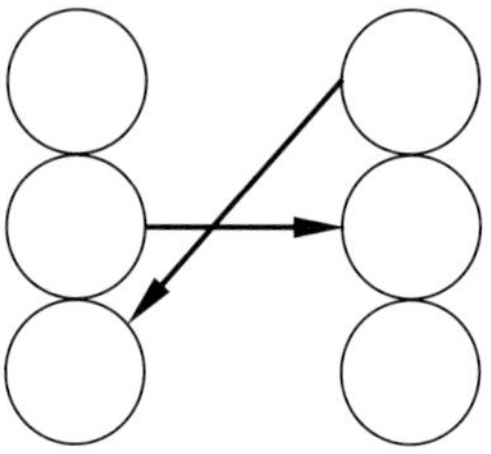

Auf eine sachliche Feststellung kommt eine aufsässige Antwort aus dem Kindheits-Ich, die das Eltern-Ich anspricht:

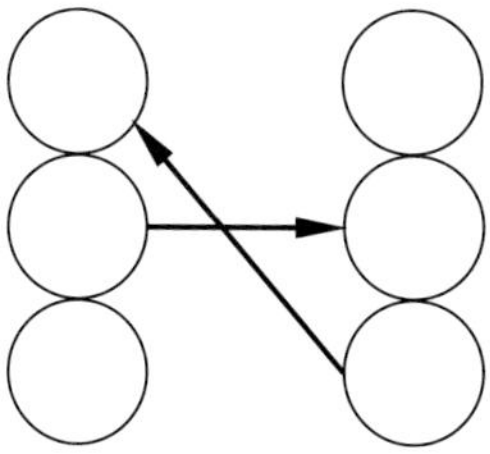

Verdeckte Transaktionen

Es gibt
- Angulär-Transaktionen (Winkel-Transaktionen) und
- Duplex-Transaktionen (Doppel-Transaktionen).

Diese Transaktionen sind schwer zu durchschauen, da mindestens zwei Ich-Zustände *einer* Person im Spiel sind. Eine verdeckte Nachricht wird in annehmbarer Form gesagt, d.h., etwas anderes wird gesagt, als gemeint ist. Als Transaktionsebene wird das Erwachsenen-Ich benutzt, gleichzeitig aber eine verdeckte Mitteilung an einen anderen Ich-Zustand geschickt.

Angulär-Transaktion:

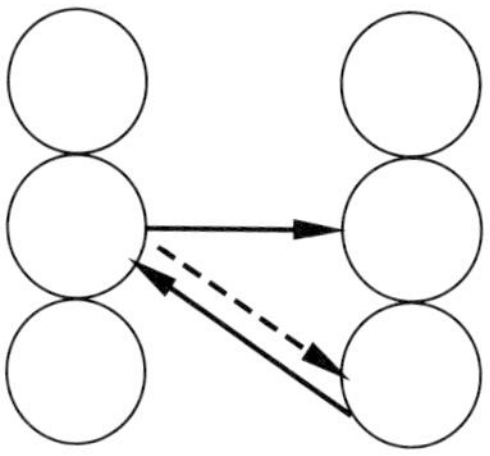

Die durchgehende Linie besagt die Sozialebene der Kommunikation, während die gestrichelte Linie die unausgesprochene Botschaft bedeutet.

Duplex-Transaktion:

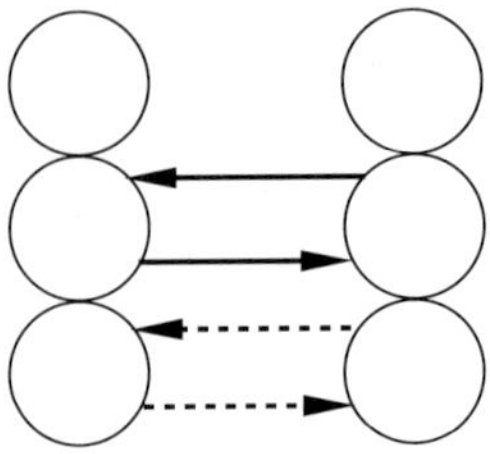

Diese Transaktion spielt sich auf zwei unterschiedlichen Kommunikationsebenen ab.

Einem scheinbar sachlichen Gespräch liegt ein »doppelter Boden« zugrunde, auf dem kommuniziert wird.

Verdeckte Transaktionen beinhalten

- ironische Bemerkungen,
- versteckte Drohungen,
- vage Unterstellungen etc.

Sie sind häufig ein Ventil für verletzte Gefühle und Wertvorstellungen, worüber man aber nicht offen sprechen will.

Gespräche aus verdeckten Transaktionen verleiten zu Mißverständnissen. Nie ist man sicher, ob der andere die verdeckte Botschaft überhaupt verstanden hat. Diese Art der Kommunikation kann auch riskant werden, falls ein Gesprächspartner offen nach der *eigentlichen* Meinung fragt, die ja ursprünglich nicht preisgegeben werden sollte.

Die Identifikation starrer Verhaltensmuster und unangebrachter Gefühle stärkt das Erwachsenen-Ich. Mit einem gestärkten Erwachsenen-Ich wächst auch die Fähigkeit, das eigene Verhalten zu steuern und andere positiv zu beeinflussen.

Durch die Anwendung der Transaktions-Analyse wird man persönlich gelassener und nachsichtiger dem Verhalten anderer gegenüber, versteht ihre Beweggründe besser und reagiert weniger aggressiv oder provozierend auf sie.

Positive Kommunikationsbeziehungen zwischen Gesprächspartnern werden erzielt, indem man den jeweiligen Ich-Zustand des anderen erkennt, befriedigt und gleichzeitig versucht, das Erwachsenen-Ich des Partners zu aktivieren, und das Gespräch somit auf die sachliche Ebene des Erwachsenen-Ichs lenkt.

Quellen: Berne, Eric
Bennett, Dudley
Rüttinger, Rolf

(8) 4 Lebenspositionen nach Harris

Das Konzept der vier möglichen Lebenspositionen, das der amerikanische Psychiater und Pionier der Transaktions-Analyse, Thomas D. Harris, erarbeitete, ist eine Weiterentwicklung der Arbeiten von Eric Berne. Dabei geht Harris davon aus, daß diese – im frühen Stadium unserer Kindheit festgelegten – Lebenspositionen zwar nicht ausgelöscht, aber geändert werden können.

Harris stellt seine vier möglichen Lebenspositionen (Anschauungen) wie folgt dar:

1. Ich bin nicht O.K. – Du bist O.K.
2. Ich bin nicht O.K. – Du bist nicht O.K.
3. Ich bin O.K. – Du bist nicht O.K.
4. Ich bin O.K. – Du bist O.K.

Eine Lebensposition ist die Grundeinstellung eines Menschen zum Leben und zu seinem Umfeld. Diese Lebensentscheidung wurde zur Grundlage seiner Einstellung zu seinen Mitmenschen und seiner Transaktionen. Sie wird im frühen Kindheitsalter – zwischen dem 2. und 3. Lebensjahr – durch die bis zu der Zeit gemachten persönlichen Erfahrungen geprägt und stabilisiert. Einmal auf diese Einstellung festgelegt, wird diese Lebensauffassung das Kind die kommenden Jahre – oft bis an sein Lebensende – begleiten. Alles, was ihm in Zukunft widerfährt, wird an der einmal gewählten und von ihm festgesetzten Lebensposition gemessen und beurteilt. Dabei wird es sich in aller Regel um die Positionen 1 bis 3 handeln, da Position 4 erst in späteren Jahren – mit Hilfe des verstärkt eingesetzten »Erwachsenen-Ichs« – erworben werden kann. Diese Entscheidung für eine Lebensposition stützt sich ausschließlich auf seine frühen Erfahrungen mit »erhaltener Zuwendung und Anerkennung« oder »Ablehnung seiner Person« durch sein Umfeld. Eine Festlegung auf eine der 3 Positionen bedeutet eine nonverbale Entscheidung – eine Schlußfolgerung auf gefühlte Erkenntnisse. Sie ist das erste Produkt des sich nun konstituierenden »Erwachsenen-Ichs« (ab dem 10. Lebensmonat) anhand von gesammelten Eindrücken (Daten).

1. Ich bin nicht O.K. – Du bist O.K.

Bei den meisten Menschen wird diese Form der Lebenseinstellung vorherrschen. Sie ist die logische Schlußfolgerung aus der frühen Kindheit und ihrer Situation. Durch liebevolle Zuwendung (oder zumindest durch das bloße Aufnehmen des Kindes, da es ja noch nicht laufen kann,), entsteht die »Du bist O.K.«-Meinung. Aber es existiert auch die Auffassung »Ich bin nicht O.K.«, denn es fühlt sich in seiner Hilflosigkeit unwohl und den Erwachsenen und ihrem Wohlwollen ausgesetzt.

Hauptquelle der anhaltenden negativen Vorstellungen zum eigenen Ich und einem negativen Selbstwertgefühl sind dominante, scheinbar perfekte Eltern. Da sie über niemanden mehr Gewalt haben als über die eigenen Kinder, fühlen sie sich berechtigt, ihnen die eigenen Anschauungen aufzuerlegen. Da das Kind den Standpunkt vertritt, daß die Eltern einzige Quelle des Guten sind, und es von ihnen nicht abgelehnt werden will, eignet es sich seine Anschauungen an, verinnerlicht sie und verhält sich wie die Eltern. Hier liegt der Ursprung aller negativen Vorstellungen zum eigenen Ich und unseren Komplexen, die wir ein Leben lang mit uns herumtragen.

Das Kleinkind wird auf diese Weise vorgeprägt und alles, was später den eigenen Anschauungen nicht entspricht, wird – um die Liebe der Eltern zu behalten – abgelehnt. Der Mensch kann es sich jedoch erlauben, jederzeit neue Denk- und Verhaltenswege zu gehen. Er braucht sein Leben nicht so zu leben, wie es andere gesehen oder sich vorgestellt haben, d.h., sein Denken muß nicht aus zweiter Hand kommen. Er kann *jederzeit selbst* entdecken, was das Leben für ihn bedeutet – frei von auferzwungenen Vorurteilen und eingeimpftem Ballast.

2. Ich bin nicht O.K. – Du bist nicht O.K.

Während in der ersten Lebens-Position das »Du bist O.K.« noch vorhanden ist, kann diese Aussage in dem zweiten Konzept nicht mehr aufrechterhalten werden. Ursache dafür ist abermals das Verhalten der Eltern, vorwiegend der Mutter, die es nach der ersten Zeit des gefühlvollen Behütens unterläßt, das Kind auch nach dem Laufenlernen auf den Arm zu nehmen, zu streicheln und zu lieben. Eine gefühlskalte Mutter, die nur das Notwendigste für das Kleinkind tut und es nach dem ersten Unabhängigsein »links liegen« läßt, es mit der Zeit auch ständig öfter und härter bestraft, wird bei diesem Kind ab dem 3. Lebensjahr eine »Ich bin nicht O.K. – Du bist nicht O.K.«-Einstellung auslösen. Diese Lebensanschauung ist gekennzeichnet von Verzweiflung und negativen Gefühlen. Weitere Bezugspersonen, die sich freundlich um das Kind bemühen, werden keine Chance haben, seine Einstellung zu ändern, da diese gefestigt ist, nicht revidiert wird und Ausgangspunkt für alle weiteren Erlebnisse und deren Zuordnung ist. Zu einem späteren Zeitpunkt gibt es der Mensch dann auf, sich um »Streicheleinheiten« zu bemühen – er vegetiert nur noch vor sich hin. Sein Leben bedeutet Sinnlosigkeit, Regression und Rückzug.

3. Ich bin O.K. – Du bist nicht O.K.

Diese Lebenseinstellung ist charakteristisch für mißtrauische Menschen. Als Ursache hierfür wird nach Harris eine Kindheit verantwortlich gemacht, die vorwiegend aus Mißhandlungen anstatt aus Liebkosungen bestand. Das Erscheinen der Eltern, kombiniert mit Schlägen, die Schmerzen verursachen, veranlaßt das Kind zu der Annahme »Ich bin O.K. (es geht mir gut, solange ich allein gelassen werde) – ihr seid nicht O.K. (ihr fügt mir Schmerzen zu).« Das Kind erlebt den Verlauf der Dinge umgekehrt: Kommen die Eltern, erlebt es Unbehagen, gehen sie, empfindet es Wohlbefinden – daher die positive Einstellung zu sich selbst.

Wenn das Kind älter wird, reagiert es aus seinen frühkindlichen Erfahrungen heraus: einst wurde es schlecht behandelt – aber es überlebte, es lernte, nicht aufzugeben. Dann fing es an, zurückzuschlagen, wurde hart. Man hat ihm ja zur Genüge beigebracht, wie dies geschieht. Die Einstellung »ich bin O.K.« ist zwar für das mißhandelte Kind lebensnotwendig, verhindert jedoch in späteren Jahren eine Revision dieser Anschauung, so daß der Erwachsene sich stets »O.K.« empfindet, unabhängig davon, was er tut (Mord gehört bei einer psychologischen Auslegung zu dieser Denkweise). Er wendet aber auch gleichzeitig alle Energie dafür auf, anderen aus dem Wege zu gehen oder sie anders loszuwerden. Für diesen Menschen wird es nie O.K.-Menschen geben – seine Erfahrung lehrt ihn dies – also auch keine liebevolle Zuwendung, deshalb lohnen sich Freundlichkeiten anderen gegenüber auch nicht. Er baut einen Schutzwall um sich und weist jede Hilfe und Fürsorge zurück, die ihn aus seiner selbstzerstörerischen Lebenseinstellung befreien könnten. Er ist unfähig, objektiv zu urteilen – er sucht Schuld stets bei anderen. Erst wenn solch ein Mensch die Zusammenhänge seiner Anschauungen begreift, kann er aus seinem selbstgeschaffenen Teufelskreis ausbrechen.

4. Ich bin O.K. – Du bist O.K.

Die vierte Lebensposition ist ohne Zweifel die erstrebenswerteste von allen; birgt sie doch die Hoffnung auf ein vom Ballast der frühen Jahre befreites Lebenskonzept. Während eine der ersten drei Haltungen *unbewußt* in den ersten Lebensjahren angenommen und aufgrund von Eindrücken und Empfindungen – ohne die Möglichkeit, Dinge von einem anderen Blickwinkel aus zu betrachten – festgelegt wurde, ist die vierte

Lebensposition eine *bewußt* angenommene Haltung. Dieser auch von dem Individuum verbal zu erfassenden Lebensanschauung stehen nicht nur eine Vielzahl an zusätzlichen Informationen über das Umfeld zur Verfügung, sie ist gleichzeitig auch von eigenständiger Denkfähigkeit und größerem Weitblick geprägt. Sie basiert auf eigenem Nachdenken, sie läßt sich durch frühere »Nicht O.K.-Erfahrungen« des einzelnen nicht begrenzen. Diese Lebensanschauung kann als einzige rational und vorteilhaft in der Gegenwart wirken. Dabei gilt es, viele der einst gemachten Erfahrungen und übernommenen Vorstellungen zu prüfen und gegebenenfalls zu ändern. Das Band »Ich bin nicht O.K.« wird zwar ein Leben lang weiter in ihm ablaufen, aber Denkvermögen, Verstand und ein stark ausgeprägtes Erwachsenen-Ich sind in der Lage, selbständig zu unterscheiden und den selbstzerstörerischen Teufelskreis zu durchbrechen. Weil der Mensch sich des Problems der ersten drei Lebenspositionen jetzt *bewußt* ist, wird er sich von den vom Eltern-Ich übernommenen Anschauungen trennen und sein Leben aktiv in die Hand nehmen.

Mit dem Wollen zur Veränderung allein kommen Menschen jedoch nicht automatisch in diese vierte Position. Es ist eine Entscheidung, die sie treffen müssen – und sie kann nicht ohne einen Großteil mehr an Information, als andere haben, getroffen werden. Diese Information betrifft die frühen Lebensumstände, mit welchen sie umgeben waren, als sie die ersten Entscheidungen bezüglich ihrer »Ur-Anschauung« machten – und die verarbeitet werden müssen.

Wer die »Ich bin O.K. – Du bist O.K.«-Lebenseinstellung erreicht hat, kann auf viele Jahre »harter Arbeit« und weitere, die kommen werden, zurückblicken; denn die »Ich bin O.K. – Du bist O.K.«-Position bedeutet nicht automatisch »Freude für den Rest des Lebens«, sondern konstantes Arbeiten an sich selbst, aber auch die Möglichkeit der Veränderung – durch das jederzeitige Abschaltenkönnen des alten Bandes, wenn es das Vertrauen zur eigenen Person untergräbt.

Quelle: Harris, Thomas A.

(9) Die 4 Lebenspositionen in der Organisation

Auf der Basis der vier unterschiedlichen Lebensanschauungen von Thomas A. Harris

1. Ich bin nicht O.K. – Du bist O.K.

2. Ich bin nicht O.K. – Du bist nicht O.K.

3. Ich bin O.K. – Du bist nicht O.K.

4. Ich bin O.K. – Du bist O.K.

hat der Verhaltensforscher Dudley Bennett vier unterschiedliche Lebenskonzepte von Führungskräften im Lichte ihres Umfeldes ausgearbeitet. Dabei griff er auf ein Führungsstil-Modell seines Freundes und Mentors Ted Jackson, Ph. D., Scarsdale, New York, zurück.

Abbildung: Führungsstilmodell (nach Jackson)

1. Der autoritäre Herrscher

Bei ihm ist das Lebenskonzept »Ich bin O.K. – Du bist nicht O.K.« (siehe 4 Lebenspositionen von Harris) relevant. Diese Anschauung ist charakteristisch für mißtrauische Menschen. Er ist von der Grundhaltung her unfreundlich, seine Lebensanschauung ist dominant, und einmal getroffene Entscheidungen werden nicht überprüft, sondern bestimmen den Rest seines Lebens. Er ist mit Vorurteilen belastet und tut alles, damit seine ursprüngliche Meinung über seine Mitmenschen und sein Umfeld auch stimmt, unabhängig von ständigen Änderungen oder Verbesserungen. Er manipuliert aus einer Überlegenheitsstellung heraus und kontrolliert seine Umwelt. Seine Beziehungen zu anderen sind gekennzeichnet von seiner Einstellung, daß Konflikte nicht zu vermeiden sind. Da es für ihn auch keine »O.K.-Menschen« gibt, glaubt er, daß alle anderen auch nur ihre eigenen Interessen befriedigen, folglich auch nicht interessiert sind, sich um seine Probleme zu kümmern. Er ist meist mit einer Anzahl selbst bestimmter unterwürfiger »Jasager«, deren künstliche Schaffung Eric Berne Selbstbetrug nennt, umgeben, deren Hofierung er zwar benötigt (mangels anderer Streicheleinheiten), die er aber im Grunde verachtet.

Sein Persönlichkeitsprofil:

Grundverhalten
Eindringliche Einwegkommunikation, übt Druck aus, ist »aalglatt«, wendet Spiele und Tricks an.

Beteiligte Mitmenschen
Andere Manager und Untergebene dienen als Objekte.

Sachkenntnisse
Kaum notwendig, er übertreibt gerne, weicht der Beantwortung von Fragen aus, blufft, führt in die Irre.

Haltung der Führungskraft
Unfreundlich, autoritär, beutet aus.

Haltung der Kollegen
Weichen aus, sind unfreundlich, beschränken den Kontakt auf ein Minimum.

Folgeentwicklung in der Führungskraft
Wachsende Entfremdung, Vereinsamung.

Seine Grundhaltung bei Problemlösungen:

In Gruppen-Transaktionen geht der diktatorische Manager auf Konfrontation. Probleme werden verflacht oder negiert, Fronten verhärten sich, und die Chancen für eine effiziente Problemlösung sind gleich Null.

Die Quelle von Funktionsstörungen bei solchen Eltern-Ich-dominanten Führungskräften liegt in ihrer Unfähigkeit, ihre Lebenseinstellung an der objektiven Wirklichkeit zu orientieren. Sie kommen nicht einmal in die Nähe des eigentlichen Problems – sie wissen aber schon alle Antworten, ehe das Problem überhaupt definiert wird.

Meist muß ein Vermittler einschreiten und Kompromisse schließen. Alle Beteiligten versuchen, sich solch enttäuschenden Prozessen durch Ignorieren (nach dem Vogel-Strauß-Prinzip) zu entziehen. Sie hoffen, daß Probleme sich eines Tages von selbst lösen und ihnen solche Transaktionen erspart bleiben.

Wegen ihrer Fähigkeit, andere auszunutzen, halten sich diese Führungskräfte für besonders effizient. Nur ein voll bewußtes Erwachsenen-Ich kann ihnen Manipulation der Mitarbeiter nachweisen.

Seine Grundhaltungen bei der Meisterung von interpersonalen und Gruppen-Transaktionen

Lebensanschauung:	ICH BIN O.K. – DU BIST NICHT O.K.	
Selbstfestlegung:	Einigung unmöglich, Konflikt unvermeidbar	
Vorherrschender Ich-Zustand:	Eltern-Ich	
Aktiv ◄	Intensität des Handelns ►	Passiv
Alles oder nichts Wir Guten hüben müssen gewinnen, die Schlechten drüben müssen verlieren.	*Urteil eines Dritten* Wir brauchen einen Fachmann zur Lösung dieses Problems. Der Chef muß entscheiden.	*Leugnen* Es ist viel zu unwichtig, als daß wir uns darum kümmern müßten. Soll das ein Problem sein?
Groß ◄	Bedeutung der Sache ►	Gering

2. Der liebenswürdige Kompromißler

Seine Lebenseinstellung ist »Ich bin nicht O.K. – Du bist O.K.« (siehe 4 Lebenspositionen von Harris). Durch Liebenswürdigkeit und Problemvermeidung geht er allem, was eine Entscheidung fordert, aus dem Wege. Für seine negative Einstellung zu sich selbst sind sehr dominierende Eltern und oft ungünstige Erlebnisse in seiner Kleinkindzeit verantwortlich. Um diese Lebensanschauung, die sich in ihm in den ersten drei Lebensjahren festgesetzt hat, zu meistern, streben solche Führungskräfte nach Zuwendung von anderen, die sie durch eigene Leistung und liebenswertes Verhalten zu erlangen suchen. Der liebenswürdige Kompromißler schätzt Freundschaften und Verbindungen, die ihm Vorteile bringen, und ist ein gutes Teammitglied. Seine Sachkenntnisse werden zum Beeindrucken und Beeinflussen anderer wohldosiert genutzt. Die zur Schau gestellte Freundlichkeit veranlaßt Kollegen, die länger mit ihm zusammenarbeiten, jedoch zur Vorsicht und zum Abwarten. Aus Erfahrung wissen sie, daß er echte Probleme nicht löst, sondern beiseiteschiebt oder nur scherzhaft auf sie eingeht. Für ihn sind »Rollenspiele« nützlich; er flüchtet sich in diese oder in Krankheitssymptome, um der Auseinandersetzung mit der eigenen Person zu entfliehen.

Sein Persönlichkeitsprofil:
Grundverhalten
Kultivierte Freundschaften, guter Gesellschafter, guter Zuhörer, guter Kumpel

Beteiligte Mitmenschen
Jeder wird gebraucht, um die Arbeit zu erledigen

Sachkenntnisse
Werden selektiv als Rüstzeug zur Beeindruckung anderer eingesetzt

Haltung der Führungskraft
Liebenswürdig, engagiert sich persönlich, willfährig, betont Loyalität, »Wir wollen ihn auf unsere Seite ziehen!«

Haltung der Kollegen
Freundlich, aber auf der Hut: »Halt ihn Dir vom Leibe«!

Folgeentwicklung in der Führungskraft
Immer besser werdende Fähigkeiten im Umgang mit Menschen

Seine Grundhaltung bei Problemlösungen:

Da er keine absolute Einigung bei Problemlösungen erwartet, versucht er, alles mit möglichst geringer Reibung zu erledigen. Die Macht der Vernunft bei Problemlösungen weiß er nicht einzuschätzen, deshalb will er es sich und anderen leichtmachen – er geht stets den Weg des geringsten Widerstandes. Seine in frühester Kindheit geprägte Einstellung »Ich bin nicht O.K.« versucht er zu bewältigen, indem er seine eigene Strategie anwendet: Durch ein freundliches, liebenswertes und loyales Wesen anderen gegenüber gewinnt er diese für sich. Wenn seine Mitmenschen – und besonders die Einflußreichen – ihn dann mögen, kann er sich selbst beruhigen und sagen »Ich bin O.K.« – alle mögen mich!

Seine Grundhaltungen bei der Meisterung von interpersonalen und Gruppentransaktionen

Lebensanschauung:	ICH BIN NICHT O.K. – DU BIST O.K.	
Selbstfestlegung:	Einigung nicht möglich, doch bleibt ein Konflikt nicht unvermeidbar	
Vorherrschender Ich-Zustand:	Kindheits-Ich	
Aktiv ◄——	Intensität des Handelns	——► Passiv
Überzeugend Liebenswürdigkeit, »Wir wollen sie auf unsere Seite ziehen«; Loyalität ist wichtig	*Abgesondert* Fügsam, erfüllt die Erwartungen	*Vermeidung* Aufbegehrend, geht an ihn gestellten Erwartungen aus dem Weg
Groß ◄——	Bedeutung der Sache	——► Gering

3. Der abgestumpfte Einzelgänger

Seine Lebenseinstellung lautet: »Ich bin nicht O.K. – Du bist nicht O.K.« (siehe 4 Lebenspositionen von Harris). Er hat mit dieser Auffassung jedoch Probleme, einer Organisation länger anzugehören; meist hat er hier auch nur eine kurze Überlebenschance. Für seine Lebensposition sind oft chaotische Umstände und Lieblosigkeit in seinen frühen Kindheitsjahren zuständig. Ein solcher Mensch gibt sich selbst auf, er ist von Verzweiflung gekennzeichnet – für ihn existiert kein Persönlichkeitsprofil in einer Unternehmung.

Seine Grundhaltung bei Problemlösungen:

Da er bei Problemlösungen von der Tatsache ausgeht, daß Einigung unmöglich und Konflikte unvermeidbar sind, kommt er weder mit sich selbst noch mit anderen zurecht. Sein Erwachsenen-Ich ist völlig ausgeschaltet, sein Gefühlsleben abgestorben (er bemüht sich nicht mehr um Zuwendung), und ein Gefühl der Sinnlosigkeit seines Lebens wird dominant. Solche Führungskräfte können sich nicht in Betrieben halten – sie katapultieren sich selbst durch ihr Verhalten hinaus.

Seine Grundhaltungen bei der Meisterung von interpersonalen und Gruppentransaktionen

Lebensanschauung:	ICH BIN NICHT O.K. – DU BIST NICHT O.K.	
Selbstfestlegung:	Einigung unmöglich, Konflikt unvermeidbar	
Vorherrschender Ich-Zustand	Eltern-Ich, verkümmertes Erwachsenen-Ich, fixiertes Kindheits-Ich	
Aktiv ◄	Intensität des Handelns	► Passiv
Regression Spiele dritten Grades; enden in psychiatrischer Anstalt, Gefängnis, Krankenhaus	*Sinnlosigkeit* Da niemand streichelt, ist das Leben nicht lebenswert	*Rückzug* Bringt sich selbst Verletzungen bei, Abstumpfung
Groß ◄	Bedeutung der Sache	► Gering

4. Der sachliche Problemlöser

Es hat das positivste Lebenskonzept: »Ich bin O.K. – Du bist O.K.« (siehe 4 Lebenspositionen von Harris). Er wird mit seinem Leben und den damit verbundenen Problemen selbst fertig. Da er mit seinem Verstand daran arbeitet, die Ursachen für seine frühere Einstellung »Ich bin nicht O.K.« (die fast jeder in den ersten Lebensjahren erst einmal erwirbt) zu erforschen, begreift und versteht er die Zusammenhänge. Er stellt die Hypothese »Ich bin O.K.« auf und überprüft sie anhand eines stark ausgebildeten Erwachsenen-Ichs auf ihren Wahrheitsgehalt.

Der sachliche Problemlöser konnte sich zu einem freien und eigenständigen, von der Meinung der Umwelt und von kritiklos übernommenen Verhaltensmustern unbeeinflußten Leben emanzipieren, da er die Gefahren der anderen drei Lebenskonzepte begreifen lernte und sie somit weitestgehend ausschloß.

Sein Persönlichkeitsprofil:

Grundverhalten
Probleme gemeinsam lösen, teilt anderen offen alle relevanten Informationen mit

Beteiligte Mitmenschen
Jeder wird zur Problemlösung herangezogen, Zuhilfenahme von Wertvorstellungen, Gefühlen und Verstand

Sachkenntnisse
Werden so angewandt, daß das Problem so gut wie möglich gelöst werden kann

Haltung des Managers
Wirklichkeitsorientierung, echte Freundlichkeit, Sachorientierung

Haltung der Kollegen
Begrüßen ihn als wirkliche Hilfe

Folgeentwicklung für die Führungskraft
Engagiert sich für seine eigene Entfaltung, bessere interperso-

nale Fähigkeiten, bessere Problemlösungen, größere geistige Flexibilität, wachsende Selbstannahme

Seine Grundhaltung bei Problemlösungen:

Seine Aufgeschlossenheit und Bereitschaft, alle problembezogenen Informationen anderen Firmenmitgliedern auch mitzuteilen, hilft ihm bei einer sachlichen Problemlösung. Daneben bringt er auch seine gesamten Fähigkeiten, Kenntnisse sowie eine eigene Meinung mit in den Problemlösungsprozeß ein.

Durch Vermeiden von

- Zweideutigkeiten
- Selbstbetrug
- Geheimniskrämereien und
- Manipulation anderer Menschen

baut er sich echte zwischenmenschliche Beziehungen, die auf Vertrauen basieren, auf und nutzt auch deren Vorteile. Er setzt sich für die Nutzung des Mitarbeiterpotentials ein – dem größten Kapital eines Unternehmens.

Seine Grundhaltungen bei der Meisterung von interpersonalen und Gruppentransaktionen

Lebensanschauung:	ICH BIN O.K. – DU BIST O.K.	
Selbstfestlegung:	Einigung trotz Konflikts möglich	
Vorherrschender Ich-Zustand:	Erwachsenen-Ich	
Aktiv ◄——	Intensität des Handelns ——►	Passiv
Problemlösen Was sind Tatsachen? Was sind die Ziele dieser Organisation? Wo sind Beweise?	*Zum Kompromiß bereit* Wir wollen die Unterschiede zu gleichen Teilen auf uns nehmen, ein bißchen geben, ein bißchen nehmen, den Mittelweg suchen	*Glätten* Friedliche Koexistenz, das Beste aus der Situation machen, Einigung
Groß ◄——	Bedeutung der Sache ——►	Gering

(10) Psychologisches Modell der zwischenmenschlichen Kommunikation nach Schulz von Thun

Friedemann Schulz von Thun ist Hochschullehrer im Fachbereich Psychologie der Universität Hamburg mit den Schwerpunkten Pädagogik und Humanistische Psychologie.

Mit einer Expertengruppe erarbeitete er die zentrale These, daß eine Mitteilung, die eine Person von sich gibt, vier psychisch bedeutsame Seiten enthält:

1. Sachaspekt
2. Beziehungsaspekt
3. Selbstoffenbarungsaspekt
4. Appellaspekt

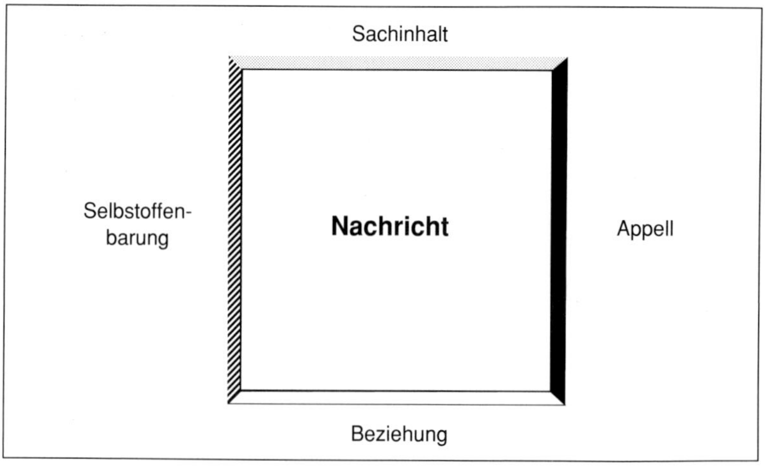

Abbildung: Vier Seiten der Nachricht nach Schulz von Thun

Dieses Kommunikationsmodell hebt drei Aspekte hervor:

1. Es zeigt, daß deutliche Kommunikation eine vierdimensionale Angelegenheit ist. Oft entsteht beim Empfänger der Eindruck: »Ich verstehe zwar jedes Wort, aber ich weiß nicht, was der andere damit sagen will.«

Schulz von Thun führt dazu folgendes Beispiel aus:

Ein Sender sagt zu dem Empfänger: »Ich habe fünfmal angerufen!« Der *Sachverhalt* ist klar ausgedrückt und verständlich. Doch was will der Sender *wirklich* mitteilen?

- Enttäuschung, weil er niemanden antraf
- Hinweis auf seinen Eifer
- Vorwurf, weil man nicht anzutreffen war
- Hinweis auf die Wichtigkeit der Person
- Empfehlung, doch selbst einmal anzurufen

2. Es führt vor Augen, daß ein und dieselbe Nachricht mehrere Botschaften gleichzeitig enthalten kann. Dies ist ein folgenschwerer Tatbestand für den Empfänger, da er (innerlich) auf alle reagieren soll. Wenn er verfehlt, seine unterschiedlichen inneren Reaktionen für sich selbst klar zu erfassen, wird er unmöglich klar nach außen reagieren können.
3. Es ist zu erkennen, daß alle Seiten des Quadrats gleich lang sind. Damit ist die These verbunden, daß alle vier Aspekte gleichrangig anzusehen sind, wenn auch in den einzelnen Situationen die verschiedenen Aspekte unterschiedliche Wertigkeit haben.

Der Grundvorgang der zwischenmenschlichen Kommunikation:

- Der Sender möchte etwas mitteilen.
- Er verschlüsselt seine Nachricht in erkennbare Zeichen.
- Der Empfänger muß diese Nachricht entschlüsseln.

Gewöhnlich stimmen gesendete und empfangene Nachrichten im wesentlichen überein, so daß eine *Verständigung* stattgefunden hat. Sender und Empfänger können sich gegenseitig bestätigen, wie die Nachricht beim Empfänger angekommen ist und was der Sender beabsichtigt hatte.

Da jede Nachricht stets *mehrere* Botschaften gleichzeitig enthält, ist die zwischenmenschliche Kommunikation sowohl kompliziert und störanfällig als auch aufregend und spannend.

Um die Vielfalt der Botschaften, die in einer Nachricht enthalten sind, ordnen zu können, unterscheidet Schulz von Thun vier seelisch bedeutsame Seiten. Er erklärt diese an folgendem Alltagsproblem:

Ein Mann (Sender) sagt zu seiner am Steuer sitzenden Frau (Empfänger): »Die Ampel zeigt Grün!« Was hat der Sender (bewußt oder unbewußt) in diese Nachricht hineingesteckt, und was kann der Empfänger daraus ableiten?

1. Sachinhalt (worüber ich mich informiere)

Eine Nachricht enthält zunächst einmal eine Sachinformation. Am aufgeführten Beispiel betrifft dies den Zustand der Verkehrsampel – sie zeigt Grün. Wenn es also um eine *Sache* geht, sollte diese Seite der Nachricht im Vordergrund stehen.

2. Selbstoffenbarung (was ich von mir selbst kundgebe)

Neben der Information über den mitgeteilten Sachinhalt steckt in jeder Nachricht auch Information über die Persönlichkeit des Senders – ein Stück Selbstoffenbarung. Sie schließt sowohl die gewollte Selbstdarstellung als auch die unfreiwillige Selbstenthüllung mit ein. Anhand des Beispiels kann man erfahren, daß der Sender u.a. nicht farbenblind, aufmerksam und innerlich bei der Sache ist. Diese Beziehungsseite enthält – vom Sender aus betrachtet – Ich-Botschaften.

3. Beziehung (was ich von dir halte und wie wir zueinander stehen)

Aus einer Nachricht geht außerdem hervor, in welchem Verhältnis der Sender zum Empfänger steht. Nichtsprachliche Begleitsignale wie der Tonfall und die gewählte Formulierung offenbaren dies. Für diese Seite einer Nachricht hat der Empfänger ein besonders empfindliches Ohr; hier wird er auf bestimmte Weise von einer anderen Person behandelt oder mißhandelt.

Im aufgeführten Beispiel gibt er der Autofahrerin zu verstehen, daß er ihr nicht ganz zutraut, ohne seine Hilfe optimal zu fahren. Je nach Einstellung der Frau wird sie sich gegen die Bevormundung auflehnen und mit einer gekränkten Antwort reagieren. Ihre Auflehnung gilt jedoch nicht der auch von ihr erkannten richtigen Sachinformation (es ist grün), sondern der empfangenen Beziehungsbotschaft. Denn eine Nachricht senden ist gleichbedeutend mit dem Ausdruck einer bestimmten Art von Beziehung zum Angesprochenen.

In einer Nachricht sind auf der Beziehungsebene zwei Arten von Botschaften zu erkennen:

a. Aus einer geht hervor, was der Sender vom Empfänger hält (du bist zu hilfsbedürftig, ich muß dich unterstützen),

b. die andere drückt die Beziehung zwischen dem Sender und dem Empfänger aus
(wir stehen so zueinander, daß ich solche Dinge sagen kann).

Diese Beziehungsseite enthält – vom Sender aus betrachtet – sowohl Du-Botschaften als auch Wir-Botschaften.

4. Appell (wozu ich dich veranlassen möchte)

Fast alle ausgesprochenen Nachrichten haben die Funktion, auf den Empfänger *Einfluß zu nehmen*. Anhand des Beispiels könnte das bedeuten, daß der Sender sagen möchte: »Gib mehr Gas, dann schaffen wir es noch bei Grün!«

In diesem Fall dient eine Nachricht dazu, den Empfänger zu veranlassen, bestimmte Verhaltensweisen auszuüben. Dieser Versuch, eine andere Person zu beeinflussen, kann offen oder versteckt stattfinden.

Im letzteren Fall handelt es sich um eine Manipulation (Funktionalisierung). Der Sender kann in diesem Fall auch die anderen drei Seiten einer Nachricht benutzen, um seinen Appell zu verstärken. Seine Mitteilung wird dann selbst auf der Sachseite einseitig und weist bestimmte Tendenzen auf. Die

Selbstdarstellungsseite möchte beim Empfänger eine bestimmte Wirkung erzielen, und die Botschaft auf der Beziehungsseite ist darauf ausgerichtet, den anderen durch ein bestimmtes Verhalten (z.B. durch Komplimente) »bei Laune zu halten«.

Wenn die Sach-, Selbstoffenbarungs- und Beziehungsseiten für eine Wirkungsverbesserung der Appellseite benutzt werden, spiegeln sie nicht den Ist-Zustand wider, sondern werden als Mittel zur Zielerreichung des Senders angewandt.

Die vier Seiten einer Nachricht faßt Schulz von Thun im folgenden Schema zusammen.

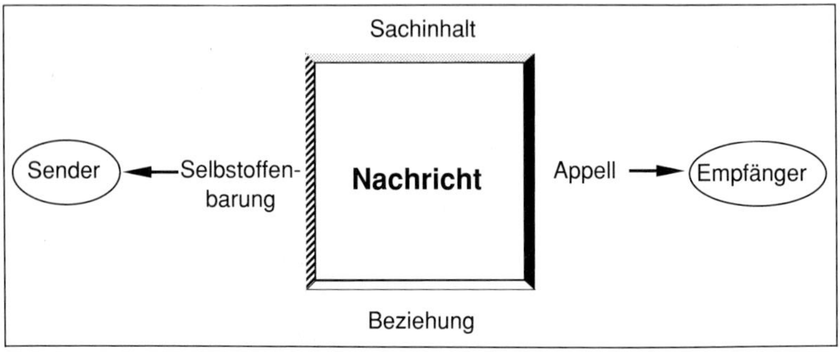

Abbildung: Vier Seiten (Aspekte) einer Nachricht nach Schulz von Thun

Die vier beschriebenen Seiten einer Nachricht enthalten eine Vielfalt an Botschaften, die jedoch nicht immer eindeutig und klar sind. Das gesendete und empfangene Botschaftsgefüge kann sehr unterschiedlich sein.

Botschaften können – vereinfacht dargestellt –

- explizit (ausdrücklich formuliert),
- nonverbal (über Stimme, Tonfall, Mimik),
- inkongruent (widersprüchlich)

übermittelt werden.

Da stets alle vier Seiten gleichzeitig bei einer zwischenmenschlichen Kommunikation beteiligt sind, muß ein Sender sie alle gleich gut beherrschen, um nicht Kommunikationsstörungen zu stiften.

Wurden die ersten Ausführungen aus der Sicht des Senders betrachtet, so soll im folgenden die Sicht des Empfängers behandelt werden.

Der Empfänger versucht nun seinerseits, die Nachricht zu entschlüsseln. Dazu sollte er *vier* Ohren haben, um jeder Seite ein *eigenes* Ohr zuzugestehen. Je nach dem, »auf welchem Ohr er hört«, nimmt das Gespräch seinen Verlauf. Der Empfänger hat im Prinzip die freie Auswahl, auf welcher Seite er reagieren möchte – das macht die zwischenmenschliche Kommunikation so kompliziert.

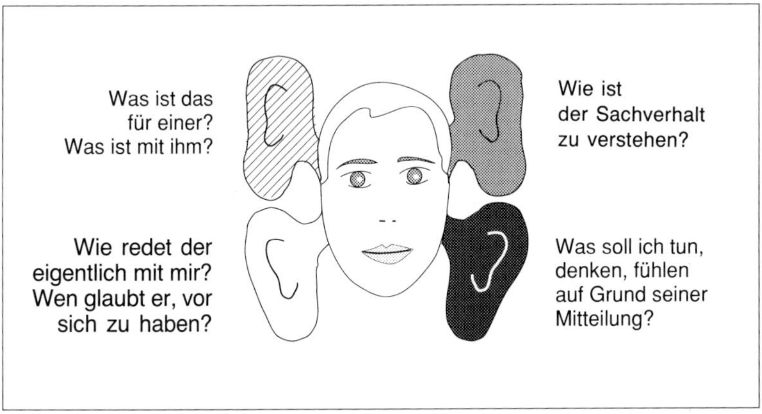

Abbildung: Der »vierohrige« Empfänger nach Schulz von Thun

1. Das »Sach-Ohr«

Viele Empfänger (vor allem Männer und Akademiker) sind Spezialisten auf diesem Ohr. Sie suchen ihr Heil in der Auseinandersetzung auf der Sachseite. Dies kann sich dann als verhängnisvoll erweisen, wenn das Problem auf der zwischenmenschlichen Ebene liegt – man redet aneinander vorbei. Es ist nicht möglich, Beziehungsprobleme mit Sachargumenten auszufechten. Das ist nach Schulz von Thun ein weitverbreiteter Kardinalfehler in der zwischenmenschlichen Kommunikation.

2. Das »Beziehungs-Ohr«

Bei einem Teil der Empfänger ist das auf die Beziehungsseite ausgerichtete Ohr so ausgeprägt und empfindlich, daß es in beziehungsneutrale Nachrichten Stellungnahmen zur eigenen Person hineininterpretiert. Solche Menschen nehmen alles persönlich, fühlen sich oft angegriffen und reagieren beleidigt. Lachen deuten sie als Auslachen und Anschauen als kritisches Mustern – sie liegen ständig auf der »Beziehungslauer«. Sie weichen auch Sachauseinandersetzungen aus, indem sie alles von der Beziehungsseite sehen.

3. Das »Selbstoffenbarungs-Ohr«

Es ist, vom seelischen Standpunkt aus gesehen, besser, ein gut ausgeprägtes Selbstoffenbarungs-Ohr zu haben als ein überempfindliches Beziehungs-Ohr. Eine Nachricht unter diesem Aspekt aufnehmen bedeutet, eine Aussage über den anderen zu erhalten. Es wäre für die zwischenmenschliche Kommunikation oft besser, wenn mehr Menschen in der Lage wären, über das Selbstoffenbarungs-Ohr zu empfangen. Die Gefühle des anderen könnten besser verstanden werden, wir wären weniger mit uns selbst beschäftigt und könnten dem anderen besser zuhören und herausfinden, was wirklich mit ihm los ist. Ein besonders gut ausgebildetes Offenbarungs-Ohr kann aktiv zuhören (ohne jedoch zu diagnostizieren oder zu entlarven) und sich in die Gedanken- und Gefühlswelt des Senders wertfrei einfühlen.

4. Das »Appell-Ohr«

Ein besonders großes Appell-Ohr haben sich jene Menschen zugelegt, die versuchen, es allen recht zu machen, und auch die unausgesprochenen Erwartungen ihrer Mitmenschen erfüllen wollen. Die kleinsten Anzeichen bei anderen werden auf Appellkomponenten hin geprüft, und man reagiert, bevor der andere den Appell überhaupt ausgesprochen hat. Sie sind »zuvorkommend«, sie haben ein Gefühl dafür entwickelt, was der andere gerne hätte. Die Appell-Seite ist keine gute Seite für partnerschaftliche Kommunikation, weil der Empfänger dabei sich selbst und seine eigenen Wünsche vergißt oder vernachlässigt. Hinter solchen Schnellreaktionen steht oft nicht das ganze Gewicht der Persönlichkeit, da sie gleichsam automatisch ausgelöst werden.

Wird das Appell-Ohr vom Empfänger extrem benützt, unterstellt er jeder Nachricht und Verhaltensweise eine »berechnende« Absicht. Auch hier kann von einer Funktionalisierung gesprochen werden, wenn – wie beim Sender – eine Nachricht auf der Sach-, Selbstoffenbarungs- und Beziehungsseite auf eine Appellwirkung hin ausgerichtet ist. Praktisch kann jede Botschaft unter dem Funktionalitätsverdacht (als Mittel zur Zielerreichung) stehen.

Der Empfänger kann also eine Nachricht in dem Maße »verfälschen«, in dem er mit unterschiedlich stark ausgeprägten Ohren reagiert.

Kommt eine Botschaft anders an, als sie gemeint war, kann das verschiedene Ursachen haben. Das sind z.B.

- sprachliche Verständigungsschwierigkeiten oder
- kulturelle Unterschiede.

Häufige Störquelle sind die folgenden Fakten:

- das Bild, das der Empfänger von sich selbst hat, (Selbstkonzept),
- das Bild, das der Empfänger vom Sender hat und
- das Phänomen der korrelierten Botschaften (gekoppelte Botschaften).

Quelle: Schulz von Thun, Friedemann

5. Hinweise zur Auswahl und Anwendung einzelner Methoden

Der Verfasser wird im Rahmen seiner Seminare, in welchen das vorliegende Buch als Arbeitsunterlage dient, häufig mit der Frage nach den Auswahlkriterien für die Anwendung der einzelnen Methoden konfrontiert.

Im Rahmen der Einordnung (Ausprägung) der Erfolgsfaktoren erkennt man sehr rasch, bei welchen Faktoren Schwächen bzw. Stärken vorhanden sind.

Hier gibt es zwei grundsätzliche Ausrichtungen:

Die eine geht vom Erkennen und Verbessern der Schwachstellen aus. So wird z.B. aus der folgenden Abbildung ersichtlich, wie sich die im Kapitel 3.1 aufgeführten Konzepte in Schwerpunktthemen einordnen lassen. Will man – aus aktuellen Gründen – verstärkt die Kostensenkung anstreben, dann empfiehlt es sich, eine der hier aufgeführten Strategien anzuwenden. Geht es aber eher um die strategische Ausrichtung, dann kommen z.B. in Frage:

- Wettbewerbsstrategien nach Porter
- Zielsysteme und Zielbeziehungen
- Grundfragen des strategischen Managements
- Thesen für zukünftiges Management
- Unternehmenskonzept von Birkenbihl
- Leitsätze für die Reorganisation der Unternehmung von Naisbitt

Überträgt man dies auf den persönlichen Bereich, so sollte

auch hier die Entscheidung getroffen werden, welche der folgenden Konzepte, Strategien und Systeme anzuwenden sind:

- Energo-Kybernetische Strategie (EKS) von Mewes
- Großmann-Methode
- Hirt-Methode

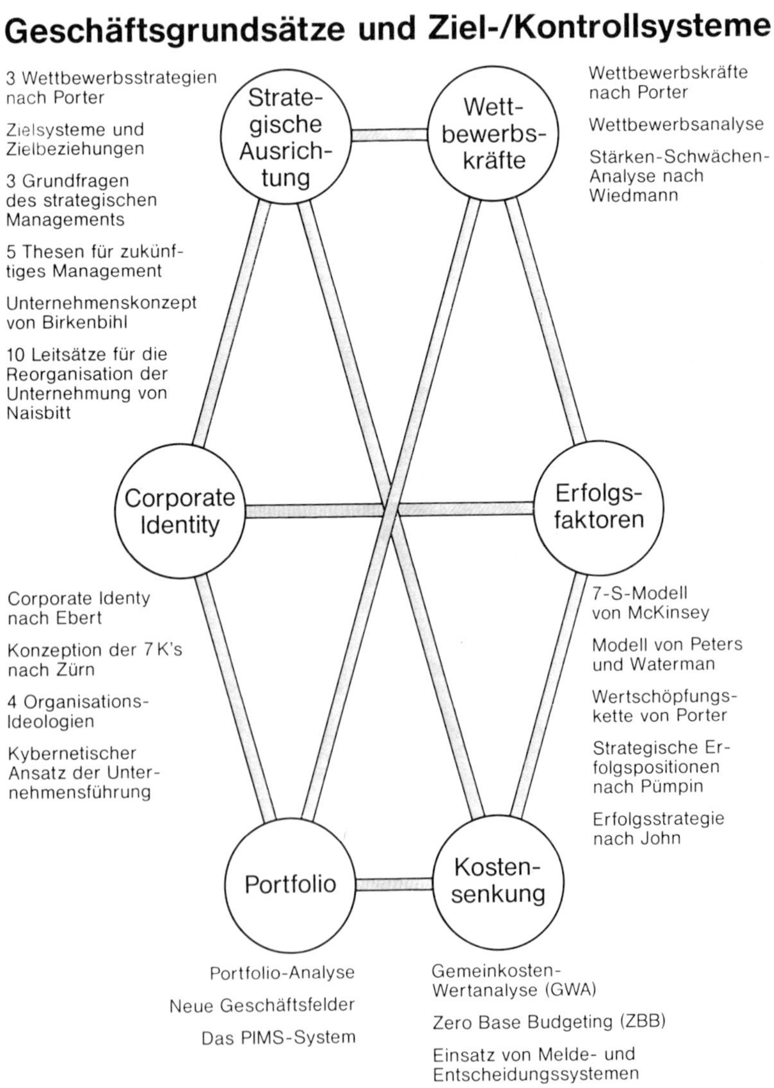

Abbildung: Einordnung der Konzepte »Geschäftsgrundsätze und Ziel-/Kontrollsysteme« nach Schwerpunkten

- Psychologie des Erfolgs nach Waitley
- Selbstmanagement-Regelkreis nach Seiwert
- Strategie der Selbsterkenntnis
- Konzept für eine positive Lebenshaltung nach Peale
- Schritte zum Erfolg nach Garfield
- Die Aufgaben des Erfolgsmanagers
- Innerbetriebliche Karriereentwicklung
- Phasen der beruflichen Strategieentwicklung
- Das ERFOLG-System
- Die Schriftenrollen des Erfolgs von Og Mandino
- Die Zehn Gebote für Ihren Erfolg nach Stielau-Pallas
- Strategien und Taktiken erfolgreicher Menschen nach de Bono

Während man aber bei den Systemen zum unternehmerischen Erfolg schon sehr früh selektieren und sich aufgrund der gegebenen unternehmerischen Stärken bzw. Schwächen auf die hierfür relevanten Methoden ausrichten kann, empfiehlt es sich, im Bereich der persönlichen Erfolgssysteme erst später eine entsprechende Auswahl zu treffen.

Da die Systeme zum persönlichen Erfolg, die das gesamte 4. Kapitel umfassen, ohne Ausnahme für jeden von uns lesenswert sind, sollten sie zuerst äußerst konzentriert und mit einer positiven Einstellung durchgearbeitet werden. Dieses Lesen allein vermittelt bereits wichtige Erkenntnisse und fundamentales Wissen, auf das in der heutigen Zeit nicht mehr verzichtet werden kann.

Jeder Leser wird nun bei diesem ersten Durchgang bestimmte Einstellungen zu den verschiedenen Methoden entwickeln. Während er sich z.B. mit den Aussagen des einen Systems voll und ganz identifizieren kann, steht er den Aussagen anderer Konzepte eher skeptisch gegenüber.

Hier ist es nun wichtig, bei der anschließenden engeren Auswahl der relevanten anzuwendenden persönlichen Strategien nur jene Methoden zu nehmen, die mit der eigenen inneren Einstellung und mit dem persönlichen Weltbild übereinstimmen. Nur auf diese Weise kann eine innere Identifikation – was die Voraussetzung für eine erfolgreiche Umsetzung der Erkenntnisse ist – erreicht werden.

Diese Aussagen beziehen sich im wesentlichen auf alle Systeme zum persönlichen Erfolg. Das Kapitel 4.2, welches die effiziente Selbstorganisation behandelt, dürfte jedoch jedem Leser eine Fülle von Wissen und Vorteilen bringen, so daß hier alle Konzepte – ohne Ausnahme – durchgearbeitet und anschließend (das wichtigste von allem) auch in die Tat umgesetzt und angewandt werden sollten.

Ging es bei dieser ersten Ausrichtung um das Erkennen und Verbessern der Schwachstellen, so konzentriert sich die zweite Vorgehensweise – sowohl im unternehmerischen als auch im persönlichen Bereich – auf den weiteren Ausbau der Stärken. Hierzu macht Edward de Bono in seinem Bestseller »Erfolg – Zufall, Intuition oder Planung?« die folgenden Aussagen:

1. Es ist tröstlich zu wissen, daß es für den Erfolg die verschiedensten Stilrichtungen gibt. Denjenigen, die stets der Ansicht waren, daß es sich bei ihrem persönlichen Stil nicht um den Erfolgsstil im herkömmlichen Sinne handelt, sollte dies Auftrieb geben.

2. Versuchen Sie, Ihren eigenen Stil so genau zu ermitteln, daß Sie ihn in Worte fassen oder schriftlich formulieren können. Sie könnten selbst Ihre Kollegen danach fragen, wie diese Ihren Stil beschreiben würden. Glauben Sie aber nicht immer, was sie sagen. Lassen Sie sich durch die Einschätzungen Ihres Stiles durch Dritte nicht verunsichern.

3. Bemühen Sie sich lieber, die Stärken und Vorzüge Ihres Stiles auszubauen, als ihn zu einem völlig anderen Stil abwandeln zu wollen.

4. Legen Sie Ihren Stil als Maßstab beim Fällen von Entscheidungen, bei der Erstellung von Plänen und beim Treffen einer Wahl an. Paßt dies oder jenes zu meinem Stil?
5. Machen Sie sich die Nachteile Ihres Stils bewußt, lassen Sie sich aber dadurch nicht entmutigen, und lassen Sie diese Schwächen auch nicht als Ausrede gelten.
6. Wählen Sie alle Begleitumstände so aus, wie sie am besten zu Ihrem Stil passen.

Auch im unternehmerischen Bereich gibt es wichtige Elemente moderner Unternehmensführung (siehe Abbildung »Wesentliche Elemente moderner Unternehmensführung«). Zahlreiche Firmen haben diese Elemente zu Erfolgspositionen ausgebaut. Hier gilt es, permanent an der Verbesserung dieser Stärken zu arbeiten.

Zum Schluß möchte ich Ihnen als Verfasser noch einen ganz persönlichen Rat für das Erkennen und Verbessern von Schwachstellen und zur weiteren Ausprägung der eigenen Stärken geben:

Versuchen Sie nicht, anhand dieser Erfolgssysteme, jemand anders werden zu wollen – das kann nicht funktionieren. Sie können aus den Erkenntnissen, Verhaltensweisen und dem Wissen anderer wichtige Lektionen lernen und diese dann zu einem Bestandteil Ihres Wesens machen. Einige menschliche Aspekte lassen sich auch durch ein tieferes Vordringen in sein Innerstes verbessern – aber manipulieren Sie nicht zu sehr an Ihrem persönlichen Wesen, sondern besinnen Sie sich auf Ihre eigenen Qualitäten, die es wert sind, ausgebaut und weiterentwickelt zu werden.

Mit der Motivation allein, »erfolgreich zu sein«, werden Sie nicht weit kommen – aber der feste Wille, die schon lange bekannten Schwächen (die uns durch das Lesen dieser Konzepte wieder allzu bewußt werden) endlich und endgültig abzulegen, und das Bewußtsein, daß *jeder* erfolgreich sein kann, wenn er nur wirklich will, werden willkommene Helfer auf Ihrem Weg zum Erfolg sein.

Wesentliche Elemente moderner Unternehmensführung

	Fragestellungen	Beispiele
Vision →	• Welche Technologie-Trends zeichnen sich ab? • Wie verändern sich die Märkte? • Welche innovativen Ansätze sehen wir?	• Solartechnik • Neue Dienstleistungen • System-Problemlösungen
Geschäfts-grundsätze →	• Was ist unser gemeinsames Wollen? • Wie stellen wir uns langfristig dar? • Was ist unsere Mission?	• Beste Kundenorientierung • Der Problemlöser Nr. 1 • Externe Ziele zu eigenen machen
Strategien →	• Welche Chancen und Risiken sehen wir? • Wie wollen wir die nächsten 5-10 Jahre angehen? • Welche Schwerpunkte legen wir?	• Politisches und gesetzliches Umfeld • Kostenführerschaft, Differenzierung • Nischenstrategie
Ziele →	• Wie können wir die Strategien in Zielsysteme (1 - 5 Jahre) überführen? • Welche Ziele wollen wir erreichen?	• Rendite in % • Umsatzzuwachs • Flexibles Ziel-/Kontrollsystem
Erfolgs-faktoren	• Welche Faktoren beeinflussen unsere Zielerreichung?	• After-Sale-Service • Auftragsdurchlaufzeit • Senkung Verwaltungskosten

Abbildung: Elemente moderner Unternehmensführung

6. Lexikon

Abteilungsaufgaben
Abteilungsaufgaben sind vorrangig vor dem Hintergrund der übergeordneten Ziele zu sehen. Die Analyse der Abteilungsaufgaben sollte insbesondere von folgenden Überlegungen getragen sein:

- Was sind die wesentlichen Erfolgsfaktoren?
- Sind die Aufgabenschwerpunkte richtig gesetzt, oder sind Priorisierungen erforderlich?
- Wie können die Prozesse mit anderen Abteilungen verbessert werden?
- Wie können die Prozesse mit Kunden und Lieferanten effizienter gestaltet werden?
- Welche Ansätze zur Kostensenkung lassen sich finden?

Abwärts-Aufwärts-Abwärts-Aufwärts-Methode
Bei der Abwärts-Aufwärts-Abwärts-Aufwärts-Methode, einer Problemlösungs-/Entscheidungsfindungs-Methode, geht es darum, alle Beteiligten an dem Beurteilungsprozeß teilhaben zu lassen. Das Problem wird von der Geschäftsleitung definiert und passiert alle Unternehmensebenen bis hinunter zu den letzten Beteiligten. Von dort werden Vorschläge die gesamte Unternehmenshierarchie wieder hinaufgeschickt. Dies wiederholt sich, bis für alle Beteiligten eine befriedigende Lösung gefunden ist.
→ 3.2 (22)

AIDA
AIDA steht für:
A – attention
I – interest
D – desire
A – action.
Im Rahmen der Vorbereitung von Verhandlungen sollte die sog. AIDA-Formel (Aufmerksamkeit, Interesse/Information, Drang zur Durchführung, Auftrag/Akzeptanz) als Hilfe für Verkaufsgespräche verwendet werden. Dabei handelt es sich um einen psychologisch ausgerichteten Verdichtungsprozeß, der

oft erfolgreicher angewendet werden kann, als mit zahlreichen Ideen und wenig Konzept in Verhandlungen zu gehen. Ursprünglich wurde die AIDA-Formel für die Werbung und den Vertrieb von Produkten entwickelt.

ALPEN-Methode
Die ALPEN-Methode ist eine Aktivitäten-Planung, die auf fünf Vorgehensschritten beruht. Sie ermöglicht ein systematisches, zeitsparendes und planvolles Arbeiten.
→ 4.2 (11)

Arbeitsablaufanalyse
Arbeitsablaufanalyse dient der Erfassung des Ist-Zustandes von Abläufen. Eine solche Analyse geht etwa von folgenden Fragestellungen aus:

- Welche Arbeitsgänge werden ausgeführt?
- In welcher Reihenfolge laufen die Arbeitsgänge ab?
- An welchen Arbeitsplätzen werden die Arbeiten durchgeführt?
- Welche Eingabedaten werden für die Arbeiten benötigt?
- Mit welchen Dateien wird gearbeitet?
- Welche Ausgabedaten werden erstellt?

Um den Arbeitsfluß optisch zu verdeutlichen und die einzelnen Arbeitsgänge anschaulich zu machen, verwendet man zur Darstellung der Ergebnisse gewöhnlich Diagrammzeichnungen. Wenn derartige Diagramme zusätzlich durch tabellarische Aufstellungen ergänzt werden, die Aussagen über die anfallenden Datenmengen (z.B. Maximum, Durchschnitt und Minimum zu verschiedenen Zeiten) sowie über die benötigten Bearbeitungs- und Transportzeiten zulassen, dann hat man damit eine gute Voraussetzung für die Beurteilung der Situation vor einer beabsichtigten Umorganisation geschaffen.

Arbeitsanalyse
Arbeitsanalyse dient der Untersuchung einzelner Arbeitsgänge eines Arbeitsablaufs. Während die → Aufbauanalyse und die → Arbeitsablaufanalyse eine Übersicht über den Aufbau und die Struktur bzw. den Gesamtablauf einer Organisation geben, sind bei der Arbeitsanalyse Fragen zu beantworten wie:

- Wer ist verantwortlich für die Durchführung des Arbeitsganges?
- Was löst den Arbeitsgang aus?
- Welche Eingabedaten sind erforderlich?
- Woher kommen die Eingabedaten?
- Welche Arbeitsschritte werden durchgeführt?
- Nach welchen Verarbeitungsregeln laufen die Arbeitsschritte ab?
- Welche Informations- und Hilfsquellen werden in Anspruch genommen?

- Welche Ausgabedaten werden erstellt?
- Wohin gehen die Ausgabedaten nach Beendigung der Arbeit?

Arbeitsanleitung
Die Arbeitsanleitung legt entweder als Richtlinie mit einem gewissen Entscheidungsspielraum oder als Anweisung fest, wie bestimmte Arbeitsgänge oder Arbeitsabläufe auszuführen sind. Arbeitsanleitungen sind dann erwünscht, wenn

- Arbeiten im Einzelfall oder in der Wiederholung auf bestimmte Art ausgeführt werden müssen,
- Arbeiten von verschiedenen Personen im Einzelfall oder in Wiederholung (auch nach längeren Zeitabständen) in gleicher, bestimmter Art durchgeführt werden sollen.

Arbeitsleistung
Arbeitsleistung ist das Ergebnis einer Anstrengung, die durch positive Motivation für einen Aufgabenbereich ermöglicht wird. Sie ist die Auswirkung eines bestimmten Führungsstils und des damit verbundenen Verhaltens einer Führungskraft gegenüber den Mitarbeitern. Der Einfluß eines Vorgesetzten auf die Arbeitsleistung seiner Mitarbeiter führt nicht nur über eine positive Motivation, sondern auch über sachbezogene Wirkungen, wie z.B. das Arbeitsverfahren, das Unternehmensumfeld und die Ausbildung des betroffenen Mitarbeiters.

Arbeitstechniken
Arbeitstechniken können wesentlich zur erfolgreichen Aufgabenbewältigung beitragen. Diese Methoden sind sowohl für die Durchführung der Tagesaufgaben als auch zur langfristigen Zielerreichung von Nutzen. Als Arbeitstechniken werden Methoden und Instrumente bezeichnet, die Führungskräften und Mitarbeitern als Mittel zu einer zielorientierten, systematisch geplanten und rationell durchgeführten effizienten Aufgabenerfüllung dienen.
→ 3.2 (2), (20), (23) und 4.2 (1 – 16)

Arbeitszufriedenheit
Arbeitszufriedenheit bei Mitgliedern eines Unternehmens setzt einen partizipativ-kooperativen Führungsstil des Vorgesetzten voraus. Die Ausrichtung des Führungsstils auf den Mitarbeiter führt überwiegend zu höherer Arbeitszufriedenheit als die Ausrichtung auf die Leistung.

Aufbauanalyse
Aufbauanalyse gibt einen Überblick über den Aufbau und die organisatorische Struktur der Unternehmung. Eine schaubildartige Darstellung der betrieblichen Aufbauorganisation ist mit Hilfe des Organisationsplans möglich.
→ 3.2 (1)

Aufgaben des Erfolgsmanagers
Die Aufgaben des Erfolgsmanagers beschreibt Garfield aufgrund von zahlreichen Umfragen. Der Psychologe und Mathematiker hat ein Erfolgsrezept aufgestellt, das beweist, daß Spitzenkönner keine besonderen Talente haben müssen, sondern nur einen untrüglichen Riecher, Chancen zu ihren Gunsten zu nutzen. Au-

ßerdem fand er heraus, daß sie fast alle die gleichen Indikatoren für Erfolg aufweisen.

→ 4.1 (9)

Aufgabenbeschreibung

Ziel der Aufgabenbeschreibung ist es, die anfallenden Funktionen überblickartig oder im Detail darzustellen. Auf weitergehende Beschreibungen, wie zum Beispiel Qualifikationsmerkmale, wird verzichtet. Meistens werden jedoch in einer Aufgabenbeschreibung mindestens folgende drei Bereiche umschrieben:

- Organisatorische Eingliederung des Stelleninhabers
- Hauptaufgaben
- Kompetenzen

Je nach Umfang der Aufgabenbeschreibung sollen entweder ein Überblick über die Aufgaben eines Mitarbeiters gegeben oder wichtige Einzelaufgaben dargestellt werden.

Ausbildung

Die Ausbildung hat ein wesentlich engeres Ziel als die Bildung. Die üblichen Definitionen der beruflichen Ausbildung gehen dahin, daß zur Berufsausbildung alles gehört, was dem Erlernen eines bestimmten Berufes dient.

In der Praxis ist der Begriff Berufsausbildung jedoch weit verbreitet für den Erwerb von Wissen und Fertigkeiten, die aber nicht nur zweckgerichtet, sondern notwendiger Bestandteil der Berufsbildung sind.

→ 3.5 (19), 4.3 (6)

Ausbildung am Arbeitsplatz

Die Ausbildung am Arbeitsplatz hat im Laufe der Zeit zu zahlreichen Ausbildungsformen geführt, die vor allem in Amerika entwickelt wurden. In der angelsächsischen Literatur finden sich hierfür die Bezeichnungen »coaching«, »counseling«, »on-the-job training« und »guided experience method«. Diese Begriffe können etwa mit »Anleitung«, »Beratung«, »Ausbildung am Arbeitsplatz« und »gelenkte Erfahrungsvermittlung« ins Deutsche übersetzt werden. Bei allen diesen Formen handelt es sich, wie sich bereits aus der Übersetzung erkennen läßt, um Teile der Ausbildung am Arbeitsplatz.

Ausbildungspolitik

Die Ausbildungspolitik leitet sich als ein Teilbereich der allgemeinen Unternehmungspolitik aus dem Ziel der ganzen Unternehmung ab. Hieraus ergibt sich dann auch für die Unternehmensleitung eine bestimmte Einstellung zur Aus- und Weiterbildung der Mitarbeiter und Führungskräfte. Diese Bestrebungen sollen das Ziel verfolgen, das Leistungspotential der gegenwärtigen und der zukünftigen Mitarbeiter zu entwickeln.

Neben diesem allgemeinen Ziel gibt es bei der Durchführung der Aus- und Weiterbildungsmaßnahmen im Einzelfall eine Reihe von begrenzteren Zielsetzungen. Die hauptsächlichen Gründe für die Notwendigkeit der Schulung und die Anforderungen, die heute an die Mitarbeiter zu stellen sind, weisen bereits auf diese speziellen Ziele hin. Sie können einem oder mehreren der folgenden

Ausbildungsziele zugeordnet werden:

1. Vermittlung von Wissen
2. Verbesserung der Entscheidungsfähigkeit
3. Förderung der gesamten Persönlichkeit

→ 3.5 (19), 4.3 (6)

Ausgleichsgesetz der Planung

Das Ausgleichsgesetz der Planung besagt, daß jede Planung sich kurz- bzw. langfristig auf den »schwächsten« Bereich, den strukturellen Engpaß der Unternehmung, einpendelt.

Aus- und Weiterbildungsprogramme

Aus- und Weiterbildungsprogramme sollten nach drei methodischen und programmatischen Gesichtspunkten gegliedert werden:

1. Stoffprogramm
2. Lehrprogramm
3. Zeitprogramm

Im Stoffprogramm wird der zu vermittelnde und zu verarbeitende Lehrstoff festgelegt. Das Stoffprogramm sagt aus, was gelehrt werden soll.

Das Lehrprogramm umfaßt die Gestaltung und Durchführung des Stoffprogramms. Es zeigt, in welcher Art und in welcher Reihenfolge der zu vermittelnde Stoff den Mitarbeitern dargeboten werden soll.

Das Zeitprogramm bestimmt die Dauer und Reihenfolge der Ausbildungsveranstaltungen. Es hängt im wesentlichen von den angestrebten Zielen und von den Betriebsverhältnissen (zum Beispiel Freistellung vom Arbeitsplatz) ab.

Automatisierung

Automatisierung ist der selbständige Ablauf von Arbeitsgängen aller Art, bei denen sämtliche Ausführungs-, Steuerungs- und Kontrollfunktionen auf technische Aggregate übertragen sind. Demnach liegt Automation im Verwaltungsbereich dann vor, wenn die Datenverarbeitung von programmierbaren Maschinen übernommen wird, die in der Lage sind, logische Entscheidungen zu treffen, ihre Arbeit selbst zu kontrollieren und zu regulieren und somit ganze Arbeitsvorgänge durchzuführen, ohne daß der Mensch irgendwie regelnd eingreifen müßte.

→ Automatisierungsgrad

Automatisierungsgrad

Automatisierungsgrad gibt wieder, in welchem Maße

- ausführende Tätigkeiten
- Steuerungshandlungen
- dispositive Entscheidungen und
- Kontrollen

auf Automaten (Maschinen, Programme) übertragen wurden, gemessen an der Summe aller dieser Aktivitäten im Unternehmen. Je höher der Automatisierungsgrad, um so sicherer funktioniert das gesamte System im Hinblick auf seine Zielsetzung.

→ Automatisierung

Balkendiagramme

Balkendiagramme sind die wohl älteste Darstellungstechnik von Arbeitsabläufen. Es sind rechtwinklige Koordinatensysteme, auf denen normalerweise auf der Abszisse ein Zeitmaßstab eingetragen wird. Auf der Ordinate können entweder Bearbeitungsstellen (Maschinen, Stellen, Abteilungen) oder (Teil-)Aufgaben eingetragen werden. Sind auf der Ordinate Aufgaben eingetragen, spricht man von Auftragsfortschrittsplan, sind Maschinen eingetragen, spricht man von Stellenbelegungsplan oder Kapazitätsauslastungsplan. Mit Hilfe von Balkendiagrammen lassen sich im allgemeinen folgende Fragen beantworten:

Wann beginnt oder endet ein bestimmter Vorgang?

Wie lange dauert das ganze Projekt?

Bedürfnispyramide nach Maslow

Bei der Bedürfnispyramide nach Maslow handelt es sich um eine fünfstufige Pyramide, welche die von dem humanistischen Psychologen Abraham Maslow aufgestellten menschlichen Bedürfnisse darstellt. Er unterscheidet fünf Kategorien von Bedürfnissen, welche sich von den niederen (physiologischen) zu den höheren (Selbstverwirklichung) entwickeln.

→ 3.4 (1)

Behalten

Behalten bedeutet, einen Eindruck durch Assoziationen zu speichern. Ein dauerhaftes Bild erhalten wir nur dann, wenn der Fixiervorgang vollständig und ohne Unterbrechung (Hemmungen) durchgeführt werden kann.

Aufgrund von empirischen Untersuchungen gibt es eine Reihe von Thesen, die das Behalten von Lernstoffen fördern, oder Faktoren, die das Vergessen bewirken.

→ 4.3 (10), (11)

Bestimmungsfaktoren des Arbeitsverhaltens

Bestimmungsfaktoren des Arbeitsverhaltens ist ein Konzept, das menschliches Arbeitsverhalten, die Beweggründe des Handelns und die persönlichkeitsspezifischen Faktoren, die im Umgang mit anderen zum Tragen kommen, beschreibt.

→ 4.4 (1)

Betriebswirtschaftliche Kennzahlen

Betriebswirtschaftliche Kennzahlen sind Zahlen, die sich auf bestimmte Sachverhalte beziehen und eine konzentrierte Aussagekraft über diese Sachverhalte besitzen. Sie können einzelne, aber auch mehrere Sachverhalte kennzeichnen. Durch Kennzahlen können nur quantifizierbare Gegebenheiten erfaßt werden.

Kennzahlen dienen als Hilfsmittel bei der

- Analyse des Betriebes bzw. Unternehmens,
- Planung des Betriebsgeschehens,
- Steuerung des Betriebsablaufs,
- Kontrolle des Betriebsergebnisses.

Sie können zu Vergleichen herangezogen werden

- im eigenen Unternehmen
  - gegenüber früheren Perioden,
  - zwischen Betriebsteilen, Abteilungen, Stellen;
- nach außen gegenüber
  - anderen Unternehmen,
  - der eigenen Branche,
  - anderen vergleichbaren Branchen,
  - der Gesamtwirtschaft (soweit vergleichbare Sachverhalte).

    → 3.3 (9)

Bionik-Methode
Die Bionik-Methode (*Bio*logie + Tech*nik*) ist eine Subvariante der → Synektik. Bei der Anwendung dieser Kreativ-Methode wird durch Verfremdung des Problems nach einer Analogie in anderen Lebensbereichen gesucht, um auf diese Weise zu einer Problemlösung zu gelangen.
→ 3.2 (16)

Biorhythmus
Beim Biorhythmus, einer teilweise umstrittenen Lehre, geht man davon aus, daß jeder Mensch in seiner körperlichen, seelischen und geistigen Leistungsfähigkeit rhythmischen Schwankungen unterliegt, die sich im voraus berechnen lassen.
→ 4.2 (4)

Bonitätsziffer
Die Bonitätsziffer ist eine Kennziffer zur Beurteilung eines Kunden. Sie gewinnt um so mehr an Aussagekraft, je mehr Kriterien zu ihrer Ermittlung herangezogen werden. Dabei sind für alle Kriterien Bewertungsskalen aufzustellen. Diese Bewertungsskalen werden dann zur Ermittlung der Bonitätsziffer miteinander verknüpft.

Bottom-Up-Planung
Bottom-Up-Planung heißt: von der untersten Hierarchiestufe (z.B. Abteilung) werden die Teilpläne schrittweise konsolidiert und das Gesamtergebnis als Unternehmensplan vereinbart.

Brainstorming
Brainstorming ist ein Verfahren, bei dem durch Sammeln spontaner Einfälle von einer ausgewählten Gruppe Problemlösungen gesucht werden. Hierbei kommt es vor allem auf das Finden zahlreicher Ideen und weniger auf deren Qualität an.
→ 3.2 (12)

Brainwriting
Brainwriting → Metaplan-Technik
→ 3.2 (11)

Break-even-Analyse
Break-even-Analyse ist ein Instrument der Gewinnplanung und Gewinnkontrolle als Entscheidungshilfe für die Unternehmensführung. Der Break-even-point (toter Punkt, auch Gewinn- oder Nutzschwelle) bestimmt in der Kosten-Ertrags-Entwicklung einer Unternehmung jene Beschäftigungszone, in welcher der Umsatz einer Periode gerade sämtliche fixen Kosten der Periode und die angefallenen proportionalen Kosten deckt. Ein Gewinn entsteht erst mit Überschreiten des Break-even-point.

Checklisten-Methode
Bei der Checklisten-Methode, einer analytischen Problemlösungstechnik, werden auf einer Checkliste erforderliche Eigenschaften der Lösung festgehalten und anhand dieser Aufstellung mögliche Lösungsvorschläge ausgewählt.
→ 3.2 (25)

Commitment
Commitment ist die Bindung definierter durchführender Stellen und Funktionen an vereinbarte Termine und Ergebnisse.

Computergestützte Kommunikationstechniken
Ein computergestütztes Bürokommunikationssystem umfaßt die folgenden Schwerpunkte:

- elektronische Post
- elektronische Archivierung
- elektronisches Arbeitsplatzmanagement und
- elektronische Dokumentenerstellung.

Im Rahmen der Kommunikation liegt der wesentliche Vorteil eines solchen Systems in der schnellen Informationsbereitstellung am Arbeitsplatz. Texte, Nachrichten und Informationen können elektronisch ohne den zeitraubenden Postweg übermittelt werden.

Corporate Communication
Corporate Communication (Unternehmensaustauschform) bedeutet – im Rahmen von Werbung, Public Relations, Präsentation auf Messen und Veranstaltungen etc. – sich in Form und Inhalt dieser Kommunikationsmittel mit den Wertvorstellungen und Zielen des Unternehmens zu identifizieren.
→ 3.1 (8)

Corporate Culture
Corporate Culture (Unternehmensverhalten) nennt man die Ausrichtung erfolgreicher Unternehmen nach bestimmten Grundwerten und Überzeugungen. Diese gelebte und gemeinsam getragene Wertorientierung basiert auf Glaubensgrundsätzen und bestimmten Zielsetzungen mit hoher Motivationskraft, die von allen Mitgliedern einer Organisation getragen werden.
→ 3.1 (8)

Corporate Design
Corporate Design (Unternehmenserscheinungsbild) ist die Summe aller visuellen Informationen und Kommunikationen einer Unternehmung. Sie prägen maßgebend den Eindruck, den sich Umwelt und Mitarbeiter von dem Unternehmen machen.
→ 3.1 (8)

Corporate Identity
Corporate Identity (Unternehmenskultur) bezieht sich auf ein Unternehmensleitbild, in welchem die Wertvorstellungen und die angestrebte Marktkompetenz manifestiert sind. Diese Unternehmensidentität ist das Selbstbild einer Unternehmung und spiegelt die Verhaltensweisen und das Auftreten im Umfeld wider.
→ 3.1 (8)

Daten
Daten sind eine formalisierte Darstellung des Seins; sie beschreiben Realitäten. Während z.B. ein Kunde im Geschäftsleben eine »Realität« ist, ist die Kundennummer, mit der wir ihn im Rechnungswesen identifizieren, ein Datum. Ebenso sind etwa Bestellmengen und Bestellwerte Daten. Alle Daten werden in Form von Zeichen bzw. Zeichenfolgen dargestellt.

Datenverarbeitung
Datenverarbeitung nennt man die Verknüpfung von Daten nach bestimmten logischen Vorschriften. Während der Begriff der Datenverarbeitung unabhängig von der dabei angewandten Technik ist, implizieren die Ausdrücke »automatisierte Datenverarbeitung« und »maschinelle Datenverarbeitung« die Anwendung bestimmter technischer Hilfsmittel.

Datenverarbeitungssystem
Der Ausdruck DV-System wird verwendet, um die Zugehörigkeit unterschiedlich großer und leistungsfähiger Computermodelle zu einer Systemfamilie zu kennzeichnen. Die verschiedenen Modelle weisen dabei gewisse Übereinstimmungen auf, die den Übergang von einem Modell auf ein anderes erleichtern.
Darüber hinaus wird aber auch eine komplexe Datenverarbeitungsanlage mit ihren sehr zahlreichen Ein-/Ausgabeeinheiten und Speichern als ein System bezeichnet. Alle zugehörigen Maschineneinheiten insgesamt bilden die sogenannte Maschinenkonfiguration. Die Zentraleinheit und die an sie angeschlossenen peripheren Einheiten und Geräte sind in diesem Sinne die Systemkomponenten.

Delegation
Delegation bedeutet eine Aufgabenverlagerung von oben nach unten, die sowohl intern/extern als auch horizontal/vertikal erfolgen kann. Delegation ist ein effizientes Management-, Führungs- und Organisationsinstrument. Sie gilt in der Führungslehre als ein essentieller Bestandteil neuzeitlicher Führungsstile (z.B. demokratischer, partizipativer, kooperativer Führungsstil) und ist ein Mittel zur Veränderung traditioneller Top-down-Hierarchien. Bei der Delegation sollen Aufgaben, Befugnisse und Verantwortung miteinander übereinstimmen und in einem ausgewogenen Verhältnis zueinander stehen. Wer eine Aufgabe übernimmt, übernimmt mit ihr die Verantwortung, sie richtig zu lösen. Es gibt keine Aufgabe, die nicht Verantwortung in sich schließt. Um eine Aufgabe jedoch richtig lösen zu können, bedarf man bestimmter Kompetenzen. Unter einer Kompetenz versteht man die Befugnis, alle zur Erfüllung einer bestimmten Aufgabe notwendigen Anordnungen treffen zu können. Das Bewußtsein der Verantwortung ist dort am ausgeprägtesten, wo Aufgabe und Kompetenz sich entsprechen. Dies bedeutet, daß die echte Aufgabendelegation in jedem Falle auch die Delegation der erforderlichen Befug-

nisse zur Bewältigung dieser Aufgaben in sich einschließt.
→ 3.5 (5), (6), (11)

Delegationsprinzip
Das Delegationsprinzip ist von Höhn in überaus verdienstvoller Weise zu einem umfassenden Führungssystem ausgearbeitet und erweitert worden. Entsprechende Veröffentlichungen beruhen vielfach auf seinen Arbeiten.
→ 3.5 (11)

Denkmuster für Kreativität
Denkmuster für Kreativität besagen, daß es sinnvoller erscheint, den Denkprozeß im Zentrum einer Hauptidee zu beginnen und sich dann von dem jeweiligen Themenkreis zu den äußeren Enden hin zu verzweigen, als sich einfach von oben nach unten linear durch eine gedachte Themenliste durchzuarbeiten.
→ 4.3 (7)

Dialektik-Methode
Dialektik-Methode nennt man das Verfahren, einer These eine Antithese gegenüberzustellen. Bei dieser Kreativmethode wird mit einer besonderen Form des Denkens gearbeitet, da eine Umkehrung der Problemlösung angestrebt wird, um so an eine möglichst effiziente Problemanalyse zu gelangen.
→ 3.2 (18)

Disposition
Disposition → Organisationsgrad

Drei-Ebenen-Modell
Drei-Ebenen-Modell von Koreimann bezieht sich auf die Unternehmenshierarchie. In seiner Darstellung der Managementebenen ordnet Koreimann die Unternehmenshierarchie von den operativen Tätigkeiten der untersten Stufe bis zur Unternehmensspitze pyramidenförmig an. Er ist der Ansicht, daß die Legitimation der Machtverhältnisse des Managements ihren sichtbaren Ausdruck in der organisatorischen Gliederung des Unternehmens findet.
→ 3.5 (6)

Dualismus
Ist die Bezeichnung für eine philosophische Annahme von der Existenz zweier unabhängiger Substanzen in Form von Geist (mind) und Materie (matter).

Durchschnitt
Das Synonym für Mittelwert ist auch eine Bezeichnung für jede Art von Kennzahl, welche die zentrale Tendenz einer Häufigkeitsverteilung von Daten wiedergibt, demzufolge ein arithmetisches Mittel.

Eisenhower-Prinzip
Nach dem Eisenhower-Prinzip kann man eine besonders effiziente Aktivitätenplanung betreiben. Es werden alle Aktivitäten auf ihre Wichtigkeit und Dringlichkeit hin überprüft und in vier Kategorien eingeteilt.
→ 4.2 (10)

Energo-Kybernetische Strategie (EKS)
Energo-Kybernetische Strategie (EKS) nach Mewes bedeutet, daß der Wert eines Unternehmens nicht nur nach der Summe seines materiellen und finanziellen Vermögens, sondern auch nach den immateriellen Werten zu rechnen ist. Auf der Basis dieser Überlegungen und des Minimumgesetzes entwickelte er seine EKS-Strategie. Diese Methode soll die aufkommenden Mängel rechtzeitig erkennen, analysieren und alle verfügbaren Kräfte auf den Punkt des jeweiligen Bedarfs auf dem Markt konzentrieren.
→ 4.1 (1)

Entscheidungsorientierte Unternehmensführung
Entscheidungsorientierte Unternehmensführung stellt die Entscheidung, deren mögliche Alternativen, Bedingungen, Prozesse und ihre typischen Eigenschaften in den Mittelpunkt der Betrachtung.

Entscheidungsspielraum
Entscheidungsspielraum ist das Ausmaß der Freiheit von organisatorischen Standards bzw. die Möglichkeiten, nicht vorhandene organisatorische Regeln durch eigene Entscheidungen zu ersetzen.

Entscheidungstabellen
Entscheidungstabellen dienen dazu, Regeln, Zusammenhänge und Abhängigkeiten in schematischer Form klar und übersichtlich darzustellen, die anders (z.B. verbal) nur umständlich beschrieben werden könnten.
Der Grundgedanke der Entscheidungstabellen geht davon aus, daß die Bedingungen und zugehörigen erforderlichen Maßnahmen eines zu lösenden Problems einander in Tabellenform gegenübergestellt werden.
→ 3.2 (23)

Entscheidungstechniken
Zahlreiche Entscheidungstechniken wurden aufgrund der enormen Bedeutung von optimalen Entscheidungen in Unternehmen entwickelt. Sie sollen den Entscheidungsträgern eine Hilfe sein, um zu sachlich richtigen und jederzeit nachvollziehbaren Entscheidungen zu gelangen.
→ 3.2 (20)

Erfolgsfaktoren
Erfolgsfaktoren sind die Faktoren, die über den Erfolg des zu untersuchenden Objektes etwas aussagen. Eine systematische Analyse der Erfolgsfaktoren wird meistens durch das Vorgehen von oben nach unten durchgeführt. Man unterscheidet diesbezüglich:

- Generelle Erfolgsfaktoren
- Erfolgsfaktoren der Branche

- Erfolgsfaktoren des Unternehmens
- Erfolgsfaktoren der Unternehmensprozesse
- Erfolgsfaktoren der Projekte
- Abteilungsorientierte Erfolgsfaktoren
- Individuelle Erfolgsfaktoren

Strategische Überlegungen können initiiert werden durch Fragen wie:

- Welche wesentlichen Erfolgsfaktoren wirken heute und in der mittleren Sicht?
- Wie verändern sich die Erfolgsfaktoren längerfristig?
- Wie unterstützen Informationssysteme die Erfolgsfaktoren heute und morgen?
- Welche aktiven Erfolgsfaktoren bedürfen einer besonderen Unterstützung durch die Informationsverarbeitung?
- Welche Prozesse unterstützen mehrere Erfolgsfaktoren?

→ 2.1 und 2.2

Erfolg-System

Das ERFOLG-System des Verfassers ist eine einfache, prägnante und praxisnahe Beschreibung eines mittelständischen Unternehmenskonzeptes.

Die Inhalte des Systems lassen sich aus den einzelnen Buchstaben des Wortes »Erfolg« ableiten.

E = Eigeninitiative

R = Rücksichtnahme

F = Führung

O = Organisation

L = Leistung

G = Geschäftsgrundsätze

→ 4.1 (12)

Ergonomie

Ergonomie ist die Zusammenfassung der drei Wissenschaftsbereiche

- Arbeitsphysiologie (Körperfunktionen)
- Arbeitspsychologie (Verhaltensweisen/Leib-Seele-Zusammenhänge)
- Arbeitsmedizin (Krankheitsfaktoren/psychosomatische Auswirkungen)

In der Ergonomie beschäftigt man sich mit den Auswirkungen der Arbeit auf den Menschen. Das heißt:

- welche Anforderungen ergeben sich für ihn?
- welche gesundheitlichen Gefahren können entstehen?
- wie können sie vermieden werden?

ERG-Theorie von Alderfer

Die ERG-Theorie von Alderfer ist eine auf der Motivationstheorie basierende Bedürfnispyramide, die im Gegensatz zu Maslow nur von drei menschlichen Bedürfnissen ausgeht. Es handelt sich dabei um die Bedürfnisse Existence, Relatedness, Growth. Auf diese Bedürfnisklassen wendet Alderfer vier unterschiedliche Prinzipien an.

→ 3.4 (2)

Erhebungstechniken
Erhebungstechniken dienen der Ermittlung von Ist-Tatbeständen.
→ 3.2 (6)

Erster Eindruck
Der erste Eindruck als Beurteilungsprozeß der Mitmenschen ist oft nicht wertfrei, da ein Minimum an Informationen ausreichen muß, um ein Maximum an Schlußfolgerungen zu ziehen. Aus diesem Grunde sind Fehlentscheidungen vorprogrammiert, da der erste Eindruck einer Person selten unter dem Aspekt möglicher Fehlerquellen gesehen wird.
→ 4.6 (1)

Erwartungstheorie von Vroom
Die Erwartungstheorie von Vroom ist ein Motivationsmodell, das als Prozeßtheorie betrachtet werden kann, da es sich hierbei um kein zielorientiertes Verhalten handelt. Es spricht den ausschließlich rational ausgerichteten Menschen an, der jene Verhalten wählt, die den höchsten zu erwartenden Nutzen bringen.
→ 4.4 (4)

Erziehung
Die Erziehung umfaßt die sich im Menschen vollziehende Selbsterziehung, die unbeabsichtigte Erziehung durch die Umwelt und die beabsichtigte Erziehung als planmäßige Beeinflussung. Den Kern der Erziehung bildet die Selbsterziehung. Die Fremderziehung kann diese lediglich unterstützen. Das Ziel der Erziehung ist die Vervollkommnung des Menschen zur sittlichen Persönlichkeit.

ETHOS – Argumentationshilfe
Die verschiedenen Aspekte eines Problems können aufgrund der ETHOS-Gedächnisstütze angegangen werden. Dabei stehen die einzelnen Buchstaben für

E = Economic (wirtschaftlicher Aspekt)

T = Technical (technischer Aspekt)

H = Human (menschlicher Aspekt)

O = Organizational (organisatorischer Aspekt)

S = Social (sozialer Aspekt)

Die meisten Themen im Bereich der Unternehmensführung tangieren alle aufgeführten Aspekte. Die ETHOS-Formel erleichtert die umfassende Analyse eines Problems oder Themas.

Extrovertierte Firmen
Extrovertierte Firmen konzentrieren sich auf kundenorientierte Kriterien. Die Unternehmung ist nach außen auf den Markt hin ausgerichtet.

Fallmethode
Bei der »Fallmethode« haben wir es nicht mit einer einheitlichen Methode zu tun, sondern mit einer Vielzahl von Variationen. Für die Ausbildung von Mitarbeitern und Führungskräften kommen insbesondere die klassische Fallmethode, die Vorfallmethode, die Projektmethode und die Praktischen-Fall-Reihen in Frage.
Als klassische Form der Fallmethode kann jene bezeichnet werden, die um 1920 von der Harvard Graduate School of Business Administration entwickelt wurde. Der Fall, das Kernstück dieser Lehrmethode, stellt eine ausführliche Zusammenstellung von Tatbeständen, Auffassungen und Beurteilungen zu einer Unternehmenssituation dar, in der ein Problem besteht, das zu einem bestimmten Zeitpunkt durch eine Entscheidung gelöst werden muß. Die Arbeitsgruppe muß nun versuchen, dieses Problem nach unternehmenspolitischen Gesichtspunkten zu beurteilen und konkrete Maßnahmen für eine Lösung vorzuschlagen.

Feedback
Feedback bedeutet Rückmeldung von Information, wobei bestimmte Regeln für das Geben und Annehmen von Feedback eingehalten werden müssen.
→ 3.4 (8)

Formalisierung
Formalisierung ist die schriftliche Fixierung der Regelungen zur Standardisierung.

Formale Struktur
Die formale Struktur einer Organisation umfaßt alle Regelungen für die Aktivitäten der Organisationsmitglieder. In den Unternehmungen und Verwaltungseinheiten soll die Struktur »bestmöglich« sein, d.h., ein optimales Verhältnis von Kosten und Nutzen soll für die Handlungen, die sich in dem organisatorischen Rahmen vollziehen, angestrebt werden.

Freiheitsspielraum
Freiheitsspielraum ist das Ausmaß der Freiheit von organisationsinternen sozialen Normen.

Führungseffizienz
Führungseffizienz bezieht sich sowohl auf die Leistung als auch auf die Person einer Führungskraft. Die Leistungseffizienz, die Leistungsergebnisse und -prozesse beinhaltet, kann im Gegensatz zur Personeneffizienz nicht immer eindeutig einem einzigen Individuum zugeordnet werden. Beispiele einer leistungsbezogenen Wirksamkeit sind Produktivität, Deckungsbeitrag, Innovationsbereitschaft, während die personenbezogene Wirksamkeit sich z.B. in der Kooperationsbereitschaft, im Gruppenzusammenhalt und in der Zufriedenheit der Mitarbeiter ausdrückt.

Führungseigenschaften
Führungseigenschaften werden in dem Konzept von Wiedemann sowohl unter betriebswirtschaftlich-organisatorischen Aspekten als auch unter ethischen Gesichtspunkten betrachtet. Wiedemann faßt die Per-

sönlichkeitsmerkmale in Eigenschaftsbündeln zusammen, in welchen jeweils die allgemeinen und die speziell zum Mitarbeiter hin wirkenden Eigenschaften gegenübergestellt werden.
→ 3.5 (16)

Führungsgrad
Führungsgrad nach Blake/Mouton → siehe Verhaltensgitter

Führungsgrundsätze
Führungsgrundsätze nennt man die Führungsbeziehungen zwischen dem Management (den Vorgesetzten) und den Mitarbeitern einer Organisation, die im Rahmen einer Führungskonzeption abgesteckt sind.

Führungsinformationen
Führungsinformationen sind solche Informationen, die die Führungskräfte befähigen, ihre Führungsaufgaben besser zu erfüllen. Da das Spezifikum jeder Managementtätigkeit das Treffen von Entscheidungen ist, kann alles das als Führungsinformation angesehen werden, was den Entscheidungsprozeß positiv beeinflußt.

Führungskonzept 2000
In dem Führungskonzept 2000 wird die Auffassung vertreten, daß höhere Leistung im Unternehmensbereich nur durch Kooperation erreicht werden kann. Zusammenhänge zwischen Führung und Leistung/Minderleistung der Mitarbeiter werden aufgezeigt und auf Führungsdefizite aufmerksam gemacht. Das Konzept zeigt auf, wie Führen am Ende des 20. Jahrhunderts definiert und ausgelegt werden soll.
→ 3.5 (1)

Führungskräfte
Führungskräfte sehen ihre Aufgaben in einer Kombination von Menschenführung und dem Treffen von Entscheidungen über Sachvorgänge. Der Begriff der Führungskraft wird sehr unterschiedlich definiert. Bei einer sehr weiten Auslegung umfaßt er nicht nur betriebliche Führungskräfte, sondern auch Angehörige freier Berufe und Politiker, bei einer sehr engen Auslegung dagegen nur die obersten Führungskräfte ohne Kapitalgeberfunktionen.
Nach herrschender Meinung sind Führungskräfte Mitarbeiter, die sowohl Personalverantwortung haben als auch Entscheidungen über Sachvorgänge treffen. Die Führungskräfte werden in verschiedene hierarchische Stufen eingeordnet. Man unterscheidet obere, mittlere und untere Führungskräfte.

Führungsphilosophie
Als Führungsphilosophie bezeichnet man im allgemeinen die Gesamtheit von Grundeinstellungen, welche die Grundlage für einen bestimmten Führungsstil bilden. Sie beinhaltet die Wertvorstellungen, die das Verhalten von Führungskräften beeinflussen.

Führungsprofile
Führungsprofile nach Likert ist ein Modell, das versucht, Führungsprofile transparent, meßbar und beeinflußbar zu machen. Der Versuch einer Quantifizierung von Eigenschaften wird unternommen, den

viele nicht als darstellbar ansehen. Bei diesem Konzept werden vier Ausprägungsbereiche zwischen den Gegensätzen autoritäres und kooperatives Führungsverhalten beschrieben.
→ 3.5 (13)

Führungsstil
Führungsstil ist die Art und Weise, wie Vorgesetzte mit den Mitarbeitern umgehen. Der richtige Führungsstil hängt von einer Reihe von Faktoren ab. Die Frage nach dem richtigen Führungsstil läßt sich, ganz allgemein betrachtet, nicht beantworten. Wesentlichen Einfluß können u.a.

- die Führungskraft,
- die Situation,
- die Aufgabenstellung und
- der Mitarbeiter

haben.
Steht eine bestimmte Person im Vordergrund der Betrachtung, dann finden sich Charakterisierungen wie patriarchalischer, autokratischer und bürokratischer Führungsstil.
Beim patriarchalischen Führungsstil ist der Patriarch (der Familienvater) das Vorbild, der autokratische Führungsstil stellt auf den Autokraten ab, der sich meist eines großen Führungsapparates bedient, und beim bürokratischen Führungsstil orientiert man sich am Bürokraten. Im Bereich des demokratischen Führungsstils gibt es ebenfalls eine Reihe von Varianten. Gemeinsam ist diesen Formen eine mehr oder weniger ausgeprägte Form der Einbindung der Mitarbeiter.
→ 3.5

Führungsstile nach Tannenbaum und Schmidt
Führungsstile nach Tannenbaum und Schmidt reichen vom autoritären Führungsverhalten über den patriarchalischen, informierenden, beratenden, kooperativen und partizipativen Führungsstil bis hin zum demokratischen Führungsverhalten. Das Modell zeigt die Brandbreite von der 100prozentigen Willensbildung beim Vorgesetzten bis zur 100-prozentigen Willensbildung beim Mitarbeiter auf.
→ 3.5 (4)

Führungsverantwortung
Führungsverantwortung besteht aus Übernahme der Verantwortung für die sogenannten Führungsmaßnahmen. Sie liegt beim Vorgesetzten. Im Gegensatz dazu obliegt die Handlungsverantwortung dem Mitarbeiter. Er ist für seine Handlungen, Entscheidungen und Unterlassungen im Rahmen seines Delegationsbereiches verantwortlich.

St. Gallener Management-Modell
Beim St. Gallener Management-Modell handelt es sich um ein systemorientiertes Management-Modell, bei dem das Systemdenken in komplexen Zusammenhängen im Vordergrund steht. Relevant sind die Unternehmensbereiche Unternehmung, Unternehmensführung, Unternehmensorganisation und Führungsbereich des Chefs.
Der Grundsatz, daß keine isolierte Betrachtung von Problemkreisen erfolgen darf, sondern stets auf das Gesamtsystem Bezug genommen werden muß, ist vorherrschend.
→ 3.5 (10)

Gap-Analyse
Die Gap-Analyse ist eine Methode zur Ermittlung einer besseren Entscheidungsgrundlage für strategische Maßnahmen. Sie vollzieht sich in zwei Schritten: während im ersten Schritt das gewünschte zukünftige Ergebnis fixiert wird, versucht man im zweiten Schritt, die tatsächlich zu erwartenden Ergebnisse – unter der Annahme, daß keine Änderungen der gegenwärtigen Unternehmensaktivitäten initiiert werden – zu prognostizieren. Die sich zwischen diesen beiden Werten öffnende Lücke (Gap) wird durch Produkt-Markt-Strategien zu schließen versucht.

Gebrauchsanweisung für das Gehirn
Gebrauchsanweisung für das Gehirn ist ein Konzept, in dem das menschliche Gehirn und seine Leistungsfähigkeit beschrieben wird. Durch eine effiziente Anwendung des Gehirns läßt sich die enorme Speicherkapazität dieses Organs besser für den täglichen Aufgabenbereich nutzen.
→ 4.3 (14)

Gemeinkosten-Wertanalyse
Die Gemeinkosten-Wertanalyse (GWA) ist die europäische Variante der »Overhead Value Analysis«, die von der Beratungsgesellschaft McKinsey vorgestellt wurde. Die GWA geht davon aus, daß die Leistungen der indirekten Bereiche in Organisationen in Frage gestellt werden. Dabei handelt es sich um indirekt-produktive Unternehmensbereiche, in denen die Mitarbeiter mit Tätigkeiten beschäftigt sind, die nicht direkt an absatzbestimmten Produkten erfolgen. Da in diesen Bereichen fast nur Gemeinkosten anfallen, spricht man auch von »Gemeinkostenbereichen«. Die Analyse der Gemeinkosten hat eine große Bedeutung, da ihr Anteil an den Gesamtkosten oft bis zu 50 % und mehr beträgt.

Neue Geschäftsfelder
Neue Geschäftsfelder können auf das Konzept des »Extended Enterprise« zurückgeführt werden. Jede Unternehmung hat zunächst angestammte Tätigkeitsfelder. Aus den ursprünglichen Objekten und Verrichtungen entstehen neue Geschäftsfelder, wenn die Unternehmung versucht, ihre Aufgaben entsprechend den strategischen Überlegungen bestmöglich wahrzunehmen und im Laufe der Zeit das Leistungsangebot zu erweitern und neue Zielgruppen anzusprechen.
→ 3.1 (5)

Geschäftsgrundsätze
Geschäftsgrundsätze geben das Rahmengefüge für alle Entscheidungen ab. Es ist mehr und mehr festzustellen, daß erfolgreiche Unternehmen klare Grundsätze haben, auf deren Basis sie ihre Politik und ihr Handeln begründen. Untersuchungen haben deutlich gemacht, daß ein bedeutender Faktor für den Erfolg eines Unternehmens die Konsequenz ist, mit der es diesen Prinzipien entsprechend handelt.
→ 3.1 (8), (13), (14), 3.2 (27)

Gewinner-Gewinner-Gewinner-Spiel
Das Gewinner-Gewinner-Gewinner-Spiel ist die Verknüpfung der eigenen Prozesse mit den Kunden- und Lieferantenprozessen. Bei der Abstimmung dieser Prozesse sollte man immer davon ausgehen, daß Vorteile für alle Beteiligten gegeben sind, d.h., daß jeder ein Gewinner ist.
→ 3.6 (2)

Gewinnvergleichsrechnung
Gewinnvergleichsrechnung berücksichtigt neben den Kosten auch die Erlöse der Investitionen. Somit können Projekte mit unterschiedlicher Leistung verglichen werden.

Gleichheitstheorie von Adams
Die Gleichheitstheorie von Adams ist eine Motivationstheorie, in der der Mensch danach strebt, daß sich sein Geben und Nehmen in einem ausgeglichenen Verhältnis befinden. Hier wird beschrieben, daß ein erbrachter Einsatz einen im sozialen Vergleich gerechten Ertrag bringen muß.
→ 4.4 (5)

Gordon-Methode
Gordon-Methode nennt man eine Kreativmethode zur Problemfindung, die auf den Prinzipien der Intuition beruht. Hierbei handelt es sich um ein didaktisches Brainstorming/writing. Im Unterschied zu diesem hat bei der Gordon-Methode jedoch nur der Moderator Kenntnis von dem zu lösenden Problem, und auf dieser Basis steuert er den Ideenfluß.
→ 3.2 (13)

Großmann-Methode
Die Großmann-Methode ist ein Erfolgskonzept, das auf der Lebenseinstellung und -philosophie beruht, daß jeder seines »Glückes Schmied« ist, d.h., es liegt allein in seiner Hand, ob er im Leben erfolgreich ist. Großmann beweist mit zahlreichen Thesen, daß man sein Leben selbst beeinflussen und weitgehend selbst bestimmen kann.
→ 4.1 (2)

Gruppenarbeit
Gruppenarbeit bedeutet:

- andere akzeptieren, sich auf sie einstellen
- keine Monologe
- beschränkte Redezeit
- runde Sitzordnung
- begrenztes Thema
- wechselnde Diskussionsleitung
- Visualisierung der Ergebnisse
- Zurückhaltung des Diskussionsleiters.

Handlungssystem von Iacocca
Das Kontrollsystem von Iacocca beschreibt den Führungsstil des amerikanischen Erfolgsmanagers, der zwei bekannten Automobilunternehmen Rekordumsätze brachte. Es ist u.a. durch eine periodisch eingeplante Kontrolle durch Vorgesetzte gekennzeichnet. Iacocca ist der Meinung, daß durch eine systematische Bewertung und Überprüfung aller Firmenmitglieder das Selbstverantwortungsgefühl der Führungskräfte gestärkt wird.
→ 3.5 (15)

Handlungsverantwortung → **Führungsverantwortung**

Harzburger Modell
Das Harzburger Modell kann man als ein mitarbeiterorientiertes Führungssystem bezeichnen. Die zur Realisierung dieses Führungsstils eingesetzten Führungsinstrumente ermöglichen eine Führung im Mitarbeiterverhältnis.
Der Inhalt der »Allgemeinen Führungsanweisung« regelt das Verhältnis zwischen Vorgesetzten und Mitarbeitern und definiert den Umfang des jeweiligen Verfügungsbereiches.
→ 3.5 (11)

Hirn-Dominanz-Instrument (HDI)
Das nach dem amerikanischen Physiker Ned Herrmann konzipierte Modell teilt die Gehirnfunktionen des Menschen in vier Quadranten auf:

- Fakten
- Formen
- Fühlen
- Phantasie

Bei jedem Menschen dominieren die einen oder anderen Quadranten, was seine Denk- und Verhaltensweisen beeinflußt. Das Modell weist nach, daß die linke und die rechte Hemisphäre unseres Großhirns unterschiedliche Aufgaben hat und Informationen auch auf andere Art und Weise verarbeitet. Während die linke Gehirnhälfte logisch, folgerichtig und rational denkt, verarbeitet die rechte Hälfte Bilder, Formen und Muster und ist Sitz der Intuition. → 4.3 (15)

Hirt-Methode
Die Hirt-Methode ist eine Erfolgsstrategie, bei der es im wesentlichen um eine optimale Arbeits- und Lebensgestaltung geht. Dabei wird jedoch nicht das Maximum, sondern das Optimum angestrebt. Die Methode beruht auf dem Grundsatz, daß jeder Mensch in seiner Lage und mit seinen Fähigkeiten das Bestmögliche aus seinem Leben machen soll.
→ 4.1 (3)

Human-Relations-Ansatz
Der Human-Relations-Ansatz ist vor allem durch die in den Hawthorne Werken der Western Electric Company vorgenommenen Experimente der Harvard-Professoren Mayo und Roethlisberger bekannt geworden. Durch die sog. Beleuchtungs- und Pausenexperimente konnte festgestellt werden, daß die wachsende Produktion nicht in einer Veränderung der Beleuchtungsstärke bzw. in einer Verlängerung der Arbeitspausen begründet ist, sondern in einer Verbesserung des »Betriebsklimas«.

Ideenkonferenz
Die Ideenkonferenz ist besonders darauf abgestimmt, schöpferische Ideen zu gewinnen. Osborn hat diese Methode des Ideenfindens in der Gruppe entwickelt und als »Brainstorming« bezeichnet. Dieser Begriff ist auch in Deutschland geläufig. Die Ideenkonferenz wird im wirtschaftlichen Bereich hauptsächlich zur Entwicklung neuer Produktions-, Verkaufs- und Werbeideen verwendet.
→ Brainstorming

Improvisation → Organisationsgrad

Individuelle Datenverarbeitung
Individuelle Datenverarbeitung (IDV) ist die Lösung von Aufgaben der Fachabteilung ohne Einschaltung von Programmentwicklungsfunktionen. Der Benutzer kann hier in der Rolle des Problemlösers gesehen werden. Die wesentlichen Vorteile der Individuellen Datenverarbeitung werden gesehen in der schnellen Reaktion auf kurzfristige Anfragen und veränderte Anforderungen sowie in der wirtschaftlichen Erstellung von Berichten und Graphiken.

Informationen
Informationen sind die Teile von Nachrichten, die für den Empfänger einen Wissenszuwachs bedeuten bzw. Neuigkeitswert besitzen und ihm somit die Möglichkeit geben, seine Aufgaben besser zu erfüllen.
→ Führungsinformationen

Informationssysteme
Informationssysteme haben dafür zu sorgen, daß

- die richtigen Informationen
- zur richtigen Zeit,
- am richtigen Ort,
- der richtigen Person,
- in der richtigen Aufbereitung

zur Verfügung gestellt werden.

Innovation
Innovation ist nach Berth:

Innovation =
Vision + Implementierung

Vision =
Ungewöhnliche Gedankenkombination + Szenariobildung

Implementierung =
Freiraum + Neigung

Nach dieser Gleichung sind die guten Ideen immer in das relevante Umfeld hineinzuprojizieren. Zur Realisierung der Vision sollten Freiräume gegeben werden, und es muß eine echte Neigung dahinterstehen.
→ 4.3 (3)

Innovationsfördernde Gestaltung der Weiterbildung
Die innovationsfördernde Gestaltung der Weiterbildung von Führungskräften ist ein Konzept, das acht Thesen im Aktionsbereich des Unternehmens aufstellt, die einer innovationsfördernden Weiterbildung dienlich sind. Diese Weiterbildung bezieht sich sowohl auf Führungskräfte als auch auf ganze Gruppen und stellt die innovativen Merkmale sowie ihre Vorteile und Problemkreise heraus.
→ 3.5 (19)

Innovationskonzept

In seinem Innovationskonzept zählt Rolf Berth aufgrund empirischer Untersuchungen die Voraussetzungen auf, die ein Unternehmen innovativer werden lassen.

→ 4.3 (3)

Innovationsmodell

Das Innovationsmodell nach Höhn geht von der Forderung aus, daß ein allgemein praktiziertes → Management by Delegation notwendig ist, um die nötigen Freiräume für die Führungskräfte zu schaffen und ihnen dadurch den Boden für Kreativität und Innovationen zu bereiten.

→ 4.3 (4)

Innovative Anwendungen

Innovative Anwendungen sind beim Einsatz der Informationsverarbeitung dadurch gekennzeichnet, daß sie entscheidend zum Erlangen strategischer Wettbewerbsvorteile beitragen. Sie sind mit umfassenden Veränderungen im Unternehmen verbunden. Die Basis für diese Anwendungen sind die strategischen Überlegungen der Unternehmensleitung und die Unterstützung dieser Strategien durch Informationssysteme. Durch die neue Technologie wird heute deutlich, daß

- sich die Branchenstrukturen verändern,
- Eintrittsbarrieren gegen neue Mitbewerber aufgebaut werden können,
- die kritischen Erfolgsfaktoren einer Firma die dominante Unterstützung erfahren,
- neue Märkte geschaffen werden.

Innovative Anwendungen verändern also nicht nur die Unternehmung selbst – ihre Produkte, Prozesse und Strukturen –, sondern ganze Branchen und den gesamten Wettbewerb.

→ 3.3 (5), (6), (7), (8), (10)

Interaktionshypothesen nach Homans

Die Interaktionshypothesen nach Homans beschreiben einen kommunikativen Austauschprozeß zwischen zwei oder mehreren Menschen, der so lange besteht, wie ein beiderseitiger Nutzen angenommen wird. Gegenstand dieses Austauschprozesses sind Verhaltensweisen, die Reize bilden, welche anderen Personen spätere Belohnung bzw. Bestrafung einbringen.

→ 4.4 (2)

Introvertierte Unternehmen

Introvertierte Unternehmen stellen Kriterien in den Vordergrund, die auf das Innere der Unternehmung ausgerichtet sind. Beispiele hierfür sind Orientierungen an

- den Kosten,
- der Produktion,
- der Technologie.

→ 3.1 (9)

Jeder-gewinnt-Methode
Bei der Jeder-gewinnt-Methode zur Konfliktlösung gibt es keine Verlierer, denn sie befriedigt einerseits die Bedürfnisse der einzelnen Gruppenmitglieder und andererseits auch jene der Führungskräfte.
→ 3.2 (21)

Job-Enlargement
Job-Enlargement (Aufgabenvergrößerung) betrifft die horizontale Dimension des Tätigkeitsspielraumes. Ähnliche Tätigkeitselemente werden aneinandergereiht, dadurch wird der Umfang der Arbeitsaufgabe vergrößert.

Job-Enrichment
Job-Enrichment (Aufgabenanreicherung) bedeutet die vertikale Dimension einer Tätigkeitsanreicherung. Es werden verschiedenartige Tätigkeitselemente (z.B. Planungs-, Ausführungs- und Kontrolltätigkeiten) in eine umfassendere Handlungseinheit integriert.

Johari-Fenster
Das Johari-Fenster ist ein Beziehungsgitter, welches das Verhalten eines Individuums aus der Sicht anderer darstellt. Der Mensch besitzt nur Kenntnisse von einem Teil seines Wesens; einige Wesensmerkmale sind jedoch seiner Umwelt bekannt, die ihm selber verborgen sind. Ziel dieses gruppendynamischen Lernprozesses ist es, den als »blinden Fleck« bezeichneten unbekannten Wesensanteil einer Person zu beseitigen oder zu verkleinern, um stille innere Reserven zu mobilisieren.
→ 3.4 (7)

Just-in-Time-Systeme
Just-in-Time-Systeme erlauben im Zusammenspiel zwischen Lieferanten und Herstellern eine Optimierung des Fertigungsprozesses. Die Vorteile in diesem Zusammenspiel liegen beim Hersteller in der Integration von Wareneingang und Fertigung. Damit werden Kosten, Zeit und Qualität optimiert. Die Vorteile des Lieferanten seinerseits liegen häufig in der Lieferung der richtigen Produkte zur richtigen Zeit. Er ist in der Lage, seine Prozesse besser zu planen, zu steuern und zu kontrollieren.
Ansätze zur Gewinnung strategischer Wettbewerbsvorteile können in diesem Fall gefunden werden über die Beantwortung von Fragen wie:

- Wie läßt sich die Koordination derzeit konkret verbessern?
- Welche Vorgänge spielen sich im einzelnen zwischen Lieferanten und Hersteller ab?
- Wie kann konkret jeder einzelne Vorgang durch Informationstechnik optimiert werden?
- Wie läßt sich die Koordination in der Aufbau- und Ablauforganisation verbessern?

Kapitalwertmethode
Die Kapitalwertmethode, auch Diskontierungs- oder Barwertmethode genannt, geht davon aus, daß die Einzahlungen und Auszahlungen, die durch ein bestimmtes Investitionsobjekt hervorgerufen werden, im Zeitablauf nach Größe, zeitlichem Anfall und Dauer unterschiedlich sein können. Die einzelnen Beträge, die irgendwann während der Investitionsdauer anfallen, können nur vergleichbar gemacht werden, wenn das Zeitmoment in der Rechnung berücksichtigt wird, denn es ist offensichtlich, daß für eine Unternehmung eine Einzahlung um so weniger wert ist, je weiter sie in der Zukunft liegt, und entsprechend eine Auszahlung um so belastender ist, je näher der Zahlungszeitpunkt liegt. Die Vergleichbarkeit wird dadurch hergestellt, daß alle zukünftigen Einzahlungen und Auszahlungen auf den Zeitpunkt unmittelbar vor Beginn der Investition abgezinst werden. Eine auf einen Zeitpunkt abgezinste Zahlung bezeichnet man als Barwert.
→ 3.3 (10)

Karriereplanung
Karriereplanung ist sowohl als individuelles als auch als betriebliches Entwicklungskonzept zu sehen, das versucht, individuelle Vorstellungen mit betrieblichen Zielen in Einklang zu bringen. Karriereplanung wird demzufolge als integrierter Bestandteil der Personalplanung eines Unternehmens angesehen.
→ 3.5 (8), 4.1 (10) (11)

Kennzahlen → Betriebswirtschaftliche Kennzahlen

Körpersprache
Körpersprache umfaßt jede unbewußte Bewegung des gesamten Körpers bzw. Körperteils. Dieses Modell beschreibt die nonverbale Kommunikation, deren Grundregeln und ihre Wertigkeit in der menschlichen Gesellschaft.
→ 4.5 (1)

Kommunikation
Kommunikation ist der Prozeß, durch den eine Information von einem Sender an einen Empfänger übermittelt wird. Unter Kommunikation versteht man im allgemeinen den Vorgang der Verständigung zwischen zwei Menschen. Die Kommunikationstechniken erlauben auch die Kommunikation zwischen Mensch und Maschine und zwischen Maschinen. Dabei tauschen von Menschen geschriebene Programme in zwei verschiedenen Maschinen untereinander Informationen aus. Man unterscheidet

- Bild-,
- Text-,
- Daten- und
- Sprachkommunikation.

→ 4.5

Kommunikationssystem
Um in einem Kommunikationssystem Informationen speichern und verarbeiten zu können, müssen diese digitalisiert, d.h. durch eine Folge getrennter Einheiten (Bits) dargestellt werden. Auf diese Weise kön-

nen sie verknüpft, gespeichert, übertragen und abgerufen werden.

Kommunikationstechnik
Kommunikationstechnik ist das Verfahren, Informationen/Nachrichten zu übermitteln. Man unterscheidet zwischen Individualkommunikation (mit bekanntem Dialogpartner) und Massenkommunikation (eine unbegrenzte Anzahl von Empfängern). Zur Individualkommunikation gehören z.B. die Datenkommunikation, Fernsprecher und -schreiben (Teletex) sowie Telefax. Die Massenkommunikation umfaßt Fernsehen, Bildschirmtext (Btx) und Hörfunk.

Kompatibilität
Durch gleichen konzeptionellen Aufbau unterschiedlich großer und leistungsfähiger Computermodelle, die zu einer Systemfamilie gehören, ist es ohne Schwierigkeiten möglich, die gleichen Hardwareeinrichtungen an verschiedene Systemmodelle anzuschließen. Die Eigenschaft dieser modularen Austauschbarkeit bezeichnet man als Verträglichkeit.

Komplementäre Anwendungen
Komplementäre Anwendungen beim Einsatz der Informationsverarbeitung haben die Unterstützung der Arbeitstätigkeit durch adäquate Anwendersoftware und Werkzeuge (wie zum Beispiel Tabellenkalkulationsprogramme, Grafiksoftware, Bürokommunikation) zum Ziel. Die Tätigkeit des Mitarbeiters wird dabei so gut wie nicht verändert. Eine Veränderung erfahren dagegen die Hilfsmittel, die zur Arbeitsbewältigung eingesetzt werden. Sie geben den Mitarbeitern und Führungskräften die Möglichkeit,

- eine größere Produktivität zu erzielen und
- ihre Fähigkeiten gezielter einsetzen zu können.

Die Produktivitäts- und Effektivitätssteigerung durch Informationssysteme kann zu quantitativen und qualitativen Verbesserungen bei den

- Informationsprozessen (zum Beispiel schnellere Antwortzeiten),
- physischen Prozessen (zum Beispiel direkte Maschinensteuerung) und
- Entscheidungsprozessen (zum Beispiel Simulationsmodelle)

führen.

Konferenzen und Besprechungen
Konferenzen und Besprechungen sind häufig Zeitverschwender und unnötige Kostenfaktoren. Die Effizienz dieser Veranstaltungen wird sehr stark vom Einfluß des Konferenzleiters und der Disziplin der Konferenzteilnehmer bestimmt. Es ist deshalb notwendig, daß dabei bestimmte »Spielregeln« beachtet werden.
→ 4.5 (9) (10)

Kontrolle
Kontrolle ist der Vergleich von Soll- und Ist-Zustand eines Sachverhaltes. Die Kontrolle hat sicherzustellen, daß das Systemziel möglichst geringen Störungen ausgesetzt ist und zeitgerecht möglichst optimal erreicht werden kann. In der betriebli-

chen Praxis ist die Kontrolle vorwiegend das Instrument, mit dem die Einhaltung der Pläne im Rahmen der Organisation des Unternehmens überwacht wird. Je deutlicher die Kontrollfunktion innerhalb des gesamten Entscheidungsprozesses in ihrer Bedeutung für das Einsteuern des Unternehmens auf die geplanten Ziele gesehen wird, desto wichtiger erscheint der Ausbau eines Kontrollsystems und desto umfassender ist seine Aufgabe. Der Entscheidungsprozeß ist in sich abgerundet, wenn die Ergebnisse der Kontrolle sowohl für die Ansätze der Geschäftsgrundsätze, der Ziele und Planung als auch für die Weiterentwicklung der Organisation eingesetzt werden.

Kontrollgrad
Kontrollgrad ist das Maß an vorhandenen Kontrollen, gemessen an den zur Gewährleistung der Systemstabilität notwendigen Kontrollen. Je höher der Kontrollgrad eines Systems, um so geringer ist seine Fehleranfälligkeit. Da aber Kontrolle Aufwand und damit Kosten verursacht, ist der optimale Kontrollgrad ein Kompromiß zwischen Sicherheit und Wirtschaftlichkeit.

Konzentration
Konzentration ist die Fähigkeit, sich mit ein und derselben Sache über einen bestimmten Zeitraum hinweg intensiv zu beschäftigen. Diese Fähigkeit ist nicht allen Menschen in gleichem Maße eigen und sollte deshalb durch Konzentrationshilfen und gezieltes Konzentrationstraining gefördert werden.

Kostenvergleichsrechnung
Kostenvergleichsrechnung ist eine Wirtschaftlichkeitsrechnung, bei der als Entscheidungskriterium die Kosten zweier (oder mehrerer) Verfahren oder Projektalternativen miteinander verglichen werden. In der Regel wird ein sog. »altes Verfahren«, d.h. ein in Operation befindliches Verfahren, mit einem »neuen«, die gleiche Leistung erbringenden Verfahren, verglichen.

Kreativität
Kreativität ist nach Gertrud Höhler ein Mischprodukt aus Emotion und Intelligenz, Information und Erfahrung. Sie führt Eigenschaften und Fähigkeiten auf, die einen Menschen mit Kreativität kennzeichnen.
→ 4.3 (2)

Erfolg durch Kreativität
Erfolg durch Kreativität: Roger von Oech zählt in diesem Kreativitätskonzept eine Anzahl von geläufigen Grundsätzen auf, die unsere Einfallskraft blockieren und die er »geistige Sperren« nennt – »Lebensweisheiten« also, die Kreativität hemmen.
→ 4.3 (5)

Kreativitätsstrategien
Kreativitätsstrategien nennt Linneweh die Stadien eines kreativen Prozesses, die es ermöglichen, eine »kreative Antenne« zu erwerben. Kreativität kann mit System geplant, erlernt und angewandt werden.
→ 4.3 (1)

Krisenmanagement

Das Krisenmanagement hat zum Ziel, plötzlich auftretende Störgrößen und daraus entstehende Krisen zu bewältigen bzw. im Idealfall vor ihrem Auftreten zu erkennen. Ansoff hat hierfür den Begriff »strategische Überraschungen« geprägt und versteht hierunter plötzliche, dringende, ungewöhnliche Veränderungen in der Perspektive des Unternehmens, welche entweder einen bedeutenden Erfolgsrückschlag oder den Ausfall einer wichtigen Chance ankündigen. Die Praxis reagiert auf solche Krisen/Überraschungen mit

(1) Bildung eines Krisenmanagements, das schnell und effizient nach dem Ereignis reagiert, oder mit

(2) Vorbeugemaßnahmen, die das Auftreten der Störungen einzugrenzen versuchen.

Kritische Erfolgsfaktoren

Kritische Erfolgsfaktoren sind die Faktoren, die über den Erfolg oder Mißerfolg einer Unternehmung entscheiden.

Ihre Basis ist:

- Branchenfaktoren
- Position in der Branche
- Umfeld
- Stärken/Schwächen
- Strategie
- Organisation
- Management/Mitarbeiter
- Informationssysteme

→ 2.1

Kundenbeziehung

Die Kundenbeziehung wird in dem Modell von Correll anhand von drei Faktoren aufgezeigt. Zwar gibt es für Kundenbeziehungen kein allgemeingültiges Rezept. Jedoch werden hier einige bestimmte, gleichbleibende Faktoren herausgestellt, die auf jede Kundenbeziehung zutreffen.

→ 3.6 (5)

Kundengrid → Verhaltensgitter nach Blake/Mouton

→ 3.6 (4)

Kundennähe

Erfolgreiche Unternehmen praktizieren eine sehr große Markt- und Kundennähe und konzentrieren sich dabei auf ihre Stärken. Für zahlreiche erfolgreiche Klein- und Mittelbetriebe ist es ein praktizierter Erfolgsfaktor, sich in der Ausrichtung auf die Abnehmer zu spezialisieren. Bei künftigen Aktivitäten ist, sofern diese Voraussetzungen zutreffen, aber nicht nur an die Kunden, sondern auch an die Kunden des Kunden zu denken. Verschiedene Unternehmen haben, um Kundenwünsche spezieller Art noch besser erfüllen zu können, einen eigenen Bereich bzw. eine Sonderabteilung geschaffen. Im Sinne einer praktizierten Kundennähe reicht es vielfach aus, in diesen Abteilungen kostendeckend zu arbeiten.

→ 3.6 (1), (2)

Kundenorientierte Unternehmensführung

Kundenorientierte Unternehmensführung stellt den Kunden in den Mittelpunkt aller Entscheidungen und Aktivitäten.

→ 2.2, 3.1 (14), 3.6

Kybernetik

Kybernetik ist nach Flechtner die allgemeine, formale Wissenschaft von der Struktur, den Relationen und dem Verhalten dynamischer Systeme. Im praktischen Vorgehen sieht das so aus:

1. Man unterscheidet hochentwickelte biologische Systeme hinsichtlich ihrer Struktur und ihres Verhaltens und wendet
2. die hierbei gewonnenen Erkenntnisse zur besseren Beherrschung künstlicher Systeme an.

Im Bereich der Unternehmensführung trägt die Kybernetik nach Lindemann zu folgenden Verbesserungen bei:

- Sie liefert uns die brauchbaren Erkenntnismethoden zur Erweiterung unseres Wissens über die wirkenden Strukturen, zum Beispiel die Systemtheorie und die Methode des → »Schwarzen Kastens«.
- Sie verfügt über ein sprachliches Instrumentarium zur präzisen Formulierung unserer Erkenntnisse.
- Sie hilft uns über die Informationstheorie, Nachrichtentechnik, Modell- und Automatentheorie bei der maschinellen Realisation.
- Steuerungs- und Regelungstheorie sowie die Lerntheorie machen uns fähig, unsere Systeme über Informationsmodelle beherrschbar und jederzeit anpassungsfähig zu machen.

Kybernetik ist als eine Art »Metawissenschaft« anzusehen, in der es nicht darum geht, fachgebietsspezifische Erkenntnisse über konkrete Objekte zu gewinnen, sondern eine allgemeine Theorie der Regelung zu formulieren. In diesem Sinne ist die Kybernetik interdisziplinär, was im Ansatz bereits in der Definition ihres Begründers Norbert Wiener erkennbar ist, der in seinem 1948 erschienenen Buch »Cybernetics or Control and Communication in the Animal and the Machine« unter Kybernetik das gesamte Gebiet der Regelung und Nachrichtentechnik im Tier und in der Maschine versteht und die entsprechenden analogen Vorgänge beschreibt.
Allgemeiner Grundbegriff und primärer Aspekt für alle Forschungsobjekte der Kybernetik ist das → »System«.
→ 3.1 (11)

Kybernetische Systeme

Kybernetische Systeme sind äußerst komplexe probabilistische Systeme. Sie sind so komplex, daß sie nicht voll beschrieben werden können, und über ihr zukünftiges Verhalten sind keine determinierten Aussagen möglich. Das Ziel solcher Systeme ist es »zu überleben«, sie müssen deshalb lern- und anpassungsfähig sein.

Positive Lebenshaltung
Eine positive Lebenshaltung bedeutet nach Peale, daß alle Problemkreise aktiv bewältigt werden können. Eine Anzahl von Lebensrichtlinien vermittelt diese Einstellung zum positiven Denken.
→ 4.1 (7)

Lebenspositionen
Bei den Lebenspositionen nach Harris geht es um ein im frühen Stadium unserer Kindheit festgelegtes Lebenskonzept, das zwar nicht ausgelöscht, aber geändert werden kann. Eine Lebensposition ist die Grundeinstellung eines Menschen zum Leben, zu sich selbst und zu seinem Umfeld. Diese Lebensentscheidung ist Grundlage seiner Einstellung zu den Mitmenschen und den zwischenmenschlichen Beziehungen im privaten und beruflichen Bereich.
→ 4.6 (8), (9)

Lebenszyklus eines Produktes
Der Lebenszyklus eines Produktes aus Kundensicht unterscheidet die folgenden vier Phasen:

1. Anforderungen an das Produkt (Bedarfsermittlung)
2. Akquisition für das Produkt (Beschaffung)
3. Benutzung
4. Abschluß

→ 3.6 (4)

Aktive Lehrmethoden
Bei den aktiven Lehrmethoden ist der Ausbilder überwiegend passiv und der Auszubildende aktiv. Die wesentliche Aufgabe des Ausbilders besteht nicht in der Vermittlung des Lehrstoffes, sondern in der Vorbereitung der Ausbildungssituation und ihrer gezielten Steuerung. Für die aktiven Lehrmethoden ist charakteristisch, daß die Mitarbeiter in der Unternehmung praktische Erfahrungen sammeln (zum Beispiel planmäßiger Arbeitsplatzwechsel, Einsatz als Stellvertreter) oder eine praktische Situation die Grundlage des folgenden Lernereignisses bildet. Die praktische Lernsituation ist entweder direkt in der Praxis vorhanden oder wird in einem Modell entwickelt (Planspiel).
Erwachsene müssen heute in den Lernprozeß miteinbezogen werden und eigene Probleme einbringen können. Nach den bisherigen Erfahrungen wecken die aktiven Lehrmethoden in höherem Maße das Interesse der auszubildenden Teilnehmer, und sie haben vielfach einen größeren Wirkungsgrad als die passiven Methoden, bei denen der Schwerpunkt des Lernprozesses beim Ausbilder liegt. Die Teilnehmer verhalten sich hier im wesentlichen passiv. Die aktiven Methoden, angefangen von Diskussionen über Rollenspiele und die verschiedenen Arten der Fallmethode und Planspiele bis hin zu Kartenabfragen (Meta-Plan-Technik) und den unterschiedlichen Formen der Lernwerkstätten mit den Möglichkeiten der Problembehandlung und Problemlösung durch die Teilnehmer selbst, bringen für die Erwachsenen eine viele größere Motivation, da ihre eigenen Probleme berücksichtigt werden.
→ 3.4, insbesondere 3.11 und 4.3 (6)

Passive Lehrmethoden

Bei den passiven Lehrmethoden verhalten sich die zu schulenden Teilnehmer im wesentlichen passiv. In der Praxis ist zu beobachten, daß es keine nur aktiven oder nur passiven Lehrmethoden gibt. Hier gibt es lediglich Tendenzen, nach denen die Auszubildenden vorwiegend aktiv oder vorwiegend passiv in den Ausbildungsprozeß eingeschaltet sind.

→ 4.3 (7)

Einflußgrößen auf den Lernerfolg

Bei den Einflußgrößen auf den Lernerfolg gilt es zu beachten, in der beruflichen Tätigkeit positive Ergebnisse zu erzielen.

→ 4.3 (8)

Lernplateau

Das Lernplateau, ein Begriff aus der Lernpsychologie, ist die immer wiederkehrende Erfahrung, daß Lernfortschritte nicht gleichmäßig verlaufen.

→ 4.3 (8), (10)

Lernstatt

Eine Lernstatt besteht aus einer Gruppe von Personen, die versucht, Probleme in den Abteilungen und Bereichen einer Organisation systematisch zu lösen. Die Lernstattgruppen weisen große Ähnlichkeit mit dem → Qualitätszirkel auf und haben noch verstärkt Elemente des → Organisations-Entwicklungs-Ansatzes (OE).

Die Gruppe umfaßt zwischen fünf und zwölf Mitarbeiter, die sich in bestimmten Abständen für zwei bis drei Stunden zusammensetzt. Sind die Probleme aufgearbeitet, die Lösungsvorschläge umgesetzt und etabliert, löst sich die Gruppe auf.

→ 3.2 (26)

Lerntypen

Lerntypen können nach dem Biochemiker Frederik Vester wie folgt unterschieden werden:

1. Der abstrakte Lerntyp
   = er nimmt meist in einer komplizierten formelhaften Art auf.
2. Der anschauliche Lerntyp
   = er nimmt in Form von Bildern auf.
3. Der haptische Lerntyp
   = er nimmt vorwiegend durch Anfassen (griech. háptein »anfassen«) auf.
4. Der praktische Lerntyp
   = er lernt durch Experimente.

Man hat festgestellt, daß maximal 5 % der Menschen dem abstrakten Lerntyp zugeordnet werden können. 95 % verteilen sich auf die anderen Lerntypen. Da in der Berufsarbeit die meisten Informationen abstrakt sind, hat der weitaus größte Teil der Menschen (ca. 95 %) die Aufgabe, die abstrakte Information entsprechend dem eigenen Lerntyp umzuformen.

Losgröße

Unter optimaler Losgröße versteht man zum Beispiel eine Bestellmengen-Optimierung, die eine wirtschaftliche Lagerhaltung zum Ziel hat. Die Überlegungen zur Ermittlung dieser Bestellmenge basieren auf der sogenannten gleitenden wirtschaftlichen Losgröße.

→ 3.2 (24)

Management-by-Methoden
Management-by-Methoden beinhalten Empfehlungen für die Gestaltung der Führungsprozesse in einer Organisation. Die Palette dieser Empfehlungen reicht von einfachen Führungsgrundsätzen, die sich auf die zwischenmenschliche Beziehung von Vorgesetzten und Untergebenen beziehen, bis zu ausgereiften Führungsmodellen, welche die gesamte Unternehmenshierarchie betreffen. Die Management-by-Methoden können wertvolle Orientierungshilfen für den Praktiker sein.
→ 3.5 (5), (6)

Management by Alternatives
Beim Management by Alternatives (MbAlt) sind Problemlösungsmöglichkeiten nur unter mehrdimensionalen Aspekten zu sehen. Ziel dieser Managementmethode ist die Ausschöpfung aller potentiellen Möglichkeiten in bezug auf Zielsetzung, Planung und Realisierung.

Management by Breakthrough
Management by Breakthrough (MbBth) ist offensive Führungstaktik, unterstützt von einer aggressiv-kreativen Unternehmenspolitik. Durch eine Mobilisierung aller geistig-schöpferischen Kräfte (z.B. in → Brainstormings) in Unternehmen soll eine Verbesserung der Marktposition erreicht werden.
Alle Aktivitäten der Führung sind auf zwei Hauptziele ausgerichtet:

1. Dynamische Veränderungen des Unternehmens (neue Produkte entwickeln und/oder neue Märkte erobern).
2. Stabilisieren des Erreichten, indem Kontrollen zur rechtzeitigen Erkennung und Abwendung von Fehlentwicklungen durchgeführt werden.

Management by Budgets
Management by Budgets (MbBud) bedeutet Führung durch Aufwandslimitierung, was zu einem kosten- und zielbewußten Denken führen soll.

Management by Champion
Management by Champion (MbCham) hat zum Ziel, die Qualifikation des Managements zu verbessern. Nur wenn die Entscheidungsträger Führungseigenschaften aufweisen, kann nach dieser Methode eine Organisation erfolgreich sein.

Management by Chances
Management by Chances (MbCha) bedeutet Führung durch Gewähren positiver Veränderungsmöglichkeiten. Zielsetzung dieser Managementmethode ist eine Leistungs- und Statusmotivation, die durch Festsetzen der Grundlagen für Aufstiegschancen erreicht werden soll.

Management by Communication
Management by Communication (MbCom) als Führungsstil setzt weitergehenden horizontalen und vertikalen Informationsaustausch der Führungsaufgabe voraus. Bei dieser Managementmethode ist die Übermittlung von Information eine zentrale Funktion der Führungskräfte.

Management by Cooperation
Management by Cooperation (MbCoop) ist ein Führungsverhalten, das die Beteiligung aller am Entscheidungsprozeß und die Qualität der interpersonellen Beziehungsgestaltung im Sinne von partnerschaftlicher Zusammenarbeit praktiziert. Es besteht eine starke Gruppenorientierung, die gegenseitiges Vertrauen als Grundlage der Zusammenarbeit ansieht.

Management by Coordination
Management by Coordination (MbCoor) ist ein Führungsstil, der durch interne Abstimmung unterschiedlicher Interessensphären gekennzeichnet ist. Koordination bedeutet für eine Führungskraft Konfliktmanagement als Vorgesetzter mehrerer Untergebener. Krisensituationen müssen durch positive Einwirkung der Führungskräfte auf Problemstellungen und Schwachstellen beseitigt werden.

Management by Decision-Rules
Management by Decision-Rules (MbD-R) bedeutet, daß mit der Delegation von Aufgaben an die Mitarbeiter gleichzeitig auch Entscheidungsrichtlinien vorgegeben werden. Da jedoch nicht alle Entscheidungssituationen eindeutig definiert werden können – was aber für eine Richtlinienvorgabe notwendig ist –, dürfte der Anwendungsbereich dieser Managementmethode auf Routineprozesse beschränkt sein.

Management by Delegation
Management by Delegation (MbD) ist ein Führungsstil im Mitarbeiterverhältnis. Durch Aufgaben- und gleichzeitige Verantwortungsdelegation an nachgelagerte Stellen erfolgt eine klare Kompetenzverteilung.

Management by Direction and Control
Management by Direction and Control (MbDiC) wird als die herkömmliche Form der dirigistischen Führung angesehen und ist als Kontrastmethode zu den mitarbeiterorientierten Konzepten anzusehen. Hier gilt das Prinzip, daß im gesamten Unternehmensprozeß nichts unkontrolliert ablaufen soll.

Management by Errors
Management by Errors (MbEr) geht davon aus, daß nicht unbedingt methodisch abgesicherte Entscheidungsgrundlagen zu besseren Entscheidungen führen, sondern daß spontane und rasche Entscheidungsfindung, auch bei sehr unvollständigen Daten und Informationen, erfolgreicher sein kann.

Management by Exception
Management by Exception (MbE) ist eine Führung in Ausnahmesituationen. Vorgesetzte sind nur für ihre eigentlichen Führungsaufgaben zuständig und übertragen die mit der Aufgabenerfüllung verbundenen Entscheidungen an ihre Mitarbeiter. In diese Entscheidungsprozesse soll die Führungskraft nur in Ausnahmefällen eingreifen, da sie die durch Aufgabenübertragung an Mitarbeiter geschaffenen Freiräume für wesentliche Führungsaufgaben nutzen soll.

Management by Importance
Management by Importance (Priority-Decisions) (MbImp) ist ein Führungsstil, der durch die Vorgabe von Entscheidungsgewichtigkeiten gekennzeichnet ist. Das Wichtigste muß zuerst erledigt werden, weshalb Dringlichkeitserfüllungsmaßstäbe für

- Ziele,
- Aufgaben und/oder
- Projekte

vorgegeben werden.

Management by Incentives
Management by Incentives (MbInc) bedeutet Führung durch Setzen von Leistungsanreizen (performance centers). Dadurch soll eine höhere Leistungsintensität erreicht werden.

Management by Information
Management by Information (MbInf) ist auch als Integriertes Management-Informationssystem (MIS) bekannt. Zielsetzung ist eine rechtzeitige Anpassung an sich ändernde Bedingungen. Dadurch sollen Planung und Kontrolle verbessert werden.

Management by Integration
Management by Integration (MbInt) bedeutet Führung durch Zwang zu systemkonformem Verhalten. Alle Teilsysteme werden auf das gemeinsame Systemziel hin integriert und optimiert. Dies bedeutet, daß die Mitarbeiter nicht nur ihre eigenen Teilziele zu beachten haben, sondern ihre Überlegungen immer auch vor dem Hintergrund des Zieles der gesamten Organisation zu reflektieren haben.

Management by Innovation
Management by Innovation (MbInv) ist Führung durch permanente Forschung und Neuerung mit der Zielsetzung laufender Anpassung an zukunftsorientierte Entwicklungen, um die Konkurrenzfähigkeit zu erhöhen. Durch Nutzung qualitativer Prognoseverfahren sollen permanent Problemlösungen neu entwickelt werden, um den Erfolg des Unternehmens auch für die Zukunft zu sichern.

Management by Motivation
Management by Motivation (MbMot) umfaßt ein Bündel verhaltensorientierter Maßnahmen in der Mitarbeiterführung. Durch systematische und ideelle Mitarbeiterbeeinflussung soll deren Leistungsbereitschaft gefördert werden. Hierzu ist vor allem ein hoher Autonomiebereich notwendig, und Fremdkontrolle soll durch Eigenkontrolle ersetzt werden. Die Effizienz solcher Maßnahmen ist von der Persönlichkeitsstruktur der Führungskraft und ihrer Mitarbeiter abhängig.

Management by Objectives
Management by Objectives (MbO) ist Führung durch Zielsetzung. Durch Partizipation der Mitarbeiter am Zielfindungsprozeß soll eine Verbesserung der Informationsbeschaffung erreicht werden. Eine regelmäßige Zielüberprüfung und -anpassung ist erforderlich. Leistungskontrollen werden anhand von Soll/Ist-Vergleichen gemeinsam

von Führungskräften und Mitarbeitern durchgeführt.

Management by Participation
Management by Participation (MbPar) ist ein Führungskonzept, das als zentrale Prämisse das »Leitbild des mündigen Mitarbeiters« hat. Durch beratende Mitwirkung am Zielfindungs- und Entscheidungsprozeß wird eine Identifikation der Mitarbeiter mit den Unternehmenszielen erreicht, was eine Leistungssteigerung bewirkt.

Management by Perception
Management by Perception (MbPer) ist gekennzeichnet durch ein systematisches Wahrnehmen erfolgversprechender Ziele. Unangemessene und wenig profitversprechende Projekte werden ausgesondert.

Management by Planning
Management by Planning (MbPla) ist eine Führung durch ziel- und tätigkeitsorientierte Maßnahmenplanung, die eine Minderung von Unsicherheitsfaktoren und Leistungsdissonanzen zum Ziel hat.

Management by Profit-Centers
Management by Profit-Centers (MbP-C) ist ein gewinnverantwortliches Betriebseinheitssystem auf Konzernebene. Eine föderalistische Dezentralisation in einer sparten- und produktorientierten Organisation ist die Voraussetzung für diese Managementmethode.

Management by Projects
Management by Projects (MbProj) ist ein Führungsstil durch Schaffung von Teams für Projektplanung und -realisation. Dadurch ist die Voraussetzung für die Lösung komplexer Problemstellungen gegeben.

Management by Results
Management by Results (MbRes) ist ein ergebnisorientierter Führungsstil, der auf der Annahme basiert, daß durch Ergebnisorientierung und durch Leistungskontrollen höhere Leistung erzielt werden kann. Durch die ausschließliche Kontrollfunktion der Führungskraft (Fremdkontrolle) muß dieses Managementkonzept zu den autoritären Führungsstilen gerechnet werden.

Management by Self-Control
Management by Self-Control (MbS-C) ist ein Führungsstil, der durch zweck- und zielbewußte Funktionsmotivation der Mitarbeiter gekennzeichnet ist. Diese Voraussetzungen müssen geschaffen werden, um selbst kontrollieren zu können, ob Entscheidungen nicht nur den jeweiligen Bereichszielen, sondern auch den Gesamtzielen dienen.

Management by System
Management by System (MbS) ist eine computerisierte, kybernetische Führungsmethode, bei der eine Systemsteuerung angestrebt wird. Auf der Grundlage eines computergestützten Informations- und Steuerungssystems sollen die einzelnen Subsysteme bei verstärkter Delegation in der Lage sein, sich selbst zu regeln.

Management by Teaching
Management by Teaching (MbTea)

ist Führung durch systematische Mitarbeiterschulung. Auf diese Weise soll noch vorhandenes Leistungspotential erkannt und mobilisiert werden.

Management by Walking Around

Management by Walking Around (MBWA) beruht auf der Erkenntnis, daß der direkte Kontakt zwischen Mitarbeitern und Führungskräften die effektivste Art ist, um zu den gewünschten Ergebnissen zu kommen und dabei die Mitarbeiter zu guten Leistungen zu motivieren.

Management by Zeitplanbuch

Management by Zeitplanbuch ermöglicht durch den Einsatz von Zeitplanbüchern die konsequente Einhaltung eines Zeitplansystems.
In dem Konzept des Zeitmanagers Lothar Seiwert wird erläutert, wie durch Anwendung eines Zeitplanbuches die tägliche Arbeit besser geplant, koordiniert, organisiert und rationeller durchgeführt werden kann.
→ 4.2 (2)

Managementmethoden

Die Managementmethoden nach Boyatzis beschreiben zwei konträre Managementmethoden, die als wissenschaftliche und als humanistische Methode bezeichnet werden können. Während die erstere den mechanischen Führungsstil, der für maximale Produktivität zuständig ist, beschreibt, tritt die entgegengesetzte Methode für ein humanistisches Management ein, bei dem das menschliche Potential und seine Bedürfnisse sowie ethische Werte eine wesentliche Rolle spielen.
→ 3.5 (14)

Manipulation

Darunter versteht man die zielgerichtete Beeinflussung, die eine Steuerung des Kommunikationspartner- oder des Konsumverhaltens bewirkt, ohne daß diese durchschaut werden kann. Sie kann aber auch als mißbräuchliche Steuerung des Verhaltens mit dem Ziel der Verbraucher-Irreführung oder zur Erreichung von Mitarbeiterleistungen angewandt werden.
Die Verhaltenswissenschaften, die sich aus der Psychologie, der Sozialpsychologie und aus der biologischen Verhaltensforschung zusammensetzen, geben Hinweise, wie die Verhaltenssteuerung abläuft. Manipulation soll Einstellungsänderungen und Motivationen sowie gefühlsmäßige und gedankliche Vorgänge bei bestimmten Zielgruppen auslösen.

Marketing-Grundgedanken

Die Marketing-Grundgedanken von Heinz Stark können als ein Entscheidungs- und Informationsprozeß betrachtet werden. Zur Bestimmung des Marktverhaltens müssen eindeutige Entscheidungen, systematische Analysen und klare Zielvorgaben den Hintergrund bilden.
→ 3.6 (10)

Marketing-Mix

Marketing-Mix ist die Kombination der Wirkkomponenten

- Produktplanung
- Werbung

- Verkaufsförderung
- Verkauf
- Preispolitik
- Verpackung
- Markengestaltung
- Technischer Vertrieb
- Kundendienst.

Eine geschickte Kombination dieser Wirkkomponenten ist das Instrumentarium eines Marketing-Managers.
→ 3.6 (11)

Maximalprinzip
Das Maximalprinzip bedeutet, daß mit bestimmtem (gegebenem oder begrenztem) Mitteleinsatz ein möglichst großes (gutes) Ergebnis erzielt werden soll.

McMurphys Gesetz
McMurphys Gesetz besagt, wenn etwas schiefgeht, geht alles schief.

Megatrends
Die Megatrends von John Naisbitt, dem amerikanischen Trendforscher, beruhen auf einer sich im ständigen Wandel befindlichen Umwelt. Er hat eine Anzahl von Hauptströmungen (Trends) herausgearbeitet, die gegenwärtig die Entwicklung der Industriegesellschaft bestimmen.
→ 3.3 (1,2)

Meldesysteme
Meldesysteme dienen der Vereinfachung der Entscheidungsfindung.
→ 3.1 (12)

Menschenbilder
Menschenbilder nach E.H. Schein basieren auf der Motivationstheorie und werden von Schein in vier unterschiedliche menschliche Verhaltensstufen eingeteilt, die von ganz verschiedenen Bedürfnissen motiviert werden. Gleichzeitig deutet er die aus diesen Tatsachen abzuleitenden Konsequenzen auf die Unternehmensführung an.
→ siehe 3.4 (5)

Metaplan-Technik
Die Metaplan-Technik (Kartenabfrage) wird in solchen Bereichen eingesetzt, wo schwierige Probleme durch einfache Kommunikation nicht gelöst werden können, wo Verständigung aber notwendig ist. Die Diskussionsbeiträge erfolgen vorwiegend schriftlich – durch Problemauffächerung und gemeinsames Erarbeiten von Lösungsansätzen.
→ 3.2 (11)

Methode 635
Methode 635 bedeutet, daß sechs (6) Teilnehmer die Möglichkeit haben, drei (3) Ideen in ca. 10 Minuten auf besondes dafür konzipiertes Papier zu notieren. Jeder muß an den Ideen der anderen Beteiligten mitwirken, so daß insgesamt fünf (5) Weitergaben der Ideen erforderlich sind. Diese Methode basiert auf der Lösung von Problemen auf der Basis der Kombination der Ideen aller Teilnehmer.
→ 3.2 (14)

Mind-Mapping
Das Mind-Mapping (Denk-Karte) kombiniert Informationen mit einem Bild. Dabei steht der Themenkreis umrandet in der Mitte, von wo aus die einzelnen Inhalte strahlenförmig abzweigen. Symbole und Bilder sowie Querverbindungen zwischen den einzelnen Verzweigungen ermöglichen es, daß man den gesamten Themenkreis mit allen Zusammenhängen auf einen Blick vor sich hat.
→ 4.3 (6)

Minimalprinzip
Das Minimalprinzip besagt, mit geringstem Mitteleinsatz soll ein bestimmtes Ergebnis erzielt werden.

Minimumgesetz
Minimumgesetz: Dort hat derjenige die größte Macht über alle Vorgänge und Beteiligten, der den Minimumfaktor besitzt. Mewes zeigte auf, daß dieses Minimumgesetz auch in den wirtschaftlichen und sozialen Entwicklungsprozessen gilt.
→ 4.1 (1)

Mitarbeitertypen
Mitarbeitertypen nach P.-A. Wenger werden in vier Gruppen unterteilt. Diese Einteilung ergibt sich auf der Basis des Engagements und der Grundhaltung der Mitarbeiter.
→ 3.4 (13)

Minuten-Manager
Der Minuten-Manager hat ein Führungs-Konzept mit drei Geheimnissen. Dieses Modell will vorwiegend verdeutlichen, auf welcher Basis Menschen am besten mit Menschen zusammenarbeiten. Das Wesentliche an diesem Konzept ist die allgemein kurze Zeitdauer, die benötigt wird, um

- Zielsetzungen,
- Lob und
- Kritik

der Führungskräfte gegenüber ihren Mitarbeitern festzulegen und auszuführen.
→ 3.5 (9)

Modelle
Modelle sind eine vereinfachte Abbildung der Realität. Es werden nur die für das Betrachtungsziel wesentlichen Merkmale von Sachverhalten in den Blickpunkt gezogen und alle unbedeutenden Eigenschaften und Details weggelassen.

Morphologische Methode
Die Morphologische Methode ist eine Kreativ-Methode, die auf dem Prinzip der Analyse beruht. Durch Aufspaltung der Probleme in Teilprobleme wird bei dieser Methode anhand der Kombination von Teillösungen eine Gesamtlösung gefunden.
→ 3.2 (17)

Motivationstheorie
Die Motivationstheorie von Porter/Lawler beschreibt ein Modell, in dem die Erwartungshaltung einer Person aufgrund ihrer bisherigen Erfahrungen aufgezeigt wird.
→ 4.4 (3)

Netzplantechnik

Netzplantechnik ist ein sehr gutes Instrument zur Planung und Überwachung von

- Terminen,
- Kosten und
- Kapazitäten

bei Projekten jeglicher Art.
→ 3.2 (9)

NGH/PGH

Das Autorenteam Hill/Stone ist der Ansicht, daß eine negative Geisteshaltung (NGH) der Grund für zahlreiche Fehlschläge von erfolglosen Persönlichkeiten darstellt.
Sie sind der Meinung, daß sich eine positive Geisteshaltung (PGH) entwickeln und beibehalten läßt, indem man es sich zur Pflicht macht, die von ihnen in ihrem Bestseller aufgeführten 17 Prinzipien zu übernehmen und auch anzuwenden. Für sie ist dies die einzige Methode zur Aufrechterhaltung einer positiven geistigen Einstellung.
→ 4.1 (16)

Nutzenanalyse

Die Nutzenanalyse ist eine Methode zur differenzierten Bewertung des Nutzens. Die Vorgehensweise bei der Realisierung der Nutzenanalyse erfolgt in mehreren Stufen, wobei die Einteilung der herauszufindenden und bewerteten Vorteile eines Verfahrens nach Nutzenkategorien die Hauptpunkte sind.

Nutzenmaximierung

Nutzenmaximierung ist, aus ökonomischer Sicht gesehen, eine Verhaltenstheorie (Ertrags-Erwartungs-Theorie), die davon ausgeht, daß ein Mitarbeiter dann zu maximaler Leistung bereit ist, wenn er daraus sehr positive Ergebnisse für sich selbst ableiten kann. Nach dieser Theorie ist die Leistungsbereitschaft eines einzelnen um so wahrscheinlicher, je höher seine Erwartung ist, daß er die geforderte Leistung erbringen kann, und dadurch bestimmte Ziele erlangt, denen er eine hohe Gewichtung beimißt. Demzufolge sind die Erwartung des Könnens, der Belohnung und die Wertigkeit dieser Belohnung für ein Individuum bestimmend für seine Handlung.
→ 4.4

Nutzwertanalyse

Die Nutzwertanalyse stellt ein Verfahren für die mehrdimensionale Bewertung von Alternativen dar. Hierbei handelt es sich um eine Technik zur besseren Entscheidungsfindung. Sie erlaubt es, anhand mehrerer Kriterien und aufgrund subjektiver Wertvorstellungen eine Wahl unter verschiedenen komplexen Handlungsalternativen zu treffen. Diese Methode sollte stets dann eingesetzt werden, wenn es um die Auswahl der besten Alternative aus mehreren geht.
→ 3.2 (20)

Operations Research

Operations Research (Ablauf- und Planungsforschung, Entscheidungsforschung, Operationenforschung, Optimalplanung, Unternehmensforschung, Verfahrensforschung usw.) ist die Anwendung mathematischer und naturwissenschaftlicher Methoden auf Entscheidungsprobleme. Man erforscht dabei das Verhalten von Systemen (Kybernetik) und entwickelt Methoden zur zielgerichteten Änderung ihrer Zustände und Verhaltensweisen.

Folgende Merkmale sind typisch:

(1) Es beschäftigt sich mit den Problemen der betriebswirtschaftlichen Unternehmensführung als einem System.

(2) Es wendet wissenschaftliche Methoden an, wobei die Vorgehensweise analytisch, experimentell und quantitativ ist.

(3) Die Arbeitsmethodik des Operations Research führt unvermeidlich zur Bildung von Modellen.

Das Operations Research beschäftigt sich also, wie auch die → Kybernetik, mit der Beeinflussung von → Systemen. Operations Research und Kybernetik sind zwar zwei eigenständige Disziplinen, sie stehen aber in sehr enger Beziehung zueinander, da sie im wesentlichen die gleichen Forschungs- und Anwendungsgebiete haben. Bei der Kybernetik liegt das Schwergewicht auf dem Erkennen von Strukturen und Wirkungsweisen; beim Operations Research liegt das Schwergewicht beim formalen Instrumentarium, das die Wege zur Lösung eines Problems zeigt.

Optimalprinzip

Optimalprinzip: Mitteleinsatz und zu erzielendes Ergebnis einer wirtschaftlichen Entscheidung (Handlung) sind so aufeinander abzustimmen, daß ein möglichst günstiges Wirkungsverhältnis erzielt wird. Das Optimalitätskriterium ist dabei fallweise (problemindividuell) zu definieren.

Organisation

Organisation ist die planmäßige Zuordnung von

- Menschen (Brainware),
- Methoden/Programmen (Software) und
- Maschinen (Hardware),

um deren bestmögliches Zusammenwirken im Sinne einer dauerhaften Erreichung der gesetzten Ziele zu gewährleisten.

→ 3.2 (1)

Organisationen

Organisationen sind soziale Gebilde, die

- dauerhaft ein Ziel verfolgen und
- eine formale Struktur aufweisen, mit deren Hilfe Aktivitäten der Mitglieder auf das verfolgte Ziel ausgerichtet werden sollen.

→ 2.1

Organisationsaufgabe

Die Organisationsaufgabe besteht darin,

a) ein System zu bauen, das gegebene Zielsetzungen möglichst optimal erreichen kann, und

b) dafür zu sorgen, daß dieses System stets
- Änderungen des Zielkonzeptes,
- technischen Neuerungen,
- Umweltänderungen und
- wissenschaftlichen Erkenntnissen

angepaßt wird.
→ 3.2 (1), (3), (8)

Organisationsentwicklung
Organisationsentwicklung (OE) ist nach der Gesellschaft für Organisationsentwicklung (GOE) ein längerfristig angelegter, organisationsumfassender Entwicklungs- und Veränderungsprozeß von Organisationen und der in ihr tätigen Menschen. Der Prozeß beruht auf Lernen aller Betroffenen durch direkte Mitwirkung und praktische Erfahrung. Sein Ziel besteht in einer gleichzeitigen Verbesserung der Leistungsfähigkeit der Organisation (Effektivität) und der Qualität des Arbeitslebens (Humanität).
In diesem Sinne ist Organisationsentwicklung also die langfristige Bemühung, Erneuerungsprozesse und Problemlösungsmaßnahmen einer Organisation zu verbessern. Dies geschieht häufig unter Mitwirkung eines OE-Beraters.
→ 3.2 (3)

Organisationsgrad
Der Organisationsgrad ist ein Ausdruck für den Anteil an Standards in einer Organisation:
Organisation + Improvisation = 100.
Ein hoher Organisationsgrad ist Voraussetzung für einen guten Automatisierungsgrad. Erst wenn die Aufgaben und Ziele einer Unternehmung formal beschrieben und geregelt sind, ist ein großer Teil davon programmierbar und automatisierbar.

Organisationsideologien
Die Organisationsideologien des amerikanischen Sozialpsychologen Roger Harrison basieren auf den Konzepten der
- Machtorientierung,
- Rollenorientierung,
- Aufgabenorientierung,
- Mitarbeiterorientierung.

→ 3.1 (17)

Organisationsprojekte
Organisationsprojekte sollten zur Einengung des Risikos in zeitlich und kostenmäßig überschaubare Phasen eingeteilt werden. Die zweckmäßige Phasenfolge ist im allgemeinen folgende:
1. Voruntersuchung
2. Detailuntersuchung und Systemkonzeption
3. Systemrealisation
4. Einführung des Organisationssystems.

→ 3.2 (8)

Organisationsstruktur
Die Organisationsstruktur muß heute vor allem innovationsfördernden Charakter haben. Dies kann u.a. bewirkt werden durch
- möglichst wenige Hierarchie-Stufen,

- ein adäquates Verhältnis von standardisierter und individualisierter Organisation,
- enges Zusammenwirken von Forschung/Entwicklung und Marketing,
- starke Kundenorientierung,
- Marktorientierung.

Organisationsumstellungen
Organisationsumstellungen sind führungsmäßig oft sehr schwierig. Häufig entstehen in der Planungsphase Gerüchte über Art und Umfang der Änderungen, es wachsen Ängste darüber, ob

- man evtl. überflüssig wird,
- man die Umstellung schafft,
- die Arbeit ihren Sinn verliert und/oder inhaltlich entwertet wird,
- ein Verlust der Selbständigkeit eintritt,
- Machtfragen berührt werden,
- die menschlichen Beziehungen leiden usw.

Diese Unsicherheiten wirken sich oft sehr lähmend auf die Mitarbeiter aus, und es entstehen Produktivitätsverluste.
Zu den wesentlichen Aufgaben des Managements zählen dabei in dieser Zeit:

- die von den Änderungen betroffenen Mitarbeiter zu informieren
- sich selbst über die Vorstellungen der Mitarbeiter zu informieren
- den Mitarbeitern Mitwirkungsmöglichkeiten aufzuzeigen.

Ein kooperativer Führungsstil müßte verstärkt wahrgenommen werden.
→ 3.2 (8)

Organismus
Eine Bezeichnung für ein System, das aus verschiedenen, miteinander verbundenen und voneinander abhängigen Teileinheiten besteht und auch nur aufgrund dieser wechselseitigen Verbundenheit der Teile existieren kann. Dieser Begriff wird für Lebewesen, aber auch für die Darstellung eines Unternehmens und auf soziale Gebilde angewandt.

4 P's

Die 4 P's stellen ein praxisorientiertes System der Unternehmensführung dar. Dieses Stufenkonzept besteht aus den folgenden Elementen

1. Philosophy (Unternehmensphilosophie)
2. Policy (Unternehmenspolitik)
3. Procedures (Verfahren/Verhalten)
4. Practice (Erfahrung/Praxis)

→ 3.2 (27)

Paretos Gesetz

Paretos Gesetz ist nach dem italienischen Volkswirtschaftler Vilfredo Pareto benannt. Es besagt, daß man mit 20 % Zeitaufwand bereits 80 % des Leistungsergebnisses erzielen kann, während man oft 80 % der Zeit aufwenden muß, um nur 20 % Leistung zu erhalten.

→ 4.2 (9)

Pausenplanung

Pausenplanung ist eine wissenschaftlich bewiesene Notwendigkeit. Sie kann jedoch nur dann einen optimalen Erholungseffekt bewirken, wenn sie auch sinnvoll im Arbeitsablauf integriert wird.

→ 4.2 (6)

Perfektionismus

Perfektionismus ist das krankhafte Streben nach unerreichbaren Zielen. Er ist ungesund, da man dabei ständig unter Erfolgszwang steht, ohne jedoch Befriedigung in der eigenen Leistung zu finden.

→ 4.2 (15)

Persönlichkeits-Modell

Das Persönlichkeits-Modell von Sigmund Freud zeigt den Aufbau der menschlichen Persönlichkeit, den Zustand des ständigen Ausbalancierens von Bewußtsein und Unterbewußtsein und die Möglichkeit, mit Konfliktsituationen fertig zu werden.

→ 4.6 (6)

Phasenkonzepte → Organisationsprojekte

Physiologische Leistungsbereitschaft

Die physiologische Leistungsbereitschaft beschreibt die Leistungsfähigkeit eines Menschen. Diese ist bestimmten Schwankungen unterworfen, die sich in einem natürlichen Rhythmus vollziehen. Das Konzept der physiologischen Leistungsbereitschaft zeigt auf, wie man den nötigen körperlichen und geistigen Aufwand auf seine biologischen Möglichkeiten abstimmt, um mit der geringsten Anstrengung sein Bestes zu geben.

→ 4.2 (3)

PIMS

PIMS steht für

P = Profit

I = Impact of

M = Market

S = Strategies

und wurde vom Strategic Planning Institute Boston/London (SPI) entwickelt. Von wesentlicher Bedeutung sind in diesem System differenzierte → ROI-Werte. Diese sollten für alle Geschäftseinheiten er-

mittelt werden.
→ 3.1 (25)

Planen
Planen heißt,

- sich Vorstellungen über zukünftige Gegebenheiten bilden,
- diese systematisch durchdenken,
- mit gegebenen Situationen vergleichen
- und daraus Maßnahmen für die optimale Gestaltung der Zukunft ableiten.

In der Planung wird das kommende Geschehen gedanklich vorweggenommen, in ihr wird der Versuch gemacht, die Zukunft zu gestalten. Durch die Planung werden die Gesamtziele in operationale Teilziele zerlegt, die als Aufgaben formuliert werden, damit durch eine sinnvolle Zweck-Mittel-Kombination die Zielerreichung optimal möglich wird.

Planhierarchie
Planhierarchie befaßt sich mit der Planungsfolge einzelner Pläne. Bei dem Versuch einer hierarchischen Ordnung der im Gesamtplanungsrahmen aufzustellenden Einzelpläne muß logischerweise derjenige Plan den höchsten hierarchischen Rang einnehmen, der dem Unternehmensziel am nächsten steht. Dies ist in einer normal funktionierenden Marktwirtschaft der Absatzplan. Somit ist der Absatzplan Ausgang aller Planungsarbeiten und bestimmend für die Planungsrichtung.

Planspiele
Planspiele gehören zu den Methoden, die in der Schulung angewandt werden, um die eigenen Verhaltensweisen bewußtzumachen, sie zu reflektieren und anschließend neue Verhaltensmuster einzuüben. Beim Planspiel, das verstärkt die mathematische Richtung einer Organisation hervorhebt, werden unternehmerische Entscheidungssituationen anhand von betriebswirtschaftlichen Daten simuliert, um die Entscheidungsfähigkeit zu verbessern.
→ 3.4 (11)

Planung → Planen

Portfolio-Analyse
Die Portfolio-Analyse hat die Aufgabe, die Produkte und das Produktionsprogramm unter Berücksichtigung der Unternehmensziele zu optimieren. Hier wird u.a. davon ausgegangen, daß das Produktionsprogramm bereits heute Produkte enthält, die gewinnträchtig sind und außerdem sichergestellt ist, daß Investitionen in Produkte erfolgen, die zukünftige Gewinne erwarten lassen.
→ 3.1 (4)

Prioritätenanalyse
Prioritätenanalyse ist ein Prinzip, bei dem die täglich anstehenden Arbeitsvorgänge in Aufgaben mit unterschiedlichen Wertigkeiten eingeteilt werden.
→ 4.2 (13)

Problemlösungstechniken
Problemlösungstechniken sind notwendig, um bei der Lösung bestimmter Probleme, die bei der Aufgabenerfüllung entstehen, An-

wendung zu finden. Es handelt sich dabei um spezielle Techniken, die einer Organisation bei der Steuerung ihres ökonomischen Verhaltens dienlich sind.
→ 3.2 (11 – 20)

Problemlösungskonferenz
In der Problemlösungskonferenz (Problem Solving Conference) soll die Entscheidung über ein Problem gefällt werden. Es kann sich entweder um ein Problem handeln, das sich gerade für eine Organisation ergibt, oder um einen Problemkreis, den der Leiter der Konferenz ausgewählt hat.

Produktivität
Produktivität ist wie jede Kennzahl ein Maßstab. Größen werden miteinander verglichen, um die Grundlage für betriebliche Entscheidungen zu bilden.
Bei der Produktivität werden technisch-mengenmäßige Größen ins Verhältnis gesetzt. Sie gibt die Ergiebigkeit der betrieblichen Faktorkombination an.

$$\text{Produktivität} = \frac{\text{Leistungsmenge (Output)}}{\text{Einsatzmenge (Input)}}$$

oder

$$\frac{\text{Ausbringungsmenge}}{\text{Faktoreinsatzmenge}}$$

Die Produktivität ist insofern identisch mit dem mengenmäßigen Ansatz der → Wirtschaftlichkeit.

Als Einsatzmenge werden z.B.

- Materialeinsatz,
- Maschinenstunden und
- Arbeitsstunden

in die Berechnung einbezogen.

Produktmanagement
Dem Produktmanagement liegt die Idee zugrunde, die Gesamtverantwortung für ein Produkt von dessen Entwicklung bis hin zur Vermarktung einem nur dafür zuständigen Produktmanager zu übertragen. Dieses Konzept wurde Ende der zwanziger Jahre von Procter & Gamble in den USA entwickelt, aber erst zu Beginn der sechziger Jahre auch in Deutschland eingeführt. Heute arbeitet der überwiegende Teil aller Wirtschaftsbereiche mit dem Produktmanagement.

Profit-Center-Konzept
Profit-Center-Konzept weist die Erfolge für einzelne Unternehmensbereiche aus. Die Profit-Centers werden vor allem nach Produkten oder Produktgruppen gebildet.

Programmierte Unterweisung (PU)
Die Programmierte Unterweisung versucht, den Lernenden zu einer aktiven Teilnahme am Lernprozeß heranzuziehen. Der Wissensstoff wird in kleine Schritte (Informationseinheiten) zerlegt, die in einer strengen logischen Reihenfolge dargeboten werden müssen. Bei den sogenannten linearen Programmen ist ein solcher Lernschritt meistens so klein, daß es für den Lernenden nahezu unmöglich ist, ihn nicht zu verstehen. Hier muß der einzelne sämtliche Schritte durchlaufen, damit er

den Zusammenhang nicht verliert. Dies bedeutet jedoch, daß solche Programme recht umfangreich sind und begabte Menschen Langeweile empfinden. Daraus entwickelte dann Norman A. Crowder die verzweigte Form der Programmierung. Mit ihr kann mehr Rücksicht auf individuelle Erfordernisse von schnellen und langsamen, mehr oder weniger vorgebildeten Lernenden genommen werden. Bei der Programmierten Unterweisung gibt es zwei verschiedene Antwortmöglichkeiten: die selbstgebildete Antwort und die Antwortauswahl. Während der Lernende bei der selbstgebildeten Antwort auf jede einzelne Frage seine eigene Antwort geben muß, kann er bei der zweiten Art des Antwortverhaltens unter mehreren zur Auswahl stehenden Antworten eine auswählen. Die Form der Antworten hängt nicht eindeutig mit der Programmierungstechnik zusammen. In den linearen Programmen werden selbstgebildete Antworten bevorzugt. Bei Crowder-Programmen benutzt man meistens die Form der Antwortauswahl. Es gibt aber auch bei der Verwendung von selbstgebildeten Antworten Verzweigungen, die außerhalb des geschlossenen Lernkreises liegen.

Projektmanagement
Projektmanagement bezieht sich auf die in Wirtschaft und Verwaltung zu realisierenden Projekte. Dabei kann festgestellt werden, daß es erhebliche Vorteile gibt, wenn eine effiziente Vorgehensweise berücksichtigt wird.
→ 3.2 (7)

Prozeßmanagement
Prozeßmanagement sind Organisationsabläufe, die zusammenhängende Aktivitäten zum Inhalt haben. Eine sorgfältige Analyse der wesentlichen Prozesse ist Basis für ihre präzise Definition.
→ 3.2 (2)

Prozeßmodell
Beim Prozeßmodell von Ives/Learmonth wird von dem Lebenszyklus eines Produktes aus Kundensicht ausgegangen. Die beiden Autoren vertreten die Ansicht, daß es mit Hilfe des »Produkt-Lebenszyklus« möglich ist, neue kundenbezogene Anwendungen zu finden oder bestehende Applikationen entsprechend zu verbessern. Sie empfehlen Organisationen, die einzelnen Phasen kritisch zu analysieren und auf Verbesserungsmöglichkeiten hin zu untersuchen.
→ 3.6 (3)

Psychologie des Erfolgs
Eine Psychologie des Erfolgs ist das Konzept nach Denis Waitley. Basis seiner Prinzipien sind Untersuchungen von erfolgreichen Menschen. Die Psychologie seines Erfolgs stellt 10 Eigenschaften heraus, welche die Gewinner im Leben kennzeichnen. Erfolgsmenschen nutzen nach Waitleys Meinung die Fähigkeiten, die sie besitzen, und bringen sie zu voller Entfaltung; Verlierer lassen sich lenken, Gewinner nehmen das Steuer selbst in die Hand.
→ 4.1 (4)

Qualität
Umfassende und gebräuchliche Bezeichnung für die erfaßbaren und voneinander unterscheidbaren Eigenschaften eines Produktes, einer Dienstleistung, eines Prozesses, die auch quantifizierbar sein können. Sie steht ebenso für den Inhalt begriffsbestimmender Merkmale und Eigenschaften von Urteilen.

Qualitätszirkel
Ein Qualitätszirkel ist eine Gruppe von Mitarbeitern, die auf freiwilliger Basis regelmäßig unter der Leitung eines Moderators über Probleme aus dem eigenen Arbeitsbereich nachdenken und realistische Lösungsvorschläge dazu entwickeln sollen. Das Prinzip des Qualitätszirkels beruht auf der Aktivierung des Leistungspotentials der Mitarbeiter.
→ 3.2 (10)

Quality Funktion Deployment
ist ein Verfahren, mit dem effizient kundengerechte Produkte entwickelt werden. Es besteht aus 5 Schritten:

1. Ermitteln der Kundenwünsche
2. Bewerten der Wettbewerbsposition
3. Festlegen des technischen Konzepts
4. Erarbeiten der Qualitätsmerkmale der Baugruppen/Teile
5. Fixieren der Prozeßpläne

Quantifizierung/Quantifikation
Hierbei werden Eigenschaften und Merkmale in Zahlen bzw. in bezug auf Meßwertskalen ausgedrückt, wobei oft die eventuelle Umwandlung von Qualitäten in Quantitäten erfolgen muß.

Quantität
Dieser Begriff ist eine allgemeine und umfassende Bezeichnung für Eigenschaften der Größe bzw. Intensität, deren Ausprägungsgrad bei einem bestimmten Produkt, Prozeß oder Sachverhalt meßbar und durch Zahlen ausdrückbar ist.

Quotient
Dabei handelt es sich um eine mathematische Bezeichnung für einen Ausdruck in Form von a/b. Beim klassischen Intelligenzquotienten wird als Beispiel der Quotient aus der Division des Intelligenzalters durch das Lebensalter gewonnen.

Rapport- und Pacing-Konzept
Das Rapport- und Pacing-Konzept vermittelt die Grundlagen für ein harmonisches Miteinander bei zwischenmenschlichen Beziehungen. Das bedeutet, gegenseitige Übereinstimmung und ein Gefühl der Harmonie zu entwickeln. Das Gesamtverhalten kann durch diesen Prozeß geändert oder positiv beeinflußt werden.
→ 4.5 (3)

Redundanz
Hierunter versteht man das Maß für den in einer Nachricht enthaltenen Informationsüberschuß.

Rentabilität
Rentabilität ist das Verhältnis von Gewinn einer Abrechnungsperiode zu eingesetztem Kapital als Rentabilität.

Generelle Formel:

$$\text{Rentabilität} = \frac{\text{Gewinn}}{\text{Kapital}} \times 100$$

Eigenkapitalrentabilität:

$$R_E = \frac{\text{Gewinn}}{\text{Eigenkapital}} \times 100$$

Die Eigenkapitalrentabilität gibt die Verzinsung des vom Unternehmer eingesetzten Kapitals an; sie kann aus diesem Grund auch als Unternehmerrentabilität bezeichnet werden.
Sinkt die Eigenkapitalrentabilität unter den Zinssatz für langfristiges Kapital auf dem Geldmarkt, wäre eine Anlage außerhalb des eigenen Unternehmens sinnvoller. Liegt die Eigenkapitalrentabilität über diesem Zins, empfiehlt sich der Einsatz zusätzlichen Fremdkapitals, um die Zielgröße »Eigenkapitalrentabilität« zu maximieren (Leverage-Effekt).

Gesamtkapitalrentabilität:

$$R_G = \frac{\text{Gewinn} + \text{Fremdkapitalzins}}{\text{Gesamtkapital}}$$

Reorganisation eines Unternehmens
Die Reorganisation eines Unternehmens sollte nach Naisbitt im Sinne folgender Richtmarken stattfinden:

1. Unternehmen, welche die günstigsten Voraussetzungen für menschliche Entfaltung schaffen, werden erfolgreicher sein.
2. Führungskräfte müssen die Rolle des helfenden Mentors gegenüber den Mitarbeitern übernehmen.
3. Vergütungssysteme, die Leistung und Innovation belohnen, verwandeln die Mitarbeiter in Aktionäre.
4. Neben festangestellten Arbeitskräften können auch gemietete Mitarbeiter einem Unternehmen angehören, und die verschiedensten Dienstleistungen können an Drittunternehmen übertragen werden.
5. Der autoritäre Managementstil weicht einem Netzwerkstil, der Kooperation und Gleichstellung aller Mitarbeiter beinhaltet.

→ 3.1 (22)

Return on Investment
Return on Investment (ROI) ist eine Größe, die man durch einfache ma-

thematische Umwandlung des üblichen Rentabilitätsquotienten erzielt. Wird die Rentabilitätskennzahl

$$R = \frac{\text{Gewinn}}{\text{Kapital}} \times 100$$

um den Quotienten

$$\frac{\text{Umsatz}}{\text{Umsatz}}$$

erweitert, so erhält man, ohne eine größenmäßige Änderung vorgenommen zu haben,

$$R = \frac{\text{Gewinn}}{\text{Umsatz}} \times \frac{\text{Umsatz}}{\text{Kapital}} \times 100$$

ROI = Umsatzrentabilität × Kapitalumschlag × 100

Da der Return on Investment nach vorstehender Formel durch die Umsatzrentabilität und den Kapitalumschlag bestimmt wird, kann er bei gleichbleibender Umsatzrentabilität durch Steigerung des Kapitalumschlages erhöht werden.

Schon das einfache Beispiel zeigt den erhöhten Informationsgehalt der Return on Investment-Werte. So ist die Erhöhung der Rentabilität im obigen Beispiel – keine Kostenänderungen vorausgesetzt – im Jahre 1985 auf eine Erhöhung des Gewinnaufschlages zurückzuführen, während die nochmalige Erhöhung im Jahre 1986 allein auf dem Abbau des Kapitaleinsatzes beruht. In allen Fällen ist der Umsatz gleich hoch geblieben.

→ 3.3 (10)

Beispiel:

Jahr	1984	1985	1986
Gewinn	4 Mio	5 Mio	5 Mio
Kapital	40 Mio	40 Mio	37 Mio
Umsatz	100 Mio	100 Mio	100 Mio

Jahr	Umsatz Rentabilität	×	Kapital-Umschlag	=	Return on Investment
1984	4 %	×	2,5	=	10 %
1985	5 %	×	2,5	=	12,5 %
1986	5 %	×	2,7	=	13,5 %

Revision

Revision ist die Überprüfung eines Systems durch einen außenstehenden Dritten. Neben der klassischen Aufgabe der Prüfung wurde in den letzten Jahren mehr und mehr auch die Organisationsaufgabe der Revision deutlich. Zukünftig geht es mehr und mehr darum,

- daß die Prüfbarkeit des Systems beim Systemaufbau mitorganisiert werden muß und dies am besten durch Kooperation von Organisation und Revision geschehen kann,
- daß die Fragen der Ordnungsmäßigkeit bei der Systemorganisation eine bedeutende Rolle spielen und deshalb die Revision von Anfang an tätig werden muß,
- daß der Systemsicherheit eine immer größer werdende Bedeutung zukommt und deshalb der Aufbau eines Systems des Internal Control im Gesamtsystem in Zusammenarbeit mit der Revision einen großen Anteil an der Organisationsaufgabe hat.

Rolle

Rolle ist die Summe der Erwartungen, die man an das Verhalten eines Rolleninhabers stellt. Es gibt formelle (z.B. Sachbearbeiter, Bereichsleiter) und informelle Rollen (z.B. Sündenbock, Meinungsführer). Die beiden Rollen sind selten deckungsgleich.

Berufliches Rollenkonzept

Das berufliche Rollenkonzept von Maccoby wurde von dem amerikanischen Psychoanalytiker entwickelt. Dieses Modell ermöglicht es, eine Organisation unter dem Aspekt unterschiedlicher Berufsauffassungen zu analysieren und zu führen.

→ 3.5 (7)

Rollenspiele

Rollenspiele werden als Schulungsmethoden angewandt. Bei diesen gruppendynamischen Übungen, die szenisch dargestellt werden, stehen die sozialen Beziehungen unter den Mitarbeitern im Vordergrund. Diese gilt es, durch Übernehmen von bestimmten Rollen in bezug auf die eigene Person und auf andere zu verstehen und zu verbessern.

Beim Rollenspiel sollen die Teilnehmer die konsequente Darstellung verschiedener Rollen lernen. Diese in der amerikanischen Literatur mit »role playing« und »sociodrama« bezeichnete Ausbildungsmethode geht auf eine von Moreno erstmals angewandte Methode der gruppentherapeutischen Behandlung zurück. An die Stelle des »Sprechens über die Dinge« tritt hier das »Tun der Dinge selbst«. Die Rollenspiele sind besonders gut für die Behandlung der zwischenmenschlichen Probleme geeignet.

Rollenspiel-Training

Rollenspiel-Training hat die Aufgabe, den betreffenden Weiterbildungsteilnehmern zu zeigen, was sie bereits beherrschen, und nicht, was sie nicht können. Die Bewältigung von simulierten Problemstellungen stärkt das Selbstvertrauen und wirkt Lampenfieber entgegen. Ziel des Rollenspiels ist es, anhand einer angenommenen Rolle die Fähigkeit zu erlernen, mit Gesprächspartnern optimal zu kommunizieren.

Schwarzer Kasten
Schwarzer Kasten ist ein System, das für uns in seiner inneren Struktur nicht zugänglich ist. Mit einem solchen System, und zwar mit einer extrem hohen Varietät und Komplexität, haben wir es täglich zu tun in unserem Umgang mit anderen Menschen. Wir können in das Gehirn des Menschen und dessen Struktur nicht hineinschauen, um etwa durch Ursache-Wirkung-Relationen herauszubekommen, wie das System funktioniert.

Selbsterkenntnis
Selbsterkenntnis ist das Wissen um die eigenen psychologischen Vorgänge und eine notwendige Voraussetzung für einen erfolgreichen Menschen. Dieser Erkennungsprozeß beinhaltet das Wissen um die eigenen Möglichkeiten und Grenzen, Stärken und Schwächen, Einsatz- und Abwehrstrategien.
→ 4.1 (6)

Selbstmanagement-Regelkreis
Im Selbstmanagement-Regelkreis nach Seiwert wird ein Selbstmanagement-Prozeß mit all seinen Teilaktivitäten in Form einer Drehscheibe dargestellt. Den Mittelpunkt bildet die Information/Kommunikation, um die sich die Funktionen des Selbstmanagements drehen.
→ 4.1 (5)

Selbstorganisation
Selbstorganisation hat zum Ziel, daß Sie Ihre Zeit möglichst effizient nutzen. In der täglichen Praxis kann dies u.a. bedeuten:

- Kein überfüllter Schreibtisch.
- Schieben Sie dringliche Aufgaben nicht auf die lange Bank.
- Legen Sie die Aufgaben nach Prioritäten fest.
- Sorgen Sie für klare Ordnungs- und Ablagesysteme.
- Setzen Sie verstärkt moderne Techniken der Bürokommunikation ein.

→ 4.2

Sensitivitätsmodell
Das Sensitivitätsmodell, das der Biokybernetiker Vester entwickelte, betrachtet die Einzelkomponenten eines komplexen Systems im Zusammenhang mit ihren Interdependenzen. Sein Grundkonzept ist vergleichbar mit »Mustererkennung«. Dabei wird den Beziehungen zwischen den Komponenten eine größere Bedeutung beigemessen als den Komponenten selbst.
→ 3.2 (4)

Sieben K's
Bei der Konzeption der Sieben K's handelt es sich um eine konsensorientierte Unternehmenskultur des Unternehmensberaters Peter Zürn.
→ 3.1 (7)

Sieben-S-Modell
Das Sieben-S-Modell von Pascal und Athos stützt sich auf sieben Variable, die alle mit dem Buchstaben S beginnen. Das System führt auf die besondere systemimmanente Realisierung der »harten« und »weichen« Führungsinstrumente zurück.

Die harten Elemente sind

- Struktur,
- Strategie,
- Systeme,
- Selbstverständnis

und die weichen Elemente

- Spezialkenntnisse,
- Stil,
- Stammpersonal.

Das Autorenteam leitet von diesen Faktoren den Erfolg ab.
→ 3.1 (13)

Simulation
Simulation ist das wiederholte Betreiben eines Modelles an Stelle der Realität mit verschiedenen Alternativen. Gesucht wird ein möglichst optimales Verhalten bei Entscheidungen für das reale System. Simulation dient der Prognose.

Simulationsmethoden
Simulationsmethoden stellen den Überbegriff von Entscheidungs- und Schulungsmethoden (z.B. Planspiele, Rollenspiele, Fallmethoden) dar. Im Rahmen der Aus- und Weiterbildung werden vorwiegend anhand von künstlichen oder gespielten Situationen, die der Wirklichkeit entsprechen, Verhaltensweisen eingeübt, die der späteren Anwendung am Arbeitsplatz dienlich sind.

Situationsanalyse
Eine Situationsanalyse ist die systematische Zerlegung komplexer Problemkreise mit anschließender Priorisierung der Lösungsansätze.

SQ3R-Methode
Bei der SQ3R-Methode handelt es sich um ein Konzept zum besseren Aufnehmen und Behalten von Lernstoff.
→ 4.3 (9)

Sozialisation
Sozialisation befaßt sich mit der Einbindung der Mitarbeiter in die Organisation.

Soziogramm
Soziogramm stellt graphisch ein Beziehungsgeflecht dar, das auf dem Sozialverhalten, der Struktur einer Gruppe, ihrem sozialen Gefüge und der gegenseitigen Wertschätzung beruht. Es dient in erster Linie der Informationssammlung und einer Konfliktlösung.
→ 3.4 (6)

Spitzenleistungen
Spitzenleistungen nach Peters und Waterman wurden auf der Basis von Interviews und Quellenstudien zu acht Merkmalen ausgearbeitet, die den Erfolg von Unternehmen ausmachen. Die Ergebnisse der Untersuchung zeigen, daß es vor allem die einfachen Grundtugenden sind, die Spitzenleistungen hervorbringen.
→ 3.1 (14)

Stärkenanalyse
Stärkenanalyse heißt, sich der Eigenarten und Stärken, in denen man sich von seinen »Mitbewerbern« unterscheidet, deutlich bewußt zu sein und die adäquaten Maßnahmen zum Ausbau dieser Stärken einzuleiten.

Stärken-Schwächen-Analyse
Stärken-Schwächen-Analyse bezieht sich auf den Wettbewerb eines Unternehmens. Ein Unternehmen kann sich im Konkurrenzkampf eher behaupten, je genauer seine Kenntnis über die eigenen Stärken/Schwächen ist. Hiervon sind alle Ressourcen und Potentiale eines Unternehmens betroffen.
→ 3.1 (18)

Standardisierung
Standardisierung ist die generelle Festlegung von gleichartigen Prozessen, Verfahren und Weisungen.
→ 3.2 (27)

Stellenbeschreibung
Stellenbeschreibung ist die ausführlichste Art der Tätigkeitsbeschreibung und kommt in der Praxis in verschiedensten Formen und vor allen Dingen in verschiedenen Umfängen und Inhalten vor. Die klassische Art der Stellenbeschreibung gliedert sich in

- Instanzenbild,
- Anforderungsbild und
- Aufgabenbild.

Folgende weitergehende Gliederung ist denkbar:

1. Stellenbezeichnung
2. Organisatorische Eingliederung der Stelle
3. Anforderungen an den Stelleninhaber
4. Kurze Beschreibung der Zielsetzung der Stelle
5. Aufgaben der Stelle
6. Kompetenzen und Verantwortlichkeiten
7. Besondere Befugnisse
8. Besondere organisatorische Beziehungen

- Informationen
- Konferenzen
- Vertretung des Unternehmens nach außen.

Die klassischen Stellenbeschreibungen werden heute mehr und mehr kritisch gesehen.

Strategiegitter
Das Strategiegitter von McFarlan und McKenney unterscheidet Organisationen nach der strategischen Auswirkung vorhandener IS-Anwendungen und der strategischen Auswirkung von IS-Anwendungen, die in der Entwicklung sind.
→ 3.3 (7)

Strategische Erfolgspositionen
Strategische Erfolgspositionen (SEP) haben zum Ziel, die Unternehmensführung wirkungsvoller zu gestalten. Der Unternehmensberater Cuno Pümpin aus St. Gallen bezeichnet sein Konzept als ein integriertes Instrument zur Einführung und Durchsetzung der strategischen Führung. Sein System erlaubt es Unternehmen, im Vergleich zur Konkurrenz langfristig Erfolgspositionen aufzubauen.
→ 3.1 (9)

Strategische Informationssysteme
Strategische Informationssysteme haben nach Wiseman folgende Ansatzpunkte zu beachten:

1. Was ist die strategische Zielgruppe?
(z.B. Lieferanten, Kunden)
2. Welche Strategieparameter sollen eingesetzt werden?
(z.B. Kosten, Differenzierung)
3. Weche Einsatzart wird gewählt?
(z.B. offensiv, defensiv)
4. Welche Ersatzrichtung soll vorrangig gewählt werden?
(z.B. Eigennutzung, Angebot)

Streß
Streß kann man als die Art bezeichnen, mit der ein menschlicher Körper auf alle Anforderungen des Lebens reagiert.
Es gibt

- negativen Streß (Distreß) und
- positiven Streß (Eustreß).

Die eigene Einstellung entscheidet darüber, ob man ein Erlebnis als positiven oder negativen Streß empfindet. Das Streßkonzept von Hans Selye versucht, einen Weg aufzuzeigen, mit Streß fertigzuwerden, ihn in richtige Bahnen zu lenken und positiv zu nutzen.
→ 4.2 (5)

Stroke-Bilanz
Stroke-Bilanz beschreibt den Austausch von Aufmerksamkeiten und »Streicheleinheiten« in der zwischenmenschlichen Beziehung am Arbeitsplatz.
→ 4.5 (2)

Substitutive Anwendungen
Substitutive Anwendungen haben den Ersatz von Arbeitskräften oder Arbeitstätigkeiten zum Zweck. Die Systeme greifen zwar in die Arbeitsprozesse ein, der Arbeitsablauf als solcher bleibt in seiner Grundstruktur jedoch bestehen. Zu den substitutiven Anwendungen zählen im wesentlichen alle klassischen DV-Anwendungen. Bei dem hier entstehenden Nutzen, der sich relativ einfach ermitteln läßt, handelt es sich um Einsparung bestehender Kosten. Diese Investition in die Informationsverarbeitung kann in die Gruppe der Rationalisierungsvorteile eingeordnet werden.

Superlearning
Superlearning ist die Methode des »sanften Lernens«, die auf den bulgarischen Psychologen Lozanov zurückgeht. Es handelt sich dabei um Lernen mit gezieltem Entspannungstraining bei ausgewählter Musik. Das dadurch entstehende positive Lernklima fördert die Konzentrationsfähigkeit und wirkt Blockaden wie z.B. Leistungsdruck und Prüfungsangst entgegen.
→ 4.3 (13)

Synektik
Synektik ist eine Problemlösungsmethode, wobei in einem möglichst heterogenen Personenkreis von vier bis acht Teilnehmern und einem Moderator Lösungen von Problemen durch Verfremdung der Probleme und Bildung von Analogieschlüssen erarbeitet wird.
→ 3.2 (15)

Synergie
Synergie ist das Zusammenspiel verschiedener Faktoren zu einer opti-

malen Gesamtleistung. Dieser Begriff, der eine Fülle von recht schillernden Interpretationen erfahren hat, besagt im Grundsatz, daß das Ganze mehr sein muß als die Summe der einzelnen Kräfte. Es gilt, die Kräfte auf das eigentliche Ziel hin zu verbinden, abzustimmen und zu konzentrieren.

System

Ein System hat im Innern organisierte Beziehungen (zwischen den Elementen) und steht nach außen in Beziehung zu anderen Systemen. Lindemann unterscheidet nach der ontologischen Einordnung in

- reale Systeme,
- formale Systeme und
- ideale Systeme.

Als reales System kann jedes reale, materielle Sein gelten, über das sich durch Erfahrung mit Hilfe des Experimentes wahre Erkenntnisse gewinnen lassen. Der Wahrheitsnachweis wird durch die Übereinstimmung der Aussagen mit den Realitäten geführt.

Formale Systeme dienen vorwiegend als Beschreibungselemente für Realitäten, wie zum Beispiel die Sprache der Mathematik, die allgemeine Logik, Programmiersprachen, logisch theoretische Verknüpfungen in Form von Theorien und Modellen über die Realitäten. In solchen formalen Systemen gilt die Widerspruchsfreiheit als Wahrheit. Verifikationsmethode ist die logische Abteilung, der Beweis.

Ideale Systeme betreffen das höchste Sein in Form von metaphysischen Objekten wie das »Wesen« der Dinge, die »Idee« des Guten, das »Wirken« Gottes usw.. Solche Systeme werden spekulativ, rein geistig konstruiert, die Wahrheit liegt in der Überzeugung, und der Wahrheitsnachweis wird durch Akklamation, durch Zustimmung, geführt.

→ Kybernetik

Systemorientierte Unternehmensführung

Die systemorientierte Unternehmensführung gewann Ende der sechziger Jahre mehr und mehr an Bedeutung. Mit Hilfe der Erkenntnisse der Entscheidungslehre und der Kybernetik sowie des zunehmenden Einsatzes der Datenverarbeitung wurde verstärkt der Versuch unternommen, die Unternehmensführung unter rationalen Aspekten zu sehen.

Szenario-Technik

Die Szenario-Technik zeigt alternative Situationen auf und bietet Entscheidungshilfen. Mit ihrer Hilfe können flexible Anpassungen an künftige Entwicklungen durch Schaffung von Entscheidungsspielräumen erreicht werden. Szenarien können mit Hilfe von Projektteams erarbeitet werden. Einer kompetenten Gruppe wird das Problem dargestellt, und gemeinsam versucht man, zur Entscheidung zu gelangen. Dabei ist es vor allem notwendig, eine größere Bandbreite von möglichen Entwicklungen zu berücksichtigen und sich nicht nur auf eine einzige Wahrscheinlichkeit festzulegen. Zukünftige Entwicklungen müssen sorgfältig analysiert werden.

→ 3.2 (19)

Tätigkeitsspielraum
Tätigkeitsspielraum ist das Ausmaß der Freiheit von repetitiven Verrichtungen.

Taylorismus
Als Taylorismus bezeichnet man einen autoritären, patriarchalischen Führungsstil, der von starker Arbeitsaufteilung und geringen Entscheidungsfreiräumen geprägt ist. Im Gegensatz zu den neuzeitlichen Human-Relations-Konzepten basiert das traditionelle Führungskonzept auf detaillierter Regelung von Arbeitsfunktionen, die in der Unternehmenshierarchie von oben nach unten durchgesetzt wird. Dabei wird die Persönlichkeit eines Mitarbeiters und seine soziale Einbindung in die Organisation kaum berücksichtigt. Der Taylorismus geht auf Taylor zurück (1856–1915). Seine Fähigkeiten zu methodischer und systematischer Analyse äußerten sich in folgenden, für die Zeit des »scientific management« (wissenschaftliche Betriebsführung) typischen Ansätzen zur Leistungssteigerung:

- Einführung der Arbeits- und Zeitstudien
- Arbeitsablaufbezogene Auswahl und Anweisung der Mitarbeiter, um möglichst optimale Bewegungsabläufe zu erreichen
- Unterstützend wirkte für die Leistungsförderung die Gestaltung des Arbeitsplatzes (Licht, Klima, Farbgebung, Anordnung der Maschinen usw.)
- Starke Arbeitsteilung reduziert die Anforderungen am einzelnen Arbeitsplatz und bringt kurze Anlern- und Erfahrungszeit mit sich
- Einführung des auf Taylor zurückgehenden Werkmeistersystems.

Top-Down-Planung
Top-Down-Planung bedeutet, daß das Management oder der Planungsstab der Unternehmensleitung die Entscheidungsspielräume definiert und im Detail die Aktionen der nachfolgenden Hierarchiestufen bestimmt.

Training »on the job«
Training »on the job« bedeutet, daß ein erfahrener Mitarbeiter einen neuen Kollegen einarbeitet. Er kann ihn z.B. zu Verkaufsgesprächen begleiten, ohne jedoch selbst in die Verhandlung einzugreifen. Korrigierende Anweisungen und Verbesserungsvorschläge finden unmittelbar nach dem Gespräch statt.

Transaktions-Analyse
Die Transaktions-Analyse ist ein psychologisches Modell zur Selbsterfahrung und zur Analyse von Gesprächsabläufen auf der Beziehungsebene. Sie ermöglicht es uns, andere Menschen besser zu erkennen, sich in sie hineinzuversetzen und das eigene Verhalten zu begreifen und zu reflektieren. Die TA ist ein in sich geschlossenes kognitives System und entspricht weitgehend den Denkweisen von Führungskräften. Sie ist ein Werkzeug zum besseren Verständnis unseres Umfelds.
→ 4.6 (7)

Unternehmensführung
Die Unternehmensführung hat seit Beginn dieses Jahrhunderts eine Reihe von Entwicklungen genommen. Die technikorientierten Ansätze wurden insbesondere von Taylor, Weber und Fayol begründet. Als Reaktion auf den Taylorismus und Bürokratismus wurden die mitarbeiterorientierten Ansätze entwickelt (Mayo, Röthlisberger, Maslow, Herzberg, McGregor).
Die systemorientierte Unternehmensführung gewann Ende der 60er Jahre mehr und mehr an Bedeutung. Mit Hilfe der Erkenntnisse der Entscheidungslehre und der Kybernetik sowie des zunehmenden Einsatzes der Datenverarbeitung wurde verstärkt der Versuch unternommen, die Unternehmensführung unter rationalen Aspekten zu sehen. Zielsetzung dieser Ansätze war und ist es, richtige Entscheidungen zu treffen und mittels Planungs- und Kontrollsystemen gegebene Strategien möglichst optimal zu erreichen. Die in jüngster Zeit entwickelten Ansätze sind in hohem Umfang kundenorientiert (z.B. Peters/Waterman, Pümpin)

Unternehmensgrundsätze → Corporate Identity
→ 3.1

Unternehmensstrategie
Nach Porter gibt es die drei Unternehmensstrategien:

1. Kostenführerschaft
2. Differenzierung
3. Konzentration auf ökologische Nischen

Die Kostenführerschaft ist darin zu sehen, sich innerhalb einer Branche einen umfassenden Kostenvorsprung zu verschaffen.
Die Differenzierung hat zum Ziel, das Produkt oder die Dienstleistung zu etwas Einzigartigem in der Branche zu machen.
Der Sinn der 3. Strategie liegt darin, ein Unternehmen durch ein eng begrenztes strategisches Ziel effizienter zu machen als die Konkurrenten, die weniger stark spezialisiert sind.
Um Wettbewerbsvorteile auf der Basis dieses Ansatzes erarbeiten zu können, sind Fragen zu beantworten wie:

- Welche der 3 Strategien verfolgt das Unternehmen vorwiegend?
- Unterscheidet sich die generelle Strategie in einzelnen Marktsegmenten, Produktgruppen oder Geschäftsanteilen?
- Wie können die Informationssysteme diese Strategie unterstützen?
- Welche Risiken enthalten die einzelnen Strategien?

→ 3.1 (2)

Unternehmensziel
Das Unternehmensziel gibt einen zukünftigen Zustand der Unternehmung wieder, der als erstrebenswert angesehen wird.
→ 3.1 (10)

Validität

Die Bezeichnung für den statistisch ermittelbaren Grad des Zusammenhangs zwischen einem Maß oder Test und einem für den entsprechenden Sachverhalt relevanten äußeren Kriterium oder der logischen Entsprechung dieses Merkmals. Dieser Begriff ist ebenfalls ein Gütekriterium bei wissenschaftlichen Experimenten und die Voraussetzung der Generalisierbarkeit in bezug auf die abhängigen und unabhängigen Variablen.

Verantwortungsabgrenzung

Verantwortungsabgrenzung bedeutet, daß im Rahmen der Delegation von Aufgaben, Kompetenzen und Verantwortung zwischen der sogenannten Führungs- und Handlungsverantwortung unterschieden wird. Die Führungsverantwortung besteht aus der Übernahme der Verantwortung für die sogenannten Führungsmaßnahmen. Sie liegt beim Vorgesetzten. Die Handlungsverantwortung obliegt hingegen dem Mitarbeiter. Er ist für seine Handlungen, Entscheidungen und Unterlassungen im Rahmen seines Delegationsbereiches verantwortlich. Die Abgrenzung zwischen Führungs- und Handlungsverantwortung soll Verantwortungslücken ausschalten.

Verhaltensgitter (Führungsgrid)

Das Verhaltensgitter (Führungsgrid) nach Blake/Mouton ist ein analytisches Instrument, das es Managern ermöglicht, ihr Führungsverhalten zu erkennen. Es ist als zweidimensionales Modell konzipiert, das sowohl das Bemühen um Produktivität als auch die Pflege der zwischenmenschlichen Beziehungen berücksichtigt. Das Koordinatensystem ist demzufolge leistungs- und mitarbeiterorientiert.

→ 3.5 (3)

Verhaltensgitter (Kundengrid)

Das Verhaltensgitter (Kundengrid) nach Blake/Mouton ist aus der Sicht des Kunden zu betrachten. Es stellt durch die vertikale Achse die Interessen des Verkäufers und durch die horizontale Achse jene des Kunden dar. Dieses Koordinatensystem zeigt vier extreme Kundenverhalten, die in wechselseitiger Abhängigkeit voneinander sind.

→ 3.6 (4)

Verhandlungsführung

Zu einer erfolgreichen Verhandlungsführung gehört es, sich als Verhandlungspartei in die Rolle, die Ziele und die Empfindungen der anderen Seite hineinzuversetzen. Dazu ist Menschenkenntnis notwendig, die durch laufendes Beobachten und durch Wissen aus der Psychologie erlernt werden kann.

→ 4.5 (4), (5)

Verkaufsförderung

Unter diesem Begriff versteht man das Bereitstellen von Mitteln, die den potentiellen Kunden zu einem bestimmten Zeitpunkt und am Ort des Verkaufs zum Kauf eines bestimmten Produktes oder einer Dienstleistung bewegen sollen.

Verkaufsförderung kann auf den folgenden Ebenen stattfinden:

1. Herstellerebene

2. Handelsebene

3. Konsumentenebene

Verschiedene Verhandlungstechniken wie Rhetorik, Typenlehre, aber auch Produktkenntnisse und betriebswirtschaftliches Denken sowie Kenntnisse des Motivationsverhaltens und zahlreiche weitere Maßnahmen und Anreize sind notwendig, um zu einem Vertragsabschluß zu gelangen.

Verständlichkeit

Verständlichkeit in der Ausdrucksweise ist die Fähigkeit, sich eindeutig und unmißverständlich auszudrükken. Um informiert zu sein, muß man Informationen auch verstehen, da man anderen gegenüber sonst benachteiligt ist.
→ 4.6 (5)

Vollständigkeit

Vollständigkeit in einem Informationssystem bedeutet, daß die Komplexität und Varietät des realen Systems in genügender Übereinstimmung wiedergegeben wird. Gerade die vollständige Erfassung aller relevanten Daten ist für die Informationsgewinnung von großer Bedeutung. Man muß sich einfach darüber im klaren sein, daß die aus dem Informationssystem fließenden Informationen – auch unter Einsatz aller mathematischen und technischen Hilfsmittel – nur so gut sein können, wie die erfaßten Daten es zulassen. Im Rahmen der Vollständigkeit muß dabei besonders Wert auf die Fixierung von Plandaten gelegt werden. Nur dadurch lassen sich Steuerungs- und Regelungssysteme aufbauen.
→ 3.1 (12)

Vorträge

Vorträge müssen sinnvoll geplant und notwendige Vorbereitungen getroffen werden, um erfolgreich zu sein.
Es gibt

- themenbezogene Vorbereitungen und
- Vorbereitungen zur eigenen Person.

→ 4.5 (6), (7), (8)

Vorurteil

Als Vorurteil bezeichnet man eine negative oder positive Einstellung (Attitude), die vom Gefühl und nicht von Informationen geleitet wird, gegenüber bestimmten Mitmenschen, Handlungen, Lehrmeinungen, die sich nicht auf Erfahrungen, sondern auf Generalisierung stützt.
→ 6.4 (1)

Weiterbildung

Zwischen Weiterbildung und Fortbildung wird in der Literatur meistens keine Unterscheidung gemacht. Diese Begriffe umfassen im allgemeinen alle Maßnahmen der Erwachsenenbildung, die nicht Ausbildung im Sinne der genannten Definitionen sind. Nur gelegentlich werden die Begriffe Weiterbildung und Fortbildung unterschiedlich gebraucht.

Weiterbildung von Erwachsenen

Die Weiterbildung von Erwachsenen ist ein Aus- und Weiterbildungskonzept, das auf der Erkenntnis beruht, daß Erwachsene Lernstoffe anders aufnehmen als Jugendliche. Aus diesem Grunde werden besondere Anforderungen aufgelistet, die bei der Konzeption, Durchführung und Erfolgskontrolle eines Schulungsprogrammes Beachtung finden sollten.

→ 4.3 (7)

Wertanalyse

Wertanalyse ist die wörtliche Übersetzung des amerikanischen Begriffes »value analysis«. Sie beinhaltet nach Miles eine organisierte, schöpferische Methode mit der Aufgabe der wirkungsvollen Klarlegung unnötiger Kosten.

→ 3.1 (19)

Wertschöpfungskette

Bei der Wertschöpfungskette werden nach Porter die unternehmerischen Funktionen untergliedert in

- primäre Funktionen (Logistik, Betrieb, Marketing, Kundendienst) und
- unterstützende Funktionen (Finanz- und Rechnungswesen, Personalwesen, Entwicklung und Forschung, Beschaffung).

Diese Gliederung bietet eine gute Möglichkeit, Unternehmen zu analysieren und strategische Wettbewerbsmaßnahmen abzuleiten. Dies ist um so besser der Fall, je differenzierter das Zahlenmaterial über die einzelnen Funktionen in der eigenen Unternehmung und bei den Mitbewerbern ist. Die Zahlen umfassen vorwiegend die Kostenseite, aber auch die Ergebnisse fließen in diese Darstellung ein.

→ 3.1 (3)

Wertvergleichsmethode

Die Wertvergleichsmethode von Sassone und Schwartz hat als Zielsetzung, den qualitativen Nutzen auf der Basis der quantitativen Nutzenkriterien zu ermitteln.

→ 3.3 (8)

Wettbewerbsanalyse

Eine Wettbewerbsanalyse kann z.B. auf der Basis von drei Schritten vorgenommen werden:

1. Ermitteln, welche Leistungskriterien in der Branche von Bedeutung sind.
2. Die Ausprägung der Leistungskriterien erfassen.
3. Eine Chancenanalyse erarbeiten.

→ 3.1 (6)

Wettbewerbskräfte

Wettbewerbskräfte sind beim Erarbeiten einer Strategie verstärkt zu beachten. Die fünf Wettbewerbskräfte nach Michael Porter sind:

1. Rivalität unter den bestehenden Unternehmen
2. Verhandlungsmacht der Abnehmer
3. Verhandlungsstärke der Lieferanten
4. Bedrohung durch neue Konkurrenten
5. Bedrohung durch Ersatzprodukte und -dienste.

→ 3.1 (1)

Wettbewerbsstrategien

Wettbewerbsstrategien sind nach Michael Porter

1. Umfassende Kostenführerschaft
2. Differenzierung
3. Konzentration auf Schwerpunkte

Meistens konzentrieren sich die Unternehmen auf eine Strategie. Man versucht, durch eine konsequente Realisierung eines Zieles Wettbewerbsvorteile gegenüber den Branchenkonkurrenten zu erreichen.

→ 3.1 (2)

Wirksamkeitsmotivation

Dieser Begriff, der auch als Kompetenz bekannt ist, bezeichnet die sachliche Zuständigkeit eines Menschen bei der Lösung von Problemen. Voraussetzung dafür ist die Verfügbarkeit von Kenntnissen und Fertigkeiten bzw. ihr gezielter Einsatz zur erfolgreichen Bewältigung von Aufgabenstellungen und Problemkreisen.

Wirtschaftlichkeit

Wirtschaftlichkeit: Ein als optimal angestrebtes Verhältnis von Mitteln und zugehörigem Ergebnis. Wirtschaftlichkeit ist Ausdruck eines bestimmten »Rationalitätsgrades«. Daher wird das Wirtschaftlichkeitsprinzip auch als Rationalprinzip oder ökonomisches Prinzip bezeichnet.

Da das Wirtschaften durch eine mengen- und eine wertmäßige Dimension geprägt ist, kann sich das Wirtschaftssubjekt auf beiden Ebenen nach dem ökonomischen Prinzip verhalten.

Zur Ermittlung der mengenmäßigen Wirtschaftlichkeit verwendet man häufig den folgenden Ansatz:

$$\text{Wirtschaftlichkeit} = \frac{\text{Output}}{\text{Input}}$$

Zur Ermittlung der wertmäßigen Wirtschaftlichkeit hat man in der Literatur den Quotienten aus in Geld bewertetem Ertrag und in Geld bewertetem Einsatz an Produktionsfaktoren gebildet:

$$\text{Wirtschaftlichkeit} = \frac{\text{Ertrag}}{\text{Aufwand}}$$

X- und Y-Theorie

X- und Y-Theorie nach McGregor bezieht sich auf den Führungsstil. Diese Theorie ist eine Gegenüberstellung von zwei unterschiedlichen menschlichen Verhaltensweisen. McGregor zufolge existieren diese beiden Auffassungen über die Arbeitsbereitschaft eines Menschen aufgrund der in Organisationen herrschenden verschiedenen Annahmen über die zu führenden Mitarbeiter.

→ 3.4 (4)

Yield Management

Dieses System (Yield = Ertrag, Ausbeute) basiert auf der Überlegung, daß ein Dienstleistungsprodukt zu unterschiedlichen Zeiten für unterschiedliche Nachfrager einen unterschiedlichen Wert hat. Es wird insbesondere eingesetzt von Dienstleistungsunternehmen,

- die hohe Fixkosten haben,
- deren Produktwert bei Nichtabnahme oder Nichtauslastung verfällt (z.B. Flugticket, Krankenhausbetten, Mietwagen),
- das Produkt vor der Nutzung zur Buchung anbieten,
- sich auf eine unsichere und wechselhafte Nachfrage verschiedener Zielgruppen einstellen müssen.

Ein dynamisches Yield Management ist insbesondere durch die Entwicklung der Informationsverarbeitung möglich geworden. Die Verknüpfung unterschiedlicher Datenbanken und der Aufbau von Regelsystemen erlauben ein gewinnoptimales Verhältnis zwischen Voll- und Minderzahlern. Erfolgreiche Pioniere des Yield Management sind die Fluggesellschaft American Airlines (AA), Club Mediteranee, die Walt Disney Company und die Mietwagenfirma Avis.

Zehn Gebote des Erfolges
Auf dem Grundsatz der Zehn Gebote hat der Unternehmensberater Stielau-Pallas sein Erfolgskonzept aufgebaut. Er ist der Meinung, daß es einzig und allein an den Menschen selbst liegt, die Zukunft erfolgreich zu meistern. Weder die „Umstände" noch die Mitmenschen oder unsere Erbmasse bestimmen das Leben, sondern jeder für sich selbst.
→ 4.1. (14)

Zeitfallen
Bei Zeitfallen handelt es sich um unvorhergesehene Störungen durch Dritte und um eigene, unrationelle Verhaltensweisen, die es zu beseitigen gilt, um erfolgreiches → Zeitmanagement zu betreiben.
→ 4.2 (14)

Zeitmanagement
Zeitmanagement bedeutet vor allem

- eindeutige Zielsetzung,
- erfolgreiche Zeitplanung,
- rationelle Aktivitätenplanung,
- Aktivitäten- und Zielkontrolle.

→ 4.2 (1), (2), (12), (14), (16)

Zeitplanbuch
Ein Zeitplanbuch ist nicht nur ein simpler Terminkalender, der eine Erinnerungshilfe für Termine und Daten darstellt, sondern in erster Linie ein effektives Planinstrument, das

- Aktivitätenlisten enthält,
- Zielsetzungen und
- Zeitdauer von Aufgaben beinhaltet,
- Prioritäten setzt,
- die Ideenkartei beherbergt und
- als Nachschlagewerk für jegliche Art von Daten verwendet werden kann.

Das Zeitplanbuch ist der wichtigste praktische Teil einer konsequenten Einhaltung Ihres Zeitplansystems, da es der persönliche Speicher aller

- Tages-, Wochen- und Monatspläne,
- längerfristiger Zeit- und Zielpläne sowie
- sämtlicher Dispositionen und größerer Vorhaben ist. Es sorgt somit für eine bessere Nutzung wertvoller Zeit.

→ 4.2 (1), (2)

Zero Base Budgeting
Die ursprüngliche Zielsetzung von Zero Base Budgeting (ZBB) ist, daß jedes Budget immer neu zu rechtfertigen ist und man anstelle der bekannten Fortschreibung von jeweils Null auszugehen hat. Die Beratungsgesellschaft A. T. Kearney Management Consultants hat dieses System für die Zwecke der Gemeinkostenrationalisierung in indirekt-produktiven Bereichen angepaßt und in Deutschland 1978 unter der Bezeichnung »Null-Basis-Planung« eingesetzt. Wie bei der → Gemeinkosten-Wertanalyse wird auch hier jede bisherige Leistung in Frage gestellt, denn was in der Vergangenheit war, zählt zunächst nicht mehr.
→ 3.1 (24)

Zielfunktion
Zielfunktion gibt die Gesamtheit aller Ziele an, die die Unternehmung verfolgt.

Zielinterdependenzen
Zielinterdependenzen besagen, daß es zwischen den Zielen, die eine Unternehmung verfolgt, Beziehungen verschiedener Art gibt.

Zukunftsorientiertes Unternehmenskonzept
Das zukunftsorientierte Unternehmenskonzept von Birkenbihl behandelt die wichtigsten Fragen zur Wirtschaft aus psychologischer, kybernetischer und evolutionärer Sicht. Dabei werden im wesentlichen Managementprobleme von heute aus der Sicht von morgen betrachtet.
→ 3.1 (21)

Zwei-Faktoren-Modell
Zwei-Faktoren-Modell von Herzberg ist ein auf der Motivationstheorie basierendes Modell, das aus zwei Gruppen von Variablen besteht – den Hygiene-Variablen (Nicht-Zufriedenmachern) und den Motivations-Variablen (Zufriedenmachern). Herzberg vertritt die Ansicht, daß nur die Gruppe der Motivationsvariablen (z.B. Erfolg) Befriedigung schaffen, während die Hygienevariablen (z.B. Entlohnung) als Selbstverständlichkeit angenommen werden.
→ 3.4 (3)

Zwischenmenschliche Beziehungen
Zwischenmenschliche Beziehungen betreffen den Kontakt zwischen dem Vorgesetzten und den Mitarbeitern im unternehmerischen Bereich und zwischen einer Person und einer weiteren Person aus deren Umfeld im persönlichen Bereich. Sie können – oft unabhängig vom Bezugspunkt – als angenehm oder als unangenehm empfunden werden.

Zwischenmenschliche Kommunikation
Zwischenmenschliche Kommunikation nennt man das Vermitteln einer Botschaft von einem Sender an einen Empfänger. Dabei kann nach Schulz von Thun eine Nachricht, die eine Person von sich gibt, von vier Seiten gesendet und von vier Seiten empfangen werden. Dies bedeutet, daß eine zwischenmenschliche Kommunikation eine vierdimensionale Angelegenheit ist, da ein und dieselbe Nachricht mehrere Botschaften gleichzeitig enthalten kann und vom Empfänger auch auf »mehreren Ohren« empfangen werden kann.
→ 4.6 (10)

Zusammenarbeit
Zusammenarbeit im beruflichen Bereich betrifft nicht nur das Verhältnis zwischen Führungskräften und Mitarbeitern, sondern bezieht sich auch auf den Bereich der zwischenmenschlichen Beziehungen, die ein Zusammenwirken zwischen den einzelnen Stelleninhabern erfordert. Das Verhalten der Kollegen untereinander muß durch eine gute kollegiale Zusammenarbeit gekennzeichnet sein, die im Rahmen einer ordnungsgemäßen Aufgabenerfüllung und Zielerreichung unabdinglich ist.
→ 4.6 (2)

Literaturverzeichnis

Adams, J. S.: Inequity in Social Exchange. In: Advances in Experimental Social Psychology, hrsg. von Berkowitz, L. New York 1965.

Adams, J. S.: Toward an Understanding of Inequtiy. In: JASP (Journal of Abnormal and Social Psychology) Vol. 67, 1963, P. 422–436.

Alderfer, C. P.: Existence, Relatedness, and Growth – Human Needs in Organizational Settings. New York – London 1972.

Amstutz, A. E.: Market Oriented Management Systems: The Current Status. Journal of Marketing Research, 1969.

Ansoff, H. I.: Managing Surprise and Discontinuity – Strategic Response to Weak Signals. Die Bewältigung von Überraschungen – Strategische Reaktionen auf schwache Signale. In: Zeitschrift für betriebswirtschaftliche Forschung 1976, S. 131 ff.

Bechtel, Stefan: Jetzt gleich, nicht morgen! In: Das Beste aus Readers Digest. Jg. 38, Heft 6, 1985, S. 59 ff. Aus: Prevention. Copyright by Rodale Press, Inc. Pensylvania, August 1982.

Benjamin, R. L.; Rockart, J. F.; Scott, M.; Wyman, J.: Information Technology: A Strategic Opportunity. Work paper 108, MIT Center for Information Systems Research. Cambridge, Mass., Dec. 1983.

Bennett, Dudley: Im Kontakt gewinnen durch Transaktions-Analyse. 2. Aufl. Heidelberg 1986. Orginalausgabe: Transactional Analysys. New York 1976.

Bergler, Reinhold: Psychologie in Wirtschaft und Gesellschaft. Sachbuchreihe des Deutschen Instituts-Verlag, Köln 1982.

Berkley, George: How to Manage Your Boss. New York 1985.

Berkley, George: So überzeugen Sie Ihren Chef. In: Das Beste aus Readers Digest, Jg. 40, Heft 9, 1987, S. 158 ff.

Berne, Eric: Spiele der Erwachsenen. Hamburg 1975.

Berth, Rolf: Für die kleinen »Stinktiere« mit den großen Ideen muß die Führung Freiräume schaffen. In: Handelsblatt vom 10. 3. 1986.

Berth, Rolf: Management zwischen Vision und Mittelmäßigkeit. Stuttgart 1981.

Berth, Rolf: 73 mal Innovation. In: HARVARDmanager, Heft 1, 1988, S. 92 ff.

Berthel, Jürgen; Koch, H. – E.: Karriereplanung und Mitarbeiterförderung. Sindelfingen 1985.

Birkigt, K.; Stadler, M. M.: Corporate Identity. 4. Aufl. Landsberg am Lech 1988.

Birkenbihl, Michael: Führungsbrevier 2000 – Managementprobleme von heute aus der Sicht von morgen. Bratt-Institut für Neues Lernen GmbH, Karlsruhe-Goch 1981.

Blake, Robert R.; Mouton, Jane, S.: Besser verkaufen durch GRID. Düsseldorf – Wien 1972.

Blake, Robert R.; Mouton, Jane S.: Führungsstrategien. Landsberg am Lech 1986.

Blanchard, Kenneth; Johnson, Spencer: Der Minuten-Manager. Reinbek bei Hamburg 1983. Originalausgabe: The One Minute Manager, New York 1982.

de Bono, Edward: Erfolg – Zufall, Intuition oder Planung? Die Strategien und Taktiken erfolgreicher Menschen. moderne verlagsgesellschaft, Landsberg a. Lech 1984.

Boyatzis, Richard E.: The Competent Manager. New York 1982.

Brehler, Reiner: Management-Methoden. Heidelberg 1979.

Brinker, Günter B. J.; Mangos, Clemens: Moderne Verkäuferschulung. 2. Aufl. Ehningen und Stuttgart 1981.

Brooks, Earl; Odiorne, George S.: Management by Negotiations. New York 1984.

Bruns, David D.: Feeling Good; The New Mood Therapy. New York 1980.

Bruns, David D.: Erfolg zählt, nicht Perfektion. In: Das Beste aus Readers Digest, Jg. 38, Heft 7, 1985, S. 23 ff.

Bullinger, Hans Jörg: Zielrichtungen strategischer Informationssysteme. Vortragsmanuskript, erstellt für das Internationale Management-Symposium »Strategisches Waffe, Informationstechnik«, veranstaltet von Diebold/Wirtschaftswoche. Frankfurt 1987.

Buzan, Tony: Use Your Head. 3. Aufl. Hrsg. von der British Broadcasting Corporation (BBC) als Begleitliteratur zu einer Fernsehreihe von Nancy Thomas. London 1976.

Bürkle, Hans: Aktive Karrierestrategie – Erfolgsmanagement in eigener Sache. Frankfurt am Main und Wiesbaden 1986.

Capra, Fritjof: Das neue Denken. 2. Aufl. Bern – München – Wien 1987.

Capra, Fritjof: Wendezeit – Bausteine für ein neues Weltbild. Bern – München – Wien 1985.

Christmann, Kurt: Gewinnverbesserung durch Wertanalyse. Stuttgart 1973.

Correll, Werner: Motivation und Überzeugung in Führung und Verkauf. München 1976.

Deutsche Gesellschaft für Qualität e.V., Frankfurt a.M. (Hrsg.): Qualitätszirkel – Anregungen zur Vorbereitung und Einführung. 1. Aufl. Berlin 1984.

Dichter, Ernest: So führen Manager ihr Unternehmen zu Spitzenleistungen – Auf der Suche nach den Erfolgsfaktoren der Führung. Landsberg a. Lech 1984.

Drucker, Peter F.: Die Chance des Unternehmens – Signale für das Management von morgen. Düsseldorf – Wien – New York 1987.

Ebert, Günter: Corporate Identity. In: Jahrbuch für Betriebswirte 1988. Taylorix Fachverlag (Hrsg.), Stuttgart 1988, S. 106 ff.

Fittkau, Bernd (Hrsg.); Müller-Wolf, H.-M.; Schulz von Thun, Friedemann: Kommunikations- und Verhaltenstraining für Erziehung, Unterricht und Ausbildung. 2., überarbeitete Auflage. München 1977.

Flechter, Hans-Joachim: Grundbegriffe der Kybernetik. 3. Aufl., Stuttgart 1968.

Freud, Sigmund: Das Ich und das Es. Gesammelte Werke XIII., Wien 1923.

Freud, Sigmund: Massenpsychologie und Ich-Analyse. Gesammelte Werke XIII., Wien 1921.

Garfield, Charles, A.: Erfolg aus Passion. Landsberg am Lech 1987.

Garfield, Charles, A.: Fünf Schritte zum Erfolg. In: Das Beste aus Readers Digest, Jg. 41, Heft 1, 1988.

Gellermann, Saul W.: Motivation und Leistung. Econ Verlag GmbH, Düsseldorf und Wien 1972.

Gerken, Gerd: Der neue Manager. Freiburg im Breisgau 1986.

Gerken, Gerd: Die Geburt der neuen Kultur – Vom Industrialismus zum Light Age. Düsseldorf, Wien, New York 1988.

Gerken, Gerd; Luedecke, Gunther A.: Die unsichtbare Kraft des Managers – Die Bedeutung des Inner-Managements für den äußeren Erfolg. Düsseldorf, Wien, New York 1988.

Gordon, Maynard, M.: Das Iacocca-Management, Landsberg am Lech 1986.

Gordon, Thomas: Manager-Konferenz. Effektives Führungstraining. Reinbek bei Hamburg 1982.

Gordon, William J.: Synectics. New York 1961.

Großmann, Gustav: Die permanente persönliche Situations-Analyse. Helfrecht-Studienzentrum für persönliche und unternehmerische Planungsmethoden. Bad Alexandersbad o. J.

Häussermann, E. A.: Verhandeln ist eine Kunst. In: Fachzeitung NFZ, Matthaes Verlag Stuttgart, Nr. 25, vom 28. März 1987.

Haft, Fritjof: Strukturdenken – Der Schlüssel zum erfolgreichen Reden und Verhandeln. München 1985.

Hanan, Mack; Cribbin, James; Donis, Jack: Systeme verkaufen. Heidelberg 1980.

Harris, Thomas A.: I'm o.k. – You're o.k. – A Practical Guide to Transactional Analysis. New York and Evanston 1969. Deutsche Ausgabe: Ich bin o.k. – Du bist o.k. Reinbek bei Hamburg 1975.

Harris, Amy B.; Harris, Thomas A.: Einmal o.k. immer o.k. – Transaktionsanalyse für den Alltag. Reinbek bei Hamburg 1985.

Harrison, Roger: Understanding your Organization's Character. In: Harvard Business Review, Nr. 5/6, 1972.

Hax, Arnoldo C.; Majluf, Nicolas S.: Strategisches Management – Ein integriertes Konzept aus dem MIT. Frankfurt – New York 1988.

Helfrecht, Manfred: Planen, damit's leichter geht. Teil I: Sie können Ihr Leben selbst bestimmen. Teil II: Wie Sie Ziele erreichen und Probleme lösen. Bad Alexanderbad 1985.

Heller, Kurt; Facaoaru, Cornelia: Selbst- und Systemerkenntnis. In: DABEI – Handbuch für Erfinder und Unternehmer. VDI Verlag, Düsseldorf 1987, S. 45 ff. Hrsg. v. d. DABEI Deutschen Aktionsgemeinschaft Bildung – Erfindung – Innovation e.V.

Herzberg, Frederick: Work and the Nature of Man. Cleveland 1966.

Hill, Napoleon; Stone, W. Clement: Erfolg durch positives Denken. 12. Aufl., Genf 1986.

Hillmer, Hans-Jürgen: Planung der Unternehmensflexibilität. Frankfurt, Bern und New York 1987.

Hirt, Josef: Die Hirt-Methode. Orientierung über die Hirt-Methode und ihre Aneignung. Josef Hirt AG, Institut für optimale Arbeits- und Lebensgestaltung. Zürich 1984.

Höhler, Gertrud: Die Zukunftsgesellschaft. Düsseldorf und Wien 1986.

Höhn, Reinhard: Das tägliche Brot des Managements – Orientierungshilfen zur erfolgreichen Führung und Organisation. 3. Aufl. Hrsg. v. d. Akademie für Führungskräfte der Wirtschaft e.V., Bad Harzburg 1985.

Höhn, Reinhard: Das Unternehmen in der Krise. Bad Harzburg 1969.

Höhn, Reinhard; Böhme, Gisela: Führungsbrevier der Wirtschaft. Bad Harzburg 1969.

Homans, G. C.: Elementarformen sozialen Verhaltens. Köln 1968.

Hub, Hanns: Unternehmensführung. 2., überarbeitete Aufl. Hrsg. von Prof. Dr. Eduard Mändle. Wiesbaden 1988.

Hülshoff, Friedhelm; Kaldewey, Rüdiger: Training – Rationeller Lernen und Arbeiten. Stuttgart 1976.

Hünerberg, Reinhard: Marketing, München 1984.

Hunt, Morton: So wirken Sie überzeugend. In: Das Beste aus Readers Digest. Jg. 37, Heft 7, 1984, S. 47 ff.

IBM Deutschland GmbH (Hrsg.): Business Process Management. Stuttgart 1986.

Ives, Blake; Learmonth, Gerhard P.: The Information System as a Competitive Weapon. In: Communications of the ACM, December 1984, Vol. 27, No. 12, S. 1193 ff.

Jennen, H. P.: Methodisch verkaufen. Düsseldorf und Wien 1978.

John, Erich: Was macht erfolgreiche Unternehmen erfolgreich? Eine Studie des Rationalisierungs-Kuratoriums der Deutschen Wirtschaft (RKW) vom 19. 2. 1986.

Kepner, Charles H.; Tregoe, Benjamin B.: Entscheidungen vorbereiten und richtig treffen. 2. Aufl. Landsberg a. Lech 1984.

Kliem, Ottmar: Erkenne Dich selbst – Methoden zur Selbsterkenntnis. In: Literaturberater Wirtschaft, Heft Nr. 5, 1980, S. 5 ff. (Nachdruck aus dem Jahrbuch für Führungskräfte).

Koreimann, Dieter S.: Management. Eine Einführung. München 1982.

Korff, Ernst; Reineke Wolfgang: Arbeitstechnik für Vielbeschäftigte 5. Aufl. Heidelberg 1980.

Kutzschenbach, Claus von: Kreativität: Primär-Ressource des kommenden Jahrhunderts? Gablers Magazin, 1. Jg., Heft 12, 1987, S. 56 f.

Lakein, Alan: Lakeins Zeitsystem. Dein Leben ist kurz, mach was draus! Hamburg 1974.

Langer, Inghard; Schulz von Thun, F.; Tausch, Reinhard: Sich verständlich ausdrücken. 2., neu bearbeitete Aufl. München 1981.

Laukamm, Thomas; Walsh, Ian: Strategisches Management von Human-Ressourcen. In: Management im Zeitalter der Strategischen Führung, hrsg. von Arthur D. Little International, Wiesbaden 1985, S. 77 ff.

Lauxmann, Frieder: Unabhängig denken – Von der Information zur eigenen Meinung. Pädagogische Arbeitsstelle für Erwachsenenbildung in Baden-Württemberg PAE, Stuttgart und Inzighofen. Weil der Stadt 1983.

Lewin, K.: Vorsatz, Wille und Bedürfnis. Leipzig 1926.

Likert, R.: Neue Ansätze der Unternehmensführung. Bern 1972.

Lindemann, Peter: Wirtschaftskybernetik und Unternehmensführung. Neuwied 1970.

Lindemann, Peter; Nagel Kurt (Hrsg.): Organisation (Loseblatt-Werk). Neuwied 1988.

Linneweh, Klaus: Kreatives Denken – Techniken und Organisation produktiver Kreativität. 3. Aufl. Karlsruhe 1981.

Little, Arthur D.; International (Hrsg.): Management im Zeitalter der strategischen Führung. Wiesbaden 1985.

Little, Arthur D.; International (Hrsg.): Management der Geschäfte von morgen. Wiesbaden 1986.

Löwe, Hans: Einführung in die Lernpsychologie des Erwachsenenalters. Lizenzausgabe für die Bundesrepublik Deutschland. Studien-Bibliothek Kiepenheuer & Witsch, Köln. VEB Deutscher Verlag der Wissenschaften, Berlin 1976.

Lozanov, Georgi: Suggestopädie – Der Weg zum leichten Lernen. Hrsg. vom Lozanov Learning Institute der Kölner Wirtschaftsfachschule, Köln-Zollstockgürtel. o.J.

Maccoby, Michael: Die neuen Chefs. Reineke bei Hamburg 1979. Originalausgabe: The Gamesman – The New Corporate Leaders. New York 1976.

Maier, Christian; Weber, Marion: Erfolg durch Superlearning. München 1987.

Malewski, A.: Verhalten und Interaktion. Tübingen 1967.

Mandino, Og: Das Geheimnis des Erfolgs. 3. Aufl. Verlag Norman Rentrop, Bonn 1986.

Mann, Rudolf: Das ganzheitliche Unternehmen. Bern, München und Wien 1988.

Mantel, Manfred; Fischer, Rainer: Reden – Mitsprechen – Verhandeln. Kommunikations-Training für Selbststudium und Gruppenarbeit. 2. Aufl. Baden-Baden und Bad Homburg vor der Höhe 1981.

Martel, Leon: Auch morgen noch erfolgreich – Wie Sie Veränderungen für Ihr Unternehmen erkennen und meistern. Freiburg im Breisgau 1986.

Maslow, Abraham H.: Motivation und Persönlichkeit. Freiburg im Breisgau 1977. Originalausgabe: Motivation and Personality. New York 1954.

Maslow, Abraham H.: Psychologie des Seins. München 1973.

Matheis, Richard: Praxis der marktorientierten Unternehmenssteuerung. Düsseldorf 1973.

McFarlan, F. W.: IS and Competitive Strategy. Note 0-184-055, Harvard Business School. Cambridge, Mass. 1983.

McFarlan, F. W.; McKenney, I. L.: Corporate Information Systems Management, Homewood/Illinois 1983.

McGregor, Douglas: Der Mensch im Unternehmen. 2. Aufl. Düsseldorf und Wien 1971.

Meffert, Heribert: Computergestützte Marketing-Informationssysteme. Unternehmensführung und Marketing, Bd. 1. Wiesbaden 1975.

Meissner, Hans Günther: Strategisches Internationales Marketing. Berlin und Heidelberg 1987.

Mertens, Peter; Plattfaut, Eberhard: Informationssysteme als strategische Waffe. In: Information Management, Heft 1, 1986, S. 6–16.

Mewes, Wolfgang: Energo-Kybernetische Strategie (EKS) Frankfurt a.M. 1986.

Meyer-Piening, Adolf: Zero Base Budgeting (ZBB) – Eine Analyse –, Planungs- und Entscheidungstechnik, In: AGPLAN-Handbuch zur Unternehmensplanung, Sonderdruck, Berlin 1980.

Miles, Lawrence D.: Value Engineering – Wertanalyse, die praktische Methode zur Kostensenkung. München 1964.

Mills, D. Quinn: Die neuen Chefs – Erfolgsstrategien der Manager von morgen. Frankfurt und Wiesbaden 1988.

Møller, Claus; Hegedahl, Poul: Persönlicher Service durch persönliche Entwicklung. Scandinavian Service School K/S. Dänemark – Norwegen – Schweden 1984.

Naef-Schräder, Regula D.: Achtung, Zeitfallen! In: Das Beste aus Readers Digest, Jg. 39, Heft 1, 1986, S. 44 ff.

Naef-Schräder, Regula D.: Keine Zeit? Sinnvolle Zeiteinteilung im Alltag. 2. Aufl. der Schriftenreihe Psychologie heute. Weinheim und Basel 1987.

Naef-Schräder, Regula D.: Rationeller Lernen lernen. 5. Aufl. Weinheim und Basel 1973.

Nagel, Kurt u.a.: Eurofirm. PC-Planspiel für das betriebswirtschaftliche Entscheidungstraining und den Fremdsprachenunterricht. München 1992.

Nagel, Kurt: Die 6 Erfolgsfaktoren des Unternehmens, 4. Aufl. Landsberg am Lech 1991.

Nagel, Kurt: Erfolg durch effizientes Arbeiten, Entscheiden, Vermitteln und Lernen. 6. Aufl. München 1992.

Nagel, Kurt: Erfolg im Handwerk. Stuttgart 1986.

Nagel, Kurt: Erfolgreiche Unternehmensführung – was heißt das? In: Jahrbuch für Betriebswirte 1988. Taylorix (Hrsg.) Stuttgart 1988.

Nagel, Kurt: Fachabteilung und DV Organisation. 2. Aufl. München und Wien 1979.

Nagel, Kurt; Rössle, Werner; Rühle, Hans von Lilienstern; Stark, Heinz; Tiede, Heiner: Grundzüge der Betriebswirtschaftslehre. Landesakademie des Handwerks Baden-Württemberg. Bad Wörishofen 1990.

Nagel, Kurt: Nutzen der Informationsverarbeitung. 2. Aufl. München 1990.

Nagel, Kurt: Praktische Unternehmensführung (Loseblattwerk). Landsberg am Lech 1992 (Grundwerk).

Nagel, Kurt: Weiterbildung als strategischer Erfolgsfaktor. 2. Aufl. Landsberg am Lech 1991.

Naisbitt, John: Megatrends Aktuell. Verlag Norman Rentrop, Theodor-Heuss-Straße 4, Bonn 1987.

Naisbitt, John: Megatrends. 10 Perspektiven, die unser Leben verändern werden. Bayreuth 1983.

Naisbitt, John; Aburdene, Patricia: Megatrends des Arbeitsplatzes – von Infrastrukturen zur Lebensqualität. Bayreuth 1986.

Nolan, Norton & Comp. (Hrsg.): Stage by Stage. Letter to Management from David P. Norton. The Economics of Computing in the Advanced Stages, Vol. 5, No. 1, Spring 1985, S. 1 ff.

Notowidigdo, M. H.: Information Systems: Weapon to Gain the Competitive Edge. In: Financ. Executive 52, 2 (Feb.) 1984, S. 20 ff.

Oberkampf, Volker: Szenario-Technik – Darstellung der Methodik. Manuskript des Förderkreises für Rationalisierung, in Zusammenarbeit mit der Gesellschaft für Zukunftsfragen. Rationalisierungs-Kuratorium der Deutschen Wirtschaft (RKW), Frankfurt am Main 1976.

Oech, Roger von: Aus der Routine ausbrechen. München 1983.

Oech, Roger von: Wecken Sie Ihre Kreativität. In: Das Beste aus Readers Digest, 39. Jg., Heft 7, 1986, S. 38 ff.

Osborn, Alex F.: Applied Imagination. New York 1963.

Parson, Gregory, L.: Information Technology: A New Competitive Weapon. In: Sloan Management Review, Tall 1983, S. 3 ff.

Pascale, Richard T.; Athos, Anthony G.: The Art of Japanese Management. New York 1981.

Peale, Norman, Vincent: Das Ja zum Leben – Der positive Mensch in unserer Zeit. Landsberg am Lech 1986.

Peters, Thomas: Kreatives Chaos. Die neue Management-Praxis. Hoffmann und Campe Verlag. Hamburg 1988.

Peters, Thomas J.; Austin, Nancy: A Passion of Excellence. The Leadership Difference. London 1985.

Peters, Thomas; Waterman, Robert: Auf der Suche nach Spitzenleistungen. Was man von den bestgeführten US-Unternehmen lernen kann. 10. Aufl., Landsberg am Lech 1984. Originalausgabe: In Search of Excellence-Lessons from Americas best-run companies. New York 1982.

Picot, Arnold; Reichwald, Ralf: Menschengerechte Arbeitsplätze sind wirtschaftlich. Vier-Ebenen-Modell der Wirtschaftlichkeitsbeurteilung. Eschborn 1985. Forschungsprojekt 01 H6 334/5.

Porter, Michael, E.: Competitive Advantage. London 1985. Deutsche Ausgabe: Wettbewerbsvorteile – Spitzenleistungen erreichen und behaupten. Frankfurt am Main 1985.

Porter, Michael, E.: Competitive Strategy. Techniques for Analyzing Industry and Competitors. London 1980. Deutsche Ausgabe: Wettbewerbsstrategie – Methoden zur Analyse von Branchen und Konkurrenten, 3. Aufl., Frankfurt am Main 1985.

Porter, L. W.; Lawler III, E. E.: Managerial Attitudes and Performance. Homewood 1968.

Prognos (Hrsg.): Die Bundesrepublik Deutschland 1985/1990/2000. Prognos-Report Nr. 11/Textteil. Bearbeitet von Peter Hofer et al. Stuttgart 1983.

Pümpin, Cuno: Management strategischer Erfolgspositionen. Das SEP-Konzept als Grundlage wirkungsvoller Unternehmensführung. 3. Aufl. Schriftenreihe Unternehmung und Unternehmensführung, hrsg. vom Institut für Betriebswirtschaft an der Hochschule St. Gallen. Bern und Stuttgart 1986.

Rehn, Götz: Modelle der Organisationsentwicklung. Bern und Stuttgart 1979.

Reusch, P.: Aufbau und Einsatz betrieblicher Informationssysteme. Bibliographisches Institut Mannheim, Wien, Zürich 1984.
Reihe Informatik, Bd. 42.

Robinson, Francis: Effective Study. Revised edition. New York 1961.

Rockart, John F: A Critical Success Factors Perspektive. Sloan Management Review, Fall 1982.

Rockart, John F.: Chief Executives Define Their Own Data Needs. In: Harvard Business Review. March/April 1979, S. 81 ff.

Rohrbach, Bernd: Techniken des Lösens von Innovationsproblemen. In: Schriften für Unternehmensführung 15. Wiesbaden 1972.

Rosenstiel, L. v.: Motivation im Betrieb. BRATT-Institut für Neues Lernen, 7. Aufl. Karlsruhe 1980.

Rückle, Horst: Körpersprache für Manager – Signale des Körpers erkennen und erfolgreich umsetzen. 7. Aufl., Landsberg am Lech 1989.

Rüttinger, Rolf: Transaktions-Analyse. 3. Aufl. Arbeitshefte zur Führungspsychologie, hrsg. von Bienert Werner und Crisand Ekkehard. Heft Nr. 10. Heidelberg 1985.

Rüttinger, Rolf: Unternehmenskultur – Erfolge durch Vision und Wandel. Düsseldorf und Wien 1986.

Rufer, Daniel; Wütherich, Hans A.: Die drei Grundfragen des strategischen Managements. In: HARVARDmanager, Heft 2, 1987, S. 60 ff.

Ruhleder, Rolf, H.: Rhetorik, Kinesik, Dialektik, 6. Aufl. Bad Harzburg 1986.

Rupp, Martin: Erfolgsfaktor Strategie. Arbeitsunterlagen zum Seminar »Erfolgreiche Unternehmensführung«, veranstaltet vom Zentrum für Unternehmensführung. Zürich 1987.

Sassone, Peter, G.; Schwartz, Perry A.: Cost-Justifying OA. In: Datamation, 15. February 1986, S. 83 ff.

Schilling, Johannes: Methodenbuch Band 1 und 2. München 1982, 1985.

Schlinsog, Hubertus: Tier- und Farbsymbole helfen Kundentypen zu charakterisieren. TASPOmagazin, Heft 5, 1987, S. 8 ff.

Schnelle, Eberhard (Hrsg.): Neue Wege der Kommunikation. Spielregeln, Arbeitstechniken und Anwendungsfälle der Metaplan-Methode. Veröffentlichungen der Stiftung Gesellschaft und Unternehmen, Heft 10. 1. Aufl., Königsstein/Ts. 1978.

Schulz von Thun, Friedemann: Miteinander reden: Störungen und Klärungen – Psychologie der zwischenmenschlichen Kommunikation. Reinbek bei Hamburg 1981.

Seiwert, Lothar, J.: Mehr Zeit für das Wesentliche. So bestimmen Sie Ihre Erfolge selbst durch konsequente Zeitplanung und effektive Arbeitsmethodik. 10. Aufl., Landsberg am Lech 1990.

Seiwert, Lothar, J.: Zehn Tips für ein erfolgreiches »Management by Zeitplanbuch«. In: Management Wissen, Heft 12, 1984.

Selye, Hans: Stress – Bewältigung und Lebensgewinn. 2. Aufl., München 1988. Originalausgabe: Stress Without Distress. Philadelphia and New York 1974.

Sievert, Ullrich: Mehr Zeit für das Wichtige. Prinzipien, Methoden, Techniken für die rationelle Einteilung der Arbeit. Düsseldorf und Wien 1974.

Spinola, Roland; Peschanel, Frank D.: Das Hirn-Dominanz-Instrument (HDI), GABAL Band 26. Hrsg. Prof. Dr. Hardy Wagner und Prof. Dr. Lothar Seiwert, GABAL-Verlag, 2. Aufl., Speyer 1989.

Staehle, W. H.: Management – Eine verhaltenswissenschaftliche Einführung. München 1980.

Stark, Heinz: Grundlagen des Marketing. In: Grundzüge der Betriebswirtschaftslehre. Handbuch der Landesakademie des Handwerks Baden-Württemberg. Bad Wörishofen 1987.

Stiefel, Rolf, Th.: Management – Andragogik als Organisationsentwicklung – Thesen und praktische Realisierungsansätze einer innovationsfördernden Gestaltung der Weiterbildung von Führungskräften. In: Berichte Deutsche Vereinigung zur Förderung der Weiterbildung von Führungskräften (Wuppertaler Kreis e.V.) o. J.

Stielau-Pallas, Alfred R.: Die zehn Gebote für Ihren Erfolg, 3., veränderte Auflage, Verlag Norman Rentrop, Bonn 1988.

Tannenbaum, R.; Schmidt, W. H.: How to Choose a Leadership Pattern. In: Richards, M. D., Nielander, W. A., (Hrsg.): Readings in Management. Cincinati, Ohio, 2. Aufl. 1963.

Taylor, Frederick Winslow: Die Grundsätze wissenschaftlicher Betriebsführung. Weinheim und Basel 1971.

Theato, Erich; Reineke, Wolfgang: Konferenzen und Verhandlungen – Erfolgreich führen und gestalten. Heidelberg 1976.

Thiele, Albert: Karriereziele verwirklichen. verlag moderne industrie Landsberg/Lech 1988.

Townsend, Robert: Organisation ist fast alles. München 1985.

Townsend, Robert: 17 Tips für Führungskräfte. In: Das Beste aus Readers Digest, Jg. 40, Heft 5, 1987, S. 44 ff.

Ulrich, H.; Krieg, W.: Das St. Gallener Management-Modell. Bern 1972.

o. V.: Vollendung des Binnenmarktes In: Weißbuch der Kommission an den Europäischen Rat. Dokument der Kommission der Europäischen Gemeinschaften 1988.

Vester, Frederic: Denken-Lernen-Vergessen. Lizenzausgabe für den Deutschen Bücherbund. Stuttgart 1975.

Vester, Frederic: Sensitivitätsmodell. Frankfurt a. Main 1980.

Vester, Frederic: Der Papiercomputer. In: Management Wissen, Heft 10, 1987, S. 48 ff.

Vester, Federic: Leitmotiv vernetztes Denken. Heyne Verlag, München 1988.

Vroom, V. H.: Work and Motivation. New York 1964.

Vroom, V. H.: Führungsentscheidungen in Organisationen. In: DBW (Die Betriebswirtschaft), 41. Jg. 1981, S. 183 ff.

Wagner, Abe: Besser führen mit Transaktions-Analyse. Wiesbaden 1987.

Waitley, Denis: Psychologie des Erfolgs. Zehn Eigenschaften des Erfolgreichen. Küsnacht/Schweiz 1983.

Weber, Gerald: Logistik im Verbund mit den Zulieferern. IBM Seminar »CIM in der Kfz-Zulieferindustrie« vom 1. bis 3. Oktober 1986, Bad Liebenzell.

Wellenreuther, H.: Wertanalyse – Kosten senken, Leistung verbessern. Landsberg am Lech 1980.

Wiedemann, Herbert: Mitarbeiter richtig führen. Ludwigshafen 1986.

Wiedmann, Klaus P.: Jagd auf heilige Kühe. In: Management Wissen, Heft 12, 1987, S. 24 ff.

Wildemann, Horst: Strategische Investitionsplanung für CAD/CAM. Stuttgart 1985.

Wildemann, Horst: Strategische Investitionsplanung für neue Technologien in der Produktion. In: Zeitschrift für Betriebswirtschaft, Ergänzungsheft 1/86, S. 1 ff.

Wiseman, Charles: Strategy and Computers. Information Systems as Competitive Weapons. Homewood/Illinois 1985.

Woitschach, Max: Gödel, Götzen und Computer. Stuttgart 1986.

Wenger, Paul-André: Erfolgsfaktor Führungsstil. Arbeitsunterlagen zum Seminar »Erfolgreiche Unternehmensführung«, veranstaltet vom Zentrum für Unternehmensführung. Zürich 1988.

Wolff, Georg; Göschel, Gesine: Führung 2000 – Höhere Leistung durch Kooperation. Frankfurt und Wiesbaden 1987.

Wyman, John: SMR Forum: Technological Myopia – The Need to Think Strategically about Technology. In: Sloan Management Review, Summer 1985, S. 59 ff.

Zerbst, Ekkehard: Biorhythmik als Phänomen und ihre formale Behandlung im Bereich der Grenzwissenschaften. In: DABEI – Handbuch für Erfinder und Unternehmer. Hrsg. DABEI Deutsche Aktionsgemeinschaft Bildung – Erfindung – Innovation e.V. VDI Verlag Düsseldorf 1987, S. 478 ff.

Zerbst, Ekkehard; Sauer, Hans: Bionik. In: DABEI – Handbuch für Erfinder und Unternehmer. Hrsg. DABEI Deutsche Aktionsgemeinschaft Bildung – Erfindung – Innovation e.V. VDI Verlag Düsseldorf 1987 S. 55 ff.

Zerbst, Ekkehard: Bionik, Biologische Funktionsprinzipien und ihre technische Anwendung. Teubner Studienbücher Biologie, Stuttgart 1986.

Ziegler, Edward: Zehn Megatrends, die unser Zeitalter prägen. In: Das Beste aus Readers Digest, Jg. 37, Heft 8, 1984, S. 25 ff.

Zimmermann Michael: Gemeinkostenrationalisierung in den indirektproduktiven Bereichen. Dissertation der wirtschaftlichen Fakultät der Bayerischen Julius-Maximilians-Universität, Würzburg 1987.

Zürn, Peter: Vom Geist und Stil des Hauses – Unternehmenskultur in Deutschland. 2. Aufl. Landsberg am Lech 1986.

Medienverzeichnis

Nagel, Kurt; Elschenbroich, Heinz-Dieter; Sieber, Edgar: Strategische Unternehmensberatung (»SUBER«)-Interaktives Programm. Hrsg.: IBM Deutschland, 3. Aufl. Herrenberg 1992. IBM Form SR 12-3689 (3½-Diskette).

Nagel, Kurt: Ihre Stärken – Ihr Erfolg. Ein PC-Programm zur Persönlichkeitsanalyse. Hrsg.: Deutscher Sparkassenverlag, Stuttgart 1991. Artikel-Nr. 310093/004 (5¼-Diskette) bzw. 310093/005 (3½-Diskette).